本书由舞阳县贾湖遗址阿岗寺遗址保护中心资助

张居中史前考古论集

张居中　编著

科学出版社
北　京

内 容 简 介

本书收入了张居中教授从事考古生涯四十余年以来的代表作五十多篇，涉及到裴李岗时代、仰韶时代、新石器时代中原地区环境与生业、音乐起源、龟甲与符号研究等领域，以及中华礼乐文明要素的起源等前沿性重大理论问题，尤其是贾湖文化、仰韶时代文化、淮汉文化带与淮汉粳稻栽培带的提出，贾湖骨管乐器研究，锶同位素、寄生物考古学等科技考古专题案例分析等，都有独到的见解。对相关领域课题的深入研究具有重要参考价值。

本书适合从事考古学、历史学、科技考古等方面的专家学者及相关专业本科生和研究生阅读、参考。

图书在版编目（CIP）数据

张居中史前考古论集 / 张居中编著. —北京：科学出版社，2023.10
ISBN 978-7-03-076582-6

Ⅰ.①张… Ⅱ.①张… Ⅲ.①石器时代考古-中国-文集
Ⅳ.①K871.104-53

中国国家版本馆CIP数据核字（2023）第190615号

责任编辑：樊　鑫 / 责任校对：王晓茜
责任印制：肖　兴 / 封面设计：金舵手世纪

科 学 出 版 社 出版
北京东黄城根北街16号
邮政编码：100717
http://www.sciencep.com

北京中科印刷有限公司　印刷
科学出版社发行　各地新华书店经销

*

2023 年 10 月第 一 版　开本：787×1092　1/16
2023 年 10 月第一次印刷　印张：39 1/2
字数：936 000

定价：368.00 元
（如有印装质量问题，我社负责调换）

序

刘 莉

张居中教授将46年考古工作的研究成果结集成书，并嘱我作序。

改革开放之后，一批经历了十余年之久失学经历的年轻人，终于有机会参加高考。居中正是这群青年中的一员，于1978年考入郑州大学考古专业，进入高等教育的知识殿堂。独特的历史背景造就了这一代学者的特殊性格。他们经历坎坷，命运多变，但是有一个共性，就是珍惜时间、把握机会、执着专业、追求理想。这些特点都可以在居中的考古治学生涯中看到，反映在本书选录的58篇文章中。

居中的考古工作大都在中原地区研究新石器时代文化遗存。在众多的遗址发掘和研究项目中，40年前由他开始主持并延续至今的舞阳贾湖的发现和研究显然是最突出的一项。在此之前，有谁能相信在淮河以北这个小村庄的地下曾经存在一座9000年前的原始聚落，人们栽培水稻、在仪式中演奏骨笛、摇着用成组龟甲制作的响器、饮用大米酿造的美酒，甚至在龟甲上刻划神秘的符号，当年居中作为发掘领队在出土这些遗迹、遗物时的兴奋和自豪，可想而知。

40多年前，居中接受的专业训练是传统考古学，属于历史学的一个分支。但他在工作中很快认识到考古学本身是人文科学与自然科学的结合体，必须利用科技手段和方法来解决考古学提出的人文科学领域的问题。因此，他进入中国科学技术大学之前，就开始与自然科学的专家学者们一道，开创一系列科技考古的研究课题，透过支离破碎的物质遗存，恢复人类的社会行为。在这一类的研究工作中，我们的团队曾经与张教授合作，分析贾湖稻米的驯化性质，在国际范围内推动了对中国稻作起源问题的讨论。

重要的考古发现往往是发掘者的好运气，但是发现后的一系列研究才是更重要的工作。既有繁复的分类，细致的遗迹、遗物描述和形制的对比，是坐冷板凳的长期钻研结果；又有不同学术观点的激烈交锋和争论，是考验每个人在理论方法和逻辑思维方面的造诣。在张教授的考古生涯中，既有天赐良机的好运，也有锲而不舍的坚持，更有融会贯通，借助多学科综合研究的治学方向。张教授46年考古工作和辉煌成就给年轻一代的考古学家树立了榜样。

前 言

张居中

  人生苦短！若从1978年进入郑州大学考古专业学习开始计算，已经跨过了46个年头，今已年逾古稀，大半生过去啦！回顾近半个世纪的文物考古学术生涯，因无缘攻读研究生学位深造，故跌跌撞撞数十载，虽不致蹉跎度日，但除了一本《舞阳贾湖》，却也乏善可陈！但环顾四周，且不说前辈师友，同龄人甚至再年轻一些的同行已出过至少一本文集，也心有戚戚矣！于是翻阅旧稿，梳理自己的学术历程，遴选尚有参考价值者，编成此文集，也算是对自己的学术生涯做一个小结。适逢今年是贾湖遗址首次发掘40周年，40年来，我的主要学术活动都是围绕着贾湖遗址的发掘、研究、保护和展示而展开的；同时，今年底还要召开贾湖文化第二届国际学术研讨会，编这个集子，也是为即将召开的又一次学术盛会献礼吧！

  从1980年秋第一次田野考古实习参加河南登封王城岗龙山时代城址的发掘开始，直到退休数年后的今天，我的田野考古生涯，除了舞阳大岗细石器地点、渑池郑窑和密县黄寨二里头文化遗址、上蔡砖瓦厂楚墓和安徽繁昌瓷窑遗址，以及一些考古调查项目外，大部分集中在新石器时代，所以在选择本书的文章范围时，就首先确定了"史前"这个范围。

  我的学术生涯，除了"史前"这个范围外，还有一个空间范围，就是除了晚年走出国门发掘了伊朗内沙布尔的宝吉遗址外，都在长江和黄河流域这个大的范围之内。而且更为值得说明的是，我倾注了主要精力发掘与研究的贾湖遗址，被俞伟超先生和严文明先生先后肯定了处在长江流域和黄河流域之间的联结这一重要地位，这也是本书的主要内容。

  经斟酌挑选了58篇文章，加上本前言59篇，其中大部分是已经发表过的，基本上可以反映我的学术经历和水平。特别是20世纪八九十年代发表的几篇，还是略显稚嫩，学术观点还不太成熟，但可反映出我的心路历程，犹豫一番之后，还是列入本书了。

  那么这58篇文章，按什么方式编排呢？比较省事的办法就是按发表顺序来编排，但是我考虑如果那样编排，读起来会显得有些杂乱。于是我就大体按这些文章的内容来划分，把收入的这58篇文章分为以下八个版块。

  第一个版块是综合性文章，其中前六篇都是讨论中原地区和黄河流域的新石器时代文化的，其中核心观点，是提出了"淮汉文化带"的概念。这是在学习苏秉琦先生关于"苏鲁豫皖邻境地区文化"的观点、石兴邦先生和高广仁先生关于"淮系文化"的论述之后，结合东汉水流域的新石器时代文化面貌提出的一份学习心得。其实产生这个念头时间很早，记得1984年春，因考察河南省第二批重点文物保护单位的需要，我到位于河南、湖北交界处的唐河影坑仰韶时代遗址调查，了解到该遗址出土了一件较为典型的大汶口文化陶鬶，当时感到很诧异，引起我的思考。直到对贾湖文化的去向进行研究后方才理出点头绪，即南阳盆地仰韶时代文化和大汶口文化都是贾湖文化的后继文化，或曾受到其强烈的影响，之后的发展中，应该仍有经常性的文化联系，存在一些共同因素，就顺理成章了。

秦岭—淮河一带不仅是北亚热带和暖温带的分界线，还是南北文化的分界线和旱作与稻作农业的分界线，自原始农业诞生之后，淮河与东汉水流域一直是稻旱兼做农业分布区，还是黄河与长江两大文化系统，华夏、东夷、苗蛮三大部族集团和稻作与旱作两种耕作方式的碰撞、交流、融合的主要阵地，是中华礼乐文明摇篮的重要组成部分，但因其散装性，长期以来未受到应有的重视，大体上把东汉水流域新石器时代文化归入黄河中游或长江中游来研究，把淮河上游新石器时代文化归入黄河中游来研究，把淮河中下游文化归入长江下游来研究，从而忽略了淮河—东汉水流域新石器时代文化内在的联系及其在中华礼乐文明与发展史上的重要地位。近几十年来，随着贾湖、八里岗、顺山集、双墩、龙虬庄等一系列重要遗址的发掘与研究，淮汉文化带的重要学术地位逐渐显现出来，受到学界的广泛关注。鉴于此，与此相关的两篇关于农业起源和文明起源研究若干问题思考的文章，也收入了这个栏目。虽然过去了若干年，我觉得这些思考仍有些参考价值。

第二个版块是本书的主要内容之一，八篇文章中有七篇内容是贾湖或以贾湖为重，另一篇是论述班村前仰韶时代遗存，借用栾丰实先生和赵春青先生的概念，把这个栏目称为"裴李岗时代"。特别是以王巍先生邀请参与编写《中国考古百年》为契机，对中原地区前仰韶时代文化进行了系统的梳理、分析和比较，在此基础上提出了"裴李岗时代文化"、"典型裴李岗文化"和"裴李岗亲缘文化"的概念，认为裴李岗、贾湖和班村是三支并列发展的亲缘文化，三者之间的关系并不比裴李岗与磁山的关系更近，重申应另行命名为"贾湖文化"和"班村文化"。在另一篇《新石器时代前期中原地区文化格局演变及其文明火花》一文中分析了贾湖文化和裴李岗文化的不同来源和各自特点，认为贾湖文化代表东来的圜底釜稻作文化，裴李岗文化代表北方平底罐旱作文化，二者在中原地区接触、碰撞、交流，催生了三足鼎稻粟兼作文化，鼎文化很快在淮河黄河与长江流域传播开来，并最早成为礼器，为中华礼乐文明的诞生贡献了重要元素。其他几篇记录了我研究贾湖文化的心路历程。

第三个版块收集了研究仰韶时代文化的六篇文章，其中颇为自得的是，1985年在纪念仰韶文化发现65周年的会议上，学习严文明先生研究龙山文化的方法，提出了"典型仰韶文化"和"仰韶时代文化"的概念，尽管当年的习作还不太成熟，后面几篇文章又进一步完善了这一概念，把仰韶时代文化分为典型仰韶文化、典型仰韶文化的亲缘文化、与典型仰韶文化相互影响各自发展的并列文化三个层次。非常欣慰的是，"仰韶时代文化"的概念已被学界广泛接受，也算是我的一点小小贡献吧！

第四个版块重点收集关于环境与生业及其相关方面的几篇文章，重点是稻作农业起源方面的研究。在贾湖稻作遗存发现之前，人们很难把黄淮地区与稻作农业起源相联系，但一经发现，竟然拥有与长江流域大体相同的发展历程！有学者甚至提出了长江中游和淮河上游地区同为稻作起源地的观点。虽然随着上山文化万年稻作遗存的发现，上述观点被否定，但迄今为止，贾湖稻作仍然是同时期农耕行为色彩最为鲜明的最早稻作遗存之一，赵志军先生曾多次肯定这一点，认为贾湖是"似农非农"阶段的典型代表。不但如此，在贾湖所在的淮汉文化带上，早在距今6000年前后，以龙虬庄文化为例，人们较长江流域率先实现了粳稻特征的定型化！之所以出现这种现象，应与这一带人们对水稻的选择压力较大有关。诚然，长江以南地区先民对稻类种子的采食利用肯定要早于淮河流域，但正是因为长江流域先民对稻类种子的依赖程度要低于淮河流域先民，生存压力迫使其加大了对稻种的选择。适逢全新世大暖期适宜的气候环境，和北方仰韶时代文化的大整合极其巨大影响，促使了水稻耕作方式的大扩张，向北遍布黄河流域，向东到达朝鲜半岛和日本列岛，向西到达陇东地区，甚至折向西南先后到达四川盆地和广西云贵地区，这也正是这些地方的水稻一开始出现就是定型的粳稻的原因。这些正是我这一系列文章的主要观点。还有一篇文章是通过贾湖各期生产工具组合的变化，来分析贾湖人生业模式如何从渔猎采集为主，逐渐向农耕过渡的。

第五个版块是关于科技考古的。首先《试论科技考古和考古科技与考古学之关系》一文是我的一篇未刊稿，我一直认为，"科技考古"作为一个研究方向是客观存在的，而"科技考古学"作为一门学问是不成立的！因为"科技考古"的核心是科技方法在考古研究中的应用，而在考古研究中运用科技方法正是考古学诞生的前提，没有科技方法的运用就没有考古学的诞生！难道过去运用科技方法是考古，现在运用科技方法就不是考古，而是科技考古啦？而且我认为"科技考古"即使作为一个分支学科，他的最终目标和最高标准，就是消灭自己，彻底融入考古学方法论体系之中！

本版块除了提到分子人类学以及制陶、酿酒和石制品资源域研究外，重点介绍我到中国科学技术大学从事科技考古教学研究活动过程中，着力打造的两项工作，一是锶同位素分析方法在考古研究中的应用，一是寄生物考古研究。前者在国际上早有先例，自从2008年本实验室率先对贾湖先民进行锶同位素分析的尝试，并取得有意义的成果之后，这一方法已在国内学界相关研究中扩散开来，成为一项常规的研究手段，这也让我深感欣慰！而关于寄生物考古方法的推广应用，似乎还任重道远！关于古代寄生虫病例研究，已存在很多年，但大多是医学界对考古发掘出土的木乃伊、干尸、软尸解剖进行寄生虫病例研究，或偶尔遇到的厕所粪便土样的研究，其材料都是可遇而不可求的，严重制约了这项研究工作的进展。既然厕所粪便土样可以作这样的研究，墓葬土样是否也可以做这样的尝试呢？通过对贾湖遗址墓葬内人骨腹部土样反复进行古寄生虫分析，果然成功分析出了古寄生虫卵！后又在灵宝西坡仰韶文化墓地、郑州金田春秋墓地进行反复验证，均取得了成功！这应该是为考古学研究新打开了一扇窗，增加了一个新的手段，与木乃伊、干尸、软尸不同，墓葬腹土材料易得，实验方法简单可行，通过古寄生虫分析，不仅可以了解当时寄生虫病流行状况，还可从侧面了解当时人们的生存环境，以及人类社会食物资源分配方式，应该说具有广泛的发展前景。因之借此机会再着力推荐一下。

第六个版块是关于贾湖骨笛的。因我不懂音乐，只是有义务介绍考古发现而已，有限的两篇研究文章是与萧兴华先生合作的。这里需要再次说明的是，关于贾湖骨笛的命名问题。记得当年在骨笛发现现场，在场的人都认为是"笛儿"，唯独我认为，是不是"笛儿"或其他乐器，是不是乐器，我们都是外行，要听音乐家的意见。当时暂定名为"管形骨器"。后经反复求证，黄翔鹏先生一锤定音，定名为"贾湖骨笛"。但至今学界仍有不同意见，关于这一点，我将在《文明的肇始——贾湖文化论集》前言中进行解释。

第七个版块是关于贾湖出土龟甲和刻划符号的。因为龟是中国古代先民的宇宙图式，龟文化元素在中国礼乐文明理论中具有非常重要的地位，而且贾湖又是迄今龟灵崇拜的最早例证，对它的研究还应继续深入下去。而对于贾湖刻划符号的研究，因我不懂古文字，只是介绍一下发现过程，并就表面现象做出一些简单分析。

第八个版块收集了几篇回忆性的文章，包括采访报道，真实地记录了我的学术生涯，尤其是贾湖遗址发掘与研究的心路历程，以及贾湖考古报告的编写过程。还收入了两篇书评。某种程度上，也反映了我的学术思路吧！

最后一篇文章是我退休之后，告别田野考古生涯的最后一个考古发掘项目的阶段性总结，也是我第一次走出国门，到丝绸之路的重要通道——古波斯帝国的土地上，进行的考古活动。这次活动，使我收获颇丰，也感慨良多！

遗憾的是，尽管恋恋不舍，也还是要告别我的田野考古生涯啦！

讲这么多，也算是我从事文物考古工作大半生的一些感言吧！

目 录

农业、文明与淮汉文化带

试论新石器时代的淮汉文化带……………………………………………………（3）
略论淮河流域新石器时代文化……………………………………………………（17）
黄河中下游地区新石器时代文化谱系的动态思考………………………………（22）
要重视对中原地区新石器时代人类生存模式与环境变化关系问题的研究……（30）
淮河流域史前稻作农业与文明进程的关系………………………………………（38）
淮河中游地区稻作农业考古调查报告……………………………………………（43）
中国农业起源与早期发展的思考…………………………………………………（53）
关于中国古代文明起源问题的理性思考…………………………………………（64）

裴李岗时代

中原地区裴李岗时代文化的发现与研究…………………………………………（71）
新石器时代前期中原地区文化格局演变及其文明火花…………………………（137）
试论河南省前仰韶时代文化………………………………………………………（152）
淮河上游新石器时代的绚丽画卷——舞阳贾湖遗址发掘的主要收获…………（165）
中国考古学·贾湖遗址……………………………………………………………（169）
《舞阳贾湖》前言…………………………………………………………………（207）
《舞阳贾湖（二）》前言…………………………………………………………（215）
试论班村遗址前仰韶时期文化遗存………………………………………………（220）

仰韶时代

仰韶时代文化刍议…………………………………………………………………（231）
磁山、裴李岗、下潘汪和后岗——兼论豫北、冀中南地区新石器时代文化的
　　序列与年代……………………………………………………………………（248）
试论灵宝铸鼎原地区仰韶时代早期遗存的性质与年代…………………………（255）

再论仰韶时代文化……（258）

论河南仰韶时代居民原始科技文化艺术与社会……（286）

仰韶时代文化与中国稻作农业——兼论栽培稻的东传路线……（299）

环境与生业

环境与裴李岗文化……（309）

舞阳史前稻作遗存与黄淮地区史前农业……（319）

河南贾湖稻作文化的发现与研究……（330）

河南舞阳贾湖遗址植物考古研究的新进展……（336）

古环境与栽培稻的西进南下……（350）

从中国史前栽培稻的考古发现谈稻作农业起源……（360）

贾湖与彭头山稻作文化比较研究……（369）

中国栽培稻起源与分子生物学研究……（381）

试论贾湖聚落的捕捞业……（390）

舞阳贾湖遗址生产工具及其所反映的经济形态分析……（399）

科技考古

试论科技考古和考古科技与考古学之关系……（411）

考古学的深入发展需要分子人类学的合作……（415）

锶同位素分析技术在考古学中的应用研究……（421）

寄生物考古学——考古环境学的新思路……（430）

寄生物考古学简论……（434）

贾湖古酒研究论纲……（440）

论贾湖文化的制陶业……（445）

浙江嵊州小黄山遗址石制品资源域研究……（483）

音乐考古

考古新发现——贾湖骨笛……（499）

舞阳贾湖遗址出土的龟甲和骨笛……（501）

中国音乐文明的肇始——贾湖骨笛……（503）

七千年前的骨管定音器——河南省汝州市中山寨十孔骨笛测音研究……………（514）

符号与龟甲

中国新石器时代遗址出土的龟鳖类………………………………………………（521）

中国史前龟文化研究综论…………………………………………………………（530）

从史前用龟现象看黄淮、江淮地区的文明化进程………………………………（541）

贾湖刻划符号的发现与汉字的起源………………………………………………（552）

八千年前的书法艺术——河南贾湖原始文字的发现与研究……………………（557）

试论刻画符号与文字起源——从舞阳贾湖契刻原始文字谈起…………………（562）

其他

探索历程的追忆——贾湖遗址发掘与研究回忆录………………………………（567）

《舞阳贾湖》一书出版前后追忆……………………………………………………（584）

探索考古报告编写的新模式——忆《舞阳贾湖》一书的出版…………………（586）

新速度、新收获、新启示——喜读《跨湖桥》……………………………………（588）

淮河流域新石器时代考古的又一力作
　　——读《蚌埠双墩——新石器时代遗址发掘报告》………………………（592）

贾湖遗址发掘成果丰硕　骨笛研究国际影响极高——张居中教授访谈录……（596）

跨越历史纬度，探寻文明足迹——访中国科学技术大学张居中教授…………（603）

丝路科技与文明：Borj遗址的发掘与欧亚大陆史前的文化交流 ………………（608）

后记………………………………………………………………………………（618）

农业、文明与淮汉文化带

试论新石器时代的淮汉文化带*

淮河流域和汉水上中游地区，地处我国南北气候的过渡地带，气候温和湿润，雨量充沛，地兼南北之利，自古以来就是人类繁衍生息的理想生境，史前以来，各个时期的先民在这里留下了丰富的遗迹和遗物，仅几十年来也有不少重要的考古发现，然而，长期以来，淮河流域和汉水上中游地区的古文化遗址被认为从属于黄河流域或长江流域，直到20世纪80年代苏秉琦先生提出要重视苏鲁豫皖邻境地区古文化的研究[1]，以及90年代石兴邦先生提出淮汉文化中介带[2]以后，淮系古文化才逐渐引起学界的关注，高广仁先生近几年还明确提出了淮系文化的新认识[3]。汉水上中游地区的新石器时代考古学文化虽在50年代就已引起学界的关注，并有青龙泉与大寺、下王岗、黄楝树、雕龙碑、李家村、龙岗寺等一系列重要发现，但由于地理位置的特殊性，其文化性质的确定和文化系统的归属至今仍未形成一致性的意见。笔者不揣冒昧，也曾在90年代提出过淮汉文化带的不成熟意见[4]。现在想借此良机，再进一步阐述一下自己的粗浅体会，以就教于各位方家，敬希不吝赐教。

一、地理位置

本文所讨论的淮河流域—汉水中上游地区，分为东西两部分，东部的淮河流域，位于黄河与长江中下游之间，东到大海，西到伏牛山东麓的豫中平原，与汉水上游支流之一的唐白河流域相连接，中以淮河为界，分为黄淮、江淮两大地理单元。

淮河干流源于河南省桐柏山北麓，支流遍及河南中、南、东部和安徽中、北部，流经河南、安徽，原至江苏直接入黄海，黄河夺淮入海后，下游河道湮塞，淮河流入洪泽湖，经高邮湖至扬州三江口入长江，全长近1000千米，全流域面积约27万平方千米，长845千米，总落差196米，平均比降0.2‰，以废黄河为界分淮河与泗、沂、沭河两大水系，其流域西起桐柏山和伏牛山、东至大海，北以黄河南堤到沂蒙山与黄河流域分界，南以大别山及江淮丘陵与长江流域分界。介于N31°~36°，E112°~121°，其中西、南与东北部为山地丘陵，面积约占全流域的1/3，其余为广阔平原。

汉水上中游地区主要指南阳盆地和陕南的汉中盆地中上游地区，东隔伏牛山东麓与

---

* 本研究为国家自然科学基金资助项目（资助号：40772105）。

淮河流域相连接，其间并无高山阻隔，而且还有叶方走廊相通，自古就是交通要道。北有秦岭、伏牛山，南有大洪山、武当山、大巴山，南通过随枣走廊与江汉平原相连，介于N31°～34°，E106°～114°之间，主要地貌特点是冲积盆地和山间谷地。

二、淮河流域——汉水中上游地区新石器时代考古学文化的序列与年代

淮河流域的新石器时代考古学文化，根据目前材料可分为三个区域和四个阶段。

三个区域是指以河南中、东和南部为代表的上游地区，以安徽中北部为代表的中游地区，以苏北、鲁南为代表的下游地区。

以距今9000～7500年为第1阶段[5]，上游地区以贾湖文化为代表，中游地区以小山口文化为代表，下游地区尚未发现这个阶段的遗存。

以距今7100～5200年为第2阶段[6]，上游地区以大河村文化为代表，中游地区以双墩文化为代表，下游地区分为南北两部分，北部黄淮地区以北辛文化→大汶口文化为代表，南部江淮地区以龙虬庄文化为代表，过去有学者曾将下游地区这个阶段的遗存称为青莲岗文化。

以距今5000～4500年为第3阶段[7]，上游地区以谷水河三期文化为代表，中游地区以大汶口文化尉迟寺类型为代表。下游地区这个阶段北部黄淮地区以大汶口文化花厅类型为代表，南部江淮平原区为文化间歇期。

以距今4500～4000年为第4阶段[8]，上游地区以王湾三期文化为代表，中游地区以造律台文化为代表。下游地区这个阶段北部黄淮平原区以龙山文化为代表，南部江淮平原区仍为文化间歇期，有少量良渚文化和造律台文化遗存分布，被称为"文化走廊"。

这里所指的汉水流域主要是大洪山以北的南阳盆地与鄂西北和陕南的汉中盆地一带的汉水上中游地区，以丹江、汉水交汇处为界分为东西两部分。东部主要是丹、淅、唐、白河流域的南阳盆地，西部主要是汉水上游的陕南、鄂西北地区。

距今8000～7000年间为第1阶段，西部的陕南地区主要分布着老官台文化的李家村类型[9]；东部的南阳盆地暂未发现同时期文化，在东部边缘地带发现的方城大张庄遗址[10]，则介于裴李岗时期遗存和仰韶时期遗存之交，年代大致在距今7000年左右。

距今7000～5000年间为第2阶段，西部的陕南地区主要分布着仰韶文化的龙岗寺类型[11]；东部的南阳盆地主要分布着仰韶时代的大河村文化下王岗类型。

距今5000～4500年为第3阶段，这里普遍分布着屈家岭文化。

距今4500～4000年为第4阶段，这一带又成为石家河文化的主要分布区之一[12]。

三、淮河、汉水流域新石器时代考古学文化的共同特征

淮系文化的主要因素，以鼎为主要炊器、以小口壶（罐）为主要水器，以及龟灵、犬牲等，因其长期迁徙，还发明并发展了刻划符号记事传统。但因受嵩山文化圈的挤压，贾湖人的后代一支沿淮河及其主要支流向东发展，一支向西到了汉水流域，为其后淮汉文化带的形成打下基础。这一文化带与位于黄河（济河）流域的华山、嵩山、太行山和泰山四个文化圈的文化传统不同的是，因其处于降雨量充沛、河流纵横的水网地带，资源相对丰富，狩猎特别是捕捞采集经济发达，并以稻作农业为特色。因这些因素所决定，只能是同纬度迁徙与传播，从而形成了带状文化区，不能像黄河流域的高原、平原那样可以纵横驰骋，以狩猎和粟作农业为特色，容易形成片状文化分布区，这可能也正是淮河、长江流域的文化传统最终被北方文化传统所征服的原因所在[13]。

在大汶口文化晚期，整个黄淮地区基本上都成为泰山文化圈的势力范围，并影响到了江淮地区，如北阴阳营、凌家滩、薛家岗、良渚等文化之中或多或少都有一些大汶口文化的因素[14]。到了龙山时代，泰山文化圈内形成了以鸟首足鼎、蛋壳黑陶为代表的典型龙山文化[15]，并继续保持其强盛的势头，以西朱封大墓、丁公陶文和大批古城址为代表的强势文化因素表明，龙山人已跨入了文明的门槛。与此同时，淮系文化传统以龙虬庄陶文为代表的因素也标志着成熟的文字体系完成，结合王油坊文化的郝家台、平粮台、藤花落等大批城址的出现，表明淮系文化传统也开始了其文明的进程，创造了传说中的东夷部族文化。到了4000年后，代表泰山文化圈及已与其连为一体的淮系文化的岳石文化已相当强大，向西可达开封以东地区，影响所及可达郑州一带。三代之时逐渐被华夏集团所挤压，最后也被融入了整个中华文明的体系之中。

汉水上中游地区的考古学文化则另有不同的发展历程。由于这一带地处黄河中游和长江中游两大强势文化区之间，很难形成独自的特色。

在各地大规模的强势文化尚未形成的第1阶段，本区西部的陕南地区已经受到关中盆地的强烈影响，分布着老官台文化的李家村类型；东部的南阳盆地虽暂未发现这个阶段的遗存，但大张庄遗址和下王岗一期部分遗存显示，这里受到贾湖文化的强烈影响，甚或就是贾湖文化西去的一支所创造。

在第2阶段，本区内部仍然是华山文化圈的关中仰韶文化分布范围，但龙岗寺类型发现的用龟等现象表明，淮系文化的影响已经扩展到这一带。东部的南阳盆地虽与豫中地区的大河村文化联系密切，但这里发现的龟灵崇拜和犬牲现象，特别是在鄂豫交界的唐河影坑遗址，还发现过典型的大汶口文化陶鬶等证据表明，这里和淮系文化的联系似乎更为密切，但也已经受到大溪文化油子岭类型的强烈影响。第3和第4阶段，汉水上中游地区被江

汉平原的苗蛮集团所控制，先后成为屈家岭文化和石家河文化的腹地。只是到夏商时期，这里才又成为中原地区华夏集团的控制区。

大量资料显示，淮河流域和汉水上中游地区有以下共同特征。

（1）居住址方面，均以平地起建的房子为主，流行整塑整烧的建筑技术，这种技术在第1阶段的贾湖文化时期已出现其萌芽，第2、3阶段的下王岗类型、屈家岭文化和尉迟寺类型达到鼎盛，出现了雕龙碑式的大型多间地面建筑和下王岗式的几十间一排的排房，这应与其特定的自然环境与文化传统有关。

（2）埋葬习俗方面，以墓葬连续而密集的墓地为显著特色，贾湖文化、龙虬庄文化和下王岗类型墓地的排列方式非常相似；以犬为牲的现象在贾湖文化时期已出现，大汶口文化、下王岗类型均甚为流行；以獐牙、猪骨为随葬品的现象始于贾湖，大汶口文化时更为盛行。尤其是下王岗类型的雕龙碑遗址，还发现有大量埋葬整猪现象。

（3）原始信仰方面，流行龟灵崇拜现象，贾湖文化即较为盛行，仰韶时代流行范围更广，自东向西，大汶口文化、下王岗类型、龙岗寺类型均有发现。

（4）文化传统方面，虽然在贾湖一期和小山口文化时期也存在以釜和支脚为特征的文化，但自贾湖二期开始，直到二里头文化时期，这一带一直以鼎文化为特征。

（5）经济形态方面，都以稻作文化或稻粟兼作文化为主要生业形式，虽然这一带的先民对野生稻的采食和利用可能晚于长江流域，但稻作农业应是与长江流域同步发生的，而且在5000年前，淮河上中下游和汉水流域均早于长江流域几乎同时实现了粳稻特征的定型化。

四、环境与生业

根据近30年来的研究结果表明，淮河流域进入全新世以后，气温急剧升高，10ka BP的气温已达到现代的水平，9ka BP左右温度已稍高于现代，8.7ka～8.5ka BP间，温度急升4.5℃之巨，与此同时，降雨量也相应增加，非常适于稻作生产。淮河流域地处长江、黄河两大农业区之间，历来是一个南北气候摆动带，是我国暖温带半湿润气候与亚热带湿润气候的交界地区，现代的淮河流域在气候上处于一个分水岭的地位，是北亚热带与暖温带的分界线，两岸在气温、降水量等方面存在着一定的差异，但在全新世大暖期期间，这一分界线曾北移到了华北平原中北部白洋淀一带，黄淮和江淮均属于亚热带气候区[16]，有利于水稻产生变异品种和人们进行驯化和人工选择。同时淮河流域也是长江黄河两大文化区的交汇地带，文化面貌较为复杂但也有自身的特点，由于淮河流域和汉水流域在地理和气候条件、文化传统和经济形态均有相似之处，并有一定的内在联系，我们称之为淮汉文化带和淮汉粳稻栽培带。

就稻作农业考古资料而言，淮河流域20世纪80年代以前做工作很少，人们普遍认为，淮河流域的稻作农业是从长江流域传播而来的。90年代以后，随着河南舞阳贾湖、江苏高邮龙虬庄、安徽蒙城尉迟寺三批重要资料的公布，促使人们对此问题进行反思，一些新的学术观点提了出来，但因淮河中游地区的尉迟寺遗址时间较晚，没有相应的资料连接上、下游的贾湖和龙虬庄，影响了人们对淮河流域稻作农业的起源与发展问题的认识。

河南舞阳贾湖遗址是我国20世纪新石器时代前期一重要发现，其丰富的文化内涵令世人瞩目，该遗址因发现了大量的稻作农业遗存[17]（图一），从而成为目前农业考古界关注的焦点之一。贾湖遗址位于河南省中部，伏牛山以东，淮河上游主要支流沙河的冲积平原上，地理坐标为N33°36′、E113°40′。该5.5万平方米遗址发现于20世纪60年代初，1983～2001年共进行了7次发掘，文化层最薄处仅几十厘米，最厚处不超过2米，经过整理分析可划分为三期，根据北京大学等3个^{14}C实验室的测定结果，^{14}C年代总跨度大致为9000～7800a BP，三层都发现有炭化稻遗存，它比河姆渡与罗家角的古稻要早2000年，与湖南澧县彭头山、八十垱古稻的年代大体相当。

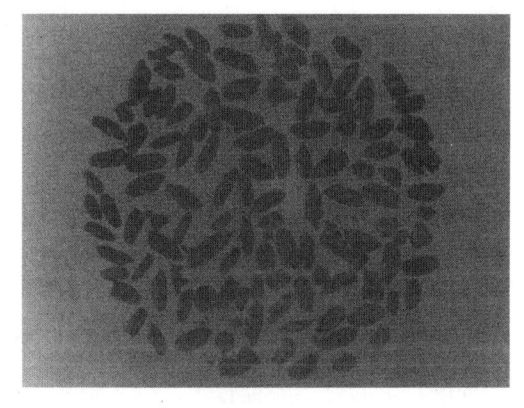

图一

贾湖遗址出土的新石器时代的生产工具，既有翻地、播种、中耕（图二）及收获的工具（图三），也有把稻谷加工成米的磨盘、磨棒，可以作为栽培稻的重要佐证。对稻米加工工艺的研究结果也表明，贾湖人食用的是经过加工的精米。这些从另一个角度证明，稻作农业在贾湖人的经济生活中具有重要的地位。

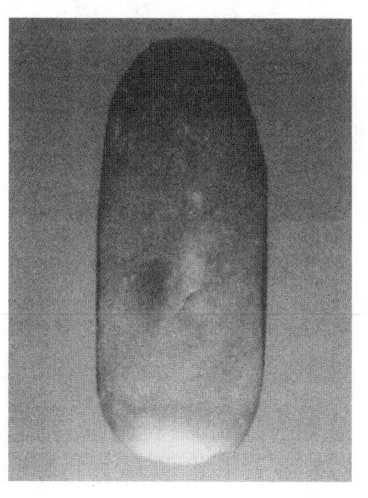

图二 　　　　　　　　图三

贾湖人的社会群体结构形式现在还不能妄言，但其信仰形式，则是与其自然环境和农作形式息息相关的。从目前材料可知，贾湖人的信仰尚处于泛灵论的精灵崇拜阶段。大量的有规律的龟甲随葬，表明龟灵崇拜的存在（图四）。这只有在龟与人们的生活关系密切，因之经历了长期的观察之后，才成为可能。同时，也只有在长期食龟、用龟、崇龟的部族中，才有可能产生具中国特色、并对中国历史产生重大影响的龟甲契刻文字，而这一文字体系正是滥觞于贾湖聚落。在有丰富而规律性随葬品的墓葬中和排列有序的墓地之内，还有殉狗现象，这表明祖先崇拜的存在。大量随葬狩猎、捕捞工具箭头、鱼镖等，直接反映了与环境相适应的生业形式。人们从事农业和其他生业形式均需长期对天文气象现象的观察、顺应和利用，太阳纹和"日"形刻符应是这一活动的真实记录，也可能是由此诞生的太阳崇拜的遗迹。经对长期在此越冬的鹤的观察，人们用鹤的尺骨制成了管乐器骨笛[18]（图五）。这一辉煌的艺术成就不仅反映了特定的自然环境和人类的聪明智慧，同时也可能记录了另一种崇拜形式——鸟神崇拜。在我国古代，鸟神崇拜和太阳崇拜经常是联系在一起的。这一联系很可能也滥觞于此。贾湖最有特色的龟甲文化和鸟笛文化，对影响中国数千年并成为中华民族思维方式的象数思维的形成，具有奠基性作用。这些都与贾湖周围特定的自然环境有关，都是贾湖人在顺应并利用自然环境的过程中创造的具有贾湖特色的思想文化。

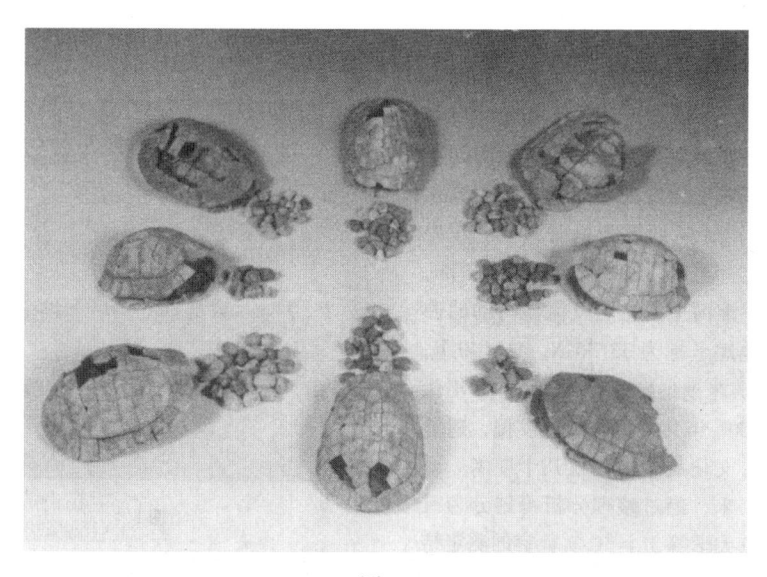

图四

江苏高邮龙虬庄遗址是淮河下游地区的一处重要的新石器时代中晚期遗址[19]，该遗址位于东经119°30′，北纬32°50′，海拔2.4米，总面积约4.3万平方米，是江淮东部面积最大保存最完好的一处新石器时代聚落遗址。1993~1995年间，南京博物院考古研究所等单位对该遗址进行了四次考古发掘，经过整理分析，《龙虬庄》发掘报告根据该遗址早期遗存文化特征的稳定性，文化序列的完整性，遗址本身属江淮东部中心聚落等多方面因素考虑，首次提出命名"龙虬庄文化"以替代青莲岗文化命名。该遗址可划分为8个文化层，其中第四层到第八层属于新石器时代文化层，分为两个文化期，其中第8、7层为第一期，结合更早的唐王墩遗址下层，经^{14}C测定，年代约为7000~6300a BP，年代范围与双墩文化相当，第6~4层为第二期，年代为6300~5500a BP。另外，边缘地带更晚的遗存为第三期，年代为5500~5000a BP。

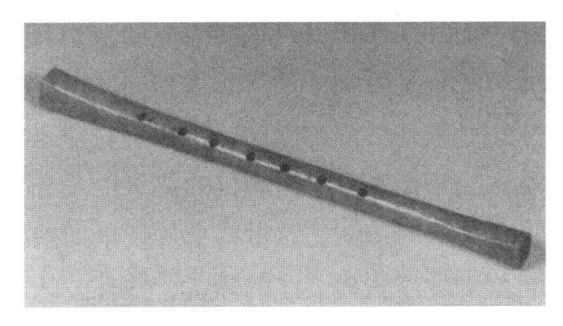

图五

据研究，淮河下游的龙虬庄文化及其稻作农业可能来源于上游的贾湖文化，这在考古学文化因素、气候环境特征、稻作农业文化的连续发展上均可以找到线索[20]。

安徽蒙城尉迟寺遗址[21]位于安徽省境内淮河以北的蒙城县毕集村东150米，南距北淝河约4千米，是淮河中游地区新石器时代晚期一个重要的中心性聚落遗址，大汶口文化晚期尉迟寺类型的代表性遗址，经^{14}C测定，年代约为4800~4600a BP。该遗址处在黄河与淮河长期堆积泥沙形成的淮北平原上，现为高出地面2~3米的堌堆状堆积。

尉迟寺遗址硅酸体分析结果还表明，大汶口文化晚期到龙山文化时期的农业生产有两个特点：一是粟类和稻类作物同时存在，在一处遗址中进行混种，这一现象应该是多种因素的结果；二是稻类作物的种植从大汶口文化晚期到龙山文化阶段呈逐步增加的趋势，粟类作物却与之相反，这说明不同时期农作物栽培对象可能受气候环境与文化传统等各种因素的影响呈动态性变化，反映出的是稻粟兼作农业的经济形态。从水稻壳硅化表皮的特征观察，双峰的峰值较低，垭宽较大，具有典型的粳稻特征。这与稻粟兼作农业所要求的气候环境是一致的，同时也表明，淮河流域新石器时代考古学文化的第3阶段，稻作农业的栽培对象是在第2阶段已定型化的粳型稻。

尉迟寺龙山文化期的资料进一步显示，淮河流域新石器时代考古学文化的第4阶段，其农业经济形态是以栽培粳型稻为主的稻粟兼作农业。

人们长期在一定的环境中生存，在产生出一套与之相适应的经济技术的技能的同时，也必然会产生一套与之相应的群体结构形式、信仰形式、对自然界与人类社会的认知形式和文化艺术形式。这些人类的思想文化形式潜移默化，代代相传，是文化传承的主要内容。这也是古代民族迁徙新址时，仍要选择与原住地大致相当或相似的自然环境的原因所在。如贾湖人的后继文化分布于淮河中下游和汉水流域，这些地方的自然环境与气候条件就与贾湖所在的淮河上游近似。这大概也正是人类迁徙活动中逐水而居和同纬度迁徙的原因所在。

关于稻作农业的起源问题，历来是农业考古研究的中心议题之一，而且与中华文明的起源问题密切相关。中国有着举世瞩目的悠久的稻作农业文化传统，又是栽培稻的祖先种普通野生稻的传统分布区，同时中国还是世界上发现早期栽培稻遗存最多的国家，自20世纪70年代以来，中国一直是世界农业考古界关注的热点，并且公认中国是世界农业的起源地之一。

虽然国内外学者已认同中国是世界稻作农业起源地之一的观点，但中国栽培稻到底起源于何地，目前仍众说纷纭，未能取得一致的意见，其中主要的观点有以下四种：一是50年代由丁颖先生提出来的"华南说"；二是日本学者渡部忠世和菲律宾华人学者张德慈提出的"阿萨姆·云南说"；三是严文明先生等提出的长江中下游说；四是王象坤先生等提出的淮河上游—长江中游说。进入90年代之后，由于我国农业考古界又取得了不少突破性进展，主要集中在长江中游和淮河流域，包括江西万年仙人洞和吊桶环万年前水稻植硅石，湖南道县玉蟾岩万年前稻壳，澧县八十垱、舞阳贾湖、江苏高邮龙虬庄大量炭化稻等重要发现，据此学术界又提出了"边缘地带起源说"[22]"中心起源边缘发展说"[23]等新理论。笔者根据淮河流域的考古发掘资料对淮河流域稻作农业的起源与发展也谈过一些不成熟的看法[24]。

在稻作起源研究中，黄淮地区向来不被重视，这一带的稻作农业多被认为自长江流域传播而来，但近十几年却发现了丰富的稻作文化遗存。尤其在河南舞阳的贾湖遗址，发现了世界上最早的栽培粳稻种子，把淮河流域的水稻栽培史一下子提前到距今约9000年，动摇了淮河流域稻作农业系自长江流域传来的传统认识。因与长江流域稻作农业的起始阶段大体同步，且发现有石铲、石镰、石磨盘、石磨棒等从耕作、收割到脱粒的整套稻作农业工具，表明淮河上游地区是粳稻的初始起源地之一。在结合气候和环境演变的研究结果与淮河下游龙虬庄遗址距今7000~5500年的栽培粳稻和长江中游八十垱、城头山古稻的发现进行比较研究后，我们曾认为，淮河流域古人类对野生稻的采食、利用虽晚于华南和长江流域，但野生稻的驯化与稻作农业的产生是大体同步的，而且稻种的优化选育和粳稻特征的形成可能还要早于籼粳尚在分化的长江流域，较早的形成了淮汉文化带和淮汉粳稻栽培带。这一带在进入历史时期之后，基本上是传统的旱作农业区，但从河南舞阳贾湖、郑州大河村、江苏龙虬庄、安徽尉迟寺、山东两城镇、尧王城、滕州庄里西等材料证明，这一带在新石器时代为传统稻作农业区，在全新世高温期中几次降温事件期间，又同时存在着粟作农业，成为稻粟兼作农业区。进入全新世后期，特别是秦汉以来，随着气候的逐渐变冷，这一带才逐渐成为粟作农业区，稻粟兼作农业区推移到了淮河以南的江淮地区。虽然这一带不像沿长城农牧交错地带对气候变化那么敏感，但其生存模式的变化具有反映这一带全新世环境变迁的指示器作用也是显而易见的。

从上面的讨论我们可以看出，居住在淮河流域的先民，在距今1万年后，可能已经利用逐渐好转的自然条件，开始了将野生稻驯化为栽培稻的尝试。在距今9000~7500年以贾湖文化为代表的淮河上游地区，人们已经种植了籼粳分化尚不明显的原始栽培稻，但由于特定的自然水热条件，这些原始稻种已经开始了向粳稻方向发展的趋势。这种趋势一直延续到了7000年前的双墩和龙虬庄遗址的遗存中，此后这种发展的趋势加快，稻种中粳型特征明显，比重增加，表明人工干预的压力增大。到了侯家寨晚期和龙虬庄遗址第4层时期，即距今5500年左右，即已完成粳稻特征的定型化，其完成时间要早于长江流域。尽管长江流域的先民对野生稻的采食和利用可能要早于淮河流域，但现有资料显示，稻作农业的发展几乎是同步的，而且由于淮河流域在全新世前期位于北亚热带的北部边缘，气候和环境条件所造成的人类生存压力要重于长江流域，对稻作农业的依赖促使了人们加大了对稻种的优化选育类人工干预的程度。鉴于以上原因，我们推测，淮河中游地区有可能是粳稻的初始起源地。

五、淮汉文化带史前稻作农业与文明进程的关系

人类社会的进步，文明因素的产生与发展，需要有雄厚的经济基础作后盾。黄淮地区占尽南北之利，气候温暖湿润时以稻作农业为主要生业形式，温湿度下降时则易之以稻粟兼作或粟作农业，使这里的史前文化得以持续向前发展，是最早出现文明因素的地区之一。如在8000年前的淮河上游地区，贾湖遗址就出现了具有原始文字性质的甲骨契刻符号[25]、七声音阶骨笛[26]和以龟灵崇拜为核心的原始宗教，并能酿造出世界上迄今最早的含酒精饮料[27]。这些因素在淮河流域一脉相传，如在7000年左右的双墩文化时期，就发现了大量陶器刻划符号，与贾湖的符号有很强的相似性；到了5000多年前，这一带主要是大汶口文化分布区，蒙城尉迟寺遗址作为这一带的中心聚落，不仅发现了整齐的排房和聚落广场，还发现了带有图腾性质的鸟形神器和与大汶口等遗址相同的"鸟"符号，这说明相同的符号已在相当大的范围内流通，开始于贾湖的龟灵崇拜和犬牲现象，在整个大汶口文化范围内流通，而且在稍偏南的安徽含山凌家滩遗址还发现内装式盘的玉龟，和贾湖遗址内装石子的龟壳在观念上具有明显的传承性。在龙虬庄遗址4000多年的地层中，终于发现了较为成熟的陶文。

氏族经济的发展与繁荣，促使氏族内部社会关系也发生着变化。在含山凌家滩墓地，随葬品少的墓仅有几件，多的墓可达上百件，两者的悬殊差距更加明显。如出土有玉龟、刻纹玉牌、玉勺等器具的凌家滩M4，同时还有一套由大到小的石铲，其墓主可能属于祭祀或神职人员。M29出玉人、玉鹰及一批玉石质铲、钺和戈，墓主身份可能属于军事首领或氏族首领。"国之大事，在祀在戎"。这些人占有丰富的财富，高高在上，掌握氏族的祭祀、军事大权，应属于氏族内部的特权阶层。

社会意识的变化，逐渐产生了宗教与权力合一的神权。一是宗教观的变化，从万物有灵的原始宗教观，进步到对天地人的崇拜。从凌家滩的玉器看，寓意神秘，玉龙、玉虎象征着神兽，玉鹰象征着神鸟，玉牌象征着天地方圆、四至八方，玉龟属于占卜工具，其与玉牌结合，表明原始巫术的存在。二是对神权的崇拜。凌家滩的玉人有站立和蹲坐两种姿势，各有3件，其上身造型和服饰雷同，均头戴冠饰，双臂放置于胸前，表情严肃，一副宗教偶像的神态。冠饰是身份、地位、权力的象征，凌家滩的玉人与良渚文化神徽有着异

曲同工之处，应是神人偶像。三是礼制萌芽的出现。神权统治需要建立一种秩序来维持。这一时期一些大墓随葬有大批的玉石器，这些玉石器既是财富的象征，又是身份、权力、地位的象征，更是三代时期礼器制度的渊源；它在观念上已包含有礼制的内容[28]。

经济和文化的发展促进了社会的进步，5000多年前，淮河流域出现了一批中心聚落或次中心聚落遗址，如蒙城尉迟寺、含山凌家滩等。这些聚落遗址面积大，规格高。如凌家滩遗址散布范围达160万平方米，处于聚落群的顶端。蒙城尉迟寺遗址也有10万平方米左右。他们都处于区域经济中心的主导地位。中心聚落遗址具有雄厚的农业、手工业基础，经济总量也远远大于一般聚落遗址。生产工具作为生产资料，是衡量经济发展的重要标准。在凌家滩遗址发现有许多带加工痕迹的玉石料及半成品，表明有着比较发达的手工业作坊，经济基础比较雄厚。从各等级聚落遗址的分化程度看，有着等级越高分化越严重的趋势。以上特点表明，中心聚落遗址在文明化进程中的步伐要比一般聚落遗址快得多。

到了4000年前的龙山时代，目前淮河上游地区已发现有平粮台、郝家台等古城址，著名的登封王城岗、新密古城寨古城也都在淮河上游地区范围内。东方沿海的连云港则发现了藤花落龙山文化城址，最近，淮河中游的蚌埠地区也发现了城址，调查发掘所掌握的材料看，这个时期的遗址也是密集的呈群状分布，或沿淮河二三级支流呈带状分布，每群几个、十几个甚至几十个不等。如位于安徽阜阳、宿州境内的濉河、北淝河、泉河流域，各分布着一个大汶口文化晚期到龙山文化的聚落群，小群有遗址9～10处，大群则有17处之多，最大的尉迟寺遗址有10平方米，最小的芮集埠堆遗址只有4000余平方米，从最大的尉迟寺遗址面积分析，似乎应是次中心聚落，这些聚落群之上还应该有更大范围的聚落群和更高规格的中心聚落。上述情况表明，这类聚落群在空间分布上有固定的地域和活动范围，在经济、文化、宗教崇拜方面具有同一性。它们之间的关系是从属关系，即一般聚落遗址从属于次中心聚落遗址，中心聚落遗址居于主导地位。这类聚落群的出现，既是区域经济发展的结果，也是军事联盟的产物，更是地缘政治变化的需要。这种聚落群联合体的形成，也产生了凌驾于各氏族之上的最高权力组织，它已超越原有的氏族社会组织结构而只有部落联盟或酋邦的性质，抑或跨入了国家的门槛。

文明化进程是一种渐进的过程。从上述材料可以看出，黄淮地区文明化进程启动较早，但在进入历史时期以后，夏商周王朝不断用兵于淮河中下游地区，以致三代时期这一带一直未能形成很有影响的国家，境内小国林立，分合无常，处于松散的联合体，在文明化进程的后期显得比较滞后，但在中华文明进程中的作用是不可低估的。

我国有5000年的文明史，连绵不断，源远流长，是中华文明区别于其他文明主体的显著特征。而历史社会是由史前社会孕育诞生的，文明社会是由氏族社会发展而来的。黄淮地区是中华文明的主要发祥地，我国许多历史文献和传统理论，都与这一带历代人民的社会实践密切相关，甚至就是他们历史经验的结晶。淮汉文化带是连接黄河、长江两大文化传统的纽带和桥梁，是华夏、东夷、苗蛮三大集团相互碰撞、交叉与融合的主战场，因之在中华文明的起源、形成与发展的历史进程中具有非常重要的地位。黄淮地区又是史前稻作农业和粟作农业两种耕作方式的交错分布带，两种耕作方式及其操作者在这一带的势力范围也不断变化。黄河中下游、长江中下游和淮河流域考古学诸文化的动态发展过程在耕作方式上也可反映出来。而耕作方式的不同则反映了经济形态和生存模式的差异，人们的行为习惯和文化传统的形成又与其经济形态和生业形式密切相关。两种耕作方式的此消彼长与两大文化传统、三大部族集团的势力此消彼长密不可分，史前耕作方式的变更又与全新世气候环境的演变密切相关。研究其相互关系，总结其演变规律，对今后的发展也具有重要的借鉴价值。因此可以认为，这一带是解开中国传统文化之谜的钥匙。因此，研究黄淮地区史前各主要考古学文化的碰撞、交叉与融合的历史进程，进而探讨其在中华文明起源与发展的历史进程中的作用，探讨文明起源与农业起源的关系和人与自然的相互关系，对我们探讨中国古文明因素的起源及发展历程，具有重要意义。

注　释

[1] 苏秉琦：《略谈我国东南沿海地区新石器时代考古》，《文物集刊·1》，文物出版社，1980年，第29页。

[2] 石兴邦：《横亘东西的淮汉文化中介带——青莲岗下王岗文化传统》，《长江中游史前文化暨第二届亚洲文明学术讨论会论文集》，岳麓书社，1996年，第210页。

[3] 高广仁：《淮系文化新说》，中国东方地区古代社会文明化进程国际学术研讨会论文，2003。

[4] 河南省文物考古研究所：《舞阳贾湖》，科学出版社，1999年。

[5] 这个阶段的主要参考文献有：开封地区文管会等：《河南新郑裴李岗新石器时代遗址》，《考古》1978年第2期；开封地区文管会、郑州大学历史系考古专业等：《裴李岗遗址1978年发掘简报》，《考古》1982年第4期；中国社会科学院考古研究所河南一队：《1979年裴李岗遗址发掘报告》，《考古学报》1984年第1期；河南省博物馆等：《河南密县莪沟北岗新石器时代遗址》，《考古学集刊（第一集）》，文物出版社，1981年；河南省文物考古研究所：《舞阳贾湖》，科学出版社，1999年；中国社会科学院考古研究所安徽队：《安徽宿县小山口和古台寺遗址试掘简报》，《考古》1993年第12期。

[6] 这个阶段的主要参考文献有：郑州市文物考古研究所：《郑州大河村》，科学出版社，2001年；张玉石、杨肇清：《新石器时代考古获重大发现——郑州西山仰韶时代晚期城址面世》，《中国文物报》1995年9月10日第一版；河南省文物考古研究所：《郑州后庄王遗址的发掘》，《华夏考古》1988年第1期；中国社会科学院考古研究所河南一队：《河南汝州中山寨遗址》，《考古学报》1999年第1期；河南省文物考古研究所：《长葛石固遗址发掘报告》，《华夏考古》1987年第1期；阚绪杭：《定远县侯家寨新石器时代遗址发掘简报》，《文物研究（第五辑）》，黄山书社，1989年；阚绪杭：《蚌埠双墩遗址的发掘与收获》，《文物研究（第八辑）》，黄山书社，1993年；中国社会科学院考古研究所安徽队：《安徽宿县小山口和古台寺遗址试掘简报》，《考古》1993年第12期；安徽省文物考古研究所：《安徽濉溪石山子新石器时代遗址》，《考古》1992年第3期；中国社会科学院考古研究所山东队等：《山东滕县北辛遗

址发掘报告》,《考古学报》1984年第2期;中国社会科学院考古研究所:《山东王因——新石器时代遗址发掘报告》,科学出版社,2000年;山东大学历史系考古专业教研室:《泗水尹家城》,文物出版社,1990年;山东省文物考古研究所等:《山东莒县陵阳河大汶口文化墓地发掘简报》,《史前研究》1987年第3期;山东省文物考古研究所等:《枣庄建新——新石器时代遗址发掘报告》,科学出版社,1996年;南京博物院:《江苏沛县四户镇大墩子遗址探掘报告》,《考古学报》1962年第1期;《江苏沛县大墩子遗址第二次发掘》《考古学集刊(第一集)》,文物出版社,1981年;江苏省文物工作队:《江苏沛县刘林新石器时代遗址第一次发掘》,《考古学报》,1962年第1期;南京博物院:《江苏沛县刘林新石器时代遗址第二次发掘》,《考古学报》1965年第2期;南京博物院:《江苏沭阳万北新石器时代遗存发掘简报》,《东南文化》1992年第1期;华东文物工作队:《淮安县青莲岗新石器时代遗址调查报告》,《考古学报》1955年第9期;龙虬庄遗址考古队:《龙虬庄——江淮东部新石器时代遗址发掘报告》,科学出版社,1999年。

[7] 这个阶段的主要参考文献有:河南省文物考古研究所、郑州大学历史系考古专业:《禹县瓦店遗址发掘简报》,《文物》1983年第3期;河南省博物馆:《河南禹县谷水河遗址发掘简报》,《考古》1979年第4期;河南省文物考古研究所:《登封告成北沟遗址发掘简报》,《中原文物》1984年第4期;曹桂岑:《郸城段寨遗址试掘》,《中原文物》1981年第3期;河南省文物考古研究所:《河南鹿邑栾台遗址发掘简报》,《华夏考古》1989年第1期;中国社会科学院考古研究所:《蒙城尉迟寺》,科学出版社,2001年;中国社会科学院考古研究所山东工作队:《山东曲阜西夏侯遗址第一次发掘报告》,《考古学报》1964年第2期;中国社会科学院考古研究所山东工作队:《西夏侯遗址第二次发掘报告》,《考古学报》1986年第3期;山东省博物馆等:《1975年东海峪遗址的发掘》,《考古》1976年第6期;南京博物院:《花厅——新石器时代墓地发掘报告》,文物出版社,2003年。

[8] 这个阶段的主要参考文献有:河南省文物考古研究所、中国历史博物馆考古部:《登封王成岗与阳城》,文物出版社,1992年;河南省文物考古研究所、郑州大学历史系考古专业:《禹县瓦店遗址发掘简报》,《文物》1983年第3期;河南省文物考古研究所等:《河南淮阳平粮台龙山文化城址试掘简报》,《文物》1983年第3期;河南省文物考古研究所等:《郾城郝家台遗址的发掘》,《华夏考古》1992年第3期;中国社会科学院考古研究所河南二队:《河南临汝煤山遗址发掘报告》,《考古学报》1982年第4期;中国社会科学院考古研究所河南二队:《河南永城王油坊遗址发掘报告》,《考古学集刊(第五集)》,中国社会科学出版社,1987年;河南省文物考古研究所:《河南鹿邑栾台遗址发掘简报》,《华夏考古》1989年第1期;中国社会科学院考古研究所:《蒙城尉迟寺》,科学出版社,2001年;中国社会科学院考古研究所安徽队:《安徽宿县小山口和古台寺遗址试掘简报》,《考古》1993年第12期;山东大学历史系考古专业教研室:《泗水尹家城》,文物出版社,1990年;国家文物局考古领队培训班:《兖州西吴寺》,文物出版社,1990年;南京博物院:《日照两城镇陶器》,文物出版社,1985年;临沂地区文物管理委员会等:《日照尧王城龙山文化遗址试掘简报》,《史前研究》1985年第4期;山东省博物馆等:《1975年东海峪遗址的发掘》,《考古》1976年第6期;南京博物院考古研究所等:《江苏兴化

戴家舍南荡遗址》，《文物》1995年第4期；南京博物院考古研究所等：《江苏高邮周邶墩遗址发掘报告》，《考古学报》1997年第4期；

[9] 陕西省考古研究所等：《陕南考古报告集》，三秦出版社，1994年。

[10] 南阳地区文物队等：《河南方城县大张庄新石器时代遗址》，《考古》1983年第5期。

[11] 陕西省考古研究所：《龙岗寺——新石器时代遗址发掘报告》，文物出版社，1990年。

[12] 这个地区这一阶段的主要参考文献有：河南省文物研究所等：《淅川下王岗》，文物出版社，1989年；中国社会科学院考古研究所：《枣阳雕龙碑》，科学出版社，2006年；中国社会科学院考古研究所：《青龙泉与大寺》，科学出版社，1991年；北京大学考古系等：《河南邓州市八里岗遗址1992年的发掘与收获》，《考古》1997年第12期；长江流域规划办公室考古队河南分队：《河南淅川黄楝树遗址发掘报告》，《华夏考古》1990年第3期。

[13] 张居中：《黄河中下游地区新石器时代文化谱系的动态研究》，《中原文物》2006年第6期。

[14] 此类文献很多，主要有：南京博物院：《北阴阳营——新石器时代及商周时期遗址发掘报告》，文物出版社，1993年；上海市文物保管委员会：《崧泽——新石器时代遗址发掘报告》，文物出版社，1987年；安徽省文物考古研究所：《潜山薛家岗》，文物出版社，2004年；安徽省文物考古研究所：《凌家滩——田野考古发掘报告之一》，文物出版社，2006年。

[15] 主要参考文献有：山东大学历史系考古专业教研室：《泗水尹家城》，文物出版社，1990年；国家文物局考古领队培训班：《兖州西吴寺》，文物出版社，1990年；南京博物院：《日照两城镇陶器》，文物出版社，1985年；临沂地区文物管理委员会等：《日照尧王城龙山文化遗址试掘简报》，《史前研究》1985年第4期；山东省博物馆等：《1975年东海峪遗址的发掘》，《考古》1976年第6期。

[16] 施雅风：《中国全新世大暖期气候与环境》，北京：海洋出版社，1992年。

[17] 河南省文物考古研究所：《舞阳贾湖》，科学出版社，1999年；

Zhang J Z, Wang X K. Notes on the Recent Discovery of Ancient Cultivated Rice at Jiahu, Henan Province: A New Theory Concerning the Origin of *Oryza japonica* in China. Antiquity, 1988, 72(278): 897-901.

[18] Zhang J Z, Harbottle G, Wang C S, et al. Oldest Playable Musical Instruments Found at Jiahu Early Neolithic Site in China. Nature, 1999, 401: 366-368.

[19] 龙虬庄遗址考古队：《龙虬庄——江淮东部新石器时代遗址发掘报告》，科学出版社，1999年。

[20] 龙虬庄遗址考古队：《龙虬庄——江淮东部新石器时代遗址发掘报告》，科学出版社，1999年；河南省文物考古研究所：《舞阳贾湖》，科学出版社，1999年。

[21] 中国社会科学院考古研究所：《蒙城尉迟寺》，科学出版社，2001年。

[22] 严文明：《农业发生与文明起源》，科学出版社，2000年。

[23] 朱乃诚：《中国早期新石器文化研究的新进展》，《光明日报》2000年7月28日。

[24] 张居中等：《淮河中游地区稻作农业考古调查报告》，《农业考古》2004年第3期。

[25] Li X, Harbottle G, Zhang J Z, et al. The Earliest Writing? Sign Use in the Seventh Millennium BC at Jiahu, Henan Province, China. Antiquity, 2003, 77: 31-44.

［26］ Zhang J Z, Harbottle G, Wang C S, et al. Oldest Playable Musical Instruments Found at Jiahu Early Neolithic Site in China. Nature, 1999, 401: 366-368.

［27］ McGovern P E, Zhang J Z, Tang J G, et al. Fermented Beverages of Pre-and Proto-history China. PNAS, 2005, 101(51): 17593-17598.

［28］ 杨立新：《江淮地区史前文明化进程初探》，中国高等科学技术中心"原始农业对中华文明形成的影响"专题讨论会，2001年3月15～17日。

（原载《庆祝何炳棣先生九十华诞论文集》，三秦出版社，2008年）

略论淮河流域新石器时代文化*

　　淮河流域是古史传说中东夷集团的主要分布区，也是中华文明的主要创造者华夏、东夷、苗蛮三大部族交叉、碰撞和融合的主要舞台，旧石器时代以来，各个时期的先民在此留下了丰富的遗迹和遗物，近几十年来有不少重要的考古发现。近年来，高广仁先生明确提出了淮系文化的新认识。笔者现就新石器时代淮系文化的特征及形成进程阐述近年来的学习体会，以期引起学界对淮系古文化的关注。

一、淮河流域新石器时代考古学文化的序列与年代

　　新中国成立以来，淮河流域各地有一系列重要的考古发现，已积累了丰富的资料。根据目前材料，淮河流域的新石器时代考古学文化，可分为三个区域和四个阶段。

　　三个区域是指以河南中、东和南部为代表的上游地区，以安徽中北部为代表的中游地区，以苏北、鲁中南为代表的下游地区。

　　以距今9000～7000年为第1阶段，上游地区有舞阳贾湖为代表的贾湖文化和以新郑裴李岗、密县莪沟为代表的裴李岗文化，中游地区以小山口文化为代表，下游地区尚未发现这个阶段的遗存。

　　以距今7000～5000年为第2阶段，该阶段考古发现非常丰富，上游地区以大河村文化为代表；中游地区以侯家寨文化为代表等；下游地区分为南北两部分，北部黄淮地区以北辛文化、大汶口文化为代表，南部江淮地区以龙虬庄文化为代表。过去有学者曾将下游地区这个阶段的遗存称为青莲岗文化。

　　以距今5000～4000年为第3阶段，上游地区以谷水河三期文化为代表，中游地区以大汶口文化尉迟寺类型为代表。下游地区这个阶段北部黄淮地区以大汶口文化花厅类型为代表。南部江淮平原区为文化间歇期。

　　以距今4500～4000年为第4阶段，上游地区以龙山时代王城岗类型为代表，中游地区以造律台文化为代表，下游地区这个阶段北部黄淮平原区以龙山文化为代表。南部江淮平原区仍为文化间歇期，仅发现有少量良渚文化和造律台文化遗存分布，被称为"文化走廊"。

---

　　* 本研究为国家自然科学基金资助项目（资助号：40472087）。

另外，由于古人在其迁徙和传播文化时，首先要选择自己熟悉和适应的生存环境，同纬度地区成为其首选的栖息地，即同纬度迁徙与传播。汉水流域和淮河流域纬度大致相同，气候和自然环境条件相同或相似，鉴于此，笔者曾提出贾湖先民可能曾向淮河流域和汉水流域东西两个方向发展，从而使淮河流域和汉水流域形成了共同的文化传统，笔者曾称之为"淮汉文化带"。

二、淮河流域新石器时代考古学文化的共同特征

通过对上述资料的归纳梳理得知，淮河流域新石器时代文化大致存在以下共同因素。

（1）居住址方面，均以平地起建的房子为主，流行整塑整烧的建筑技术，这种技术在第1阶段的贾湖文化时期已出现其萌芽，第2、3阶段的大河村文化和大汶口文化尉迟寺类型达到鼎盛，出现了几十间一排的排房，这应与其特定的自然环境有关。

（2）埋葬习俗方面，以墓葬排列连续而密集的墓地为显著特色，贾湖文化和龙虬庄文化墓葬的排列方式非常相似；以犬为牲的现象在贾湖文化时期已出现，随葬大量精致的石器、骨器的现象也始于贾湖，大汶口文化时期更为盛行。另外还有以鹿角随葬者，这些都可在贾湖的墓葬中找到共同因素。葬式上的一次葬与二次葬的合葬现象、摆放式二次葬现象、多人一次合葬现象等，也呈现出一定的相似性。

（3）遗物方面，陶制品制作工艺及器物组合上具有较多的相似性。如均以夹砂和泥质红陶为主，常见纹饰有附加堆纹、戳刺纹等，主要器类都有鼎、钵、壶等。其中圆锥足鼎、小平底钵、敛口钵、带嘴壶、小口双耳罐（壶）、羊角状把（钮）陶罐等，都可在贾湖遗址中找到祖型。但是，淮河中、下游的带附加堆纹的釜颇具特色，与贾湖者明显不同。

骨角器发现较多，特别是龙虬庄遗址，器形多样且磨制精良，数量以镞最多。大汶口文化与贾湖文化在制骨工艺上有惊人的相似之处。从制骨工艺和骨制品形态上来讲，淮河流域更具有较为明显的传承性。

（4）文化传统方面，虽然在贾湖一期和小山口文化时期也存在以釜和支脚为特征的文化，但自贾湖二期开始，直到二里头文化时期，淮河流域一直以鼎为主要炊器，壶为主要水器，鼎文化为淮河流域的显著特征。

（5）经济形态方面，贾湖、侯家寨和龙虬庄都发现了丰富的稻作文化遗存，大河村、王因和尉迟寺都发现有稻作与粟作共存的现象，表明淮河流域都以稻作文化或稻粟混作文化为主要生业形式，虽然这一带的先民对野生稻的采食和利用可能晚于长江流域，但稻作农业应是与长江流域同步发生的，而且在5000年前，淮河上中下游均早于长江流域几乎同时实现了粳稻特征的定型化，逐渐形成了一个同纬度粳稻栽培带，笔者曾称之为"淮汉粳稻栽培带"，同时也形成了一个以栽培和食用粳稻为特征的传统文化区，即笔者所说

的"淮汉文化带"。

（6）自然环境方面，淮河流域纬度大致相当，地域相连，在贾湖、石山子、龙虬庄、王因都发现了大量的斑鹿、麋、獐、麂、家猪、猪獾、牛、狗、龟、鳖、扬子鳄等爬行类，鹤、雁、天鹅、雉等鸟类，鲤鱼、青鱼、草鱼等大量鱼类，丽蚌、矛蚌、珠蚌、楔蚌、篮蚬、中华圆田螺等草原、湖沼和水生动物骨骼，表明其有着同样的自然环境和气候条件。

（7）原始信仰方面，流行龟灵崇拜现象，贾湖文化已较为盛行，仰韶时代流行范围更广，特别在淮河中下游的大汶口文化分布区内，分布广泛。这些惊人的相似之处，没有一定的文化传承性是不可能的。地处江淮地区、年代大体相当于尉迟寺遗址的安徽含山凌家滩遗址，更是发现了内装玉制式盘的玉龟，表明此时的龟灵崇拜可能已经发展到了原始宗教的层面，成为一种祭祀用品。

（8）精神文化方面，贾湖和侯家寨、龙虬庄都有相当成型的契刻符号，且有一定的重复率，特别是贾湖和侯家寨都在陶器上刻有太阳纹，表明它们可能具有共同的原始宗教意识。而龙虬庄遗址出土属于造律台文化的陶片上的刻符，不仅结构复杂程度不低于安阳殷墟甲骨文，而且书写流畅，书面排列规律性强，虽然不能给予完全解读，但完整地记录当时的一件事情则是完全可能的。

以上八个方面表明，淮河流域这个时期的考古学文化具有相当多的共同因素。总的来讲，在前仰韶时代，中游的小山口文化相对较弱，上游地区的贾湖文化和裴李岗文化均为强势文化，上游呈现出一枝独秀的局面。在仰韶时代，大河村文化和大汶口文化是淮河流域东西对峙的两大强势文化，其势力范围此消彼长，在中华文明的形成进程中产生过剧烈而强大的影响。到了龙山时代，淮河流域西有强大的王城岗类型，东有分布广泛的造律台文化，北有强大的龙山文化，从而进入了城邦林立的早期文明时期，为中华文明的最终形成做出了巨大贡献。

因此，是否可以认为，在贾湖文化晚期，其居民因某种原因，其中一支沿淮河东下，进行同纬度迁徙，后与当地土著居民融合，创造了侯家寨文化和大汶口文化的大墩子类型，并影响了整个大汶口文化和淮河中下游地区，故可认为江淮东部的原始文化来源于贾湖文化，其稻作农业亦应源自贾湖文化。上述分析结果与我们对贾湖遗址材料的分析结果是一致的。如果上述推测成立的话，淮河流域史前文化存在如此多的共性就不难理解了。

三、淮河流域新石器时代文化在史前文明化进程中的地位

淮河流域是连接长江流域和黄河流域两大文化巨龙的枢纽和桥梁，在中国古代文明化进程中曾起到过举足轻重的作用。

淮河流域是最早出现设防聚落的地区之一，在距今八九千年的贾湖聚落，就已出现防御性的围壕。其后的仰韶时代，环壕聚落在淮河流域普遍存在。到了距今5000多年的仰韶时代晚期，本区最早的城在郑州西山出现了。这是一个划时代的事件，它标志着社会复杂化程度达到了一个新的阶段。进入5000年以后的龙山时代，首先是20世纪70年代中叶安金槐先生发现河南登封王城岗城址以后，在淮河上游地区，城的发现犹如雨后春笋，淮阳平粮台古城、郾城郝家台古城、临汝煤山古城、新密古城寨古城等等，都一丝丝透露出早期文明的信息。近年来，江苏省考古工作者又发现了连云港藤花落龙山文化城址，表明淮河流域从上游到下游，都与黄河中游的伊洛地区、长江中游的江汉地区、长江下游的太湖流域和杭州湾区、内蒙古中部的长城地带等地同步进入了以城邦为标志的早期文明阶段。

文字的出现与运用是进入文明社会的主要标志之一，在中国古史传说时代被誉为"惊天地，泣鬼神"的划时代事件。而首先将有文字性质的符号契刻于龟甲、兽骨之上的，正是位于淮河上游地区的距今八九千年的贾湖先民。这种用龟文化被大汶口文化、江淮地区的凌家滩文化和传说中的有虞氏文化所继承，而贾湖的符号文化则被其后的侯家寨文化、造律台文化所继承，为甲骨文的出现打下了坚实的基础。可以认为，淮河流域的新石器文化最早出现具有原始文字性质的契刻符号，并且发展几千年连绵不绝，为中华文明的最终形成奠定了基础。

淮河上游地区还较早出现了金属冶炼技术。淮阳平粮台龙山时代城址出土的铜炼渣是我国最早的与青铜冶炼或铸造技术相关的遗物之一。登封王城岗龙山时代城址出土的青铜容器残片，表明淮河上游龙山时代先民已经掌握了铸造青铜容器的冶铸技术。而金属冶铸业的出现，表明社会分工的进一步扩大，不同地域间资源的交换必然更加频繁，不同人类群体间资源的占有和掠夺也就必然加剧。社会复杂化程度的增加，也就要求社会管理能力不断提高，作为最高社会管理的形式，国家的诞生也就水到渠成了。结合其他要素分析可知，龙山时代的淮河流域，尤其是其上游地区，已经迈入了国家的门槛，成为早期文明之光普照的地区之一。

中国号称礼仪之邦，而这个"礼"正是古代中国社会赖以维系和延续的理论核心。其中作为统治集团最高规格的庙堂之礼的逐渐形成，正是与国家的诞生大体同步。之所以称为庙堂之礼，与集政治和宗教为一体的大型礼仪性建筑有直接的关系。淮河流域在龙山时代各大型遗址均发现有大型建筑基址，特别是新密古城寨城址，其中心部位发现了面积达数千平方米的带廊庑和配殿的大型殿堂式建筑基址，其性质和意义是不言而喻的。

在先秦庙堂之礼中，鼎的运用始终居于重要的地位，周代的列鼎制度和"钟鸣鼎食"的贵族生活，正是建立在史前数千年鼎文化的基础之上的。在东亚地区各大文化体系中，淮河流域是最早发明并使用鼎作为主要炊器的地区，从贾湖二期开始，陶鼎已经成为主要的炊具之一。从发生学的角度观察，这里的陶鼎有一个由萌芽、产生到演变的完整过程，应是淮河流域先民的一个创造，而这一创造应是与当地的环境条件和人们的生活习惯相适应的。由于陶鼎是先民们一日三餐的主要器具之一，在以祖先崇拜为核心的中国原始祭祀活动中，陶鼎自然成为祭祀仪式上的主要器具。从这个角度来讲，淮河流域的鼎文化影响了中华文明数千年。

那么，谁是淮河流域史前文化的主人呢？从前面分析可知，贾湖文化与淮河中下游地区乃至整个海岱文化区的大汶口文化有着密切的关系，甚或淮河下游的龙虬庄文化就是从贾湖文化发展而来的。据大量文献记载，淮河流域是东夷部族集团的传统聚居地，而太昊氏和少昊氏又是东夷部族集团的核心。我们认为，灿烂的淮河流域史前文化很可能就是两昊部族集团所创造的，以两昊为核心的东夷集团是推动中华古代文明形成的主要力量之一，在史前文明化进程中发挥了重要作用，在夏商周时期逐渐融入了中华文明的大家庭之中。

［原载《郑州大学学报》（哲学社会科学版）2005年第2期］

黄河中下游地区新石器时代文化谱系的动态思考*

黄河流域的新石器时代文化谱系，已有几代考古学家进行过全方位的研究，其来龙去脉已基本廓清[1]。在下不揣愚昧，也想就此问题略陈一孔之见，以就教于方家。

在尚未摆脱宇宙洪荒的新石器时代，史前先民的社会组织结构和日常生活虽然隔山不隔水，但不可否认某些文化圈内的神山在先民们心目中的神圣地位。在《山海经》等古文献中，此类记载随处可见，兹不赘述。综观整个黄河中下游地区，大体存在四个既同时并存又相互影响，既相对独立又渐趋融合的以名山为中心的文化圈，即以华山为中心的华山文化圈，以嵩山为中心的嵩山文化圈，以太行山为中心的太行山文化圈和以泰山为中心的泰山文化圈。

一、华山文化圈

华山文化圈以关中、豫西、晋南为其核心地区，强大时影响范围东到大海、西到甘青、南过长江、北跨长城地带，它的文化主体以罐、瓶为代表，是新石器时代的强势文化区，可称为老官台文化、班村文化—典型仰韶文化—庙底沟二期文化—客省庄二期文化、三里桥二期文化、陶寺文化系统。它以华山为界，大致分为东西两部分。

西部核心是关中平原，强大时北至河套，南到汉水流域，西到甘青地带，东至豫西晋南地区。在7000年前的新石器时代中期，这一地区分布着老官台文化，以饰交错绳纹的三足罐、圜底钵为代表，构成其独特的文化面貌，并最早产生了彩陶[2]。

到了距今7000~5000年的新石器时代晚期，在这里分布着典型仰韶文化半坡类型，以写实和变体的鱼、鸟、鹿等动物图案彩陶为典型特征，以罐为主要炊器，以尖底瓶为主要汲水器，彩陶盆、彩陶钵为主要盛食器，大体经历了半坡早、史家、泉护村和半坡晚四期，半坡早期和史家期为其强势期，影响所及，西至陇东，东至豫西晋南，北至河套，南到汉中盆地，虽到泉护村期即被强大起来的庙底沟类型所融合，但其自身特点仍被保留下来[3]。

---

* 国家自然科学基金资助项目（资助号：40472087）。

华山以东地区，中期以班村类型为代表，文化相对较弱，以角把罐、钵形釜为其主体文化因素，分布于黄河南岸的豫西地区，黄河北岸的晋南地区至今未见这个时期的文化遗存，是今后应关注的问题之一[4]。

到了晚期阶段，这里主要分布着典型仰韶文化庙底沟类型，以变体的花卉纹彩陶图案为其典型特征，以罐为主要炊器，以下腹反弧形内收的泥质罐为主要汲水器，以彩陶豆、彩陶钵为主要盛食器。大量大型的双唇尖底瓶及平底瓶可能另有用途[5]。

庙底沟类型仰韶文化也可分为四期，早期以垣曲古城东关[6]、翼城枣园为代表，应比半坡期稍早，尚无彩陶。以小口平底瓶、筒形罐、红顶钵、折沿盆等为代表，与半坡早期呈犬牙交错状分布，向西可到临潼的零口遗址。这里出土的少量罐形鼎表明曾受到嵩山文化圈的强烈冲击。

第二期以东庄村、三里桥为代表，年代与史家期大致相当，仍较弱势，主体因素变化不大，已有彩陶，以受半坡类型影响为主，见到一些写实和变体的鱼、鸟、鹿等动物图案彩陶，但也有简单的变体植物纹彩陶[7]。

第三期以庙底沟一期为代表，风格为之一变，以花卉纹彩陶图案为标志的文化因素不仅遍及整个关中、豫西、晋南地区，且影响所及西到甘青、东到大海、南过长江、北至河套，为本文化圈的鼎盛时期，也是整个新石器时代的最强势文化，它的出现也标志着史前文化第一次大融合的完成。由于其势力范围扩大，也吸纳了不少其他地域文化的因素，最有代表性的文化现象是，除仍以罐为炊器的同时，又出现了大量的以釜、灶为代表的复合炊具，这是太行山文化圈的主体因素之一，应是太行山西麓的晋中地区成为其势力范围后所产生的一种新的文化现象[8]。

到了华山文化圈的第四期，即典型仰韶文化的西王村期，这里的考古学文化似乎开始走下坡路，文化影响力下降，由强势变为弱势，对其他文化的辐射能力不仅减弱，而且失去了一些传统势力范围。主要表现在以下几个方面：第一，这个时期的甘青地区摆脱其影响，另外发展起了一支以绚丽彩陶图案、独特器物群为代表的马家窑文化；第二，长期受其挤压的东临的嵩山文化圈的大河村文化此时成了强势文化；第三，晋北、河套地区此时也形成了独立的地方性文化；第四，传统势力范围的汉水流域此时崛起了一个强大的屈家岭文化，其影响所及直到其腹地的黄河两岸。因此，至距今5000年左右开始，华山文化圈一蹶不振。

仰韶时代结束之后，这里进入了以庙底沟二期文化为代表的后仰韶时代[9]，或称为龙山时代的前夜，文化面貌发生很大变化，富有时代精神的绚丽彩陶、造型优美的器型不见了，代之而来的是粗糙厚重的古朴之风，如桶形罐、罐形斝等，表明其主人的审美标准发生了根本的改变，而且具有全局性。其原因很复杂，是自然环境的演变，还是自然资源因长期过度开发而匮乏，导致人类生活质量下降？是因原住民大规模迁徙而置换，还是大规模疫情导致华山文化圈居民大量减少，致使文化衰落？这些问题均有待进一步探讨。

所幸的是，经过几百年的休养生息，在本区内的晋中南地区，到了龙山时代，诞生了一个强势的陶寺文化，从其鼍鼓、特磬、龙盘、铜铃等高档器物，大型礼仪性建筑和金字塔式社会结构来看，其发展水平大大高于同时期豫西地区的庙底沟二期到三里桥二期文化和关中地区的客省庄二期文化。其主体文化因素也由罐文化发展为鬲、斝、釜灶文化，而这原是太行山文化圈的主体因素，作为强势文化的证明，这种复合炊具的文化现象在很大的范围内流行开来[10]。

由于该区以华山为中心，华者花也，自然使人想到华族之源，而华山东、西两大集团的先对峙后融合，总使人隐约感觉到传说中炎黄的影子，华山文化圈就是华族文化圈。强势的陶寺文化与传说中唐尧氏的联系更是学术界的共识。总之，以华山为中心的华族文化圈在中华文明体系的起源与发展中具有举足轻重的作用。

二、嵩山文化圈

这个文化圈因其占有四方汇聚之地利，文化发展兼收并蓄，又有自身特点，鼎、壶（瓶）组合是其一以贯之的文化主体，可称之为裴李岗—大河村—王湾三期文化系统。

该文化圈在前仰韶时代发展起一支强势的裴李岗文化[11]。这里以罐、鼎为主要炊器，小口圆腹壶为汲水器，三足钵和圜底钵为主要食器，鞋底形四足石磨盘和齿刃石镰特征鲜明，以嵩山周围的郑、洛地区为其分布中心。其影响所及，向东一直到豫东地区，并可能沿济河而下，对泰山文化圈产生过强烈的影响，向西可在豫西的班村类型中看到其影响，向北与太行山东麓的磁山文化犬牙交错，向南在淮汉文化带的贾湖文化之中可看到它越来越强的压力。在与裴李岗下层同时的贾湖二期，裴李岗的因素还较少，处于正常的交往范围内，如少量的四足石磨盘、小口圆腹壶等，但到了贾湖三期，裴李岗的因素就大幅度增加了，但贾湖文化始终没被裴李岗文化所融合，而是沿淮河和汉水向东西两个方向迁徙而去[12]。关于这个问题，容另文再议。

在距今7000年前后，该区进入仰韶时代，本人称其为大河村文化[13]，其文化主体仍是以鼎、罐为主要炊具，以壶为主要水器，在以大河村前三期为代表的早期，文化面貌也是相当强势的，主要表现是以鼎、壶为代表的后岗文化大规模北上。

太行山东麓地区是太行山文化圈的腹地，自磁山文化开始，就是以复合炊具为主体文化因素的，而后岗一期的鼎、壶文化在这里大行其道，显示嵩山文化圈在强盛时期向北一直到冀中甚至京津地区；向南占据了原先贾湖文化的地盘，并跨过南阳盆地，直到江汉平原；向东在皖中的蚌埠双墩文化中可见到其踪迹，并与北辛文化互有影响。

到了距今6000～5500年的仰韶时代中期，当典型仰韶文化的庙底沟期最为强势大肆扩张之时，嵩山文化圈的腹地郑洛地区，也受到华山文化圈的强烈冲击，釜、灶、尖底瓶、花卉纹图案彩陶也成为这里的常见之物。但是，以鼎、壶为主体的文化因素始终占据主导地位，并创造出了白衣彩陶、写实植物图案、天文图像以及x和s纹等具有时代特征的独特的文化面貌。在接受仰韶文化强烈影响的同时，其釜形鼎、白衣彩陶等因素对典型仰韶文化也产生了很大的影响，甚至产生了融合的迹象。

到了距今约5500年之后的仰韶文化晚期，强大的华山文化圈一蹶不振之时，这里的大河村文化秦王寨期又形成强势，自身文化达到鼎盛，同时吸收东临的大汶口文化和南临的屈家岭文化因素。北边的太行山东麓在其影响下，出现了大司空文化。

正是由于华山文化圈的典型仰韶文化的大举东进，与嵩山文化圈的大河村文化的剧烈冲撞，才产生了黄河中游地区最早的城址——西山古城[14]，并随后形成了强大的王湾三期文化，出现了一批龙山时代的古城址，如高大的城墙与宏伟的宫殿相配套的古城寨城址等[15]。出现了以王城岗铜鬶片为代表的早期青铜文明的因素[16]，进而在此基础上发展成为二里头文化，孕育了第一个王朝——夏王朝。"昔有夏之兴也，融降于崇山"。据考证，崇山即嵩山，联系到嵩山周围地区那么多的夏部族的传说，有理由相信，这里是夏部族的发祥地。而华族文化的大规模东进正是与夏族文化圈融合的过程，也是华夏部族的形成过程。也就是说，在距今5500年前后，华夏部族已经在关中、豫西、豫中和晋中南地区，甚至更大的范围内形成，并奠定了建立统一王朝的基础。也可以说，华夏部族的形成和夏王朝的建立，正是华山、嵩山两大文化圈剧烈碰撞产生的火花，同时融合太行山文化圈，进而燃起了冲天大火，照亮了文明之路，中华古文化体系从此逐步进入了文明社会的殿堂。

三、以太行山为中心的太行山文化圈

这个文化圈以复合炊具为其特色，在前仰韶时代曾经形成了磁山这支强势文化[17]，主要分布于太行山东麓地区，向北可抵京津地区，向南与裴李岗文化犬牙交错，其主体因素就是以盂、支脚为代表的复合炊具文化。向西的太行山西侧以翼城枣园为代表的文化遗存与垣曲古城东关一期大致相当，应属于仰韶时代初期的范围，这里是否存在与东麓的磁山文化特征相同或相似的前仰韶时代文化，目前尚未可知，但影响庙底沟类型的釜、灶和陶寺文化主体的釜灶等典型器物暗示我们，这里也应有一个顽强的复合炊具文化传统。

在仰韶时代，这个文化圈几乎被取代，其西部被庙底沟类型所占有，东部在前期和后期先后被属于嵩山文化圈的后岗一期文化和大司空文化所占据，作为磁山文化后代的以釜、灶为代表的下潘汪文化[18]的生存空间被严重挤压，结合豫北曾为共工故地、颛顼故都的传说，自然使人想起共工与颛顼争帝和失败后怒触不周山的悲壮故事。在仰韶时代中期，这里也几乎成为典型仰韶文化庙底沟类型的势力范围，但以复合炊具为代表的文化传统还是不绝如缕地传了下来，到了龙山时代，又形成了以鬲、斝、甗为代表的强势的后岗二期文化[19]，还向东、东南影响了另一强势文化——造律台文化，向西与陶寺文化遥相呼应，向后发展为先商的下七垣文化，从而孕育了另一影响中国文明进程的强势文化——商文化。

四、以泰山为中心的泰山文化圈

这个文化圈与前三个文化圈相距稍远，中间又有大野泽相隔，在前仰韶时代主要是独立发展。这个时期主要在泰沂山北麓发现了特色鲜明的以桶形釜、支脚为代表的后李文化[20]。遗憾的是在泰沂山南麓至今未见这个时期的文化遗存，只是在位于马陵道南侧的淮北地区发现了类似的小山口文化[21]，可以窥知其一二。到了距今7000年前后，嵩山文化圈的裴李岗的后代大肆向北扩张的同时，另一支大概沿济河向东发展，融合后李和小山口的后人，很快发展起来，分布于整个泰山文化圈，这就是以型式各异、丰富多彩的鼎为主体因素的北辛文化[22]。它虽与后李文化似有一些联系，但文化主体因素为之一变，有耳目一新之感。北辛文化也是一支强势文化，形成之后对淮河中游的双墩文化[23]、淮河下游的龙虬庄文化[24]也产生过一定影响。

到了仰韶时代，在北辛文化的基础上形成了更为强势的大汶口文化[25]，它以鼎为主要炊具、背壶为主要水器，并创造出了袋足陶鬶等饮器，在半个中国范围内都产生了深远的影响。大汶口文化中心分布区南临淮河，东、北均抵大海，西到豫东一带，与大河村文化犬牙交错分布。影响所及，南到广东，北到辽东。特别是在距今5000年之后，当嵩山文化圈和华山文化圈的发展都进入相对低潮的庙底沟二期之时，它却大举西进，其影响所及，向西竟达洛阳湾平原，甚至晋南地区。

需要指出的是，从大汶口文化早期开始，泰山文化圈吸收了大量淮系文化的因素[26]，如龟灵、犬牲等，而这是嵩山文化圈和泰山文化圈的早中期均不见的因素，但在以贾湖文化为代表的淮系文化早期就已成为其文化传统。淮系文化的主要因素，以鼎为主要炊器、以小口壶（罐）为主要水器，另有龟灵、犬牲等，因其长期迁徙，还发明并发展了刻划符号记事传统。但因受嵩山文化圈的挤压，贾湖人的后代一支沿淮河及其主要支流向东发展，一支向西到了汉水流域。这一文化传统与位于黄河（济河）流域的上述四个文化圈的文化传统不同的是，处于降雨量充沛、河流纵横的水网地带，资源相对丰富，狩猎特别是捕捞采集经济发达，并以栽培稻作农业为特色，所以只能是同纬度迁徙与传播，从而形成了带状文化区，而不能像黄河流域的高原、平原那样可以纵横驰骋，以狩猎和粟作农业为特色，容易形成片状文化分布区，这可能也正是淮河、长江流域的文化传统最终被北方文化传统所征服的原因所在。

在大汶口文化晚期，整个黄淮地区基本上都成为它的势力范围，这些裴李岗和贾湖人的后代拼命向西扩张，这也许与他们希望回归故土有关。

到了龙山时代，泰山文化圈内形成了以鸟首足鼎、蛋壳黑陶为代表的典型龙山文化[27]，并继续保持其强盛的势头。以西朱封大墓、丁公陶文和大批古城址为代表的强势文化因素表明，龙山人已跨入了文明的门槛。与此同时，淮系文化传统以龙虬庄陶文为代表的因素也标志着成熟的文字体系完成，结合造律台文化的郝家台、平粮台、藤花落等大批城址的出现，表明淮系文化传统也开始了其文明的进程，创造了传说中的东夷部族文化。到了距今4000年后，代表泰山文化圈及已与其连为一体的淮系文化的岳石文化已相当强大，向西可达开封以东地区，影响所及可达郑州一带。但三代之后逐渐被华夏集团所挤压，最后也被融入了整个中华文明的体系之中。

五、结　语

总体来讲，上述四大文化圈同时存在，并列发展，但由于种种原因，发展并不平衡，都有其强势期和弱势期。华山文化圈在上述四大文化圈之中最早起到了整合作用，在仰韶时代中期已形成了华族文化，并和嵩山文化圈一道奠定了华夏集团的基础。嵩山文化圈由于地处中原，占有地利，吸纳周围文化的优点，并最早整合了太行文化圈，在华山、泰山两大文化圈和淮汉文化带的猛烈冲击下，终于在龙山时代形成了华夏集团。融合了华山、嵩山和太行山三大文化圈的华夏集团，在与以泰山文化圈和淮系文化带为代表的东夷集团，以及江汉文化圈的苗蛮集团进行数百年争斗之后，终于脱颖而出，率先建立了夏、商、周三代王朝，在中华文明的进程中居于主导地位，为大一统的格局的建立奠定了基础。

注　释

[1] 尹达：《中国新石器时代》，文物出版社，1978年；夏鼐：《中国考古三十年》，《考古》1979年第5期；苏秉琦：《苏秉琦考古学论述选集》，文物出版社，1984年；安志敏：《中国新石器时代论集》，文物出版社，1982年；张忠培：《中国北方考古文集》，文物出版社，1990年；严文明：《仰韶文化研究》，文物出版社，1989年；中国科学院考古研究所：《新中国的考古发现和研究》，文物出版社，1984年。

[2] 甘肃省博物馆等：《秦安大地湾新石器时代早期遗存》，《文物》1981年第4期；中国社会科学院考古研究所：《宝鸡北首岭》，文物出版社，1983年；中国社会科学院考古研究所：《临潼白家村》，巴蜀书社，1994年。

[3] 中国科学院考古研究所：《西安半坡——原始氏族公社聚落遗址》，文物出版社，1963年；北京大学历史系考古教研室：《元君庙仰韶墓地》，文物出版社，1983年；中国科学院考古研究所：《宝鸡北首岭》，文物出版社，1983年；西安半坡博物馆等：《姜寨——新石器时代遗址发掘报告》，文物出版社，1988年。

[4] 张居中：《试论河南省前仰韶时代文化》，《河南文物考古论集》，河南人民出版社，1996年。

[5] 中国科学院考古研究所：《庙底沟与三里桥》，科学出版社，1959年；河南省文物研究所：《渑池仰韶村1980—1981年发掘报告》，《史前研究》1985年第3期；中国社会科学院考古研究所山西工作队：《山西芮城东庄村和西王村遗址的发掘》，《考古学报》1973年第1期。

[6] 中国历史博物馆等：《垣曲古城东关》，科学出版社，1998年。

[7] 中国科学院考古研究所山西工作队：《山西芮城东庄村和西王村遗址的发掘》，《考古学报》1973年第1期。

[8] 中国科学院考古研究所：《庙底沟与三里桥》，科学出版社，1959年。

[9] 中国科学院考古研究所：《庙底沟与三里桥》，科学出版社，1959年。

[10] 中国科学院考古研究所山西工作队等：《山西襄汾陶寺遗址发掘简报》，《考古》1980年第1期；中国科学院考古研究所山西工作队等：《1979—1980年山西襄汾陶寺墓地发掘简报》，《考古》1983年第1期；中国社会科学院考古研究所山西工作队等：《山西襄汾陶寺遗址首次发现铜器》，《考古》1984年第12期。

[11] 安志敏：《裴李岗·磁山和仰韶——试论中原新石器文化渊源及发展》，《考古》1979年第4期；开封地区文物管理委员会等：《裴李岗遗址一九七八年发掘简报》，《考古》1982年第4期；中国社会科学院考古研究所河南一队：《1979年裴李岗遗址发掘简报》，《考古》1982年第4期；中国社会科学院考古研究所河南一队：《1979年裴李岗遗址发掘报告》，《考古学报》1984年第1期；河南省博物馆等：《河南密县莪沟北岗新石器时代遗址》，《考古学集刊（第1集）》，文物出版社，1981年；河南省文物研究所：《长葛石固遗址发掘报告》，《华夏考古》1987年第1期；中国社会科学院考古研究所河南一队：《河南新郑沙窝李新石器时代遗址》，《考古》1983年第12期；张居中：《试论河南省前仰韶时代文化》，《河南文物考古论集》，河南人民出版社，1996年。

[12] 河南省文物考古研究所：《舞阳贾湖》，科学出版社，1999年。

[13] 郑州市文物考古研究所：《郑州大河村》，科学出版社，2001年；河南省文物考古研究所：《河南考古四十年》，河南人民出版社，1994年。

[14] 国家文物局考古领队培训班：《郑州西山仰韶时代遗址的发掘》，《文物》1997年第7期；张玉石、杨肇清：《新石器时代考古获重大发现——郑州西山仰韶时代晚期城址面世》，《中国文物报》1995年9月10日第一版。

[15] 河南省文物考古研究所等：《河南新密市古城寨龙山文化城址发掘简报》，《华夏考古》2002年第2期。

[16] 河南省文物考古研究所等：《登封王城岗与阳城》，文物出版社，1992年。

[17] 河北省文物管理处等：《河北武安磁山遗址》，《考古》1981年第3期。

[18] 中国社会科学院考古研究所安阳工作队：《1958～1959年殷墟发掘简报》，《考古》1961年第2期；中国社会科学院考古研究所安阳工作队：《1971年安阳后岗发掘简报》，《考古》1972年第3期；中国社会科学院考古研究所安阳工作队：《1972年安阳后岗发掘简报》，《考古》1972年第5期；河北省文物管理处：《磁县下潘汪遗址发掘报告》，《考古学报》1975年第6期；河北省文物管理处：《磁县界段营发掘简报》，《考古》1974年第6期；张家口考古队：《1979年蔚县

新石器时代考古的主要收获》，《考古》1981年第2期。

[19] 中国社会科学院考古研究所等：《河南汤阴白营龙山文化遗址发掘报告》，《考古学集刊（第4集）》，文物出版社，1987年；中国社会科学院考古研究所安阳工作队：《1979年安阳后岗遗址发掘报告》，《考古学报》1985年第1期；中国社会科学院考古研究所安阳工作队：《安阳大寒村南岗遗址》，《考古学报》1990年第1期。

[20] 王永波等：《海岱地区史前考古的新课题——试论后李文化》，《考古》1994年第3期。

[21] 中国社会科学院考古研究所安徽工作队：《安徽宿县小山口和古台寺遗址试掘简报》，《考古》1993年第12期。

[22] 中国社会科学院考古研究所山东工作队：《山东滕县北辛遗址》，《考古学报》1985年第1期。

[23] 阚绪杭：《蚌埠双墩遗址的发掘与收获》，《文物研究（第八辑）》，黄山书社，1988年。

[24] 龙虬庄遗址考古队：《龙虬庄——江淮东部新石器时代遗址发掘报告》，科学出版社，1999年。

[25] 山东省博物馆：《大汶口》，文物出版社，1974年；山东省文物考古研究所：《大汶口续集》，科学出版社，1996年。

[26] 高广仁：《淮系文化新说》，《东方考古（第1辑）》，山东大学出版社，2005年；高广仁、邵望平：《中国史前时代的犬牲与龟灵》，《中国考古学研究》，文物出版社，1986年，第57页；张居中：《略论淮河流域新石器时代文化》，《郑州大学学报》（哲学社会科学版）2005年第2期。

[27] 中国社会科学院考古研究所河南二队：《河南永城王油坊遗址发掘报告》，《考古学集刊（第5集）》，中国社会科学出版社，1987年；中国社会科学院考古研究所：《蒙城尉迟寺》，科学出版社，2001年；山东大学历史系考古专业教研室：《泗水尹家城》，文物出版社，1990年；国家文物局考古领队培训班：《兖州西吴寺》，文物出版社，1990年；南京博物院：《日照两城镇陶器》，文物出版社，1985年；临沂地区文物管理委员会等：《日照尧王城龙山文化遗址试掘简报》，《史前研究》1985年第4期；山东省博物馆等：《1975年东海峪遗址的发掘》，《考古》1976年第6期；南京博物院考古研究所等：《江苏兴化戴家舍南荡遗址》，《文物》1995年第4期。

（原载《中原文物》2006年第6期）

要重视对中原地区新石器时代人类生存模式与环境变化关系问题的研究*

地球环境的演变决定了生命的演化过程，地壳元素与生命过程是密切相关的。人类的活动又在很大的程度上改变了地表生物-水-土壤-大气系统中物质的自然循环。人类自诞生之日起，就在不断地进行着由被动的顺应自然改变为主动的适应自然、利用自然和改造自然的尝试与抗争。无数历史经验证明，只有主动地顺应自然，人类社会才能得以生存和发展，虐待大自然，必将得到无情的报复，中国历史上的"天人合一"理论就是先贤智慧的总结。在人与环境的矛盾日趋激化的今天，这一理论越发显示出他的生命力。探讨这一理论产生的历史背景，总结历史经验教训，无疑具有重要的理论意义与现实意义。

"人类与环境"的关系，现代人类起源与传播这些重要理论问题，一直是全世界人类学研究的热点。国际上有"国际全球环境变化人文因素计划"（International Human Dimensions Programme on Global Environmental Change, IHDP），为此已召开了十多次大会；第15届INQUA大会（南非德班，1999）的主要科学问题之一就是讨论"人类起源与环境"。经过近三十年来，特别是十年来人类学、考古学、遗传学、环境学等多学科学者的联合攻关，已取得很大进展。

随着人与环境矛盾的突出，全球气候与环境的变化，也是长期以来的研究热点之一。世界范围内的研究资料显示，全新世大暖期前段的气候是高温高湿的，全新世大暖期后段气候又开始变得干燥，降雨量减少，自然灾害频繁（Sandweiss et al, 1996）。这种气候变迁在古人类体质的演化中可以得以具体的体现。如Benfer等在研究秘鲁海岸地区古人类体质的变化与环境对应性关系时提出三点假说：①在全新世的潮湿气候之后的干旱气候段，一个地区的人口数量的适当调整开始发生以适应食物生产的能力；②耕种和畜牧力度加大以满足后代对食物的需求；③随着繁衍后代的数量的增加，成人的体质逐渐变差。他们同时对比认为上述情况可能在当时的中国中原地区也有类似情况发生。所以系统研究古遗址中的人口体质的变化，可以间接地推测一个地区的古环境、古气候以及经济生活方式。

在这些研究中，^{13}C、^{15}N、锶同位素分析等古人类食物结构分析技术大有用武之地。通过对古代遗址生物样品的氮和碳同位素的研究，可从一个方面反映古食谱信息，是国际

---

* 国家自然科学基金资助项目（资助号：30070463，39920017）。

考古学界在过去十多年来建立的方法,过去国外已有较多的氮和碳同位素研究古食谱结构的工作,国内有些研究单位也开展了这方面的研究。最近几年来,国外考古学界研究发现应用锶同位素作为古食谱的判据,更准确可靠。因为动物的牙齿中锶同位素组成,在动物牙齿形成之后,将终生不发生变化,而骨骼中的锶同位素组成却随着生物(人、畜)环境的和食物结构的变化而变化,该方法具有现代医学的研究基础。地球化学的理论和成果揭示,一定地质系统的锶同位素具有其特定的组成,所以锶同位素可以作为古人类食谱的主要判据,较其他同位素更为灵敏,以此为判据,可以将研究的时间尺度缩短在一代人之内。由于骨骼中的锶同位素随着环境的变化会发生转变,所以对比研究骨骼和牙齿中的锶同位素的差异,还可以间接地提供古人的迁徙信息。在国外已有重要的研究成果,如美国威斯康星大学考古系Price等(1992,1998)和德国慕尼黑大学的Schweissing(2000)、Horn(1994)等分别使用了锶同位素方法研究中欧地区和德国海德堡遗址人骨和牙齿,得到古人生活和食谱与迁徙的详细信息;与此同时,英国布拉德福德大学考古系Åberg(1998)和Budd(2000)也用同样的方法研究中世纪北欧人和英国古人类遗址的锶同位素变化,并提出了解决后期污染的方法;Sealy和Silley等(1991,1995)也用锶同位素研究示踪古人的食谱状况,上述研究均建立在高精度的科学数据基础之上,具有令人信服的结果。

关于中国全新世大暖期气候与环境的基本特征,我国学者在国家自然科学基金委的资助下,进行了系统研究,得出了权威性的结论,如施雅风、孔昭宸等综合孢粉、冰岩心、古湖泊、古土壤、考古、海岸带变化等信息指出,中国全新世大暖期出现于8.5ka～3.0ka BP,其中鼎盛期在7.2ka～6.0ka BP,其间长江流域气温比现今高1～2℃,北方高3℃,夏季风扩张与冬季寒潮衰退,植被带北移西迁,湖面和海平面升高,指示着降水量有较大幅度的增长,十分有利于新石器文化和农业的发展,其间的几次剧烈的气候波动,又对生物界和人类活动带来严重灾害。

我国古代文献有关于洪水的大量记载,由于洪水的侵袭直接造成人类生命、财产的损失;洪水过后形成的沼泽积水环境不利于居住与交通,也是原始农业生产的障碍因素。我国学者近年来加强了对古洪水的研究,取得了丰硕成果。吴忱依据古河道沉积特征及其分期,认为华北平原全新世期间可能存在三个古洪水期;杨怀仁通过古季风、古海面研究,认为中国全新世出现过2次大洪水,并认为海平面上升是导致洪水形成的重要因素;杨达源等利用洪水楔、洪水冲痕对黄河中下游地区古洪水的发生年代及最大流量进行测定,得出了6个流量较大的洪水年代。李容全等综合了河北2个全新世剖面的沉积特征确定,华北平原全新世期间至少存在9个洪水-沼泽沉积旋回;依据各旋回砂层与淤泥层沉积厚度的变化,从8000～5000a BP间,华北平原洪水作用强度和频率增加,洪泛沼泽积水时间长,形成湖沼众多的环境,华北平原及周边地区新石器时代遗址集中分布在太行山、燕山、泰山山前地带,形成"高台文化"的特点,是古代人类适应自然环境的结果。洪水-沼泽沉积旋回序列还反映了华北平原古洪水和洪泛沼泽的演变过程,为分析华北平原各时期古文化遗址的分布规律，提供了沉积学证据。但是留下许多洪水传说的中原地区，此类研究则有待深入。

距今10000～5000年间的新石器时代，是现代人类文明的奠基和孕育期，是人类由渔猎采集为主的生存模式向种植养殖业为主的生存模式转变时期，劳作方式的变化必然会在人类体质上留下不同的印记，其人类体质演化及生存模式与环境变化的研究，亦应得到同等的重视。虽然说现代人的体质特征在五万年前的旧石器时代晚期已基本定型，但随着人类生存环境和生存模式的变更，人体本身也在不断地发生着变化。人类从事狩猎活动为主时，上下肢的运动应是大致均衡的，而从事农耕活动为主时，上肢的用力要多于下肢，长时间反复如此劳作和许多代基因遗传变异，必然在人体上留下印记。全新世早期正是农业的起源与发展的关键时期，研究这个时期的人类体质特征、生存模式和生存环境及其间的关系，对我们认识现代人的同类问题，无疑具有重要的借鉴意义。

中国是个传统的农业大国，中华民族长期以来把农业作为立国之本，较为发达的粟作和稻作农业为中华文明的起源与发展提供了雄厚的物质基础。农业起源这一重要理论问题也始终是国际学术界长盛不衰的话题。关于主要栽培作物的起源，国际上对西亚小麦起源、美洲玉米起源的研究，均有权威性结论，但对于稻米的起源问题，至今尚未取得一致意见。丁颖等提出华南说；日本的渡部忠世等提出云南说；后来，严文明等提出长江下游说等。80年代末和90年代初，在长江中游的彭头山、八十垱遗址和淮河上游的贾湖遗址等有丰富的稻作遗存出土并得到研究。90年代中期，在江西吊桶环发现水稻硅酸体，又在湖南玉蟾岩发现数粒具称为万年前的稻壳。这些成果将我国的稻作起源研究推向高潮。研究中采用了分子生物学、硅酸体、稻谷外稃亚微结构分析等许多现代化的科技手段，这使我国成为国际稻作研究的中心之一。在稻作起源研究中，中原地区向来不被重视，近年却发现了丰富的稻作文化遗存。尤其在河南舞阳的贾湖遗址，发现了世界上最早的栽培粳稻种子，把淮河流域的水稻栽培史一下子提前到距今约9000年，动摇了淮河流域稻作农业系自长江流域传来的传统认识。因与长江流域稻作农业的起始阶段大体同步，且发现有石铲、石镰、石磨盘、石磨棒等从耕作、收割到脱粒的整套稻作农业工具，表明淮河上游地区是粳稻的初始起源地之一。在结合气候和环境演变的研究结果与淮河下游龙虬庄遗址距今7000～5500年的栽培粳稻和长江中游八十垱、城头山古稻的发现进行比较研究后，我们曾认为，淮河流域古人类对野生稻的采食、利用虽晚于华南和长江流域，但野生稻的驯化与稻作农业的产生是大体同步的，而且稻种的优化选育和粳稻特征的形成可能还要早于籼粳尚在分化的长江流域，较早地形成了淮汉粳稻栽培带。中原南部地区正是淮汉文化带和淮汉粳稻栽培带的西段。这一带在进入历史时期之后，基本上是传统的旱作农业区，但从河南舞阳贾湖、郑州大河村等大量考古发掘资料证明，这一带在新石器时代曾是传统的稻作农业区，在全新世高温期中几次降温事件期间，又同时存在着粟作农业，成为稻粟混作农业区。进入全新世后期，特别是秦汉以来，随着气候的逐渐变冷，这一带才逐渐成为粟作农业区，稻粟混作农业区推移到了淮河以南的江淮地区。虽然这一带不像沿长城农牧交错地带对气候变化那么敏感，但其生存模式的变化具有反映这一带全新世环境变迁的指示器作用也是显而易见的。

我国有5000年的文明史，连绵不断，源远流长，是中华文明区别于其他文明主体的显著特征。而历史社会是由史前社会孕育诞生的，文明社会是由氏族社会发展而来的。中原地区是中华文明的主要发祥地，是华夏文明的中心，唐宋以前，这里一直是中国的政治和经济中心，我国许多历史文献和传统理论，都与这一带历代人民的社会实践密切相关，甚至就是他们历史经验的结晶。作为文明社会主要标志的国家，首先诞生于中原地区，绝不是偶然的。中原地区是连接黄河、长江两大文化传统的纽带和桥梁，是华夏、东夷、苗蛮三大集团相互碰撞、交叉与融合的主战场，因之在中华文明的起源、形成与发展的历史进程中具有非常重要的地位。中原地区又是史前稻作农业和粟作农业两种耕作方式的交错分布带，两种耕作方式及其操作者在这一带的势力范围也不断变化。黄河中下游、长江中下游和淮河流域考古学诸文化的动态发展过程在耕作方式上也可反映出来。而耕作方式的不同则反映了经济形态和生存模式的差异，人们的行为习惯和文化传统的形成又与其经济形态和生业形式密切相关。两种耕作方式的此消彼长与两大文化传统、三大部族集团的势力此消彼长密不可分，史前耕作方式的变更又与全新世气候环境的演变密切相关。研究其相互关系，总结其演变规律，对今后的发展也具有重要的借鉴价值。因此可以认为，中原地区是解谜中国传统文化的钥匙。

目前，文明探源工程预研究项目已经启动，目标是对中原地区4500年以降的龙山文化和夏文化进行综合研究。但全新世早期是文明因素的形成时期，此时天地生人之间的相互作用和关系也需引起我们高度重视，特别是对中原地区全新世早期人类体质与生存模式和环境关系的研究，更应是上述问题的核心和基础。

我们拟利用中原南部地区河南舞阳贾湖、长葛石固、郏县水泉、淅川下王岗等全新世早、中期大量新石器时代人骨标本和丰富的人类学资料，以及反映人类生存模式和环境演变信息的大量农作物和动植物标本，以中原南部地区全新世早期人类体质特征和生存模式为切入点，来研究中原地区全新世早期各主要考古学文化的碰撞、交叉与融合的历史进程，进而探讨其在中华文明起源与发展的历史进程中的作用，探讨文明起源与农业起源的关系和人与自然的相互关系。

距今9000~7800年的贾湖文化是中原地区全新世早期的典型代表之一。本课题组在国家自然科学基金和社会科学基金的资助下，曾对河南舞阳贾湖遗址出土的几百具人骨进行了体质人类学分析，结果表明贾湖人属于蒙古人种的亚洲北部类型，男子平均身高在1.7~1.8米之间，易患退行性关节炎等多种疾病。还发现人类颈椎特征与现代人存在不甚一致的现象，表明因直立行走和生存模式的变更，使人类头部运动的范围逐渐加大。同时贾湖人肢骨粗壮，男性胫骨多呈扁胫型，说明其体质特征尚具有一定原始性，也与落后的经济模式相适应。

根据发掘出土的动植物遗骸和孢粉、植硅石及土壤微形态分析可知，这里当时的气候环境与今日之长江中下游相似。中晚期年均温高于现在2~3℃，降水量高于现今400~600毫米，动植物群落中喜暖湿的有麋、麂、扬子鳄、闭壳龟、丽蚌、枫香、山毛榉、水蕨、野生稻及大量水生及湿生的菱角、香蒲、野大豆等。同时，耐旱的蒿属、藜科植物也大量存在，最早期灰坑中还有喜冷的紫貂。这反映了全新世大暖期之初气候迅速转暖时不稳定波动的过程，可能具有四季分明的气候特征。在晚于贾湖遗址的大岗遗址，我们还发现了7000年前的水井，表明贾湖人从低地迁往岗地，应与气候演变的多雨期有关。当时处于扇间洼地的人类居所受到泛滥洪水与积水沼泽的影响，向高处搬迁是必然的反应，在华北平原的山麓地带和淮河中下游、长江下游低海拔地区，古文化遗址就大多具有"高台文化"的特点，称为崮堆、墩、台、岗等。贾湖文化7000年前的古水井是人类利用地下水资源的实证，既表明人类对自然的主动适应，也指示了当时地下水位的变化。这些都为稻作农业的发展提供了前提条件。因此，人类体质与生存模式和生存环境的研究应从整体上综合考虑。

我们在2001年对贾湖遗址进行第七次考古发掘时，曾发现在同一个遗址的三处同时并存的公共墓地中，存在其中两处以随葬渔猎工具为主，另一处以随葬农业生产工具为主的现象，这是对同一聚落内不同社会群体间生业形式和社会分工进行研究的难得材料，结合定量抽样浮选所获大量农作物和其他植物标本，及丰富的生产工具等材料，对这一现象进行深入研究，有望为解决中原地区全新世早期人类对土地的利用和人类生存模式与环境变化的关系问题，提供重要依据。

我们对贾湖出土的栽培古稻进行了系统的多学科综合研究，认为是一种具有部分野生稻特征的，尚处于原始状态的栽培稻，而在其千余年的发展进化中，具有逐渐向偏粳方向发展的趋势，从而确立了贾湖古稻的分类地位。除了稻谷遗存外，贾湖遗址还出土有大量的其他可食用野生植物遗存，如野大豆、菱角、莲藕、栎果等，以及数量惊人的鱼骨和各种软体动物甲壳，在生产工具中占有一定比重的骨镞和骨鱼镖，说明渔猎和采集在贾湖人经济生活中也具有相当重要的地位。综合各种资料分析，贾湖人的生存模式可能是稻作农业和渔猎采集经济并重，代表着稻作农业早期阶段的典型特征。人骨^{13}C的研究表明，稻作农业可能是贾湖先民淀粉类食物的主要来源。贾湖人获取动物食品的方式主要是捕捞和狩猎，主要对象是鱼、鳖、龟、蚌等水生动物，鹿、貉等中、小型陆生动物，但同时还饲养有狗和猪。此外，我们还对产生贾湖稻作农业的思想文化和社会背景进行了研究，它的以七声音阶骨笛为代表的音乐文化，以成组随葬龟甲及契刻符号为代表的原始文字和原始数学等，其制作工艺之高超，科学内涵之丰富，在当时的中国和世界上都明显居领先地位，1999年9月，《自然》杂志、《纽约时报》和英国广播公司等西方媒体关于贾湖骨笛和稻作文化的报道，在国际上产生了较大反响。

但是，我国现阶段对中原地区全新世早期人类体质演化及生存模式与环境变化的综合研究，还不尽人意。尽管近三十年来中原地区新石器时代早期的考古新发现层出不穷，河南舞阳贾湖、淅川下王岗等单个遗址的研究已取得了骄人的成果，但因综合研究尚欠深入，其成果还未被国内外同行所充分了解，尤其是对其人类体质特征、生存模式与人类生存环境的形成原因、演变机制等问题，缺乏系统的研究。人们在进行中原地区全新世气候环境研究时，只能用华北、江汉、江苏甚至东北、西北的材料，地处气候过渡带、具有重要地理和历史地位的中原南部地区，至今缺乏全新世标准地层剖面和标准孢粉图式。对这一带稻作文化的起源问题，至今仍是众说纷纭，而作为我国另一重要栽培作物粟的起源问题的研究，至今仍处于起步阶段。这与首先诞生华夏文明的中原地区实际地位是极不相称的。系统开展此项研究的必要性和迫切性当前已经凸显在我们的面前了。贾湖稻作文化与同时期西亚两河流域麦作文化相映生辉，具有同等的发达程度。然而，中原地区以贾湖文化为代表的稻作文化和以裴李岗文化为代表的粟作文化与他们的创造者从何而来？又向何处发展而去？是如何演变的？演变的自然的和社会的原因和背景是什么？贾湖文化与北邻的裴李岗文化是兄弟关系，还是邻居关系？中原地区全新世早期稻作和粟作文化在先民经济生活中究竟占多大比重？对后世的发展具有何种地位和作用？上述种种问题均涉及中原文化乃至中华文明的渊源与发展这一重大理论问题，有必要进行深入研究。

参 考 文 献

[1] 河南省文物考古研究所：《舞阳贾湖》，科学出版社，1999年。

[2] 施雅风：《中国全新世大暖期气候与环境》，海洋出版社，1992年。

[3] 刘东生：《黄土与环境》，科学出版社，1985年。

[4] 张兰生等：《中国北方季风尾六间区全新世不同时期降水变化及其区域分异规律的研究》，《中国生存环境历史演变规律研究（一）》，海洋出版社，1993年。

[5] 周昆叔：《环境考古论辑（第一辑）》，科学出版社，1991年；周昆叔：《环境考古论辑（第二辑）》，科学出版社，2000年。

[6] 王象坤、孙传清：《中国栽培稻起源与演化研究专集》，中国农业大学出版社，1996年。

[7] 王象坤等：《中国稻作起源与演化》，《科学通报》1998年第43卷第22期。

[8] 李克让：《中国气候变化及影响》，海洋出版社，1992年。

[9] 杨保、施雅风：《近2000年古里雅冰芯气候变化的子波分析》，《地理科学》2001年第6期。

[10] 王国安、韩家懋、周立平：《中国北方C_3植物碳同位素组成与年均温度关系》，《中国地质》2002年第1期。

[11] 李冰之、潘保田：《青藏高原古地理环境研究》，《地理研究》2002年第1期。

[12] Turner C G. Teeth and Prehistory in Asia. Scientific American, 1989, 206(2): 88-96.

[13] Sandweiss D H, Richardson J B, Reitz E J, et al. Geoarchaeological Evidence from Peru for a 5000 Years B.P. Onset of El Niño. Science, 1996, 273(5281): 1531-1533.

[14] Zhang J Z, Harbottle G, Wang C S, et al. Oldest Playable Musical Instruments Found at Jiahu Early Neolithic Site in China. Nature, 1999, 401(6751): 366-368.

[15] Zhang J Z, Wang X K. Notes on the Recent Discovery of Ancient Cultivated Rice at Jiahu, Henan

Province: A New Theory Concerning the Origin of *Oryza japonica* in China. Anitiquity, 1998, 72(278): 897-901.

[16] Åberg G, Fosse G, Stray H. Man, Nutrition and Mobility: A Comparison of Teeth and Bone from the Medieval Era and the Present Pb and Sr Isotopes. The Science of the Total Environment, 1998, 224(1-3): 109-119.

[17] Beard B L, Johnson C M. Strontium Isotope Composition of Skeletal Material Can Determine the Birth Place and Geographic Mobility of Humans and Animals. Journal of Forensic Science, 2000, 45(5): 1049-1061.

[18] Budd P, Montgometry J, Cox A, et al. The Distribution of Lead Within Ancient and Modern Human Teeth: Implications for Long-term and Historical Exposure Monitoring. The Science of the Total Environment, 1998, 220(2-3): 121-136.

[19] Budd P, Montgometry J, Barreiro B, et al. Differential Diagenesis of Strontium in Archaeological Human Dental Tissues. Applied Geochemistry, 2000, 15(5): 687-694.

[20] Budd P, Montgometry J, Evans J, et al. Human Tooth Enamel as a Record of the Comparative Lead Exposure of Prehistoric and Modern People. The Science of the Total Environment, 2000, 263(1-3): 1-10.

[21] Fricke H C, O'Neil J R, Lynnerup N. Oxygen Isotope Composition of Human Tooth Enamel from Medieval Greenland: Linking Climate and Society. Geology, 1995, 23(10): 869-872.

[22] Grupe G, Price T D, Schröter P, et al. Mobility of Bell Beaker People Revealed by Strontium Isotope Ratios of Tooth and Bone: A Study of Southern Bavarian Skeletal Remains. Applied Geochemistry, 1997, 12(4): 517-525.

[23] Gulson B L, Wilson D. History of Lead Exposure in Children Revealed from Isotopic Analyses of Teeth. Archive of Environmental Health, 1994, 49(4): 279-283.

[24] Horn P, Hölzl St, Storzer D. Habitat Determination on a Fossil Stag's Mandible from the Site of *Homo erectus* Heidelbergensis at Mauer by Use of $^{87}Sr/^{86}Sr$. The Science of Nature, 1994, 81:360-362.

[25] Ingram B L, DePaolo D J. Strontium Isotope Composition of Estuarine Sediments as Paleosanility-paleoclimate Indicator. Science, 1992, 255: 68-72.

[26] Ingram B L, DePaolo D J. A 4300 Year Strontium Isotope Record of Estuarine Paleosanility in San Francisco Bay, California. Earth, Planetary and Science Letters, 1993, 119: 109-113.

[27] Koch P L, Halliday A N, Walter L M, et al. Sr Isotopic Composition of Hydroxyapatite from Recent and Fossil Salmon: The Record of Lifetime Migration and Diagenesis. Earth, Planetary and Science Letters, 1992, 108: 277-287.

[28] Kohn M J, Schoeninger M J, Barker W R. Altered States: Effects of Diagensis on Fossil Tooth Chemistry. Geochimica et Cosmochimica Acta, 1999, 63: 2737.

[29] Martin E E, Haley B A. Fossil Fish Teeth as Proxy for Seawater Sr and N Disotopes. Geochimica et Cosmochimica Acta, 2000, 64: 835-847.

[30] Price T D, Johnson C M, Ezzo J A, et al. Residential Mobility in Prehistoric Southwest United States: A Preliminary Study Using Strontium Isotope Analysis. Journal of Archeological Science, 1994, 21(3): 315-330.

[31] Sealy J C, van der Merwe N J, Sillen A, et al. $^{87}Sr/^{86}Sr$ as a Dietary Indicator in Modern and Archaeological Bone. Journal of Archeological Science, 1991, 18(3): 399-416.

[32] Schmitz B, Åberg G, Werdelin L, et al. $^{87}Sr/^{86}Sr$, Na, F, Sr, and La in Skeletal Fish Debris as a Measure of Paleosalinity of Fossil-fish Habitats. Geological Society of America Bullentin, 1991, 103(6): 786-794.

[33] Schoeninger M J. Diet and Status at Chalcatzingo: Some Empirical and Technical Aspects of Strontium Analysis. American Journal of Physical Anthropology, 1979, 51(3): 295-310.

[34] Ericson J E. Strontium Isotope Characterization in the Study of Prehistoric Human Ecology. Journal of Human Evolution, 1985, 14(5): 503-514.

(原载《华夏文明的形成与发展》，大象出版社，2003年；
与杨晓勇、赵志军、王明辉、李容全、王象坤合著）

淮河流域史前稻作农业与文明进程的关系

淮河流域是中华民族起源地的重要组成部分，在中华民族五千年文明史上具有重要地位。史前考古学文化序列已经基本确立，文化面貌已被世人所了解。淮河作为亚热带与暖温带的气候分界线，只是距今2000年以来的事情。万年以来的全新世时期，这一分界线随着气候环境的变迁而不时地南北摆动，先民们的栽培对象和耕作方式也必然会随之而发生变化，进而使考古学文化的面貌甚至考古学文化的主体都会随之而发生变化。在距今9000年前，黄淮地区就同时存在稻作农业与粟作农业两种耕作方式，其分界线大约在北纬33°～34°之间。在全新世大暖期期间，这一分界线进一步北移，但在几次降温事件中，又几度向南摆动，直到全新世大暖期结束，才大体稳定在北纬32°左右淮河干流一线。

近年来，地处淮河上游的河南舞阳贾湖遗址、中游的安徽蒙城尉迟寺遗址和下游的江苏高邮龙虬庄遗址分别发现了新石器时代丰富的稻作农业遗存，从而为研究亚洲稻作农业的起源、演化、传播及环境变迁等重要基础理论问题增加了有力的实物证据。因此也更令我们相信安徽境内的淮河中游地区也应当存在早期稻作农业遗存。鉴于此，2001年10月我们对安徽境内的新石器时代稍早阶段的定远侯家寨、蚌埠双墩、霍邱红墩寺等遗址进行了短期考古调查，发现了一批保存甚好、具有鉴定特征的稻壳印痕，为研究淮河中游地区早期稻作农业提供了一些有价值的信息。

一、淮河中游地区史前稻作遗存新发现

1. 双墩遗址

该遗址位于安徽省蚌埠市北郊小蚌埠镇双墩村北侧，南距淮河5千米，是一处侯家寨文化早期遗存，距今年代为7107～6759年[1]。此次发现了12个稻壳的印痕，其中可以判断其类型的有9个，其中2个为阔卵型，长宽比为2.0～2.14毫米，判断为粳稻，占22.2%；4个为籼稻，占44.4%；3个为中间型，占33.3%。

2. 侯家寨遗址

侯家寨遗址位于定远县西南七里塘乡袁庄村东北土岗上，北临枯河，北距淮河约40千米。该遗址于1977年发现，1985年春和1986年秋进行两次发掘，分为早晚两期文化。据

^{14}C测定，侯家寨一期文化距今6900年左右，二期文化距今为6000～5200年。由于其较为独特的文化面貌，发掘者将其命名为侯家寨文化[2]。在侯家寨遗址调查时，在地层剖面上和地表采集到大量陶片、动物骨骼、残石器等，还在遗址东侧水沟西壁新石器时代文化层中采集到一些经轻度烧烤的草拌泥块，因采样点上文化层破坏殆尽，这些泥土块多采自下文化层，红烧土块则有的采自文化层，有的采自地表，但无疑均为新石器时代遗物。在侯家寨的草拌泥土块和红烧土中，共发现了28个样品，29个稻壳的印痕或草拌泥土块中夹的稻壳中填充的米粒状土粒，其中可以判断其类型的有27个，9个为粳稻，占33.3%；11个为籼稻，占40.7%；7个为中间型，占25.9%。2个标本因残缺较甚无法判断其粒型。

3. 红墩寺遗址

红墩寺遗址位于安徽省霍邱县，淮河之南，该遗址包括新石器时代到西周不同时期的堆积。尽管地表散落有新石器时代和西周时期的遗物，但我们选择的采样点却未见西周时期的文化层堆积。根据采集到的新石器时代陶片观察，其陶器以红陶为主，有泥质、夹蚌和夹炭陶，火候不一，应有早晚的差别。该遗址曾进行过试掘，发掘者认为第一期文化比侯家寨上层阶段略早，相当于侯家寨遗址早晚之间的阶段，距今约6000年，如若是，则红墩寺第一期与濉溪石山子遗址大体相当，第二期文化相当于侯家寨上层，是属于侯家寨文化的一个重要遗址[3]。在红墩寺的土块和红烧土中，共发现了11个样品，12个稻壳的印痕，其中可以判断其粒型的有8个，全部为粳稻。另有4个标本因残缺较甚无法判断其粒型。

二、对新发现的淮河中游地区史前稻作遗存的初步认识

本文所分析的三处遗址，在时间上具有一定的连续性，是侯家寨文化早、中、晚期的代表，年代范围为距今7100～5200年，基本上代表了淮河中游地区新石器时代中期文化的面貌[4]。通过对新发现稻壳或印痕的形态学观察，得到以下初步认识。

根据在光学显微镜下对稻壳印痕及残存稃片的观察，我们可以看到印痕上有明显的纵沟1或2条，这些纵沟是由稻谷粒稃片上两条隆起的纵脉棱在红烧土上保留下的压痕。其次，印痕表面有程度不同的圆形或乳头状突起，这实际上是稃外表面突起间隙在红烧土表面形成的负相。在对侯家寨样品的残余稃片的电镜扫描照片中，发现有清晰的典型粳稻的双峰乳突。从扫描电镜下观察，侯家寨HJZ17稻壳稃片双峰乳突显具粳稻特征，但同一标本稻壳中填充的米粒状土粒，粒型窄长，显具籼稻特征。红烧土中稻稃残片，其外表面和内表面的形态特征与栽培稻稻壳十分相似。

以上说明，我们在双墩、侯家寨和红墩寺遗址采集到的红烧土中所含的稻壳印痕及其残存稃片无疑是属于栽培稻的稃片及印痕残片。这次调查所获资料虽然并不甚丰富，但也

可为我们认识淮河流域稻作农业的起源、淮河上中下游稻作农业的关系、淮河流域与长江流域稻作农业的关系提供一些有价值的信息。

淮河流域的新石器时代考古学文化，依据目前材料可分为三个区域和四个阶段。20世纪80年代以来，这三个区域和四个阶段均发现有丰富的史前稻作农业遗存。

三个区域是指以河南中、东和南部为代表的上游地区，以安徽中北部为代表的中游地区，以鲁南、苏北为代表的下游地区。

以距今9000~7500年为第1阶段，上游地区以贾湖文化为代表，中游地区以小山口文化为代表，下游地区尚未发现这个阶段的遗存。

以距今7100~5000年为第2阶段，上游地区以大河村文化为代表，中游地区以侯家寨文化为代表。下游地区分为南北两部分，北部黄淮地区以北辛文化及大汶口文化为代表，南部江淮平原区以龙虬庄文化为代表。

以距今5000~4500年为第3阶段，上游地区以谷水河三期文化为代表，中游地区以大汶口文化尉迟寺类型为代表。下游地区这个阶段北部黄淮地区以大汶口文化花厅类型为代表，南部江淮平原区为文化间歇期。

以距今4500~4200年为第4阶段，上游地区以王湾三期文化为代表，中游地区以造律台文化为代表。下游地区这个阶段北部黄淮平原区以龙山文化为代表，南部江淮平原区仍为文化间歇期，有少量良渚文化和造律台文化遗存分布，被称为"文化走廊"[5]。

这一带在新石器时代为传统稻作农业区，全新世高温期中几次降温事件期间，又同时存在着粟作农业，成为稻粟混作农业区。进入全新世后期，特别是秦汉以来，随着气候的逐渐变冷，这一带才逐渐成为粟作农业区，稻粟混作农业区推移到了淮河以南的江淮地区。虽然这一带不像沿长城农牧交错地带对气候变化那么敏感，但其生存模式的变化具有反映这一带全新世环境变迁的指示器作用也是显而易见的。

这次发现的淮河中游地区新石器时代考古学文化第2阶段的稻作遗存，为我们系统了解淮河流域稻作农业的起源与发展提供了可能性。从现有研究的结果材料来看，在时间上较早的双墩和侯家寨的水稻印痕的样品中，同时有粳稻、籼稻和中间型并存，时间上稍晚的红墩寺的样品中的水稻印痕均为粳稻。从中我们可以看出，当时人们种植的水稻，已经开始了向偏粳方向的演化。而且随着时间的推移，偏粳的特征由少渐多，到晚期完成了粳稻特征的定型化，这是人们在水稻栽培的过程中对水稻的品种进行长期优化选育的必然结果，于淮河下游的江苏高邮龙虬庄遗址第4层即距今5500年左右即以完成粳稻特征的定型化是一致的。

尽管长江流域的先民对野生稻的采食和利用可能要早于淮河流域，但现有资料显示，稻作农业的发展几乎是同步的，而且由于淮河流域在全新世前期位于北亚热带的北部边缘，气候和环境条件所造成的人类生存压力要重于长江流域，对稻作农业的依赖促使了人们加大了对稻种的优化选育类人工干预的程度。鉴于以上原因，我们推测，淮河中游地区有可能是粳稻的初始起源地。

三、淮河流域史前稻作农业与文明进程的关系

稻作农业的持续，保证和促进了氏族的发展与繁荣，也促使氏族内部社会关系随之发生变化。属于军事首领或氏族首领的人占有丰富的财富，高高在上，掌握氏族的祭祀、军事大权，应属于氏族内部的特权阶层。社会意识的变化，逐渐产生了宗教与权力合一的神权。宗教观的变化，从万物有灵的原始宗教观，进步到对天地人的崇拜。

经济和文化的发展促进了社会的进步，5000多年前，淮河流域出现了一批中心聚落或次中心聚落遗址，如蒙城尉迟寺等。这些聚落遗址面积大，规格高。如蒙城尉迟寺遗址有10万平方米左右。他们都处于区域经济中心的主导地位。中心聚落遗址具有雄厚的农业基础，经济总量也远远大于一般聚落遗址。生产工具作为生产资料，是衡量经济发展的重要标准。在凌家滩遗址发现有许多带加工痕迹的玉石料及半成品，表明有着比较发达的手工业作坊，经济基础比较雄厚。从各等级聚落遗址的分化程度看，有着等级越高分化越严重的趋势。以上特点表明，中心聚落遗址在文明化进程中的步伐要比一般聚落遗址快得多。到了4000年前的龙山时代，目前淮河上游地区已发现有平粮台、郝家台等古城址，著名的登封王城岗、新密古城寨古城也都在淮河上游地区范围内。东方沿海的连云港则发现了藤花落龙山文化城址，淮河中游地区虽然暂未发现城址，但从调查发掘所掌握的材料看，这个时期的遗址也是密集地呈群状分布，或沿淮河二三级支流呈带状分布，每群几个、十几个甚至几十个不等。这类聚落群在空间分布上有固定的地域和活动范围，在经济、文化、宗教崇拜方面具有同一性。它们之间的关系是从属关系，即一般聚落遗址从属于次中心聚落遗址，中心聚落遗址居于主导地位。这类聚落群的出现，既是区域经济发展的结果，也是军事联盟的产物，更是地缘变化的需要。这种聚落群联合体的形成，也产生了凌驾于各氏族之上的最高权力组织，它已超出原有的氏族社会组织结构而具有较为复杂化的程度，抑或已经跨入了国家的门槛。

8000年前的淮河上游地区，贾湖遗址出现了具有原始文字性质的甲骨契刻符号、七声音阶骨笛和以龟灵崇拜为核心的原始宗教，这些因素在淮河流域一脉相传。7000年左右的侯家寨文化时期，发现了大量陶器刻划符号，与贾湖的符号有很强的相似性；5000多年前，这一带主要是大汶口文化分布区，蒙城尉迟寺遗址作为这一带的中心聚落，不仅发现了整齐的排房和聚落广场，还发现了带有图腾性质的鸟形神器和与大汶口等遗址相同的"㠭"符号，这说明相同的符号已在相当大的范围内流通。开始于贾湖的龟灵崇拜和犬牲现象，在整个大汶口文化范围内流通，而且在稍偏南的安徽含山凌家滩遗址还发现内装式盘的玉龟，与贾湖遗址内装石子的龟壳在观念上具有明显的传承性。4000多年的兴化南荡遗址，终于发现了较为成熟的陶文。

文明化进程是一种渐进的过程。从上述材料可以看出，黄淮地区文明化进程启动较

早,但在进入文明时期以后,夏商周王朝不断用兵淮河中下游地区,以致三代时期这一带一直未能形成很有影响的国家,境内小国林立,分合无常,处于松散的联合体,在文明化进程的后期显得比较滞后,但在中华文明进程中的作用是不可低估的。

黄淮地区是中华文明的主要发祥地,黄淮地区是连接黄河、长江两大文化传统的纽带和桥梁,是华夏、东夷、苗蛮三大集团相互碰撞、交叉与融合的主战场,因之在中华文明的起源、形成与发展的历史进程中具有非常重要的地位。黄淮地区又是史前稻作农业和粟作农业两种耕作方式的交错分布带,两种耕作方式及其操作者在这一带的势力范围也不断变化。黄河中下游、长江中下游和淮河流域考古学诸文化的动态发展过程在耕作方式上也可反映出来。而耕作方式的不同则反映了经济形态和生存模式的差异,人们的行为习惯和文化传统的形成又与其经济形态和生业形式密切相关[6]。

两种耕作方式的此消彼长与两大文化传统、三大部族集团的势力此消彼长密不可分,史前耕作方式的变更又与全新世气候环境的演变密切相关。研究其相互关系,其演变,对今后的发展也具有重要的借鉴价值。因此可以认为,黄淮地区是解谜传统文化的钥匙。因此,以耕作方式为切入点,来研究黄淮地区史前各主要考古学文化的碰撞、交叉与融合的历史进程,进而探讨其在中华文明起源与发展的历史进程中的作用,探讨文明起源与农业起源的关系和人与自然的相互关系,对我们探讨中国古文明因素的起源及发展历程,具有重要意义。

注　释

[1]　阚绪杭:《蚌埠双墩遗址的发掘收获》,《文物研究(第八辑)》,黄山书社,1993年。

[2]　安徽省文物考古研究所:《定远县侯家寨新石器时代遗址发掘简报》,《文物研究(第五辑)》,黄山书社,1989年。

[3]　安徽省文物考古研究所发掘资料。

[4]　阚绪杭:《试论淮河流域的侯家寨文化》,《中国考古学会第九次年会论文集》,文物出版社,1993年。

[5]　龙虬庄遗址考古队:《龙虬庄——江淮东部新石器时代遗址发掘报告》,科学出版社,1999年。

[6]　杨立新:《江淮地区史前文明化进程初探》,中国高等科学技术中心"原始农业对中华文明形成的影响"专题讨论会,2001年3月15～17日。

[原载《东方考古(第一集)》,科学出版社,2004年;与尹若春、杨玉璋、王象坤、孔昭宸合著]

淮河中游地区稻作农业考古调查报告*

淮河流域地处我国南北气候的过渡地带，气候温和湿润，雨量充沛，自古以来就是人类繁衍生息的理想生境。淮河流域作为我国稻作农业的传统分布区，无疑在探讨我国水稻的起源、分化与传播具有重要地位。近年来，地处淮河上游的河南舞阳贾湖遗址、中游的安徽蒙城尉迟寺遗址和下游的江苏高邮龙虬庄遗址分别发现了丰富的新石器时代稻作农业遗存，从而为研究中国乃至亚洲稻作农业的起源、演化、传播及环境变迁等重要理论问题增加了有力的实物证据。因此更令我们相信安徽境内的淮河中游地区也应当存在早期稻作农业遗存。鉴于此，我们2001年10月对安徽境内的新石器时代稍早阶段的定远侯家寨、蚌埠双墩、霍邱红墩寺等遗址进行了短期考古调查，在遗址中采集的红烧土块上，我们发现了一批保存甚好、具有鉴定特征的稻壳印痕，运用体视显微镜和扫描电镜进行形态学观察后，我们对观察、鉴定结果进行了初步探讨。

一、材料和方法

（一）材　　料

研究的材料分别来自于蚌埠双墩、定远侯家寨和霍邱红墩寺三处遗址，是含有水稻印痕的草拌泥土块和红烧土块，这三处遗址是淮河中游地区新石器时代较早阶段的代表，有学者将其命名为"侯家寨文化"[1]，这批标本对研究该地区栽培稻的起源、演化和传播具有重要的理论和实际意义。

（二）方　　法

将野外采集回来的草拌泥土块和红烧土块进行剥离，当在其断面上见到稻壳印痕时，将保存有稻壳印痕的标本切割成小片，编号后首先放在光学显微镜下对稻壳印痕上的细微形态结构进行观察并和现代栽培稻进行形态学上的比较鉴定。对保存较好的稻壳印痕进行了长、宽、厚的测量，对印痕保存完整并且在体视镜下细微结构十分清晰的，我们利用扫

---

* 本研究为国家自然科学基金资助项目（资助号：30070463）。

描电镜对其显微结构进行了观察并拍照,使获得的结果更加真实可靠。

二、稻壳印痕的形态描述和对比

(一)现代稻(*Oryza sativa*)谷粒的形态结构

稻在植物学上特指外包稃片的颖果,带稃的颖果,呈长圆形,两侧常压扁,长6~8毫米,宽2.5~4毫米,厚1.5~2.5毫米。稃片的外稃均呈船底形,硬纸质,外表多硅质。外稃大,内稃小,各粒的每一侧面均有两条隆起的纵脉棱。在光学显微镜下,外稃的表面上由方形小突起紧密排列若干纵列。扫描电镜下观察,小突起的基部呈方形,约65微米,上部为乳头状,且顶端稍塌,带稃的颖果紧贴着两片退化的外稃。剥除内外稃片后,见到里面的颖果(俗称大米),一般为扁椭圆形,外包一薄层籽实皮,表面光滑并有光泽。

据王象坤等对水稻粒型观察与判别标准,<2.3为粳型;2.31~2.5为籼粳中间型;2.51~3.5为籼型;(>3.0~3.5中含部分不典型的野生稻型);>3.51为典型普通野生稻型[2]。本文采用这一标准,对采集到的水稻颖壳印痕进行粒型判断。

(二)调查发现的稻壳印痕和残片及与现代稻谷粒的形态比较

1. 双墩遗址

该遗址位于安徽省蚌埠市北郊小蚌埠镇双墩村北侧,南距淮河5千米,是一处侯家寨文化早期遗存,距今年代为7107~6759年。双墩遗址出土有陶器、石器、蚌器和骨角器等丰富的文化遗物。陶器以粗红褐陶为主,陶胎中夹大量蚌末,火候较低;彩陶不发达,主要在豆和碗、钵等器物口部绘红彩或施红色陶衣。器表多素面,制法均为手制,器表磨光;流行牛鼻形、宽扁形、鸟首形器耳,横装鸡冠耳錾手,平底,矮圈足等。器形有釜、支架、罐、钵、甑、碗、豆、器座、纺轮等。从器形上看,主要是生活用具,其中以釜占绝大多数,甑也是常见器物,多为钵形,底部有箅孔。碗的数量较多,均矮圈足。在圈足底部发现大量刻划符号。

我们在双墩遗址调查时,在地表和地层剖面上发现大量陶片、丽蚌壳、猪骨等,还采集到一些经轻度烧烤的草拌泥块和红烧土,其中夹有少量的水稻壳印痕。遗址代号为"ABSD",代表"安徽蚌埠双墩",样品编号为SD1~8,观察和分析结果如下。

标本SD1、3、4均为草拌泥土块中的水稻凹痕,SD7、8为两个较大的草拌泥土块,各有3个水稻凹痕，分别编为SD7-1~3和SD8-1~3，其中SD8-1、8-2仅残存水稻壳的一端，SD8-3残存水稻的一端和部分宽，虽印痕清晰，却无法测量判断。SD2为红烧土中的水稻凸痕，一端被压断，但仍保留痕迹。SD5、6为红烧土中的水稻凹痕（图一）。

在双墩的土块和红烧土中，共发现了12个稻壳的印痕，其中可以判断其类型的有9个，其中2个为阔卵形，长宽比为2.0~2.14毫米，判断为粳稻，占22.2%；4个为籼稻，占44.4%，3个为中间型，占33.3%。经过仔细的观测与统计，我们将结果列为表一。

在扫描电镜下观察，SD5可见排列整齐的乳突状隆起，但因细部保存较差，未能见到双峰，故无法判断其籼粳。

图一

表一　双墩遗址稻壳印痕观察、测量记录表　　　　（单位：毫米）

样品号	保存状况	印痕形状	长	宽	厚	长/宽	类型判断
SD1	完整	狭长形	7.0	2.5	-	2.8	籼稻
SD2	完整	狭长形	7.0	2.0	-	3.5	籼稻
SD3	完整	长椭圆形	7.0	2.8	-	2.5	中间型
SD4	比较完整 芒端稍残	阔卵形	5.0（残），6.0（复原）	2.8	-	2.14（复原）	粳稻
SD5	比较完整 芒端稍残	阔卵形	6.0（残），7.0（复原）	3.5	-	2.0（复原）	粳稻
SD6	比较完整 一端稍残	长椭圆形	4.5（残），6.0（复原）	2.5	-	2.4（复原）	中间型
SD7-1	完整	长椭圆形	7.0	3.0	-	2.33	中间型
SD7-2	完整	狭长形	6.5	2.5	-	2.6	籼稻
SD7-3	完整	狭长形	7.3	2.5	-	2.92	籼稻

2. 侯家寨遗址

侯家寨遗址位于定远县西南七里塘乡袁庄村东北土岗上，北临枯河，北距淮河约40千米。该遗址于1977年发现，1985年春和1986年秋进行两次发掘，分为早晚两期文化。据^{14}C测定，侯家寨一期文化寨文化距今6900年左右，二期文化距今为6000~5200年。由于其较为独特的文化面貌，发掘者将其命名为"侯家寨文化"。侯家寨遗址出土了非常丰富的文化遗物，其中一期文化代表器物有罐形釜、钵形釜、支架、豆、罐等，晚期以夹砂陶为主，多红褐色，也有泥质陶，器形以鼎数量较多，釜和支架数量较少，还有豆、钵、甑、罐、盂、勺、鸟首形双耳小口罐等，并有大量彩陶器。尤其值得一提的是，在侯家寨文化层中出土了大量的动物骨骼。经鉴定有猪、鹿、狗、马、牛、羊、豹、螺、鱼、龟、鳖等13种。猪和鹿的数量最多，约占80%左右，由此可以推断，当时人们已经有相当发达的农业，有一定的饲料来喂养家猪、狗等动物[3]。

我们在侯家寨遗址调查时，在地层剖面上和地表采集到大量陶片、动物骨骼、残石器等，还在遗址东侧水沟西壁新石器时代文化层中采集到一些经轻度烧烤的草拌泥块，因采样点上文化层破坏殆尽，这些泥土块多采自下文化层，红烧土块则有的采自文化层，有的来自地表，但无疑均为新石器时代遗物。尽管在采集的红烧土块中，含稻壳印痕的较为少见，但我们在其中的一块火候较高呈黑褐色的烧土块中发现了十分丰富的稻壳印痕及其稃片，这块红烧土标本出自早期地层，质地坚硬，可能是当时灶上的残块，红烧土中稻壳印痕多出于此，对此我们进行了认真观测和记录，对所获样品按照所拍照片的顺序进行了编号，遗址代号"ADHJZ"，代表"安徽定远侯家寨"，样品编号为HJZ1~28，观察和分析结果如下：

HJZ1、2、4~9、11~15、28为红烧土中的水稻壳凹痕，其中HJZ4、5、7、11~13红烧土已烧成褐色或黑褐色，有大量孔洞。HJZ21为红烧土中的水稻凸痕，红烧土已烧成褐色。

HJZ10为土块中的水稻凹痕。HJZ16-1、18、19-1、20、3-1、26、27-1、27-3为草拌泥块中的水稻壳凸痕，其中HJZ3-1与3-2、16-1与16-2、19-1与19-2、20-1与20-2与20-3、27-1与27-2、27-3与27-4均为同一水稻壳的印痕。

HJZ17为草拌泥土块中夹的稻壳中填充的米粒状土粒，外带稃片，基本可反映米粒的形状，HJZ17-2与HJZ17-1为同一水稻的印痕。

HJZ22、24为红烧土中的带有部分稃片的米粒印痕，红烧土已烧成褐色，HJZ22-2与HJZ22-1、HJZ24-2与HJZ24-1是同一个体的水稻印痕。

HJZ23为草拌泥土块中的带有部分水稻稃片的凹痕，只残余印痕的一部分，无法测量判断。HJZ25为草拌泥土块中的带有部分水稻稃片的凸痕。HJZ25-3是同一个体的水稻凹痕，与HJZ25-1互补。

在侯家寨的草拌泥土块和红烧土中，共发现了28个样品，29个稻壳的印痕或草拌泥土块中夹的稻壳中填充的米粒状土粒，其中可以判断其类型的有27个，9个为粳稻（图二），占33.3%，11个为籼稻（图三），占40.7%；7个为中间型，占25.9%。2个标本因残缺较甚无法判断其粒型。经过仔细的观测与统计，我们将结果列为表二。

图二　　图三

表二　侯家寨遗址稻壳印痕观察、测量记录表　　　　（单位：毫米）

编号	保存状况	印痕形状	长	宽	厚	长/宽	长/厚	类型判断
HJZ1	完整	长椭圆形	6.5	2.7	-	2.41	-	中间型
HJZ2	完整	阔卵形	6.5	2.9	-	2.24	-	粳稻
HJZ3	完整	狭长形	6.0	-	1.7	-	3.53	籼稻
HJZ4	完整	阔卵形	5.5	2.7	-	2.04	-	粳稻

续表

编号	保存状况	印痕形状	长	宽	厚	长/宽	长/厚	类型判断
HJZ5	完整	阔卵形	7.5	3.3	-	2.27	-	粳稻
HJZ6	残缺	无法判断	-	-	-	-	-	无法判断
HJZ7	完整	狭长形	7.5	2.8	-	2.68	-	籼稻
HJZ8	完整	短圆形	6.0	3.1	-	1.94	-	粳稻
HJZ9	完整	长椭圆形	6.2	2.5	-	2.48	-	中间型
HJZ10	比较完整	阔卵形	5.0（残），6.0（复原）	2.8	-	2.14（复原）	-	粳稻
HJZ11	比较完整	长椭圆形	6.0	2.5	-	2.40	-	中间型
HJZ12	完整	长椭圆形	7.0	2.6	-	2.69	-	籼稻
HJZ13	完整	阔卵形	6.7	3.0	-	2.23	-	粳稻
HJZ14	长完整宽残	狭长形	6.5	1.3（残），2.2（复原）	-	2.95（复原）	-	籼稻
HJZ15	长完整宽稍残	长椭圆形	6.5	2.2（残），2.6（复原）	-	2.32（复原）	-	中间型
HJZ16	完整	阔卵形	7.0	-	2.0	-	3.5	粳稻
HJZ17	完整	狭长形	6.5	1.1（残），2.4（复原）	1.3	2.71（复原）	5.0	籼稻
HJZ18	完整	长椭圆形	7.3	-	2.2	-	3.32	中间型
HJZ19	一端稍残厚完整	狭长形	5.5（残），6.5（复原）	-	1.5	-	5.0	籼稻
HJZ20	完整	狭长形	7.2	-	1.8	-	4.0	籼稻
HJZ21	完整	长椭圆形	7.5	3.0	-	2.5	-	中间型
HJZ22	完整	狭长形	6.5	2.5	-	2.6	-	籼稻
HJZ23	残缺	无法判断	-	-	-	-	-	无法判断
HJZ24	比较完整	长椭圆形	5.5	-	1.7	-	3.24	中间型
HJZ25	完整	狭长形	6.0	-	1.4	-	4.29	籼稻
HJZ26	完整	阔卵形	7.0	3.1	-	2.26	-	粳稻
HJZ27-1	完整	狭长形	6.5	-	1.7	-	3.82	籼稻
HJZ27-3	完整	狭长形	7.0	-	1.8	-	3.89	籼稻
HJZ28	完整	短圆形	6.3	3.0	-	2.1	-	粳稻

在扫描电镜下观察，HJZ17-2稻壳稃片放大1000倍可见清晰的双峰乳突状隆起，峰值较低，垭距较宽，显具粳稻特征（图四），但同一标本HJZ17-1为草拌泥土块中夹的稻壳中填充的米粒状土粒，粒形窄长，长宽比2.71，显示籼稻特征（图五）。HJZ28、HJZ30均是残稻壳稃片，在扫描电镜下均可清晰见到排列较为整齐的双峰乳突状隆起，峰值较低，垭距较宽，显具粳稻特征（图六）。HJZ31也是残稻壳稃片，但在扫描电镜下见到的则是网状结构。

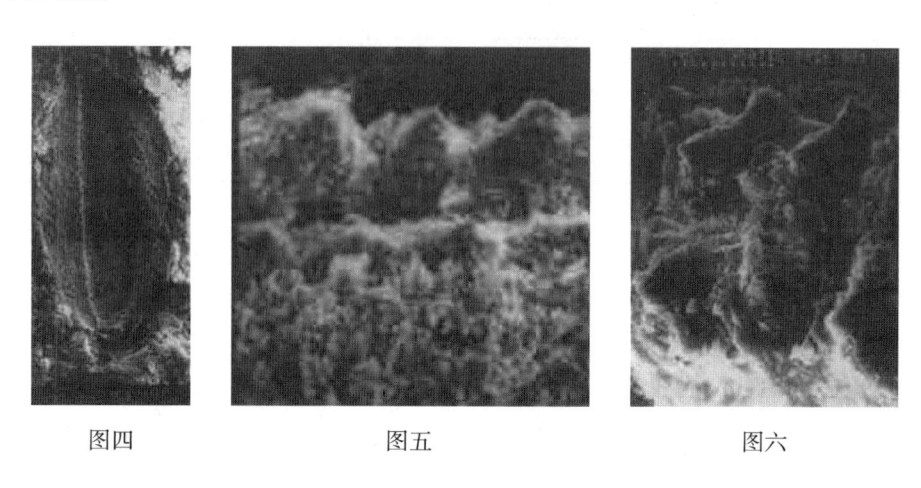

图四　　　　　　　图五　　　　　　　图六

3. 红墩寺遗址

红墩寺遗址位于安徽省霍邱县，淮河之南，该遗址包括新石器时代到西周不同时期的堆积。尽管地表散落有新石器时代和西周时期的遗物，但我们选择的采样点却未见西周时期的文化层堆积。根据采集到的新石器时代陶片观察，其陶器以红陶为主，有泥质、夹蚌和夹炭陶，火候不一，应有早晚的差别。该遗址曾进行过试掘，发掘者认为第一期文化比侯家寨上层阶段略早，相当于侯家寨遗址早晚之间的阶段，距今约6000年，如若是，则红墩寺第一期与濉溪石山子遗址大体相当，第二期文化相当于侯家寨上层，是属于侯家寨文化的一个重要遗址[4]。我们在对红墩寺遗址采集到的红烧土进行分析时发现，部分含有较多的植物茎叶遗存，其结构较为粗疏，而另一部分则较为纯净，质地坚硬，含较少的稻壳遗存。我们推测这两种红烧土应有着不同的用途。这些红烧土块均采自遗址西北断崖上新石器时代文化层中，火候都不高，呈浅红色，还有一些轻度烧烤的草拌泥土块。

我们在对红墩寺的草拌泥土块和红烧土块中所获稻壳遗存样品进行认真观测和记录、编号并拍照，遗址代号为"AHHDS"，代表"安徽霍邱红墩寺"，样品编号为HDS1～12，观察和研究分析的结果如下。

HDS1、3、8-1、8-2为草拌泥土块中的水稻凹痕；HDS9为草拌泥土块中的水稻凸痕；HDS2、4、5、6、7、10、11-1、11-2为红烧土中的水稻凹痕。

在红墩寺的土块和红烧土中，共发现了11个样品，12个稻壳的印痕，其中可以判断其粒型的有8个，全部为粳稻（图七）。另有4个标本因残缺较甚无法判断其粒型。在扫描电镜下观察，HDS4、7稻壳稃片可见排列整齐的乳突状隆起，但因细部保存较差，双峰模糊不清（图八）。经过仔细的观测与统计，我们将结果列为表三。

图七　　　　　　图八

表三　红墩寺遗址稻壳印痕观察、测量记录表　　　　　（单位：毫米）

样品号	保存状况	印痕形状	长	宽	厚	长/宽	长/厚	类型判断
HDS1	完整	短圆形	6.0	-	1.7	-	3.53	粳稻
HDS2	残缺	无法判断	-	-	-	-	-	无法判断
HDS3	比较完整一端稍残	阔卵形	6.0（残），8.0（复原）	4.0	-	2.0	-	粳稻
HDS4	完整	短圆形	6.5	3.5	-	1.86	-	粳稻
HDS5	完整	短圆形	6.8	3.7	-	1.84	-	粳稻
HDS6	比较完整两侧微残	阔卵形	6.3（残），6.7（复原）	3.1	-	2.16	-	粳稻
HDS7	比较完整一端稍残	短圆形	5.5（残），6.2（复原）	3.4	-	1.82	-	粳稻
HDS8	残缺	无法判断	-	-	-	-	-	无法判断
HDS9	完整	阔卵形	5.5	2.5	-	2.2	-	粳稻
HDS10	完整	短圆形	7.0	4.2	-	1.67	-	粳稻
HDS11-1	残缺	无法判断	-	-	-	-	-	无法判断
HDS11-2	残缺	无法判断	-	-	-	-	-	无法判断

三、讨　　论

本文所分析的材料来自于安徽省中部新石器时代较早阶段的侯家寨文化，据发掘者研究，这一考古学文化的主要特征是：陶器以手制为主，晚期出现轮修或轮制。陶系以夹砂和夹蚌末红褐陶为主，器体多粗糙厚重，还有一些夹炭陶。早期泥制陶极少，中期以后逐渐增多。器表多素面，多在器物的口沿、肩部、手、附加堆纹上饰刻划纹、指切纹、戳刺纹等，晚期在鼎和豆座上多饰弦纹、镂空等；彩陶也较为发达，由早期通身饰红衣发展为口、腹部简单彩绘，再发展为通身彩绘；器物以生活用具为主，其中炊器以釜为主，有罐形和钵形两大类，为侯家寨文化的代表性器物；与釜配套使用的支脚以菌状最具特色；早中期鼎较少，晚期取代釜成为主要炊器；还有鸟首形双耳小口罐、钵形碗、彩陶圈足盘等；在碗、盘底圈足内常见刻划符号，具有原始文字性质。劳动工具有陶质的纺轮、网坠、投掷器、弹丸、锉、拍等；石质的有斧、锛、凿、石核器、臼等；骨质的有针、锥、镖、镞等；蚌质的有刀、锯、匕、刮削器等；角质的有尖状器及鹿角钩状器等。这些劳动工具都具有数量少，器类简单，制作粗糙、器体小等特征。遗址中还有大量鹿、猪、蚌类、螺类等动物骨骼伴出。这类文化遗存主要分布在淮河中游地区，在安徽省中北部分布范围较广，经过发掘的侯家寨文化遗址除侯家寨、双墩、红墩寺外，还有肥西县古埂下层、濉溪石山子、含山县大城墩下层等。经调查的有淮南潘集下孙岗，怀远双孤堆，寿县刘家墩，霍邱扁担岗、柚城子，滁县朱郢山等遗址。发掘者将该文化分为前后相承的四期，其中一期为双墩遗址为代表，二期以侯家寨下层为代表，三期以石山子遗址1988年发掘材料为代表，四期以侯家寨上层为代表。本文所分析的三处遗址，在时间上具有一定的连续性，是侯家寨文化早、中、晚期的代表，年代范围为距今7100～5200年，基本上代表了淮河中游地区新石器时代中期文化的面貌。发掘者根据出土遗物推测，侯家寨人主要从事农业、渔猎和采集三种经济活动，但从事何种农业形式则因材料所限未能论及[5]。

通过对以上三个遗址采集到的红烧土和经轻度烧烤的草拌泥土块中所含稻壳印痕及其残存稃片的形态观察，我们可以得出以下初步认识。

第一，根据在光学显微镜下对稻壳印痕及残存稃片的观察，我们可以看到印痕上有明显的纵沟1或2条，这些纵沟是由稻谷粒稃片上两条隆起的纵脉棱在红烧土上保留下的压痕。第二，印痕表面有不同程度的圆形或乳头状突起，这实际上是稃外表面突起间隙在红烧土表面形成的负相，由于稃外表面与未烧前的土面相互挤压程度的不同，使得稻壳印痕上的突起程度明显也不相同，甚至连成棱状，有些则呈网格状（SD7，HJZ3、8、31，HDS2、10）。第三，通过侯家寨HJZ29、HJZ30残余稃片的扫描电镜观察，我们发现了清晰的水稻双峰乳突，通过与张文绪所拍摄的各种水稻双峰乳突照片比较[6]，可以看出是典型粳稻的双峰乳突。值得注意的是，从扫描电镜下观察，侯家寨HJZ17稻壳稃片双峰乳突显具粳稻特征，但同一标本稻壳之中填充的米粒状土粒，粒形窄长，显具籼稻特征，这与贾湖古稻粒型偏籼而植硅体偏粳的特征有相似之处[7]。此外，红烧土中稻稃残片，其外表面和内表面的形态特征与现代栽培稻稻壳十分相似。

以上几点说明，我们在双墩、侯家寨和红墩寺遗址采集到的红烧土中所含的稻壳印痕及其残存稃片无疑是属于栽培稻的稃片及印痕残片。

关于稻作农业的起源问题，不仅是农业考古研究的中心议题之一，而且与中华文明的起源问题密切相关。中国具有举世瞩目的悠久的稻作农业文化传统，又是栽培稻的祖先种普通野生稻的传统分布区，同时中国还是世界上发现早期栽培稻遗存最多的国家，自20世纪70年代以来，中国一直是世界农业考古界关注的热点，并且公认中国是世界农业的起源地之一。

虽然国内外学者已认同中国是世界稻作农业起源地之一的观点，但中国栽培稻到底起源于何地，目前仍众说纷纭，未能取得一致的意见，其中主要的观点有以下四种：一是50年代由丁颖先生提出来的"华南说"；二是日本学者渡部忠世和菲律宾华人学者张德慈提出的"阿萨姆·云南说"；三是严文明先生等提出的长江中下游说；四是王象坤先生等提出的淮河上游—长江中游说。进入90年代之后，由于我国农业考古界又取得了不少突破性进展，主要集中在长江中游和淮河流域，包括江西万年仙人洞和吊桶环万年前水稻植硅石，湖南道县玉蟾岩万年前稻壳，澧县八十垱、河南舞阳贾湖、江苏高邮龙虬庄大量炭化稻等重要发现，据此学术界又提出了"边缘地带起源说"[8]、"中心起源边缘发展说"[9]等新理论。

就稻作农业考古资料而言，淮河流域20世纪80年代以前做工作很少，人们普遍认为，淮河流域的稻作农业是从长江流域传播而来的。90年代以后，随着河南舞阳贾湖、江苏高邮龙虬庄、安徽蒙城尉迟寺三批重要资料的公布，促使人们对此问题进行反思，一些新的学术观点提了出来，但因淮河中游地区的尉迟寺遗址时间较晚，没有相应的资料连接上、下游的贾湖和龙虬庄，影响了人们对淮河流域稻作农业的起源与发展问题的认识。这次调查所获资料虽然不甚丰富，但也可为我们认识淮河流域稻作农业的起源与发展、淮河上中下游稻作农业的关系、淮河流域与长江流域稻作农业的关系提供一些有价值的信息。

这次发现的淮河中游地区新石器时代考古学文化第2阶段的稻作遗存，为我们系统了解淮河流域稻作农业的起源与发展提供了可能性。从现有材料的研究结果来看，在时间上较早的双墩和侯家寨的水稻印痕的样品中，同时有粳稻、籼稻和中间型并存，其中双墩遗址粳稻占22.2%，籼稻占44.4%，中间型占33.3%；尤其是侯家寨样品数量较多，观察测量和统计结果较为可靠，可以判断类型的27个印痕中，粳稻占33.3%，籼稻占40.7%，中间型占25.9%；时间上稍晚的红墩寺的样品中的水稻印痕均为粳稻。从中我们可以看出，当时人们种植的水稻，已经开始了粳稻和籼稻的分化。而且随着时间的推移，籼稻比例逐渐减少直至消失，粳稻却由少渐多，以至于到晚期完全取代籼稻，这是人们在水稻栽培的过程中对水稻的品种进行人工选择优化选育的必然结果，与淮河下游的江苏高邮龙虬庄遗址第4层距今5500年左右即已完成粳稻特征的定型化是一致的[10]。

四、结　语

从上面的讨论我们可以看出，居住在淮河流域的先民，在距今1万年后，可能已经利用逐渐好转的自然条件,开始了将野生稻驯化为栽培稻的尝试。在距今9000~7500年以贾湖文化以代表的淮河上游地区,人们已经种植了籼粳分化尚不明显的原始栽培稻,但由于特定的自然水热条件,这些原始稻种已经开始了向粳稻方向发展的趋势。这种趋势一直延续到了7000年前双墩遗址的遗存中,但到了7000年以后的侯家寨和龙虬庄遗址时期,这种发展的趋势加快,稻种中粳型特征明显,比重增加,表明人工干预的压力增大。到了红墩寺和龙虬庄遗址第4层时期,即距今5500年左右,即已完成粳稻特征的定型化,其完成时间要早于长江流域。尽管长江流域的先民对野生稻的采食和利用可能要早于淮河流域,但现有资料显示,稻作农业的发展几乎是同步的,而且由于淮河流域的全新世早期位于亚热带的北部边缘,气候和环境条件所造成的人类生存压力要甚于长江流域,对稻作农业的依赖促使人们加大了对稻种的优化选育类人工干预的程度。鉴于以上原因,我们推测,淮河中游地区有可能是粳稻的初始起源地之一。

注　释

[1] 阚绪杭:《试论淮河流域的侯家寨文化》,《中国考古学会第九次年会论文集》,文物出版社,1993年。

[2] 王象坤、孙传清:《中国栽培稻起源与演化研究专集》,中国农业大学出版社,1996年。

[3] 阚绪杭:《定远县侯家寨新石器时代遗址发掘简报》,《文物研究(第五辑)》,黄山书社,1989年。

[4] 安徽省文物考古研究所发掘资料。

[5] 阚绪杭:《试论淮河流域的侯家寨文化》,《中国考古学会第九次年会论文集》,文物出版社,1993年。

[6] 张文绪:《水稻颖花外稃表面双峰乳突扫描电镜观察》,《北京农业大学学报》1995年第21卷第2期,第20~99页;张文绪:《稻属20个种外稃乳突的扫描电镜观察》,《中国栽培稻起源与演化研究专集》,中国农业大学出版社,1996年。

[7] 河南省文物考古研究所:《舞阳贾湖》,科学出版社,1999年。

[8] 严文明:《农业发生与文明起源》,科学出版社,2000年。

[9] 朱乃诚:《中国早期新石器文化研究的新进展》,《光明日报》2000年7月28日。

[10] 汤陵华、张敏:《高邮龙虬庄遗址的原始稻作》、《中国栽培稻起源与演化研究专集》,中国农业大学出版社,1996年。

(原载《农业考古》2004年第3期;与尹若春、杨玉璋、王象坤、孔昭宸、阚绪杭合著)

中国农业起源与早期发展的思考[*]

一

我国幅员辽阔、地貌类型复杂，各地因山川阻隔形成了很多特殊的地理单元。各单元在气候、环境、植被等方面存在差异。就植被而言，不仅原生的植被类型不同，人类最初对其利用并培育驯化的栽培作物类型也不同。例如，秦岭—淮河一线将我国东部地区分割为南、北两个大的地理单元，进入历史时期以后，该线以南的长江中下游地区，主要种植水稻；以北的黄河中下游地区主要种植粟、黍、小麦等旱作植物，形成"南稻北粟"的格局，并持续了相当长的时间。事实上，这条线在史前环境变迁中一直处于南北摆动的动态变化之中，这一动态变化的过程起于何时？其变化趋势如何？对史前文化的发展产生了哪些影响？本文将对以上问题进行探讨。

二

农业的起源与发展一直是考古学研究的热点问题，尤其是近40年来，中国的农业起源问题受到了国内外学术界的持续关注。随着研究理论、方法和技术的提高以及考古材料的不断积累，农业起源研究也取得了新的进展。就稻作农业的起源问题而言，由于界定标准不同，学界出现多种观点，概括起来主要有"一元论"[1]和"多元论"[2]两种论点，"一元论"的提出较早。关于粟作农业的起源地主要有三种说法，即华北说[3]、黄河中游说[4]、西辽河流域说[5]。虽然史前原始稻作和粟作农业的发展道路不同，但从起源到稳定发展，它们大体上都经历了酝酿、萌芽、确立、快速发展和稳定发展五个阶段。

（一）酝酿阶段（距今20000~11500年）

大体来讲，在距今约1.8万年的末次冰盛期之后，不少大型的陆生物种很大程度上因气候变化而灭绝[6]。人类在扩大肉食资源猎取范围的同时，也扩大了可食植物的采集范

---

[*] 本文为中国科学院战略性先导科技专项"应对气候变化的碳收支认证及相关问题"（项目号：XDA05130500）资助项目、国家自然科学基金资助项目（项目号：40772105）。

围，禾本科植物的籽实以其便于储藏的特点而成为人类的采食对象。在新仙女木事件（距今约11500年前）以前，长期的采集实践丰富了人类的植物知识，为作物的驯化准备了必要的条件。此时的代表性考古学文化为仙人洞、吊桶环第二期（距今约20000～15000年）和第三期（距今约15000～12000年）[7]、柿子滩晚期和下川文化。仙人洞和吊桶环遗址栽培活动的直接证据来自花粉和植硅体，间接证据为工具类型。

仙人洞遗址第二期（西区4A、4B层，东区3A、3A1、3B、4A、4B、5A、5B、5C、6A、6B、6C层）的年代为旧石器时代晚期之末。此期之前人们已发明了陶器[8]。第三期（西区3C1A、3C1B、3C2层，东区2B、2B1、2B2层）为新石器时代早期早段。仙人洞3C1A层中，不仅仍发现野生稻植硅石，且开始出现人工栽培水稻的植硅石，禾本科花粉数量也自下而上逐渐增加[9]。

吊桶环遗址第二期（F、G、H、I层）、第三期（E层），第四期（B、C、D层），H层以下植硅石零星，G层以上稻属植硅体丰富，似乎反映着人们食物结构的变化，即从G层堆积时代开始，稻属植物成为人类食物来源之一，上层E层和D层植硅体遗存可分为栽培组和野生组，且从C层起栽培稻逐渐取代野生稻[10]。

与此同时，北方地区旧石器时代晚期遗存和新旧石器的过渡遗存尤受关注，如柿子滩旧石器晚期遗存、下川文化遗存等。石兴邦先生认为粟作农业的起源地应该在华北地区，并且认为源头应在黄河中游黄土地带寻找，如中条山、太行山南麓北山山系南沿、山麓与台塬之间的地带[11]。

柿子滩遗址文化堆积年代从旧石器时代晚期到新石器时代早期，以石制品为主，典型细石器以细石核和细石叶及其石叶制品为代表，未见有陶器报道[12]。S14地点（距今23000～19500年）出土磨制石器上发现了小麦族（*Triticeae*）、黍族（*Paniceae*）、豇豆属（*Vigna*）、薯蓣属（*Dioscorea opposita*）、栝楼属（*Trichosanthes kirilowii*）等淀粉粒，表明当时黍族植物已被人类开发，人类逐渐掌握其习性，对橡子（Acorn）、栝楼属的磨制加工方式可追溯到距今23000年[13]。这种加工方式可能意味着粉食的出现。

S9地点（距今13890～8560年）石器继承了中国北方的小石器工业传统，出现了典型的细石核和细石叶压剥片技术[14]。出石磨盘、石磨棒和装饰品的层位年代为距今12756～11350年[15]。对磨制工具使用痕迹的分析表明其用途广泛，而对淀粉粒的研究则进一步表明其用于加工多种植物，如黍亚科（Panicoideae）和早熟禾亚科（Pooideae）。淀粉粒数量占总数的73%，占到可鉴定数量的95%，橡子、菜豆族（Phaseoleae）只占很小的比例[16]。可见粟黍类作物的地位在慢慢凸显。

无独有偶，以细石器、细石叶和各种刮削器、尖状器、雕刻器为文化特征的下川遗址和柿子滩遗址都发现了最早的磨盘[17]。

从以上植物遗存和工具推断，在食物加工方面，南北存在一定差异。从现有材料看，华北的磨盘出现时间早于南方，而南方的陶器出现时间则早于北方，但都可追溯到2万年前。从柿子滩遗址石磨盘提取到的植物淀粉粒以及仙人洞有烧灼痕迹的陶片来看，一是用于加工粉食，一是用于加工粒食，但都为食物加工不同阶段的工具，表明早在旧石器时代，南北方先民可能就已因地制宜采用了不同的食物加工方式。这一阶段人们的生存策略无疑是以广谱性的狩猎、捕捞和采集为主，细石器的广泛发现证明狩猎的重要性。此后，一方面，禾本科种子因颗粒太小致使采集收获量无法满足人群在寒冷冬春的需求；另一方面，人们的采集经验不断积累，这些都刺激和启发人们产生了栽培观念，这一阶段为农业的孕育期（或酝酿期）。

（二）萌芽阶段（距今11500～9000年）

新仙女木事件导致的急剧降温结束后，先民们迎来了第一个"春天"（距今11500～9000年），我国南北方相继进入新石器时代早期，考古学文化以仙人洞吊桶环第四期、上山文化早期、柿子滩晚期、东胡林、南庄头、于家沟、转年、李家沟等遗存为代表。经过约1万年的努力，华北地区的先民着重选择了耐寒、耐旱的粟类作物，而南方的先民则着重选择了水稻，出现了"南稻北粟"格局的萌芽，开启了漫长的培育驯化之路。

仙人洞遗址第四期（西区2A、2B、2C、3A、3B1、3B2层，东区2A、2A1、2A2、2A3层）和吊桶环遗址第四期（B、C、D层）。仙人洞3B1和3B2层中，仍是野生稻和栽培稻植硅石共存，但后者数量增多；吊桶环的B、C层和仙人洞上层文化晚段逐层出土的稻属植硅石中，则以人工栽培为主，有学者据此推测当时的稻作农业已有一定发展[18]。

钱塘江支流浦江上游的上山遗址（距今11400～8500年），发现大量磨盘、磨饼、石球和以刮削器为主的打制石器，磨饼、磨盘主要用来加工橡子，未发现水稻淀粉粒[19]。陶胎内掺和的水稻颖壳的形态、小穗轴的特征和硅酸体的分析表明其为原始栽培稻，且有粳稻形态的穗轴类型[20]。发掘者认为尽管采集和狩猎仍然是上山文化不可忽略的经济方式，但原始的稻作农业在上山遗址中已经开始[21]。炭化稻米形态分析显示可能已经属于栽培稻[22]，不管稻种驯化程度如何，稻作栽培已客观存在[23]。虽然稻作栽培在上山文化时期先民生业经济中的比例和作用还不甚清楚，但长江下游原始稻作农业似乎业已萌芽。

华北地区同期遗存有柿子滩晚期、南庄头、于家沟、东胡林、转年、李家沟等，年代都在距今12000～9000年之间[24]。

东胡林早段为距今11150～10500年，晚段为距今10500～9450年[25]。刘莉对东胡林磨制石器的淀粉粒分析表明，其被用来加工植物食物，尤其是橡子，可能在定居和农业转变阶段的生计方式中扮演主要角色[26]。杨晓燕对南庄头（距今10500～9700年）、东胡林石器淀粉粒和陶器上炭化残留物的分析，表明早在距今11000年左右华北地区的先民们已开始利用粟[27]。南庄头遗址可能有家猪和狗[28]。同时，东胡林细石器的发现表明狩猎仍是一种重要的生计方式。

淀粉粒分析表明，这一阶段南北方发现的磨盘都主要用来加工橡子等植物。上山遗址的磨盘未发现稻属淀粉粒，发现有茎叶硅酸体，陶胎内掺的植物掺合料主要为稻的颖壳，似乎表明上山的磨盘仅用于脱粒，而非用于碾碎稻属种子；北方的磨盘则可能被用来碾碎粟类种子，可能和粉食有关。此时南北方都已普便使用陶器了，但陶器和磨盘在加工食物种类和方法上可能有所不同，陶器用来蒸煮粒食，而磨盘主要用来加工粉食半成品，这应该是对前一阶段文化传统的延续。这一阶段为农业的萌芽期，大约历时近3000年。

（三）确立阶段（距今9000~7000年）

距今9000~7000年，我国自南向北逐渐进入气候适宜期。经过3000年漫长的选择和努力，稻作遗存在长江中下游和淮河流域大量发现，对应有彭头山文化，上山文化中、晚期，跨湖桥文化早期，贾湖文化和顺山集文化。

彭头山文化出现有相当规模的环壕聚落，大量鹿、鱼骨等动物遗存和菱角、芡实植物遗存，反映出狩猎、捕捞和采集在经济生活中的地位。还发现有器形可辨的木耒、木铲等挖掘工具。八十垱遗址则发现大量兼有籼、粳、野稻特征的小粒种稻米以及夹有大量炭化稻壳的陶片[29]。这些现象说明，彭头山文化先民在进行采集、渔猎的同时兼有规模有限的水稻种植[30]。

上山文化晚期的小黄山遗址有壕沟、房基、灰坑、墓葬等遗迹[31]，出土了石磨盘、磨饼、夹炭红陶大口盆、夹砂红陶罐等生产工具和生活用具，稻类淀粉粒在石器和石磨盘上仅有少量发现，而陶器上则大量存在[32]，再次证明两类不同的工具体系在食物加工不同阶段扮演的不同角色。

跨湖桥文化早期丰富的植物遗存包括菱角、核桃、酸枣、芡实等，特别是整坑的橡子，表明采集生活在当地的重要性，而稻作遗存的小穗轴结果显示有41.7%属于粳稻型（驯化型），58.3%属于野生型[33]，这说明跨湖桥先民在长期的农作实践中逐步驯化着水稻。狩猎工具弓、镞、镖、浮标等的存在说明狩猎和结网捕鱼活动在经济生活中占有重要地位，而家猪的出现则说明家畜驯养在人们的生业方式中也有一席之地[34]。

淮河上游的贾湖文化先民发明了可以演奏音乐的骨笛和含酒精的饮料，还出现了发达的龟灵崇拜，这些都表明人们拥有丰富的精神生活和优越的生活资源。陶、石、骨等生产工具组合和数量的变化，表明贾湖一、二期以狩猎、捕捞业为主，三期农业有了相当程度的发展，所占比重增加，但从大量的骨质镖、镞、陶网坠等工具来看[35]，当时的渔猎经济所占比重仍然很大，其生存策略仍是以渔猎采集为主、种植和养殖为辅的广谱经济[36]。但这种经济模式并不影响人们在享受丰富的物质文化的同时创造出丰富的精神文化。

豫西南的八里岗遗址的植物遗存分析同样显示出前仰韶时代稻作与采集并存的情况，且穗轴分类显示大部分已属于驯化形态，有少量野生型和不成熟型[37]。八里岗一期文化遗存属于贾湖文化早期，有学者认为贾湖和八里岗稻作农业是受到长江流域的影响和移民的结果[38]。但笔者认为，淮汉文化带先民采食水稻籽实可能晚于长江流域，但其栽培行为可能与长江流域是同步发生的，而且受环境和资源影响，这一带先民对水稻的依赖程度要高于长江流域，所以其发展可能还要快于长江流域[39]。这也正是贾湖与八里岗等淮汉文化带聚落水稻驯化程度高于同时期其他地区稻作遗存的原因所在。

虽然此阶段的稻作遗存发现较多，分布范围也较广，中部地区已经到了淮河上游（N33°），东部地区更靠北的后李月庄遗址（N36°）中，稻子伴着粟也出现了[40]，但从动植物遗存分析结果以及生产工具组合等方面来看，稻作农业仍是人们生业经济中的一小部分，所占比例不大，捕捞、采集和狩猎才是人们经济生活的主导。就稻米的生物形态而言，尚保留大量的野生性状，还处于驯化过程中。

与此同时，北方地区也普遍发现有粟作遗存，主要分布于河北、山东、河南、内蒙古南部、山东半岛和甘肃东部地区，尤以华北南部和黄淮地区发展程度最高。代表性的考古学文化有磁山、裴李岗、老官台、兴隆洼、后李等。

磁山文化生产工具以打制、磨制及打磨兼施的石斧为主，还有三足或四足的石磨盘、石磨棒及少量石镰[41]，磨盘磨棒是出土成套石器、陶器组合物中的组成部分，这种组合物应为祭祀活动的遗存[42]。磁山遗址发现的粮食最多[43]，有学者推测磁山窖穴中可储藏10万斤小米[44]。无论数量是否准确，可以肯定磁山先民粟黍类作物的收获量相当可观。磁山先民首先驯化了黍，后又出现了少量的粟[45]。裴李岗文化中以斧、铲、镰、磨盘和磨棒为组合的生产工具呈现出一套完整的生产过程[46]，而且这种成套的生产工具组合作为随葬品在墓葬中反复出现。

裴李岗文化和磁山文化常见的石磨盘，多带4个矮足，平面作鞋底形，磨面较平，砂岩，形状规整而精致；磨棒则作长条形或者一面扁平。这种精致的食物加工工具，出现伊始就被认为与小米加工有关。比起前一阶段的柿子滩、东胡林、上山等遗址的磨制工具，此期的磨盘、磨棒形状更加规整、精致。刘莉认为这些磨盘、磨棒很可能与加工粮食关系不大，而应该是加工橡子等坚果的工具[47]。这一研究结论较为可信，但其用途应更为广泛一些，尤其在这一阶段。

老官台文化是渭河流域最早的新石器时代文化，石器种类和数量均较少，磨制粗糙，骨器数量也不多，通体磨光的较少，制陶工艺技术水平也较原始。农业处在原始阶段[48]。

兴隆洼文化第1地点是兴隆洼文化中期经统一规划的大型环壕聚落，出土有成组石器，完整鹿角、猪头骨、狗下颌骨等以及炭化的山核桃等，表明狩猎—采集经济占主导地位。有学者根据人工栽培炭化粟推测兴隆洼文化中期已经出现了原始的农业经济[49]。基于兴隆沟遗址发现的粟已经全部驯化，且黍比粟丰富，有学者认为中国古代文明和早期旱作农业除了黄河中游地区，辽河流域和长城沿线地区可能也是中心之一[50]。

华北中全新世适宜的气候环境致使北方粟作农业已经逐渐成为当地重要的生业形式，农业生产要素齐全，所占比重非常大，直接导致的结果是这一时期聚落无论在规模和数量上都大大增加，人口开始膨胀。磁山和兴隆沟遗址的材料证明黍和粟作为农作物这一时期已经被驯化。此期农业在人们的生产生活中的地位逐渐得到确立,应该是农业的确立期。或许正因为如此,老官台文化、裴李岗文化、磁山文化等的后继者才迎来了光辉灿烂的仰韶时代。

(四)快速发展阶段(距今7000～5000年)

仰韶时代,华北地区中全新世气候适宜期进入高峰期后段,原始农业在前一阶段得到确立后,粟作和稻作农业都进入快速发展期。

为了能够较清晰地反映仰韶时代原始农业的发展状况,现根据耕作方式将其划分为三个农业区,即北方的粟作农业区、南方的稻作农业区和黄淮地区的稻粟混作农业区。

粟作农业区主要分布在黄河、长城以北,黄河流域的华山文化圈、嵩山文化圈、太行山文化圈、泰山文化圈[51]及红山文化、海生不浪文化的沿长城文化带等。关中平原、河南中西部和晋南地区遗址数量明显增多。仰韶时代中晚期遗址数量明显多于早期,其中黍主要分布在西北、东北地区;中原地区则可能以粟作农业为主[52]。

西北地区大地湾遗址仰韶时代二期遗存仍主要为黍,有少量的粟,收割工具陶刀、石刀数量则为一期的8倍,农业有了较大的发展,加工谷物的碾磨器(包括碾磨石、棒、盘)成倍地增长。第四期袋状窖穴大量增加,收割工具大多为两侧有缺口的陶刀或石刀,此时已进入了以农业为主的时代[53]。早在这里的第一阶段(距今7900～7200年),人们就已收获和储藏足够的黍来供给自己和他们的猎狗;第二阶段(距今5900年)人们同时栽培黍和粟,粟和黍不仅为人们食物的重要组成部分,同时也用来饲养狗和猪[54]。

其次是南方的稻作农业区,主要分布在长江两岸和江淮平原,如大溪文化、屈家岭文化大部、马家浜文化、崧泽文化、河姆渡文化、北阴阳营文化、薛家岗文化等。大溪文化几乎所有的遗址里都能发现稻作农业的遗存,陶器中大多掺合有稻草和稻谷壳,居住房屋的墙壁和地面的红烧土中也都普遍掺有稻草和稻谷壳[55]。

长江下游的马家浜文化各遗址的孢粉资料显示,当时存在大量禾本科植物,如罗家角第4层中,禾本科植物占孢粉组合的97%。

河姆渡文化的稻作遗存更为丰富,稻子基本驯化,还出现了骨耜这种专用于水田的工具。在草鞋山、绰墩和田螺山等遗址中,更是发现有明确的水稻田遗存,还有大量炭化稻谷、稻米,夹炭陶和陶器表面也有稻壳和稻谷痕迹[56]。

在淮汉文化带,前一阶段的农业确立期已经出现稻作农业,如前文所述的贾湖、八里岗遗址等。至这一阶段,稻作区开始北移。具体来看,距今7000～6000年,水稻种植技术在淮汉文化带广泛传播。淮河中游发现稻作遗存的遗址有蚌埠双墩、定远侯家寨和霍邱红墩寺等;下游有龙虬庄一期、二期。汉水流域的稻作遗存有西乡何家湾、淅川下王岗等。距今6000～5000年,稻作区北移至黄河两岸,如郑州大河村、渑池仰韶村、华县泉护村、三门峡南交口等地的遗址都发现有稻子,最西北已到达甘肃庆阳(N36°)。稻作区北移后，与传统粟作区交汇，形成了一个稻粟混作区。

（五）稳定发展阶段（距今5000~4000年）

距今5000年前后，文化的交流融合进入了过渡期，即庙底沟二期文化时期，这个时期由于气候波动，稻粟混作区南移，稻作区缩小，向南退到北纬33度以南，粟作区则向南扩大。如中坝遗址的农作物主要为粟[57]，石家河文化出现了粟[58]，黄楝树[59]、尉迟寺[60]则稻粟共出。稻、粟对气候和环境有不同要求，但这两类农作物能够出现在同一遗址，说明当时人类已不是简单地适应自然环境，而是充分利用淮河、汉水流域处于南北气候区过渡地带的特点，因地制宜动态地调整着自己的生存策略[61]。

到了4500年之后的龙山时代，黄河上游的马家窑文化晚期、齐家文化，中游的客省庄二期、王湾三期文化、造律台文化，下游的龙山文化，其作物都以粟为主。可以看到，从玉门火烧沟经河西走廊的永昌鸳鸯池到东乡林家，再到扶风案板；从渑池班村到茌平教场铺，再到临淄桐林至栖霞杨家圈一线，形成一个仰半月形的区域分布。而与此同时，气候的稳定和耕作技术的进步促使稻作区继续扩大，有粟的地方基本就有稻子，在粟作集中的仰半月形分布区内稻作遗存也有较多分布，最北可到东太堡（N37°）。稻粟集中混作区又向北移，甚至比仰韶时代更加靠北。

长江流域传统稻作区的稻作经济繁荣，促进了文化的大发展。长江中游的屈家岭文化晚期、石家河文化早期正是兴盛期，北渐的屈家岭文化势头迅猛，石家河文化同样城池林立；下游良渚文化祭台、墓地以及随葬的制作精美的玉制品都向我们展示着强大的经济实力和文明程度。稻作的扩张还产生了一些新型稻作区，研究表明，稻作农业这时已扩大到成都平原[62]，该地区的宝墩文化这时即以稻作经济为主。

北方仍然保持粟作传统，如杨屯、新安间。这一阶段，粟米已向高原传播，卡若[63]、昌果沟[64]都发现大量粟米。黄河流域这一时期的作物类型丰富，稻作农业在继续扩展，同时小麦也从西方传入，与粟、黍、豆类和稻米等共同成为黄河流域的栽培作物。作物结构多元化使得经济基础较为稳定，对环境变化的敏感程度降低。就全局来看，农业在这时已经进入稳定发展期，更加有利于社会的持续发展。

三

通过以上梳理可以得出以下几点认识。

（1）"南稻北粟"的格局从农业初始阶段就已奠定。

（2）史前农业从发生到发展大致经历了五个阶段：酝酿阶段（距今约20000~11500年）、萌芽阶段（距今约11500~9000年）、确立阶段（距今9000~7000年）、快速发展阶段（距今7000～5000年）、稳定发展阶段（距今5000～4000年）。

（3）稻粟混作区的确立与南北摆动。在确立阶段以前，稻作和旱作农业分别在不断地发展。但进入快速发展阶段，随着气候、环境、文化等各方面的发展变化，在距今7000～5000年的仰韶时代，稻作农业北移至黄河南岸，农业确立阶段就已出现稻作的黄淮地区成为稻粟混作区，庙底沟二期稻作区向南回归，粟作区则向南扩大，稻粟混作区退到北纬33度以南。到了龙山时代，稻米则遍地开花，稻作区整体上进一步扩大，推进到黄河两岸的仰半月形区域内，比起仰韶时代更加靠北。

（4）作物格局的动态变化产生了多方面的影响。稻米和西方传入的小麦丰富了北方的作物结构，粟米向西南高原扩张，稻子沿着粟米之路进入西南地区的平原地带。

（5）经历了酝酿、萌芽、确立、快速发展和稳定发展几个阶段后，农业成为主导性的生计方式，导致人口增加、聚落发展。华北地区、黄淮地区的农业水平始终处在发展前列，为中原王朝的诞生奠定了经济基础。长江流域的稻作农业则在龙山时代后期陷入低潮，直到东周之后才又表现出强劲势头。长城以北地区延续了粟作传统，最终因为气候条件的改变成为农牧交错区。华南地区丰富的自然资源，使这一地区人类对种植业的依赖程度较低，甚至可能只是一些较为简单的园圃业，直到龙山时代以后，华南地区的粮食种植业才逐渐地发展起来。

注　释

[1] （日）渡部忠世：《稻米之路》第八章，云南人民出版社，1982年；柳子明：《中国栽培稻的起源及其发展》，《遗传学报》1957年第2卷第3期；丁颖：《中国栽培稻的起源及其演变》，《农艺学报》1957年第2卷第1期；严文明：《中国稻作农业的起源》，《农业考古》1982年第1、2期；严文明：《再论中国稻作农业起源》，《农业考古》1989年第2期。

[2] 张居中等：《舞阳史前稻作遗存与黄淮地区史前农业》，《农业考古》1994年第1期；裴安平：《彭头山文化的稻作遗存与中国史前稻作农业》，《农业考古》1989年第2期。

[3] 朱乃诚：《中国农作物栽培的起源和原始农业的兴起》，《农业考古》2001年第3期。

[4] 石兴邦：《下川文化的生态特点与粟作农业的起源》，《考古与文物》2000年第4期；严文明：《东北亚农业的发生与传播》，《农业发生与文明起源》，科学出版社，2000年，第35～43页。

[5] 赵志军：《从兴隆沟遗址浮选结果谈中国北方旱作农业起源问题》，《东亚古物（A卷）》，文物出版社，2004年，第189～199页。

[6] Broce S, et al. Serial Population Extinctions in a Small Mammal Indicate Late Pleistocene Ecosystem Instability.PNAS, 2012. 109(50): 20532-20536.

[7] 彭适凡、周广明：《江西万年仙人洞和吊桶环遗址——旧石器时代向新石器时代过渡模式的个案研究》，《农业考古》2004年第3期。

[8] Wu X H, et al. Early Pottery at 20000 Years Ago in Xianrendong Cave, China. Science, 2012, 336(6089): 1696-1700.

[9] 彭适凡：《江西史前考古的重大突破——谈万年仙人洞与吊桶环发掘的主要收获》，《农业考古》1998年第1期。

[10] 赵志军：《吊桶环遗址稻属植硅石研究》，《农业考古》2000年第3期。

[11] 石兴邦：《下川文化的生态特点与粟作农业起源》，《考古与文物》2000年第4期。

[12] 山西省临汾行署文化局：《山西吉县柿子滩中石器文化遗址》，《考古学报》1989年第3期。

[13] Liu L, et al. Paleolithic Human Exploitation of Plant Foods during the Last Glacial Maximum in North China. PNAS, 2013, 110(14): 5380-5385.

[14] 柿子滩考古队：《山西吉县柿子滩遗址第9地点发掘报告》，《考古》2010年第10期。

[15] 宋艳花：《山西吉县柿子滩遗址石英岩石制品研究》，中国科学院研究生院博士学位论文，2011年，第15页。

[16] Liu L, et al. Plant Exploitation of the Last Foragers at Shizitan in the Middle Yellow River Valley China: Evidence from Grinding Stones. Journal of Archaeological Science, 2011, 38(12): 3524-3532.

[17] 柿子滩考古队：《柿子滩第十四地点2002—2005年发掘简报》，《考古》2013年第2期；王建、王向前、陈哲英：《下川文化——山西下川遗址调查报告》，《考古学报》1978年第3期。

[18] 彭适凡、周广明：《江西万年仙人洞和吊桶环遗址——旧石器时代向新石器时代过渡模式的个案研究》，《农业考古》2004年第3期。

[19] Liu L, et al. The Exploitation of Acorn and Rice in Early Holocene Lower Yangzi River, China. Acta Anthropologica Sinica, 2010, 29(3): 317-334.

[20] 郑云飞、蒋乐平：《上山遗址出土的古稻遗存及其意义》，《考古》2007年第9期。

[21] 浙江省文物考古研究所、浦江博物馆：《浙江浦江县上山遗址发掘简报》，《考古》2007年第9期。

[22] 赵志军：《栽培稻与稻作农业起源研究的新资料和新进展》，《南方文物》2009年第3期。

[23] Zhao Z J. New Archaeology Data for the Study Origin of Agriculture in China. Current Anthropology, 2011, 52: 99-105.

[24] 夏正楷等：《我国北方泥河湾盆地新—旧石器文化过渡的环境背景》，《中国科学：地球科学》2001年第5期；夏正楷等：《黄河中游末次冰消期新旧石器文化过渡的气候背景》，《科学通报》2001年第14期。

[25] 北京大学考古文博学院等：《北京市门头沟区东胡林史前遗址》，《考古》2006年第7期。

[26] Liu L, et al. A Functional Analysis of Grinding Stones from Donghulin, North China. Journal of Archaeological Science, 2010, 37(10): 2630-2639.

[27] Yang X Y, et al. Early Millet Use in Northern China. PNAS. 2012, 109(10): 3726-3730.

[28] 保定地区文物管理所等：《河北徐水县南庄头遗址试掘简报》，《考古》1992年第11期；李珺：《徐水南庄头遗址又有重要发现》，《中国文物报》1998年2月11日第11版。

[29] 湖南省文物考古研究所：《彭头山与八十垱》，科学出版社，2006年；张文绪、裴安平：《澧县梦溪八十垱出土稻谷的研究》，《文物》1997年第1期。

[30] 裴安平、张文绪：《彭头山文化的稻作遗存与中国史前稻作农业》，《史前稻作研究文集》，科学出版社，2009年。

[31] 王心喜：《长江下游原始文明新源头——浙江嵊州小黄山新石器时代早期遗存的考古学研讨》，《文博》2006年第4期。

[32] 本课题组成员姚凌的实验结果。

[33] 郑云飞、孙国平、陈旭高：《7000年考古遗址出土稻谷的小穗轴特征》，《科学通报》2007年第52卷第7期；郑云飞、蒋乐平、郑建明：《浙江跨湖桥遗址的古稻遗存研究》，《中国水稻科学》2004年第2期。

[34] 浙江省文物考古研究所、萧山博物馆：《跨湖桥》，文物出版社，2004年。

[35] 河南省考古研究所《舞阳贾湖》，科学出版社，1999年，第404、421、340页。

[36] 来茵、张居中、尹若春：《舞阳贾湖遗址生产工具及其所反映的经济形态分析》，《中原文物》2009年第2期。

[37] 秦岭：《中国农业起源的植物考古研究与展望》，《考古学研究（九）》，文物出版社，2004年；邓振华等：《河南邓州八里岗遗址出土植物遗存分析》，《南方文物》2012年第1期。

[38] Zhang C, Hung H C. Jiahu 1: Earliest Farmers Beyond the Yangtze River. Antiquity, 2013, 87(335): 46-63.

[39] 张居中、尹若春等：《淮河中游地区稻作农业考古调查报告》，《农业考古》2004年第3期。

[40] （加）克劳福德等：《山东济南长清区月庄遗址发现后李文化时期的炭化稻》，《东方考古（第3辑）》，科学出版社，2006年。

[41] 中国社会科学院考古研究所：《中国考古学·新石器时代卷》，中国社会科学出版社，2010年，第427、468页。

[42] 陈文：《论中国石磨盘》，《农业考古》1990年第2期。

[43] 河北省文物管理处、邯郸市文物保管所：《河北武安磁山遗址》，《考古学报》1981年第3期。

[44] 佟伟华：《磁山遗址的农业遗存及其相关问题》，《农业考古》1984年第1期。

[45] Lu H Y, et al. Earliest Domestication of Common Millet (*Panicum miliaceum*) in East Asia Extended to 10000 Years Ago. PNAS, 2009, 106(18): 7367-7372.

[46] 王吉怀：《从裴李岗文化的生产工具看中原地区早期农业》，《农业考古》1985年第2期。

[47] 刘莉：《中国史前的碾磨工具和坚果加工》，《中国文物报》2007年6月22日第7版。

[48] 甘肃省考古研究所：《秦安大地湾——新石器时代遗址发掘报告》，文物出版社，2006年，第704、705页。

[49] 中国社会科学院考古研究所内蒙古第一工作队：《内蒙古赤峰市兴隆沟聚落遗址2002—2003年的发掘》，《考古》2004年第7期。

[50] Zhao Z J. New Archaeology Data for the Study Origin of Agriculture in China. Current Anthropology, 2011, 52: 99-105.

[51] 张居中：《黄河中下游地区新时代文化谱系的动态思考》，《中原文物》2006年第6期。

[52] 刘长江、靳桂云、孔昭宸：《植物考古——种子和果实研究》，科学出版社，2008年，第168页。
[53] 甘肃省考古研究所：《秦安大地湾——新石器时代遗址发掘报告》，文物出版社，2006年，第704、705页。
[54] Barton L, et al. Agricultural Origins and the Isotopic Identity of Domestication in Northern China. PNAS, 2009, 106(14): 5523-5528.
[55] 中国社会科学院考古研究所：《中国考古学·新石器时代卷》，中国社会科学出版社，2010年，第427、468页。
[56] 中国社会科学院考古研究所：《中国考古学·新石器时代卷》，中国社会科学出版社，2010年，第427、468页。
[57] Jade d' Alpoim Guedes. Millets, Rice, Social Complexity, and the Spread of Agriculture to the Chengdu Plain and Southwest China. Rice, 2011, 4(3-4): 104-113.
[58] 邓振华等：《湖北天门市石家河古城三房湾和谭家岭遗址出土植物遗存分析》，《考古》2013年第1期。
[59] 长江流域规划办公室考古队河南分队：《河南淅川黄楝树遗址发掘报告》，《华夏考古》1990年第3期。
[60] 中国社会科学院考古研究所：《蒙城尉迟寺——皖北新石器时代聚落遗存的发现与研究》，科学出版社，2001年，第192、193、311页。
[61] 张居中等：《舞阳史前稻作遗存与黄淮地区史前农业》，《农业考古》1994年第1期。
[62] 陈昌富、张居中：《古环境与栽培稻的西进南下》，《环境考古（第5辑）》，北京大学出版社，待刊。
[63] 西藏自治区文物管理委员会、四川大学历史系、中国社会科学院考古研究所：《昌都卡若》，文物出版社，1985年，第167～169页。
[64] 傅大雄：《西藏昌果沟遗址新石器时代农作物遗存的发现、鉴定与研究》，《考古》2001年第3期。

（原载《中国国家博物馆馆刊》2014年第1期；与陈昌富、杨玉璋合著）

关于中国古代文明起源问题的理性思考

一、关于文明、文明社会与国家的关系

一般来讲，文明是一种现象，一种状态，一个过程。有些西方学者就认为文明是人类与生俱来的。最初将文明一词运用于人文社会科学的是19世纪的社会进化论者。1877年摩尔根（L. H. Morger）在《古代社会》中将人类社会的发展划分为蒙昧、野蛮、文明三个渐进的时代，将文明赋予了历史学的意义。目前，西方对文明的定义有十余种，如认为文明是文化的没落阶段，文明是社会的整体，文明是人类抵御自然的条件，文明是生活方式相同的人类群体，文明是人的安乐和精神的进步，等等。有些西方国家与我国对文明的认识有很大不同，如德语国家，就认为文明与文化是相同的，文明是人类社会与生俱来的一种现象。而我国学术界所讲的文明起源，实际上是指文明社会的起源。对文明社会的概念的界定也是众说纷纭。但由于恩格斯《家庭、私有制和国家的起源》中讲到"国家是文明社会的概括"，所以我国学者大多把文明社会的形成与国家的出现联系在一起。我们的"探源工程"，实际上就是探索我国古代文明社会，即国家的产生时限。所谓"我国有五千年文明史"，实际上是指我国以文明社会的标志"国家"产生的历史有5000年之久。而实际上，文明、文明社会和国家是三个互有联系又互不相同的概念。我们要把文明社会的形成与文明因素的出现区别开来。我们需要解决的是我国究竟何时为何进入以国家诞生为标志的文明社会，其动力和内部机制是什么，经过了什么样的途径和过程，等等。

二、关于文明社会的标志

由于早期国家的建立是进入文明社会的标志，所以不少学者在探讨文明起源时，首先都要尝试建立文明社会即国家的标准。我国学者一般根据恩格斯、摩尔根和柴尔德的理论将城市、文字、青铜器以及大型宗教礼仪性建筑的出现作为中国文明诸要素来认识和操作。一般来讲，早期文明社会没有足够的文献记载可供研究，这一重要课题的研究主要是依据考古学的资料和手段。考古材料是物化了的古代社会史，但考古学材料本身是不会说话的，关键看我们以什么样的理论去阐释它。用上述文明四要素来讨论文明社会的形成，事实上把分属于社会史和技术史两个不同的进化论序列的问题混在了一起。虽然二者具有内在的联系，技术史的发展是社会史发展的基础，但二者的发展并非同步运动。就上述

"文明四要素"而言，文字的产生并非文明社会产生的必备条件，如中美洲印加文明就是与结绳记事共存。金属器的存在也不能与文明社会直接挂钩，如欧洲大部分地区的青铜时代还停留在氏族社会，而中美洲的玛雅文明则是建立在石器时代基础之上的。城的存在也是如此，像希腊的斯巴达，在国家形成后很长一段时间内，根本就没有城市。就连我国的二里头遗址，学术界公认为是夏都所在地，最新田野考古成果显示，也没有城垣存在。而西亚在公元前1万年时已有石头城堡出现，我国湖南八十垱遗址也有8000年前的堆土墙的出现，这显然不可能是国家建立的标志。

当然，笔者这样说，并非否认这些重要考古材料和文明诸要素在探讨文明社会起源问题上的重要性。而是说，应该根据我国的实际情况建立适合于我国的文明社会诞生标准。因为"国家是文明社会的概括"，所以，我们应首先建立适合于我国的国家形成的标准，而不能把文明社会的形成标准简单地归纳为技术发展史上的几条因素，更不能把文明因素的起源与文明社会的形成混淆起来。

三、关于国家形成的标准问题

恩格斯在《家庭、私有制和国家的起源》中曾指出，国家是阶级矛盾不可调和的产物，是一个阶级压迫另一个阶级的工具。所以我国学者普遍以此为出发点来研究国家形成问题。由于大量新的材料和新的研究成果的问世，使得我们对国家性质的认定有重新认识之必要。国家的产生并不一定是因为阶级的矛盾不可调和，而主要应因为随社会发展而来的社会结构的复杂化，从而需要管理体制也随之复杂化。

国家的产生，应主要从一个社会单位内部寻找其动因和机制，这无疑是正确的。不少材料证明，国家是由其前身酋邦的管理体制蜕变而来的。其主要职能是对内管理宗族，对外协调友邦和抵御入侵。由酋邦演进为国家的主要原因是社会结构的复杂化。虽然阶级的形成是主要因素之一，但社会分工的复杂化、经济活动的复杂化、与外邦关系的复杂化以及自然生态环境的变化等，致使酋邦型的管理体制不再适应新的社会状况，以王权为主要标志的国家管理体制便会应运而生。据我国古文献记载，"国之大事，在祀与戎。"这明确无误地告诉我们，国家的根本职能是管理，具体体现无外乎神权和军权两种，归纳起来就是王权。有学者曾撰文提出，王权是国家权力的一种体现，就早期国家而言，王权每每与国家同步产生[1]。笔者同意这种观点。但他把王权归纳为宗教祭祀权、军事指挥权和族内事务管理与裁决权，还有学者又补充一条即财权[2]。笔者认为，王权的根本职能是神权和军权，而后两种权力则是从前两种派生出来的。因为神权就是管理权，早期国家的统治者就是靠神的意志来行使对内的管理、裁决以及财产分配等族内事务的。管理就是秩序，国家容不得无序的社会。对早期国家而言，建立有序社会的有效途径就是遵循神的意志。所以，控制了神权就是控制了对内的管理权。当然，中国古代的神权一个很重要的特征是对祖先神的崇拜，这也是中国人治社会的根源。祖先神崇拜的目的之一是建立礼制。对中国早期社会而言，社会秩序建立的标志就是礼制的建立。因此，礼制也是从神权蜕变而来的，是为协调、规范人们的社会行为而建立的。一直被作为中国古代文明起源要素的城市、文字、青铜器和宗教礼仪性建筑也无一不与宗教和神权密切相关。因此，国家的起源及其标准对探讨文明社会的起源无疑具有关键性的作用。就中国文明社会的形成而言，根本标志应是礼制的建立，礼乐制度是古代中国文明社会代代相传的显著特征。

四、关于早期国家产生的机制

这个问题是讨论比较热烈的话题之一，目前有阶级矛盾不可调和产物说、生产力发展说、灾变说、人口说等。事实上，这几种现象有时是相辅相成的，交互作用的。因为，只有人类的需求，才能促进生产力的发展，才能导致经济的繁荣，导致人口的增加、部族的强盛、社会分工的出现、神职集团和统治集团的出现、私有财产的出现、阶级的产生、复杂社会的产生、管理体制即礼制的形成、国家的诞生和向外扩张等。而对于一个长期存在与发展的部族来讲，自然灾害和外来入侵也是不可避免的。为维系部族或早期国家的存在，完善内部管理体制，加强王权职能，建立和加强军队，也是必需的。早期国家也就在此基础上建立和发展起来。

在早期文明社会和国家的产生上，还有一个认识上的误区，就是认为国家一建立，就应是大一统的，所以就把夏的建立作为中国文明社会形成的标志。事实上，中国历史上从方国到王国到帝国三个大的发展阶段，都是逐渐成熟的，特别是古国即方国时期，"万国林立"应是真实写照，众多古国像滚雪球一样越滚越大。当然这些方国可能有些已为文明社会的国家，有些仍然处于酋邦阶段，但我们应以社会主流为依据。因此，根据古代文献和已有考古材料，可以初步认为，城邦林立的龙山时代应与中国历史上的尧舜时代相对应，而早于龙山时代的仰韶时代后期，以距今5000年左右的西山古城，红山文化坛、庙、冢群，良渚文化祭坛，大汶口文化多等级墓地为代表的复杂社会初期，应已进入了初期文明社会，或已跨入了文明社会的门槛。从仰韶时代后期到龙山时代中期，应属于我国历史上的方国时期，即苏秉琦先生所讲的古国时代。夏代的建立，标志着王国时代的到来。王国时代一直延续了夏商周三代，直到秦统一，才由王国时代发展到了帝国时代，标志着中华文明的最终形成。

以上只是根据现有材料得出的初步认识。现在的问题是，目前的考古材料尚不足以证明龙山时代已出现作为文明社会标志的国家，国家的统治机构即国家机器和管理系统尚未得到考古材料的证实。目前解决这一问题的途径，主要应立足于通过聚落考古的方法和多学科综合研究的手段，以期达到以下目的：一是揭示社会复杂化的历史进程；二是厘清管理机构、管理体制即礼制的建立过程，以弄清中国文明形成的过程与时限；三是弄清中国文明社会形成的动力，以建立适合中国文明起源特征的理论。中国文明起源有别于其他文明，有自己的特点，是典型的渐进式。建立这一理论，是对认识人类历史发展规律的一大贡献。

注　释

[1]　王震中：《祭祀、战争与国家》，《中国史研究》1993年第3期。
[2]　吴耀利：《中国王权的产生》，"中国古代文明的起源及早期发展国际学术研讨会"论文提要集，2007年。

（原载《中原文物》2002年第1期）

裴李岗时代

中原地区裴李岗时代文化的发现与研究

裴李岗文化的发现是20世纪70年代以来中原地区新石器时代考古的重大收获。在此之前，仰韶时代文化和龙山时代文化的发掘和研究虽然取得了丰硕的研究成果，但早于仰韶时代文化的新石器时代遗存却未发现过，所以才有"仰韶文化西来说"。70年代后期，随着裴李岗、磁山等一系列新石器时代前期遗址的发现与发掘，犹如石破天惊，当时被认为找到了仰韶文化的源头，结束了"仰韶文化西来说"，为中国新石器时代考古带来了突破性的进展，给探索中国新石器时代早期文化带来了光明的前景。40多年以来，经过考古工作者的努力，基本上厘清了该文化的面貌和内涵，年代与分期，分布与类型，环境与生业，聚落与社会，精神文化等方面内容。有学者将以该文化为代表的考古学阶段称为"裴李岗时代"。现将这一系列研究成果简单梳理于后。

第一节 发现与命名

裴李岗文化的发现与研究经历了由不认识到认识，其与周围同时期考古学文化的关系由不清晰到清晰的缓慢过程，现在已成为中原地区同时期多支考古学文化的典型代表，有学者将这个阶段称之为"裴李岗时代"[1]。或将裴李岗文化与大体同时期的老官台文化、磁山文化等统称为前仰韶时代、前仰韶文化或前仰韶时期[2]。

现将该时代文化的发现与发掘、分布与命名、本体文化和亲缘文化的大体情况梳理于后。

一、发现与发掘

1958～1976年，河南文物考古工作者先后在漯河、偃师、密县、舞阳、长葛、郑州、尉氏、项城、新郑等地发现四足石磨盘、石磨棒、舌刃石铲、齿刃石镰、红陶小口双耳壶等石器和陶器，有的遗址还经过试掘，并发过简讯[3]，但均归为新石器时代，或认为是属于原始社会晚期遗物，未能引起重视。

1977年春，新郑裴李岗又发现石磨盘一套，地点就是以前所说的西河李常出土石磨盘的地方，原开封地区文管会随即派人进行试掘，发现8座墓葬，集中出土了一批特色鲜明的石器和陶器[4]，特别是超过7000年的几个^{14}C测年数据，立即引起学界的高度关注，夏鼐[5]、安志敏[6]、严文明[7]等权威学者纷纷发表专题研究文章，对这一发现的学术价值和重大意义进行高度评价，认为是"对探索中原早期新石器文化问题上开始取得了突破"[8]，"揭开了中原地区新石器时代早期文化的帷幕"[9]，是"新中国建立之后我国新石器考古的重大突破"[10]。认为这一发现填补了中原地区新石器时代早期文化的空白，为研究仰韶时期中原地区的文化来源提供了新材料，对否定"中国文化西来说"有着巨大贡献。

裴李岗遗址在1977、1978、1979年连续经过了3次发掘[11]，大体同时及其后，考古工作者持续经过40余年的考古调查与发掘工作，基本上弄清了中原地区与裴李岗遗址大体同时，文化面貌相同和相似的考古学文化的大致分布规律和分布范围。迄今为止，经过大面积发掘和试掘的同时期遗址还有：1977、1978年发掘密县（今新密市）莪沟北岗遗址[12]；1978~1980年发掘长葛石固遗址[13]。1979年发掘巩县（今巩义市）铁生沟遗址[14]和密县（今新密市）马良沟遗址[15]；1979年发掘淇县花窝遗址[16]；1975~1980年发掘登封王城岗遗址[17]；1981、1982年发掘新郑沙窝李遗址[18]；1983~1987、2001、2013年大面积发掘舞阳贾湖遗址[19]；1983年发掘许昌丁庄遗址[20]；1984~1986年发掘汝州中山寨遗址[21]；1986~1989年发掘郏县水泉遗址[22]；1988年偃师高崖遗址的发掘[23]；1990~1991年调查巩县水地河[24]、东山原、坞罗西坡、北营遗址[25]；1991~1996年发掘渑池班村遗址[26]，在20世纪90年代，为配合黄河小浪底水库建设工程，发掘了新安荒坡遗址[27]、济源长泉遗址[28]，1995、1996年发掘巩义瓦窑嘴遗址[29]，1992~1995年发掘辉县孟庄遗址[30]；1996年发掘孟津妯娌寨根遗址[31]，2006~2008年发掘新郑唐户遗址[32]，2007年发掘邓州八里岗时发现贾湖一期遗存[33]；2008年发掘宝丰良基王朝小区遗址[34]；2009年新密李家沟遗址的发掘[35]；2010年发掘中牟宋庄遗址[36]；2011~2012年发掘郑州市朱寨遗址[37]；2017~2018年发掘西平谢老庄遗址[38]。经过发掘的遗址20多处，已发掘的遗址在已知同时期考古学文化中也是较多的。

此外，以往考古调查中，在郑洛汴地区还发现有新郑岗时、中牟业王、荥阳牛口峪、新密青石河、巩义双槐树、登封双庙沟、尉氏兴隆岗、杞县孟岗、伊川白土疙瘩、偃师马涧河、孟津朱寨等遗址39处；新乡骆驼湾、辉县琉璃阁、孟州子昌等遗址3处；长葛西杨庄、禹州吴湾、汝州阎湾、许昌灵井、丁集、鄢陵古城、扶沟前闸等遗址26处；舞阳大岗、漯河翟庄、叶县文集、项城后高老家、驻马店郭楼、新蔡郭冢、西华小庄、商水马村、上蔡高岳、正阳老母洼、信阳南山嘴、潢川霸王台、南阳后英庄、淅川申明铺等遗址35处；渑池鹿寺、新安盐东、灵宝荆山、栾川窑场、嵩县乌鞘岭、卢氏薛家岭等遗址14处；浚县菱湖、汤阴程岗、安阳洪岩、林州蒿园、濮阳戚城等遗址6处，也都有发现公元前5000年以前的新石器遗存的报道[39]。但这些报道的材料大多没有出土层位的采集、征集品，或仅见登记表上一个名字，无法了解进一步的信息。有些虽经发掘或试掘，但资料迄今未公布。而方城大张庄、舞阳张王庄等遗址从文化面貌上分析应晚于裴李岗时代[40]。

二、分布与命名

目前可知，裴李岗时代的遗址已发现有一百六十多处，分布于河南省的大部分地区，以豫中嵩山周围最为密集。集中分布在豫中郑州、洛阳、开封、平顶山、许昌、漯河、驻马店地区，在豫北的新乡、焦作、鹤壁，豫西的三门峡，豫南的信阳和豫东的周口地区，豫西南的南阳盆地也有少量发现[41]，北到林州、濮阳，南抵潢川，西至灵宝、卢氏，东达项城，遗址数量和分布密度都超过了我国新石器时代中期的其他文化，已发掘的遗址也是较多的。从遗址分布规律来分析，其中心区可以较为明显地分为南北两个群体，北部集群以嵩山周围的郑州、洛阳、许昌为中心，分布于颍河、贾鲁河上游、伊洛河下游地区，以裴李岗、莪沟、唐户、瓦窑嘴等遗址为代表，分布较为密集。南部集群分布以伏牛山、外方山东麓为中心，较为集中地分布于漯河、驻马店地区，西到南阳盆地，向东到周口，向南直到信阳淮干以南地区，以舞阳贾湖、西平谢老庄、邓州八里岗等遗址为代表，总体来讲分布较为分散。裴李岗时代遗址的分布特点，大体上有两种类型：一是多处在浅山丘陵或山前河谷地带，河流转弯处或两河汇流的较高台地上，一般离现代河岸较远或处在旧河道的附近，以裴李岗、莪沟等遗址为代表；二是多处于近山平原或山前冲积扇上，有的甚至处于较低洼的地方，以贾湖、谢老庄遗址为代表。

裴李岗遗址刚一发现，发掘者就敏感地认为，"是不同于现在我国所发现的各类新石器时期文化，这种文化我们暂称之为裴李岗文化"[42]；"以裴李岗为代表的这个新的文化遗存我们考虑可以命名为裴李岗文化"[43]；但由于裴李岗遗址的发掘简报比磁山遗址晚发表了几个月，而刚开始时两者的文化面貌还未有较清晰的显示，二者又有较多的相似性，所以有学者提出将裴李岗和磁山两类遗存归为同一个考古学文化，并命名为磁山文化[44]。夏鼐先生则将裴李岗和磁山两类遗存暂合称为"磁山—裴李岗文化"[45]；但也有学者提出，"在现有资料的基础上，作者倾向于暂时分别命名裴李岗文化和磁山文化以资区别"[46]。此后，随着裴李岗和磁山两遗址考古发掘报告的发表，以及其他田野资料的积累，尤其是通过文化因素的定量分析可知，磁山遗址早期遗存与裴李岗文化相同的遗物极少，如几乎全为夹砂陶，罕见泥质陶，裴李岗最具代表性的陶器三足钵很少，不见小口双耳壶；磁山晚期遗存与裴李岗相同或相似的因素增加，如三足钵数量大增，并出现少量小口双耳壶，这些应为外来因素，但始终以盂和支脚为主，而这些因素又不见于裴李岗一类遗存，二者各有不同的分布地域和来龙去脉，因而它们应分别命名为裴李岗文化和磁山文化[47]。1985年磁山文化学术讨论会[48]之后，裴李岗文化和磁山文化分别命名的意见逐渐成为学术界的主流认识。尤其是2007年举办的纪念裴李岗文化发现30周年暨学术研讨会[49]之后,裴李岗文化命名成为学术界的共识。

第二节 文化性质:本体文化和亲缘文化

随着田野考古资料的不断积累,人们发现在原来认为裴李岗文化的范围内,其文化面貌并不单纯,若将其文化外延无限扩大,不仅不利于研究的深入,势必引起新的认识混乱,所以又提出了划分若干类型,甚至亲缘文化的方案。

最早提出分为裴李岗和翟庄两个类型[50]。贾湖、瓦窑嘴遗址发掘后,发掘者分别以各遗址命名为类型[51]。此外,还先后出现中山寨类型[52]、莪沟类型[53]、石固文化[54]、班村类型[55]等名称。目前主要有裴李岗和贾湖类型[56],裴李岗、贾湖和花窝类型[57],裴李岗、贾湖和中山寨类型[58],裴李岗、贾湖和瓦窑嘴类型[59],裴李岗、贾湖、班村和花窝类型[60]等划分方案。

笔者鉴于裴李岗和贾湖两类遗存各有其来龙去脉和分布地域,器物组合有同有异但主体因素各有特色,地貌环境和生业形式各不相同,埋葬习俗和随葬品组合差异明显,尤其是精神文化方面明显不同,豫西的班村一类遗存也有类似的现象,他们之间的共同因素并不比裴李岗与磁山之间多,当然因为时代相同,地域相连,肯定交往频繁,不可避免地产生一些共同因素,而认真分析这些共同因素就会发现,有不少属于时代特征,如都以红陶为主等,有些是相互影响所致。姑且抛开早于裴李岗的贾湖一期不谈,与裴李岗遗址上下层大体同时的贾湖二、三期,两者都有盆形和罐形鼎,裴李岗文化鼎的比例较小,却是贾湖二、三期的主要器形;两者都有四足石磨盘和齿刃石镰等,裴李岗文化很常见,但贾湖二、三期却甚为罕见,仅有个别墓葬随葬这类器物,如此等等。班村一类遗存也是如此,陶器以夹砂红褐陶为主,多有竖或斜向滚压较密的绳纹,器形以夹砂绳纹筒形角把罐和夹砂陶钵为主,三支地域相连并列发展,相互之间又有密切交往和联系的亲缘文化,建议分别命名为"贾湖文化"、"裴李岗文化"和"班村文化"[61]。

近几年来,有学者认为,贾湖一期和二期第四段与贾湖二、三期的第五至八段变化明显,说明其各有独有的特征,因此提出另行命名为"贾湖一期文化遗存",认为是裴李岗文化的前身,并把贾湖二、三期归入裴李岗文化[62]。或将贾湖一期一类遗存直接命名为贾湖一期文化,而贾湖文化则特指贾湖二期和三期一类遗存[63]。还有直接将以贾湖一期为代表的遗存称为"贾湖文化"[64]。虽然贾湖一期与二期、三期之间存在明显缺环,若进行综合分析,仍可发现其一脉相承的连续性。

同时,由于长葛石固、汝州中山寨、郏县水泉等遗址介于裴李岗文化和贾湖文化之间,所以兼有两者的一些共同因素,但其自身因素很少,总体来讲,石固遗址受贾湖一期晚段和二期的影响较大，水泉遗址受贾湖二、三期的影响较大，中山寨遗址受贾湖三期的影响较大，但其文化主体仍是属于裴李岗文化的，若把这类遗存划分为一个类型，未尝不可，石固遗址较有代表性，因此可称为"石固类型"[65]。

豫西地区以班村、荒坡为代表的一类遗存与石固类型文化性质又有不同，其主要器物组合为夹砂褐陶绳纹筒形角把罐和夹砂陶钵，完全不同于裴李岗和贾湖，少量泥质红陶钵、三足钵及个别小口双耳壶表明它与裴李岗和贾湖具有共同的时代特征，并且相互影响，具有亲缘关系，但班村和裴李岗的共同因素可能还少于裴李岗与磁山，因其广泛分布于洛阳湾以西的豫西地区，目前已发现十多个遗址，因之可另行命名为班村文化[66]。

豫北地区以淇县花窝、辉县孟庄等遗址为代表的一类文化遗存，由于处在裴李岗文化和磁山文化之间，不可避免地受到这两支强势文化的双重影响，但从陶器组合特征观察，太行山东麓的花窝等遗址似乎更接近磁山文化，太行山南麓的孟庄等遗址似乎更接近裴李岗文化，皆因其积累资料有限，其文化主体究竟属于裴李岗还是磁山，是一个类型还是两个类型，目前还无法给予确认，本文暂将太行山东麓的花窝一类遗存称为"花窝类型"[67]，暂将太行山南麓的孟庄一类遗存归入裴李岗文化。

至于嵩山西麓的瓦窑嘴一类遗存，特色较为鲜明，虽存在不见于其他遗址的泥质磨光薄胎精致黑陶，腹部饰对称乳钉的钵、折沿直腹盆、折腹钵、放射状刻划纹碗等，但基本上属于该地区裴李岗晚期文化的范畴，不宜另立类型。

第三节　分期与年代

一、分　期

对于文化分期，有许多发掘报告对各自遗址进行了分期，有的是在类型下进行分期，具备条件的类型各分为三期[68]，也有不少对于整个文化的综合性分期，有人分为四期[69]，而更多的则是划分为三期[70]。总的来讲，裴李岗文化与贾湖文化都可以分为三期。

裴李岗文化的分期中，经过大规模发掘堆积比较丰富的遗址，如裴李岗[71]、莪沟[72]、唐户[73]、石固[74]、水泉[75]、沙窝李[76]、贾湖[77]诸遗址的考古发掘报告都有不同的分期方案。如郑乃武执笔的裴李岗遗址发掘报告将其遗存分为上、下两层，杨肇清执笔的莪沟遗址报告把墓葬和居址分为两期，陈嘉祥执笔的石固遗址发掘报告将其遗存分为四期，郑乃武执笔的水泉遗址发掘报告将其遗存分为三期，张居中执笔的贾湖遗址发掘报告也将其遗存分为三期，缪雅娟执笔的沙窝李简报和信应军执笔的唐户简报都分为两期。李友谋[78]、朱延平[79]、张江凯[80]、戴向明[81]、段天璟[82]、陈明辉[83]、丁凤雅[84]、曹桂岑[85]、丁清贤[86]、靳松安[87]等学者都有不同的分期方案。近十几年来，有多篇综合性研究文章和学位论文对裴李岗文化进行了综合分期研究，但分期结果大同小异，基本上都分为三期，如杨肇清在《河南考古四十年》"裴李岗文化"一节中分为三期[88]，李友谋在《裴李岗文化》一书中分为早、中、晚三期[89]，王吉怀在《中国考古学·新石器时代卷》中将裴李岗文化分为三期[90]，蔡金英博士学位论文《裴李岗文化研究》将裴李岗文化分为三期[91]，陈明辉在他的硕士学位论文《裴李岗时期的文化与社会》中将裴李岗文化分为三个阶段[92]，张蔚硕士学位论文《裴李岗文化的分期及考古类型探讨》将裴李岗文化分为四期（但其第一期仅指贾湖一期，若不含此期，裴李岗文化也是分三期[93]），靳松安也将裴李岗文化分为早、中、晚三期[94]。张弛[95]、余西云[96]、丁凤雅、蔡金英都主张将贾湖一期遗存与贾湖二、三期遗存区别开来，另行命名为贾湖一期文化，而将含贾湖二、三期遗存的裴李岗文化分为三期。

二、年　　代

关于裴李岗文化的年代，1977年一经发现，就得到夏鼐、安志敏先生的高度重视，立即安排进行^{14}C年代学研究，苏秉琦先生仔细看了出土陶片标本后当即表示"至少在7000年以上"[97]。这是对裴李岗文化绝对年代的最早判断。

目前，经过发掘的裴李岗时代诸遗址都有若干个^{14}C数据公布，据不完全统计，裴李岗遗址有6个^{14}C年代数据，除去两个拼合样本的数据，和一个过于偏晚的数据外，高精度树轮校正年代为公元前6230～前5540年；莪沟遗址有6个^{14}C年代数据，高精度树轮校正年代为公元前6090～前5560年；沙窝李、瓦窑嘴、铁生沟、马良沟4个遗址共有6个^{14}C年代数据，除去一个明显偏早的和一个明显偏晚数据，高精度树轮校正年代为公元前6100～前5295年；朱寨遗址有4个^{14}C年代数据，高精度树轮校正年代为公元前5924～前5773年。贾湖遗址公布有35个^{14}C年代数据，除去明显偏晚的小麦和粟的8个数据，高精度树轮校正年代为公元前7175～前5520年。石固、水泉、中山寨三个遗址共有7个^{14}C年代数据，高精度树轮校正年代为公元前6170～前5550年。花窝遗址有1个^{14}C年代数据，高精度树轮校正年代为公元前5960～前5650年。班村遗址有1个^{14}C年代数据，标本为偏晚的单位所出，树轮校正后为距今5565±140年左右，可作为其下限。

综合以上数据可以认为，中原地区裴李岗时代的大致年代范围为距今9000～7000年，其中贾湖文化为距今9000～7500年，裴李岗文化为距今8200～7000年，从文化面貌推测，花窝类型应在磁山文化和裴李岗文化的年代范围内，班村文化应在贾湖文化的年代范围内。

第四节 文化面貌与内涵

如上所述,裴李岗文化得名于裴李岗遗址的发掘。目前大多数学者持"大裴李岗文化"的概念,但也有越来越多的学者开始接受贾湖文化的命名。笔者认为裴李岗文化从广义上讲,它代表河南地区距今9000～7000年的一批遗存,即大裴李岗文化,可称之为裴李岗文化系统,为裴李岗时代的典型代表;狭义上讲它只是豫中地区的一批以裴李岗、唐户、沙窝李等遗址为代表的遗存,它与贾湖文化、班村文化并列发展,虽然相互影响,联系密切,但也各有其不同的文化内涵和来龙去脉。现对其分别进行简述。

一、裴李岗文化

裴李岗文化主要分布于颍河、双洎河及其支流流域及嵩山周边,贾鲁河上游及其各支流也有分布,分布区属低山丘陵向山前冲积平原的过渡地带,遗址多处在浅山丘陵或山前河谷地带,河流转弯处或两河汇流的较高高台地上,一般离现代河岸较远或处在旧河道的附近,遗址一般坐落于相对河床高一二十米的河边阶地上,遗址分布密集,已发现有50多处;另外,尽管辉县孟庄遗址位于豫北的太行山南麓,但其文化面貌与嵩山周围同时期遗址基本相同,而与豫北偏北部太行山东麓的花窝一类遗存面貌差异较大,分布于这一块的遗址有4处;黄河两岸合计发现有近60处。裴李岗文化遗址面积通常较小,从几千平方米到几万平方米不等,只有个别聚落遗址可达到几十万平方米。根据地理位置可大体归纳为两种类型[98]:一类遗址分布在冲积平原,其面积较大,文化层堆积较厚,内涵物丰富,可能是高度定居的中心聚落,代表遗址有新郑唐户遗址[99];另一类遗址分布在近河流的浅山丘陵地区,其面积小,堆积薄,文化遗物少而单一,可能是季节性营地或小村落,巩义铁生沟等遗址为其代表[100]。其中发掘的遗址有裴李岗、莪沟等十多处,典型遗址以裴李岗、莪沟、沙窝李、唐户、瓦窑嘴为代表。

裴李岗文化的房屋均为半地穴式建筑,以圆形房屋为主,有斜坡式或阶梯式门道。灰坑以圆形为主;发现有个别瓢形横穴陶窑。墓葬一般都有集中排列整齐的氏族公共墓地,墓葬之间的叠压打破关系极少,每个区域的墓葬多成排或成组分布,该区域的墓葬应为提前规划而成,大多为单人仰身直肢葬的长方形竖穴土坑墓,墓向南或偏东,随葬品以成组合的陶器、石器为主。陶器均为手制,泥条盘筑为主;多为泥质红陶,夹砂红陶次之,烧成温度800℃左右,造型较为规整;器表大多数为素面,有少量篦点纹、篦划纹和个别乳钉纹、指甲纹等。典型器形有直口筒腹或侈口深腹平底罐、小口细颈半月形双耳壶、圈足和三足壶、圜底钵、平底钵、三足钵、圈足和假圈足碗、少量罐形及个别盆形圆锥形足鼎等。石器以磨制为主，造型精致规整，主要器形有两端舌形刃石铲、齿刃石镰、鞋底状四足石磨盘、圆柱形石磨棒等，同时也有个别打制的细小石器，功能以农具或加工工具为主。骨器少见。以原始粟作农业为主，渔猎采集为辅。出土陶塑猪头表明，已有家猪饲养。

根据裴李岗、莪沟、沙窝李、瓦窑嘴等遗址的资料，可将这类遗存分为三期。

第一期以裴李岗下层墓葬、莪沟早期遗存为代表，陶器以泥质红陶为主，夹砂红褐陶次之，器表大多数为素面，有少量篦点纹、篦划纹和个别乳钉纹，典型器型有侈口深腹平底罐、小口细直颈半月形双耳壶、敞口圜底钵、平底钵、三足钵、假圈足碗等；石器以两端舌形刃石铲、齿刃石镰、四足较高的鞋底状石磨盘最具代表性。

第二期以裴李岗上层墓葬、莪沟晚期遗存、沙窝李下层墓葬为代表，陶器以泥质红陶和夹砂红褐陶为主，泥质灰陶稍有增加，器表仍以素面为主，有少量指甲纹、压印纹、篦点纹、篦划纹和乳钉纹等，新出现少量罐形鼎和个别盆形鼎，大口深腹篦纹罐，小口双耳壶出现横耳，三足钵腹变浅，足增高，呈小型化趋势；两端舌形刃石铲被单端刃石铲和两侧带缺口石铲所取代，还出现了柄部带钻孔的齿刃石镰，石磨盘四足有变矮的趋势，新出现石矛等。

第三期以沙窝李上层墓葬和瓦窑嘴为代表，陶质以夹砂红褐陶和泥质红陶为主，还有一定数量的泥质灰黑陶和少量夹炭陶。器表仍有指甲纹、压印纹，篦点纹减少，乳钉纹消失。陶器具有典型代表性的器物有小口双耳扁腹壶、饰放射状竖划纹圈足碗、敞口浅腹三足钵、喇叭口杯、圈足盆形甑、卷沿平底盆和深腹圜底豆等。除中期常见的小口双耳壶、圜底钵、深腹罐等，新出的有红陶环形耳壶、黑陶壶、小黑陶杯、泥质红陶罐等。石器以上窄下宽的凸圆刃形石铲最多，次为石斧、石凿，石磨盘、石镰明显减少。石磨盘呈尖足鞋底状，四足近于消失仅具象征性，墓中随葬品总量，石器数倍于陶器。大量的骨匕形器和锯齿蚌镰较有特色。

二、贾湖文化

贾湖文化主要分布在外方山东麓，伏牛山东、南，向南直到淮干以南的桐柏山和大别山北麓地区和南阳盆地，沙河、澧河、洪河等淮河上游支流和淮河上游南支流以及唐白河流域，以低山丘陵和冲积平原为主，有的甚至处于较低洼的地方，较为集中地分布于漯河、驻马店地区，向东到周口，西到南阳，南到信阳，向北到许昌、平顶山地区北汝河流域与裴李岗文化交错分布，目前发现遗址40多处，总体来讲分布较为分散，以舞阳贾湖、邓州八里岗、西平谢老庄等遗址为代表。

贾湖文化的房屋以圆形和椭圆形的半地穴或浅地穴式建筑为主，有斜坡式或阶梯式门道，大多为单间，也有少量一次扩建的2～4间的多间房，还发现有个别干栏式或平地起建筑。灰坑以圆形和椭圆形为主,还有少量马鞍形和近方形,较有特色。陶窑有横穴和坑穴两种,还发现有淘洗池和晾坯棚遗迹。墓葬由早期与居住区杂处,中晚期逐渐过渡为集中排列多层叠压的氏族公共墓地,但是墓葬之间的叠压打破关系极为复杂,大多为长方形竖穴土坑墓,个别有生土二层台;葬式多为仰身直肢葬一次葬,也有少量的俯身葬、缺肢葬、屈肢葬和迁出墓,还发现有瓮棺葬;墓内以单人一次葬为主,也有相当数量的单人和多人二次葬、一次葬和二次葬的合葬,以及个别多人一次合葬墓;大多墓向西,部分偏西南或偏西北;随葬品以成组的陶、骨器为主,随葬成组龟壳和葬狗现象被广泛关注。陶器均为手制,泥片筑成为主逐渐过渡到泥条筑成为主,造型较为规整;早期以夹砂红陶为主,中晚期发展为泥质、夹砂、夹炭、夹云母片与滑石粉、夹蚌等相当复杂的陶系,烧成温度700~850℃,少数低于700℃或高于900℃。器表多为素面或磨光,纹饰有绳纹、篦点纹、篦划纹、刻划纹、乳钉纹、戳刺纹等。器物群中鼎类、罐类、壶类、盆类、钵类是出土数量最多的陶容器种类,是具有分期意义的代表性器物。鼎类主要包括盆形鼎和罐形鼎。罐类主要包括直口筒腹角把罐、卷沿罐、折沿罐、侈口罐、双耳罐。前四种是常用炊器,双耳罐为盛储器。侈口罐、卷沿罐、折沿罐均从角把罐发展变化而来。壶类主要包括罐形壶、折肩壶、喇叭口圆腹壶、扁腹壶,是该遗址最富变化、特征最明显的器类之一。折肩壶、圆腹壶应是从罐形壶演变而来,扁腹壶主要从圆腹壶演变而来。盆类主要包括方口盆、深腹盆、划纹盆、敛口盆,这种内圆外方口浅腹圜平底盆为贾湖遗址所仅见。钵类主要包括敞口钵、敛口钵、浅腹钵、锛状或锥状足三足钵,各类钵的发展趋势是由粗笨到薄细灵巧,还有圈足和假圈足碗、兽头状支脚、陶网坠、陶锉等。石器以磨制为主,造型精致规整,主要器形有两端舌形刃石铲、有肩石铲、齿刃石镰、鞋底状无足或四足石磨盘、方柱形或圆柱形石磨棒等,同时也有少量打制石器。大量磨制精致的骨器是贾湖文化的一大特色,器形有镞、镖、针、锥、匕、獐牙器、骨笛等,数量众多,种类丰富。以渔猎采集为主、原始稻作为辅,饲养家猪和家犬。通过对贾湖文化进行综合分析,归纳出以下几个特征[101]。

(1)草原、湖沼交错的自然环境,当时温暖湿润的气候,决定了贾湖聚落的稻作农业与渔猎家畜饲养并重的有鲜明特色的农业类型,但渔猎采集经济成分仍占主导地位。这里是这个时期栽培稻作农业的最北地区,也是亚洲最早的栽培稻作农业地区之一,这与裴李岗文化以粟黍为主偶见水稻的生业策略显然不同。

(2)烘烤居住面和墙壁的建筑技术,依次扩建的多间房现象,为其他同类遗址所罕见,干栏式建筑遗迹的发现,也是同类遗迹的最北分布。这些也有别于裴李岗文化。

(3)墓向西或稍偏,墓葬中存在大量的二次葬、一二次合葬、多人合葬和迁出葬等多种葬式,随葬骨镞、骨镖等大量成套骨器,而成套的陶器、石器相对减少,随葬的石磨盘大多无足,四足石磨盘和磨棒成套出现只有一例。随葬成组龟甲和殉狗的葬俗也为裴李岗等同时期其他文化所未见。

(4)它有一组独特的器物群,有的只见于贾湖遗址,如方口盆、角把罐等,有的仅见于贾湖及与之大体相邻的几个遗址，如折肩壶、凿形足鼎、凿形三足钵等，有的在贾湖为主体器形，而周围同期考古学文化只有少量发现，如夹砂敞口浅腹钵、厚唇浅腹钵、喇叭口圆腹壶、带乳钉侈口或折沿罐等。尤其是鼎类器物，不同于裴李岗文化仅有聊聊数件[102]，而是占贾湖二、三期炊器鼎罐类63%的主体器类[103]，而且鼎足大多是扁凿形而不同于裴李岗的圆锥状，整体造型有盆形、罐形、钵形、釜形等，富于变化，可能有不同的功能。所以器物组合应归纳为鼎罐壶盆钵，或简化为鼎壶钵，而不同于裴李岗的罐壶钵。

（5）从制陶工艺来讲，泥片筑成和泥条筑成两种方法同时并存，且后者逐渐代替前者，陶系中不仅有北方地区传统的泥质和夹砂陶，还有淮河流域很有特色的夹骨屑、夹蚌陶和长江流域很有特色的夹炭陶，还有北方各地常见的夹云母、滑石粉陶，这种多因素并存的现象也是这里的特征之一，不同于裴李岗以泥质陶为主夹砂陶次之的陶系构成。

（6）大量骨笛、叉形骨器、成组龟甲以及柄形石饰的随葬表明，这里的精神文化产品也是相当丰富的，特别是七声音阶骨笛和龟甲契刻符号的出现，表明这里的精神文化达到了相当的高度。这些因素也是包括裴李岗在内的其他同期文化中罕见的。

以上六条特征，大多只存在于贾湖，这些特征构成了贾湖文化的主体，也是我们认为贾湖文化应独立于裴李岗文化的主要依据。

根据贾湖遗址的资料，并参考八里岗、谢老庄等遗址的资料，也可将这类遗存分为三期。

第一期以贾湖一期、八里岗一期、谢老庄部分资料为代表，陶系以夹砂红褐陶和红陶为主，晚段才出现少量泥质红陶，制作以泥片筑成法为主，少量泥条筑成法成型，器表装饰以绳纹和素面磨光为主，有少量刻划纹、戳刺纹纹。器形有直口筒腹绳纹角把罐、双耳罐、横錾深腹釜、方口盆、A型双耳罐型壶、浅腹钵、兽头状支脚等。石器、骨器以渔猎和加工工具为主，不见农具；还出有五孔或六孔骨笛等。

第二期以贾湖二期、谢老庄部分资料为代表，为贾湖文化的繁盛期，陶系除夹砂红陶和泥质红陶外，新出大量夹炭、夹云母片与滑石粉、夹蚌等相当复杂的陶系，泥片筑成法减少，泥条筑成法大量增加，器表绳纹近乎消失，以素面磨光为主，新出现篦点纹、网绳纹、乳钉纹，绳纹角把罐、横錾深腹釜、方口盆、双耳罐形壶、兽头状支脚消失，新出现盆形或罐形凿形足鼎、侈口、折沿或卷沿深腹平底罐，B型双耳罐，折肩壶，小喇叭口圆腹壶，敛口钵，浅腹钵，锛状或锥状三足钵，划纹盆，圈足和假圈足碗，出现陶锉和陶网坠等。石器、骨器出现少量农具，但仍以渔猎和加工工具为主；骨笛以七孔为主，发现有雕刻精致花纹的二孔笛；出现甲骨契刻符号。

第三期以贾湖三期资料为代表，陶系中出现少量灰陶，夹炭、夹蚌、夹云母比例增加。以泥条筑成法成型为主，泥片筑成法少量，器表以素面磨光为主，新出现篦划纹和个别拍印纹，出现"灰顶"和内壁呈灰褐色的器物；陶器组合中，基本延续第二期的器类，但器形都有较大变化，折肩壶近于消失，小喇叭口圆腹壶向扁圆发展，新出现扁腹横耳壶和C型盆形鼎。石器、骨器中农具比例增加，但仍以渔猎和加工工具为主，陶锉和陶网坠数量增多；骨笛以七孔为主，出现了个别八孔笛。

三、班村文化

班村文化主要分布于豫西山区的黄河两岸谷地及崤函古道附近，涉及三门峡和济源地区，发现的遗址较少，大约有十几处，面积均不大，仅数千平方米，堆积也很不丰富，文化层中偶见陶片等，遗迹现象较少，而且较为贫乏。聚落布局亦较散乱，但面貌特征较突出，经过发掘的遗址有渑池班村、鹿寺，新安荒坡，济源长泉等，正式发表资料较少。

班村文化发现房屋数座，均为浅地穴式，以长方形和梯形为主，面积数平方米至十几平方米，周围有柱洞，一侧有斜坡式门道。有的还有室内窖穴。居住面经简单修整。灰坑以圆形为主；发现有烧石坑，推测为实施石煮法的室外灶。未见墓葬。灰坑以圆形和椭圆形为主，少量近方形和不规则形；结构以直壁或斜壁为主，少量呈袋状。陶器均为手制，泥片筑成法为主，以夹砂红褐陶为主，泥质红陶次之，个别夹蚌片或云母，陶器质地松软，推测烧成温度600多度，夹砂陶器表大多饰滚印绳纹等，个别饰之字形篦点纹，泥质陶基本为素面，个别饰附加堆纹。常见的仅有罐、钵两大类，代表了基本的炊器和食器功能。基本器物组合为筒形角把罐、夹砂陶钵、敞口圜底钵，偶见卷沿罐和折沿罐，还有少量三足钵和个别小口双耳壶。磨制石器少见，主要是石铲、镰、斧，还有网坠、磨棒及磨盘、杵、砺石等，磨盘未见足，打制的燧石箭头较为精致。骨器少见，有刀、匕、锥、针、镞。就目前资料可分为早晚两个阶段。生业模式以狩猎、捕捞和采集为主。

班村和荒坡代表早期阶段，夹砂陶占83%以上，泥质陶不足16%，器表以竖、斜向滚压绳纹为主，少见之字形篦点纹，陶器的器形比较简单，罐以筒形深腹罐为主，大多有角状把手，偶见折沿罐和卷沿罐口沿和鼎足。钵类可分为泥质和夹砂两类，夹砂陶钵有些可能兼具炊器功能，或可称为钵形釜。满饰滚印绳纹的夹砂褐陶筒形角把罐和夹砂陶钵为其典型器物组合，两种器物占70%以上。三足钵仅见钵足和一器底，还有个别杯和瓢，这个时期流行的陶壶，这里仅见几个口沿，呈小直口、矮直领、圆腹，盆则见到一残片；泥质红陶钵和三足钵不足四分之一。文化面貌接近贾湖文化一期和磁山文化早期，部分遗存可能属于偏晚阶段。

济源长泉遗址代表晚期阶段，陶系仍以夹砂褐陶和夹炭褐陶为主，其余为泥质红陶和灰陶，器表以素面为主，细绳纹较多，线纹和压印纹少见。部分卷沿罐上遍饰竖排之字形纹。陶器的种类较少，常见有深腹罐、角把罐、三足钵、瓮等，角把罐出土数量占可辨器形的一半。角把罐角把明显退化，罐腹也更显胖大，三足钵为矮足浅腹，文化面貌接近贾湖文化二期和裴李岗文化二期，部分遗存可能属于偏早阶段。

四、花窝类型

　　花窝类型分布于豫北偏北部太行山东麓的安阳、鹤壁和濮阳一带，这一范围的遗址仅发现有淇县花窝、濮阳戚城等几处遗址，数量极少，仅花窝遗址经过试掘，戚城虽也发掘过，但资料尚未公布。总的来讲文化内涵比较贫乏。陶器以夹砂红褐陶为主，纹饰有大量的压印纹、篦点纹和锥刺纹，主要器物组合为盆形盂和侈口深腹罐，其中的深腹罐的形态更接近于磁山早期；可能受到裴李岗文化的较强烈的影响而存在的素面卷沿罐、小口双耳壶、三足钵等居从属地位。石器除了常见的长条形弧刃石铲、石斧、石磨棒外，还出土一定数量的细石器。出土骨器也较精致，接近磁山文化。

　　因磁山文化与裴李岗文化共享了一些陶器、石器，如三足钵、双耳壶、带足磨盘等，以至于两支考古学文化发现和命名之初，不少学者一开始都将其混为一谈，或提出磁山·裴李岗文化这类折中的文化命名，客观上反映了二者之间确实存在密切联系。磁山文化的典型器形主要有直口深腹罐和盂两类，直口深腹罐在贾湖文化、裴李岗文化和花窝遗存中均可见到，且不少装饰篦点纹或绳纹，应是这几只文化的共同因素和密切联系的象征，而磁山文化的盆形盂则是其独特因素，这种器物在花窝遗存中既然占主导地位，就决定了其文化性质只能属于磁山文化系列，是磁山文化南部的一个地方类型，与文化主体属于裴李岗文化的辉县孟庄等太行山南麓诸遗址区别较为明显。之所以出现了强烈的裴李岗文化因素，乃是因其地域上更接近裴李岗文化分布区所致。

五、石固类型

　　石固类型分布于外方山东麓的淮河支流北汝河和颍河中游，以及山前冲积平原上，涉及许昌和平顶山、周口的一部分，发现遗址三十多处，经过发掘的有长葛石固、许昌丁庄、郏县水泉、汝州中山寨等遗址，可以长葛石固、郏县水泉、汝州中山寨遗址为代表。其特征是兼有贾湖文化和裴李岗文化两者不少的共同因素，例如陶器都以夹砂和泥质红陶为主，基本器物组合都是罐、壶、钵三大类，都有卷沿深腹罐、敞口钵、圈足碗等器形，石器中都有四足石磨盘、齿刃石镰、长条形石铲等。同时它既有贾湖文化的独特因素，又有裴李岗文化的独特因素，但却罕见其自身因素，呈现出过渡性特征。因这几处遗址时间和位置各不相同，受南北两支文化的影响程度各不相同。

　　例如石固遗址与贾湖文化一期相同的器形有角把罐、罐形壶、深腹带錾钵等，与贾湖文化二期相同的器形有盆形鼎、罐形鼎、折肩壶、小喇叭口圆腹壶、敛口钵、锛状足三足钵、深腹划纹盆等，以及陶系中夹蚌片、云母和滑石粉现象，墓葬中随葬骨器现象等，都有浓厚的贾湖文化风格，而这些因素是裴李岗文化所不见或少见的。同时共存的裴李岗文化有大量筒形篦纹罐、小口直颈圆腹壶、圈足壶、三足壶、三锥形足钵，墓葬中随葬成套石质生产工具和陶器现象等，则是贾湖文化中罕见的。可见石固遗址主要受贾湖文化早中期的影响，是贾湖文化北去的一支。

水泉遗址又有不同，其中既出土贾湖文化的带纽卷沿深腹罐、喇叭口鼓腹双耳罐、折肩壶、小喇叭口双耳壶、敛口钵、锛状足三足钵、扁腹壶、无足磨盘，也出土属于裴李岗文化的小口直颈双耳壶、三足壶、圈足壶、锥状足三足钵、带足磨盘等，当然也有两者共存的侈口深腹罐、敞口钵、圈足和假圈足碗等，但裴李岗文化的因素占主导地位。因此也归入石固类型。发掘者将水泉遗址裴李岗时期遗存分为三期，但属于贾湖的因素大多相当于贾湖二期，少数属于贾湖三期，而属于裴李岗文化的因素则大多相当于裴李岗上层墓地，即其中晚期，也就是说，水泉遗址前期受贾湖遗址影响较大，后期基本属于裴李岗文化的范畴。

中山寨遗址出土陶器主要是泥质红陶，夹砂红陶次之，这一特点与裴李岗文化相同，而且火候较高，质地较硬；泥质陶大多经磨光处理，纹饰有篦点纹、划纹、指甲纹，器物组合中裴李岗文化的小口双耳壶、三锥足钵、直口篦纹罐等占主导地位，部分三足钵、钵和卷沿深腹罐外壁遍饰篦点竖排之字形纹，显示与班村文化联系密切。属贾湖文化因素的只有个别带纽卷沿深腹罐和喇叭口双耳罐。值得注意的是，该遗址出土的多耳三足壶，应是这里的独有器形，但并不影响其主体因素仍属于裴李岗文化。因其也兼具多种因素，故也将其归入石固类型。属于贾湖的因素属于贾湖晚期，表明该遗址只是在其晚期受到贾湖文化影响，另外这里发现的多音孔骨笛，也应是受贾湖文化影响所致。

第五节 环境与生业

裴李岗时代诸文化在发现之后，就有学者在环境与生业、技术工艺等方面进行了一系列研究。尽管裴李岗文化已经具有粟、黍、水稻等农作物以及狗、猪等驯养家畜，但裴李岗先民依然采用广谱生计策略，以野生动植物的狩猎和采集为主，农业生产处于次要地位[104]。下面分类介绍相关研究成果。

一、环境背景

首先是气候环境背景的研究，刘东生、丁仲礼院士对黄土和冰芯沉积进行综合研究后认为，全新世气候变化的总体特征是：初期转暖（10ka～8.8ka BP）、中期达到最暖（7.2ka～4.2ka BP）、后期又转凉（4.0ka～2.2ka BP）[105]。裴李岗时代处于全新世升温期的后期和大暖期的前期。根据古气候与古环境研究[106]，进入全新世以后，气温急剧升高，10ka BP的气温已达到现代水平，9ka BP左右温度已稍高于现代，8.7ka～8.5ka BP间，温度急升4～5℃之巨。而在裴李岗时代中后期（距今8000～7000年），淮河流域则与江南的现今环境类同。与此同时，降水量也相应增加。

张震宇等通过对双洎河流域地质、地貌与文化遗址考察，认为旧石器至裴李岗文化时代的人类自嵩山沿着双洎河向嵩山东侧侵蚀堆积平原逐渐迁移，新石器中期早段裴李岗文化时期的人类主要生活在低丘岗地上[107]。

胡松梅根据黄河中游地区前仰韶时代遗址的分布特点，结合黄土—古土壤沉积序列和考古地层学、动植物遗存，以及湖泊水位升降的演变规律，证明在前仰韶文化早晚期之间（约7300a BP），有一次明显的气温升降事件[108]。

杨瑞霞进行了数字环境考古的研究。数字环境考古是在遥感环境考古、环境考古信息系统等研究基础上提出的概念，她在对环境考古含义、理论基础、方法与技术支撑体系研究基础上，选取中原地区进行了数字环境考古研究。其中对河南裴李岗文化时期聚落空间分布状况进行集聚分析，得到两个集聚中心。在中原地区按照不同空间尺度进行了环境考古虚拟现实研究[109]。

从地质构造上讲，中原地区是以华北陆台为基础的。华北区最特殊和最重要的地理特征，是黄土及黄土状物质广泛分布其中。黄河中游地区是我国黄土分布最为集中的地区，地理上称为黄土高原，时代属于更新世，这就是第四纪黄土。黄土土质疏松，肥力高，适种性广，非常有利于种植业的发展，这就给我国提供了丰富的物质资源和土壤资源。而气候因素在我国自然景观的形成发展及其利用改造过程中起着十分重要的作用，它为我国农业的产生和发展提供了良好的基础。从地理环境、土质和气候方面观察，裴李岗文化所处的地带是非常有利于古代人类的居住和古老的农业生产的。因华北区的降水量集中于夏季，不如南方年降水量平均，所以，裴李岗文化的居民很自然地选择具有耐旱早熟特点的粟作为主要农作物[110]。

裴李岗时期遗址高程走势主要分布在50～500米的范围内，这个范围的遗址比例占同期总数的89.4%，遗址高程分布比较适中。本期属于冰后期气温回升期，气候波动大，降水量居于全新世最高时期，原始农业尚待发展，采摘、渔猎仍是先民的主导生产方式，聚落的选址既考虑到了供休憩、渔猎、采摘的山区，也满足了农业发展向山前低地平原布局聚落的要求[111]。

王灿梳理大量古环境研究成果后认为[112]，我国北方和长江流域早中全新世的总体气候特征如下：早全新世（11.5ka～8ka BP），气候迅速转暖，降水有所增加，但由于东亚夏季风仍然较弱，整体为暖干或凉干的环境；中全新世（8ka～4ka BP），温度达到最暖时期，同时东亚夏季风增强，降水量显著增加，在距今约7000～5000年达到全新世降水量的最高值,是全新世气候最为温暖湿润的阶段。此外,在早中全新世逐渐转暖变湿的气候背景下,还存在数次气候突变事件,其中为显著的就是9.5ka~8.5ka BP千年尺度的冷干事件[113]和8.2ka BP百年尺度的突然变冷事件[114]。这两次冷干事件增加了早全新世气候的不稳定性,使得气候转暖变湿的过程停滞,从而影响了早全新世气候环境的改善。经过这两次冷干事件,便进入了相对温暖湿润的中全新世适宜期。

张俊娜、夏正楷等对豫西洛阳盆地沉积物岩芯进行了放射性碳年代和孢粉学与岩性分析。孢粉研究结果表明,植被从9230~8850a cal BP的阔落叶混交林转变为8850~7550a cal BP的草甸草原,然后到7550~6920a cal BP转变疏林草原。岩性分析还表明,8370a cal BP后的洛阳盆地的河漫滩的稳定可能会吸引人们进入盆地,推动8500~7000a cal BP裴李岗文化时期粟作农业的出现[115]。

周昆叔、孔昭宸、张居中、张震宇、凡小盼[116]等通过对贾湖遗址地貌调查、孢粉、植硅体、大植物遗存、淀粉粒和地层沉积物的粒度和地球化学元素分析等方法,进行多角度多方法的综合分析后认为,贾湖地区新石器时代考古地层主要代表了一种河漫滩相的洪水,及局部的洼地沼泽沉积;贾湖人到来之前,这里的气候环境比现今要干旱、荒凉许多。但贾湖人在此生活时期,这里已相当于今日江淮地区的气候特征,贾湖文化开始于距今9000年前后的全新世升温期的后段,据相关研究,8900~8700a BP有强低温事件,8200a BP和7800a BP前后各有一次降温事件。这三次降温事件发生的时间对应于贾湖分期中的一至三期,其中二期则是高温高湿的环境,晚期则向干旱方向转化;贾湖文化最早一段发现的紫貂则可能记录了8.9ka~8.7ka BP那次强低温事件,看来在贾湖一期气候波动比较剧烈。随后持续升温,降水量继续增加,一期后段已有大量热带亚热带动植物的出现。动物、植物和地球化学示踪都显示该区新石器时代早期气候较为湿热,气候比现要高出1℃左右,变化还是明显的。高温高湿的气候环境到了贾湖二期时达到了高潮,大量喜暖湿因子发现于此期。与此同时,北方暖温带落叶阔叶林带向北推移了三个纬度。贾湖地区大致相当于今日长江流域的气候,气温高于现在2~3℃,降水量高于现在400~600毫米。贾湖三期时耐旱、耐寒因素的少量回升可能与7.8ka BP的降温事件有关。此次事件在敦德冰心中亦有反映,与此对应的在北京地区发现7.7ka BP时的暗针叶林向平原扩展,亦表明温度下降(孔昭宸等,1980)[117]。在阿拉斯加、北欧斯堪的那维亚、新西兰及喜马拉雅—喀喇昆仑冰川中有相应的前进反映(Röthlisberger,1980)[118],表明此次全世界性的降温事件在贾湖遗址中亦有反映。古气候研究显示,7.6ka~7.3ka BP间为全球性的气候波动下降期,极易形成灾害性气候。江苏建湖庆丰剖面孢粉资料显示7.6ka BP降至比今低0.1℃[119]。祁连山敦德冰心显示7.3ka BP左右有一次降温事件,北半球和南半球山地均显示有7.3ka BP左右的冰川前进。而洪水的出现往往与气候的冷暖急剧波动有关。根据贾湖遗址^{14}C和地层材料,我们推测该聚落废弃于7.4ka BP左右的一次大洪水,贾湖聚落的消亡可能就与洪水灾害事件有关。元素相关比值分析也反映了环境演变与人类活动的关系,气候环境背景的演变与考古学文化的兴衰有较强的偶合性。

张居中在系统梳理裴李岗文化尤其是贾湖遗址出土的植物和动物遗存后认为[120]，纵观北方地区新石器时代早、中期的几处重要聚落，发现滨水居的现象比较普遍。这里又可分为两种类型：第一种是滨湖居，其代表一是河北徐水南庄头遗址，位于白洋淀之滨，后被湖水所淹没；二是贾湖遗址，位于遗址东侧湖沼之滨，后也被湖水所淹没。第二种是位于牛轭湖之滨，其代表一是裴李岗遗址，位于双洎河牛轭湖东侧，二是磁山遗址，位于洺河牛轭湖西侧，这两处遗址均因牛轭湖贯通或水体消失而废弃。而正是这种临近较大面积水体的环境，才是新石器时代早、中期先民的最早栖息地并且还是使之发展成为较大聚落的前提条件之一。聚落周围优越的自然环境为先民提供了丰富的食物来源和生产工具制造业的原材料。贾湖所在黄淮地区在8500年前的气候环境条件要稍优于现在，可能已与现今的江淮地区相当，非常适于稻作生产，枫香、山毛榉、水蕨等部分喜暖植物和大量龟、鳖、鱼、鳄类动物的存在表明，进而描述了当时的生态画面：遗址分布的地貌类型多为河流两侧的二级阶地或山前洪积平原上。原始聚落的周围应有广阔的蒿属草原，附近的岗丘或山坡上，有着稀疏的麻栎、栗、核桃、榛等组成的落叶阔叶林，林下或沟坎、断崖边，生长着酸枣、柽柳等灌木，草原和林中时有鹿、麂、野兔、野猪等动物出没，湖沼及河湾等水面上，莲花朵朵绽放，鱼、蚌、螺、龟、鳖、鳄在水中游弋，獐、麋不时在岸边饮水，鹤鸟在空中鸣叫。由上可见，在裴李岗文化遗址中，具有耐旱植物如蒿属、榛子等和喜暖湿植物赤杨、铁杉、枫香、梅及水蕨、环纹藻类植物共存的现象，反映的应是冷暖季节交替的气候特征，表明草原面积进一步缩小、湖沼面积扩大，气温和降水量都比现今这一地区高的温暖湿润的气候特征，与现今的长江流域相似。裴李岗文化所在的中原地区，现在属北暖温带温和半湿润气候区，年平均气温为14～15℃，年降水量为600～800毫米。由此推测，裴李岗文化时期的平均气温要比现今高2～3℃，年降水量高出600毫米左右。这种环境条件决定了贾湖先民的生业类型，即以农耕、渔猎为主的，采集为辅的广谱的生业模式。

二、生业结构

生业结构主要从植物和动物资源利用、生产工具分析、食性分析等几个方面展开。从研究范围来看，大体又分为三种情况：一是笼统讲裴李岗时代诸文化的，二是单讲裴李岗文化的，三是单讲贾湖文化的。因班村和花窝材料很少，研究专文更少，所以下面先介绍前两种情况，然后介绍第三种情况。综合分析证明，裴李岗时代黄淮西部早期农业开始出现并初步发展，约以N34°为界分为南北稻、粟两个农业类型区，人类的植物性食物来源以采集野生植物为主，农业为辅。N34°以北的裴李岗文化是以旱作为主的粟黍稻兼作农业区，N34°以南的贾湖文化是稻作农业区[121]。

（一）裴李岗文化

裴李岗时代诸文化生业结构研究的历程，大体可分为两个阶段，20世纪70年代末到90年代末为第一阶段，发掘者和研究者通过对各遗址地理位置、气候环境、埋葬习俗、生产工具等因素进行综合分析后得出初步认识。

首先是黄其煦先生则从国际视角对裴李岗文化和耶利哥与特瓦坎的农业状况进行对比研究[122]。他认为，第一，农业有自身的发展特点，文化进程的发展各不尽相同。就农作物来讲，各有一套植物系得到人类的驯化，成为人类生存的必需品——粮食。就这个意义上来说，它完全攻破了农业起源一元论的理论。很显然，不同的作物是人类根据不同的自然环境，对不同的野生植物进行长期驯化的结果。不同的驯化经验也反映在不同的文化内涵之中。不过就石器时代与农业发展的模式来讲，依然存在着与东半球的人类发展进行比较的可能性。这就为我们进行考古文化比较研究提供了广阔的前景。第二，作为人类文化的发展，具体到新石器时代的各项内涵，如作物的栽培，动物的驯化，陶器的制作，房屋的建造，石器的制作等，都有一个逐步形成的过程。由于不同的文化系统，各自出现的先后，以及其具体的年代各不相同，这就说明世界各地的文化进程是不平衡的。

裴李岗遗址的发掘者郑乃武先生较早撰文对裴李岗文化的农业状况进行探讨，他指出，裴李岗文化的居民经营着原始的农业，过着不很长期的定居生活，当时种植的谷物为粟。从窖穴来看，当时的播种面积不会很大，收获量也不会很高。这种耐旱作物很适合于黄河流域的土壤和气候条件。牲畜饲养有猪、狗、羊等，还出过陶塑的猪、羊头像，此外还采集野生植物，猎获野生动物，说明家畜饲养、采集狩猎也是生活资料的辅助来源[123]。

裴李岗遗址的另一发掘者王吉怀先生则从生产工具的视角对裴李岗文化的农业状况进行研究[124]，他认为裴李岗文化中的农业特征，一是粟粒炭化颗粒的发现，二是大量磨制生产工具的出土。裴李岗文化的人们既对作物的种类有所选择，也对生产工具的用途进行了改良，特别是锯齿形石镰的出现，可增强它的锋利程度，提高收割效率。由于生产工具的改进，新的农业工具的出现，提高了生产力水平，从而促使定居生活更加稳固。定居生活的本身就是农业发展到一定程度的象征，而陶器的出现，则是定居生活较稳固的物证。陶器的兴起和生产量的增加，与当时的农业日趋发展是分不开的。裴李岗文化中的陶器数量、种类繁多，是农业发展到一定水平的象征。畜牧业的发展也反映着当时农业的一个侧面。许天申在分析生产工具和出土农作物后认为，郑州附近裴李岗文化中心分布区以粟作农业为主，而淮河上游的贾湖一带则是稻作农业区[125]。

裴李岗文化的主要发现者之一赵世纲先生在系统研究裴李岗文化遗存后指出，裴李岗文化的经济形态以原始农业为主，农业发展已有一定水平，人们主要食物来源是靠经营农业来提供[126]。吴汝祚先生根据裴李岗文化已有翻土工具石铲的发现,说明农业生产已进入到了耙(锄)耕阶段[127]。黄克映先生则认为,裴李岗文化中出土的装柄石铲还不能成为翻地的石耙,而长条形石铲也不是翻地的农具,因此认为裴李岗文化农业已达到耙耕阶段是不能成立的。假如装柄石铲可以作为翻地石耙,但裴李岗文化只是刚刚出现了耙耕农业的萌芽,而整个裴李岗文化农业仍没脱离较原始的锄耕阶段,仅靠农业的收获量,人们还难以糊口,而狩猎和采集经济就成了补充农业收获量不足的重要手段。因此,这时期的经济类型为农业有了相当发展,狩猎、采集经济占较大比重的综合性经济[128]。

王星光在研究裴李岗文化的石质工具后认为,磨制石器已占支配地位,从裴李岗文化的石斧、石锛、石铲、石镰、石磨盘及石磨棒的工具组合来看,从垦荒、耕种、收获和粮食加工,裴李岗文化时期的农具已经配套完备,已完全满足了当时农业生产的要求。裴李岗文化的发现,为我们提供了原始农业较早时期的信息,在寻求中国农业的起源的旅途中,找到了一个更加接近的里程碑。这一发现,不仅是中国考古学和农史研究中的一个突破,在世界文明史中也应有重要的意义[129]。黄富成认为裴李岗文化的分布以嵩山东麓河流台地及其周边地区为主,聚落环境特征为山前河流台地、低丘或河湖阶地,其聚落生业的典型结构为"台地(低地或阶地)农业"。"台地农业"不仅是全新世大暖期地理气候条件与人类经济活动相互作用与影响的产物,也体现了人类从山地向平原过渡的阶段性生业环境特征[130]。

裴李岗遗址据报道曾出土有猪、狗、牛和鹿等动物骨骸[131],还有猪头和羊头的陶塑品,莪沟遗址发现有猫、鹿等[132],沙窝李遗址发现有猪和鹿[133],但未见鉴定报告公布。裴李岗诸文化除贾湖遗址之外,仅班村遗址的裴李岗时代文化层动物遗存有鉴定报告公布[134],袁靖对这批动物遗存进行定性定量研究,确认有硬骨鱼纲,种属不明,哺乳纲有猴、兔、狗、猪、梅花鹿、小型鹿科等6种。狗、猪等家养动物约占全部哺乳动物总数的59%,鹿等野生动物占41%。这表明公元前5900~前5500年的班村人肉食资源中,家畜饲养已超过狩猎捕捞所占比例。

因裴李岗文化诸遗址或未开展系统浮选工作,或因埋藏原因,获取可供分析的大植物遗存信息较少。早年曾有许昌丁庄遗址出土小米的鉴定[135]、新郑裴李岗和沙窝李遗址出土炭化粟种子[136]、坞罗西坡和府店东遗址出土粟和黍种子[137]、裴李岗、莪沟、石固和水泉出土果核的鉴定与研究等。经鉴定裴李岗时代出土的木本植物壳核有20余个科/属/种,其中坚果类有胡桃、核桃楸、山核桃、橡子、榛子等,浆果类有梅、枣酸枣、山桃、山杏、李、野葡萄、桑等。坚果类出土概率高于浆果类,浆果类丰富程度高于坚果类,其他木本植物朴、榆、榉、桦等可做建筑材料或柴薪之用[138]。李庆卫等通过对裴李岗遗址出土炭化果核的研究,认为枣和梅是中国原产、世界上应用历史最久的果树,栽培大枣是由酸枣进化而来[139]。2000年以来,研究者针对这种情况,开展了植物微体遗存淀粉粒、植硅体的分析研究,生业结构研究进入了一个新阶段。

刘莉等对裴李岗文化中比较有代表性的裴李岗等遗址的石磨盘进行了淀粉粒分析,结果证明橡子可能是石磨盘的主要加工对象[140]。刘莉等对寨根石磨盘进行淀粉粒分析后认为，主要用于加工栝楼根、小麦族植物种子、薏米的颖果、栎属橡子等植物，也可能还有少量小米，同时也加工石器之类的硬质器具。对中国北方多个旧石器晚期至新石器早期遗址出土磨盘、磨棒功能的研究，一再显示这类工具主要的加工对象是野生植物，其中块根和橡子占大宗。这一现象不仅说明该地区文化传统的连续性，也反映了在新石器时代早期谷物栽培的初期阶段，广谱经济仍然占有优势[141]。李德方认为寨根裴李岗遗存出土的石磨盘是一种兼有谷物脱粒功用和粗淀粉加工功用的复合工具[142]。

张永辉、张居中等对裴李岗文化中比较有代表性的裴李岗、沙窝李、岗时、莪沟、石固等遗址的15个石磨盘进行了取样分析。结果显示，15个石磨盘上共发现了1800多颗淀粉粒，可鉴定淀粉粒中比例最多的是橡子，占到总数的42.80%，其次是小麦族（23.89%）、粟黍或薏苡属（15.15%）、根茎类（0.27%）等。此外，还有一部分淀粉粒无法鉴定。研究结果表明，裴李岗文化遗址的石磨盘的功能具有多样性，橡子可能是当时先民的重要植物性食物来源之一。人们利用石磨盘、石磨棒加工橡子、小麦族、粟黍或薏苡属、根茎类等多种可食植物，这些加工对象有些可能是收获的栽培作物，例如粟、黍类，但大多应是采集的野生果实或种子，如橡子、小麦族、薏苡属、根茎类等，反映出的是以采集为主体的广谱经济。以往裴李岗经济形态的研究多以工具组合分析和大植物遗存的发现为出发点，认为裴李岗文化分布区是粟、黍类旱地作物的起源地之一，虽也发现了这类淀粉粒的存在，但不占主体，这也可能与粟、黍类种子还使用其他加工方式等因素有关[143]。

张建平、王灿、吕厚远等通过对唐户遗址和朱寨遗址文化层土样进行植硅体分析，也从中发现了水稻植硅体，还发现有炭化稻粒，同样得出裴李岗人以粟黍种植为主，水稻种植为辅的认识[144]。王灿、吕厚远等通过植硅体和淀粉粒等方法综合研究后认为，郑州地区在裴李岗文化期属于以黍为主的稻—旱混作的农业模式，其形成得益于全新世适宜期暖湿气候下的稻作北传。裴李岗时期，黍粟旱作分布在浅山丘陵区的黄土台塬沟谷地带，稻—旱混作仅存在于冲积平原，农业模式的选择主要受地形和水文因素影响[145]。从总体格局上看，中国大规模人口扩张始于9ka BP前，发生在农业出现之后，并与早全新世气候转暖有关；中原地区在裴李岗文化时期属于以黍为主的黍、粟、稻混作农业，在平原地带和大型聚落为旱稻混耕，在台塬沟谷区和中小聚落为黍粟农业；中原地区裴李岗时期以黍为主的旱作农业，可能与北方早全新世相对较干的气候状况有关；距今8000年前后，在全新世适宜期气候转暖变湿的背景下，稻作北传至中原旱作区，形成了旱稻混耕模式，农业的扩展伴随着文化的融合。中原地区裴李岗时期发现的水稻植硅体为驯化类型，而且属于粳稻品种，表明距今8000年前后，在远离水稻起源地的中原地区已经出现驯化粳稻。这意味着中国水稻驯化开始的时间至少不晚于8ka cal BP，或者更早[146]。

杨玉璋等运用淀粉粒分析方法，对唐户遗址出土的裴李岗文化石磨盘、石磨棒和陶炊器残片表面附着残留物进行了分析，共提取到6类不同形态的淀粉粒，鉴定结果显示有分别来自小麦族（Triticeae）、粟（Setaria italica）、水稻（Oryza sativa）、栎属（Quercus）、莲属（Nelumbo）以及未知种属的淀粉粒。淀粉粒种类的多样性表明该类工具在当时被用于加工多种需要碾磨或脱壳的植物果实或块根块茎。粟、水稻、小麦族及栎属等淀粉粒的同时发现也表明，农业种植和采集是唐户先民获取植物性食物资源的主要途径。此外，根据粟的淀粉粒在实验选取样品表面普遍出现的情况，同时结合邻近的贾湖遗址植物考古和生产工具研究结果来看，以粟种植为主，水稻种植为辅的农业生产活动可能已成为唐户先民经济活动的主体。从而揭示了唐户遗址裴李岗人植物性食物资源的利用策略[147]。

陶大卫针对裴李岗遗址仅存的两具人骨牙齿上的结石开展了淀粉粒分析，获得了该遗址居民植物性食物构成的直接证据，其中多数淀粉粒来自坚果类、块茎类和豆科等非农作物，少量很可能来自粟黍类农作物。这表明裴李岗遗址居民植物性食物以采集植物为主，食物构成呈现广谱性特征，以裴李岗文化为代表的中原地区生业经济仍以攫取性采集经济为主[148]。这一认识与刘莉和张永辉的研究结果一致。

杨玉璋等对淮河上、中游地区史前稻—旱混作农业模式的形成、发展与区域差异进行系统分析后认为，稻—旱混作是淮河上、中游地区史前农业发展的基本模式。该模式在淮河上游地区最早出现于8.0ka～7.0ka BP的裴李岗文化中晚期[149]。该认识基本上代表了本文作者的观点。贾兵强通过对农业生产工具和粮食加工工具的分析，也认为裴李岗时期农耕文明已经确立，粟是裴李岗文化时期河南地区种植最普遍的农作物之一。从生产工具和发现的农作物遗存分析，在郑州附近的裴李岗文化中心分布区以粟作农业为主，而在淮河上游的舞阳一带则是稻作农业区，已经初步形成了"南稻北粟"的农业格局[150]。

吴文婉则将整个北方地区裴李岗（含贾湖）、磁山、老官台、后李和兴隆洼五支考古学文化放在"裴李岗时代"这一大的语境下进行系统的考察后认为，在距今9000～7000年的裴李岗时代，包括农耕种植和家畜驯养的食物生产活动都已明确存在，但这些动植物驯化物种对人类食谱的贡献始终没有超过50%，人类的生存在很大程度上还是依赖野生动植物资源的摄入，处于低水平食物生产阶段[151]。

近年来，随着资料的积累和研究的深入，学界对裴李岗文化生业经济结构产生了一些新的思考，可以说进入了一个新的阶段。例如李永强对裴李岗文化生业经济研究现状进行分析后认为[152]，裴李岗文化生业经济研究主要从微观和宏观两个层面展开。微观方面包括动物遗存、植物遗存和生产工具的研究，宏观方面则从聚落形态角度进行长时段的考察比较。总体上裴李岗文化生计表现出低水平的食物生产状态，以采集狩猎经济为主，农业生产可能也占有一定比例并有了初步发展。目前仅贾湖遗址进行过较系统的发掘和研究，而各遗址采集、狩猎、渔业、家畜饲养及农业生产的占比可能会有所不同，当前研究缺乏各遗址生业经济结构的具体细节，裴李岗文化跨越了近1500年，各时段的比较研究也还严重缺乏。

任文洁、樊志民对已公布的裴李岗文化时期的材料和数据进行综合梳理发现：一方面，诸多材料指向这一时期以渔猎采集而获得的野生动植物是原始先民的主要食物来源，而栽培植物与家养动物在先民食谱中的比重则较低，揭示出农业生产出产量较少；然而另一方面，在各遗址出土的遗存中用于农业生产、收获、加工的石器农具又占据很大比重。揭示出先民对农业较多的劳动量投入。作者参考聚落考古的相关研究成果，对上述投入与产出的矛盾现象进行深入分析，认为人类生理性特征要求其追求定居的生活方式，在可利用资源短缺的条件下，以对农业投入更多的劳动量获取较少产出，以弥补渔猎采集的食物不足，并换取迁徙行为带来的巨大社会成本，是原始人类斟酌权衡后的一种理性选择。同时，这一理性选择对原始人类的文明化进程产生了极大促进作用[153]。

（二）贾湖文化

因贾湖遗址有关生业研究的材料较为丰富，研究贾湖文化生业的论文较多，分类也较细，而且不少研究裴李岗文化生业的学者也多以贾湖材料为主要分析对象。这里主要介绍专门研究贾湖生业的研究成果。

由于贾湖的发掘资料20世纪80年代后才陆续公布，所以研究起步较晚，笔者作为发掘者，最早关注这一问题始于90年代初资料整理时红烧土中稻壳印痕的发现[154]，之后张居中[155]与孔昭宸[156]、王象坤[157]、陈报章[158]、吕厚远、刘莉[159]等学者合作进行的贾湖稻作文化的研究，通过浮选和大植物遗存分析[160]、同工酶[161]、植硅体[162]、淀粉粒[163]、生产工具[164]、食性[165]等因素进行专题和综合分析，取得了一系列成果，其中有贾湖水稻栽培属性和分类地位的研究[166]、驯化程度的研究[167]、贾湖水稻在中国稻作起源研究中的地位的研究[168]、生业结构的研究[169]等。下面分类介绍相关成果。

1. 生业结构的研究

张居中认为贾湖遗址的生业结构存在动物类食品生产和植物类食品生产两大类，动物类食品生产的来源主要是狩猎捕捞和家畜饲养，植物类食品生产来源主要是古老的采集业和稻作农业[170]。

来茵从分析一期至三期石质、骨质、陶质生产工具组合、数量及变化入手，结合动植物遗存，对其经济形态的组成结构及其变化趋势进行了讨论，生产工具的总量、动物遗骸、植物遗存综合分析结果显示，贾湖遗址的经济形态是以渔猎采集为主，农业种植、家畜饲养为辅的广谱性经济，但农业经济所占比重呈逐渐增加的趋势。一期、二期是以狩猎、捕捞业为主，农业为辅的经济类型，到了三期，农业有了相当的发展，所占比例超过狩猎、捕捞业。但从总体来讲应属于低水平食物生产阶段[171]。

赵志军分析了贾湖出土植物遗存后认为，贾湖人经济生产活动的主体却仍然是采集渔猎，属于农业的稻谷种植在当时仅是辅助性的次要的生产活动。农业经济是由采集狩猎经济转化而成的，在这个转化过程中，采集狩猎在人类生活中的地位日渐衰落，而农业生产的地位日渐增强，最终农业生产取代采集狩猎成为人类经济生活的主体。这是一个漫长、渐变的过程，在转化的早期阶段，人类社会的经济生产形式应该表现为以采集渔猎为主、以农耕生产为辅的特点。贾湖遗址的浮选结果所反映出的经济生产特点再次证实了这一点，贾湖遗址应该就是中国稻作农业形成过程中的早期阶段即"似农非农"阶段的一个代表[172]。

周晓娟通过对舞阳贾湖遗址三期五区居址和墓葬出土生产工具分别进行了系统对比和动态分析，得出以下几点认识[173]。

一是贾湖各期农业所呈现出来的上升的发展趋势，表明农业的起源与发展不是一蹴而就的，这其中渗透着先民们漫长的奋斗史，从渔猎采集发展到农业，中间存在着一个漫长的"低水平食物生产经济"阶段，自然条件、人口压力、技术因素等多种条件综合作用，最终才促使了农业的产生与发展。

二是农具在墓葬中的出现和在居址中的出现是不同步的，一般说来，农具在墓葬中的出现要滞后于在居址中的出现。墓葬中所反映的生业形式的发展变化滞后于居址中生业形式的发展变化。墓葬中的生产工具作为随葬品的一部分，是葬俗的一种反映，而葬俗不仅是对现世生活的反映，更是对人们的社会观念、习俗、传统等的反映。

三是同一聚落内部不同区之间的生业形式可能存在差别。聚落内部不同区域之间可能已经出现了不同功能区域的萌芽，社会分工的形成可能要比我们所认为的更早。

贾湖遗址人骨的稳定同位素分析表明，从第一到三期，贾湖人植食性食物都属于C_3类植物；骨胶原的$\delta^{13}C$和$\delta^{15}N$缺乏相关性，当与以农耕经济为主的生活方式密切相关；根据骨胶原中$\delta^{15}N$和$\delta^{13}C$的不同，可以将食谱分为4类；羟磷灰石中的$\delta^{13}C$与骨胶原中的$\delta^{15}N$之间的负相关，反映了先民们进行稻作农业和家畜饲养的活动；先民起初是以狩猎为其主要谋生手段，随后，捕捞业在人类逐渐增加直至第五段到达最高峰。从第二期后段直至第三期，狩猎和捕捞业在人们日常生活中的比例均开始下降，稻作农业和家畜饲养成为人们主要的食物来源。通过分析该遗址出土人骨的锶钙之比，揭示了贾湖先民生活方式的转变过程，即贾湖先民最初以狩猎、捕鱼为主，采集为辅。之后，采集食物的比例逐渐增加，至第二段达到高峰。自第二期后段开始，稻作农业得以逐步推广，家畜饲养也随之得到发展[174]。

2. 贾湖稻作农业的研究

贾湖遗址发现了丰富的水稻遗存，三十多年来对贾湖遗址稻作农业的研究，主要是通过粒型、稻壳印痕、小穗轴等植物大遗存，植硅体、淀粉粒、同工酶、稳定同位素、DNA等水稻微体遗存，生产工具的功能分析等手段，研究贾湖古稻的分类地位及其在稻作农业起源研究中的地位，以及收获方式的研究等方面。

植物大遗存分析和贾湖古稻的分类地位的研究。根据贾湖古稻出土多为大量炭化米粒的特点，王象坤等首先建立了分类标准，即长宽比小于或等于2.3为粳稻，2.31～2.5为籼粳中间型，2.51～3.5为籼稻，大于3.5以上为典型普通野生稻[175]。然后据此对出土的较完整的炭化稻米的形态学分析表明[176]，贾湖古稻的粒型中，早中期偏籼型较多，中间型也有相当比例，偏粳较少；晚期以偏粳和粳籼中间型为主，偏籼者较少，而且还有少量野生稻存在，早期占25%，中期占14.3%，晚期占13.5%。80%以上的炭化米已与野生稻发生了显著变化，而与现代栽培稻近似，因此可以肯定贾湖古稻已被驯化为栽培稻。然而，从每个层次几乎都存在偏粳、偏籼、籼粳中间型及野生稻型炭化米来看，贾湖古稻群体中的变异很大，是一个粒型上包括籼、粳、中间型及普野的混合群体（与现代已分化很彻底的籼、粳稻品种不同）。并且在距今9000～8000年的1000年中粒型的长与宽逐渐增加，而长/宽比却有逐渐变小，容积逐渐加大而接近现代栽培稻的趋势。进而认为，首先，普通野生稻曾发生了粒型偏粳或偏籼的突变；其次，这些突变类型与以异花授粉为主的普野发生了天然杂交，从而出现了偏粳、偏籼中间型到普野粒型的分离；再次，人类的选择压力虽然很弱，但已朝着稻米容积加大（粒型短、宽、厚）的增产方向逐渐累积，最终形成与其野生祖先普野显著不同的栽培稻。

孔昭宸等[177]根据红烧土中稻壳印痕和炭化稻米粒型的研究也认为，贾湖古稻不同于普通野生稻和疣粒野生稻，无疑属于栽培稻。

贾湖古稻小穗轴形态所反映的落粒性表明[178]，贾湖遗址的稻米已经处于驯化阶段，驯化性状不断加强，但粒型仍在进化过程中。尽管如此，贾湖水稻遗存所反映的水稻生物性状的明确变化是不容忽视的，这一变化产生的原因自然与高强度的人工干预有关，虽然稻作农业在贾湖聚落经济结构中的比例不高，但其水稻的驯化程度已经有了相当的发展。

硅酸体与粒型分析的结果类似[179]，即以偏粳型为主（占49%），偏籼型只占22%。这种粒长偏粳、粒宽偏野、长宽比偏籼，而硅酸体以偏粳型为主的现象，与河姆渡古稻粒形偏籼而稻谷稃面双峰乳突偏粳，和湖南澧县八十垱彭头山文化古稻的粒型似籼而双峰乳突似粳，或粒型似粳而双峰乳突似籼的不一致现象颇为相似。因此可以认为贾湖古稻虽然已驯化为栽培稻，但与现代已分化很彻底的栽培稻不同。由于当时的人工选择还不够强，是一种籼粳分化尚不明显并且还含有一些野生稻特征的原始栽培稻。

结合水稻植硅体证据和石镰的出现可以推知[180]，贾湖先民的水稻收获方式可能经历了从拍打（手捋）到割（掐）穗的转变，贾湖一期为通过拍打（手捋）谷穗收获水稻，贾湖二期开始出现割（掐）穗的形式。贾湖三期石镰数量的增加表明割（掐）穗这种收获形式的推广，但是扇形植硅体所占比重仍然很小，表明贾湖人的收获方式始终没有发展到连秆一起收割的阶段。这在一定程度上体现了贾湖先民可能已开始对水稻的成熟时间不一致性和落粒性进行干预，对水稻进行有意识的优化选育。

通过贾湖石磨盘表面所提取观察到水稻淀粉粒，说明了出土的石磨盘在贾湖先民的生活中同水稻的加工存在着联系，说明贾湖先民已经开始了对水稻的加工食用，同浮选得到的炭化水稻遗存相互印证，显示出了贾湖文化中稻作农业已经开始萌芽的特征，为更好地理解贾湖先民的生业模式提供了重要的微观证据[181]。

根据近年来新石器时代稻作遗存及现代野生稻的研究表明，长宽比在其变幅内普遍存在多样性分布，粒型上的多样性是古稻进入人工栽培阶段的重要标志，是稻作农业早期阶段的重要特点，同时也说明了贾湖古稻作为栽培稻的原始性。野生稻经由人类驯化后，转变为一年生草本，以两性繁殖方式为主，通过种子产生后代，变异分化速度大大加快，而变异是没有方向性的，在没有人工选择压力存在的情况下，必然会形成长宽分布多样化的现象。目前发现的大部分新石器时代早期稻作遗存都存在着这种现象。因此，长宽比分布的多样性是栽培稻驯化早期的特点之一，也是新石器时代前期稻作农业的特点之一[182]。

关于贾湖古稻在中国稻作农业起源研究中的地位，经过综合分析后，我们曾归纳过四条稻作农业产生的前提条件：①发现有中国最古老的栽培稻（或遗骸）；②发现有与最古老的栽培稻共存的野生祖先稻种（或遗骸）及其相适应的自然环境；③发现有与最古老的栽培稻耕作相适应的生产工具；④发现有与稻作文化相适应的古人类群体，该群体具有驯化栽培稻的强烈生存压力。我们认为贾湖聚落完全具备上述条件。并进而提出了黄河以南地区，包括淮河、长江和珠江流域，是一个大的稻作农业起源地，即南中国水稻起源中心的观点，认为在这个范围内，只要符合稻作起源的几个条件，任何一个地方都有可能独立地或在周围部族的影响下开始进行水稻的栽培。又由于淮河和长江流域在全新世之初气候的反复多变，古文化的发展又相当迅速，更有可能首先掌握水稻栽培技术[183]。王象坤等鉴于彭头山文化和贾湖文化古稻遗存的发现，提出了长江中游—淮河上游稻作起源说[184]。并得到了同工酶研究结果的支持[185]。据黄燕红等对中国栽培稻6个地理分布群的700份古老地方栽培品种进行9个多态性等位酶基因位点的遗传多样性分析。结果表明籼稻和粳稻的平均基因多样性均以云南最大，淮河上游次之，黄河以北最小。中国栽培稻有3个遗传多样性中心：云南、长江中游—淮河上游、华南。长江中游—淮河上游可能是中国栽培稻的起源中心。虽然上山文化万年前水稻遗存的发现对上述观点提出挑战，但贾湖和八里岗的水稻遗存与长江下游具有不同的发展速率则是客观存在。据此，笔者提出了"淮汉文化带"和淮汉粳稻栽培带的认识[186]。

3. 贾湖动物遗存的研究

贾湖动物遗存的研究主要是贾湖人肉食资源的获取方式与对象的研究，和家畜的研究两个方面。贾湖遗址前六次发掘鉴定出哺乳类有貉、紫貂、狗獾、豹猫、狗、野猪、家猪、梅花鹿、四不像鹿、小鹿、獐、黄牛、水牛、野兔14种，鸟类有天鹅、环颈雉、丹顶鹤3种，鱼类有青鱼、鲤鱼2种，爬行类有扬子鳄、黄缘闭壳龟、中国花龟、龟科属种未定、中华鳖5种，瓣鳃类有杜氏珠蚌、珠蚌未定种、江西楔蚌、巨首楔蚌、圆头楔蚌、楔蚌未定种、楔丽蚌、拟丽蚌、失衡丽蚌、丽蚌未定种、剑状矛蚌、短褶矛蚌、冠蚌未定种、河篮蚬等14种，共38种动物[187]；并对出土的龟鳖类进行了专题研究[188]。第七次发掘出土的动物骨骼有哺乳类、鱼类、爬行类、鸟类和瓣鳃类等，共计21种，其中以鱼类和哺乳类最为丰富。鱼类有鲤鱼、草鱼、青鱼等，哺乳动物有兔、狗、獾、猪、麋鹿、梅花鹿、黄牛以及小型鹿科动物、啮齿动物、小型啮齿动物、猫科动物、大型食肉动物等。野生动物的习性显示当时的生态环境比较温暖湿润，遗址周边有较大范围的水域。从各期的动物种类和数量看，从第一期至第三期贾湖遗址附近的自然环境没有发生明显的变化。多次出现的完整的狗骨架这种特殊文化现象表明，狗是贾湖遗址先民的重要家畜，单独埋葬狗是当时特定祭祀活动中最重要的一种牺牲。通过系列标准的研究证明贾湖遗址确实存在家猪驯养，而且时间可以追溯至贾湖遗址的第一期。不过，家狗和家猪这两种家畜当时还处于比较原始的早期阶段，这两种家畜的测量尺寸明显大于后来家畜成熟阶段的个体。从整体上看，贾湖遗址的先民的肉食来源主要依赖渔猎活动，而家畜饲养还只是一种辅助手段，饲养活动在整个获取肉食资源活动中仅处于极其次要的地位。这一研究结果对理解北方地区距今7000年以前肉食资源获取模式有着重要意义。注重捕鱼在该遗址居民肉食资源获取策略中表现得极为突出，鱼类是当时人们最主要的肉食来源之一。另外，捞捕贝类、爬行类动物的和狩猎哺乳类动物的活动也相当兴盛，而且狩猎对象主要以鹿科动物为主，表现出鲜明的种类信赖，鹿科动物骨骼在整个肉食资源中占有较高的比例，并被埋葬在一些特殊遗迹现象中，这些都表明鹿科动物在贾湖遗址先民的生活中扮演了重要的角色。上述获取肉食资源活动的特征可能与遗址周围存在着丰富的野生资源有关。从哺乳动物内部数量比例的历时性变化来看，贾湖遗址第三期家畜饲养已略有进展，而且随着这种家畜生产的进展，狗牲和猪牲被更多地运用于祭祀、随葬等仪式活动中[189]。我们运用家猪形态、尺寸、年龄结构、性别比例、数量比例、线性牙釉质发育不全病理观察的序列判断标准对贾湖猪骨材料进行了检测，表明贾湖遗第一期已存在家猪，早于以往被确认的磁山遗址家猪的年代。对贾湖、跨湖桥这两处遗址猪群的比较研究表明，它们存在明显的地域差异，这为我国家猪多中心起源论提供了动物考古学方面的证据[190]。中岛经夫等通过对贾湖鲤鱼咽喉齿的研究认为，贾湖人可能已开始有最早的鱼类养殖行为[191]。我们也对贾湖捕捞业进行了专题研究[192]。

稳定同位素分析可知，从人骨与猪骨^{13}C值的对比来看，猪骨的^{13}C值比人骨的^{13}C值要更分散，说明贾湖先民植物性食物的来源比猪的植物性食物来源要更稳定。大部分猪在^{13}C值上与人类一致都以C_3植物为主食，但是由于舞阳贾湖无论是自然植被、人类采集食物还是农作物都以C_3类植物为主，所以并不代表猪和人的植物性食物是一样的，从^{13}C值上来看无法判断这些猪是家猪还是野猪。从^{15}N值的对比来看，人骨的^{15}N值普遍比猪要高，说明人类食物中动物性蛋白比猪要高，从贾湖遗址的考古学背景来看，贾湖先民可以通过很多途径获得动物性食物，如狩猎、捕捞等。但是如果我们将猪骨的稳定同位素比值与鹿骨相比就可以很清楚地看到，贾湖遗址出土的猪是食用了比较多的动物性蛋白的，这或许可以作为贾湖猪曾被人工喂养的可能证据[193]。

第六节 技术与工艺

中原裴李岗时代的手工业技术和工艺，主要在制陶、制石、制骨和酿造方面有所研究。

一、制　　陶

李文杰认为，黄河流域新石器时代普遍采用普通易熔黏土为原料，早、中期主要采用手制法成型[194]。

赵世纲认为裴李岗陶器制作工艺分选料、成型、纹饰和烧成四个步骤，当时对于陶土已有较细的选择，他们主要采用适于制陶工艺的红土或沉积土，经过淘洗成型。夹砂陶中的屏和料是有意添加进去的是为了陶器在骤然受热时不易破裂。当时成型的方法主要采用手捏和泥条盘筑，所制陶器规整对称，精巧美观，其成型技术已相当熟练。烧制陶器已使用陶窑，窑体结构合理，与龙山文化时期陶窑颇为相似。烧陶温度已达到960℃。证明我国制陶工艺远在8000年前的裴李岗文化时期，就已达到相当成熟的阶段[195]。

篦纹是裴李岗文化最显著的特点之一。所谓篦纹，就是用篦状工具在陶器未烧之前，在陶器内壁或外壁压印或刻划出来的纹饰。一般来说，压印出来的纹饰称为篦点纹，刻划出来的则称为篦划纹。根据篦纹在中国的时空分布，其渊源应当是裴李岗文化。它随着裴李岗文化的衰亡而在中原消失，却在中国的南、北方的广大地区得到充分发展，并且距中原愈远则时代也愈晚。篦纹在中国北方和南方有着广泛的分布，其时间跨度有五六千年之久。制作篦纹的工具目前在裴李岗文化中还未发现。有的学者认为裴李岗文化遗址中出土的齿刃石镰也可能是用作篦纹的施纹工具[196]。但是从裴李岗文化出土的篦纹痕迹看，其间有许多疑点，裴李岗文化中的篦纹制作应有专用工具[197]。李文杰、张居中根据舞阳大岗遗址出土篦纹印痕认为，篦纹工具应为竹、木所作。施篦纹的方法可能是将4个用竹片或木片制成的篦状工具用绳捆扎在一起，成为复合的篦状工具[198]。

张居中认为陶制品的制作过程应包括原料设备、成型、修饰和窑烧四个阶段，每个阶段都有其不同的工艺流程，而不同的历史时期，都有其不同的工艺特征。其中成型阶段和修饰阶段是关键阶段。大凡人们在制作某一件器物时，决定器物的外部形态的往往有功能、材料、技术、传统、审美几种因素。张居中和李文杰在系统研究贾湖遗址制陶工艺之后，归纳出以下几个显著特征[199]。一是泥片筑成法与泥条筑成法长期共存、并行发展的同时，泥片筑成法由一期占主导地位到三期只占次要地位，泥条筑成法由一期只有个别器物到三期变为占有主导地位。因此可以认为，贾湖文化的制陶工艺恰好处于由泥片筑成法向泥条筑成法过渡的历史阶段，贾湖遗址制陶工艺史上的重要性就在于此。二是贾湖遗址有若干共存于同一期甚至同一单位（灰坑或墓葬）的器物彩用泥片筑成法、泥条筑成法这两种不同的成型方法，其原因是制陶者针对不同的器形选择适宜的成型方法，换句话说，成型方法的不同与器形的不同有直接关系，由于不同的器形具有不同的用途，成型方法的不同与用途的不同有间接关系。三是相对而言，泥片筑成法比较原始，缺点较明显，泥条筑成法比较先进，优点较明显；在贾湖文化中，由泥片筑成法向泥条筑成法过渡经历了一个漫长的量变过程，达900多年之久，晚于贾湖三期的大岗遗址，泥条筑成法完全取代了泥片筑成法，并且出现了慢轮和彩陶，开始进入慢轮制陶的新阶段，虽然其成型方法仍属于手制范畴，但是慢轮的使用，提高了成型、修整和装饰的效率及效果，可见这是制陶工艺发展史上的一个进步。四是贾湖遗址的陶器，拍打外表时，未见内壁使用陶垫作依托的痕迹，有的用裹网陶拍进行拍打，形成绳网纹；有些用篦状工具刮削内壁和外表，形成篦划纹；有些器耳用钝尖状圆棍或管状工具从两面钻成圆孔；有些三足采用榫卯结构安装在器身底部；许多器物先涂泥浆打底子，再涂红陶衣作装饰，最后磨光，这些做法具有时代特色或地区特色。五是贾湖遗址出土陶器的烧成气氛主要为氧化气氛，并出现了渗碳工艺。大多陶器的烧成温度在650~850℃，少数火候较低，仅600℃左右，部分陶片火候较高。

二、制　　石

迄今为止，裴李岗文化的石制品的专题研究很少，大多仅是在发掘报告和系列论文中进行描述性介绍。20世纪90年代，佟柱臣先生在他的巨著《中国新石器研究》中，曾对裴李岗文化的石器进行了专题研究[200]。佟先生率先从石器的制作和使用痕迹入手，对其制作工艺和使用方式进行探讨，进而结合器物组合与产状探讨当时的经济和社会状况，尤其是对石磨盘的琢制工艺和齿刃石镰的刻齿工艺痕迹的精细观察，都给我们以很大启发。

因贾湖遗址出土石制品较多，张居中对其进行了专题研究。贾湖遗址出土的石制品中，石质生产工具和砾石占了较大比例，通过对出土材料的主成分以及微量元素的对比分析，总结其中的规律性趋势，探讨石器原料的来源问题，贾湖遗址出土的各类石斧、石铲、石锛等中，基性岩浆岩占了很大的比重，主要是辉长岩、辉绿岩类，有少量中酸性闪长岩类。遗址附近沙河等河流上游流经区域内有辉长岩、辉绿岩出露。所以，贾湖先民利用上游河道冲下来的砾石作为石器原料的可能性是非常大的。有一部分较大的石器原料可能要到附近出产此类岩石的山区开采获得。贾湖磨制石器的工艺已有了较为规范的加工程序，虽然各器类加工程序不尽相同，但大多经过选材、制坯、琢修、打磨、抛光几个步骤，有的还要钻孔或开齿。但需根据器物的功能要求决定加工到哪一步。实际上，每一步的结果均可直接作为成器投入使用[201]。

崔启龙等以贾湖遗址出土的石制品为研究材料，以"技术类型学"作为石制品分类的依据，对石制品进行详细的分类，并以此为基础，在"操作链"概念的指导下，复原贾湖聚落先民石器生产和使用的一般过程，探索贾湖遗址的石器生产系统，并在石器研究的基础上，进而研究与石器工业体系相关的生业经济形式及人类的行为方式等问题，为理解中原地区新石器时代中期的技术经济与文化内涵提供独特的视角[202]。这一研究从石器生产中原料采办的角度，对贾湖遗址石料的来源进行了分析，在全面鉴定石料的基础上，对典型器物和采集标本进行了岩石薄片的观察，针对周围的地质环境，开展地质调查，确定贾湖遗址石器原料的大致区域和位置等信息；并从石器功能的角度，通过微痕分析和残留物分析的方法，确定几种常用器物的基础功能，并探讨了研究方法的有效性和适用范围，进而得出以下结论：①贾湖遗址的石器工业是以磨制石器为主，打制石器为辅的工业体系，部分由于打制行为产生的副产品是为磨制石器的制作加工服务的，显示出较为典型的文化特征；②贾湖遗址石料的开发方略是"就近取材"为主，遗址内多见大部分石料的获取基本是在周围24~50千米的资源域内获得的，并且先民在制作石器时，会根据器物的功能需求和石料的特点，在石料的选用上显示出一定的偏好性；③在石器的使用方面，微痕分析和残留物的结果可以相互印证和补充，结果显示贾湖遗址的石镰主要是用来收割禾本科植物的工具，也有加工木材的痕迹，石刀的功能比较多样，主要用来加工禾本科植物及木材，动物皮革也可能是其加工对象之一，石斧的功能也较为复杂，主要功能是加工木材，部分工具有加工兽皮的痕迹，也可能用来加工兽骨，石锛应是一种木作工具，从线状痕的特征来看，其使用方式主要是刮削，石凿从形态可以分为两类，但其加工对象都是木材，石铲的功能相对单一，主要用于掘土、翻土等工作，石磨盘和石磨棒等研磨类工具主要从事对禾本科及块根块茎类植物的加工；④贾湖遗址的石器工业与裴李岗遗址及磁山遗址系较为紧密，目前本区域内尚未找到时代更早且与之有直接承继关系的石器工业体系。

因贾湖遗址出土了大量绿松石制品，张居中在发掘报告中进行类型学研究的同时，还对贾湖遗址出土的绿松石器进行了制作工艺研究，认为主要经过了切割、琢磨钻孔、抛光几个制作流程。还对其矿料来源进行了推测，认为由于绿松石是铝矿和磷铜铁矿的次生矿，而贾湖周围的舞阳南部山区和平顶山、宝丰、鲁山、郏县、禹县、临汝等地均有铝、铁矿藏分布。因之，这些绿松石标本的原料完全有可能来自周围山区[203]。毛振伟等在对贾湖遗址出土绿松石制品矿料来源的探索中，利用岩相、物相分析，主成分分析以及X射线荧光光谱定性、定量分析等方法，将考古遗址出土石器与现代矿产材料进行对比，认为这些绿松石石料是来自同一产区的，但并不是来自现有已知的陕西安康、湖北郧县和安徽马鞍山等现代绿松石产区，应来自同一个未知地区[204]。冯敏等也得出了同样结论，但她提出应关注淅川绿松石的观点[205]。

三、制　　骨

因裴李岗文化很少发现骨器，个别遗址偶然发现的几件，无法进行系统的观察与研究。但贾湖文化发现了大量制作精美的骨、角、牙制品，为我们提供了一批研究当时人们制骨工艺的重要标本。张居中在发掘报告中对这批一千多件标本进行了系统的整理与分类，进而分类进行制作工艺的研究[206]。

从形态上可分为有尖类、有刃类、杂器类和装饰品类。有尖类主要用尖部来发挥其戳、刺功能的器具，包括镞、镖、矛、针、锥等。这里面既有武器和狩猎工具，也有人们的日常生活用具，其祖型可能系旧石器时代的尖状器，质料以骨为主，也有角、牙制品。有刃类，主要用刃部来发挥其切割、刮削等功能的器具，依其形态又可分为端刃类和边刃类，边刃类又可分为单边刃和双边刃。端刃类，包括凿、耜等。单边刃类，包括刀、削等。双边刃类，只有骨匕一种。杂器类构成较为复杂，可大体分为以下几种，乐器类包括骨笛、骨管和龟甲制品，还有叉形器和契刻骨板、长条形骨板和雕刻骨柄等。装饰品类主要有叉形骨饰、刻纹骨饰、骨环和牙饰等。

制作过程主要经历了以下几个步骤。①选料，所见到的大多骨制品原料主要是鹿科和牛科动物的肢骨，这些原料主要用来制作有尖类、双边刃、端刃类及大部分杂器类工具。单边刃类工具有鹿角、动物脊椎棘突、獐牙、野猪獠牙等。骨笛均为鸟类肢骨制成，装饰品如骨环一般用鸟骨截成，牙饰用珐琅质较好的野猪獠牙，叉形骨饰和刻纹骨饰则用动物长骨制成。牙削系人们利獐牙向外自然弯曲的弧边经简单磨砺即可作为器具使用，开大汶口文化獐牙钩形器的先河。龟甲器为完整龟背和腹甲穿孔缀合起来，根据需要装入石子，即可满足人们或发声或占卜的需要。②破料制坯，方法大体有三种：锯割法，一般为纵向切割较长的骨料；砍斫法，一般为用较锐利的刀横向旋转砍斫较紧硬的角料，砍斫时一般砍中心部位时折断即可，中间留下折拉痕；锤击法，方法同从石核上打片一样，一般见于较硬的角料，这是一种最为古老的打片方法，另外在破料之前，还有个洗刷去腐的工序。③成型阶段，大体可分为四种方法：刮削法、切割法、打修法、磨砺法。④磨光阶段，包括磨砺和抛光两个步骤，当然也有不经过磨光阶段而修整定型后直接投入使用的。⑤穿孔工艺，贾湖骨器穿孔技术相当发达，许多器物上都有穿孔，且有些孔径非常之细，如Ae型骨针的孔径仅有0.7毫米，穿孔大多为两面对钻，孔两面均呈喇叭状，但亦有少数为一面钻，孔壁稍斜，孔纵剖面呈漏斗状。个别孔还有两面挖的，这种孔不太规整，孔口也较大，应是较原始的一种穿孔工艺。至于钻孔工具，从对骨笛穿孔残片电子显微镜观察，孔壁陡直，上有重叠的折纹，而非螺旋纹，因之应是折转式或尖状工具来回摩擦所致。⑥修饰工艺，修饰的目的，一是更为实用，如镞、镖的铤部，往往为了使箭杆绑束得更加牢固，而在铤的平面上刻上浅细而密的横、斜刻线。或如笛身为增加强度而由长纤维物体进行缠裹。二是纯为美观而修饰，如骨饰上的阴刻线条等，应是后世骨雕工艺的滥觞。

综上所述，无论从种类上、数量上还是制作工艺上，贾湖骨制品都达到了相当高的水平，至少在当时是处于领先地位的。

进而张居中、赵嫚通过选料、成型、装饰、修补四个步骤对贾湖制骨工艺进行了系统研究，并进行了模拟实验和显微观察，认为贾湖人主要运用了以下制作技术[207]。①切割技术：相较于线切割，石片切割技术可以便捷有效地应用于骨制品的制作中，如骨镖翼部的制作、叉形器的双叉的制作、骨笛两端关节的截取等。②穿孔技术：此次观察的骨制品中，贾湖先民已经开始使用石质工具实心硬钻或刻划骨针的针孔、在叉形器刀状面部分实心硬钻缀合孔，使用竹、木质钻孔工具在叉形器中部竹节状部分及钩状部分实心软钻缀合孔、在骨笛表面实心软钻音孔等，不同的穿孔方法显示出贾湖先民的穿孔技术已经相当成熟。③装饰技术：贾湖骨制品的装饰并不多见，最为引人注目的是2孔骨笛表面由线条组成的不同几何图案。模拟实验证实，这些图案的制作可以通过石片刻划实现，但是要控制线条的密度、宽度、长度、排列等非常困难，没有经过事先测量、定位及在制作过程中投入极大的耐心与细心是很难制作出来的。④石质工具制作和使用技术：贾湖文化时期的骨制品制作领域，石质工具使用的范围广泛、技术相当成熟。在制作骨制品的全过程中，选用合适的石质工具都可以达到理想的效果。

四、建　筑

早年发掘的裴李岗、莪沟等裴李岗文化遗址发现房址不多，仅莪沟发现有近圆形半地穴式房基5座、方形1座，石固遗址圆形半地穴式房址3座，铁生沟遗址圆形房址1座，水地河遗址方形地面建筑4座，黄运明对其进行了系统研究[208]，但未涉及对其建筑技术的探讨。

贾湖遗址前七次发掘共清理房址53座，均已见诸发掘报告，第八次发掘发现的9座房址，仅报道了F5，现综合两次发掘报告和第八次发掘简报，将这62座房址的建筑技术简单做一下综述[209]。

房址的平面形状以椭圆形为主，还有少量为圆形、不规则形、方形或近方形和马鞍形。结构以半地穴式为主，少量浅地穴式，个别平地起建式和干栏式。门道以斜坡式为多，台阶式次之，浅地穴式和平地起建的房子门道均不明显。发现有用碎陶片铺垫台阶式门道的现象。门向较为混乱，但可能与聚落内布局有关。

房基面积最大F1约50m²，最小的是F7仅约2m²。若以10m²以下为小型，10.1～20m²为中型，20.1m²以上为大型房基的话，小型占68.9%，中型占24.4%，大型占8.9%。

房子平面大多为单间式，少量为双间、三间或四间。多间房系多次扩建而成，但为同时废弃，房内的使用遗迹和废弃堆积均是相通的。房内居住面和墙壁均经过处理。有的房内无灶，有的有灶。一般分布在房中间或门道一侧。柱洞分两种，一种是承重柱，一般位于房中间或四角，较粗大，整修均好，一种是护围柱，分布在房周围，可能起支撑墙作用。个别房还有壁龛。

房子建筑技术主要分半地穴式和平地起建式两大类。

半地穴式是这里的主体建筑形式。细分可分为半地穴式、浅地穴式和依次扩建的多间式三种，但其建筑技术是一致的，其建筑的主要步骤和过程如下。

A. 测量选址

从房基分布来观察，其分布已有一定的规律性。因发现带"十"字符号的陶坠，很可能就是相当于现在垂球一类的测量工具，用于帮助确定建房地点。

B. 挖地穴

在选址测量定点后，从地面向下挖一坑，挖坑时一次挖出或留出门道。斜坡式门道一般由室外斜入室内，台阶式或在室外伸出一长方形门道，或在室内留出台阶。台阶一般二至四级不等，根据坑穴深度而定。

C. 挖柱洞

柱洞的方位、数量、大小均据房子的用途和形状而定。柱洞一般分承重柱和护围柱，即立柱和墙柱两类。

a. 承重柱：即立柱，一般位于房子中间或四角部位，用于支撑房子的上部结构。承重柱一般比护围柱大，圆形为主，个别为方形，底垫黄土并砸实，较为坚硬。个别还有底垫龟壳的。

b. 护围柱：一般位于坑穴周围，有的在坑底周围，大多较直，有的也有一定倾斜度。这些柱子应与支撑墙体有关，洞内一般无填土砸实现象，内填土较松。可能系废弃后填入。

有些护围柱仍分布在坑口一侧，可复原为一面坡式的房子，这些柱子既是承重柱，也是所围柱。

D. 筑墙体

半地穴的周壁一般都涂1~5厘米厚的一层黄土和成的净泥，其内偶尔可见到碎陶片和灰烬、炭屑、烧土粒，显系无意识混入，可以证明穴壁是经净泥涂抹。泥内未曾掺入草、麻类的羼和物和筋料。坑口以上的墙体也是较纯净的黄泥垛成。其内的护围柱起支撑墙体的木骨作用。

E. 搭盖房顶

从具有的承重柱和周围的护围柱来看，应是圆锥形顶的窝棚式房子，无中间承重柱的，应是圆锥体的房子。因未见房顶的倒塌堆积，推测可能用易腐烂的草类纤维物质覆盖于梁架之上，形成遮风避雨的屋顶。

F. 铺垫居住面和修筑房内设施

居住面一般选择纯净的黄土铺垫而成，厚5~10厘米不等，一般均较坚硬，可能经过平整踩踏。发现多层居住面现象。房内设施主要是灶址和黄土台两种，是与居住面一次筑成的。灶址主要有坑穴式、垒筑式和平地穴三式，但大部分只是在居住面上固定地点如门道一侧烧火而已，其居住面上烧成砖红色，周围有草木灰堆积。个别房内发现有挖壁龛现象。有些房内堆积有大量一面平的红烧土块，平的一面多烧成灰白色，有的烧土内还掺加有稻壳、稻草等筋料，我们推测可能系涂抹在地面或墙壁上的草拌泥，经火烘烤以防潮，如F9。这种涂抹草拌泥并经烘烤的技术，应是一种较为进步的技术。个别房址居住面下发现有厚葬两个非正常死亡人的现象，从死亡状态、埋葬位置、埋葬方式等方面来看，这两个墓葬可能为居室葬的一种形式，或与祭祀或房屋奠基行为相关。

平地起建房子虽仅三座，但较为复杂，大体可分为两种类型。

一是柱洞式，仅发现两座，F38为一小椭圆形，一周6个小圆柱洞，其他无任何遗迹；F40为一排已发现有四间的长方形排房，但地面除柱洞外亦无其他遗迹现象，同时柱洞又很讲究，也很粗大，推测应是架设的干栏式建筑，居住面离开了地面，人们在干栏上活动，故地面上看不到其他居住遗迹。这类房子的建筑技术与半地穴式不甚一致，大体应有以下步骤。

（1）测量选址应与以上相同。

（2）挖洞栽柱这类房子柱洞一般较粗大，尤其是承重柱，如F40D2，直径25厘米，深30厘米，周围和底部有5~8厘米厚的黄胶泥夹碎陶片，砸得很坚硬，洞中间应是柱子的直径，约15厘米。

（3）柱上设置应与干栏式建筑同，推测至少应有搭盖房顶、搭掩墙体、搭筑居住面三道工序。但因未发现任何遗迹现象，不便臆猜。这类房子的产生主要考虑应是防潮，但像F40住人，而F38面积太小，只能做高架仓储设施来使用。

二是烧烤居住面式仅发现一例，即F39，据其遗迹现象观察，应有以下步骤。

（1）遗址测量此为第一步，应与以上相同。

（2）平整地面。

（3）和草拌泥按建房要求抹平，草拌泥厚5~10厘米。

（4）架火烧烤，居住面上火候较高，烧成红褐色，向下颜色渐浅，逐渐变成浅红色消失，深达0.3~0.4米，可见曾经长时间的烘烤。

（5）挖洞立柱。

（6）筑墙盖顶。（5）、（6）两步应与半地穴式房子基本相同。

这种烘烤居住面的建筑技术，开创了一个先例，开仰韶时代整塑整烧建筑技术的先河。

五、纺织缝纫

裴李岗时代诸遗址中普遍发现有为数不多的陶纺轮，均用废陶片改制而成，贾湖还发现有缠线骨板，陶器纹饰发现有席纹和网纹，还有用废鼎足改制的陶网坠，表明当时已有初步的纺织技术和较为发达的编织技术。在我国旧石器时代晚期已有骨针出现，至此已有万年以上的历史，贾湖遗址发现了大量骨针，其中有的骨针长不足3厘米，针孔只有0.7毫米，堪比现代绣花针，可见当时已有较为精细的缝纫技术。

作为中华文明的重要发明之一，丝绸承载着丰富的文化、技术和社会内涵，为考古学、历史学、技术史的研究提供了珍贵的资料，已出土的丝绸残片表明丝绸的起源应不晚于5500年前。然而，从发现蚕丝纤维到将其织造成精美的丝绸必然需要长时间的发展。龚德才、李力等研发了在古遗址中提取蚕丝蛋白与鉴定分析技术，在贾湖遗址M436和M451两个墓葬土样中成功检测到了蚕丝蛋白残留物[210]。证明贾湖先民很可能已经开始使用蚕丝纤维，并可能已将其织造成了精美的丝织品，将我国利用蚕丝的历史推进到了将近9000年。这也从侧面证明了小号骨针的用途。

六、酿造技术

张居中和美国宾夕法尼亚大学麦戈文教授合作，对出土于贾湖遗址三个期别的16个小口双耳类器物陶片标本进行了残留物提取与分析，发现了丰富的酒石酸，证明这类器物曾被用于储存和盛放一种由稻米、蜂蜜、山楂、野葡萄果实制作的混合的发酵饮料[211]。这是我国发现的年代最早的含酒精饮料。

第七节　人种、人类体质与人口

由于裴李岗时代诸文化遗址地层埋藏环境的原因，人骨保存普遍不好，无法开展人种和人类体质的研究，仅有贾湖遗址和石固遗址进行过这方面的研究工作。

一、人种与人类体质

陈德珍认为[212]，根据非测量性特征，贾湖人具有一般蒙古人种的特点，其人种属性应归属于蒙古人种。根据测量性特征，贾湖人的体质特征主要表现在颅指数属于圆颅型；颅长高指数Ⅰ和Ⅱ都属于高颅型；颅宽度高脂数属于中颅型；全面指数属于狭面型；上面指数属于中上面型；眶指数Ⅰ和眶指数Ⅱ都属于中眶型；鼻指数属于中鼻型；腭指数属于阔腭型；枕大孔指数属于阔型；总面有属于平颌型。

张振标研究贾湖人骨后认为[213]，贾湖遗址居民的种族特征如下。

首先，从聚类分析和主成分分析的结果，可以认为贾湖人的种族特征明显属于亚洲北部的蒙古人种类型（包括北亚和东北亚类型）特征，主要表现在具有较宽的颅宽、较宽的面宽、较高的面高、较高的鼻高和较窄的鼻宽以及较垂直而且扁平的面部。身高估算的结果平均为171.2厘米，均超过已知的我国新石器时代各组男性身高的平均值，属于高型（170~179.9厘米）的身材。女性身高也可能较高。

其次，从主成分分析和偏差系数的比较还可看出，贾湖组居民在同一时代内（新石器时代）与同一地区内（现今河南省境内）的居民（如庙底沟、下王岗）最为相似，这三组基本上代表了新石器时代当地居民的体质特征，而且与黄河下游的居民（现今山东省）有密切关系，同属一个类型。并且与长江以北的新石器时代居民组成一个较大的、有别于长江以南地区的新石器时代居民的体征类型——北部地区类型。随着社会生产力的发展和人口的流动（迁移），部分居民沿黄河下游扩展，与当地居民混杂（基因交流）。因此，使黄河下游新石器居民体征的遗传表现型呈现出与贾湖组或者洪山组、庙底沟组和下王岗组最为相似，可视为同一类型的体征。并且逐渐波及整个黄河流域，在这广阔地区生息、繁衍至今。当今华北人颅骨特征所显示的性状与以贾湖组为代表的中原地区新石器时代早期居民的遗传有密切相关。

此外，从股骨的发育程度（扁平型）和骨骼上反映出的疾病来看，当时贾湖人生后水平相当低，出现营养不良，加上当时缺医少药的情况下，各种疾病的传播（包括一些诸如心血管病、肺病、肿瘤、寄生虫病等软组织疾病），必然影响居民的健康，对人群的存亡构成严重威胁。还有多种骨骼伤病，如骨折、风湿性关节炎、骨瘤、骨关节炎、强直性脊椎炎、骨髓炎、牙周病、齿槽脓肿、龋齿等。

杜伯廉、范章宪、王友林等在发掘现场观察大量贾湖人骨标本后发现，龋齿有一定的发病率，表明食用含淀粉类的食物比例较高，而对环椎、枢椎形态学观测结果表明，贾湖人环、枢椎关节面积大，关节面周缘粗糙，可推断贾湖人的环枢关节较现代人稳固[214]。贾湖人的枢椎上关节面部分式完全遮蔽横突孔的比现代人多，可见贾湖人的椎动脉的曲度较现人大，贾湖人的齿突位置，呈后倾位的比现代少，因此，贾湖人因齿突后倾压迫脊髓的概率较现代人小。以上各点说明人类头部运动的范围逐渐加大，是由于人类直立后逐渐进化的结果。

王明辉通过对第七次发掘出土贾湖人肢骨的测量与推算[215]，得知贾湖古代居民男性身高的变异范围是163.8~179.93厘米，平均身高是170.58厘米；女性身高变异范围159.77~173.86厘米，平均身高为167.15厘米；男女身高都较高，个体差异明显。两性之间身高差异较小，可能与两性的社会地位和营养水平等有关。平均死亡年龄为28.15岁，男性为30.77岁，女性为29.30岁。两性的平均死亡年龄差异不大，男性略高于女性。贾湖遗址人骨71例个体残存有牙齿，占总数的51.45%。其中仅21例未发现明显的口腔疾病，其余皆有不同程度或类型的口腔类疾病，患病率达70.42%。在各类口腔疾病中主要包括龋齿、牙周炎、根尖脓肿、牙结石、特殊性磨耗以及其他疾病等。头骨和肢骨疾病有退行性关节病、贫血、头骨和椎骨创伤、肢骨变形、类风湿关节炎等。

我们还进行了寄生虫考古的尝试。通过对墓葬腹土和粪化石的寄生虫学分析，发现的虫卵有原虫类、线虫类、吸虫类、绦虫类和蛲虫类虫卵，为研究贾湖人的饮食、健康及环境卫生状况提供了珍贵资料,也为研究当时的气候环境和人地关系提供了一个新的途径[216]。

我们还通过锶同位素分析技术来研究贾湖人可能存在的个体迁移和人口交流现象[217]。通过对贾湖人的牙齿样品锶同位素比值与猪牙釉质样品确定的当地锶同位素比值进行比较,发现贾湖人确已存在这种现象,而且早中晚三期还有不同程度的变化。总的来说,在所分析的32个人类个体的50个样品中,大部分样品的锶同位素比值都在贾湖遗址当地锶同位素比值范围内,表明所分析的个体中大部分还都是当地出生并在当地生活的居民。32个人类个体中有12个被确定为外来迁入的个体,占所分析个体的37.5%。具体到每期时,有很大的差异:在第一期的4个人类个体中没有发现外来个体;第二期的18个人类个体中发现了有7个是外来个体,占所分析个体的38.9%;第三期10个人类个体中发现了有5个是外来个体,占所分析个体的50%。这个结果表明外来人口的迁移率从第一期到第三期有明显增加的趋势,而且这种现象与贾湖居民随着经济文化的发展和同时期周围其他居民的交流逐渐频繁的推测相一致。也就是说,贾湖聚落中有相当多的外来人口,尤其是第二期和第三期,贾湖聚落与周围同时期的其他聚落间有着密切的联系。

二、人口与性别角色

首先,张居中参照严文明先生研究姜寨聚落时曾提出过的推算公式[218],分析了贾湖聚落的人口状况[219],估算贾湖30个小型房可住90~120人,11个中型房可住110人左右,4个大型房可住80人左右,则总共可住300人以上。按已发掘面积占遗址总面积的二十三分之一,则聚落总人数可在7000人以上。贾湖聚落从产生至废弃共延续了大约千年以上,同时,当时人们因生活条件恶劣,寿命远较现代人为短,据此,按20年一代计,平均寿命按30岁计,聚落平常的平均人数可在140~210人。再据墓葬材料,贾湖共发掘出349座墓,约有500个个体的人骨架。按发掘面积占遗址总面积二十三分之一来计算,则该聚落日常活动人口有230~350人。在当时来讲,应是一个比较大的聚落,加上这里较为发达的精神文化和物质文化,作为一个中心聚落当是没有疑问的。但是事情也许比这个计算复杂得多。从贾湖的三个发展阶段来看,不仅早期延续的时间要长得多,而且早中期之间肯定有一段不小的缺环。我们从陶器发展序列上发现,一、二期之交文化面貌的剧变,如鼎的出现,大量泥质陶的出现和夹碳,夹蚌、夹云母片与滑石粉陶系的出现等表明,一、二期之间,该聚落可能中断过一段时间。而二、三期的衔接则较为密切。这样算来,贾湖聚落平时的人数可能超过上述推算结果。

周晓娟等结合第七次发掘的材料,对贾湖人口进行了重新估算[220]。他们认为,新石器时代人口规模的计算通常采用静止人口模式,即假定人口每年出生人数和死亡人数总是相等,从而人口总数长期保持不变,这样墓葬死亡如果在一定时间段内比较完整,死亡人口资料构成情况就直接反映了死者生前社会的人口构成。

为便于以数学公式表示几者的关系，设：年均人口为P，墓地总死亡人数为Sum，平均死亡龄为A，墓地延续时间为T，那么求P的公式如下：$P=A\times \text{Sum}/T$

根据以上计算方法和时间计算贾湖早期的年均人口$P=36.9\times 41\times 20/500\approx 61$，这个数据和朱乃诚先生[221]得到的龙岗寺（年均人口55人）、元君庙（年均人口55~62人）的年均人口相当。贾湖中期人口规模为$P1=30.0\times 233\times 20/500\approx 187$[222]；$P2=33.5\times 204\times 20/500\approx 274$，从上面的数据来看，$P1$更为合理，首先这29座瓮棺葬所代表人群本身就是中期贾湖人群的一部分，再者似乎更加接近贾湖中期聚落所能承载人群。另外它和姜寨的年均人口相当[223]。年均人口较早期增长很多，有点突兀。贾湖晚期$P=33.3\times 126\times 20/500\approx 168$，较中期略有下降，应该属于正常波动范围。这一计算结果与原报告的推测基本相符。

王建华[224]按照静止人口模式公式$P=A\times D/T$，分别计算了贾湖、石固两个遗址的人口规模。贾湖按遗址墓地和居址两种方式来计算，其中按墓地计算结果静止人口为310人，大约平均每177平方米1人；按居址计算结果静止人口为85人，大约平均每647平方米1人；实际静止人口和人均占地面积应在两者之间。石固遗址静止人口为187人，大约平均每535平方米1人；两地综合人均占地面积为412平方米/人。舞阳县当时1.53人/平方千米。按遗址人均占地面积分析法计算，裴李岗时代河南整体人口规模为17000人；按地区人口密度分析法计算，则为108900人；综合各方面因素，初步推算裴李岗时代河南整体人口规模为110000人。贾湖墓地男女人口性别比为158.33，石固墓地男女人口性别比为159.09；造成这种现象的原因可能与杀女婴的习俗有关。由此推测当时的婚姻形态可能存在一妻多夫现象，或对偶婚的长期存在。在裴李岗时代人口年龄结构中，儿童占比最大，壮年、中年次之，老年人口最少，表现出的人口再生产结构特征为高出生率、高死亡率，低自然增长率。性别人口年龄构成为，除婴儿期外，男性多死于壮年和中年，女性多死于青年和中年。从居址和墓地现象均可显示，裴李岗时代的社会组织结构为家庭—家族—氏族三级制。聚落内和聚落之间的社会地位都是基本平等的。

王建文、张童心尝试从性别考古学的角度，结合民族学材料，将墓葬资料与居址材料结合，探讨了贾湖遗址中社会习俗与性别之间的关系及所反映的社会生活，得出一些有价值的认识[225]。首先对墓葬随葬工具与墓主性别之间的关系及生业模式，随葬龟甲器、叉形器、骨笛与墓主性别之间的关系进行了探讨，结果显示贾湖时期出现了基于性别的劳动分工，并且随着时间的推移，这一趋势愈加明显。而其背后的动因则是由于经济结构改变引起的。其次，对墓葬中墓主骨骼患病与性别关系作了检讨，重点讨论了骨关节炎患者患病率男女相差悬殊的原因。结合现代流行病学的研究成果，认为导致男女患病率相差悬殊的原因是他们从事的工作不同。再次，对贾湖遗址墓葬人骨性比构成进行了研究，分析了导致性比高的主客观原因，通过与裴李岗文化的另两个遗址的性比做比较，认为客观原因不能导致贾湖人第三性比异常的高，因此推测贾湖人中很可能存在杀女婴的风俗，而集中埋葬的瓮棺葬则可能包含了较多的被杀的女婴。续次，探讨了缺头葬所反映的社会风俗，通过与民族学的材料的对比，认为贾湖遗址中的缺头葬是被猎头所致，贾湖人中也存在猎头习俗。最后，尝试运用墓葬与居址材料相结合的方法，对贾湖时期的婚姻形态进行初步的探讨，认为贾湖人与民族学上的他鲁人、利米人的婚姻形态有相似的地方，即婚姻形态极不稳定，处于对偶婚阶段，尚未形成稳定的一夫一妻制。

张震通过对贾湖、裴李岗等遗址的墓葬材料对裴李岗时代社会不同性别和年龄群体、不同团体之间以及社会的分工与分化进行了总结和分析，得出了以下初步的结论[226]。①裴李岗文化男性在社会生产和精神生活中起着主导的作用，在日常劳作中也有很重要的作用。而女性的作用则主要体现在日常劳作和农业方面。这可能也是男性地位高于女性的主要原因。不排除在当时出现"男尊女卑"观念的可能性。②当时成年人在社会生产、生活各个方面都起着主要的作用，老年人在社会生产、生活中的作用也不可忽视，小孩的作用可能主要是在日常劳动方面，小孩一般没有资格从事巫乐活动。不同年龄阶段之间的人地位差别较小，这可能与社会习俗有关。③除了贾湖晚期聚落，裴李岗文化每个聚落内不同社会团体之间分工的迹象不很明显。不同聚落之间的分工可能已经出现。团体与团体之间分化的迹象不明显。④裴李岗文化社会并不是完全平等的。出现不平等的主要原因是人与人之间劳动、技能有差别，可能也有一些基于性别等的因素。在贾湖中期聚落，社会分化程度已经相当高，但最终没有发展到分化社会的阶段。整体而言，裴李岗文化还处在平等的氏族社会时期。

美国哈佛大学史芭比博士在研究了贾湖人骨标本后认为[227]，就饮食方面而言，贾湖的女性明显表现出营养不良。这种倾向可从其骨质增生和口腔健康情况看出。贾湖遗址女性的骨质增生发生频率显著较低，这表明相较于男性，她们的饮食中较少食用水稻。其实水稻的蛋白质和铁含量很低。贾湖人骨同位素分析也揭示出该地区对于水稻的依赖性较强。男性过于依赖饮食中的水稻则更易发生骨质疏松相关的缺铁性贫血。而女性为摄取足够热量只能从其他食物中获取，这也在无意中摄入了必需的铁元素。贾湖老年人更多地从事肩部活动（如种植与耕作）。贾湖人在年老之后患退行性关节病（Degenerative Joint Disease）的概率要远大于年轻的时候，贾湖老人则因参加农业活动而更易得骨关节炎，这表明农业集约化下农业生产活动分配有着年龄偏见。对年龄大一些的人来说，贾湖人的肩部关节炎比较常见。这个关节与种地有关，耕地、播种，这都需要摆动手臂，因为年龄大的人在农业种植方面更有经验和技术，他们可能从事较多的田地劳作来确保收成。贾湖年轻人使用最频繁的是手腕，这有很多原因，与族群整体与男性数据相比我们看到这样的差异。贾湖男性而不是女性在手腕处有更多的患退行性关节病，可能是因为贾湖男性比女性更早地参与到农业劳作中。

段天璟等根据贾湖墓葬样本的实际情况，使用t检验、单因素和双因素方差分析的方法，进行了初步的统计学分析，以了解贾湖单人墓随葬品数量与墓主人性别、年龄以及墓葬分期之间的关系[228]。结果显示，贾湖墓葬随葬品总量与性别无关，但与墓主人的死亡年龄有关，壮年随葬品较丰富。同时，随葬品数量受到性别和死亡年龄的交互影响比较显著，女性少年儿童的随葬品数量最多，男性壮年的随葬品次之。从随葬品的种类上看，除少年儿童组最多外，女性壮年墓葬占有石制品最多；男性壮年墓葬占有骨、牙制品最多。他们还发现陶器和骨、牙制品的数量在不同时期存在着较显著变化，第二期时骨、牙制品和陶制品的数量较多。个别女孩墓随葬品数量较多的情况可能与母系氏族社会重女习俗有关。不同性别的壮年侧重随葬不同质地的物品，可能暗示贾湖先民们已经出现了一定程度的社会分工，陶和骨、牙制品在第二期时比较丰富的现象，可能与这一时期渔猎采集活动较活跃有关。

陈建立等从随葬工具的性别关联的角度探讨了中国新石器时代的性别分工[229]。他们发现男性工具种类数在性别关联型工具种类数中的百分比，从新石器中期的裴李岗文化时的60%左右，发展到大汶口文化诸墓地的稳定在80%以上，表明裴李岗时期男性的社会劳动已略显优势，妇女的劳动尚接近"半边天"地位，但随后男性社会劳动优势迅速增强，达到80%的性别关联型工具属男性所使用。这种现象也表现在男女墓葬每座墓随葬的平均工具数的比值方面，该比值裴李岗期为1.8。从裴李岗时期男性社会劳动的优势不是很明显转变为新石器时代晚期这种优势的迅速扩大。反映史前性别分工演化的另一个标志是某些早期属男女共用的工具类型后期转化为主要属男性使用。锛和石刀等农具，斧、凿等加工用工具在本文所讨论时段的早期基本上是男女共用的，但从大汶口文化起逐步转化为主要由男性使用。镞和矛等武器从裴李岗文化开始就一直为男子主要使用，看来狩猎和军事自始至终是男性的责任。但同样属纺织工具的骨针，却在多数情况下被判断为非性别关联的共用工具，也许当时有部分男性因没有家室而不得不自己从事缝补。在这一时期，社会劳动中性别分工的增强和细化，表现为性别关联型劳动工具比例的增大和早期一些男女共用型工具晚期转化为主要系男性使用。

第八节 聚落与社会

关于裴李岗时代聚落的研究，已有不少成果问世，角度不同，异彩纷呈，有从环境背景入手的，有从人类社会角度展开的，也有从遗迹功能分析展开等。赵春青在他的博士学位论文《郑洛地区新石器时代聚落的演变》一文中，对裴李岗阶段的聚落形态进行了系统研究[230]，比较具有代表性。

一、聚落群：聚落布局及相互关系

赵春青选择了35处单纯的裴李岗时期遗址进行统计，发现2万平方米以下的遗址有24处，大于2万平方米的遗址有11处，他据此将郑洛地区新石器时代聚落分为大小两级，裴李岗和莪沟各代表一级，但不存在中心和非中心之分。嵩山以东以南的为甲群，遗址分布较密集，嵩山以北以西的为乙群，分布相对较为稀疏[231]。

毕硕本等通过遗址空间自相关分析认为，郑洛地区裴李岗时期遗址有两个显著的高值聚集区域，一个分布在双洎河、汝河与伊洛河东北部，一个分布在贾鲁河上游，都分布在嵩山周边地区[232]。

闫丽洁等采用GIS空间分析方法，按照裴李岗时期对环嵩山地区史前时期聚落选址与水系关系进行分析[233]，结果表明聚落选址与水系存在密切的关系。①聚落选址偏好最强的地区位于距河流水平距离为200~300米的地区，聚落分布数量随着距离水系水平距离的增大而减少，而且聚落选址距离水系的水平距离基本不超过3千米。②距离水系垂直距离为20米的范围内是聚落选址偏好程度最强的地区，聚落分布数量随着距离河流垂直距离的增加而减少，距离水系垂直距离太大，不利于古人取水，垂直距离超过40米无聚落分布，说明聚落选址对距离水系垂直距离的偏好度在40米以内。③聚落选址偏好随着水系级别的增大而降低，裴李岗时期3级水系附近聚落密度最大。

二、聚落形态：聚落内遗迹平面布局与相互关系

通过综合分析裴李岗、莪沟、沙窝李、水泉、石固等几个裴李岗文化聚落居址区和墓葬区的分布规律，一般来讲墓葬区和居址区已经分离，可知每个聚落的每个时期都有2~3个族群并存，形成氏族和家族两级社会组织[234]。每个族群都有20~40人的规模，族群家族与氏族成员间一般为平等关系[235]。陈明辉认为裴李岗时期是以核心家庭为居住单元的家庭聚居模式，关系密切的核心家庭往往集群分布，构成一个个家族[236]。

贾湖聚落又有所不同。从分期结果看，聚落内各期可能分别有3~5个家族共存。每个家族都有其居址和墓葬，有的家族还有其烧陶作坊区。早期的居址与墓地混杂分布，表明氏族公共墓地尚未形成，但个别家族已有分离迹象，中期开始，独立的公共墓地已经形成，出现了长期连续不断的家族墓地。贾湖墓葬区形成的顺序是，西区最早，西北区其次，中区次之、西南区最后。各家族间的生业形式可能还有所侧重，个别较重视原始农业，大多以渔猎为主。整个聚落可能组成了氏族、家族（族群）和家庭三级社会组织。聚落布局不像同时代的兴隆洼文化和仰韶时代聚落那样整齐划一，从其房屋门向和环壕遗迹看，该聚落也是内向的，封闭式的，两组房子之间可能也有类似姜寨的中心广场的空地。这种聚居形态，开仰韶时代封闭式内向型环壕聚落的先河[237]。

裴李岗时期聚落形态还有以下几个特点：一是从随葬品规律来看，男女已出现社会分工，男性以随葬生产工具为主，女性以随葬生活用具为主；二是虽然有个别墓葬在随葬品上有些差异，但是还在正常的范围之内，原始部落内部总体处于一种相对平等的状态，但是已经开始出现了社会分化的迹象，为社会阶级分化的产生奠定了基础；三是可能已经出

现不同的聚落中心，即以唐户遗址和贾湖遗址为中心的聚落模式。以唐户为中心的聚落，规划意识均比较强烈，墓地排列整齐有序；以贾湖遗址为中心的聚落模式，也出现了居住区和墓葬区分离的现象，但是整体的规划意识似乎并不十分强烈，墓葬之间多存在叠压打破关系，排列也并不十分有序。但是，两个聚落之间的关系并不是孤立的，而是有着非常密切的联系[238]。

三、聚落内各类遗迹功能和住居形态

黄运明从对舞阳贾湖、莪沟北岗和裴李岗文化其他遗址房屋的分析，大致可以了解到裴李岗文化的住居形态[239]。①裴李岗文化的房址多为半地穴式，少量地面式或干栏式建筑。②裴李岗文化分布范围广，遗址数量较多，他们从总的文化面貌上有较大的共性，但在具体的文化特征上又体现出各自的特色。嵩山周围的裴李岗房址结构较简单，形制较单一。贾湖房址形制多样，除了有单间房址外，还有由单间基础上不断扩建的双间、三间或四间式房址。这差异可能与各自所处的环境有较大关系。③在裴李岗文化聚落中，墓葬区与居住区的分离已成为普遍现象。从裴李岗文化聚落形成之初到聚落繁荣阶段，墓葬区与居住区逐渐向相互夹杂到分界特别明显转变。④裴李岗文化聚落中的居住区内部也有初步的职能分工或功能分化。这种社会分化应不是等级上的分化，更可能是社会分工性质的分化，而裴李岗文化聚落中居住区内部的这种初步的职能分化，可能是裴李岗文化这种社会分化的一种初步反映。进而归纳出以单个房址、房址与周围遗迹关系即单元组合关系以及居住址与聚落内规划关系，即住居形态的裴李岗模式，该模式的单个房址以圆形和不规则形为主，一般都为半地穴式。房址面积以5~10平方米为多。一般房址内都有灶。房址内居住面和穴壁加工较粗糙，房址内没有出现较强的功能分区，单元组合的组成内容较单纯，单元组合内之间的关系也较简单。在聚落内规划上，早期整个聚落杂乱无章，居住区与墓葬混杂。直到晚期，居住区与墓葬区才较明确地分开。

王中伟、方拥依据裴李岗文化诸遗址的房址平面形状、柱网布局、火塘位置、出土器物等要素，尝试归纳出裴李岗文化房址具有浅地穴居住类、浅地穴作坊类、浅地穴综合类三种功能，以及地穴和屋盖结构的演变[240]。裴李岗文化房址演变的一大特点是通过扩大柱网，增大房屋面积，平面则由中心放射形变为方形。另外一大特点是，随着平面的扩大，覆盖空间的结构必然改进。实例中不难看出的趋势是，立柱的间距加大，立柱的直径加粗，同时斜立柱变为直立柱。总体看来，裴李岗文化房址的功能已经出现了多样性，其中部分可能更具专门用途。浅地穴作坊类房址的出现，或表明先民开始为器物加工提供专用场所。群体中专职生产者的产生，体现了逐渐明确的社会分工。浅地穴综合类房址内部分为公共空间和私密空间两部分，既可居住又可用于聚会，或开启了后世"前堂后室"的先河。在聚落布局上，裴李岗文化房址显示出明确的秩序，分析裴李岗文化居住性房址的单体平面和结构，似可看出早中晚三期的形态特征。早期面积小，多呈不规则圆形，立柱向心倾斜；中期面积增大，平面依旧呈不规则圆形，但立柱垂直；晚期面积更大，平面呈不规则圆形或圆角方形，立柱垂直，且门廊多出一对。裴李岗文化非居住类房址迄今发现尚少，但从现有房址的门道变化看，应存在早晚两期。已经发现的裴李岗时代干栏式房址主要位于舞阳贾湖，因其位于南部靠近江淮地区，这种建筑形式与当地的湿热气候相关。

第九节 精神文化

中原地区裴李岗时代的精神文化，包括原始宗教、原始文字、原始艺术和原始科学萌芽等几个方面。

一、原始宗教

严格来讲，这个时期还没有产生后世所谓宗教的概念，但类似后世的萨满、巫术和占卜行为的萌芽应该已经存在，我们暂可以归之于原始宗教行为，而其思想理论基础，应该是在旧石器时代已经产生的基于万物有灵论的精灵崇拜思维。关于中原裴李岗时代原始宗教，暂未见到专门研究的成果，仅是在《舞阳贾湖》报告中有专章论述[241]。

贾湖遗址的原始宗教行为，可归纳为自然崇拜、原始巫术和卜筮现象几个方面。其中的自然崇拜，反映在贾湖遗址材料中的主要是龟灵崇拜和太阳崇拜。

从发生学的角度来讲，龟灵崇拜应来源于先民基于捕捞业的食龟风俗。贾湖遗址的龟灵崇拜反映在随葬用龟、奠基用龟、坑中埋龟三个方面。在清理的349座墓葬中，共有23座墓随葬龟甲，一种是随葬成组的背腹甲扣合完整的龟壳，大部分完整龟甲和部分龟甲碎片均伴出有石子，而且大多8个一组，应有特定寓意。在房基柱洞底部置入完整龟鳖，应是一种奠基行为。而在坑中埋入完整龟鳖，应是一种祭祀行为的遗迹。联系到后世大汶口等文化的随葬龟甲现象，商周时期的甲骨文和汉代以后关于"四灵"的学说，都应与龟灵崇拜相关，而龟灵崇拜的渊源，迄今为止可追溯到贾湖文化时期。

关于原始巫术，我们主要从可能相关遗物来进行分析和合理推测。目前认为这类遗物包括龟祭、犬牲、骨叉形器、权杖头、骨笛等。严格来讲，贾湖先民生存的时代，真正的宗教还未诞生，因之也就不可能有真正意义上的宗教仪式，但类似巫术仪式的现象已成为人们日常生活中的一部分，则是完全可能的。关于龟祭的基本材料，这里仅从宗教仪式的角度再稍作阐释。从龟的三种埋葬状态观察，埋入时都可能进行过某种相应的仪式。如上所述，墓葬中随葬之龟大多成组，且位置不固定。若按汪宁生[242]、刘莉[243]和陈星灿[244]的手摇龟甲响器说，在北美印第安人保留地还存在用龟甲制成响器用于宗教仪式的现象，而且这种响器在有重要节日举行仪式性舞蹈时才能使用。在墓葬中龟甲置于双手所及之处，或加上易腐烂的短柄之长，则是可以理解的，但像M344那样置于头顶之上，特别是大量且成组的置于二次葬的人骨之上，则令人费解，可能性最大的是，在举行类似二次葬的慰灵式一类的仪式时将这些龟甲成堆置入。从龟甲成组出现的现象分析，这些仪式是有一定程序的，甚或参加人数都有一定的规定。

贾湖文化的太阳崇拜现象，主要表现在陶罐上的写实性的太阳纹刻划符号。这种现象与其后淮河中游地区双墩、侯家寨遗址甚至浙江上山文化的同类符号如出一辙，与大汶口、凌家滩的八角星图案有异曲同工之妙！是否可以认为，整个淮河流域有一个太阳崇拜的传统，它最早出现于淮河上游的贾湖文化，之后顺淮河而下，将这一文化现象传播到黄淮江淮和海岱地区，成为中华传统文化的组成部分之一。联系到历史上分布在这一带的太昊、少昊这两昊集团，似乎应有较为密切的联系。长江下游的上山、跨湖桥、河姆渡—马家浜、崧泽和良渚文化传统，也有与贾湖—大汶口文化传统相似的太阳纹图案，这可能意味着，以淮河流域为中心，长江中下游和黄河中下游地区为两翼存在着一个至少从8000多年就已开始的太阳神崇拜传统，而且两大流域之间这种共同现象也表明，二者应有密切联系，联系的纽带正是淮河流域新石器时代诸文化。

另外，氏族公共墓地的逐渐形成，其本身也应是祖先崇拜的一种表现形式。贾湖一期的墓葬与居址的杂处现象，表明氏族公共墓地尚未形成。对死者埋葬位置不同，也表明此时人们对灵魂不死的观念有着不同的认识。把死者埋于房前屋后，可能反映了人们认为死者死后的灵魂仍不会远去，与活着的人继续共同生活，而到二期以后，观念为之一变，氏族公共墓地的形成似乎表明，阴阳两界的观念已经形成了。

贾湖人生活时期，葬狗之风已经形成，但此时并不将狗置于墓葬内，而是置于墓地之中或其边缘地带，或者房基旁，参考民族志类似材料，推测可能这些狗在葬入时要举行相应的仪式，或可能属于其他某种仪式的组成部分。继贾湖葬狗现象之后，同龟灵崇拜现象一样，在淮汉文化带普遍存在这种习俗。在淮河下游和沿海地区，犬牲现象与龟灵现象的分布也是重合的。长江下中游均发现过用狗随葬的现象，这种现象一直延续到商代，在商代牺牲中，犬牲的数量仅次于人牲而居于动物牺牲之首。犬牲不仅用于对墓葬的献祭，还用于营造建筑的祭礼，犬牲的用途是相当广泛的，成为商代各种祭祀仪式中的重要组成部分。从犬牲现象的分布看，与龟灵崇拜的分布区域大致相当，也是以贾湖所在的淮河上游地区为中心，然后以淮汉文化带为中心，向南扩进到长江中下游，向北直到渤海地区岛屿遗址。而其绝对年代，仍以贾湖为最早。由此看来，犬牲这种原始宗教仪式的肇始至少在8000年以前，直到历史时期，成为淮汉文化带传统文化的重要因子之一。到了商代更升华为"礼制"的重要组成部分，在中国文化史中占有重要的地位。而这一传统习俗正是根植于中原和华东沿海地区8000多年的文化沃野之上的。

柄形石饰虽然仅发现一件，且仅残存器首部分，颇似一残剑柄的首部，通体除劈裂面外均油光发亮，显系经过长期摩挲。该墓主人为一老年女性，器首的弧形面上，刻有一行表意的符号，更增加了此器的神秘感。此类器具在其他考古学文化和民族志材料中也可见到，均应为当时的宗教礼仪性用品。关于此类器物的用途，目前有装饰说、实用说和权力象征即权杖说几种说法。根据墓主人和器物特点，参考民族志材料，推测这种器具应与当时的某种宗教仪式有着密切的关系，很可能是这位巫师生前在巫术仪式上作法用的道具。

贾湖发现几十件形状较为独特的叉形骨器，从它的形状看，很难说有什么实用价值，但又大多制作精致，并经长期反复把握，因而显得油光发亮，从形状和使用痕迹推测，可能与特定的仪式程序有关。大汶口文化的象牙雕筒、云南楚雄彝族毕摩在进行宗教仪式时的法器"乌吐"，形状相似，可能具有相似的功能。

贾湖发现的几十件骨笛，可能也是宗教仪式上法器。大量古代文献和民族志材料证明，古人和少数民族在举行宗教仪式时，往往是载歌载舞的。很早的时候开始，先民们已有"以乐通神"的观念。在古人那里，音乐、舞蹈、诗歌等艺术形式都是为宗教而产生的，音乐、舞蹈决不仅仅是娱情，宗教、崇拜的意义所占比重可能更大一些。通过音乐、歌舞，可以将居住于神灵世界的天神、祖先请到人间的祭祀场所接受人们的祭祀。贾湖出土的骨笛可能具有同样重要的意义。贾湖骨笛常与龟甲、叉形骨器共出，足见这三种器具的功能有相当大的趋同性，可能均为宗教仪式上的道具。有学者通过M344无头骨和各类随葬品的情况推测，该墓主人为一献身殉葬的巫师或氏族领袖，可能有一定道理[245]。

中国历史上的占卜术主要有两个最大的系统，一是龟卜，二是筮占。贾湖墓葬中随葬的成组盛有石子的龟壳，可能与占卜有关，而且很有可能就是筮占的一种数占法。关于龟卜与筮占的起源，还有人认为是同源的。至少在贾湖人生活时期，龟筮原为一体。纵观新石器时代的占卜现象，存在着三大占卜体系，即长江流域及以南的筮卜体系、黄河流域及以北的骨卜体系和淮河流域的龟卜体系。而据《周礼·大卜》曰："大卜掌《三易之法》，一曰《连山》、二曰《归藏》、三曰《周易》，其经卦皆八，其别皆六十有四。"《周易》一书得到广泛流传并有深入研究，而另两种则多以为早已失传。台湾流行的龟卜，据说起源于太昊伏羲氏，而这种卜卦方法与贾湖龟卜有着某种相似性，恐非巧合。所谓"归藏"，归者，龟也。归藏是否用藏于龟甲内的石子来起卦不得而知，但有一点可以肯定，这些龟及石子确应与占卜活动有关，而随葬龟的墓主人身份大多应为巫师，似乎问题不大。或许当时的龟卜活动还不像后来那样有较为系统的理论，但龟卜活动本身就已证明，贾湖的原始卜筮对后来影响中国几千年的象数之学的形成可能具有非常重要的意义。当然，贾湖的寓于龟象的数占与《周易》的八卦，相去甚远，如果说有关系的话，也顶多只能是源与流的关系。但相传八卦乃伏羲氏所创，而伏羲氏又是渔猎时代的代表，贾湖文化中，渔猎经济又占有较为重要的地位，如上所述，贾湖文化系太昊氏部族所创造，这大概是后儒将太昊氏与伏羲氏合而为一的社会的和历史的原因吧！

张德水系统考察了我国史前骨卜龟卜和玉卜现象后认为[246]，不同的占卜习俗代表着不同的考古学文化、不同的宗教信仰和不同的时代。龟卜早在七八千年以前的裴李岗文化时期就已存在，并流行于以贾湖为中心的淮河流域，一直延续到商周。因此，我国史前占卜习俗作为宗教信仰的一部分，客观上也在我国古代文明形成的过程中起了重要的推动作用。

二、原始文字

目前中原裴李岗时代原始文字性质的契刻符号，仅在贾湖遗址发现有十八例，分别刻于龟甲、骨器、石器和陶器上，共同特点均是刻划而成。贾湖契刻符号公布之后，曾引起国内外学术界的重视，还发表了一些论文，有助于这一问题的深入研究。

首先提出贾湖符号的原始文字性质的是唐建先生[247]。他剖析了海内外学者的各种不同意见，从考古人类学的角度，论述了中国文字起源的十二个理论问题，以及商代甲骨文历史来源的三条考古理论标准，论证了中国文字源于甲骨契刻符号的观点，认为贾湖甲骨契刻符号的发现，为商代甲骨文的源头的探讨，提供了可靠的证据。彝族学者朱倨元研究贾湖刻符后认为，彝族传统文字与贾湖刻符之间有着明显的渊源关系[248]。他还对部分贾湖刻符用古彝文的解读方式进行了释读，其结果虽未得到公认，但也是个有益的尝试。蔡运章则认为贾湖刻符是一种卦象文字[249]。饶宗颐先生对贾湖龟甲刻符进行了释读，并给予充分肯定[250]。

李学勤先生在研究贾湖龟甲刻划符号后认为[251]，贾湖符号有以下几个值得重视的特点：符号多刻在龟甲的明显位置，如腹甲中部一侧，背甲的缘板上，应该是为了便于看到；符号似乎批示了龟甲的放置方向，如腹甲是以尾甲为上、首甲为下；在同一墓龟甲中，有时有一个以上刻有符号，符号并不相同，说明符号不是墓主个人的标记；在同一龟甲上，有时出现两个刻划符号；符号比较有象形性，如眼形、门户形，很像后世的文字。过去发现的新石器时代晚期刻划符号，例如仰韶文化半坡类型的符号，极少有象形的；大汶口文化陶器和良渚文化陶器、玉器的符号，则象形因素较多，从而不少学者认为是原始文字。就这一点而言，贾湖这些符号确与文字接近。学者们注意贾湖龟甲符号，还有一个重要理由，就是在龟甲上刻出符号，有似于殷墟时期在龟甲上刻写文字。近年考古研究已经指出，对龟的神秘性的信仰在中国源远流长。贾湖墓葬的龟甲中，多与石子同出，证明是一种原始的占卜工具，在占卜的方式上虽与商代的灼卜不同，其基于对龟灵的信仰则是一致的。龟甲占卜可能有传袭的关系，刻划符号是否与后来的文字有关，不是不应该考虑的。贾湖的刻划符号，是世界上可能与文字关联的符号中出现最早的，年代早到公元前7000年。但如果我们放眼世界，如被一些学者认为与苏美尔文字的发明有关的黏土tokens，其中的一种已上溯到公元前8000年。实际上，贾湖符号与文字的相似性要大得多。这样说，不意味我们以为贾湖龟甲符号肯定是文字的前身，只是提出备大家思考的问题。即使它们确与文字起源有关,所说的文字也不一定是商周的作为汉字早期形式的文字。一切都有待新的探索和发现,不过贾湖的发现确实使我们增大了希望。

张居中在分析了记事类、计数类、戳印类三类全部贾湖刻符后认为,这些符号都具有一定的形,应记录了当时的主人一定的寓意,应是可以肯定的。而义是要用语言来解读的,因之也应有对应的语言。若如此,这些刻符就具备了文字的形、音、义的基本条件。尽管它大多只是单字,但已具备了文字的基本功能。所以,认为称其为原始文字,或具有文字性质的符号,当是可以成立的。纵观文字起源与发展的历史进程,应有物件记事、图形记事、语段文字、语词文字四个发展阶段,贾湖刻符应属于第三阶段,即语段文字阶段。贾湖契刻符号与汉字的基本结构、组合方式、书写特征都是一致的,汉字的基础在8000年的贾湖时期已经奠定,贾湖刻符的性质及与汉字起源的关系则是不言而喻的。贾湖人发达的宗教文化和音乐文化,是有雄厚的物质基础作后盾的。贾湖所在地区,具有丰富的动植物资源,贾湖人又有发达的稻作农业,为他们提供了丰富的动物类食品和植物类食品,这为巫师阶层的形成和精神文化的创造提供了物质基础和前提条件。物质生活和精神生活的丰富,为原始文字的产生提供了必要性和可能性,贾湖原始文字便应运而生了,从而奠定了汉字八千多年的基础[252]。

三、原 始 艺 术

中原地区裴李岗时代的原始艺术,首推贾湖遗址出土的多音孔骨笛。贾湖骨笛为骨质斜吹乐器,其时代之早、数量之多、类型之丰富、工艺之精湛、乐器性能之高超,在我国及世界音乐考古史上均属空前的重大发现。截至2013年,共出土骨笛40余支,被分3批报道[253]。这些骨笛绝大部分出自墓葬,个别出自窖穴或地层中。骨笛均呈土黄色,是由鹤类禽鸟的尺骨制成。器表光滑,制作规范,工艺精良。在有些骨笛的按音孔之间或按音孔的上方可见开孔的刻划记号,有的骨笛还有调音的小孔。由此可以证明,在制作骨笛时,每个按音孔的开孔位置是提前经过审慎计算的。考虑到每支骨笛长短粗细不一,其内径又为异形管。所以在骨笛的制作过程中,还需要根据按音孔实际发出的耳测音高而对各个按音孔的开孔位置进行微调。可见当时的骨笛制作者已将乐器前期的数理计算与后期的耳测音高有机结合在一起,完全掌握了吹奏乐器制作的精髓,这一点已经远在后世一些仅仅拘泥于理论律学的律学家的认识之上。骨笛的类型多样,分为二孔笛、五孔笛、六孔笛、七孔笛和八孔笛等,个别笛身有刻划符号,二孔笛还雕刻有精致而细密的纹饰。其中以七孔笛为主,已经涵盖当今箫和笛的所有孔制。从保存完整或基本完整的骨笛之按音孔孔距来看,大部分骨笛为匀孔笛,少数骨笛为非匀孔笛。学界一般认为,匀孔笛是中国的传统笛制,非匀孔笛为外来笛制,但在贾湖遗址这两种笛制共存,从而刷新学界的原有认知。根据遗址分期，骨笛也可分为三期。贾湖遗址第一期约为距今9000～8500年，出土的骨笛为五孔笛和六孔笛；第二期为距今8500～8000年，出土的骨笛以七孔为主，个别为二孔或五孔；第三期为距今8000～7500年，出土的骨笛为七孔笛和八孔笛等。1986年5月，骨笛首次发现时，暂被称为"穿孔骨管"。根据音乐学家黄翔鹏的意见，将其定名为骨笛[254]。但刘正国则认为是历史上失传已久的"龠"[255]。首次见到贾湖骨笛的是中国艺术研究院音乐研究所的萧兴华，这件骨管的乐器属性得以初步确认。为进一步确定其乐器属性，萧兴华带领张居中一行数人来到中央民族乐团，由该团宁保生用斜吹的方法首次吹奏出M282∶20号笛的基本音列，从乐器演奏的视角再次确认了贾湖"穿孔骨管"的乐器属性。贾湖骨笛的测音事宜先后由不同单位的专家担任，目前仅完成前两批骨笛的测音工作。第一批骨笛的测音工作分4次完成，参与的专家有贾湖遗址考古队队长，中国艺术研究院音乐研究所的黄翔鹏、萧兴华、韩宝强、崔宪、徐桃英、顾伯宝、刘一青，武汉音乐学院的童忠良，中央民族乐团的王铁锤。骨笛的吹奏工作由萧兴华、徐桃英、王铁锤担任，演奏方式为斜吹，测音对象为M282∶20笛等。此次测音与试奏表明，贾湖骨笛的音高准确，能够演奏五声音阶、六声音阶和七声音阶，还存在着多宫演奏的可能性，可以吹奏《小白菜》、《四季歌》等乐曲[256]。第二批骨笛的测音工作于2001年7月在中国科学技术大学完成，参与的专家有中国科学技术大学的王昌燧、张居中、徐飞和博士生夏季以及上海师范大学音乐学院的刘正国。骨笛的吹奏工作由刘正国担任，演奏方式为斜吹，测音的对象为M511∶4七孔笛。此次测音与试奏表明，M511∶4笛可以演奏七声音阶，音高非常准确，音域达两个八度又一个纯四度；因为该笛为匀孔笛，故此可以实现"一笛翻七调"；现场吹奏了《沂蒙山小调》、《赶牲灵》、《梁祝》等多首乐曲。众多七孔骨笛的出土及其展现出来的不同宫调的七声音阶与旋宫转调的性能，表明贾湖音乐应在贾湖文化第二期已经形成了一个相对完整的乐学体系，应以口传心授的方式进行传承，这是音乐文化发展到成熟阶段的产物[257]。刘正国的试奏表明，即使将贾湖骨笛置于音乐文化高度发达的今天，其乐器性能也并不逊色。这远远超出了当今音乐家对史前音乐文化所有可能的猜想。1999年，世界著名科学杂志《自然》（Nature）以封面文章的形式隆重介绍了贾湖骨笛[258]。贾湖骨笛被音乐史学界认为是世界文化史上的一大奇迹，堪称世界史前音乐文明史上最杰出的代表。

贾湖骨笛的发现成果公布之后，受到音乐史界的极大关注。黄翔鹏称其为"中国管乐器的祖制"[259]。童忠良称贾湖骨笛的发现"像一股狂飙般的冲击波，正在并即将更大地震撼中外音乐界"[260]。黄翔鹏对其声学进行研究，认为贾湖骨笛已具备清商音阶六声或下徵调音阶七声[261]。吴钊认为骨笛的音阶结构是以C为宫，带有二变——变徵、变宫，并以五声音阶的羽、宫、商、角四正声为核心的传统六声古音阶，是一种不平均律制[262]。戴念祖对其律学特点进行研究，认为是三分损益法的源头[263]。郑祖襄认为骨笛的音阶形态，证实了古代燕乐音阶的存在，并把它推前至8000年以前[264]。夏季等专门对贾湖骨笛特殊小孔的调音功能与测音结果进行了研究[265]。陈其射通过对骨笛开孔横线刻记，分析人类文化的同源共进和"上古造律"的真实含义，提出了骨笛比物刻痕、笛律隐伏的自然音响规律和音律起源的推论，并通过典籍遗存、乐器音律和民歌音乐，佐证一种孕育于远古一直留存于后世的自然实践律的存在[266]。项阳由贾湖骨笛的发现引发乐之初义和音乐美学的思考[267]。宋爽撰文探析了贾湖骨笛承载的社会信息[268]。方晓阳[269]、邵锜[270]、孙毅[271]、李寄萍[272]等进行了骨笛复原或模拟实验研究。王子初先生认为，贾湖时期更为流行的应该是竹笛[273]。

关于中原裴李岗时代的乐器，值得一提的发现还有中山寨遗址出土的十孔骨笛[274]，萧兴华等进行测音研究后认为，可能是一件7000年前的骨管定音器[275]。还有人对其进行了专题研究[276]。长葛石固遗址也出土有两件较短的穿孔管形骨器[277]，陈嘉祥等认为应该是骨哨[278]。另外，贾湖出土的成组龟甲，不少学者认为应称为龟甲响器，也应属于一种乐器[279]。也有称为龟铃者[280]。除乐器外，裴李岗遗址还出土有陶塑的猪头和羊头形象，应该说，当时的先民也掌握了相当水平的原始雕塑艺术[281]。

四、原始科学萌芽

贾湖遗址丰富的发掘材料中，对当时的科学技术萌芽也有所反映。尽管是原始的、幼稚的，但对以后几千年原始科学技术发展的影响，仍是相当明显的。主要有天文历法知识、数学知识、物理学、化学、生物学、岩矿学，等等。目前只是在《舞阳贾湖》中进行了较为系统的梳理[282]。

天文学方面的信息，反映在光芒四射的太阳纹图案，反映了贾湖人对太阳的观察与崇拜，并用艺术的形式把它记录下来。这一图案与仰韶时代的大河村文化太阳纹彩陶图案非常相似，而大河村在一件彩陶钵口沿上竟有十二个太阳纹图案，应是这一知识的进一步丰富和发展。贾湖人的稻作农业已初具规模，狩猎、捕捞仍相当发达，这些都是季节性很强的活动，要想使自己的劳动换来较好的收成，就需要按季节变化，适时安排播种和收获，什么季节猎什么兽，捕哪种鱼，也需要不同的组织形式和工具，因此可以间接地证明，当时已有了一定的自然历和生物学知识。

在贾湖人的墓葬中，有相当多的墓为正东西方向，占31.8%的墓头向为270°，265°~275°的墓占52.7%，表明贾湖人已有定向知识，在没有定向器具的情况下，能做到这些，表明当时的定向水平是相当惊人的，而原始人定向的主要依据，便是对日月的观察。我国的许多民族都是先知道东西方向的概念，后来才逐步掌握南北方向的知识。如景颇族称东方为"背脱"，即日出的方向，称西方为"背冈"，即日落的方向[283]。总之，上述事实表明，贾湖人已掌握了一定的天文、气象、历法和定向知识，为自己的生产与生活服务。

数学知识可以从数量概念、计算水平和度量衡的萌芽来反映。贾湖文化时期，数量概念已发生了很大变化。贾湖骨笛大多数有规整的七个音孔，很有规律，经测试，七个音孔各发一音，加上七个音孔全闭发出的筒音，正好八个音，组成一完整的音阶结构。《淮南子》在探讨律之起源时曾指出："律之初生，写凤之音，故音以八生。"此说法恰与贾湖骨笛可吹出八音相吻合。此外，在该遗址的墓葬中，还往往有成组的完整龟甲随葬，其中大部分为八个一组，为当时已有"八"的数量概念提供了又一个有力的佐证。在我国历史上，律以八生，易有八卦，以及八方。八荒、八风等，可见"八"在我国古代历史上曾产生过巨大的影响。而"八"的数量概念，可能至少开始形成于贾湖文化时期。

有了数的概念，就必然有计算，数和算历来就是密不可分的。在上述随葬龟甲内，往往有颜色和数量不等的石子。虽然我们还不敢肯定这些石子就是计算用的算筹，但至少它是可以用于计算的。关于当时的计算水平，可以从骨笛的设计制作过程中清楚地反映出来。例如有的骨笛设计构思过程相当清楚，从音孔旁可看到初次的设计和两次修改设计的刻记。从刻记看，显系首先经过精确计算，将计算结果刻在笛身上。然后在第七孔的位置上钻基准孔，经试吹，以此孔音高为标准，于是修改原来设计，重新刻记，第四、五、六孔为修改设计后所钻。之后似又一次调整余下三孔的位置，再次刻记，一、二、三孔为第二次修改设计后所钻。这支骨笛的设计制作过程，至少可以反映出三个问题。其一，当时的人们对音律已有相当的了解。此时已发明并掌握了六声甚至七声音阶，用计算管长的独特方法，在一个八度内得到八个不同音高的乐音，故已具备了八律是可以肯定的。而音律本身，也是数学行为的反映。设计构思过程，也是计算的过程。经过设计计算—制作测试—反复修改设计几个阶段，最后制作出具有符合人们要求的音阶结构的乐器，如果没有较复杂的数理思维和较精确的计算，是不可能的。结合龟甲内装石子的数量，我们有理由相信，当时的人们可能已经掌握了十以内的加减运算，并已可能产生了进位制计数的思想。因为至迟在商代，人们的数量概念已逾万，十进位的思想就已经完善化，在这之前也应有一漫长的发展历程。再结合甲骨契刻符号与商代甲骨文字的联系分析，上述数学思想肇始于贾湖文化时期不是没有可能的。其二，从笛子制作反映出的数学与计算水平可以看出，贾湖文化的原始数学水平与周围地区同时代文化相比，至少从目前材料来看是属于领先地位的。它决非数学的肇始阶段，在它之前应有一个相当长的发展历程。数学的起源与发展应和人类的发展进化史是同步进行的。从贾湖遗址的物质文化与精神文化水平分析，其原始数学水平达到上述程序是完全有可能的。其三，笛子的制作从另一个侧面证明，贾湖的甲骨契刻符号是具有原始文字性质的，事物都有从简单到复杂，由低级到高级的发展历程一样，书契即文字的发明和发展也应有这一过程。既然笛子上的刻记为设计和计算后所留，那么龟甲上的契刻等符号亦应记录了人们的某些意图，因而具有原始文字的性质，也是完全有可能的，换句话说，贾湖契刻符号可能正处于书契即文字的肇始阶段。由此推测，贾湖的契刻符号和骨笛刻记也完全可以用来计算和记录经济事项，甚或就是由记录经济事项时所发明的。

我国汉代以来的文献"黄钟秬黍"之说，认为音律是度量衡的最初定量标准。度量衡与音乐的起源有密切的联系，这从贾湖骨笛的发现再次得到证明。所谓度量衡，就是计量的标准。原始数学行为与原始计量记录行为是密不可分的，原始计量记录行为本身就表现为一种原始数学行为，而原始数学行为原来就是为经济计量记录服务的。因此可以说，骨笛制作工艺被发现的另一重大意义在于，为研究当时的会计计量水平提供了间接证据。恩格斯曾经指出："和其他科学一样，数学是从人的需要产生的，是从丈量土地和测量容积、计算时间和制造器皿开始的。"考古发掘的大量事实证明了这一点。度量衡的最初概念，正是人们在长期生产和生活实际中逐步形成的。贾湖骨笛的制作，只有在上述前提和背景下，才能成其为可能。因之其制作工艺应是当时数学计算水平的集中反映。可以认为，原始计量行为促进了原始音乐水平的发展，而乐器的制作又促进了人们数理思维的发展，进而产生了度量衡的概念和标准，反过来又促使原始计量行为提高到一个新的水平。音乐和计量的关系，正应是这种相辅相成的关系。贾湖遗址七孔骨笛和成组龟甲的发现，表明在七八千年前的贾湖文化时期，我们的祖先至少已经掌握了"八"的数量概念，而且还有可能掌握十以内的加减运算，并可能已发明初步的进位制记数思想。贾湖骨笛的制作工艺，是当时数学水平和数理思维的集中反映。音乐与数量和度量衡的关系，是在度量衡计量过程中和乐器制作过程中数理思维的相互启发和促进的关系，律管长度、重量和容积与度量衡标准的制订可能没有直接关系。

贾湖人的物理知识，主要体现在纺轮、钻头和陶垫板的运用等现象上。纺轮的运用是对旋转力和拉力作用认识的结果。就目前材料而言，贾湖的陶纺轮是东亚地区最早的纺织用具。这不仅表明贾湖人已有对旋转力和拉力作用的认识和利用，而且表明当时的纺织手工业已经萌芽。细如发丝的针孔证明了当时纺织工的存在。

陶垫板是陶转盘的前身，它还没有可转动的轴，但是从陶制品的制作痕迹反映出的顺时针旋转和逆时针转的现象分析，陶垫板是可以转动的，可能是制陶者在操作时用手转动陶垫板的。一开始大概只是认为用手转动陶垫板比操作者围着陶垫板制作器坯操作方便，这也是泥条筑成法取代泥片筑成法的原因之一。一旦人们发现将陶垫板转动起来制作陶器又快又好，带轴陶转盘的出现就为期不远了。也可以说，大岗陶转盘是在贾湖陶垫板的基础上应运而生的，二者都是贾湖人对离心力长期观察和运用的结果。

贾湖人对离心力的运用还反映在其钻孔技术上。在大量的陶、石、骨、甲器上，都有钻孔现象，有两面对钻，也有一面钻，有些孔相当的圆，而且在绿松石饰上还常见有隧道孔，表明钻孔技术相当娴熟。正因为有高超的钻孔技术，才使制作多音孔骨笛成为可能。从发现的钻头和钻帽看，当时已有连杆钻，但钻头主要还是石制品。这种钻孔技术，或许与古人的钻木取火有一定的关系。

与原始化学有关的信息主要是制陶技术和揉皮技术。制陶技术是新石器时代的伟大发明之一。将塑性材料和瘠性材料混合制备成陶器泥，经成型、阴干、烧制几个阶段，方能制作成器。松软的陶泥经火烧后，就成了质地坚硬、吸水性低、叩之有声、美观耐用的生活用具，红色的岩石研成粉末，调成泥浆涂于器表，经火烧之后变成鲜艳美观的陶衣，经过渗碳处理就可提高器物的防渗能力。这些都与人们长期观察制陶原料的化学变化有关。由观察、熟悉到掌握、利用，充分反映了贾湖先民的聪明才智。

陶锉一直被认为是仰韶时代文化的典型器物之一，这种表面粗糙但质地不太坚硬的器具，人们普遍认为与揉皮技术有关。揉皮技术就是让兽皮及其附着在内侧的残肉和脂肪发生化学变化，去除这些残肉和脂肪使兽皮变软的技术。陶锉正可用来去除兽皮内侧经过化学处理的残余腐肉和脂肪。这也是人们对兽皮的化学变化长期观察的结果。

贾湖人对岩矿资源的了解和运用，可从遗址资源域分析中了解。通过对河南舞阳贾湖遗址出土石制品的岩性鉴定和分类统计，表明贾湖先民对石料的利用总体上遵循就近取材的原则，其中大部分体型较小，带有砾石面的石料可能在距离遗址一定距离的河床内获得；部分石料如制作石铲的角闪石片岩和制作石磨盘的砂岩和含铁石英砂岩等，其产地距离遗址较远，极有可能是通过原地开采或贸易交换获得的。贾湖遗址可见石料的种类虽然多样，但是石制品器形和岩性之间有着较好的对应关系，反映出贾湖先民对各类石料物理性质的认知水平和对石料选择的偏向性。综合来看，贾湖遗址可获取石料的范围，普遍达到距离遗址24千米以外的区域，大部分石料的获取在50千米资源域内，部分稀有原料如绿松石等可能更远一些，获取方向主要是向西和向南，沿沙河和澧河至上游的伏牛山、外方山余脉地区。这些特点充分说明了贾湖先民对岩矿资源的认知水平和开发策略以及他们认识自然、获取自然资源的能力[284]。

综上所述，中原裴李岗时代文化的创造者不仅是优秀的猎人、渔夫和工匠，中国最早的农民，而且还是优秀的音乐家。它们的发现，再现了中原地区八九千年前的辉煌。以贾湖文化、裴李岗文化所代表的中原地区距今9000~7000的裴李岗时代先民创造的灿烂文化，是东亚地区万年以来第一座历史丰碑和文化高峰，与同时期西亚两河流域的远古文化相映生辉，是当时东亚地区的优秀代表和最耀眼的文化明星。裴李岗时代考古遗址的发掘为研究当时社会的经济、技术、文化、艺术和社会发展状况提供了不可多得的实物资料。

注　释

［1］　栾丰实：《试论仰韶时代东方与中原的关系》，《考古》1996年第4期；栾丰实：《仰韶时代东方与中原的关系》，《海岱地区考古研究》，山东大学出版社，1997年；栾丰实：《试论裴李岗文化与周边地区同时期文化的关系及其发展方向》，《栾丰实考古文集（第4卷）》，文物出版社，2017年；许顺湛：《说裴李岗文化》，《史海荡舟》，中州古籍出版社，2008年；张松林：《裴李岗文化与裴李岗时代》，《郑州文物考古研究（二）上》，科学出版社，2010年；河南省文物考古学会等：《论裴李岗文化——纪念裴李岗文化发现30周年暨学术研讨会》，科学出版社，2010年；韩建业：《裴李岗文化的迁徙影响与早期中国文化圈的雏形》，《中原文物》2009年第2期；陈明辉：《论裴李岗文化系统——兼谈中国裴李岗时代的文化格局》，《上山文化论集》，中国文史出版社，2017年。

［2］　华泉：《前仰韶时期黄河流域新石器时代的考古发现与研究》，《史学集刊》1983年第3期；杨

亚长：《龙岗寺"前仰韶"遗存有关问题初探》，《考古与文物》1988年第5-6期；吴加安、吴耀利、王仁湘：《汉水上游和渭河流域"前仰韶"新石器文化的性质问题》，《考古》1984年第11期；石兴邦：《前仰韶文化的发现及意义》，《中国考古学研究（二）》，文物出版社，1986年；吴加安：《渭河流域前仰韶文化与仰韶文化半坡类型的关系》，《中国考古学论丛》，科学出版社，1993年；张居中：《试论河南省前仰韶文化》，《河南文物考古论集》，河南人民出版社，1996年；陈星灿：《黄河流域农业的起源：现象和假设》，《中原文物》2001年第6期。

[3] 赵世纲：《关于裴李岗文化若干问题的探讨》，《华夏考古》1987年第2期。

[4] 开封地区文管会、新郑县文管会：《河南新郑裴李岗新石器时代遗址》，《考古》1978年第2期。

[5] 夏鼐：《三十年来的中国考古学》，《考古》1979年第5期。

[6] 安志敏：《裴李岗、磁山和仰韶——试论中原新石器文化的渊源及发展》，《考古》1979年第4期。

[7] 严文明：《黄河流域新石器时代早期文化的新发现》，《考古》1979年第1期。

[8] 安志敏：《裴李岗、磁山和仰韶——试论中原新石器文化的渊源及发展》，《考古》1979年第4期。

[9] 李友谋：《裴李岗文化》，文物出版社，2003年。

[10] 李友谋、陈旭：《试论裴李岗文化》，《考古》1979年第4期。

[11] 薛文灿：《发掘裴李岗遗址又有新收获》，《河南文博通讯》1979年第3期；开封地区文物管理委员会、新郑县文物管理委员会、郑州大学历史系考古专业：《裴李岗遗址一九七八年发掘简报》，《考古》1979年第3期；中国社会科学院考古研究所河南一队：《1979年裴李岗遗址发掘简报》，《考古》1982年第4期；中国社会科学院考古研究所河南一队：《1979年裴李岗遗址发掘报告》，《考古学报》1984年第1期。

下文所引裴李岗遗址田野资料均出于此，不再加注。

[12] 河南省博物馆、密县文化馆：《河南密县莪沟北岗新石器时代遗址发掘报告》，《河南文博通讯》1979年第3期；河南省博物馆、密县文化馆：《河南密县莪沟北岗新石器时代遗址发掘简报》，《文物》1979年第5期；河南省博物馆、密县文化馆：《河南密县莪沟北岗新石器时代遗址》，《考古学集刊（第一集）》，中国社会科学出版社，1981年。

下文所引莪沟遗址田野资料均出于此，不再加注。

[13] 长葛县文化馆：《长葛县裴李岗文化遗址调查简报》，《中原文物》1982年第1期；河南省文物研究所：《长葛石固遗址发掘报告》，《华夏考古》1987年第1期。

[14] 开封地区文管会等：《河南巩县铁生沟新石器时代早期遗址试掘简报》，《文物》1980年第5期。

[15] 开封地区文管会、密县文管会、郑州大学历史系考古专业：《河南密县马良沟遗址调查和试掘》，《考古》1981年第3期。

[16] 安阳地区文管会等：《河南淇县花窝遗址试掘》，《考古》1981年第3期。

[17] 河南省文物研究所等：《登封王城岗与阳城》，文物出版社，1992年。

[18] 中国社会科学院考古研究所河南一队：《河南新郑沙窝李新石器时代遗址》，《考古》1983年第12期。

[19] 朱帜：《舞阳贾湖遗址调查简报》，《中原文物》1983年第1期；河南省文物研究所：《舞阳贾湖遗址的试掘》，《华夏考古》1988年第2期；河南省文物研究所：《河南舞阳贾湖新石器时

代遗址第二至第六次发掘简报》，《文物》1989年第1期；河南省文物考古研究所：《舞阳贾湖》，科学出版社，1999年；中国科学技术大学科技史与科技考古系等：《河南贾湖遗址2001年春发掘简报》，《华夏考古》2002年第2期；河南省文物考古研究所、中国科学技术大学科技史与科技考古系：《舞阳贾湖（二）》，科学出版社，2015年；河南省文物考古研究院、中国科学技术大学科技史与科技考古系、舞阳县博物馆：《河南舞阳县贾湖遗址2013年发掘简报》，《考古》2017年第12期。

下文所引贾湖遗址田野资料均出于此，不再加注。

[20] 中国社会科学院考古研究所河南一队：《河南许昌丁庄遗址试掘》，《考古》1986年第3期。

[21] 方孝廉：《河南临汝中山寨新石器时代遗址》，《考古》1978年第2期；河南临汝县博物馆：《河南临汝中山寨遗址调查简报》，《考古》1986年第6期；中国社会科学院考古研究所河南一队：《河南临汝中山寨遗址试掘》，《考古》1986年第7期；中国社会科学院考古研究所河南一队：《河南汝州中山寨遗址》，《考古学报》1991年第1期。

下文所引中山寨遗址田野资料均出于此，不再加注。

[22] 中国社会科学院考古研究所河南一队：《河南郏县水泉新石器时代遗址发掘简报》，《考古》1992年第10期；中国社会科学院考古研究所河南一队：《河南郏县水泉裴李岗文化遗址》，《考古》1995年第1期。

下文所引中山寨遗址田野资料均出于此，不再加注。

[23] 洛阳市第二文物工作队等：《洛阳市偃师县高崖遗址发掘报告》，《华夏考古》1996年第4期。

[24] 廖永民、王保仁：《河南巩县水地河遗址调查》，《考古》1990年第11期；郑州市文物考古研究所：《河南巩县水地河遗址发掘简报》，《郑州市文物考古与研究》，科学出版社，2003年，第202页。

[25] 巩义市文管所：《巩义市坞罗河流域裴李岗文化遗存调查》，《中原文物》1992年第4期。

[26] 张居中：《试论河南省前仰韶时代文化》，《河南文物考古论集》，河南人民出版社，1996年，第1~11页；张居中：《试论班村遗址前仰韶时期文化遗存》，《俞伟超先生纪念文集（学术卷）》，文物出版社，2009年。

下文所引班村遗址田野资料均出于此，不再加注。

[27] 河南省文物管理局、河南省文物考古研究所：《新安荒坡——黄河小浪底水库考古报告（三）》，大象出版社，2008年。

[28] 河南省文物管理局等：《黄河小浪底水库考古报告(一)》，中州古籍出版社，1999年。

[29] 巩义市文物保护管理所：《瓦窑嘴巩义市瓦窑嘴遗址第三次发掘报告》，《中原文物》1997年第1期；吴茂林、张保平、刘洪淼：《河南巩义市瓦窑嘴新石器时代遗址试掘简报》，《考古》1996年第7期。

[30] 河南省文物考古研究所：《河南辉县孟庄遗址的裴李岗文化遗存》，《华夏考古》1999年第1期。

[31] 洛阳市文物工作队等：《寨根新石器时代遗存》，《黄河小浪底水库考古报告（二）》，中州古籍出版社，2006年。

[32] 河南省文物管理局南水北调文物保护办公室、郑州市文物考古研究院：《河南新郑市唐户遗址裴李岗文化遗存发掘简报》，《考古》2008年第5期；中国社会科学院考古研究所河南一队：《河南新郑唐户新石器时代遗址试掘简报》，《考古》1984年第3期；郑州市文物考古研究院、河南省文物局南水北调文物保护办公室：《河南新郑市唐户遗址裴李岗文化遗存2007年发掘简报》，《考古》2010年第5期。

下文所引唐户遗址田野资料均出于此，不再加注。

[33] 张弛：《邓州市八里岗新石器时代遗址》，《中国考古学年鉴·2008》，文物出版社，2009年，第268、269页；张弛：《邓州八里岗新石器时代遗址》，《中国考古学年鉴·2011》，文物出版社，2012年，第302、303页；张弛：《论贾湖一期文化遗存》，《文物》2011年第3期。

下文所引八里岗遗址田野资料均出于此，不再加注。

[34] 郭木森：《宝丰良基王朝小区裴李岗文化遗址》，《河南省文物考古研究所文物考古年报》2008年。

[35] 北京大学考古文博学院、郑州市文物考古研究院：《中原地区旧、新石器时代过渡的重要发现——新密李家沟遗址发掘收获》，《中国文物报》2010年1月22日第6版；郑州市文物考古研究院、北京大学考古文博学院：《新密李家沟遗址发掘的主要收获》，《中原文物》2011年第1期；北京大学考古文博学院、郑州市文物考古研究院：《河南新密李家沟遗址发掘简报》，《考古》2011年第4期；北京大学中国考古学研究中心、郑州市文物考古研究院：《河南新密李家沟遗址南区2009年发掘报告》，《古代文明（第9卷）》，文物出版社，2013年；郑州市文物考古研究院、北京大学中国考古学研究中心：《河南新密李家沟遗址北区2009年发掘报告》，《古代文明（第9卷）》，文物出版社，2013年；王幼平：《新密李家沟遗址研究进展及相关问题》，《中原文物》2014年第1期。

下文所引李家沟遗址田野资料均出于此，不再加注。

[36] 河南省文物管理局南水北调文物保护办公室、郑州市文物考古研究院：《河南中牟县宋庄遗址发现裴李岗文化遗存》，《考古》2012年第7期。

[37] 河南师范大学历史文化学院、郑州市文物考古研究院：《郑州市朱寨遗址裴李岗文化遗存》，《考古》2017年第5期。

[38] 桂娟：《河南西平发现近9000年前水井》，《北海日报》2018年2月8日第6版。

[39] 杨育彬：《河南裴李岗文化几个相关问题的思考》，《论裴李岗文化》，科学出版社，2010年，第79页。

[40] 南阳地区文物队、方城县文化馆：《河南方城县大张庄新石器时代遗址》，《考古》1983年第5期。

[41] 国家文物局：《中国文物地图集·河南分册》，中国地图出版社，1991年。

[42] 赵世纲：《关于裴李岗文化若干问题的探讨》，《华夏考古》1987年第2期。

[43] 李友谋、陈旭：《试论裴李岗文化》，《考古》1979年第4期。

[44] 严文明：《黄河流域新石器时代早期文化的新发现》，《考古》1979年第1期。

[45] 夏鼐：《三十年来的中国考古学》，《考古》1979年第5期。

[46] 安志敏：《裴李岗、磁山和仰韶——试论中原新石器文化的渊源及发展》，《考古》1979年第4期。

[47] 杨肇清：《关于裴李岗·磁山文化的定名及其年代问题探讨》，《华夏考古》1987年第1期；赵朝洪：《从磁山、裴李岗文化的命名谈到原始文化的命名问题》，《江汉考古》1990年第1期。

[48] 河北省考古学会等：《磁山文化论集》，河北人民出版社，1989年。

[49] 河南省文物考古学会等：《论裴李岗文化——纪念裴李岗文化发现30周年暨学术研讨会》，科学出版社，2010年。

[50] 赵世纲：《裴李岗文化的几个问题》，《史前研究》1985年第2期。

[51] 廖永民等：《瓦窑嘴裴李岗文化遗存试析》，《中原文物》1997年第1期。

[52] 郑乃武：《略论裴李岗文化类型与仰韶文化的关系》，《中国考古学研究——夏鼐先生考古五十年纪念论文集》，文物出版社，1986年。

[53] 丁清贤：《裴李岗文化的发展阶段》，《中原文物》1987年第2期。

[54] 郭天锁：《从石固遗址略谈裴李岗文化的若干问题》，《华夏考古》1987年第1期。

[55] 张居中：《试论河南省前仰韶时代文化》，《河南文物考古论集》，河南人民出版社，1996年。

[56] 张居中：《试论贾湖类型的特征及与周围文化的关系》，《文物》1989年第1期；中国社会科学院考古研究所：《中国考古学·新石器时代卷》，中国社会科学出版社，2010年。

[57] 李友谋：《裴李岗文化》，文物出版社，2003年。

[58] 河南省文物研究所：《河南考古四十年》，河南人民出版社，1994年；杨育彬：《河南裴李岗文化几个相关问题的思考》，《论裴李岗文化》，科学出版社，2010年。

[59] 赵春青：《裴李岗文化研究》，《中国考古学研究的世纪回顾——新石器时代考古卷》，科学出版社，2008年；赵世刚：《论裴李岗文化在中华文明形成中的地位》，《论裴李岗文化》，科学出版社，2010年。

[60] 靳松安：《试论裴李岗文化的分期和类型》，《论裴李岗文化》，科学出版社，2010年。

[61] 河南省文物考古研究所：《舞阳贾湖》，科学出版社，1999年；俞伟超：《淮河的光芒：黄河与长江的联结——〈舞阳贾湖·序〉》，《东南文化》1999年第1期；石兴邦：《喜读〈舞阳贾湖〉》，《考古》2001年第6期；魏京武：《一部多学科考古研究成果——〈舞阳贾湖〉读后感》，《考古与文物》2001年第4期；陈楠楠：《论贾湖文化》，天津师范大学硕士学位论文，2014年；殷慧慧：《略论贾湖类型应独立命名为贾湖文化》，《中国古典文献学丛刊（第九卷）》，2014年。

[62] 张弛：《论贾湖一期文化遗存》，《文物》2011年第3期；张硕：《生之时空——舞阳贾湖遗址新石器时代生活遗迹研究》，吉林大学硕士学位论文，2018年。

[63] 陈明辉：《论裴李岗文化系统——兼谈中国裴李岗时代的文化格局》，《上山文化论集》，中国文史出版社，2017年。

[64] 邵望平、高广仁：《贾湖类型是海岱史前文化的一个源头》，《考古学研究（五）》，科学出版社，2003年；余西云：《长江中游及周边地区几类新石器时代早期遗存的谱系与年代》，《新果集——庆祝林沄先生七十华诞论文集》，科学出版社，2009年。

[65] 河南省文物考古研究所：《舞阳贾湖》，科学出版社，1999年。
[66] 张居中：《试论河南省前仰韶时代文化》，《河南文物考古论集》，河南人民出版社，1996年。
[67] 河南省文物考古研究所：《舞阳贾湖》，科学出版社，1999年。
[68] 河南省文物研究所：《河南考古四十年》，河南人民出版社，1994年。
[69] 方孝廉：《裴李岗文化陶器分期和年代分析》，《中原文物》1986年特刊；曹桂岑：《裴李岗文化是中原地区新石器早期文化》，《论裴李岗文化》，科学出版社，2010年。
[70] 赵世纲：《关于裴李岗文化若干问题的探讨》，《华夏考古》1987年第2期；赵朝洪：《从磁山、裴李岗文化的命名谈到原始文化的命名问题》，《江汉考古》1990年第1期；缪雅娟：《沙窝李遗址分析——试论裴李岗文化分期》，《考古》1993年第9期；张江凯：《裴李岗文化陶器的谱系研究》，《考古与文物》1997年第5期；李友谋：《裴李岗文化》，文物出版社，2003年；郑杰祥：《新石器文化与夏代文明》，江苏教育出版社，2005年。
[71] 中国社会科学院考古所河南一队：《1979年裴李岗遗址发掘报告》，《考古学报》1984年第1期。
[72] 河南省博物馆、密县文化馆：《河南密县莪沟北岗新石器时代遗址》，《考古学集刊（第二集）》，中国社会科学出版社，1981年。
[73] 郑州市文物考古研究院等：《河南新郑市唐户遗址裴李岗文化遗存2007年发掘简报》，《考古》2010年第5期。
[74] 河南省文物研究所：《长葛石固遗址发掘报告》，《华夏考古》1987年第1期。
[75] 中国社会科学院考古研究所河南一队：《河南郏县水泉裴李岗文化遗址》，《考古》1995年第1期。
[76] 中国社会科学院考古研究所河南一队：《河南新郑沙窝李新石器时代遗址》，《考古》1983年第12期。
[77] 河南省文物考古研究所：《舞阳贾湖》，科学出版社，1999年。
[78] 李友谋：《裴李岗文化》，文物出版社，2003年。
[79] 朱延平：《裴李岗文化墓地初探》，《华夏考古》1987年第2期；朱延平：《裴李岗文化墓地再探》，《考古》1988年第11期；朱延平：《关于裴李岗文化墓地的几个问题》，《考古》1989年第11期。
[80] 张江凯：《裴李岗文化陶器的谱系研究》，《考古与文物》1997年第5期。
[81] 戴向明：《裴李岗墓地新探》，《华夏考古》1996年第3期。
[82] 段天璟：《舞阳贾湖遗址墓葬分期研究》，《华夏考古》2006年第2期。
[83] 陈明辉：《裴李岗时期的文化与社会》，复旦大学硕士学位论文，2013年。
[84] 丁凤雅：《中国北方地区公元前5000年以前新石器文化的时空框架与谱系格局研究》，吉林大学博士学位论文，2017年。
[85] 曹桂岑：《裴李岗文化是中原地区新石器时代早期文化——纪念裴李岗文化发现30周年》，《论裴李岗文化》，科学出版社，2010年。
[86] 丁清贤：《裴李岗文化的发展阶段》，《中原文物》1987年第2期。
[87] 靳松安：《试论裴李岗文化的分期与年代》，《中原文物》2007年第6期。
[88] 河南省文物研究所：《河南考古四十年》，河南人民出版社，1994年，第17~46页。

[89] 李友谋：《裴李岗文化》，文物出版社，2003年，第83~92页。

[90] 中国社会科学院考古研究所：《中国考古学·新石器时代卷》，中国社会科学出版社，2010年。

[91] 蔡金英：《裴李岗文化研究》，武汉大学博士学位论文，2012年，第108页。

[92] 陈明辉：《裴李岗时期的文化与社会》，复旦大学硕士学位论文，2013年。

[93] 张蔚：《裴李岗文化的分期及考古类型探讨》，吉林大学硕士学位论文，2007年。

[94] 靳松安：《试论裴李岗文化的分期与年代》，《中原文物》2007年第6期。

[95] 张弛：《论贾湖一期文化遗存》，《文物》2011年第3期。

[96] 余西云：《长江中游及周边地区几类新石器时代早期遗存的谱系与年代》，《新果集——庆祝林沄先生七十华诞论文集》，科学出版社，2009年。

[97] 崔耕：《回忆裴李岗文化遗址的发现与发掘》，《河南文史资料》2004年第3期。

[98] Liu L. Peiligang: Agriculture and Domestication. Encyclopedia of Global Archaeology. Springer, 2014: 5855-5858.

[99] 河南省文物管理局南水北调文物保护办公室、郑州市文物考古研究院：《河南新郑市唐户遗址裴李岗文化遗存发掘简报》，《考古》2008年第5期；郑州市文物考古研究院、河南省文物局南水北调文物保护办公室：《河南新郑市唐户遗址裴李岗文化遗存2007年发掘简报》，《考古》2010年第5期。

[100] Liu L, Chen X C. The Archaeology of China: From the Late Paleolithic to the Early Bronze Age. Cambridge University Press, 2012.

[101] 河南省文物考古研究所：《舞阳贾湖》，科学出版社，1999年，第524页。

[102] 据笔者统计，裴李岗遗址三次发掘报告和简报共公布罐形鼎6件、盆形鼎2件、钵形鼎1件，鼎足20个，深腹罐32件。鼎、罐分别占22%、78%。

[103] 贾湖遗址两次发掘报告共公布属于贾湖二、三期的罐形、盆形、钵形、釜形等各类鼎640件；侈口、卷沿、折沿、直口等各类深腹罐共274件。鼎、罐分别占63%、37%。

[104] Liu L. Peiligang: Agriculture and Domestication. Encyclopedia of Global Archaeology. Springer, 2014: 5855-5858；赵志军：《有关农业起源和文明起源的植物考古学研究》，《社会科学管理与评论》2005年第2期。

[105] 刘东生、丁仲礼：《中国黄土研究新进展（二）——古气候与全球变化》，《第四纪研究》1990年第1期。

[106] 施雅风：《中国全新世大暖期气候与环境》，海洋出版社，1992年。

[107] 张震宇、周昆叔、杨瑞霞等：《双洎河流域环境考古》，《第四纪研究》2007年第3期。

[108] 胡松梅：《黄河中游地区前仰韶文化遗址分布的规律和古环境变迁的关系》，《环境考古研究（第三辑）》，北京大学出版社，2006年。

[109] 杨瑞霞：《中原地区数字环境考古研究》，华东师范大学博士学位论文，2009年。

[110] 王吉怀：《从裴李岗文化的生产工具看中原地区早期农业》，《农业考古》1985年第2期。

[111] 李中轩、闫慧、吴国玺：《河南省新石器遗址的时空特征及其环境背景》，《河南科学》2010年第7期。

[112] 王灿：《中原地区早期农业——人类活动及其与气候变化关系研究》，中国科学院大学博士学位论文，2016年。

[113] 左昕昕：《植硅体分析在长江三角洲环境演变及黄土高原碳封存研究中的应用》，中国科学院大学博士学位论文，2013年；Chen F H, Xu Q H, Chen J H, et al. East Asian Summer Monsoon Precipitation Variability since the Last Deglaciation. Scientific Reports, 2013, 5: 11186.

[114] Cheng H, Fleitmann D, Edwards R L, et al. Timing and Structure of the 8.2. kyr B.P. Event Inferred from δ^{18}O Records of Stalagmites from China, Oman, and Brazil. Geology, 2009, 37(11): 1007-1010.

[115] Zhang J N, Xia Z K. Early-middle Holocene Ecological Change and Its Influence on Human Subsistence Strategies in the Luoyang Basin, North-central China. Quaternary Research, 2018, 89(2): 1-13.

[116] 河南省文物考古研究所：《舞阳贾湖》，科学出版社，1999年，第781~834页；河南省文物考古研究所、中国科学技术大学科技史与科技考古系：《舞阳贾湖（二）》，科学出版社，2015年，第435~442页；凡小盼、秦颖、姚政权：《河南贾湖遗址考古地层分析》，《江汉考古》2011年第1期。

[117] 孔昭宸等：《北京地区10000年以来的植物群发展和气候变化》，《植物学报》1982年第2期。

[118] Röthlisberger F. 10 000 Jahre Gletschergeschichte der Erde: Aarau. Switzerland, Verlag Sauerländer. 1986.

[119] 唐领余等：《长江中下游地区7500-5000aB.P.气候变化系列初步研究》，《海洋地质与第四纪地质》1991年第4期。

[120] 张居中：《环境与裴李岗文化》，《环境考古研究（第一辑）》，科学出版社，1991年，第122~129页；张居中：《试论河南省前仰韶文化》，《河南文物考古论集》，河南人民出版社，1996年；张居中、孔昭宸、陈报章：《试论贾湖先民的生存环境》，《环境考古研究（第二辑）》，科学出版社，2000年；张居中：《论贾湖遗址的环境与生业》，《论裴李岗文化》，科学出版社，2010年，第119~135页。

[121] 杨玉璋、程至杰、李为亚等：《淮河上、中游地区史前稻——旱混作农业模式的形成、发展与区域差异》，《中国科学：地球科学》2016年第8期。

[122] 黄其煦：《裴李岗，耶利哥与特瓦坎——农业起源问题探索之二》，《农业考古》1983年第1期。

[123] 郑乃武：《小谈裴李岗文化的农业》，《农业考古》1983年第2期。

[124] 王吉怀：《从裴李岗文化的生产工具看中原地区早期农业》，《农业考古》1985年第2期。

[125] 许天申：《论裴李岗文化时期的原始农业——河南古代农业研究之一》，《中原文物》1998年第3期。

[126] 赵世纲：《关于裴李岗文化若干问题的探讨》，《华夏考古》1987年第2期。

[127] 吴汝祚：《初探中原和渭河流域的史前农业及其有关问题》，《华夏考古》1993年第2期。

[128] 黄克映：《裴李岗、磁山文化长条形石铲辨——试论其文化的农业阶段及经济状况》，《华夏考古》1992年第4期。

[129] 王星光：《裴李岗文化时期的农具与耕作技术》，《许昌师专学报》1995年第4期。

[130] 黄富成：《略论裴李岗文化"台地农业"》，《农业考古》2008年第4期。

[131] 中国社会科学院考古研究所河南一队：《1979年裴李岗遗址发掘简报》，《考古》1982年第4期。

[132] 河南省博物馆、密县文化馆：《河南密县莪沟北岗新石器时代遗址》，《考古学集刊（第一集）》，中国社会科学出版社，1981年。

[133] 中国社会科学院考古研究所河南一队：《河南新郑沙窝李新石器时代遗址》，《考古》1983年第12期。

[134] 袁靖：《中国新石器时代居民获取肉食资源的方式》，《考古学报》1999年第1期。

[135] 吴梓林：《古粟考》，《史前研究》1983年第1期；张履鹏：《谷子的起源与分类史研究》，《中国农史》1986年第1期。

[136] 王吉怀：《新郑沙窝李遗址发现炭化粟粒》，《农业考古》1984年第2期。

[137] 陈星灿、刘莉、李润权等：《中国文明腹地的社会复杂化进程——伊洛河地区的聚落形态研究》，《考古学报》2003年第2期。

[138] 吴文婉：《中国北方地区裴李岗时代生业经济研究》，山东大学博士学位论文，2014年。

[139] 李庆卫、陈俊愉、张启翔：《河南新郑裴李岗遗址地下发掘炭化果核的研究》，《北京林业大学学报》2007年增刊。

[140] Liu L, Field J, Fullagar R, et al. What did Grinding Stones Grind? New Light on Early Neolithic Subsistence Economy in the Middle Yellow River Valley, China. Antiquity, 2010, 84(325): 816-833.

[141] 刘莉、陈星灿、赵昊：《河南孟津寨根、班沟出土裴李岗晚期石磨盘功能分析》，《中原文物》2013年第5期。

[142] 李德方：《寨根类型裴李岗文化石磨盘初步研究》，《河南科技大学学报》(社会科学版)2009年第3期。

[143] 张永辉、翁屹、姚凌等：《裴李岗遗址出土石磨盘表面淀粉粒的鉴定与分析》，《第四纪研究》2011年第5期；张永辉：《裴李岗文化植物类食物加工工具表面淀粉粒研究》，中国科学技术大学硕士学位论文，2011年。

[144] Zhang J P, Lu H Y, Gu W F, et al. Early Mixed Farming of Millet and Rice 7800 Years Ago in the Middle Yellow River Region, China. PLOS ONE, 2012, 7(12): 1-8；王灿：《中原地区早期农业——人类活动及其与气候变化关系研究》，中国科学院地质与地球物理研究所博士学位论文，2016年。

[145] 王灿、吕厚远、顾万发等：《全新世中期郑州地区古代农业的时空演变及影响因素》，《第四纪研究》2019年第39卷第1期。

[146] 王灿：《中原地区早期农业——人类活动及其与气候变化关系研究》，中国科学院大学博士学位论文，2016年。

[147] 杨玉璋、李为亚、姚凌等：《淀粉粒分析揭示的河南唐户遗址裴李岗文化古人类植物性食物资源利用》，《第四纪研究》2015年第1期。

[148] 陶大卫：《基于人牙结石的淀粉粒证据探讨裴李岗遗址先民植物性食物来源》，《文物保护与考古科学》2018年第2期。

[149] 杨玉璋、程至杰、李为亚等：《淮河上、中游地区史前稻——旱混作农业模式的形成、发展与

[150] 贾兵强：《裴李岗文化时期的农作物与农耕文明》，《农业考古》2010年第1期。

[151] 吴文婉：《中国北方地区裴李岗时代生业经济研究》，山东大学博士学位论文，2014年。

[152] 李永强：《裴李岗文化生业经济研究现状与思考》，《南方文物》2018年第4期。

[153] 任文洁、樊志民：《北方地区裴李岗时代的定居生活与生业模式选择》，《农业考古》2018年第1期。

[154] 张居中、孔昭宸、刘长江：《舞阳史前稻作遗存与黄淮地区史前农业》，《农业考古》1994年第1期；《河南贾湖稻作遗存发现（距今8000年）学术讨论会纪要》，《北京农业大学学报》1994年第4期。

[155] Zhang J Z, Wang X K. Notes on the Recent Discovery of Ancient Cultivated rice at Jiahu, Henan Province: A New Theory Concerning the Origin of *Oryza japonica* in China. Antiquity, 1998, 72(278): 897-901.

[156] 孔昭宸、刘长江、张居中：《河南舞阳县贾湖遗址八千年前水稻遗存的发现及其在环境考古学上的意义》，《考古》1996年第12期。

[157] Wang X K, Sun C Q, Cai H W, et al. Origin of the Chinese Cultivated Rice (*Oryza sativa* L.) Chinese Science Bulletin, 1999, 44: 295-304；王象坤、孙传清、才宏伟等：《中国稻作起源与演化》，《科学通报》1998年第22期。

[158] 陈报章、张居中、吕厚远：《河南贾湖新石器时代遗址水稻硅酸体的发现及意义》，《科学通报》1995年第4期；陈报章、王象坤、张居中：《舞阳贾湖新石器时代遗址炭化稻米的发现、形态学研究及意义》，《中国水稻科学》1995年第3期。

[159] Liu L, Lee G A, Jiang L P, et al. Evidence for the Early Beginning (c. 9000cal. BP) of Rice Domestication in China: A Response. The Holocene, 2007, 17(8): 1059-1068.

[160] 张居中等：《舞阳贾湖炭化稻米粒型再研究》，《农业考古》2009年第4期；赵志军、张居中：《贾湖遗址2001年度浮选结果分析报告》，《考古》2009年第8期。

[161] 黄燕红、孙新立、王象坤：《中国栽培稻遗传多样性中心和起源研究》，《植物遗传资源学报》2005年第2期。

[162] 陈报章、张居中、吕厚远：《河南贾湖新石器时代遗址水稻硅酸体的发现及意义》，《科学通报》1995年第4期。

[163] 河南省文物考古研究所、中国科学技术大学科技史与科技考古系：《舞阳贾湖（二）》，科学出版社，2015年，第472~476页。

[164] 杨肇清：《河南舞阳贾湖遗址生产工具的初步研究》，《农业考古》1998年第1期；来茵：《舞阳贾湖遗址生产工具分期研究》，中国科学技术大学硕士学位论文，2009年。

[165] 胡耀武：《古代人类食谱及其相关研究》，中国科技大学博士学位论文，2002年；胡耀武等：《贾湖遗址人骨的元素分析》，《人类学学报》2005年第24卷第2期；胡耀武、Stanley H.Ambrose、王昌燧：《贾湖遗址人骨的稳定同位素分析》，《中国科学：D辑》2007年第37卷第1期。

[166] 张居中、王象坤、孔昭宸等：《河南贾湖稻作文化的发现与研究》，《科学（上海）》2002年第3期；张居中、王象坤：《贾湖与彭头山稻作文化比较研究》，《农业考古》1998年第1期。

[167] 陈报章、王象坤、张居中：《舞阳贾湖新石器时代遗址炭化稻米的发现、形态学研究及意义》，《中国水稻科学》1995年第3期；张居中等：《舞阳贾湖炭化稻米粒型再研究》，《农业考古》2009年第4期。

[168] 王象坤等：《中国稻作起源研究中的新发现》，《中国栽培稻起源与演化研究专集》，中国农业大学出版社，1996年。

[169] 周晓娟：《舞阳贾湖遗址生业形式的动态研究——以生产工具为例》，中国科学技术大学硕士学位论文，2014年。

[170] 河南省文物考古研究所：《舞阳贾湖》，科学出版社，1999年，第883~903页。

[171] 来茵、张居中、尹若春：《舞阳贾湖遗址生产工具及其所反映的经济形态分析》，《中原文物》2009年第2期；来茵：《舞阳贾湖遗址生产工具分期研究》，中国科学技术大学硕士学位论文，2009年。

[172] 赵志军、张居中：《贾湖遗址2001年度浮选结果分析报告》，《考古》2009年第8期。

[173] 周晓娟：《舞阳贾湖遗址生业形式的动态研究——以生产工具为例》，中国科学技术大学硕士学位论文，2014年。

[174] 胡耀武：《古代人类食谱及其相关研究》，中国科技大学博士学位论文，2002年；胡耀武等：《贾湖遗址人骨的元素分析》，《人类学学报》2005年第24卷第2期；胡耀武、Stanley H. Ambrose、王昌燧：《贾湖遗址人骨的稳定同位素分析》，《中国科学：D辑》2007年第37卷第1期；河南省文物考古研究所：《舞阳贾湖》，科学出版社，1999年，第895、896页；河南省文物考古研究所、中国科学技术大学科技史与科技考古系：《舞阳贾湖（二）》，科学出版社，2015年，第314~324、378~388页。

[175] 王象坤等：《中国稻作起源研究中的新发现》，《中国栽培稻起源与演化研究专集》，中国农业大学出版社，1996年；王象坤等：《中国稻作起源研究的现状与展望》，《科学通报》1998年第4期，第2354~2363页；陈报章、王象坤、张居中：《舞阳贾湖新石器时代遗址炭化稻米的发现、形态学研究及意义》，《中国水稻科学》1995年第3期。

[176] 张居中、王象坤、孔昭宸等：《河南贾湖稻作文化的发现与研究》，《科学（上海）》2002年第3期；张居中等：《舞阳贾湖炭化稻米粒型再研究》，《农业考古》2009年第4期。

[177] 孔昭宸、刘长江、张居中：《河南舞阳县贾湖遗址八千年前水稻遗存的发现及其在环境考古学上的意义》，《考古》1996年第12期。

[178] 张居中、程至杰等：《河南舞阳贾湖遗址植物考古研究的新进展》，《考古》2018年第4期。

[179] 陈报章、张居中、吕厚远：《河南贾湖新石器时代遗址水稻硅酸体的发现及意义》，《科学通报》1995年第40卷第4期；陈报章：《植硅石分析与栽培稻起源研究》，《作物学报》1997年第1期。

[180] 张居中、程至杰等：《河南舞阳贾湖遗址植物考古研究的新进展》，《考古》2018年第4期。

[181] 河南省文物考古研究所、中国科学技术大学科技史与科技考古系：《舞阳贾湖（二）》，科学

出版社，2015年，第472~476页。

[182] 张居中等：《舞阳贾湖炭化稻米粒型再研究》，《农业考古》2009年第4期。

[183] 张居中、孔昭宸、刘长江：《舞阳史前稻作遗存与黄淮地区史前农业》，《农业考古》1994年第1期。

[184] 王象坤、孙传清、才宏伟等：《中国稻作起源与演化》，《科学通报》1998年第22期。

[185] 黄燕红、孙新立、王象坤：《中国栽培稻遗传多样性中心和起源研究》，《植物遗传资源学报》2005年第2期。

[186] 张居中：《略论淮河流域新石器时代文化》，《郑州大学学报》（哲学社会科学版）2005年第2期。

[187] 河南省文物考古研究所：《舞阳贾湖》，科学出版社，1999年，第785~805页。

[188] 叶祥奎、张居中：《河南舞阳县贾湖遗址中的龟鳖类》，《人类学学报》1994年第1期。

[189] 河南省文物考古研究所、中国科学技术大学科技史与科技考古系：《舞阳贾湖（二）》，科学出版社，2015年，第333~371页。

[190] 中岛经夫、吕鹏、张居中等：《河南省舞阳县贾湖遗址出土的鲤科鱼类咽齿研究》，《第四纪研究》2015年第1期。

[191] Nakajima T, Hudson M J, Vchiyama J, et al. Common Carp Aquaculture in Neolithic China Dates Back 8,000 Years. Nature Ecology & Evolution, 2019, 3: 1415-1418.

[192] 张居中、程至杰：《试论贾湖聚落的捕捞业》，《东方考古（第11集）》，科学出版社，2014年。

[193] 河南省文物考古研究所、中国科学技术大学科技史与科技考古系：《舞阳贾湖（二）》，科学出版社，2015年，第378~388页。

[194] 李文杰：《中国古代制陶工艺的分期和类型》，《自然科学史研究》1996年第15卷第1期。

[195] 赵世纲：《裴李岗文化的陶器制作工艺》，《景德镇陶瓷》1984年增刊。

[196] 杨肇清：《试析锯齿石镰》，《中原文物》1981年第2期。

[197] 赵世纲：《篦纹的起源与传播》，《中原文物》2006年第2期。

[198] 河南省文物考古研究所：《舞阳贾湖》，科学出版社，1999年，第940页。

[199] 河南省文物考古研究所：《舞阳贾湖》，科学出版社，1999年，第904~941页。

[200] 佟柱臣：《中国新石器研究》，巴蜀书社，1998年，第72~108页。

[201] 河南省文物考古研究所：《舞阳贾湖》，科学出版社，1999年，第820~824、941~945页；河南省文物考古研究所、中国科学技术大学科技史与科技考古系：《舞阳贾湖（二）》，科学出版社，2015年，第415~434、483~485页。

[202] 崔启龙：《舞阳贾湖遗址石制品研究》，中国科学技术大学博士学位论文，2018年；崔启龙、张居中、杨玉璋等：《河南舞阳贾湖遗址出土石器的微痕分析》，《人类学学报》2017年第36卷4期；崔启龙、张居中等：《河南舞阳贾湖遗址石制品资源域研究以及意义》，《第四纪研究》2017年第37卷3期。

[203] 河南省文物考古研究所：《舞阳贾湖》，科学出版社，1999年，第823页。

[204] 毛振伟、冯敏、张仕定等：《贾湖遗址出土绿松石的无损检测及矿物来源初探》，《华夏考

古》2005年第1期。

[205] 冯敏、毛振伟等：《贾湖遗址绿松石产地初探》，《文物保护与考古科学》2003年第3期。

[206] 河南省文物考古研究所：《舞阳贾湖》，科学出版社，1999年，第946～949页。

[207] 张居中、赵嫚：《舞阳贾湖遗址骨制叉形器的制作、使用与传播初探》，《南方文物》2015年第4期。

[208] 黄运明：《黄河流域新石器时代中期房址及住居形态考察》，中国社会科学院研究生院硕士学位论文，2007年。

[209] 河南省文物考古研究所：《舞阳贾湖》，科学出版社，1999年，第32～34页；河南省文物考古研究所、中国科学技术大学科技史与科技考古系：《舞阳贾湖（二）》，科学出版社，2015年，第20～21页；河南省文物考古研究院、中国科学技术大学等：《河南舞阳县贾湖遗址2013年发掘简报》，《考古》2017年第12期。

[210] 李力：《贾湖遗址墓葬土壤中蚕丝蛋白残留物的鉴定与分析》，中国科学技术大学博士学位论文，2015年；Gong Y X, Li L, Gong D C, et al. Biomolecular Evidence of Silk from 8,500 Years Ago. PLOS ONE, 2016, 11(12): 1-9；国家文物局：《中科大揭示8500年前丝织品的生物学证据》，《遗产与保护研究》2017年第2期。

[211] McGovern P E, Zhang J Z, Tang J G, et al. Fermented Beverages of Pre- and Proto-historic China. PNAS, 2004, 101(51); Zhang J Z, Lan W L. Research on the Fermented Beverage Discovered in Jiahu. Wine in Chinese culture: Historical, Literary, Social and Global Perspectives, 2010: 69-78；张居中、蓝万里：《贾湖古酒研究论纲》，"中国与德国葡萄酒文化研究国际研讨会"2007年，德国格尔木斯海姆。

[212] 陈德珍、张居中：《早期新石器时代贾湖遗址人类的体质特征及与其他地区新石器时代人和现代人的比较》，《人类学学报》1998年第3期。

[213] 河南省文物考古研究所：《舞阳贾湖》，科学出版社，1999年，第835～882页。

[214] 杜伯廉、臧卫东、景润峰等：《对河南考古出土人骨骨病的研究》，《面向21世纪的科技进步与社会经济发展（下册）》，中国科学技术出版社，1999年；谢继辉等：《河南省舞阳贾湖遗址裴李岗文化期人环椎、枢椎形态学观测》，《河南医科大学学报》1999年第3期。

[215] 河南省文物考古研究所、中国科学技术大学科技史与科技考古系：《舞阳贾湖（二）》，科学出版社，2015年，第246～298页；王明辉：《中原地区古代居民的健康状况——以贾湖遗址和西坡墓地为例》，《第四纪研究》2014年第1期。

[216] 张居中、任启坤、蓝万里：《贾湖遗址墓葬腹土古寄生物的研究》，《中原文物》2006年第3期；任启坤：《贾湖遗址墓葬腹土研究》，中国科技大学硕士学位论文，2006年；河南省文物考古研究所、中国科学技术大学科技史与科技考古系：《舞阳贾湖（二）》，科学出版社，2015年，第371～378页。

[217] 河南省文物考古研究所、中国科学技术大学科技史与科技考古系：《舞阳贾湖（二）》，科学出版社，2015年，第298～314页；尹若春：《锶同位素分析技术在贾湖遗址人类迁移行为研究中的应用》，中国科技大学博士学位论文，2008年；尹若春、张居中、杨晓勇：《贾湖史前人

类迁移行为的初步研究——锶同位素分析技术在考古学中的运用》，《第四纪研究》2008年第1期。

[218] 严文明：《仰韶文化研究》，文物出版社，1989年。

[219] 河南省文物考古研究所：《舞阳贾湖》，科学出版社，1999年，第963、964页。

[220] 河南省文物考古研究所、中国科学技术大学科技史与科技考古系：《舞阳贾湖（二）》，科学出版社，2015年，第298~314页。

[221] 朱乃诚：《人口数量的分析与社会组织结构的复原——以龙岗寺、元君庙和姜寨三处墓地为分析对象》，《华夏考古》1994年第4期。

[222] 此年均人口根据包括瓮棺葬人群平均寿命计算而来。

[223] 朱乃诚：《人口数量的分析与社会组织结构的复原——以龙岗寺、元君庙和姜寨三处墓地为分析对象》，《华夏考古》1994年第4期。

[224] 王建华：《史前人口研究初论》，《文物》2003年第4期；王建华：《黄河中下游地区史前人口研究》，山东大学博士学位论文，2005年；王建华：《黄河中下游地区史前人口年龄构成研究》，《考古》2007年第4期；王建华：《黄河中下游地区史前人口性别构成研究》，《考古学报》2008年第4期；王建华：《黄河流域史前人口性别研究》，《四川文物》2013年第1期。

[225] 王建文、张童心：《墓葬习俗中的性别研究——以贾湖遗址为例》，《四川文物》2008年第6期；王建文：《性别角色与社会习俗研究——以贾湖遗址为例》，《上海博物馆集刊（第十二期）》，上海书画出版社，2012年；王建文：《性别角色与社会习俗研究——以贾湖遗址为例》，上海大学硕士学位论文，2009年。

[226] 张震：《贾湖遗址墓葬初步研究：试论贾湖的社会分工与分化》，《华夏考古》2009年第2期；张震：《裴李岗文化墓葬研究》，中国社会科学院硕士学位论文，2004年。

[227] Gong J Z：《中国新石器时代农业强化过程中的饮食与健康不均衡现象》，哈佛大学学士学位论文，2006年。

[228] 段天璟、张华：《舞阳贾湖墓葬的统计学初步分析》，《文物保护与考古科学》2012年第3期。

[229] 陈建立、陈铁梅、贾昌明：《从随葬工具的性别关联探讨中国新石器时代的性别分工》，《南方文物》2013年第2期。

[230] 赵春青：《郑洛地区新石器时代聚落的演变》，北京大学出版社，2001年。

[231] 赵春青：《郑洛地区新石器时代聚落的演变》，北京大学出版社，2001年。

[232] 毕硕本、万蕾、沈香等：《郑洛地区史前聚落分布特征的空间自相关分析》，《测绘科学》2018年第5期。

[233] 闫丽洁等：《环嵩山地区史前时期聚落选址与水系关系研究》，《地域研究与开发》2017年第2期。

[234] 朱延平：《裴李岗文化墓地初探》，《华夏考古》1987年第2期；朱延平：《裴李岗文化墓地再探》，《考古》1988年第11期；朱延平：《关于裴李岗文化墓地的几个问题》，《考古》1989年第11期；戴向明：《裴李岗墓地新探》，《华夏考古》1996年第3期。

[235] 赵春青：《郑洛地区新石器时代聚落的演变》，北京大学出版社，2001年。

[236] 陈明辉：《裴李岗时期的文化与社会》，复旦大学硕士学位论文，2013年。

[237] 河南省文物考古研究所：《舞阳贾湖》，科学出版社，1999年，第955~965页。

[238] 陈雪飞：《裴李岗文化聚落形态研究》，首都师范大学博士学位论文，2020年。

[239] 黄运明：《黄河流域新石器时代中期房址及住居形态考察》，中国社会科学院硕士学位论文，2007年。

[240] 王中伟、方拥：《试论裴李岗文化房址的演变》，《中原文物》2016年第5期。

[241] 河南省文物考古研究所：《舞阳贾湖》，科学出版社，1999年，第966~983页。

[242] 汪宁生：《释大汶口等地出土的龟甲器》，《故宫文物月刊》(台湾)1994年第12期。

[243] 刘莉等：《陕西临潼康家龙山文化遗址1990年发掘动物遗存分析》，《华夏考古》2001年第1期。

[244] 陈星灿等：《申论中国史前的龟甲响器》，《桃李成蹊集——庆祝安志敏先生八十寿辰》，香港中文大学出版社，2004年。

[245] 吴钊：《贾湖龟铃骨笛与中国音乐文明之源》，《文物》1991年第3期。

[246] 张德水、李丽娜：《中国史前的骨卜、龟卜和玉卜》，《中国玉文化玉学论丛（三编）下》，紫禁城出版社，2005年，第31~48页。

[247] 唐建：《贾湖遗址新石器时代甲骨契刻符号的重大考古理论意义》，《复旦大学学报》（社会科学版）1992年第3期。

[248] 朱倛元：《中华万年文明的曙光——古彝文破译贾湖刻符、彝器辨明文物》，云南人民出版社，2011年。

[249] 蔡运章、张居中：《中华文明的绚丽曙光——论舞阳贾湖发现的卦象文字》，《中原文物》2003年第3期；蔡运章：《舞阳贾湖龟甲与伏羲氏画八卦》，《洛阳工学院学报》（社会科学版）2001年第4期。

[250] 饶宗颐：《论龟为水母及有关问题》，《文物》1999年第10期。

[251] Li X Q, Harbottle G, Zhang J Z, et al. The Earliest Writing? Sign Use in the Seventh Millennium BC at Jiahu, Henan Province, China. Antiquity, 2003, 77(295).

[252] 张居中：《八千年前的书法艺术——河南贾湖原始文字的发现与研究》，《中国书法》2001年第1期；张居中：《试论刻画符号与文字起源：从舞阳贾湖契刻原始文字谈起》，《中国书法》2001年第2期；河南省文物考古研究所：《舞阳贾湖》下卷第八章《契刻符号研究》，科学出版社，1999年，第984~991页。

[253] 河南省文物考古研究所：《舞阳贾湖》，科学出版社，1999年，第992~1020页；河南省文物考古研究所、中国科学技术大学科技史与科技考古系：《舞阳贾湖（二）》，科学出版社，2015年，第540~552页；河南省文物考古研究院、中国科学技术大学科技史与科技考古系、舞阳县博物馆：《河南舞阳县贾湖遗址2013年发掘简报》，《考古》2017年第12期。

[254] 黄翔鹏：《舞阳贾湖骨笛的测音研究》，《文物》1989年第1期。

[255] 刘正国：《笛乎筹乎龠乎——为贾湖遗址出土的骨质斜吹乐管考名》，《音乐研究》1996年第3期；刘正国：《中国古龠考论》，上海三联书店，2015年。

[256] 河南省文物考古研究所:《舞阳贾湖》,科学出版社,1999年,第992~1020页。
[257] 刘正国:《贾湖遗址二批出土的骨龠测音采样吹奏报告》,《音乐研究》2006年第3期。
[258] Zhang J Z, Harbottle G, Wang C S, et al. Oldest Playable Musical Instruments Found at Jiahu Early Neolithic Site in China. Nature, 1999, 401: 366-368.
[259] 黄翔鹏:《舞阳贾湖骨笛的测音研究》,《文物》1989年第1期。
[260] 童忠良:《舞阳贾湖骨笛的音孔设计与宫调特点》,《中国音乐学》1993年第2期。
[261] 黄翔鹏:《舞阳贾湖骨笛的测音研究》,《文物》1989年第1期;童忠良:《舞阳贾湖骨笛的音孔设计与宫调特点》,《中国音乐学》1993年第2期。
[262] 吴钊:《贾湖龟铃骨笛与中国音乐文明之源》,《文物》1991年3期。
[263] 戴念祖:《"三分损益"法的起源》,《自然科学史研究》1992年第4期。
[264] 郑祖襄:《贾湖骨笛调高音阶再析》,《音乐研究》2004年第4期。
[265] 夏季、徐飞、王昌燧:《新石器时代中国先民音乐调音技术水平的乐律数理分析——贾湖骨笛特殊小孔的调音功能与测音结果研究》,《音乐研究》2003年第1期。
[266] 陈其射:《河南舞阳贾湖骨笛音律分析》,《天津音乐学院学报》2005年第2期。
[267] 项阳:《乐之初义之我见——由贾湖骨笛引发的思考》,《中国音乐学》1991年第2期。
[268] 宋爽:《探析贾湖骨笛承载的社会信息》,《东南文化》2006年第4期。
[269] 方晓阳等:《贾湖骨笛的精确复原研究》,《中国音乐学》2012年第2期。
[270] 邵锜等:《贾湖骨笛复原新技术研究》,《华夏考古》2012年第1期。
[271] 孙毅:《舞阳贾湖骨笛音响复原研究》,《中国音乐学》2006年第4期。
[272] 李寄萍:《骨笛仿古实验及分析推测》,《天津音乐学院学报》2005年第2期。
[273] 王子初:《说有容易说无难——对舞阳出土骨笛的再认识》,《音乐研究》2014年第2期。
[274] 中国社会科学院考古研究所河南一队:《河南汝州中山寨遗址》,《考古学报》1991年第1期。
[275] 萧兴华、张居中、王昌燧:《七千年前的骨管定音器——河南省汝州市中山寨十孔骨笛测音研究》,《音乐研究》2001年第2期。
[276] 吴桂华:《贾湖与中山寨出土史前骨笛新探》,天津音乐学院硕士学位论文,2007年。
[277] 河南省文物研究所:《长葛石固遗址发掘报告》,《华夏考古》1987年第1期。
[278] 陈嘉祥:《对石固遗址出土的管形骨器的探讨》,《史前研究》1987年第3期。
[279] 陈星灿、李润权:《申论中国史前的龟甲响器》,《桃李成蹊集——庆祝安志敏先生八十寿辰》,香港中文大学出版社,2004年;张居中:《舞阳贾湖遗址出土的龟甲和骨笛》,《华夏考古》1991年第2期;孔义龙、曾美英:《从贾湖龟甲到南越响陶——摇响器的辉煌历程》,《艺术探索》2009年第3期。
[280] 吴钊:《贾湖龟铃骨笛与中国音乐文明之源》,《文物》1991年第3期。
[281] 开封地区文物管理委员会、新郑县文物管理委员会、郑州大学历史系考古专业:《裴李岗遗址一九七八年发掘简报》,《考古》1979年第3期,第197~205页。
[282] 河南省文物考古研究所:《舞阳贾湖》,科学出版社,1999年,第949~954页。

[283] 宋兆麟、黎家芳、杜耀西:《中国原始社会史》,文物出版社,1983年。

[284] 河南省文物考古研究所:《舞阳贾湖》,科学出版社,1999年,第820~824页;崔启龙、张居中等:《河南舞阳贾湖遗址石制品资源域研究以及意义》,《第四纪研究》2017年第37卷第3期,第486~497页;崔启龙:《河南舞阳贾湖遗址石制品研究》,中国科学技术大学博士学位论文,2018年。

(原载《中国考古学百年史》,社会科学文献出版社,2021年)

新石器时代前期中原地区文化格局演变及其文明火花

一、引 言

文明起源是考古学研究的重要内容，其与人类起源和农业起源被并列为国际考古学界的三大战略性课题。近些年来，随着中华文明探源工程的持续推进，我国文明起源、形成和发展的社会复杂化进程研究取得了显著成绩，并实证了中华民族百万年人类史，万年文化史，五千多年文明史及其多元一体、绵延不断的演进过程[1]。目前，学界一般认为中华文明起源和形成经历了万年奠基、八千年起步、六千年加速、五千年形成、四千年深化进入文明社会的过程[2]。然而，以往关于中华文明课题的研究主要集中于约5.5ka～3.5ka BP形成时期的考古资料[3]，对于前期奠基与起源阶段的文化格局演进过程尚缺乏系统性认识。

中原地区是古代华夏空间的地理中心，也是中华文明由多元走向一体化格局的核心区域[4]。本文将重点探讨中原地区新石器时代前期文化格局的形成和发展，并分析其中的中华文明要素的萌芽，以期为现今中华文明探源研究提供新线索和新思考。需要指出的是，本文新石器时代前期主要指前裴李岗时代（早于9.0ka BP，新石器时代早期）和裴李岗时代（9.0ka～7.0ka BP，新石器时代中期）。中原地区则泛指华山、嵩山、太行山之间及周边地区，亦即从豫中经豫西、晋南到关中平原，以及从嵩山周围向北经太行山东麓到燕山南麓之间的广大地域，其与古代广义的大中原范畴大致相符，并不限于仅指河南省的狭义中原。

二、新石器时代前期中原地区的气候和环境背景

更新世晚期以来，全球大概在70ka BP左右进入末次冰期，冰川、冰盖不断积累导致海平面大幅度下降[5]。至末次冰盛期（约30ka～20ka BP），海平面降至最低，该阶段中国东部滨海区和黄海、东海陆架区露出地表，形成陆地，这种局面延续至末次盛冰期之后（约20ka BP）[6]。这里应是当时的宜居之地，当时的沿海经济和文化发达地区，人们在这里生存繁衍了至少万年以上。此后，全球气候环境发生了重大变化，温度急剧上升，并

伴有一系列快速、高频的气候突变事件出现，其中新仙女木事件（约12.9ka～12.0ka BP）是末次冰期向全新世转换过程中的最后一次急剧降温事件[7]。新仙女木小冰期结束以后，全球温度快速回暖，从此进入全新世早期。

全新世时期，全球气候先后经历了前北方期、北方期、大西洋期、亚北方期和亚大西洋期[8]。自全新世早期开始，由于气温上升，冰盖融化，冰消期海面急剧上涨，东海大陆架逐渐被淹没，惊慌失措的人们纷纷逃离生存了万年以上的家园，去寻找新的理想生境。中国东部滨海地区处于浅海、海湾和河口湾环境。至7.0ka BP左右，全新世海平面变化迎来转折，其基本稳定下来并接近现今的高度。7.0ka BP之后，海平面上升速率减慢，河流沉积物快速堆积，滨海地区进入成陆阶段，海岸线向东撤退，人类活动范围进一步扩大，这促进了东亚地区古人类的迁徙、定居以及农业的产生与发展[9]。

中原地区新石器时代前期已开展了较多区域性自然沉积和考古遗址的古环境研究工作[10]。根据孟津寺河南和大阳河[11]、郑州西山[12]、许昌襄城[13]等全新世自然剖面的生物-地质环境代用指标记录可知，中原地区全新世早期（12.0ka～8.5ka BP）气候由冷干逐渐转向湿润，随后进入全新世大暖期（8.5ka～3.0ka BP），水热条件大幅度改善，这与整个东亚地区全新世早中期的气候变化趋势大体一致[14]。但是，全新世早中期的气候也存在数次波动，如9.5ka～8.5ka千年尺度和8.2ka百年尺度的冷干事件等[15]。环境考古研究以贾湖遗址为代表，利用多种生物（孢粉、植硅体等）和物理化学（粒度、元素等）分析方法，揭示出贾湖文化始于早全新世升温期后段，贾湖一期（9.0ka～8.5ka BP）气候波动较剧烈，可能存在降温事件，至贾湖二期（8.5ka～8.0ka BP）持续升温，降水量增加，而贾湖三期（8.0ka～7.5ka BP）则趋于冷干，遗址走向衰落[16]。总体来说，全新世早中期气候环境的变化与中原地区考古学文化的发展具有密切联系，即气候环境为古人类活动提供了背景基础，人类主动或被动适应环境而发展生业经济，并进一步促进古文化的演替[17]。

三、新石器时代早期中原地区的文化格局（12.0ka～9.0ka BP）

根据已有考古资料可知，目前中国北方地区发现万年前的新石器时代早期遗址有河南许昌灵井[18]和新密李家沟[19]、河北徐水南庄头[20]、阳原于家沟[21]等，以及地理位置相对偏北的北京门头沟东胡林[22]，偏南的河南淅川坑南[23]，偏东的山东沂南扁扁洞[24]以及刚刚发现的赵家徐姚①等。以上遗址皆具有共同的时代特征。首先是人口密度非常稀少，人类活动文化层较薄，聚落和定居生活尚不明显，但流动性具有减小的趋势，

---

① 国家文物局网站，2023年3月28日。

同时也出现短期营地。其次，陶器刚刚出现，生业模式仍是渔猎采集，农耕畜牧现象尚未显现，这种局面大概延续到9.0ka BP左右。

中原地区新石器时代早期以灵井、李家沟和南庄头遗址出土文化遗存为代表。灵井遗址出土陶片多为碎片，特征不明显，仍较为原始。李家沟和南庄头遗址出土陶片至少具有三个特点：一是器形为直口筒型罐，二是陶质夹砂（偶见夹云母片），三是饰有绳纹。这显示出中原地区乃至整个北方地区新石器时代早期的文化特征，可归属于北方平底罐系统[25]。

另外，南方地区发现的新石器时代早期遗址有广西桂林甑皮岩、庙岩和大岩[26]、湖南道县玉蟾岩[27]、江西万年仙人洞[28]等，尤其是仙人洞遗址出土了距今两万年前的陶片，这些遗址以出土圜底器为共同特点，尤其是釜，可归为南方圜底釜系统[29]，此与同时代的北方地区文化面貌明显不同。

四、新石器时代中期中原地区的文化格局（9.0ka～7.0ka BP）

（一）前段（9.0ka～8.0ka BP）

约9.0ka BP前后，中原地区文化格局发生明显变化，主要表现为舞阳贾湖文化的兴起。资料显示，贾湖遗址早期出土陶器以夹砂、夹炭陶为主，多泥片筑成法成型，并施红陶衣和简单彩绘，器形则以筒形角把罐、双耳束颈罐、深腹圜底釜、双耳罐形壶、圜底钵、方口浅腹圜底盆等组合为主，其中深腹圜底釜、浅腹圜底盆、双耳罐形壶和方口盆等多无纹饰[30]。贾湖遗址古人类也开始种植水稻，且饲养家猪和狗，并出现长期定居现象，揭示出该遗址的早期农耕特征。此外，还发现以太阳纹符号为代表的太阳崇拜现象，以及龟甲随葬和祭祀为代表的龟灵崇拜现象。上述贾湖遗址富有特色的文化因素是中原地区先前文化面貌中所不具有的，进一步揭示出贾湖文化的出现为该地区早期考古学文化的发展与演变提供了新动力。

1. 贾湖文化的来源

关于贾湖文化的来源，可与周边同时代考古学文化进行对比来获取一些新线索。贾湖文化一期遗存与钱塘江流域的上山文化具有颇多相似之处[31]。上山文化发现陶器以大口盆、双耳罐和圜底釜等为特色，属于前文所提到的南方圜底釜系统，而贾湖一期也发现有圜底釜。上山文化遗址出土的部分大口盆单侧带有舌形鋬，其功能与贾湖遗址出土方口盆四角处的小孔类似，尽管二者器形不同，但可能都具有辅助作用，如辅以采集水稻等。另外，上山和贾湖人群从事的皆是单一稻作农业，在生业形式上也具有共同之处。因此，从主要陶器类型及功能、农业模式等方面来看，贾湖文化一期和上山文化可能有大致相同的渊源，都属于南方圜底器文化体系，但这并不意味着其来源于上山文化。根据末次冰期以来中国东部滨海地区海平面变化及成陆过程推测[32]，贾湖人群和上山人群一样很可能都来自于冰期的东海陆架区，这对理解贾湖文化甚至长江下游新石器时代早中期文化的源头具有重要启示，但仍需要今后东海陆架区古人类活动的相关证据。另值得注意的是，贾湖一期遗存还发现有筒形角把罐，包括角把全身饰绳纹，此与李家沟遗址出土的直口筒形绳纹罐特征类似[33]，说明其也已接受了当地的平底罐文化因素。

然而，贾湖一期与上山的文化面貌与大体同时期的北方内蒙古小河西、北京转年等遗存也存在明显区别。小河西文化出土陶器基本全为夹砂陶，器形单一，以筒形平底罐为主要类型，绝大多数为素面，但也发现之字形压印篦点等纹饰[34]。北京转年遗址出土有石质平底盂，主要特征为直口、筒腹和平底[35]。因此，从器物组合和类型来看，9.0ka BP左右北方地区是以筒形平底罐和平底盂为主要特征的文化体系，同时完全以狩猎采集作为生业形式，这与贾湖一期和上山文化形成鲜明对比。

2. 贾湖文化一期遗存的向北扩张

约8.5ka BP前后，以贾湖一期为代表的文化遗存在本地区进一步发展为贾湖二期遗存，并进入繁荣阶段，陶系还出现大量新的文化因素，如三足器，包括鼎、三足钵、三足壶等，以及少量圈足和假圈足器。与此同时，贾湖文化一期遗存向北大肆扩张至北汝河、颍河流域的许昌一带，并与嵩山周围地区属于北方平底罐文化体系的土著文化接触碰撞，从而在嵩山周围地区形成裴李岗文化。根据已有考古发掘资料和相关研究[36]，贾湖和裴李岗文化特征的共性与个性如下。

1) 共性：同属于裴李岗时代。

首先，具有大体相同的陶器风格，皆以红陶为主。其次，大体相同的器类，其中陶器种类有鼎、罐、壶、钵，石器种类有齿刃镰、磨盘和磨棒。最后是相同的时代风尚，如定居、聚落、墓葬、农耕初期等文化现象。

2) 个性：两个并列的亲缘文化。

（1）不同的分布地域。贾湖文化分布于许昌以南地区，包括周口、驻马店、漯河、南阳等，而裴李岗文化主要分布于嵩山东、西部的郑洛地区以及黄河以北的焦作、新乡一带。值得注意的是，南阳八里岗遗址发现贾湖一期遗存和申明铺遗址出土的贾湖二期、三期典型石器遗存，说明贾湖文化分布范围并不局限于淮河上游地区，还扩散到了南阳盆地[37]。

（2）不同的地貌类型。贾湖文化遗址主要分布在冲积平原上，山前岗地较少，代表性遗址有贾湖、谢老庄、八里岗遗址等，而裴李岗文化遗址主要分布于浅山丘陵或山前河谷地带，如裴李岗、莪沟、唐户、沙窝李、瓦窑嘴遗址等。

（3）不同的器物组合。从出土陶器类型和组合来看，裴李岗文化泥质陶非常发达，有壶、钵、碗、罐等，其中炊具以罐为主，也有少量鼎，但仅占鼎、罐类炊器的20%左右；也发现具有北方传统文化特色的带錾罐，但口沿下的錾退化趋于消失。与此对应的贾湖二期遗存中，角把罐和方口盆趋于消失，炊器中盆形和罐形鼎占鼎、罐类炊器的75%以上，明显不同于裴李岗文化的炊器组合比例。此外，裴李岗文化出土红陶壶基本都是直口、鼓腹，与其相似的贾湖鼓腹或扁腹壶则是喇叭口。另外，裴李岗文化发现的石磨盘几乎都是四足鞋底状，且随葬品中石磨盘和磨棒基本都是配套组合，而贾湖虽然也有大量石磨盘随葬，但基本不见足且呈板状，而且少见石磨棒，四足石磨盘和磨棒组合仅发现一套。因此，尽管贾湖和裴李岗文化有相同的器类和相似的器形，但数量和比例有明显差异。

（4）不同的技术传统。虽然贾湖和裴李岗文化制陶工艺都是泥片贴筑或泥条盘筑，但贾湖遗址出土陶器是从腹部连续盘筑到口沿，很少见口沿与颈、腹部截然断开的现象，而裴李岗文化发现陶器是由腹部、口颈部分段制作成型后拼接而成。当然，贾湖也存在分段制作成型后拼接而成的陶器，如折肩壶，但总体上贾湖与裴李岗文化制陶工艺存在显著区别。

（5）不同的埋葬习俗。裴李岗文化墓葬的墓向全为向南或稍偏东，而贾湖墓葬的墓向基本向西或稍偏南、北。同时如前文所述，贾湖墓葬的随葬品组合以骨器为主，陶器、石器并不多，也不如裴李岗文化的随葬品组合更成体系，更有规律性。

（6）不同的精神文化。贾湖遗址出土的骨笛、龟甲和太阳纹并不见于裴李岗文化。但裴李岗遗址出土有人和猪的陶像雕塑，其与年代更晚的赵宝沟遗址等北方文化传统相似。另外，裴李岗文化也未发现贾湖文化出现的刻划符号。总之贾湖文化呈现出的宗教色彩更浓一些。

（7）不同的生业形式。裴李岗先民从事的是以旱作农业（粟和黍）为主，兼有少量水稻的稻旱兼作农业模式，其水稻种植可能受到贾湖文化向北传播的影响；从随葬品组合情况来看，裴李岗文化的农业生产水平可能比贾湖文化更为发达。而贾湖先民从事的是单一稻作农业，其渔猎采集经济的比重可能要大于裴李岗文化。

（8）不同的年代范围和来源。根据已发表的测年数据，贾湖文化年代范围为9.0ka～7.5ka BP，而裴李岗文化年代范围为8.2ka～7.0ka BP。另外，贾湖和裴李岗文化分别来源于东南方圜底釜文化和北方平底罐文化系统。具体分析来看，贾湖一期遗存中的角把罐和平底罐应该是在最初的贾湖人群迁移到中原地区后，接受该地区土著文化产生的，同时贾湖人群也新带来了大量的小口、球腹、圜底陶器。以贾湖一期为代表的南方文化体系向北扩张到嵩山周围地区，并与本土文化碰撞后才形成强势的裴李岗文化。

3. 贾湖文化一期遗存的向西、南扩散

以贾湖一期为代表的文化遗存在8.5ka BP左右已向西扩散至秦岭东麓和南阳盆地的西部边缘。随后又沿汉水南下，与江汉平原和西汉水流域的李家村文化、城背溪文化碰撞与

交流。

综上所述，9.0ka～8.0ka BP中原地区文化格局演变中出现了中华礼乐文明的重要组成部分，即鼎元素。根据贾湖遗址出土陶器特征推测，陶鼎应该是圜底釜和角把罐结合的产物，其为贾湖人首先发明。因此，正是代表南方的圜底釜文化与代表北方的筒形平底罐文化在中原地区的碰撞、交流与融合，进而催生了裴李岗时代两支亲缘文化——贾湖和裴李岗鼎文化的诞生，随后陶鼎作为祭祀用具从而首先被赋予宗教含义，成为中华传统文化和礼乐文明的重要符号，并影响后世数千年。

（二）后段（8.0ka～7.0ka BP）

该阶段贾湖文化三期遗存在一、二期的基础上继续发展，裴李岗文化也迎来了强势扩张期，其在8.0ka BP之后分别向北、南、东、西扩散，进一步推动了中原地区文化格局的演变。

1. 裴李岗文化的向北扩散

现有资料显示，磁山文化分布于裴李岗文化区以北，其是由北方平底深腹罐文化向南扩散的一支融合北京转年等土著文化发展起来的[38]。磁山遗址上层出现了裴李岗文化因素，如鼎、壶、三足钵、圜底钵等，说明磁山文化与裴李岗文化存在交流。在此背景下，裴李岗文化向北的一支最终在太行山东麓与磁山文化发生碰撞，形成了处于两个文化区间过渡地带的淇县花窝类型[39]。值得注意的是，以花窝类型为代表的遗存更多的是带有磁山文化因素，如器物组合为盆形盂和侈口深腹罐等，而位于太行山南麓的以辉县孟庄早期文化为代表的遗存主体则为裴李岗文化[40]，二者区别较为明显。

2. 裴李岗文化的向东扩散

研究表明，裴李岗文化沿黄河向东扩散的一支与海岱地区后李文化接触碰撞，进一步促进了北辛文化的形成[41]。也有学者提出，北辛文化是淮河中游地区的双墩文化向北传播与后李文化融合而形成，其中的裴李岗文化因素主要间接来于双墩文化[42]。尽管关于北辛文化的形成过程存在不同观点，但可以确定的是后李文化没有发现鼎，而北辛文化属于鼎文化，这应与贾湖和裴李岗鼎文化向东的强势扩张有直接联系。

3. 裴李岗文化的向西扩散

裴李岗文化向西扩散的一支与贾湖一期遗存沿北汝河向西北传播的一支，在洛阳湾以西融合当地土著遗存（筒形罐文化）形成班村文化。此文化扩张现象在班村文化出土的陶器类型中有所体现，如发现有少量的小口双耳壶、三足钵、圜底钵，都属于典型裴李岗文化因素，而夹砂饰绳纹的角把罐、钵形釜则属于班村文化本身特色[43]。随后，班村文化向西扩散与关中平原的土著文化接触、融合形成老官台文化（约8.0ka BP左右）。老官台文化没有发现北方传统的深腹平底罐传统，其出土的变态三足罐（或称鼎）也不见于本地及东部的裴李岗和班村文化，而三足钵器形则与裴李岗、班村一致，但夹砂且满身饰有交错绳纹，也具有自身文化特点[44]。总体来看，洛阳以西地区（主要为三门峡一带）发现裴李岗时代遗存较少，仅班村遗址出土了少量不同于裴李岗和贾湖文化的同时代遗存，如角把罐（带圆锥状錾）和夹砂钵形釜或釜形钵（底部有烧火痕迹）少见于贾湖和裴李岗文化。另外，贾湖一期虽然也发现有角把罐，但錾的形状与班村差异明显，同时也少见于裴李岗文化（錾基本退化不明显）。因此，班村文化和贾湖、裴李岗文化也应属于裴李岗时代同时并存的亲缘文化。

大约7.0ka BP前后，裴李岗文化持续向西推进，催生了晋南地区的枣园文化和关中地区的零口文化[45]。

4. 裴李岗文化的向南扩散

在裴李岗与贾湖文化分布区交汇的北汝河流域，主要发现有以石固遗址为代表的新石器遗存，还包括郏县水泉、临汝中山寨等遗址[46]。该类遗存早期主要受到贾湖文化的影响，晚期则受到裴李岗文化因素影响较多，同时兼具贾湖和裴李岗文化特征的共性和个性，如红陶罐、壶、钵，四足石磨盘、齿刃石镰，其中石固和中山寨遗址还发现了骨笛，但缺乏自身独特文化因素，可归为具有过渡性质的石固类型。

需要指出的是，大约7.5ka BP前后，由于气候变化等原因，贾湖文化三期开始衰落，淮河上游的贾湖人群开始再次迁移，而后嵩山周围裴李岗文化的一支向南迁徙，并占据了贾湖文化的传统分布范围。从贾湖遗址最上层少数墓葬的墓向向南而不再向西，可说明贾湖人群迁走后，裴李岗人群又曾在此定居。

5. 大岗文化的诞生

在淮河上游地区贾湖文化三期之后，这一带还出现一支新的考古学文化——大岗文化，其年代在距今7500~7000年间。从其仍以鼎罐为主要器物组合等特征来看，其应为贾湖文化的后续文化，但其折沿双耳罐、多周红彩窄带纹彩陶图案、繁缛的压印篦点纹图案和大而浅的拍印方格纹，以及水井等新因素的出现表明，其应属于一支新的考古学文化，并与大体同时的双墩文化和皂市下层文化有诸多相似之处[47]。

淮河上游地区的贾湖文化沿淮河及其支流向东迁徙，与顺山集文化碰撞交流催生了双墩文化[48]和龙虬庄文化[49]。而分布于汉水流域的贾湖文化继续发展，并向南、向西分别与城背溪文化和李家村文化交流融合。这种文化迁徙扩张的影响延续至该区域范围内仰韶时代的龙岗寺与下王岗文化，二者具有相似的文化因素[50]，可能皆与贾湖文化的传播有一定联系。

此后，中原各地的考古学文化先后演变为新石器时代晚期的仰韶时代诸文化。

五、讨论与结论

（一）交流与影响

从发展轨迹来看，新石器时代前期黄河流域及其以北的北方平底器文化传统很可能是从当地旧石器时代末期文化逐步发展而来的。具体来讲，北方平底罐系统可追溯至旧石器时代末期的转年、南庄头和李家沟等文化遗存，后延续至小河西、兴隆洼、磁山、班村和裴李岗等文化，如磁山遗址下层出土盂（带有支架）的器形和转年遗址发现的盂相似，还出土一些角把罐（腰部带銎，呈圆锥状，略显退化）以及兴隆洼和裕民遗址出土有直口筒腹平底罐等。班村遗址的角把罐则更为典型。需要指出的是，贾湖一期发现全身带绳纹的角把罐与李家沟文化出土陶片特征相似，表明贾湖人群吸收了北方平底罐文化因素（图一）。

图一 中国北方筒形平底罐文化体系
（a.李家沟陶片；b、c.南庄头陶片；d.转年平底盂；e.贾湖角把罐；f.裴李岗角把罐；
g.班村角把罐；h.磁山角把罐；i.兴隆洼平底罐；j.小河西平底罐）

淮河流域及以南（包括沿海和南方地区）的南方圜底釜文化系统由东向西分别包括后李、顺山集、上山、贾湖和彭头山等文化，其也应是由南方本地旧石器时代末期文化逐步发展而来，如以仙人洞和玉蟾岩为代表的圜底或尖圜底釜文化遗存（图二）。

综上所述，北方筒形平底罐文化体系和南方圜底釜文化体系传入中原地区后，相互交流并产生深远影响。但是，这些同时代文化的发展水平也存在差异。10.0ka~9.0ka BP阶段，中原地区的李家沟文化和灵井上层遗存、淮汉文化带（淮河上游—汉水流域）的坑南上层遗存以及晋南地区的柿子滩同期遗存，皆远不如大体同时的上山和贾湖文化的发展水

图二 中国南方圜底釜文化体系

(a.仙人洞圜底釜；b.玉蟾岩尖底釜；c、d.上山圜底釜；e.贾湖尖底罐；f.贾湖圜底釜；g.后李圜底釜；h.顺山集圜底釜；i、j、k.彭头山圜底釜；l.双墩圜底釜)

平。然而，长江中游的彭头山—高庙文化的发展水平与上山、贾湖、后李等同时期文化大体相当，且还存在密切联系，但并不是先后发展关系，可能与共同来源有关，同时其与本地旧石器文化末期遗存除了圜底釜外的文化因素差距较大[51]。

（二）碰撞与融合

代表北方人群的平底器文化传统最南缘的前裴李岗时代文化，与代表东南部人群的圜底器文化传统的贾湖文化强烈碰撞之后，不仅催生了鼎文化传统，而且产生了中华礼乐文明的萌芽，如敬天法祖等观念的出现，为此后中华文明的形成奠定了坚实基础。以下根据裴李岗时代已有考古资料[52]，归纳并总结文化碰撞、融合所产生的文明萌芽要素。

1. 音乐成就：多音阶骨笛（乐器）与吹律候风（法器）

从音乐的基础——音阶的发展历程来看，贾湖骨笛所反映出来的音乐文化发展脉络是十分清晰的。即早在9.0ka BP前的贾湖文化时期，中国的农业音乐文明已走向初步完善的阶段，为以后中国音乐的进步和礼乐文明的诞生提供了前提条件，也为世界音乐史的发展做出了卓越贡献。

2. 三足器的发明：陶鼎、陶明器组合的出现（鼎罐壶）与"定鼎中原"

从中原地区新石器时代前期文化发现的角把罐形态来看，磁山和班村文化角把罐的錾位于腰部，呈圆锥状，而贾湖和裴李岗角把罐的錾位于口沿下，呈锛状。因此，贾湖遗址出土鼎的来源可能与角把罐的锛状錾和圜底釜的结合有关，即錾演化成鼎足，贾湖二期鼎足刚出现时呈凿状，三足钵的足呈锛状，可能与贾湖一期角把罐的把形状有一脉相承的关系。而裴李岗文化的鼎和三足钵大部分为锥状足，其可能与北方平底罐文化体系中角把罐腰部的圆锥形錾有关。裴李岗文化墓葬的随葬器物组合以陶器和石器为主，规律性较强，而贾湖文化随葬品中最具特色的是骨器，种类丰富，数量较多且精美，陶器、石器组合较少。在鼎诞生后，很快出现鼎罐壶陶明器组合，而且这种葬俗很快就在黄河中下游、长江中下游与淮河流域广大区域内流行开来，其后逐渐成为后世墓葬陶明器组合的重要形式，甚至成为先秦礼制的重要元素，如"定鼎中原"等思想的出现。

3. 酒的发明：巫师的通灵利器

在贾湖遗址陶器碎片上还发现了酒石酸，经分析为稻米、山楂、蜂蜜等发酵而成的米酒残留物，这是目前所知世界上最早的含酒精饮料之一。贾湖文化时期饮酒风尚的形成，可能与原始宗教仪式具有一定关系，如作为巫师沟通天地和对话神明的工具。

4. 敬天法祖：太阳崇拜、龟灵崇拜与祭奠基行为、龟铃与占卜

贾湖文化出现的太阳崇拜现象，主要表现为出土陶罐上的写实性太阳纹刻划符号，这可能与当时人们对自然敬畏、崇拜的思想有关，是一种具有原始宗教性质的行为。此外，贾湖墓葬随葬有内装石子的成组龟甲、骨笛和叉形骨器等原始宗教用品，表明当时巫术盛行。随葬龟甲现象与墓地或房基旁葬狗现象，也揭示出祖先崇拜、龟灵崇拜与犬牲现象并存。从贾湖遗址出土龟甲数量的8、6等偶数组合和内装石子来看，贾湖人可能已有正整数概念，并认识了正整数的奇偶规律，这进一步说明当时可能存在用龟内石子占卜的现象。

5. 契刻符号与汉字起源

贾湖遗址出土龟甲、石器、骨器和陶器上发现有21个契刻符号，有些形体与殷墟甲骨文相似，可能与我国汉字的起源有一定关系。有学者认为属于古彝文系统，甚至认为是最早的甲骨文。

6. 葬礼的萌芽：氏族公共墓地形成、社会追求秩序、规范和制度化

贾湖一期公共墓地尚未形成，墓葬和房址混合在一起。至贾湖二期以后，具有秩序、规范和制度化的墓地形成，陶明器组合也开始出现，说明当时社会已经出现阴阳两隔思想，同时对死者的安葬已变成一种传统和普遍宗教文化现象，可视为后世葬礼的萌芽（图三）。

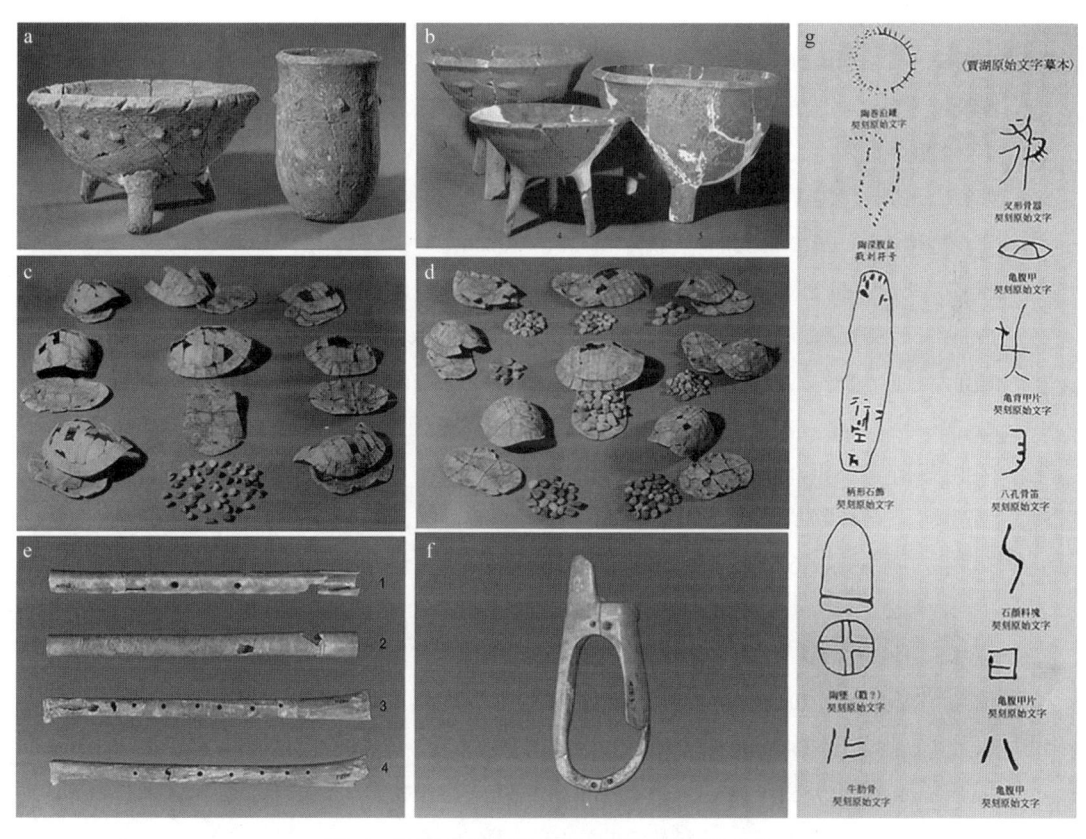

图三　贾湖文化所发现的主要文明萌芽要素
（a、b. 鼎；c、d. 成组龟甲；e、f. 骨笛和骨叉；g. 刻划符号）

（三）结　语

综上所述，北方内陆族群和南方沿海族群因气候变化背景下海平面上升导致的大迁徙事件促使了南北文化大融合，其中沿海和内陆地区圜底釜文化的源头可追踪到东海大陆架。大融合事件发生在约9.5ka～8.0ka BP期间，并首先在中原地区催生了鼎文化，鼎文化传统诞生后不断发展壮大，最终成为中华文明的重要文化符号。总之，中华文明的产生是亚洲南北两大人群不断交流、碰撞与融合的结果。

注　释

[1] 王巍、赵辉：《"中华文明探源工程"及其主要收获》，《中国史研究》2022年第4期，第5~32页。

[2] 王巍：《百年考古与中华文明之源》，《社会科学文摘》2022年第78卷第6期，第34~36页；王巍：《万年上山文化，奠定文明基础》，《自然与文化遗产研究》2022年第7卷第6期，第1页。

[3] 方燕明：《中华文明探源工程中的中原考古》，《郑州大学学报》（哲学社会科学版）2022年第55卷第6期，第93~99页。

[4] 刘海旺：《中原史前灿烂文化孕育夏王朝文明基础》，《中国文化报》2022年3月29日第4版；戴向明：《考古学视野下的中华文明起源与早期发展》，《历史研究》2022年第395卷第1期，第4~13页。

[5] 郑妍、郑洪波、王可：《末次冰期以来东海内陆架沉积反映的海平面变化》，《同济大学学报》（自然科学版）2010年第38卷第9期，第1381~1386页。

[6] Li G X, Li P, Liu Y, et al. Sedimentary System Response to the Global Sea Level Change in the East China Seas Since the Last Glacial Maximum. Earth-Science Reviews, 2014, 139: 390-405.

[7] 郭正堂、任小波、吕厚远等：《过去2万年以来气候变化的影响与人类适应——中国科学院战略性先导科技专项"应对气候变化的碳收支认证及相关问题"之影响与适应任务群研究进展》，《中国科学院院刊》2016年第31卷第1期，第142~151页。

[8] 夏正楷：《环境考古学：理论与实践》，北京大学出版社，2012年。

[9] 郑洪波、周友胜、杨青等：《中国东部滨海平原新石器遗址的时空分布格局——海平面变化控制下的地貌演化与人地关系》，《中国科学：地球科学》2018年第48卷第2期，第127~137页；王江月、白伟明、王照波等：《中国东部地区全新世气候演化及其与气候事件的对应》，《海洋地质与第四纪地质》2022年第42卷第2期，第167~177页。

[10] Li K F, Gao W H. Holocene Climate Change in Henan Area: A Synthesis of Proxy Records. Quaternary International, 2019, 521: 185-193；李洪彬、冯兆东、翟秋敏等：《中原地区渑池盆地末次冰消期以来的气候与环境变化》，《科学通报》2023年第68卷第10期，第1230~1246页。

[11] 孙雄伟、夏正楷：《河南洛阳寺河南剖面中全新世以来的孢粉分析及环境变化》，《北京大学学报》（自然科学版）2005年第41卷第2期，第289~294页；董广辉、夏正楷、刘德成等：《河南孟津地区中全新世环境变化及其对人类活动的影响》，《北京大学学报》（自然科学版）2006年第42卷第2期，第238~243页。

[12] 王晓岚、何雨、贾铁飞：《河南省郑州西山全新世中晚期地层》，《北京师范大学学报》（自然科学版）1999年第2期，第272~277页。

[13] 秦小光、张磊、穆燕：《中国东部南北方过渡带淮河半湿润区全新世气候变化》，《第四纪研究》2015年第35卷第6期，第1509~1524页。

[14] 刘东生、丁仲礼：《中国黄土研究新进展（二）：古气候与全球变化》，《第四纪研究》1990年第1期，第1~9页；施雅风、孔昭宸：《中国全新世大暖期气候与环境》，海洋出版社，2011年。

[15] Cheng H, Fleitmann D, Edwards R L, et al. Timing and Structure of the 8.2 kyr BP Event Inferred from δ^{18}O Records of Stalagmites from China, Oman, and Brazil. Geology, 2009, 37(11): 1007-1010; Chen F H, Xu Q H, Chen J H, et al. East Asian Summer Monsoon Precipitation Variability since the Last Deglaciation. Scientific Reports, 2015, 5: 11186.

[16] 河南省文物考古研究所：《舞阳贾湖》，科学出版社，1999年；河南省文物考古研究所、中国科学技术大学科技史与科技考古系：《舞阳贾湖（二）》，科学出版社，2015年；凡小盼、秦颖、姚政权：《河南贾湖遗址考古地层分析》，《江汉考古》2011年第1期，第101～108页。

[17] 陈相龙：《中原地区新石器时代生业经济的发展与社会变迁：基于河南境内碳、氮稳定同位素研究成果的思考》，《南方文物》2021年第1期，第179～190页。

[18] 李占扬：《许昌灵井旧石器时代遗址2006年发掘报告》，《考古学报》2010年第1期，第73～100、133～140页；赵清坡、马欢欢：《灵井许昌人遗址2017年发掘简报》，《华夏考古》2022年第1期，第3～12、42页。

[19] 王幼平、张松林、何嘉宁等：《河南新密市李家沟遗址发掘简报》，《考古》2011年第4期，第3～9、115、97～99页；王幼平：《李家沟、大岗与柿子滩9地点的地层及相关问题》，《考古学研究（九）》，科学出版社，2012年，第110页。

[20] 李君、乔倩、任雪岩：《1997年河北徐水南庄头遗址发掘报告》，《考古学报》2010年第3期，第361～392、429～432页；赵春青：《试论中国新石器时代早期文化的区域特征与发展阶段》，《考古学研究（九）》，科学出版社，2012年，第11～23页。

[21] 林杉、敖红、程鹏等：《泥河湾盆地于家沟遗址AMS-^{14}C年代学研究及其考古学意义》，《地球环境学报》2018年第9卷第2期，第149～158页。

[22] 赵朝洪：《北京市门头沟区东胡林史前遗址》，《考古》2006年第7期，第3～8、97、98页。

[23] 宋国定、王涛、蒋洪恩：《河南淅川坑南遗址考古发掘》，《中国文物报》2011年11月18日第4版。

[24] 孙波、崔圣宽、杨雷：《山东发现新石器时代早期遗址》，《中国文物报》2007年8月15日第2版。

[25] 陈宥成、曲彤丽：《中国早期陶器的起源及相关问题》，《考古》2017年第6期，第82～92页。

[26] 中国社会科学院考古研究所、广西壮族自治区文物工作队、桂林甑皮岩遗址博物馆等：《桂林甑皮岩》，文物出版社，2003年。

[27] 吴小红、伊丽莎贝塔·博阿雷托、袁家荣等：《湖南道县玉蟾岩遗址早期陶器及其地层堆积的碳十四年代研究》，《南方文物》2012年第3期，第7～15页。

[28] 北京大学考古文博学院、江西省文物考古研究所：《仙人洞与吊桶环》，文物出版社，2014年。

[29] 陈宥成、曲彤丽：《中国早期陶器的起源及相关问题》，《考古》2017年第6期，第82～92页。

[30] 河南省文物考古研究所：《舞阳贾湖》，科学出版社，1999年；河南省文物考古研究所、中国科学技术大学科技史与科技考古系：《舞阳贾湖（二）》，科学出版社，2015年。

[31] 浙江省文物考古研究所、浦江博物馆：《浦江上山》，文物出版社，2016年。

[32] 郑妍、郑洪波、王可：《末次冰期以来东海内陆架沉积反映的海平面变化》，《同济大学学报》（自然科学版）2010年第38卷第9期，第1381～1386页；Li G X, Li P, Liu Y, et al. Sedimentary System Response to the Global Sea Level Change in the East China Seas Since the Last Glacial

Maximum. Earth-Science Reviews, 2014, 139: 390-405.

[33] 王幼平、张松林、何嘉宁等：《河南新密市李家沟遗址发掘简报》，《考古》2011年第4期，第3~9、115、97~99页；王幼平：《李家沟、大岗与柿子滩9地点的地层及相关问题》，《考古学研究（九）》，科学出版社，2012年，第110页。

[34] 索秀芬、郭治中：《白音长汗遗址小河西文化遗存》，《边疆考古研究（第2辑）》，科学出版社，2004年，第301~310、404~405页；索秀芬：《燕山南北地区新石器时代考古学文化研究》，科学出版社，2021年。

[35] 郁金城：《从北京转年遗址的发现看我国华北地区新石器时代早期文化的特征》，《北京文物与考古（第五辑）》，燕山出版社，2002年，第37~43页。

[36] 河南省文物考古研究所：《舞阳贾湖》，科学出版社，1999年；河南省文物考古研究所、中国科学技术大学科技史与科技考古系：《舞阳贾湖（二）》，科学出版社，2015年；张松林、信应君、胡亚毅等：《河南新郑市唐户遗址裴李岗文化遗存发掘简报》，《考古》2008年第5期，第3~20、97页；信应君、胡亚毅、张永清等：《河南新郑市唐户遗址裴李岗文化遗存2007年发掘简报》，《考古》2010年第5期，第3~23、97~102、109页；陈明辉：《裴李岗时期的文化与社会》，复旦大学硕士学位论文，2013年；蔡金英：《裴李岗文化：中国文明的奠基》，科学出版社，2022年。

[37] 张弛：《论贾湖一期文化遗存》，《文物》2011年第3期，第46~53页。

[38] 孙德海、刘勇、陈光唐：《河北武安磁山遗址》，《考古学报》1981年第3期，第303~338、407~414页；李彦英：《裴李岗文化与磁山文化关系研究》，《南方文物》2021年第2期，第194~197页。

[39] 耿青岩：《河南淇县花窝遗址试掘》，《考古》1981年第3期，第279~281页。

[40] 河南省文物考古研究所：《河南辉县孟庄遗址的裴李岗文化遗存》，《华夏考古》1999年第1期，第1~6页。

[41] 栾丰实：《北辛文化研究》，《考古学报》1998年第3期，第265~288页。

[42] 韩建业：《双墩文化的北上与北辛文化的形成——从济宁张山"北辛文化遗存"论起》，《江汉考古》2012年第2期，第46~50页。

[43] 张居中：《试论河南省前仰韶时代文化探讨》，《河南文物考古论集》，河南人民出版社，1996年；张居中：《试论班村遗址前仰韶时期文化遗存》，《俞伟超先生纪念文集·学术卷》，文物出版社，2009年；靳松安：《河洛与海岱地区考古学文化的交流与融合》，郑州大学博士学位论文，2005年。

[44] 张宏彦：《渭水流域老官台文化分期与类型研究》，《考古学报》2007年第2期，第153~178页。

[45] 山西省考古研究所：《翼城枣园》，科学技术文献出版社，2004年；陕西省考古研究所：《临潼零口村》，三秦出版社，2004年。

[46] 郭天锁、陈嘉祥：《长葛石固遗址发掘报告》，《华夏考古》1987年第1期；张蔚：《裴李岗文化的分期及考古类型探讨》，吉林大学硕士学位论文，2007年。

[47] 张居中、李占扬：《河南舞阳大岗细石器地点发掘报告》，《人类学学报》1996年第2期，第105～113页。

[48] 南京博物院、泗洪县博物馆：《顺山集——泗洪县新石器时代遗址考古发掘报告》，科学出版社，2012年；安徽省文物考古研究所、蚌埠市博物馆：《蚌埠双墩——新石器时代遗址发掘报告》，科学出版社，2008年。

[49] 龙虬庄遗址考古队：《龙虬庄——江淮东部新石器时代遗址发掘报告》，科学出版社，1999年。

[50] 权敏：《龙岗寺遗址仰韶文化半坡类型墓葬剖析》，《华夏考古》2018年第4期，第119～124页；何强：《下王岗遗址出土新石器时代遗存的再认识》，《江汉考古》2018年第1期，第40～49页。

[51] 湖南省文物考古研究所：《彭头山与八十垱》，科学出版社，2006年；湖南省文物考古研究所：《洪江高庙》，科学出版社，2022年。

[52] 河南省文物考古研究所：《舞阳贾湖》，科学出版社，1999年；河南省文物考古研究所、中国科学技术大学科技史与科技考古系：《舞阳贾湖（二）》，科学出版社，2015年；张松林、信应君、胡亚毅等：《河南新郑市唐户遗址裴李岗文化遗存发掘简报》，《考古》2008年第5期，第3～20、97页；信应君、胡亚毅、张永清等：《河南新郑市唐户遗址裴李岗文化遗存2007年发掘简报》，《考古》2010年第5期，第3～23、97～102、109页；陈明辉：《裴李岗时期的文化与社会》，复旦大学硕士学位论文，2013年；蔡金英：《裴李岗文化：中国文明的奠基》，科学出版社，2022年。

（《南方文物》待刊；与顾纯光合著）

试论河南省前仰韶时代文化

本文之所以采用"前仰韶时代文化"而不用"裴李岗文化"来代表河南省各地的同时期考古学文化遗存，是由于作者认为，虽然这个时期的文化遗存具有一些共同的时代特征，但以裴李岗、莪沟为代表的裴李岗文化无法涵盖其他各地的同时期文化遗存的基本面貌，所以应区别情况，分别进行研究，以利于这一研究的深入而避免引起新的混乱。不当之处，敬希赐教。

一、分布范围与文化特征

自从20世纪70年代末裴李岗文化被认识以来，经考古界前辈和同仁们近二十年的努力，河南省前仰韶时代文化的基本内涵已被揭示，日前河南省发现相当于裴李岗文化时期的遗址已有100多处，分布在全省大部分地区，北起安阳洪岩、南至潢川陈岗，东抵项城后高老家，西达卢氏薛家岭，即东经111°～115°20′、北纬32°～36°10′的范围内。而集中分布区当属以嵩山为中心的郑州、许昌两地区和以伏牛山东麓为中心的漯河、驻马店两地区，基本上是沿颍河及其支流双洎河、北汝河、沙河、洪河等几条淮河上游主要支流两岸呈带状分布，其他如太行山东麓和南麓、大别山北麓、崤山北麓和东麓等地区也有零星分布[1]。上述遗址经科学发掘的有二十多处，其中经大面积发掘的有新郑裴李岗[2]、沙窝李[3]、密县莪沟北岗[4]、长葛石固[5]、舞阳贾湖[6]、临汝中山寨[7]、郏县水泉[8]、渑池班村等。

河南省裴李岗时期的文化遗存与邻省的同期考古学文化和后继的仰韶时代诸文化相比，具有其独特的文化面貌和共同的时代特征。

其一，聚落都不太大，面积最大的贾湖遗址仅5.5万平方米左右。而且多分布于近水的阶地或河间平原上。文化内涵较单纯的遗址往往距河床较高且稍远，聚落面积也较小，一般数千至一两万平方米；被后继文化遗存叠压，文化内涵较丰富的遗址距河床较低，面积也较大，如石固遗址，总面积约10万平方米，但裴李岗时期遗存也只分布在23000多平方米的范围内。

其二，居住址多较集中且显散乱，不似仰韶时代那样整齐有序。房子多近圆、近方或近椭圆形的半地穴式，个别为平地起建，一般都不太大，直径一般为2～3米，室内或室外周缘有柱洞，门道为台阶式或斜坡式，灶有室内和室外两种。贾湖还发现有多次扩建的多间房。窖穴则有圆筒状、圆形锅底状、椭圆形和不规则形等几种。还发现有十几座较简单的横穴式陶窑。

其三，从出土大量的石质、骨质、陶质生产工具看，裴李岗时期原始农业经济占主导地位，其中沙河、洪河流域以稻作农业为主，而颍河上游地区则以粟作农业为主。同时，采集、狩猎、捕捞和家畜饲养等也占有重要地位。另外，制石、制骨、木作、纺织、缝纫、粮食加工等原始手工业也较为发达。

其四，氏族公共墓地已经形成，以仰身直肢一次单人葬为主，也有少数多人一次合葬、多人二次合葬、一次葬与二次葬的多人合葬等。头向大多为南、西、西南或西北。大多数墓葬有随葬品，少者一件，多达数十件，一般为2~5件。随葬品中以陶器、石器或骨器为主，多为实用的生活用具、生产工具或装饰品，也有个别墓随葬原始宗教用品的，如成组的龟甲和骨笛等，表明此时原始宗教也已发展到了一定水平。

其五，这个时期各地的文化遗存的特征具有一定的趋同性，如磨制精细的石器，具有典型代表性的有带足石磨盘、齿刃石镰、两端舌形刃石铲等；陶器的火候普遍不高，质地较差，以泥质和夹砂红陶或红褐陶为主，大多用泥片贴塑或泥条盘筑法成型，器表装饰较为简单，主要有绳纹、篦点纹、划纹、乳钉纹等。器物造型以平底器、圜底器和三足器为主，少见圈足器。代表性器物有盆形鼎、罐形鼎、筒形罐、小口双耳壶、敞口钵、敛口钵、三足钵、圈足碗等，构成这一器物组合核心的是鼎、罐、壶、钵、三足钵等几类，而尤以鼎和壶最具代表性。

以上五项应为河南省前仰韶时代考古学文化共同的时代特征。

二、分区研究

就目前材料可知，主要分布于嵩山周围及颍河、双洎河流域以裴李岗为代表的一类文化遗存，分布于伏牛山东麓沙河、洪河流域以贾湖为代表的一类文化遗存，主要分布于黄河两岸、崤函古道上的以班村为代表的一类文化遗存，主要分布于太行山东麓以淇县花窝[9]为代表的一类遗存，虽然都具有一些共同的时代特征，但各有其不同的文化内涵，各有其分布范围和发展序列，虽然他们之间也相互影响和交流，但其间的差异还是明显的。

下面分述这几类文化遗存的主要特征。

（一）裴李岗文化

河南省前仰韶时代遗存首先在嵩山周围及其以东地区的颍河、双洎河及其支流沿岸被认识，工作最多，文化面貌揭示得也最为充分。故而分布于这一地区的以裴李岗、莪沟、沙窝李等遗址为代表的一类遗存就成为河南省这个阶段的典型代表之一，现已被称之为

"裴李岗文化"。除裴李岗、莪沟、沙窝李外，这类遗存还有新郑唐户[10]、西土桥、密县马良沟[11]、东关、城东北角、青石河、登封王城岗[12]、东岗岭、巩县铁生沟[13]、水地河[14]、坞罗西坡[15]、赵城、东山原、北营、中牟业王等数十处。均分布在北纬34°以北地区。

据目前研究，裴李岗文化除上述河南省前仰韶文化的共同特征外，它还有以下独有的特征。

这类遗存一般分布于山前冲积洪积扇或浅山区的河旁阶地上，遗址位置一般高于河床，如裴李岗遗址高于今双洎河床约25米，莪沟遗址位于双洎河的上游洧水和浚水交汇处，高出现河床约70米。

聚落面积普遍较小，一般一万平方米左右，很少有超过二万平方米者。文化层堆积一般很薄，呈红褐色，包含物很少，故很难发现。遗物一般在灰坑、房基、墓葬等遗迹内。墓葬多头向南或南偏西，单人仰身直肢一次葬为主，仅发现个别二人合葬，不见二次葬，随葬品以石质生产工具和陶质生活用具为主，石斧、石铲与石镰或石磨盘与石磨棒往往配套出现，陶器组合常见的有罐、壶、钵、三足钵等，最多一墓随葬陶器达20件。

石器中石铲以长方形两端舌形刃者为主，也有少量有肩石铲；石磨盘以四足鞋底状为主，石磨棒多圆形。陶器以泥质红陶和夹砂红陶为主，偶见灰陶；器表多素面或磨光，有少量篦点纹、划纹、指甲纹、乳钉纹等；器类主要有鼎、罐、壶、钵、三足钵、碗、勺等几大类，其中鼎、三足钵足均以圆锥状为主，鼎主要有侈口盆形鼎和折沿罐形鼎两种，罐有筒状篦纹罐和侈口深腹罐两种，壶有平底壶、圜底壶、圈足壶、三足壶等，颈部与肩、腹部多有明显分界，结合部在内壁可见粘接痕，显系颈、腹分段成型之后对接所致。钵多敞口、圜底或平底，三足钵均敞口圜底、三圆锥状足。骨器极少，骨质生产工具基本不见。

关于裴李岗文化的分期，裴李岗报告执笔者分为上下两层；莪沟报告执笔者分为遗迹和墓葬两个年代组，并认为墓葬稍早于遗迹部分；沙窝李也分为上、下两层，其上层则晚于裴李岗上层。有人根据裴李岗遗址的墓葬材料将其分为三期。现主要根据裴李岗遗址的材料，参照莪沟、沙窝李等遗址的材料将其大体分为三期。

第一期以裴李岗遗址下层墓葬和部分遗迹、莪沟下层墓葬和部分遗迹为代表，主要器物组合为侈口深腹罐、筒状篦点纹罐、深腹三矮足钵、敞口浅腹钵、长细颈球腹壶、三足壶等。石磨盘两端均呈圆形，石铲以两端圆弧形为主，齿刃石镰以拱背长条形为主。

第二期以裴李岗上层墓葬和部分遗迹、莪沟大部遗迹和个别墓葬、沙窝李下层部分墓葬为代表，陶器组合中出现了饰乳钉纹盆形鼎、侈口深腹罐、扁腹横耳壶、束颈球腹壶、假圈足壶、高足三足钵、深腹钵、圈足碗等。石器出现了圆角方形或平顶石铲、有肩石铲、前端尖圆后端方形的石磨盘，钻孔石镰、石矛等新器形。

第三期以沙窝李遗迹和大部墓葬为代表，除保留前期因素外，新出现器形有大平底扁腹壶、黑陶壶、黑陶杯及细绳纹陶器等。石器中长椭圆形矮足或无足石磨盘也为新出器形。同时，细石器数量和比例的增加，也是一个值得重视的迹象。

关于裴李岗文化的绝对年代，目前，裴李岗、莪沟、沙窝李、铁生沟、马良沟五个遗址测出十三个 ^{14}C数据，除ZK0572明显偏早，ZK0751明显偏晚不宜采用外，其余十一个数据在距今7885～6855年间，以距今7500～7000年分布最为密集（半衰期取5730，以1950年为起点，未经树轮校正，下同），因之裴李岗文化的年代可大致断在距今7900～6800年这千余年间较为合适。

（二）贾湖类型

主要分布于伏牛山东麓的沙河、洪河流域以贾湖为代表的一类文化遗存，目前被称为"贾湖类型"。这类遗存除贾湖外还有舞阳大岗、湖南郭、漯河翟庄、郾城付庄、上蔡高岳、航寨、项城后高老家、正阳李楼、晾马台、老母洼等。均分布在北纬34°以南地区。

这类遗存的聚落多分布在近河的阶地或河间泛滥平原上。以贾湖遗址为例，位于沙河与澧河之间，比河堤低3米左右，与平时水平面大体相当或略高，规模一般不大，且多与以后的文化遗存相去不远，像大岗那样直接叠压在细石器遗存地层之上的遗址，为它处所未见。但也不乏较为单纯者。发现有像贾湖那样5.5万平方米的大聚落，但一般也在一万平方米左右，建筑基址也以半地穴式为主，但依次扩建的多间房，为其他遗址所不见。贾湖类型的埋葬习俗，与裴李岗有较大差异。首先，头向以西为主或向南、向北稍偏；其次，葬式要比裴李岗复杂得多，不仅有单人仰身直肢一次葬，且有不少二次葬，不仅有多人二次合葬，还有不少一次葬与二次葬的多人合葬；再次，随葬品组合不同，陶器大多为壶，少数为鼎、壶、罐、钵组合，也仅数件而已，随葬骨器者占大部分，骨器多为镞、镖、针、锥等。用獐牙随葬者占相当比例，随葬骨笛和成组龟甲现象也为其他同期遗存所不见，随葬石器反而较少，少数墓有石斧、砺石等，随葬成套的石磨盘与磨棒或石铲与石斧者仅各一例，均为个别现象，显然非其主流。

石器中，虽也有长条形两端舌形刃石铲，但有肩石铲所占比例较大；石磨盘除有足者外，无足者和不规则状者较多；环状石器也为周围同期遗存所不见。骨器中的七孔骨笛自不必说，大量的鱼镖、箭头、针、锥等很富特征，用猪肩胛骨所制的骨铲虽所见很少，但也反映了经济类型的不同。以绿松石、兽牙为主体所制成的装饰品种类繁多，叉形骨器也为这里所仅见。

最富特征的是这里的陶器群，虽也是以鼎、罐、壶、钵、三足钵、碗为主体组成，但具体形式变化较大。这里的罐形鼎与裴李岗大体相同，但盆形鼎以方唇花边上腹饰一周扁乳钉为特色，釜形鼎也不见于裴李岗；虽也有个别似裴李岗的篦点纹筒形罐，但筒形角把罐、侈口束颈圜底罐和双耳罐则不见于裴李岗；壶类虽也是小口双耳为主，但似裴李岗的直颈球腹壶很少，颈大多内束，口呈喇叭状，同时，折肩壶和双耳罐形壶占很大比例，而不见裴李岗的圈足壶，三足壶的造型也完全不同于裴李岗；钵类中虽也有敞口钵，但敛口钵和厚唇斜壁浅腹钵均为裴李岗所罕见；盆类中的喇叭口划纹盆、附加堆纹盆、方口盆等均不见于裴李岗。另外，鼎、三足钵等三足器的器足虽也有常见于裴李岗的圆锥形，但凿形和锛形扁足则占绝对优势。器表早期多见滚绳纹或红衣磨光，中期多流行篦点纹、乳钉纹、花边纹或素面磨光，晚期流行篦划纹或网状细绳纹等。陶系中除常见于裴李岗的泥质红陶、夹砂红陶外，夹碳褐陶、夹云母红褐陶、夹蚌褐陶也占相当的比例，特别是夹炭陶，表明贾湖类型与长江流域和淮河中下游的文化交流与相互影响早在前仰韶时代已经存在。

目前，笔者将贾湖一类遗存分为早中晚三期，其各期特征已经报道，兹不赘述。贾湖遗址目前公布有六个 ^{14}C 年代数据，其中早期三个，为距今 7960 ± 90、7920 ± 150、7561 ± 125 年，二期 2 个，为距今 7137 ± 128、7105 ± 122 年，三期一个，为距今 7017 ± 131 年。因之贾湖类型的年代范围大体可落在距今 8000~7000 年间。

从上述分析对比可知，贾湖一类遗存与裴李岗文化既有不少共同因素，也有许多明显差异，现称之为"贾湖类型"，但把它视为与裴李岗文化并列的另一支亲缘文化，亦无不可。因贾湖遗址系统材料尚未公布，周围同期遗存发掘工作又相对较少，目前可暂称之为贾湖类型。

另外，分布于北汝河流域的临汝中山寨、郏县水泉等遗址及颍河流域的长葛石固等个别遗址，具有较浓的贾湖类型作风，如都有夹蚌、夹云母片和滑石粉陶系，陶器组合中的浅腹盆形鼎、角把罐、折肩壶、喇叭口束颈壶、锛状三足钵、敛口钵、喇叭口深腹划纹盆及随葬骨器作风以及都有多孔骨笛等，但也有许多裴李岗文化的因素，如高锥足罐形鼎和三足钵、大量篦纹筒形罐、小口直颈壶、三足壶和圈足壶以及用成组的生产工具和大量陶器随葬的习俗等，且未见夹炭陶的报道。同时，北汝河流域似乎也有自身的特点，如钵和三足钵上的之字形篦点纹、肩部一周八个半月形耳的三足壶、足根部带凹窝的鼎足等。有人将其称为"中山寨类型"，但从其特征看，单独称为一个类型似嫌不足。若从其自身发展线索看，似乎其前期接近贾湖的因素多一些，后期接近裴李岗的因素多一些，呈现出一定的过渡性，但总的来讲，似乎与贾湖类型的因素更近一些。

（三）班 村 类 型

班村类型是最近几年才发现的这个阶段的文化遗存，主要分布于崤函古道和豫西黄河两岸谷地，经过发掘的只有渑池班村遗址，其他还有鹿寺、任村、陵上等遗址。

另外，熊耳山与伏牛山之间的嵩县乌销岭遗址、栾川窑场遗址、卢氏薛家岭遗址也有发现这个阶段遗存的报道，但因未见详细资料发表，是否可归于此尚不得而知。

班村遗址位于黄河南岸的二级阶地上，黄河与涧河的交汇处，面积一万多平方米，目前发现的前仰韶时期房基数座，灰坑数十座。房基的形状多呈近圆形、椭圆形或圆角方形，半地穴或浅地穴式；周围有柱洞、一侧有斜坡式门道；居住面经简单修整；面积一般不大，仅数平方米，至多十余平方米。房基内或周围有圆筒形窖穴，周围还有许多填大量石块的小坑，填土中有草木灰、火烧过的动物骨骼等；有的石块似经火烧，因此推测这些小坑的功能可能为室外灶，这与当时人们的欢爨习惯和生活方式有关。

班村的石器除打制的燧石箭头比较精致、还有少量磨制石斧外，其他器物甚为罕见。陶器以夹砂红褐陶为主，泥质红陶次之，还有个别的夹蚌片和夹云母陶系，夹砂陶多滚饰竖绳纹或交错绳纹，绳纹密而稍粗，与老官台文化截然不同，也不同于贾湖一期的滚绳纹。泥质红陶多素面，但也偶见与贾湖相同的纽索状附加堆纹。器物组合中，具有典型特征的是作为炊器的大量角把罐和钵形釜。角把罐的把多呈圆柱形，对称置于罐中部，与贾湖者不同。器表饰绳纹的钵形釜也为这里所仅见。其他器形如小口直颈双耳壶与裴李岗特征一致，扁锥状足三足钵与附加堆纹盆则与贾湖同类器相似。总之，班村一类遗存虽也与裴李岗和贾湖都有一定共同因素，但自身的因素占主导地位，应是独立于裴李岗与贾湖的一个地方类型，或可视为裴李岗文化的一支亲缘文化。目前因其文化面貌尚不十分清楚，可暂称之为"班村类型"。总的来讲，班村与贾湖的共同因素似乎多于裴李岗。

从班村遗址的材料分析可知，这里的前仰韶遗存也有一定的发展历程，随着工作的深入，也有进一步分期的可能。关于其^{14}C年代，目前只测有一个^{14}C数据为距今6930±140年，但从文化因素的比较来看，应与裴李岗文化和贾湖类型的年代范围大致相当，大约为距今8000~6900年间。

（四）豫北地区的前仰韶时代文化

豫北地区的前仰韶时代遗址，目前发现有淇县花窝、辉县孟庄、濮阳戚城等近十处，主要分布于太行山南麓、东麓的山前地带，上述三处均经过发掘，但除花窝外，其余两处材料尚未公布，太行山南麓与东麓的文化面貌是否一致尚不清楚，从已知材料分析，似也有一定的差异。

花窝遗址位于淇河西岸，遗址所在的阶地保存有一万多平方米，文化层内的文化现象比较贫乏，沿遗址中的断崖很难发现文化层。在试掘的四个灰坑中发现一些石器、骨器、陶器标本，其中打制石器占相当比例，磨制石器具有前仰韶时代文化的共同特征，如长条形弧形刃石铲、石磨棒、较厚重的石斧等。较精致的骨器特征与磁山文化近似。特别是陶器，更接近于磁山文化，如大量的夹砂红褐陶，大量的压印纹、篦点纹和锥刺纹等，陶器组合中大量的陶盂和侈口深腹罐等；接近于裴李岗文化的只有小口双耳壶。虽暂未发现陶支架，但陶盂为一种复合炊器，无支架是无法使用的，应因发掘面积太小所致。

另据河南省文物考古研究所发掘资料可知。戚城的磁山文化因素更重一些，而孟庄则接近于裴李岗文化，同时，也有一些自身特点，太行山南麓是否为另一地方类型尚不得而知，但至少太行山东麓应大致属于磁山文化的范畴，同时，与磁山文化又有一定差异，是否可作为磁山文化的一个地方类型，尚需进一步的工作。

花窝遗址目前公布有一个^{14}C年代数据，为距今7130±120年，比磁山文化的年代稍晚一些，大致相当于裴李岗文化的中、晚期。

从本节上述分析可以看出，上述诸类文化遗存各有其分布地域与发展脉络，相互联系又独立发展，具有共同的时代特征又各具特色，其中又可分为两个层次，裴李岗、贾湖、班村属第一个层次，为同时并存的几个类型，也可视为几支亲缘文化，与周邻的磁山文化，老官台文化相比，他们三者之间的关系更为密切一些，应为一个文化互动圈，与磁山、老官台均属共存关系。花窝一类遗存与中山寨、石固一类遗存为第二个层次，前者介于裴李岗和磁山之间，后者介于裴李岗和贾湖之间，均有一定的过渡性，但其自身特征相对很少，因而不可能是独立的考古学文化或类型，其文化属性尚需进一步研究，但至少可以认为在7000年前的前仰韶时代，中原大地上已经奠定了仰韶时代和龙山时代考古学文化区系类型的基础。

三、生存环境研究

近年来，还开展了对前仰韶时代（距今8000～7000年间）古文化的环境考古学研究[16]。据对贾湖周围地区和孟庄地区的研究，参照其他同时期遗址的材料，可大致勾勒出前仰韶时代中原大地的气候与环境概况，并阐明各地考古学文化产生的环境条件和对人类社会发展的影响。

（一）动　物　群

据贾湖、裴李岗、莪沟、水泉等遗址出土的大量动物骨骼分析鉴定可知，当时的动物群是相当繁盛的，见到的主要有哺乳类、鸟类、鱼类、爬行类及腹足类、瓣鳃类等，均是人类饲养、狩猎或捕捞的主要对象。

1. 野生动物

（1）哺乳类：以鹿科动物为大宗，是前仰韶时代动物群的主要成员，主要有梅花鹿（*Cervus nippon* Temminck）、四不像鹿（*Elaphurus davidianus* Milne-Edwards）、小麂（*Muntiacus of reevesi* Ogilby）、獐（*Hydropotes inermis swinhoe*）等几种，还有貉（*Nyctereutes Procyonoides* Gray）、狗獾（*Meles meles* Linne）、豹猫（*Felis bengalensis* Kerr）、野猪（*Sus scrofa* L）、紫貂（*Martes zibellina* Linne）、野兔（*Lepus* sp.）以及鼠类。

（2）鸟类：发现主要有天鹅（*Cygnus* sp.）、环颈雉（*phasianus colchicus* Linnaeusm）

和丹顶鹤（*Grus japoninsis Müllen*）三种。

（3）爬行类、鱼类和软体类。

爬行类主要有扬子鳄（*Alligator sinensis*）、黄缘闭壳龟（*Cuora flavomarginata*）、中国花龟（*Ocadia Sinensis*）及中华鳖（*Trionyx Sinensis*）等。其中以黄缘闭壳龟数量最多。

鱼类发现肋骨很多，但可鉴定的主要是青鱼（*Mylopharyngodon piceus*）和鲤鱼（*Cyprinus* sp.）。

腹足类软体动物主要是中华圆田螺（*Sipango paludina* sp.）和榧螺。瓣鳃类软体动物主要有丽蚌（*Lamprotus* sp.）、楔蚌（*Cuneopsis* sp.）、矛蚌（*Lanceo laria* sp.）、杜氏珠蚌（*Vnio douglaseae*）和河篮蚬（*Corbicula fluminea miiller*）等。

以上动物群落除水生沼生动物外，主要是疏林草原类型。

2. 家养或可能家养的动物

（1）家养动物中，主要是猪和狗两大类。猪的数量最多，各遗址均可见到。其中贾湖遗址猪下颌骨可测量标本中，青少年个体占半数以上，表明了家猪（*Sus domestica Brisson*）饲养业的存在。裴李岗遗址还发现了猪的雕塑艺术品。

狗（*Canis familiaris Linns*）的数量发现也较多，且个体较大，贾湖遗址还在墓地中发现有葬狗的现象。

（2）可能家养的动物中主要是牛类（*Bovinae, gen. sp. indet*）和羊（*Ovis* sp.）。牛类中可能有黄牛（*Bis* sp.）和水牛（*Bubalus* sp.）两种，因发现数量较少，即使家养也应是驯化初期阶段，且主要是食用，决非役使。此外还发现用牛肢骨制成的骨器。

羊（*Ovis* sp.）的材料发现也很少，其特征与安阳殷墟的殷羊（*Ovis Zhangi*）相似，因之可能为家养，但因标本太少，鉴定到种的证据不足。另外，裴李岗曾发现羊的雕塑艺术品。从另一方面证明当时可能已存在羊的饲养。

（3）以上所列三种鸟类。特别是环颈雉类，也有人工饲养的可能。据磁山遗址动物群的研究，磁山文化已有家鸡的饲养，因之，裴李岗、贾湖有家鸡的存在不是不可能的。

（二）植 物 群

在前仰韶时代文化诸遗址中，出土有一些植物遗骸，贾湖遗址和孟庄周围的韩小庄还作过孢粉分析，另外，贾湖遗址还作过植物硅酸体分析，从这些材料可大体了解距今8000～7000年间中原大地上的植物群落。

1. 植物遗骸

（1）采集而来的野生植物遗骸。

大凡在古遗址中见到的当时的植物遗骸，均可能系先民采集而来，因而在一定程度上反映了先民的行为和经济状况。见于前仰韶文化诸遗址的植物遗骸主要有以下几种。

栎（*Quercus*）的果核，莪沟发现的经鉴定可能为麻栎（*Quercus acutissima*）。贾湖发现的因外壳未能保存，无法鉴定到种，但不排除为常绿栎类的可能。

榛（*Lorylus helerophylla*）的籽实，见于石固遗址。

白榆（*Ulmus pumila* L）种籽，即榆钱，发现于石固遗址一陶罐内。

野胡桃（*Juglans colhyensis Dode*），前仰韶文化各主要遗址均有胡桃果壳发现，石固遗址出土的标本经鉴定为野胡桃种。

梅（*Prunus mume*），裴李岗遗址发现有梅核。

酸枣（*Ziziphus jujba*），裴李岗和石固遗址均发现有酸枣核。

（2）栽培的农作物遗骸，主要是粟、黍、稻等。

粟类在许昌丁庄、新郑沙窝李、郏县水泉等遗址均有发现，在裴李岗遗址发现有黍粒。贾湖遗址则发现大量稻米籽实和稻壳印痕，经鉴定其中有粳亚种（*Oryza sativa L. Subsp. keng Ting*）、籼亚种（*Oryza Sativa L. subsp. hesien Ting*）和普通野生稻（？*Oryza rufipogon Griff*）。

2. 孢粉

对距今8000~7000年左右的前仰韶时代的标本进行孢粉学研究，主要是三个地方卓成效的工作，即贾湖遗址、大河村遗址和辉县孟庄遗址周围的韩小庄剖面，这三个地点的孢粉组合基本上代表了这个时期豫中地区和偏南、偏北两个地区的植物群落。

（1）贾湖剖面。贾湖遗址的孢粉组合可分为三个孢粉带，其中带Ⅱ和Ⅲ可代表贾湖先民生存时期的植被特征。

带Ⅱ标本系自文化层下压的黄土层表，即贾湖早期先民的活动面，其孢粉组合中，木本植物花粉占18.3%，有栎属（*Quercus* sp.）、胡桃属（*Juglans* sp.）、松属（*Pinus* sp.）、栗属（*Castanea* sp.）、柳属（*Salix* sp.）、榆属（*Ulmus* sp.）等落叶阔叶树种和枫香属（*Liquidambar* sp.），山毛榉属（*Fagus* sp.）等常绿阔叶树种及松属（*Pinus* sp.）、铁杉属（*Tsuga* sp.）等针叶树种。草本灌木植物花粉占43.7%，其中蒿属（*Artemisia* sp.）占33%，还有藜科（*Chenopodiaceae*）、禾本科（*Gramineae*）、莎草科（*Cyperaceae*）、莲属（*Nelumbo*）、豆科（*Leguminosae*）、唇形科（*Labiatae*）、水鳖（*Hydrocharis asiatica*）等。蕨类孢子占11.6%，主要有中华卷柏（*Selaginella sinensis*）、铁线蕨科（*Aaiantaceae*）、石松属（*Lycopodium* sp.）、水龙骨科（*Polypodiaceae*）、水蕨属（*Ceratopteris* sp.）。环形藻类占26.5%。可见此时已形成暖温带—亚热带疏林草原景观，部分水生、湿生植物的存在，表明遗址周围已有较大面积的水体形成。

带Ⅲ标本采自文化层，但孢粉含量太少，不足以说明当时的植被情况，仅可供参考。本带孢粉中，木本植物花粉占6.3%，主要是栗、栎、桑（*Morus* sp.）、榆、松等属。草木灌木植物花粉占28.5%，其中仍以蒿属为主，占15.5%，其他还有藜科、唇形科、柽柳属

(*Tamarix* sp.)等,蕨类孢子占2.4%,环形藻类占62.6%,从此带孢粉组合看似乎与带Ⅱ变化不明显,但结合文化层中出土的大量水生动物骨骼分析,气温与降水量均高于带Ⅱ时期,应为疏林—草原—湖沼景观。

(2)大河村剖面[17]。大河村遗址是一处以仰韶时代文化为主体的新石器时代遗址,但在对其遗址内14m厚的柱状剖面孢粉分析中,发现其距地表深6.24～7.1m的第四层^{14}C年代为距今6820±220年,距地表深8.6～10.4m的第2层^{14}C年代为距今9820±220年,与距地表深7.1～8.6m的第3层岩性相同的郑州祭城第6层和第9层的^{14}C年代分别为距今7380±1350年和距今7050±1300年,正是前仰韶时代文化的发展时期。大河村第③层的孢粉组合为:木本植物花粉占25%,以松属(*Pinus* sp.)、桦属(*Betula* sp.)为主;草木灌木植物花粉占69.6%,以蒿属(*Artemisis* sp.)、十字花科(*Crucijeve*)为主,其次是菊科和禾本科,基本上可以反映此时的植被面貌,应为松、桦组成的针阔叶混交林和以蒿属及十字花科组成的草原为特征的森林—草原景观。

(3)韩小庄剖面[18]。韩小庄位于辉县城西约5千米处,是一个已干涸了的全新世湖泊,东南距孟庄遗址约12千米。在这里的湖相沉积剖面上采集的孢粉标本经分析也可以分为三个孢粉带,其中带Ⅱ的上部^{14}C年代为距今7070±100年,基本上可以代表这一带前仰韶时代的植被类型特征。

韩小庄带Ⅱ的木本植物花粉占孢粉总数一半以上,其中栎属为主要建群树种,还有榆属、榛属(*Corylus*)、栗科等阔叶乔木,特别是出现了一些热带、亚热带成分,如木本常绿栎类、八角枫属(*Alangium*)、蕨类中的石子藤石松(*Lycopodium casuarinodes*)、石蕨(*Saxiglossum angustisimdum*)、紫萁属(*Osmunda*)、里白属(*Hicriopleris*)、海金沙属(*Lygodium*)、石韦属(*Pyrrosis*)等。水草的成分一直很多,占草本植物的一半以上,其中主要是香蒲属(*Typha*)和莎草科,反映水体比较稳定。

从以上三个地点的孢粉组合特征可以看出,在距今8000～7000年间的中原大地,从淮河上游的贾湖到太行山南麓的韩小庄,都呈现出温暖湿润的亚热带森林(疏林)—草原—湖沼景观。

3. 硅酸体

我们还对贾湖遗址出土的9个样品进行了植物硅酸体(Phytolith)分析,发现较多的多片型、网纹型、团粒型、块型、小孔棒型植物硅酸体等,表明当时遗址周围有较多的灌木、乔木生长。主要分布于暖湿地区的扇型、方型—矩型植物硅酸体比例较高,主要分布于热带、亚热带的鞍型也占一定比例,而主要分布于相对冷干地区的尖型、棒型硅酸体数量较少,多起因于主要分布在温寒和高海拔地区的早熟禾亚科的圆型—椭圆型、齿型、帽型比例很小,起因于芦苇的盾型硅酸体占较大比例。这种硅酸体组合表明,当时气候温暖湿润,降水量较大,遗址周围有较大水面积。这与上述动植物组合所发现的气候特征是一致的。

（三）气候与环境

依据上述动植物群落的研究结果，我们可大致复原前仰韶时代中原大地的气候与环境。在其前期，虽然气温已开始升高、降水量增大，已接近现在江淮地区的自然景观，但动物中喜冷的紫貂的存在和植物中耐干旱的蒿属和藜科的大量存在，表明温差较大，气候的起伏波动仍较为明显，呈现出冷暖季节交替的气候特征。中期以后，气温进一步升高，降水量增加，喜冷的动物消失，耐干旱的植物消失或减少，喜热的水生、沼生或湿生的动植物大量出现。如动物中的麋、鹿、水牛、闭壳龟、扬子鳄、丽蚌等，现在均分布于长江流域、东南沿海甚至华南地区。植物中的水蕨、山毛榉、籼稻等现也都分布于长江以南。因而可以认为，前仰韶时代中后期的中原地区，淮河流域应相当于现今长江以南的气候，而黄河两岸可能与现今江淮地区的气候相当，年均温在16°C以上，年降水量在1200毫米以上。这同我国学者对其他地区全新世气候的研究结果是一致的。

过去，西方学者曾把全新世的气候划分为五个期即所谓布列特-色尔南德尔（Blyt-Sernander）方案，五期的先后顺序为前北方期—北方期—大西洋期—亚北方期—亚大西洋期。我国学者通过对辽宁、北京、河北、山西、陕西、上海、江苏、江西等地的全新世地层及孢粉谱和动物群研究后认为，我国全新世气候演变规律与欧美相似，并将全新世气候划分为早、中、晚三期，早期相当于西方的前北方期和北方期，为全新世的升温时期；中期相当于西方的大西洋期和亚北方期，为古气候的高温时期，即全新世大暖期；晚期相当于西方的亚大西洋期，为古气候的降温时期。但全新世大暖期的时间范围的界定，学术界有不同认识。过去多认为起迄时间为距今7500～2500年，但最新的冰川和孢粉研究结果显示，选择距今8500～3000年为全新世大暖期的起迄时间似乎更符合客观事实。

从本文前两节所引^{14}C测年数据可知，河南省前仰韶时代的绝对年代约为距今8000～7000年，因之，应属于全新世大暖期的前段，与西方的大西洋期前段大致相当。从贾湖及其他遗址各期所含喜暖喜湿因子逐期增加、耐寒耐旱因子逐期减少的现象可以看出，前仰韶人生存的千余年间，气温和年降水量呈逐渐上升趋势，另外，喜暖与耐寒因子共存，耐旱与喜湿因子共生的现象使我们有理由推测，当时应具有四季分明的气候特点。

通过以上分析，我们对前仰韶时代中原地区的自然环境已有了一个大致的了解。距今8000～7000年的中原大地，应是森林或疏林—草原—湖沼景观，河湖纵横，林草茂密，在原始聚落周围，应有广阔的草原，时有鹿类、野兔等奔驰而过。附近低山、岗丘上，有栎、栗、核桃、榛等组成的落叶阔叶林和松属等常绿针叶林共生，偏南地区可能还有常绿栎类、水青冈等常绿阔叶林存在。林中常有野猪、麂、雉类等出没。林下或沟坎、断崖上，生长着酸枣、柽柳等灌木。遗址周围的湖沼、河湾等水面上，莲、水蕨等植物绽开朵朵鲜花点缀其上，水中和水边，有大量鱼、蚌、螺、龟、鳖、鳄等水生动物生存，常有獐、麋等动物在水边饮水嬉戏，间或有鹤类、天鹅等水鸟鸣叫着翩翩起舞。聚落内外，偶见几株榆、柳、梅树迎风摇曳，聚落近旁，可见先民们开垦的片片农田。我们的先民就在这种美丽的自然环境中栖息、劳动、生存、繁衍，从而也决定了先民们的谋生手段和精神文化的模式。

四、经济形态与发展阶段

优越的自然环境促进了原始农业的发展，约以北纬34°为界，以南在前仰韶时代以稻作或稻粟混作农业为主，而以北则以粟作农业为主，同时，以猪、狗为主体的家畜饲养业也发展起来，但是作为植物食品和动物食品来源的重要途径的采集经济和渔猎经济，仍然是人们谋生的主要手段之一。食物来源的丰富，为人们创造精神文化提供了经济基础。也为仰韶时代中原地区新石器时代文化的空前繁荣奠定了坚实的基础。

关于前仰韶时代文化的发展阶段，目前多数人仍认为属于新石器时代早期，或进一步称其为新石器时代早期的晚期阶段。事实上，具有发达的原始农业和较高的石器、骨器甚至玉器加工技术的前仰韶时代，早已脱离了新石器时代的早期形态。严文明教授曾称其为新石器时代中期文化，是符合历史事实的，笔者完全同意。说其早，只是相对仰韶时代文化而言，而仰韶时代文化应是新石器时代晚期文化，后继的龙山时代已进入铜石并用时代了。目前，我国早于前仰韶时代的新石器时代早期文化已在南方的江西、两广、云贵及北方的河北等地陆续发现，其 ^{14}C 年代均超过一万年。但河南省至今仍是空白。这应是今后河南省田野考古工作的重点课题之一。

注　释

[1]　杨育彬等：《中国文物分布地图集河南分册》，地图出版社，1991年。

[2]　开封地区文管会等：《河南新郑裴李岗新石器时代遗址》，《考古》1978年第2期；开封地区文管会等：《裴李岗遗址1978年发掘简报》，《考古》1979年第3期；中国社科院考古所河南一队：《1979年裴李岗遗址发掘报告》，《考古学报》1984年第1期。

[3]　中国社科院考古所河南一队：《河南新郑沙窝李新石器时代遗址》，《考古》1983年第12期。

[4]　河南省博物馆等：《河南密县莪沟北岗新石器时代遗址》，《考古学集刊（第1集）》，文物出版社，1981年。

[5]　河南省文物研究所：《长葛石固遗址发掘报告》，《华夏考古》1987年第1期。

[6]　河南省文物研究所：《舞阳贾湖遗址的试掘》，《华夏考古》1988年第2期；河南省文物研究所：《河南舞阳贾湖新石器时代遗址第二至六次发掘简报》，《文物》1989年第1期。

[7]　中国社科院考古所河南一队：《河南汝州中山寨遗址》，《考古学报》1991年第1期。

[8]　中国社科院考古所河南一队：《河南郏县水泉新石器时代遗址发掘简报》，《考古》1992年第10期。

[9]　安阳地区文管会等：《河南淇县花窝遗址试掘》，《考古》1981年第3期。

［10］开封地区文管会：《河南开封地区新石器时代遗址调查简报》，《考古》1979年第3期。

［11］开封地区文管会等：《河南密县马良沟遗址调查与试掘》，《考古》1981年第3期。

［12］河南省文物研究所等：《登封王城岗与阳城》，文物出版社，1992年。

［13］开封地区文管会等：《河南省巩县铁生沟新石器时代早期遗址试掘简报》，《考古》1980年第5期。

［14］廖永民、王保仁：《河南巩县水地河遗址调查》，《考古》1990年第11期。

［15］巩义市文管所：《巩义市坞罗河流域裴李岗文化遗存调查》，《中原文物》1992年第4期。

［16］张居中：《环境与裴李岗文化》，《环境考古论集（第一辑）》，科学出版社，1991年。

［17］石钦周等：《郑州市全新世地层划分及古气候古环境演变》，中国第四纪地质与地球表层系统科学讨论会论文，1994年。

［18］曹兵武：《河南辉县及其附近地区环境考古研究》，《华夏考古》1994年第3期。

（原载《河南文物考古论集》，河南人民出版社，1996年）

淮河上游新石器时代的绚丽画卷
——舞阳贾湖遗址发掘的主要收获

在河南省的中部、伏牛山东麓、华北大平原的西南部边缘，有一块在地质学上被称为"舞阳凹陷"的地方，曾在历史上先后被作为汉高祖刘邦的连襟樊哙和三国曹魏权臣司马懿的封地，还是前蜀皇帝王建出生之地，这就是舞阳县。这里历史悠久，古文化荟萃，早在1万多年前，就有人类在此活动，属于前仰韶时代的贾湖遗址，就坐落在舞阳县城北22千米的北舞渡乡贾湖村东侧，其地理坐标为东经113°40′，北纬33°36′，海拔67.5米。

遗址东侧紧临泥河洼滞洪区，西侧紧靠灰河故道，南侧有一小型湖泊，这就是贾湖了。贾湖水注入南侧的泥河，泥河在遗址东15千米处注入淮河的上游支流沙河。这里为淮河流域的二级流域区，属北暖温带季风气候，森林覆盖面积为2.2%，木本植物主要建群树种有杨、泡桐、刺槐等落叶、阔叶、乔木以及少量柏类常绿针叶树种；主要的农业和经济作物有小麦、玉米、大豆、油菜、烟叶等。土壤主要是黄沙土和黑褐色黏土。

遗址所在地区周有东不羹，汉置定陵县，唐以后归舞阳县至今。北距遗址6千米处有大岗细石器遗址、郭庄前仰韶和仰韶文化遗址，西南5千米有阿岗寺仰韶至商代文化遗址，北4千米有周东不羹和汉定陵城址。

该遗址是已故舞阳县博物馆馆长朱帜先生20世纪60年代初发现的，但直到70年代末裴李岗文化发现之后才逐步认识其文化性质。1983年以来，经多次发掘，其重要价值才昭彰于世。

遗址呈不规则椭圆形，东西275、南北260米，总面积55000平方米。经发掘可知，文化层厚1.5～2.5米，其中第一层为近现代农耕土层，厚0.3～1米；第二层为汉代层，厚0.05～0.65米；第三层和第四层为新石器时代文化层，厚0.5～0.9米。

1983至1987年，河南省文物考古研究所在此进行了6次发掘，揭露面积2300多平方米，发现房基40多座、窖穴300多座、陶窑近10座、墓葬300多座，陶、石、骨等各种质料的遗物数千件。

从发掘情况看，当时的人们早已过着定居的生活，其聚落已有一定布局，居住区、墓葬区、作坊区均相对集中。

这里发现的房基，多呈圆形或椭圆形的半地穴式，周围有柱洞，室内有的有灶，有单间和多间两种，以单间为主，大多保存较差，仅有少量多间房，系多次扩建而成。

窖穴有圆形、椭圆形、鞍形和不规则形几种，结构有桶状、锅底状、袋状和不规则状等，有的留有台阶，有的坑口有台阶式门道和柱洞。

陶窑大多保存较差，有的为横穴，上口近圆形，有火门、火膛、火台、窑壁、烟道几部分组成，但大多仅一凹坑，形状相当原始。

发现的墓葬大体可分为几个墓群，均为竖穴土坑墓，个别有生土二层台。墓向多西、西南或西北，有单人一次葬、单人二次葬、多人一次葬、多人二次葬、多人一次与二次合葬等，一次葬多仰身直肢。大多数墓有随葬品，少者一件，多达数十，多为实用器，有生产工具、生活用具、装饰品、原始宗教用品等。质料有陶、石、骨等，尤以骨器为多，最为常见。随葬的绿松石和萤石装饰品较有特色，少数墓中随葬成组龟甲，多穿孔，内装数量不等的小石子，个别龟甲上有契刻符号。少数墓还随葬有骨笛。

遗址内出土石器、骨器，以磨制为主，多精致。石器主要种类有石斧、弧刃或有肩石铲、齿刃石镰、四足石磨盘、方柱或三棱形石磨棒等；绿松石饰有三角形、梭形、方形、圆形等，萤石质多为圆形穿孔串饰等。骨器相当精美，器形有两侧带倒刺鱼镖、箭头、针、锥、匕、叉形骨器、多孔骨笛等。另外，遗址中还出土了大量的动物骨骼，其中哺乳动物有家猪、狗、羊、黄牛、水牛、梅花鹿、獐、麋、麂、貉、獾、紫貂、野兔、豹猫等，水生、沼生动物有闭壳龟、中华鳖、扬子鳄、鲤鱼、青鱼、丽蚌、蛛蚌、矛蚌、楔蚌、蚬、螺类等，还有不少炭化果核。尤其值得重视的是还发现了大量的稻壳和炭化稻的籽实（大米）。这些说明当时的经济结构以稻作农业为主，同时，捕捞、狩猎、采集、家畜饲养等生产形式也均占有重要地位。

贾湖遗址出土大量陶器，早期以夹砂红陶或红褐陶为主，早期后段和中晚期泥质红陶逐渐增多，出现了一定数量的以稻壳、蚌片、骨屑、云母片和滑石粉为羼和料的陶系；陶器火候高低不等，为600~1000℃之间，受热不太均匀，大多质地较差，松软易碎。以手制泥片筑成或泥条筑成为主。器表多素面磨光，流行红色陶衣。主要纹饰有绳纹、刻划纹、附加堆纹、乳钉纹、篦点纹、篦划纹、拍印纹、花边饰等，器形以平底为主，也有圜底器、三足器和圈足器。典型器物主要有盆形鼎、罐形鼎、筒形角把罐、侈口罐、卷沿罐、折沿罐、双耳罐、罐形壶、折肩壶、圆腹壶、扁腹壶、方口盆、深腹盆、划纹盆、三足钵、深腹钵、浅腹钵、圈足碗、支脚等。

贾湖遗存可分为早、中、晚三期，各期都有大量房址、窖穴、陶窑和墓葬与丰富的陶、石、骨、牙等各种质料的遗物。其中的中、晚期与裴李岗、石固、莪沟等同类遗存的前后发展阶段基本一致，而早期则早于已发现的裴李岗文化遗存。

如果将折肩壶、凿形足鼎和三足钵等为代表的贾湖遗址的文化面貌与分布在嵩山周围及其以东地区的小口直颈圆腹壶、圆锥状足鼎和三足钵为代表的裴李岗、莪沟遗址的文化面貌相比，就会发现它们之间既有一些共同因素，又有不少差异，应分属于两支不同的考古学亲缘文化。与贾湖二、三期相同的还有舞阳郭庄、漯河翟庄等遗址，主要分布于伏牛山以东地区，而长葛石固、临汝中山寨等遗址则兼有二者的因素，具有过渡性质。鉴于贾湖遗址内涵丰富，且具有一定代表性，因而将以贾湖为代表的一类文化遗存称为贾湖文化，与以裴李岗、莪沟为代表的裴李岗文化相区别。二者均和湖南的彭头山文化、河北的磁山文化、陕西的老官台文化、山东的后李文化、内蒙古的兴隆洼文化等大体同时并存。

目前，贾湖遗址已有20个 ^{14}C 测年数据，其中有木炭9个，三期各3个，草木灰5个，人骨4个，果核、碎米各1个。年代为距今8300～7400年，树轮校正年代为9000～7800年，其中一期为距今8285～8090年，校正年代为公元前7000～前6600年；二期为距今8090～7650年，校正年代为公元前6600～前6200年；三期为距今7825～7450年，参照前两期绝对年代范围和本期相对年代范围，并结合树轮校正数据，约为公元前6200～前5800年。

贾湖遗址的发掘，对中原地区新石器时代文化的研究具有很高的学术价值。

其一，贾湖一期的发现，使中原地区新石器时代文化的研究又向前推进到了公元前7000年。

其二，贾湖遗址丰富的文化内涵和复杂的地层关系，给中原地区前仰韶时代文化的深入研究提供了重要依据，进而认为贾湖文化是并列于裴李岗文化的亲缘文化，其后代向淮河中下游和汉水流域作同纬度迁徙，成为大汶口文化和下王岗早期文化的主要来源，代表了淮汉文化带的早期阶段。

其三，通过对这里发现的大量动植物遗骸、石制品原料和废料以及地貌、土壤的研究，使我们了解了当时人类的生存环境，当时气候温暖、雨量充沛，湖沼发育、动植物资源丰富，人地关系和谐，为人类的生存提供了充足的食物来源和理想的生活环境。

其四，通过对300多座墓葬的400多具人骨标本的研究，使我们了解到这里的人类属于蒙古人种的亚洲北部类型，与河南的下王岗组、庙底沟组与山东的大汶口、野店、西夏侯组特征一致。人类男子身高在170～179.9厘米之间，易患退行性关节炎等多种疾病。

其五，通过对早、中、晚三期文化遗存中发现的大量稻壳和炭化米及水稻硅酸体的研究，确认了贾湖稻作农业在贾湖人的生活中占有重要地位，并且表明淮河流域可能是稻作农业起源中心的重要组成部分，是粳稻的初始起源地之一。同时，采集、狩猎、捕捞和家畜饲养也是贾湖人食物来源的重要手段。贾湖人的狩猎、捕捞和饲养动物主要有鹿类、鱼类、龟鳖类、蚌类、猪、狗等。采集对象主要有栎果和水生的菱角等。

其六，通过对贾湖人技术工艺与科技的研究可知，贾湖人采用泥片筑成法与泥条筑成法并用的制陶方法，但泥条筑成法呈逐渐增加、泥片筑成法呈逐渐减少的趋势。窑外渗碳工艺和彩陶萌芽的出现，对后世制陶技术的发展具有重要意义。石器、骨器的制作工艺也有很鲜明的特征，尤其是骨器穿孔技术，最细仅有0.7毫米，大多骨器制作精致。贾湖人的原始科技水平值得称道，尤其是原始数学，贾湖人已有了百以上的正整数概念，认识了正整数的奇偶规律，并已掌握了正整数的运算法则。

其七，贾湖聚落布局中，早期居住区与墓葬区混杂，中晚期居住区、墓葬区、作坊区均相对集中，周围有围壕的迹象，是中国古代向心性环壕聚落的滥觞。

其八，以中晚期墓葬中随葬的成组内装石子的龟甲、与龟甲共存的骨笛、叉形骨器等随葬品为代表的原始宗教用具表明，贾湖人之中流行着很强的巫术崇拜和巫术信仰，从墓地中葬狗现象可以推测当时已存在祖先崇拜和犬牲现象。成组龟甲及其内装石子，说明当时可能存在原始的占卜现象。这对中国后来的象数思维的发展有重要作用。

其九，贾湖甲骨契刻符号的发现，表明在八九千年前已经出现了原始文字性质的符号，其中个别符号与商代甲骨文有相似之处，因之，贾湖契刻符号很可能是汉字的滥觞。

其十，贾湖分属于三期的五孔、六孔、七孔和八孔骨笛已具备五声、六声和七声音阶，是世界上同时期遗存中保存最为丰富、音乐性能最好的乐器实物，它可能是后世管乐器的祖制，对后世中国音乐史的发展产生过重要影响，在中国乃至世界音乐史上都具有重要地位。

（原载《东南文化》1999年第2期）

中国考古学·贾湖遗址

第一节 概 述

一、地理位置

贾湖遗址位于河南省舞阳县北舞渡镇西南的贾湖村，南距县城22千米。地理坐标为东经113°40′，北纬33°36′，平均海拔67米。

贾湖遗址所在地区位于黄淮海大平原的西南部边缘，南眺伏牛山余脉、北邻豫中沃野，西侧通过叶县、方城走廊可达南阳盆地，东面则为一望无际的黄淮海大平原。这里地处中国二、三级阶梯的过渡地带，南、北、东、西交流的要冲，河流纵横，交通便利，著名的南北交通大动脉京广铁路位于遗址东30千米处。

二、遗址概况

贾湖遗址是淮河流域一处规模较大、保存完整、文化积淀极为丰厚的新石器时代前期遗址。内涵丰富，发展序列完整，并且出土遗物相当丰富，遗址面积达5.5万平方米。1983~2001年，河南省文物考古研究所、中国科学技术大学等单位在该遗址进行了7次考古发掘，共计发掘面积2700平方米，发现房基50多座，窖穴400座，陶窑10多座，墓葬500余座，以及壕沟、小坑、灶、柱洞、瓮棺葬等。发现陶、石、骨等各种质料的遗物数千件，包括工具、用具、装饰品、原始宗教用品等。发掘中还发现大量的植物种子、动物骨骼、石料等，表明当时这里动植物等自然资源丰富，极适宜人类生存。文化面貌与贾湖相同的还有舞阳郭庄、漯河翟庄、郏县水泉等遗址10多处，大体分布于淮河上游的沙河、洪河流域（图一）。以贾湖为代表的文化遗存具有一定的分布地域，有独特的文化特征和发展序列，目前已被称为"贾湖文化"[1]。

贾湖遗址发现之初，研究裴李岗文化的学者鉴于裴李岗与贾湖之间在陶器和石器上存在的一些共同因素，大多将这两者归为同一个考古学文化，即"裴李岗文化"，认为贾湖遗址属于裴李岗文化的一个地方类型。但如果综合考察同时期的文化遗存，我们会发现裴李岗与贾湖的共同因素，并不大于裴李岗和磁山文化间的共同因素，特别是在经济形态、

图一 贾湖遗址全景（由东向西）

埋葬习俗、精神文化等方面，区别还要更大一些。裴李岗与贾湖之间的共同因素，应是处于同一时代，因地域相连而相互影响所致，他们应是并列发展的两支亲缘文化。所以，我们在对两支考古学文化遗存进行对比研究之后，提出了"贾湖文化"的命名。

贾湖遗址的发现为我们了解淮河流域新石器时代前期先民的生活提供了极为丰富的资料。此处出土的9000~8000年前的骨笛是世界上迄今发现年代最早、保存最完整、至今仍可吹奏的乐器；发现的龟甲上的契刻符号可能是中国最早的原始文字；龟灵崇拜则是原始的宗教信仰；稻作遗存、狩猎、捕捞和聚落布局反映了当时人类社会生活的情况。由于贾湖遗址的重要文化价值，2001年6月，国务院将其确定为第五批全国重点文物保护单位，被中国社会科学院确定为20世纪全国100项考古大发现之一。

三、地层堆积、文化分期及年代

贾湖遗址的地层堆积由于发掘区域的不同而稍有差异，遗址呈不规则椭圆形，东西275米，南北260米，总面积55000平方米。经发掘可知，文化层厚1.5~2.5米，其中第一层为近现代农耕土层，厚0.3~1米；第二层为汉代层，厚0.05~0.65米；之下为新石器时代文化层，厚0.5~0.9米。贾湖遗址新石器时代文化堆积有三个层次，东部为4、5、6三层，西部为3B、3C、4三层，除东部第六层和西部第四层之下未见叠压遗迹外，西部3A下打破3B层、3B下打破3C层、3C层下打破第4层，东部四层下打破5层，5层下打破6层均有大量的遗迹发现。它们之间构成大量叠压或打破关系，为分期研究提供了可靠的层位学序列。各文化层和遗迹中，出土有大量陶制品，不少单位有多种器物构成共存组合关系，这些又为分期研究打下了类型学基础[2]。

罐类、鼎类、壶类、盆类、钵类是遗址中出土数量最多的陶容器种类，是遗址的代表性器物，具有分期意义。罐类主要包括角把罐、侈口罐、卷沿罐、折沿罐、双耳罐。前四种是常用炊器，侈口罐、卷沿罐、折沿罐均从角把罐发展变化而来。鼎类主要包括盆形鼎和罐形鼎。壶类主要包括罐形壶、折肩壶、圆腹壶、扁腹壶，是该遗址最富变化、特征最明显的器类之一。折肩壶、圆腹壶应是从罐形壶演变而来，扁腹壶主要从圆腹壶演变而来。盆类主要包括方口盆、深腹盆、划纹盆、敛口盆，方口盆仅为贾湖遗址所见。钵类主要包括敞口钵、敛口钵、浅腹钵、三足钵，各类钵的发展趋势是由粗笨到薄细灵巧[3]。

贾湖遗址各类遗迹间的叠压或打破关系十分复杂，我们选择了48组具有明显器物组合关系和明显变化趋势的地层关系及典型标本，作为分期研究的依据。以鼎、罐、壶、盆、钵五大陶器为纲，按照东区、中区、西北区、西南区、西区进行分组讨论，归纳出12个大的地层关系组和84个年代组，列出了各大组的各年代组之间的对应关系。具有分期意义的单位共有298个，在分年代组的基础上，归纳出9个发展阶段。9个发展阶段之间的关系是比较紧密的，呈现出一定的递进关系。同所有考古学文化一样，任何变化都不是一蹴而就的，而是经历了漫长的岁月和历程，是一个由量变到质变的过程。发展阶段对于年代组来讲是突变，文化期对于发展阶段来讲是突变，通过对遗址各个阶段文化面貌的深入分析，即通过对事物发展内因的观察，找到突变的临界点，作为分期的界标。遗址第四段、第七段都有大量老的文化因素消失和新文化因素的出现，变化较明显，因此可作为立足点来寻找文化发展过程中的突变点。通过对文化面貌变化的归纳，发现第四段、第七段具有承前启后的作用，可作为分期的临界点，即第一期包括一至三段，第二期包括四至六段，第三期包括七至九段。总体来看，一、二期之间的变化大于二、三期之间的变化[4]。

在绝对年代上，据^{14}C、热释光和光释光测年结果显示，一期遗存为公元前7000~前6500年，早于裴李岗文化，二期遗存为公元前6500~前6000年，三期遗存为公元前6000~前5500年，二、三期与裴李岗文化大体同时，年代跨度约为公元前7000~前5500年[5]。分期结果与贾湖遗址的新石器时代地层堆积也是一致的，所分的三期分别对应贾湖遗址下部的三个新石器时代文化层。根据层位学和类型学的综合分析，并结合古气候资料，对贾湖遗址各期的气候环境，可做如下概括（图二，表一）。

表一　贾湖遗址分期、年代与气候特点对应表

分期	年代	气候特点
晚期	公元前6000~前5500年	较温暖较湿润
中期	公元前6500~前6000年	最温暖最湿润
早期	公元前7000~前6500年	干冷向暖湿过渡

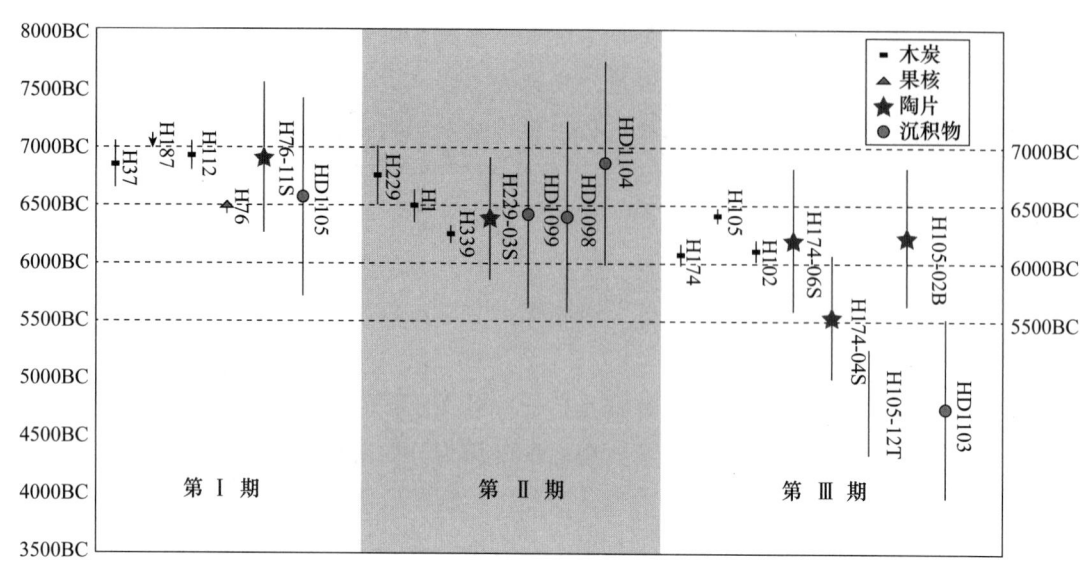

图二　贾湖遗址 ^{14}C、热释光和光释光测定的年代数据图（尹若春，2008[6]）

第二节　聚落环境、生业方式及聚落形态

一、贾湖聚落的环境

中国的聚落考古学与考古学的出现基本同时，早在20世纪30年代对安阳殷墟的发掘中，就开始了聚落考古的实践。聚落考古，就是以聚落为对象，研究其具体形态及其所反映的社会形态，进而研究聚落形态的演变所反映的社会形态的发展轨迹[7]。

聚落形态也与它所处的自然环境有密不可分的关系，通过聚落形态的研究，可以揭示人类在不同地区、不同时期如何依赖自然环境，在适应自然环境的情况下适当地改造自然环境。贾湖遗址的聚落形态与当时的环境有比较密切的关系，所以我们在分析贾湖遗址聚落形态的时候需要考虑聚落当时所处的自然环境（图三）。

我们知道，进入全新世以来，地球上的气温呈现一个升温—高温—降温的变化过程。过去，西方学者曾把全新世气候分为前北方期、北方期、大西洋期、亚北方期、亚大西洋期五个气候期，即所谓"布列特-色尔南德尔（Blytt-Sernander）方案"[8]。中国学者在对东北、华北、西北、黄淮、江淮、江南、华南许多地方的反映气候的诸要素进行研究后认为，中国气候演变规律与欧美相似，并把中国古气候划分为升温—高温—降温三个大期，升温期相当于西方的前北方期和北方期，高温期相当于西方的大西洋期和亚北方期，降温期相当于西方的亚大西洋期，在综合孢粉、古动物、古植物、古土壤磁化率、海平面

图三 贾湖遗址周围湖泊（由西向东）

和湖泊平面变化以及祁连山敦德冰芯1万年来δ^{18}O值的变动等多种资料进行综合分析后认为，全新世大暖期的起讫年代为8.5ka~3.0ka BP，并把大暖期划分为8.5ka~7.2ka BP的由暖变冷的不稳定温度波动阶段、7.2ka~6.0ka BP的稳定的暖湿阶段、6.0ka~5.0ka BP气候剧烈波动阶段和5.0ka~3.0ka BP气候波动和缓的亚稳定暖湿阶段这四个大的阶段[9]。

那么贾湖聚落的存在时期相当于哪个气候阶段呢？根据^{14}C测年研究，贾湖聚落存在的年代大约处于大暖期的第一阶段或略早。那么，贾湖聚落所反映的气候要素是否与这个阶段的气候特征相符合呢？从贾湖孢粉分析结果来看，贾湖人到来之前，这里的气候环境比现今要干旱、荒凉许多。但贾湖人在此生活时期，这里已相当于今日江淮地区的气候特征，气候比现今要高出1℃左右，变化还是明显的，但贾湖文化最早一段的H84发现的紫貂则可能记录了8.9ka~8.7ka BP那次强低温事件，看来在贾湖一期气候波动比较剧烈。随后持续升温，降水量继续增加，一期后段已有大量热带、亚热带动植物的出现。高温高湿的气候环境到了贾湖二期时达到了高潮，大量喜暖湿因子发现于此期。与此同时，北方暖温带落叶阔叶林带向北推移了三个纬度。贾湖地区大致相当于今日长江流域的气候，气温高于现在2~3℃，降水量高于现在约400~600毫米。贾湖三期时耐旱、耐寒因素的少量回升可能与7.8ka BP的降温事件有关。此次事件在敦德冰芯中亦有反映，与此对应的在北京地区发现7.7ka BP时的暗针叶林向平原扩展，亦表明温度下降[10]。在阿拉斯加、北欧斯堪的那维亚、新西兰及喜马拉雅—喀喇昆仑冰川中有相应的前进反映[11]，表明此次全世界性的降温事件在贾湖遗址中亦有反映。

根据贾湖遗址^{14}C和地层材料，我们推测该聚落废弃于7.4ka BP左右的一次大洪水，江苏建湖庆丰剖面孢粉资料显示8.5ka~8.0ka BP平均气温较今高1.4~1.7℃，以后7.6ka BP降至比今低0.1℃[12]。祁连山敦德冰芯显示7.3ka BP左右有一次降温事件，北半球和南半球山地均显示有7.3ka BP左右的冰川前进。可见自7.8ka~7.3ka BP年间为全球性的气候波动下降期，极易形成灾害性气候。而洪水的出现往往与气候的冷暖急剧波动有关。这无疑会给人类的生存构成威胁。

根据以上分析，我们已对贾湖聚落的自然环境有了一个大致了解，并可对其自然景观作如下推测：在聚落的周围应有广阔的以蒿属、菊科、藜科为主的草原，时有貉、梅花鹿、野兔等在其上奔驰而过；附近的岗丘和山坡上，有稀疏的栎、栗、胡桃、榛等组成的落叶阔叶林；林下或沟坎、断崖边，生长着酸枣、柽柳等灌木丛；林中常有野猪、鹿等动物出没，不时惊飞环颈雉。聚落附近的湖沼水面上，莲、莎草等水生植物绽开朵朵鲜花点缀其上；水中和水边有大量的鱼、蚌、螺、龟、鳖、鳄等动物浮游其间，水边常有獐、麋等动物饮水嬉戏，有丹顶鹤、天鹅等翩翩起舞，不时传来声声鸟鸣；聚落内外，偶见几株榆、柳、桑、梅等迎风摇曳，聚落周围，可见先民开垦的片片稻田，人们就在这种自然环境中栖息、生存、繁衍。

二、贾湖聚落的生业

远在旧石器时代，人类赖以生存的生业方式主要是攫取型，主要形式无外乎采集、狩猎和捕捞。在这一漫长的历史时期内，自然环境、自然条件与资源制约着人类社会的发展。经过几百万年生活和生产经验的积累，以及自然条件的反复多变和自然资源的日渐匮乏，生存的压力迫使人类逐渐从利用自然的攫取型经济向改造自然的创造型经济过渡。于是，在采集经济的基础上诞生了原始种植业，在狩猎、捕捞经济的基础上诞生了原始养殖业，于是一场空前的革命出现了，这是一个划时代的事件。它是人类自火的发明以来的又一重大革命，这一革命的发生，标志着人类社会进入了一个崭新的发展阶段——新石器时代。

贾湖聚落周围优越的自然环境为聚落的建立与发展提供了有利条件，同时也左右着聚落的生业形式和人类社会的发展。"在一定的环境中，人类为生存，必定要发展起一套相应的技术，这套技术决定了群体的结构和活动方式，而群体结构与活动方式又决定了他们对事物的看法。""环境影响人类，人类又同时改造环境"[13]。那么，贾湖人是怎样适应、利用和改造周围环境的呢，贾湖聚落周围的环境对贾湖人产生了什么样的影响呢？

首先，贾湖聚落位置的选定本身就是贾湖人观察自然、利用自然的结果。其次，贾湖聚落的变迁与废弃也与周围地貌环境的变迁和灾害性天气密切有关。在贾湖遗址的东部第一期二、三段和第二期四、六段，三期第七段遗存较为丰富，而二期五段，第三期八、九段则相对贫乏，遗址南部有较丰富的一期文化层，遗址中部以二、三期遗存为主，遗址西部则三期文化均很丰富，聚落内分布的变化正好与聚落所在地西高东低的地貌形态相一致，第五段文化遗存在东部的收缩可能与此时聚落东侧水面积的扩大有关，至于八、九段遗存在东部的减少可能与此时聚落规模的收缩不无关系。

应该首先指出，自然环境与人类社会都是随着时间推移而不断变化的因素，在变化之中又不断地相互影响，但时间越早，自然环境对人类社会的制约作用就越强烈。因为时间愈早，人类的劳动技能就愈低下，抗拒自然灾害的能力愈差，其生业模式就愈取决于自然环境的变化。但是，事情也有其两面性。当人类在自然环境条件良好，在悠闲之中即可满足最低生存的需要，无须终日为生计而奔波时，人类社会的发展往往会处于停滞状态。当自然环境条件极其恶劣，超越人类生存的极限，人类社会受到毁灭性打击时，人类社会的发展也会因之陷于低谷，甚至出现倒退现象。只有当自然环境基本可适合人类生存，又会因种种原因而促使人们不停地努力方可适应自然时，人类社会才能保持发展的势头。

当然，人类社会的发展还有赖于千百万年来人类本身在适应和改造自然之中产生的无数经验和智慧的积淀。所以，当农业革命到来之前，人类社会虽然已有几百万年的历史，虽然也经历了许多气候适宜期和无数次的磨难，虽然也在缓慢的发展与进步之中，但终没有农业革命之后的变化那么巨大，发展那么迅猛。正因为有几百万年传统文化的积淀，正因为有末次冰期对人类社会发展欲望的压抑和浓缩，才使得人类社会在末次冰期刚刚结束之时，就走出洞穴，进行了空前的农业革命。正如西亚两河流域小麦、大麦的栽培和山羊的驯养一样，在东亚的两河流域，稻和粟的栽培和猪的驯养也迅速发展起来，这正像巨人的双足和金翅大鹏的两翼，带动着人类社会迅速向前发展。

那么，为什么最早的农业革命在这些地区发生呢？农业问题，从根本上讲，就是人与自然的关系问题。人只有了解自然规律，顺应自然发展，才能利用进而改造自然。因此，人类发明农业的基本前提条件，无非有两点：一是人类生存的压力，二是适宜的自然环境，包括可满足人类生存需要的栽培作物和作物生长的气候环境条件，二者缺一不可。而在自然资源较为丰富，人类无须从事种植和养殖业就可满足人类最低生存需要的地方，很难成为农业的起源地。比如我国的华南地区，自然环境优越，自然资源丰富，即使在最后冰期期间影响也不甚大，因此，虽然这里有数以百万年的人类历史文化，有至少在万年以上采集野生稻等植物果实以食用的经历，但其原始农业直到四千年前的石峡文化时期才得以发展起来，就是最好例证。

相反，在长江、淮河和黄河流域，由于全新世气候环境的改善，使人类在走出洞穴之后，得以迅速发展，但又由于全新世之初气候环境的冷热剧烈波动，为渡过自然资源相对匮乏的寒冷冬春，人们不得不将注意力放在管理简单、容易增产、便于贮藏、食性又好，又适宜当地自然环境条件的栽培作物上。而且这些作物又必因人们有许多代的采食经验而被人们所熟知。于是，一场农业革命便不可避免地发生了。正因为人们拥有千百万年传统文化与智慧的积淀，又适逢进入全新世之后的有利于人类发展的良好的自然条件，在农业革命的洗礼中，人类社会在短短两三千年间的时间里，就在世界各地得到迅速发展，其发展速度远远超过了旧石器时代。

这里应该指出，贾湖人的稻作农业与彭头山文化的稻作农业、裴李岗文化和磁山文化的粟作农业应是同时出现，同步发展的，而且从农具组合等方面分析，贾湖人的稻作农业比彭头山文化的稻作农业发展还要快一些。因为进入全新世之后，长江流域的自然环境和资源明显要优于淮河流域，贾湖人所在的稻作农业的临界地区，人们只有经过精心的管理（相对的），才能得到满意的收成，所以淮河流域的先民在5.5ka BP已完成了稻种的优化选育，使稻种的生物形态相对定型化。与此同时，长江中游的稻种栽培仍滞留在参差不齐，含有大量小粒稻的自然形态阶段，尽管其野生稻的采食历史可能要较淮河流域长久，但人类的干预程度是由作物的生长需要决定的，正像华南地区未能首先发生农业革命一样。同样道理，粟、黍类旱作栽培作物之所以首先发生于裴李岗文化和磁山文化分布区，也是因为这一带地区是适于此类作物生长的临界地区。在当时的自然条件下，再向南就不利于旱作农业而只适于稻作农业的发展。再向北则在进入全新世大暖期之后才适合于旱作农业的发展。因之，具有悠久的传统文化积淀，拥有丰厚的土壤资源和夏季风带来的丰沛降水，使黄土高原的东南部边缘地带首先成为粟作农业栽培区成为可能。所以，可以认为N28°~38°之间是东亚地区最早发生农业革命的地区。

我们从上述分析可知，贾湖人生活时期，当地有大面积的湖沼，有充沛的降水和充足的光照条件，又有野生稻资源，四季分明的气候又决定寒冷冬春的存在，于是，稻作农业便应运而生了。可以说，贾湖稻作农业的产生，正是贾湖人充分利用和改造自然的结果。

另外，聚落周围广阔的草原可从事狩猎和畜牧业，大片的湖沼可从事捕捞业，陆生和水生可食植物可从事采集业，都为贾湖人带来丰富的食物资源，同时也给贾湖人的思想文化带来深刻影响。

三、聚落内部的布局形态

贾湖遗址的发掘范围自西向东可分为五个区域，分别为西北区、西区、西南区、中区和东区。在这五个发掘区域内，发现有成组的灰坑、墓葬、窖穴和陶窑等遗迹。

通过对这些遗迹进行共时性的研究，我们发现：贾湖聚落在早期和中、晚期的布局上有较为明显的差异，按照形态特点大体可分为第一期和第二、三期两大阶段，分别对应文化分期中的早、中、晚各期。其聚落布局在前后两期有所变化，体现了一个发展的过程。早期居住区与墓葬区处于一种混杂的状态，虽然已经有了房屋按组分布的情况，但可以看出，这种规划和布局很不明显，具有一定的随意性和偶然性。而在中晚期的聚落布局中，我们明显能够感受到发展的脉搏，一系列经过规划的房屋和墓葬群使聚落显得更加有序和规范。而且这个时期墓葬区已经从居住区中分离出来，并且由早到晚，这种分离变得更为明显和突出，形成了一定的规则，这为之后的考古学文化的发展提供了借鉴（图四）。

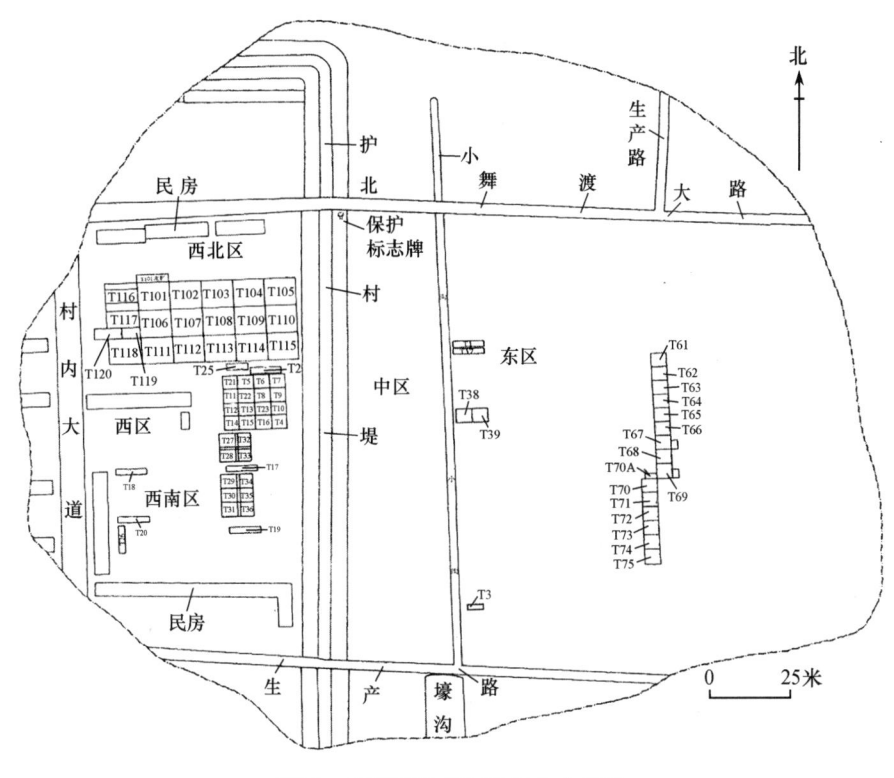

图四　贾湖遗址范围及探方分布图

贾湖聚落已发现的居住址来看，房址可分为半地穴式、地面式和干栏式三类，以半地穴式单间房为主，也有少量依次扩建的多间房。灶为室内与室外并存。虽然每一期都有若干个居址群和墓葬群组合分布，墓葬群和居址群呈现相互对应的趋势，但是存在时间上有差异。

1. 早期的聚落布局

早期的聚落布局仍然有一定的原始性。居址和墓葬数量均不多，房址按对应关系可分为5组，布局较为完整的只有西区第二组，发现了房址7座，包括6座半地穴式房子和一座干栏式建筑，周围有26座墓葬、30座灰坑和2座陶窑。其他的几组发现遗迹较少，有的仅仅发现2座房址，分布也较为凌乱。

从西区二组（位于发掘区的西北区）的遗迹分段看，从早至晚的遗迹数量呈上升趋势，西区第二组7座房址中，第一段仅1座，属于二段的才2座，属于第三段的有4座。居址内的房屋分布大体集中，西区第二组中最大的房址F17，面积达到了24平方米，最初为一座单间建筑，后经多次扩建，成为一座多间建筑，位于该组的中心。该组其他房屋的门向均朝向中心，显然已经有了一定的规划，但显得零乱而缺乏统一性，与仰韶时代姜寨、半坡、元君庙、大河村等聚落的规划严谨形成鲜明的对照。

我们从图五可以看出，在该组居址的各个房屋之间散布着较多的墓葬，尤以F17周围最为明显，一方面由于F17可能作为本组房子一个中心，墓葬大多以它为中心分布；另一方面F17由一座单间建筑最终扩建为4间，体现了它的容纳能力比周围的房子要强，并且使用了相当长的时间，附近墓葬中的墓主人大致应是住在房子内的居民。

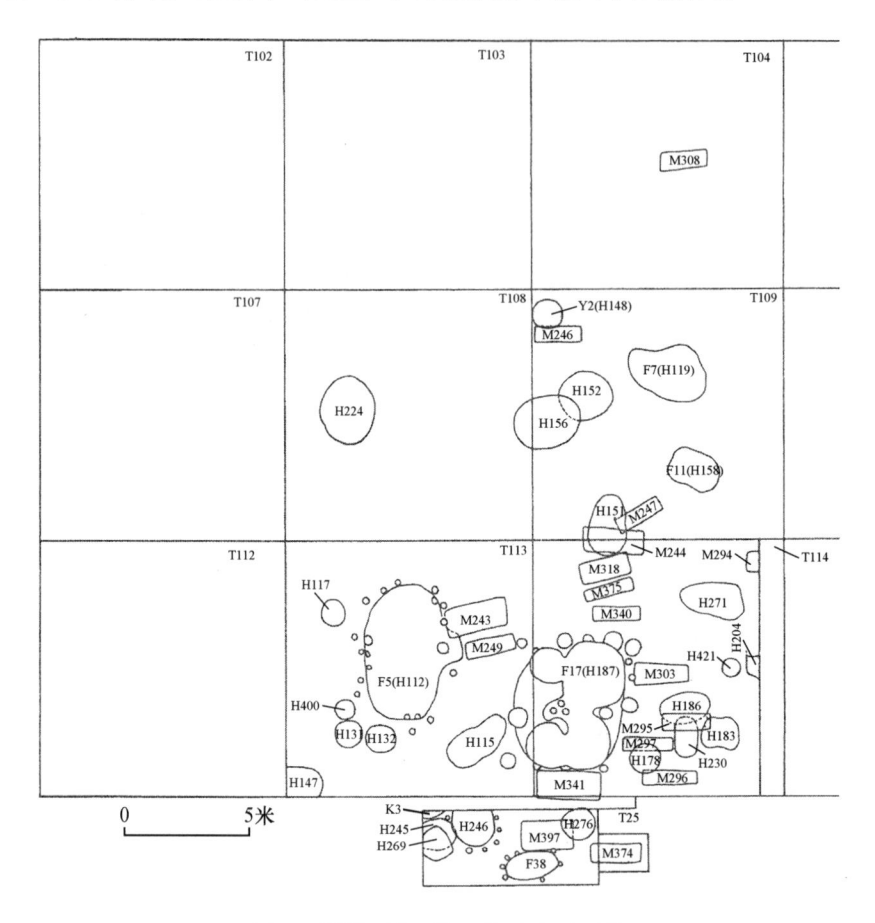

图五　贾湖西北区第一期遗迹平面图

由此可见，本阶段墓葬和居址存在杂处的现象，两者的分离过程尚未开始，独立的公共墓地尚未形成。旧石器晚期的山顶洞人，居址与墓葬同处一个洞穴之内。由此推测，贾湖早期聚落分布的上述特征可能来源于人类的穴居时代。

我们在这些房屋居住面的堆积中发现大量的陶片、工具和动植物遗存。这些遗存可能是居住时期的废弃物，这些材料有利于我们了解房子的功能。除了F38（干栏式建筑）以外，其他几座房子很明显是用来居住的。每座房屋内出土的陶片都至少包括炊器和食器，表明了房屋的居住功能。在这些房子中，F5和F17两座大房屋出土陶片的数量和种类都比较多。不仅发现有生产工具，还出土了一些加工工具。F38内没有发现与居住有关的设施，堆积中也没有发现遗物。这告诉我们大、小房子之间可能存在着功能上的差异，一些加工工具的活动应是在大房子中进行的。这些以F17为中心的房子形成一个聚落内的房屋组，或许代表一个家族的集聚区。

根据聚落总体的空间布局来看，早期聚落至少可分五组，这五组是五个家庭呢？还是五个家族呢？下面我们结合第一期墓葬的情况来进行分析。第一期墓葬共发现42座，分布较为稀疏，均位于遗址西区，从其排列规律来观察，大体可分为A、B两群，A群有26座墓，其分布范围与西区居址第二组大体相当，B群有16座墓，分布范围与第三组居址大体相当，但稍大，两者相距约6~13米。这两群墓葬与两组居址可能分属于同时并存的两个家族，这两个家族可能组成一个氏族公社。

除了房子和墓葬以外，与居址配套的陶窑也是社会生产的重要方面，在贾湖早期聚落中陶窑位于居址两侧，早期共发现陶窑2座，Y1和Y2都位于西区二组的房屋附近，显然还未与居住区完全分离，专门的制陶区尚未形成，还处于分散状态，由此推测此时期的制陶业只能处于家庭制陶阶段。

2. 中晚期聚落布局

到了贾湖聚落的中、晚期，房屋和墓葬数量大幅度增加，反映出贾湖聚落的扩大和人口的增加。从房屋的分期来看，数量由早至晚也是呈逐渐增加趋势的。通过住房和墓葬两种方法推测，贾湖聚落常住人口在160~260人之间。通过与早期聚落形态的对比，我们可以发现该聚落在发展过程的变化趋势。

晚期的聚落布局更具有规划性，根据遗址内此时期房址、灰坑以及墓葬的布局特点来看，贾湖聚落的居住区与墓葬区由早期混在一起的形态，转变为居住区、作坊区和墓葬区相对集中，墓葬区从居体区分离出去的形式。但由于聚落延用时间长，不同期别的居住区与墓葬区也有重叠现象（图六）。

第二、三期居址发现房址31座，可分为6组，这六组房子代表数个扩大家庭组成一个家族的社会组织形式。与第一期不同的是，居址与墓地的分离过程已经开始，每一个房屋组都对应一片与居住区分离的墓葬区，出现了长期连续不断的家族墓地，独立的公共墓地已经形成。若以每一组房子与墓葬的组合为一个家族的话，从分期结果看，聚落内有两个以上甚至五个家族共存。推测聚落内可能有氏族、家族、家庭三级社会组织形式。通过分期我们发现：这些房屋组与墓葬区在时间上并不是完全同时的，墓葬区形成的时间要稍早于居住区，并且延续时间较长，一般贯穿于二、三期的始终，而居住区多形成于三期。说明这些对应关系也并非一开始就已经规划好，也是在聚落发展过程中慢慢形成的。

贾湖聚落的中晚期，陶窑也集中分布于一组房屋的附近，而且每组居址都有自己的制陶作坊区，这一过程有利于制陶技术的改进和水平的提高，也为独立的制陶作坊区的产生和制陶业专门化打下了基础。

另外，还有一种现象值得重视，就是在遗址的西南部和南部，发现两段壕沟，沟内填土堆积中的包含物属于第二、三期，表明此沟的形成、使用到废弃均在聚落中、晚期。结合同时期的湖南澧县八十垱遗址的环壕和仰韶、龙山时代的聚落普遍设有环壕的现象，贾湖聚落出现环壕也是不奇怪的。从其房屋门向和环壕遗迹看，该聚落也是内向的，封闭式

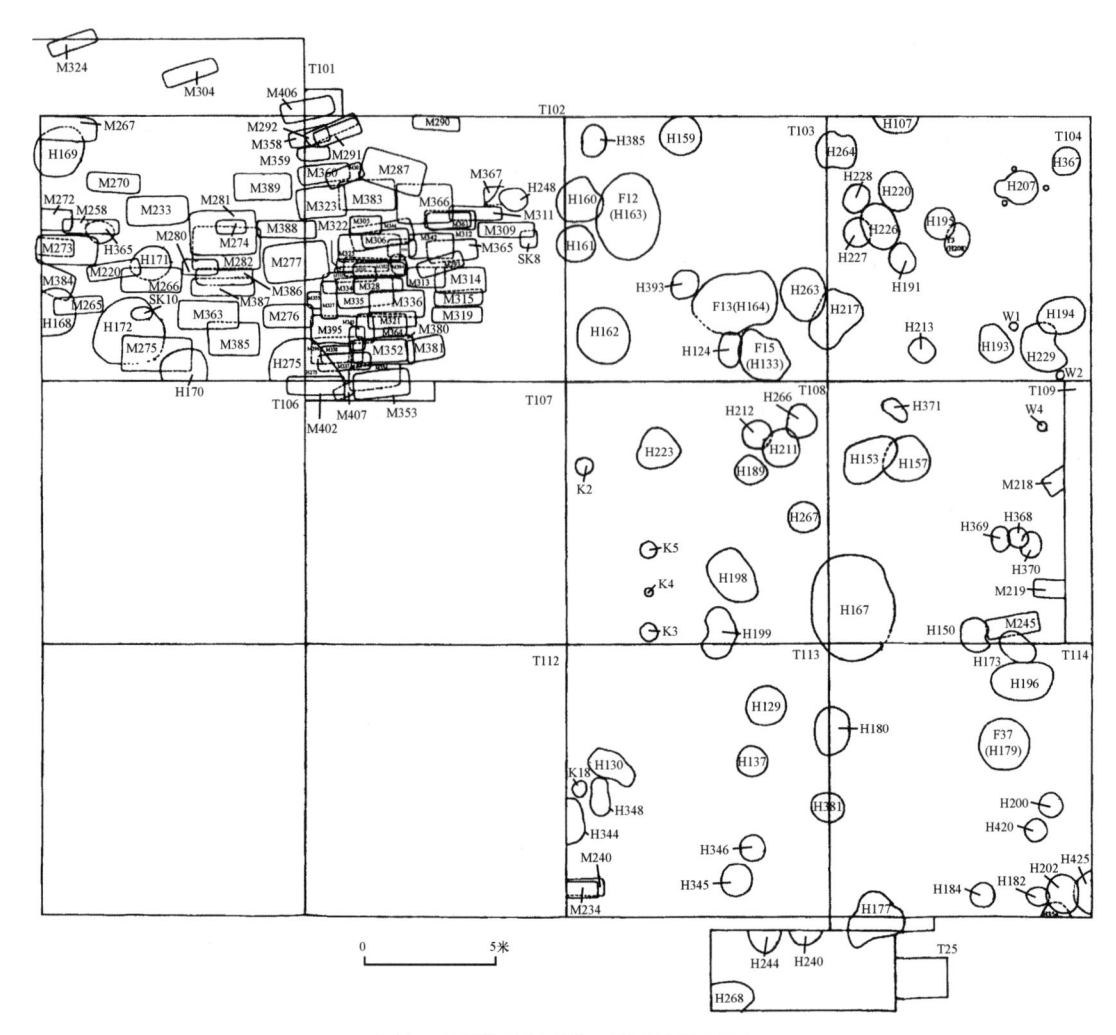

图六 贾湖西北区第二期遗迹平面图

的。但不像同时代的兴隆洼文化和仰韶时代聚落那样整齐划一。贾湖聚落第二期出现的环壕，开了仰韶时代封闭式内向型环壕聚落的先河，应是中国向心式环壕聚落的滥觞。

我们在遗址西部的一组居址中还发现三个呈南北一字排列的较大的红烧土洞，很像三个铺垫红烧土的柱础坑，而其南北均不见其他遗迹，如果是属于某个房子，那么这个建筑是相当大的，且正好位于东西两组房子之间，应是中心性大房子，如果这三个柱础坑仅是已被破坏了的建筑残迹，两组房子中间的空间应该相当于中心广场性质。贾湖聚落中可能也有类似于姜寨的中心广场一类的空地。

总体来看，贾湖聚落的居住形态有几个特点：首先，整个聚落分为几个居住区，居住区内部由早到晚呈现内部逐渐分化的趋势；其次，每一个居住区内部，小房屋都围绕着位于中心的一到两座大房屋分布，从早到晚这种向心性越来越明显。位于中心的大房子应该是家族内成员集体进行室内工作的场所；此外，在贾湖早期的聚落中，存在着墓葬混杂于居住区之中的形态，与同时期兴隆洼文化中的"居室葬"及裴李岗时期明确的墓葬分区不同，可能是介于两者之间的一种过渡形态，值得我们深入的探讨；还有值得注意的是，整个聚落在中期出现的环壕，有保护聚落内部成员的性质，对仰韶时期内向型聚落模式的发展有深远影响。

四、房屋和墓葬所反映的社会等级

从贾湖遗址发掘的情况来看，聚落内部有一个发展变化的过程，从早到晚在文化发展变化过程中呈现出一个正态曲线。早期是聚落产生和初步发展阶段，在第二期发展到顶峰，无论在文化的内涵还是聚落的规模上都达到前所未有的高度，第三期早段仍然是上升的态势，之后呈现出一种衰落的趋势，并最终消亡。这似乎是考古学文化发展的一般规律，通过对贾湖遗址的分析，我们发现在聚落发展过程中已经出现了社会分工，并呈现出逐渐明显的趋势。

墓葬所反映的社会分工

聚落内部不同单元社会分工上的不同比较集中地反映在居址和墓葬信息上，尤其以墓葬反映的信息最为强烈。在2001年第七次发掘中，我们发现贾湖遗址西南区第三期墓葬群以随葬农具为主，而其他三个同期墓群则以随葬渔猎工具为主，这是否表明，在同一个聚落中，不同的人类群体很可能从事不同的生业形式，或其间有不同的经济分工？

贾湖遗址墓葬层层叠压或打破，最多达6层，葬式复杂，有单人或多人仰身直肢一次葬，还有许多单人或多人二次葬，多人仰身直肢一次葬与二次葬的合葬，墓向以西为主，在266°～275°之间的占半数以上。随葬品以陶器、骨器为主，并有成组随葬龟甲和犬牲的现象。这种现象很值得重视，随葬品是死者生前身份地位的象征，通过对墓葬随葬品以及墓葬形制的分类，我们发现在贾湖遗址内部或许存在着一定程度上的社会分化。这种分化由早到晚渐趋明显。在贾湖聚落内部人们所从事的主要生产活动已经有了划分，有了专业的手工业制造者和加工工具的技师，墓葬群随葬品在种类上的差异似乎告诉我们社会分工在当时已经较为普遍。

在贾湖早期，墓葬间随葬品的数量和体积已经有一些差别，而且当时最为普遍的仰身直肢一次葬墓的体积和随葬品数量的相关系数也不小，似乎意味着在贾湖早期社会已经有一定程度的不平等。在贾湖早期，所谓葬品多、体积大的"大墓"，一般都随葬了较多的生产工具或特殊葬品，这些特殊葬品包括龟甲、骨笛、叉形器等一些与精神层面相关的东西。该期随葬特殊葬品的墓，一般不仅葬品多，而且体积大，但这些墓无一例外也随葬生产工具，特别是渔猎用具。可能意味着当时经常参加生产劳动、有巫乐等特殊技能的人社会地位较高，这些"大墓"的墓主是靠自己的劳动或特殊的技能才获取了较高的地位。说明了当时人与人之间不平等主要是基于人与人之间劳动、技能的不同，而不是因为当时社会已出现了特权阶层。整体而论，在贾湖早期，很难确认有明显的社会分化现象，但简单认定贾湖早期是一个完全平等的社会可能也并不符合当时的实际。

在贾湖中期，随葬品数量多的墓比其他墓多出的物品一般都是消耗能量较低的小物件如骨针、骨环或骨镞、骨镖等劳动工具。以随葬品最多的2个墓主M282、M344为例。M282中随葬的60件物品包括：1件陶罐，1件陶壶，1件陶鼎，2件石斧，2件石凿，3件砺石，2件骨笛，4件骨凿，8件骨镞，9件骨镖，2件骨针，1件骨锥，4件骨板，2件骨柄，4件骨刀，1件角料，3件牙锥，2件牙削，1件牙刀，5件牙饰，1个龟甲碎片，1块石子。M344随葬的33件物品包括：2件陶器，1件砺石，6件骨镖，6件骨镞，1件骨叉形器，1件骨饰，2件骨笛，8件龟甲，2件牙削和4件牙饰。该期单人墓随葬品总数与各种类别葬品的相关性分析也表明，该期墓葬的葬品主要是骨器、牙器等生活用具和骨镞、骨镖等渔猎工具。前者的数量大很难说明财富多，后者很可能主要代表了墓主生前所从事的劳作。贾湖中期采用摆放式二次葬的3座墓体积都较小，只有1座葬品较多，其他2座的葬品皆是1件。一般而言，该期葬品多和体积大的墓，有相当多的都不在墓群的中心位置；葬品少、体积小的墓，较多地位于墓群的中心位置。贾湖中期，直接反映劳动消耗的墓葬体积，分化程度较小，墓葬大小的CV[14]明显在平等社会相关值的范围内。这些意味着当时可能还没有出现社会分化较为规范的墓葬礼制，没有出现等级分明的墓葬规格、随葬品数量和埋葬习俗等。

还需要指出的是，在贾湖中期，男女之间的社会地位差别要大于不同年龄阶段人之间的差别。从生理学的角度来说，女性的劳动能力未必就低于老年人和小孩。意味着社会地位的不同可能不仅仅是由劳动决定，也可能与人的自然属性，如性别有关。从整体上看，贾湖中期的男性地位要明显高于女性。总体来看，贾湖中期出现了初步的社会分化迹象，但较为规范的丧葬礼制尚未形成，还不存在世袭的特权，难以断定当时就是分化的社会，可能贾湖中期处在平等和分化社会的边缘。

贾湖晚期，直接反映劳动消耗的墓葬体积的分化程度较小，墓葬大小的CV明显在平等社会相关值的范围内，而且偏低。该期葬品多和体积大的墓大多不位于墓群的中心位置，而相当多的体积小、葬品少的墓位于墓群的中心位置。但是人与人之间仍然是有一些差别的，该期单人墓随葬品数量的CV较大，多数介于平等社会和分化社会的相关数值之间，有的还落入了分化社会相关数值的范围内。该期也有一些墓，不仅随葬品最多、体积最大，而且位于墓地的中心区域，这些墓一般也随葬特殊葬品或生产工具，如该期B群的男性墓M73。该期随葬特殊用品的墓，葬品一般也较多，墓葬体积也较大。在该期，男女之间的社会地位差别要大于不同年龄阶段人之间的差别。从整体上看，贾湖晚期的男性地位要高于女性，而且男女性之间的差异大于不同年龄阶段人之间的差异。总之，贾湖晚期社会分化的迹象仍不明显，但也很难简单断定当时的社会就是完全平等的。

综合来看，纵观贾湖聚落存在的一千余年时间内，原始部落内部始终处于一种相对平等的状态，虽然聚落内有个别墓葬在随葬品上有些差异，但是还在正常的范围之内，看不出有明显的社会分化。到中晚期，男女社会地位的差异似乎更加明显，但还是在一个相对平等的范围之内。总之，贾湖聚落的组织形式仍属于平等社会的范畴。

五、房子所反映的社会等级

摩尔根说过，"住宅本身与家庭形态和家庭生活方式有关，它对人类社会进至文明社会的过程提供了一副相当全面的写照"[15]，他从印第安部落、筑墩人、阿兹特克人等的房屋建筑出发，对这些部落的家庭形态、亲属关系、组织结构等进行了全面的考察，并且认为，将"不同形式的房屋作为一个体系来研究，就可看出它们提示了一种新奇的、原始、独特的生活方式"[16]。

贾湖聚落中的居住区内部也有初步的职能分工或功能分化，遗址一、二、三期中有15个单元组合，各个单元组合都存在不同程度的差别。那么这种社会分化到底是不是人们社会等级上的分化呢？我们通过以下几个方面进行探讨。

首先，在群组之间存在一定的差异，比如早期的西区二组发现的房址较多，遗物也较丰富。而周边的几组就只发现2~3座房址，发现的遗物也较为零碎。当然，由于发掘面积有限，有些群组的全貌可能没有完全揭露。但从已经发掘的资料来看，这几组居址之间似乎有一定的差异。但这些差异还不足以反映聚落内部的分化。

贾湖聚落的房子在早期已经出现了分区的情况，并且在一组房子中还存在周围几座房子围绕中心房子布局的情形，这就说明中心房子在功能上有一定的特殊性，另外从这些中心房子居住面及堆积遗存中发现的加工工具较多，不同于周围小房子以出土维持生计工具为主的模式，这种房子之间的差异更可能是社会分工性质的分化，而贾湖聚落中居住区内部的这种初步的职能分化可能是社会分化的一种初步反映。

前文已经述及，一期西区第二组居址的中心房子（即F17），由最初的单间一直扩建到最后的四间，而且在房址内不仅发现了生产用具和生活用具，还发现了是加工工具，一定程度上具备了加工工具中心的性质。一组房子内的居民，可能是由若干家庭组成的一个家族，在家族内人们都以这座建筑为中心，从事加工工具等一系列较为重要的生产活动，那么居住在这个房子内的人在家族中的地位相比不会一般，或者是家族内的族长，也有可能是整个聚落的首领。但可以肯定的是，其具有高于一般人的社会地位，在族群中有领导作用。到了贾湖遗址中晚期，聚落中大房子的功能，应属于扩大家庭，是一个生活单位和经济单位，不同于核心家庭是分散的，并不集中在一个位置上。它的出现可能反映了婚姻形态和社会生活结构的些微变化。

另外属于三期最晚段的单间房F1面积达到了将近50平方米，这样的居室面积在当时是相当大的。为什么会建造面积如此大的房屋呢？一方面考虑F1可能有家族内部中心居址的性质，要求要有较大的容纳能力；另一方面也体现了晚期房屋建筑技术已经达到相当高度。而如此大面积房屋的出现也反映出社会生产力的发展，家族内部对生产空间的需求在增大。通过对这几座面积较大，建筑工艺较复杂的房屋的分析，表明在贾湖遗址从早到晚的发展过程中，社会分工已经产生，但等级似乎还未形成，还处于相对平等的发展阶段。

第三节　手工业领域的突出成就

贾湖遗址的手工业生产已较发达，本节主要按照其材质的不同加以介绍，主要有制陶业、石制品加工以及骨器、角器、牙器制造业。

一、处于转型期的制陶业

陶器是人类利用物理变化和化学反应制造出的第一种自然界不存在的新物质，它的发明拓宽了人类的食物品种，改进了烹饪方法，在很大程度上改变了人类的生活方式，因而被誉为"人类发展史上的里程碑"。陶器与古代先民的生活方式密切相关，它蕴含着古代社会的丰富信息，在文字发明前的新石器时代考古学研究中，陶器自然成为主要的研究对象。

陶制品的制作过程应包括原料制备、成型与修整、装饰和烧成四个阶段，每个阶段都有其不同的工艺做法和工艺流程，而不同的历史时期、不同的考古学文化，都有其不同的工艺特征。通过对制陶工艺的研究，归纳其工艺特征和规律、从而揭示出物化于陶制品之上的人类的思想和行为，应成为研究陶制品制作工艺的主要目的之一。

就器物的形态而言，在陶制品制作的四个阶段中，成型、修整和装饰阶段是关键阶段。人们在制作某一件器物时，决定器物的外部形态的往往有功能、材料、技术、传统和审美等因素。

贾湖遗址陶制品成型工艺的显著特征是：各期都同时采用泥片筑成法和泥条筑成法，这两种成型工艺长期共存，并行发展。甚至采用这两种工艺制作的陶器在同一个灰坑或同一座墓葬内共存。虽然在成型工艺上有泥片筑成、泥条筑成之分，但是二者所用的制陶原料基本相同。修整方法、装饰方法大同小异，烧成方法差异不大。

在前后七次的发掘工作中，我们不仅发现了丰富的陶器，还在遗址内发现烧陶的窑址，说明陶器制作已成为当时的一项手工业生产活动。制陶手工业从早到晚有明显的提高过程，但生产规模普遍不大。

根据古陶产地研究的结果显示，此时还处于家庭制陶阶段[17]。但总体来看，贾湖的制陶业已日臻完善，并可保障氏族人们生活中的日常需求。出土的陶器诸多方面虽然充满着原始性，但是结合考古资料可以看出，此时陶器制作技术的进步性与发展特点。与之后诸考古学文化制陶技术相比较，它们之间在制作工艺及烧造技术方面亦存在着承前启后的渊源关系。

通过对陶制品细部的观察，发现贾湖遗址的制陶工艺处在泥片筑成法向泥条筑成法过渡阶段。陶器的烧成气氛主要为氧化气氛，并出现了渗碳工艺。大多陶器在700～850℃之间，少数烧成温度较低，为600～650℃，部分陶片烧成温度较高，达1000℃以上。贾湖中期出现较先进的"横穴封顶窑"，使得陶器的烧成温度也有了提高。贾湖人的陶器以泥质和加羼合料的红陶为主，以角把罐、凿形足鼎为炊器，钵、三足钵、碗为食器，折肩或圆腹壶为水器，已经具备了煮、蒸、烧、烤等几种基本的食品加工工艺。从炼泥选土，经过制坯、成型、修饰到烧成出窑，建立了一整套的制陶工序，体现了贾湖先民利用自然、改造自然的非凡智慧。

此时期的陶器在选土、制坯、烧制等方面的特征表现得十分明显。大多数陶器，尤其是泥质陶器，器胎细腻纯净，结构紧密，夹砂陶、夹蚌陶羼入的砂粒和蚌粉等瘠性原料，其比例恰到好处。为了观察陶片的显微结构及包含物，将贾湖遗址中的陶片样品截面磨成超薄片，在显微镜下进行岩相观察。发现陶片中的羼和料除了砂粒以外，还有滑石碎末、云母片、炭化稻壳、骨屑和蚌片。说明当时制陶选料是相当丰富的，人们对陶器制作中的瘠性原料已经有了一定的认识。

在制坯方面，部分陶壶的唇部保留有切割的平面，大部分陶器如罐、壶、鼎的内壁有清晰的泥条盘筑痕迹，包括陶器表面各类刻划、压印纹饰，说明当时制陶工艺的坯胎成型技术已经趋于成熟并逐渐得到完善。

在烧制工艺方面，已经由原始的就地围烧向新的入窑烧制方法转变。遗址中发现了"横穴封顶窑"，有窑室、火门、烟道及烟孔，有的还保存窑壁和火道。此类陶窑可能是仰韶时期"横穴窑"的前身。这种陶窑结构合理，经久不废，可多次反复使用，通风道可以利用自然风力，使干柴在火膛内迅速燃烧，又可以利用通风道加以控制或调节窑内所需温度。由于窑体的主要部分在地面以下，火势集中在窑室内部，强化了窑室保温性能。人们使用这种陶窑，提高了陶器烧制成品率，保障了氏族内部由于生产力以及农产品的不断增加与提高后对陶器的需要量，对男女进一步的社会分工起到了积极的促进作用。

总的来看，贾湖文化的制陶工艺恰好处于由泥片筑成法向泥条筑成法过渡的历史阶段，贾湖遗址在中国古代制陶工艺史上的重要性就在于此。这个过渡经历了一个漫长的量变的过程，达近千年之久。属于贾湖文化晚期的大岗遗址，泥条筑成法完全取代了泥片筑成法，并且出现了慢轮制成的构件和彩陶，开始进入慢轮制陶的新阶段，虽然其成型方法仍属于手制范畴，但是慢轮的使用，提高了成型、修接和装饰的效率及效果，这是制陶工艺发展史上的一个进步。

贾湖遗址的陶器，拍打外表时，未见内壁使用陶垫作依托的痕迹，有的用裹绳网陶拍进行拍打，形成绳网纹；有些用篦状工具刮削内壁和外表，形成篦划纹；有些器耳用钝尖状圆棍或管状工具从两面钻成圆孔；有些三足采用榫卯结构安装在器身底部；许多器物先涂泥浆打底，再涂红陶衣作装饰，最后磨光。这些工艺做法具有时代特征和地区特色。

从贾湖遗址和大岗遗址的制陶工艺上可以看到，贾湖文化是这一地区仰韶文化的源头之一，但是与仰韶文化之间尚有缺环。中原地区在贾湖文化之前是否存在只采用泥片筑成法的文化阶段，还有待于今后去探索。

二、石制品制造工艺

石制品是人类最早发明的工具门类之一，是人类智慧的结晶。在几百万年人类历史的长河中，人类迫于生存的压力，不断总结经验，改进制石工艺，增强了人类的谋生动力，反过来又促进了人类社会的发展。因此可以说，石制品制作工艺的研究，对人类童年的认识具有重要意义。

贾湖遗址的制石工艺已经很发达，目前已经确定的石器品包括加工工具、生产工具、生活用具、装饰品等。加工工具有石砧、石钻、钻帽、石锤等。生产工具、生活用具有舌形石铲、齿刃石镰、石斧、石刀、石凿、石磨盘、石磨棒、石杵、石矛等（图七~图九）。还有装饰品及其他特殊用途的器类，如石环、柄形饰、管形石饰、方形坠饰、三角形坠饰、圆形穿孔饰、梭形饰、穿孔石器等。这些装饰品大多打磨精、石质美；坠饰多绿松石，有的质如粗玉；多有穿孔，有的为横孔。石环、绿松石饰等制作精致，绿松石以圆形、三角形穿孔饰为主，基本作为个人装饰品，装饰人的头、耳、颈等部位，其产地研究表明，当时可能已有远程贸易的存在。这对了解当时的贸易路线、人类的行为方式和思维方式具有重要意义。

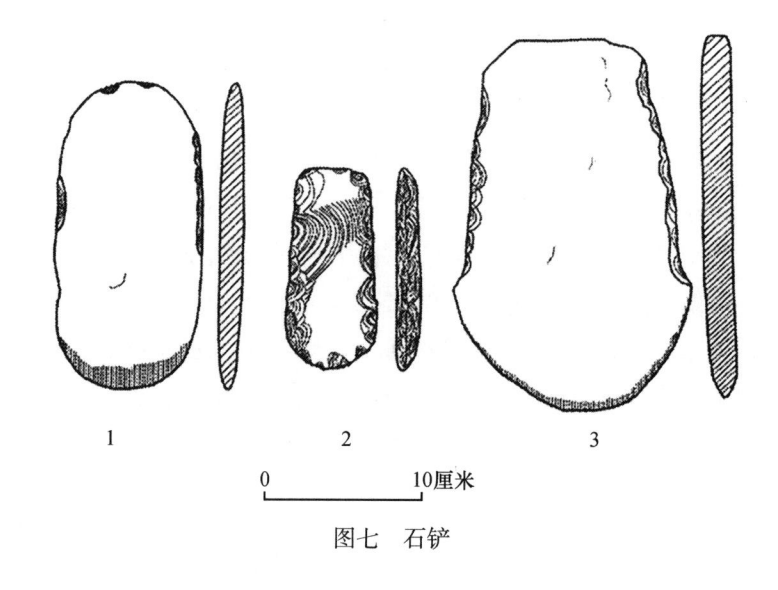

1　　2　　3

0　　10厘米

图七　石铲

图八　石镰

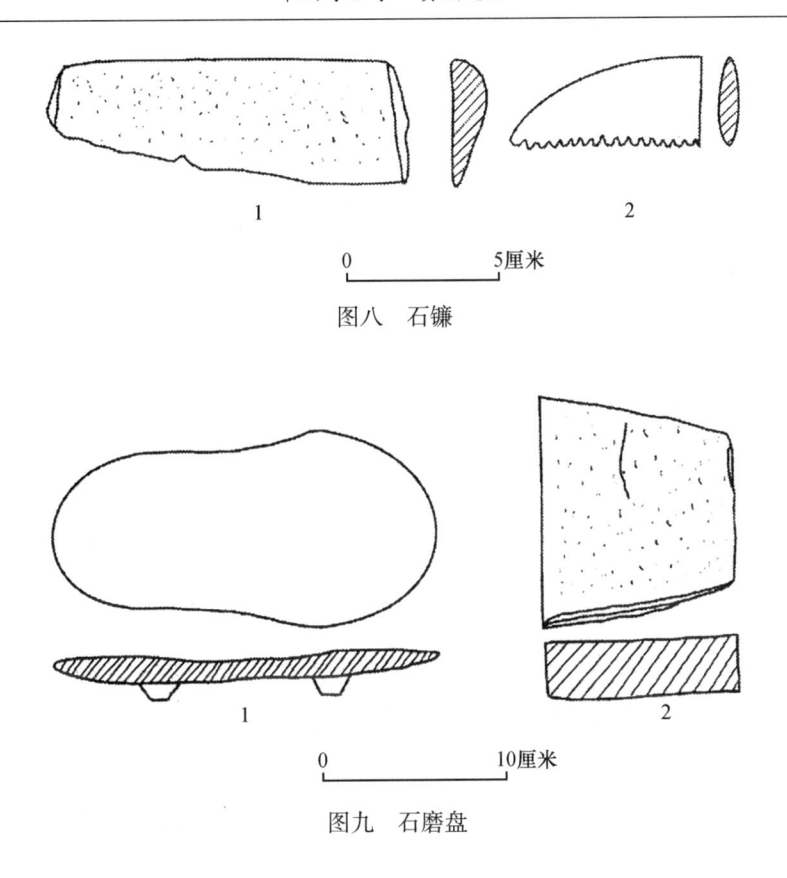

图九　石磨盘

通过贾湖石制品岩性的鉴定，大多石料具有砾石面，特别是质地较硬的材料。如砂岩类和岩浆岩类等，表明主要来自遗址附近的河床。因贾湖遗址紧临灰河故道，北距沙河也仅数千米，因此河床中的大块砾石应是贾湖先民理想的石制品原料。然而，河床上只能得到石质较硬的石料，而诸如片岩、页岩、板岩等石质较软的石料是无法在河床上采到的，而只能到石科的原产地去开采。这些石料的产地，应在距遗址30至40千米范围之内；另外一些较为稀有的石器原料，如制作装饰品的绿松石和萤石，原料产地可能较远，最近的也距遗址100千米以上，其原料的获取方式，最大可能是交换，当然也不能排除掠夺的可能，但贾湖人对资源的利用范围达到100千米以外是完全有可能的。

在加工技术上，经过几千年的积累，已有了较为规范的加工程序，大都经过选材、制坯、琢磨几个步骤，有的还要钻孔或开齿。根据需要对器物的功能要求决定加工到哪一步。实际上，每一步的产品均可直接作为成器投入使用。如有的直接用自然石块，如颜料，有的直接使用制器中产生的石块、石片，有的对刃部或背部或两侧进行锤击法修理，如刮削器、砍砸器等，有的琢制成型后即投入使用，如石磨盘，但大多需进行打磨抛光，如斧、锛、凿、铲、镰、刀等，刃部开齿的仅齿刃石镰一种。

在选材方面，因各种器类的用途不同，所用材质也不尽相同，这也是贾湖人根据当地的资源状况长期摸索总结出的经验。贾湖人主要用闪长岩、石英岩、石英脉岩等石料来制作硬度要求较高的锤、石砧；片岩、板岩则适于制作较薄的工具，所以石铲以片岩为主，石镰、石刀以片岩和板岩为主；石磨盘、磨棒、石杵、研磨器等则需较粗糙的石料，故而大多以砂岩为主。绿松石、萤石和绢云母片岩等因其色泽鲜艳，晶莹剔透，且石料较软，而主要用来制作装饰品。燧石和水晶很少见，前者主要用作刮削器，后者主要用来作钻头。褐铁矿和紫红色含铁粉砂岩主要用作颜料。

制坯主要使用锤击法和砸击法，从可观察痕迹的标本来看，以锤击法为主。关于以片岩、板岩和具有层理结构的砂岩为原料器物的制作，完全可能用高温—聚冷法，先使石料分解成片状，然后再根据需要用锤击法或锯割法制成毛坯。据民族志材料可知，独龙族在20世纪50年代还使用这种方法加工石料，贾湖发现的大量烧石可能与这种工艺有关。

毛坯形成之后，有的可直接使用，但一部分要进行琢磨，贾湖人的石器磨制技术已相当精湛，有些器形堪称艺术品。除部分石锤、石砧、砺石和打制石器以外，几乎都经过打磨，有的可能还经过抛光处理。部分石制品还进行了钻孔，有钻孔的器物主要有纺轮、石环和穿孔石饰三大类，可见穿孔技术还未广泛运用于工具的制作，虽然此时的穿孔工艺已相当娴熟。

齿刃石镰是需要经过开齿的石器，因为镰是一种收割工具，开齿是为了增加刃部的摩擦系数。至今南方许多地方割稻子的铁质镰刀，刃部仍做成齿状。贾湖的齿刃石镰，齿为刃部两面开，相交于刀口，齿距较大又较为规整，可见当是石器加工技术已经相当成熟。

至于石制品制作工艺的分期，三期的变化不甚明显，但因贾湖遗址有千余年的时间跨度，社会的进步还是存在的，如较大器物的穿孔工艺和齿刃石镰的开齿工艺，都是二期以后出现的新工艺，等等。贾湖出土的石制品不仅种类繁多，各种功能的器物较为齐全，并且制作较为精致，有的精雕细琢，堪称工艺品，反映了工具的主人具有高超的制石工艺水平。

三、骨、角、牙制品制造工艺

人们对骨制品的发明和利用的历史，几乎与石制品的利用同样古老，至少到峙峪人时代，打制的骨器已经产生，因之可以认为，人类的骨制品制作工艺也经历了漫长的岁月，到了贾湖人生存的时代，也日臻完善起来，并达到了相当高超的水平。

从形态上划分，可将骨、角、牙制品分为有尖类、有刃类、杂器类和装饰品类等。制作过程主要有选料、破料、成型、磨光、穿孔、修饰等几个步骤（图一〇、图一一）。

由于贾湖人所处的周围有利于渔猎和畜牧业的发展，骨料来源相当丰富，因之在制作骨器时用料的选择余地很大。一般来讲，所见到的大多骨制品原料是鹿科和牛科动物的肢骨。这些原料主要用来制作有尖类、双边刃、端刃类及大部分杂器类工具。单边刃类工具有鹿角、动物脊椎棘突、獐牙、野猪獠牙等。个别器具则由牛肋骨或猪肩胛骨制成。乐器类均为鸟类肢骨制成，装饰品类则根据骨料特点和功能的需要来决定，贾湖人在制作某

图一〇　骨镞

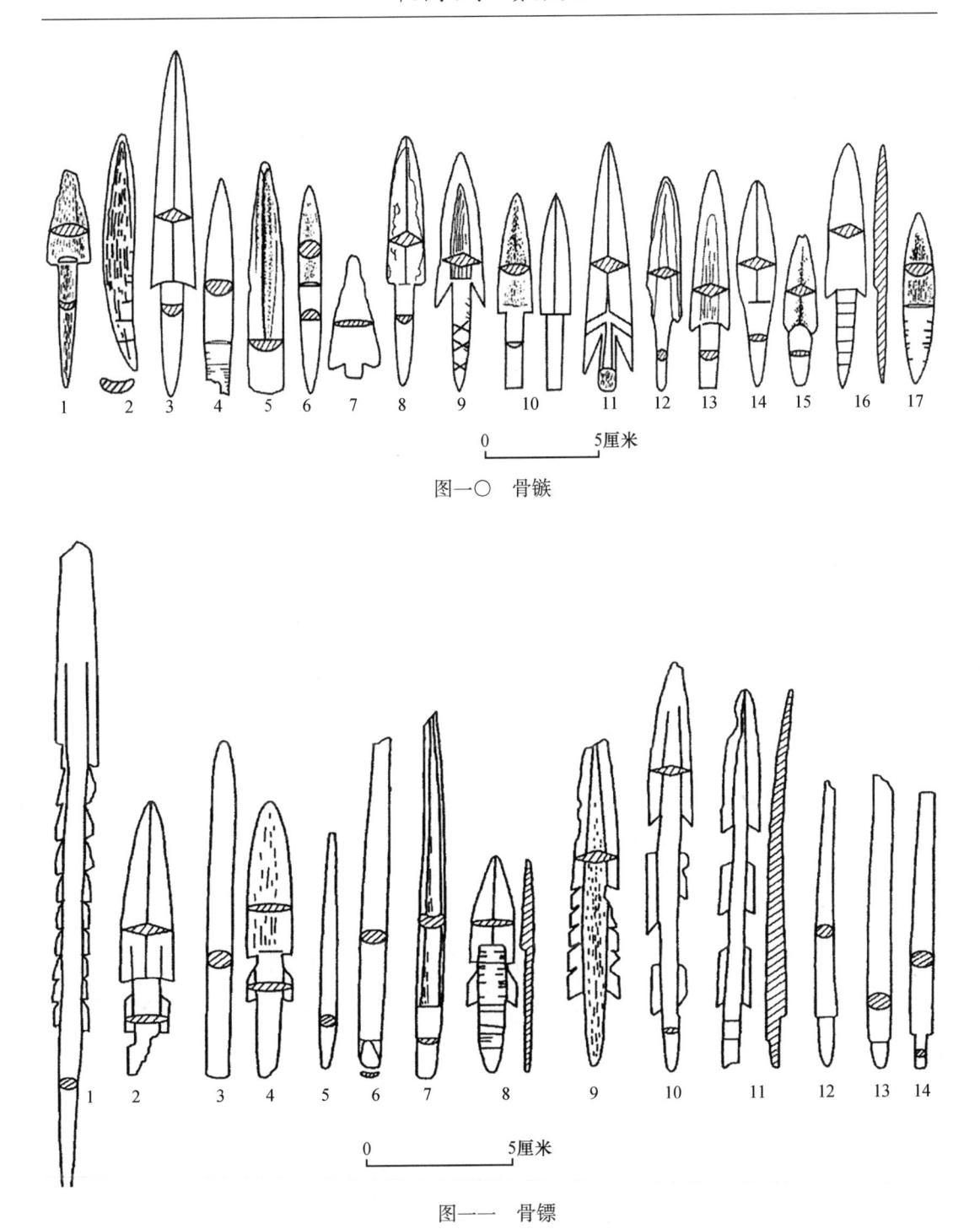

图一一　骨镖

一种器具时，已能根据其功能的需要来选择符合要求的骨料。特别是骨笛和叉形骨器的原料选择，没有长时间的观察和摸索，是不可想象的。牙削的材料尤其值得注意，人们利用獐牙向外自然弯曲的弧边经简单磨砺即可作为器具使用，而且几乎人手一个，可见相当普遍，这种工具开了大汶口文化獐牙钩形器的先河。

值得一提的还有龟甲器的制作。人们把食余的完整龟背甲和腹甲穿孔缀合起来，根据需要装入石子，即可满足人们发声或占卜的需要。

经过对制作材料的选择之后就要进行破料，即根据需要把骨料切割或砍斫成一定的形状作坯料，之后再做成型处理，贾湖骨制品的成型工艺大体可分为四种：刮削法、切割法、打修法（即锤击修整）、磨砺法。下一步是进行磨光，一件毛坯经过整修基本定型之后，就要进入磨光阶段，有的器物通体磨光，有的则只局部磨光，而大部分保留骨骼原自然面，有的尚保留刮削的痕迹。当然也有不再经过磨光阶段而修整定型后直接投入使用的，如有的骨器只见刮削痕迹，不见磨砺痕。

事实上，磨光阶段也包括磨砺和抛光两个步骤。磨砺是把已修整定型的坯料在砺石上进行砺磨加工。大多骨器均通体磨砺，但也有只磨刃口、尖部而通体只见刮削痕的。抛光是在磨砺之后，为增加器物表面光滑度而实施的一种后处理工艺，如叉形器表面、骨板表面等，但有些有尖类工具也有表面抛光的，有的器物表面至今光亮如初，表明当时的抛光技艺相当精湛。

我们在有的骨器上还发现了穿孔现象，在叉形骨器、骨笛、骨针、骨饰、牙饰等器物以及龟甲上，许多都有穿孔，且有些孔径非常之细，有的骨针的孔径仅有0.07～0.1毫米，可见钻头之细小和钻孔工艺水平之高。

一件器物经过以上几个步骤即成器可投入使用，但有些器类还需进一步修饰之后方可投入使用。修饰实际上是两种目的：一是为了更为实用；二是为美观而修饰，如骨饰上的阴刻线条等，应是后世骨雕工艺的滥觞。

可以认为，无论从种类上、数量上还是制作工艺上，贾湖骨制品都达到了相当高的水平，至少在当时是处于领先地位的。

综合来看，贾湖聚落已经有了较为成熟的手工业加工体系，无论是在陶器、石器还是骨角蚌器等方面都有较为规范的加工步骤，当时聚落内部已有最初的社会分工。从事渔猎、采集、捕捞以及农业生产的居民在千余年的生产实践中不断总结创新，使贾湖的手工业生产呈现出比较发达的境况，对后世产生了较为深远的影响，为淮河流域古代文明的发展做出了巨大贡献。

第四节 古代贸易与人口交流

一、古代的交换和原始贸易

目前为止，属于贾湖文化的遗址已经发现有十余处，主要在淮河上游地区，特别是洪河、澧河、南汝河和沙河上游地区。从贾湖遗址的文化遗存来看，其人口较多、规模较大、社会经济较发达、发展程度较高，在这一区域应具有中心聚落的性质。

贾湖聚落作为当时的一个中心聚落，其必然会对周围同时期聚落产生一定的影响。通过前面对贾湖聚落的生业模式的介绍，我们知道在农业和手工业方面，贾湖先民基本是自给自足的，但区域内聚落之间的交换也是必然的，以获取必需的原料和用品。这就产生了原始的贸易行为。

目前来看，贾湖聚落在发展过程中，大部分资源取自本地，陶器和石器基本都是本地制作的。多数石料取自遗址附近的区域内，但也有少数石料本地是无法取得的，其原料产地可能远在100千米以外的山区，如制作生产工具的板岩和页岩以及作陶胎羼和料的云母，而少量玉器和绿松石器的原料产地也许还要更远。

通过对发掘出土的石制品及石料进行岩性分析，我们发现大多石料主要来自遗址附近的河床。因贾湖遗址紧临灰河故道，北距沙河仅数千米，这条河干流较短，灰河仅55千米，沙河也只有120余千米，且落差较大，在这么短的距离内落差有近200米。在贾湖人生活时期，雨量丰沛，河水流量很大，因此，河床中的大块砾石正是贾湖先民理想的石制品原料。

但是，河床中只能采到石质较硬的石料，而诸如片岩、页岩、板岩等石质较软的石料是无法在河床中采到的，因为这些石料若在河滩中流动数十上百千米，已非制作石器的理想原料，特别是片岩类，很难经过长途搬运后仍保持较大个体，因此只能到石料的原产地去开采。这些石料的产地，最近的要属遗址西北方的首山，仅有24千米，距西南方向的伏牛山余脉为30~40千米，贾湖石制品的大部分原料在这些山上均可得到。贾湖人所用的这些较远距离的石器原料有可能是采集而来，当然也有是交换而来的可能。

但是，那些较为稀有的石器原料，如制作装饰品的绿松石和萤石，原料产地可能更远一些。据有关学者考证，绿松石古称"甸子"，中国古代的"甸子"主要产地有三：一是产自中亚地区，称"回回甸子"；二是出自甘青地区，称为"河西甸子"；三是出自鄂西北地区，称为"襄阳甸子"。后者距贾湖距离最近，但也有数百千米之遥。萤石矿在河南较为丰富，相邻70~110千米的方城、泌阳、确山均有较大的储量。因之，这些萤石应是出自周邻地区。

对于距离聚落较远的资源，贾湖人是如何利用的呢？有三种可能性。第一种可能性是直接攫取，先民们在发现一种较好的制作工具材料后就会试图找到材料的产地进行开采利用，这对于聚落周围或稍近一些的资源利用是可行的，但对于较远地区的资源，如距贾湖聚落最近的绿松石产地位于襄阳地区，距贾湖几百里之遥，这对于当时的交通条件来说是不可能短期到达的。而且在那个信息闭塞的时代，贾湖人是不可能获知该地区有绿松石的信息的。因此，直接攫取可能性较小。第二种可能性就是通过远距离掠夺，目前来看，这对当时的聚落来说也是一件几乎不可能完成的任务，贾湖聚落人口规模在当时来说是比较大的，但人们的活动范围是有限的，而且基本过着自给自足的生活，基本没有促使他们去掠夺的诱因。另外经过长途跋涉去其他聚落的空间内掠夺资源，这在当时也是不可理解的。第三种可能性就是通过原始贸易获取加工工具或装饰品的材料或者成品，虽然距离较远，但通过间接的交易是可以实现资源的交换的，当时在贾湖和襄阳之间必定存在着一定数量的原始聚落，相邻聚落间的贸易就相对比较频繁，通过数次相邻聚落之间的传递，使资源到达几百里之外的地方是完全有可能的，而贾湖作为当时的中心聚落，对周围聚落的影响是显著的，当然也会在周邻地区通过交换获取自己需要的资源。综上所述，贾湖所出土的绿松石装饰品及某些加工石器的原料极有可能是通过原始的交换和贸易获取的。

二、原始社会的人口流动

人口流动以及迁移是一个较为常见的社会现象，如今人口流动更是在规模和频率上达到了前所未有的高度。那么在新石器时代中期的贾湖遗址中是否有人口流动现象呢？这是一个很有必要研究的问题。

贾湖遗址是中华文明历史长河中时代较早的文化遗存，贾湖文化在中国文明发展过程中占有重要的地位，通过对贾湖聚落的了解，我们发现聚落的规模在当时是比较大的，中晚期聚落日常的平均人数约在160～260人之间，属于中心聚落。中心聚落有着较强的辐射能力，其中人口的流动也会相对频繁。

为了寻找贾湖聚落人口流动的证据，我们利用锶同位素比值示踪的方法，对遗址中出土的26个人和动物的骨骼和牙齿样品进行了分析，结果表明测试的14个人类个体中有5个是外来迁入的，并且从第一期到第三期人口迁移率有增加的趋势[18]。由此可见，当时聚落间的人口交流还是十分普遍的，并且这种聚落间的人口交流以女性居多，可能存在族外婚姻现象（图一二）[19]。

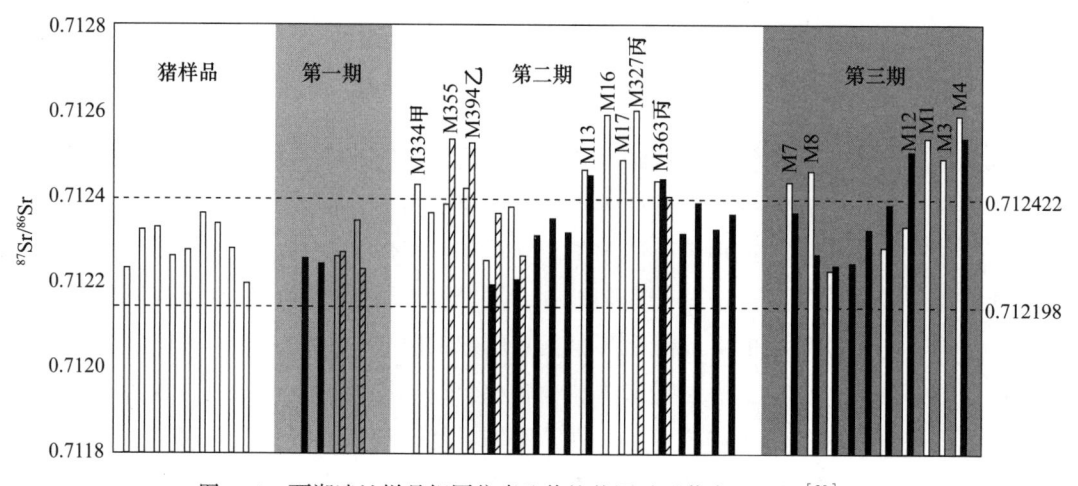

图一二　贾湖遗址样品锶同位素比值柱状图（尹若春，2008[20]）

关于这些外来人口的来源，按照当时的交通水平，似乎不大可能离得太远，应该来自于周围的一般聚落。环视贾湖聚落周围，离得较近的同时期遗址主要有舞阳大岗、郭庄、漯河翟庄以及稍远的郏县水泉遗址、长葛石固遗址等。这些遗址都在距贾湖100千米的范围以内，按当时的条件，几天的时间就可以到达，这样范围内的迁移也是相对容易和合理的。

当然，除了聚落内部存在外来迁入人口之外，迫于生计或者人口的压力，部分贾湖人也可能向外迁移，形成人口的交流。我们知道，贾湖遗址初期人口较少，发现的遗迹也不丰富，但是在二期以后，聚落的发展规模达到顶峰，这主要是由于农业的形成与发展。与采集渔猎经济相比，农业生产大幅度提高了土地的人口负载量。在贾湖中期，稻作农业已达到一定规模，长期开发农田耕作系统所投入的大量劳动使农民不愿轻易放弃自己的劳动成果，休耕期的缩短，地域性的生态集中则使永久定居成为可能。定居意味着生活趋于稳定，使妇女生育与抚养后代的能力提高。人类学家对现代食物采集狩猎者与农业部落的观察与研究表明，前者平均一个妇女一生中只生4~5个小孩，后者则可增加到6~9个[21]。所以，承载力的提高与定居的发展，为人口增长创造了条件。为了得到更多的劳力从事农业劳作，或出于族际竞争的压力，农业定居文化通常鼓励生殖，使人口数量增长最终超过某一群体所在区域内的最适宜人口，导致人口压力的产生。

自贾湖中期以来，聚落内部遗迹数量与分布密度迅速增加，反映出该区人口数量的增长。当聚落内部无法满足人群发展的需要时，人们就会向资源相对充足的地方迁移。按照当时的情况，周围同时期的一般聚落可能是这种迁移的理想去处，因为一个家庭或者是家族需要寻找一个聚落，以求得到生命财产上的庇护。这就提醒我们周围的同时期聚落是研究贾湖人口迁移的重点。

第五节 古代的仪式与礼仪

大量资料显示，早在旧石器时代向新石器时代的过渡时期，人类社会已有朦胧的"万物有灵"观念产生，攫取性经济开始过渡为生产性的经济。这一伟大的社会变革必然引起人类的宗教观念和思想意识的变化。进入新石器时代初期，由于自然现象和自然力量对原始农牧业生产影响十分重大，人们在自然面前显得软弱无力而束手无策，于是，人们相信世上万物（生物或非生物）均有灵魂，并相信任何事物或现象都是由一种超自然的力量所操纵的，一种以"泛灵崇拜"为特征的原始宗教诞生了。与此同时，人们相信自己可以通过一定的仪式，利用超自然的力量，去诱导甚至强迫自然界按照自己的意志行事，于是，作为一种特殊的信仰和行动的巫术产生了，最原始的仪式和礼仪主要就体现在巫术仪式上。可以沟通人神的巫师也应运而生了。由于他们有着超人的力量和非凡的才能，普遍受到人们的敬重，有的成为部落的领袖，有的本身就是氏族的酋长。他们是人类智慧和传统文化的继承者和传播者，因之也是当时的知识分子。在社会活动和宗教活动中，他们总结和积累了大量朴素的科学知识和文化知识，如天文与原始历法、生物学与医学、音乐舞蹈、原始文字等，这些都有赖于巫师们的不断总结和提高。因此可以认为，他们在人类历史的进程中曾起到过重要作用。

严格来讲，贾湖先民生存的时代，真正的宗教还未诞生，因之也就不可能有真正意义上的宗教仪式，虽然，在许多情况下巫术与宗教相融合、相混淆，但我们仍有理由认为，这种融合并非自始即有。曾有一个时期，人们为满足他们那些超越一般动物需求的愿望而只相信巫术。首先，考虑到巫术与宗教的基本见解，我们就倾向于做出这样的判断：在人类历史上，巫术的出现要早于宗教。我们已经看到，一方面，巫术仅只是错误地应用了人类最简单、最基本的思维过程，即类似联想或接触联想；另一方面，宗教却假定在大自然可见屏幕后面有种超人的有意识的具有人格的神的存在。很明显，具有人格的神的概念，要比那种关于类似或接触概念的简单认识要复杂得多。但类似巫术仪式的现象已成为人们日常生活中的一部分，则是完全可能的。从已发现的情况来看，贾湖遗址的巫术仪式主要有龟祭和犬牲两种形式。

一、龟　　祭

我们在发掘过程中发现贾湖遗址有比较明显的用龟习俗，在墓葬、灰坑以及房屋基址中都发现有完整龟甲。从龟的埋葬状态观察，埋入时都可能进行过相应的仪式。

最普遍的就是随葬用龟，在清理的349座墓葬中，共有23座墓随葬龟甲，占总墓葬数量的6.6%，这23座墓中随葬的龟甲，有三种情况，一种是随葬成组的背腹甲扣合完整的龟壳，一种是随葬单个的完整龟甲，一种是随葬龟甲碎片。大多数完整龟甲和部分龟甲碎片均伴出有石子。

贾湖墓中随葬的带石子的成组龟甲，位置不是很固定。有的位于墓主人的手臂外侧，这些龟甲的性质可能相当于印第安人的手摇龟甲响器，那些在小腿部位所出的带石子龟甲，可能与塞密诺人的腿摇鼓相似，而M344无头墓和二次葬墓中所置成组龟甲是否系在迁葬慰灵仪式上所持之法器，仪式之后将这些法器一并随葬，以达到某种主观意愿则不得而知。总的来讲，这些龟甲与某种原始宗教仪式有关，应是可以肯定的。

至于另外两种龟的埋藏方式也肯定与原始宗教仪式有关。我们在F17之中发现一例奠基用龟的现象，F17为本遗址第一期第三段的典型单位，也是1处具有四开间、规模较大的房址。在它的南半部、两居室之间的南侧，为人工垛起来的净泥墙垛，其上在层表有一柱洞，即该房址的D11。在立柱部位的坑底生土之上，垛墙泥之下，压着一完整的龟壳，出土时背、腹甲完整，背甲朝上，腹甲在下，龟头向西，与门向一致，显然在垛墙时已将此龟置于此处，因之，具有明显的奠基祭祀性质。此外，在F3的D8底部，有一完整的鳖甲，也是背、腹甲齐全，背甲向上，腹甲在下，可能也具有祭祀意义。灰坑和地层中的龟甲、鳖甲，也应与某种宗教仪式相关。

由此可见，贾湖人的龟文化已渗透到了人们日常生活的多个方面。龟祭更已成为贾湖人精神生活中的一部分，伴随着文化的发展而得以传承下来，对之后的大汶口文化、凌家滩文化等产生过深远的影响。

二、犬　牲

除了龟祭之外，犬牲也是贾湖文化的一大特色。以动物作牺牲，在中国有着悠久的历史传统。马、牛、羊、鸡、狗、猪等家畜家禽和鹿、鸟等野生动物都曾在某种宗教仪式上作过人类的牺牲。其中历史最悠久者，莫过于狗了。

贾湖人生活时期，葬狗之风已经形成，但此时并不将狗置于墓葬内，而是置于墓地之中或其边缘地带，这是否意味着此时的狗还是属于氏族、家族或扩大家庭的公有财产，因而用来保护整个墓地？如果如此，则这些狗在葬入时肯定要举行相应的仪式，至于房基旁的狗，则可能属于其他某种仪式的遗迹。这种现象，在民族志中也可见到类似材料。如哈尼族认为狗是管理村寨的，所以常用狗作为保卫村寨的牺牲。同时还卜狗占卦，若认为主凶，便需出追玛（祭司），在村寨后门外再敲一条狗[22]。这种仪式所含的文化意义，可能与贾湖人葬狗有相似之处。

继贾湖遗址发现犬牲现象之后，考古学家又在淮汉文化带发现普遍存在着这种习俗。首先，文化面貌及年代与贾湖最接近的淅川下王岗遗址就有发现，在下王岗仰韶文化墓葬中，有5座墓中用狗殉葬，其中的M112为龟狗同葬，M285则有2条狗随葬。

在淮河下游和沿海地区，犬牲现象也较为常见，如邳县（今邳州市）刘林遗址197座墓中有8座墓随葬狗，有3座墓为龟狗同葬。大墩子遗址342座墓中有9座墓随葬14只狗，其中有的随葬3只，有的随葬2只，还有两座墓葬较为典型，各随葬一狗的模型，这大概是最早用狗俑随葬的现象。同时也可反证用狗作牺牲的文化传统具有悠久的历史和重要的地位。

山东王因遗址与贾湖的葬狗现象一致，即只在地层中发现有意识埋狗的土坑，而未见墓葬中用狗随葬的现象，这是否可说明这是淮河流域这种文化现象向北传播初期的遗迹？但这种现象则在山东半岛被继承下来，如胶县三里河龙山文化遗址就发现用狗来祭祀的遗迹。甚至在渤海海峡上的大口龙山文化遗址中也发现有整猪和整狗的祭祀坑。这表明犬牲现象的传播范围是相当大的。

位于长江下游的常州圩墩马家浜文化遗址、上海淞江广富林良渚文化遗址、长江中游的巫山大溪遗址均发现过用狗随葬的现象，这种现象一直延续到商代，在商代牺牲中，犬牲的数量仅次于人牲而居于动物牺牲之首。如安阳殷墟、河北藁城、徐州铜山丘湾等均发现大量犬祭遗迹。犬牲不仅用于对墓葬的献祭，还用于营造建筑的祭礼，郑州商城、安阳殷墟的大型建筑基址下面都发现有不少祭祀坑，特别是商代墓葬中，还流行在墓底腰坑中殉狗的作风，充分表明，在商代社会中，犬牲的用途是相当广泛的，成为商代各种祭祀仪式中的重要组成部分。

从犬牲现象的分布看，是以贾湖所在的淮河上游地区为起点，然后以淮汉文化带为中心，向南扩进到长江中下游，向北直到渤海地区岛屿遗址，基本上呈T字形分布。由此看来，犬牲这种原始宗教仪式的肇始至少在8000年以前，直到历史时期，成为淮汉文化带传统文化的重要因子之一。到了商代升华为"礼制"的重要组成部分，在中国文化史中占有重要的地位。而这一传统习俗正是根植于中原和华东沿海地区8000多年的文化沃野之上的。

第六节　贾湖遗址的重要发现

贾湖遗址发掘资料公布之后，因其独特的文化面貌和丰富的文化内涵，和所发现的一批具有重要价值的文物，引起学术界的广泛关注。尤其是以遗址发现的骨笛、契刻符号、成组的龟甲、栽培稻、最早的家畜以及最早的米酒，这些重大发现都证明了贾湖遗址是淮河流域一处具有重要价值，在中华文明形成过程中发挥重大作用的遗存。

一、骨笛——9000年前的音乐奇迹

贾湖骨笛最早发现于1986年5月12日，我们在清理M78时，在墓主人的左股骨两侧各发现一件穿孔骨管，每件骨管上都有七个小圆孔，形状像笛而无吹孔、似箫而无山口，虽然器形特殊，但毕竟与笛和箫有着较多的共同之处，引起大家的好奇与兴趣。此后的一年内，类似的穿孔骨管累有出土，总数达到了25支，其中22支系作为随葬品而置于墓葬中的，1支半成品出于窖穴中，另有2支残器被弃置于地层之中。

除去2支半成品，其余的23支，根据出土骨笛的形制分为三种类型。与贾湖文化遗址的三大发展阶段基本形同。早期距今9000～8500年左右，骨笛上开有五孔、六孔，能吹奏出四声音阶和完备的五声音阶；中期距今8500～8000年左右，骨笛上开有七孔，能奏出完备的六声音阶和不完备的七声音阶；晚期距今8000～7500年左右，除继续使用七孔骨笛外，还出现了八孔骨笛，能吹奏出完备的七声音阶。

贾湖骨笛数量众多，制作规范，在史前音乐史上实属罕见，那么这些骨笛到底是怎

样吹奏的呢？能吹出怎样的旋律呢？发掘结束不久，笔者就曾携M282：20号骨笛到北京请音乐家鉴定。中国艺术研究院音乐研究所民族民间音乐研究室主任萧兴华首先肯定它是吹奏乐器，并请中央民族乐团刘文金团长组织试奏，经笛子演奏家宁保生用斜吹的方法进行试奏，得知了这支骨笛的大致音程关系。之后萧兴华又请著名音乐理论家黄翔鹏等携带仪器到郑州对这批骨笛进行正式测音，对测音结果研究后认为，这批骨笛的音阶阶构至少是六声音阶，也有可能具备了七声音阶。这无疑是继湖北曾侯乙墓编钟、编磬发现以来音乐考古的又一重大发现。所以这一消息一经公布，立即受到学术界的高度重视。1999年，《自然》杂志（Nature）发表关于贾湖骨笛的研究成果[23]，并且还将贾湖骨笛演奏的河北民歌《小白菜》的乐曲发布在其网站上，引起了国际学术界的关注。

贾湖骨笛是由大型禽鸟双翅上的尺骨制作的，据鉴定这种禽鸟为丹顶鹤。尺骨两端的关节已被截去，成为中空的骨管，M282：20号骨笛长度为23.6厘米，骨管的一侧整齐排列7个圆孔。虽埋藏于地下8000多年，骨笛通体呈现棕褐色且略有斑驳，但却依然光亮润泽，风骨犹存。它的出土将中国古代音乐的信史上溯到了8000多年前（图一三）。

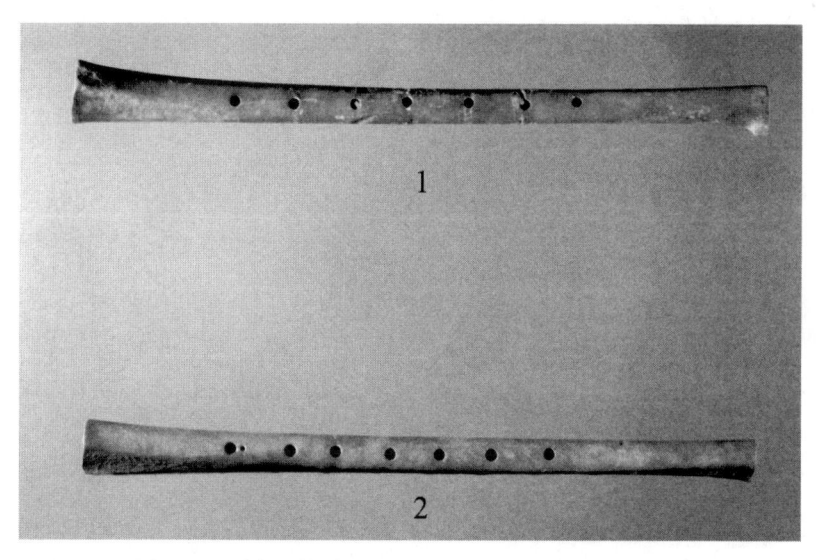

图一三　贾湖骨笛（上图M282：21，下图M282：20）

以M282：20号骨笛为例，制作这样一只这样的笛子首先需要得到一根丹顶鹤的尺骨。如今的贾湖一带已经看不到丹顶鹤的踪影，这与气候的变化有关。要将鹤骨管制成一支骨笛，首先是去除尺骨两端的关节，形成中空的骨管，然后设计音孔的位置，这是最关键的一步，因为音孔的位置、孔距，直接关系到音准和音阶。先得在预备钻孔的位置刻上记号，这些当年设计音孔时留下的横线，有许多至今还能看出它们的痕迹。有学者根据这些横线刻痕，提出贾湖先民运用了某种数学方法来设计各音孔之间的距离，以获得其心中既定的音律。但更可能是根据长期实践的经验来设计音孔的位置，这种设计正好与后世甚至当今我们通过复杂计算得出的音律相吻合。

在贾湖遗址M78：1号标本的7个音孔旁还有初次设计和两次修改设计的刻记。"从刻记看，似先计算，在笛上刻记号，然后在第七孔的位置上钻基准孔，之后经试吹，以此孔音高为标准，修改设计，重新刻记。第四、五、六孔为第一次修改后所钻，之后又一次调整余下之孔的设计，再次刻记。一、二、三孔为第二次修改设计后所钻。这种制作方法与现代民族管乐器的制作方法基本一致。这不仅表明贾湖先民的原始音乐水平已达到了相当的程度，两且原始数学和计算的水平也是相当惊人的。"[24]从现今的笛子制作工艺来看，对音孔的设置都有精确的数值参数，然而当时人们的计算方法和标准已不得而知，但音孔的设计应遵循某种理论或经验是一定的。

在距离第一次发现贾湖骨笛15年之后，2001年4～6月间，中国科学技术大学与河南省文物考古研究所合作，对贾湖遗址进行了第七次发掘，并再度传出惊人发现。新出土骨笛近10支。其中既有可以修复完整的七孔骨笛，还有新型的二孔骨笛（M521：1）。这件二孔骨笛的长度达到近30厘米，中间断裂，两端残缺，正面开二孔，孔距7厘米。与多孔骨笛相比，其骨管长度更长、音孔孔径略小、孔距更大。更重要的是，该骨笛背面中段有精美的刻纹，这段纹饰带总长约18厘米，两端各有一段以极精细的斜线交叉而形成的密集菱形图案，中段刻纹则如蛇躯缠绕之状。整组纹饰不仅精美异常，而且极具神秘色彩。这次新的发现加深了我们对贾湖音乐文化的认识。

贾湖骨笛与比它晚二三千年的西安半坡陶哨（只能吹奏出一个二度音程）、河姆渡陶埙（只能吹奏出一个小三度音程）相比较，无论在制作工艺还是在音律精度上要先进得多。贾湖骨笛的发现，对我们重新认识中国音乐发展史、对中国音乐的起源和对新石器时代音乐状况的研究提出了新的课题，并对多学科共同研究远古时期的文化现象提供了重要依据。通过对舞阳贾湖骨笛的研究，还可以使我们更多地了解中国在世界文明史中所占的地位。根据我们目前所掌握的材料得知，贾湖骨笛是目前世界上出土的年代最早、保存最为完整、出土个数最多、现在还能用以演奏的乐器实物。

通过进一步的研究，我们已感到贾湖骨笛的研究成果将会推动中国音乐史、乐器发展史的研究，使人们对中国古代文化和音乐文明的认识提高到一个新阶段，在这个过程当中，贾湖出土的骨笛无疑起着至关重要的作用。

二、契刻符号——汉字起源的滥觞

我们在贾湖遗址的甲器、骨器、石器、陶器上共发现十七例契刻符号，这个现象很值得我们思考。这些契刻符号到底有什么深层次的含义，它们是否是最初的"汉字"呢（图一四）？

通过分类比较我们发现，这些符号刻在龟甲上的有9例，骨器上的刻符有5例，陶器上的刻符3例，其特点均是契刻而成。这些刻划符号并不只存在于随葬品上。从目前材料观

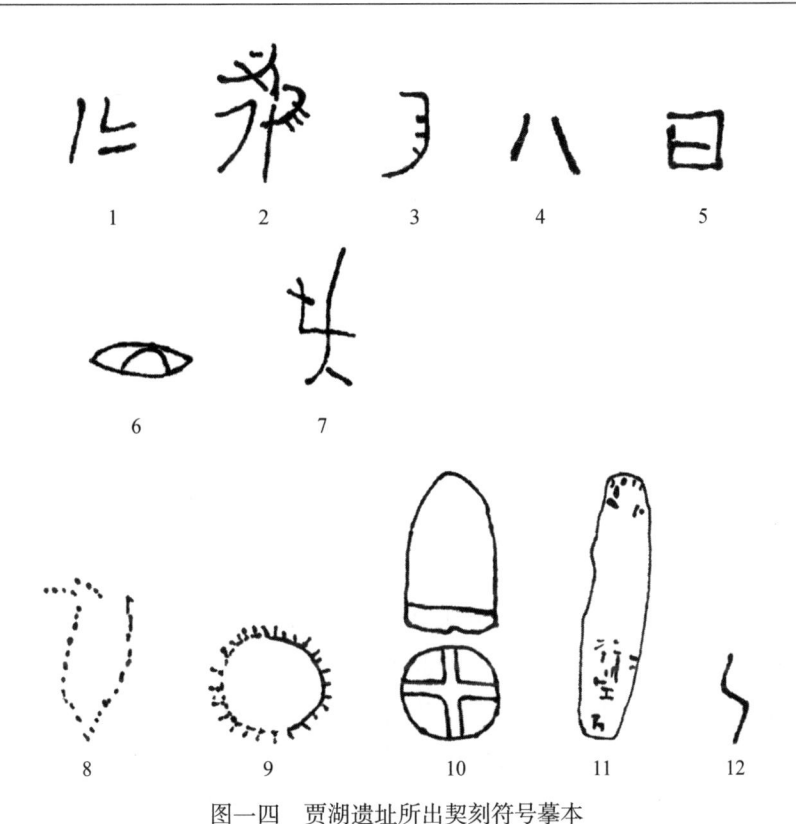

图一四　贾湖遗址所出契刻符号摹本

（1~7为骨制品、龟腹（背）甲原始文字；8~10为陶器表面原始文字；11、12为石器表面原始文字）

察，只有刻符柄形石器随葬于一座老年女性墓葬之中，龟甲和骨器上刻符的墓葬大多为男性，刻符陶器和部分刻符石器则出土于房址或窖穴之中。

经过专家研究，刻符结构为"横"、"点"、"竖"、"撇"、"捺"、"竖勾"、"横折"等笔画，书写特点也是先横后竖，先左后右，先上后下，先里后外，与汉字基本结构相一致。有些契刻符号的形状与其4000年后的商代甲骨文有许多相似之处，如形似眼目的"目"，光芒四射的太阳纹等。

贾湖契刻的出土给语音界提出一个问题，首先要确定它是不是文字，如果是，是什么性质的文字，是不是汉字的源头。西方语言学界长期以来，认为人类最早的文字是起源于尼罗河流域的古埃及图画文字。基于这个缘故，从16世纪以来，西方的语言学家、历史学家以及传教士，纷纷著书立说论证中国的汉字是从他们引以为荣的图画文字发展来的。这些学者限于当时资料的匮乏及民族心态，而把音素文字说成是起源最早最先进的文字，为此有些人牵强附会地说，中国的文字是从西方传来的。就是在20世纪初殷墟甲骨文出土以后，这种论调也未完全销声匿迹。大汶口文化和仰韶文化陶符的相继出土已证实了汉字不是来自西方而是起源于中国本土，贾湖契刻的出土事实更加证明了这个问题。

世界上许许多多不同的文字，可以分为音素文字和意理文字两大类，汉字属于意理文字，余者属于音素文字，这两类文字的发生与发展不尽相同。西方语言学者所说的文字起源于图画，正是音素文字发展的实际情况，古埃及文字就是来自图画。但不能把图画作为所有文字的起源。对于图画是文字的唯一起源，已有不少人提出了异议。

关于汉字的起源众说纷纭，有结绳说，有八卦说，有仓颉造字说，最有影响的还是象形说。结绳在上古时代曾帮助过人们的记事，因它变化非常有限，不能分出单个记忆体，所以它不会演化为文字。八卦的抽象性很强，富有哲理，不过在汉字的发展史上尚难见到它的作用。仓颉造字的传说活灵活现，但就算真有其人，汉字也不是由他个人创造的，他充其量只可能是一个集大成者。很多人都认为中国的汉字就是起源于象形，造成这个现象是有原因的。20世纪60年代以前，所能看到的最古老的汉字，主要的是殷墟甲骨文，后来大汶口陶符的出土，更加佐证汉字是象形字。自从西安半坡村陶符出土，才真正引起对象形字的反思。而动摇汉字起源于象形字这一基础的，是贾湖契刻的出土。贾湖契刻的存在就是一个无法反驳的物证，表明汉字很可能主要来源于契刻而非图画。

贾湖契刻与殷墟甲骨文有着惊人的相似，无论是从笔势还是笔画组合等方面鉴定，都能发现它们之间有着多方面的关系。殷墟甲骨文是公元前1700年左右业已成熟的文字，它早已脱离了原始形态，因此它必然有一个源头问题。那么，甲骨文的源头在哪儿？贾湖契刻的发现为我们解释这一问题提供了重要的启示。第一，两者的书写工具相同，都是用锐利的刻写工具，把符号刻画在经过修整的龟甲或骨器上；第二，殷墟甲骨文是用来记载占卜内容的，贾湖契刻也与占卜有关；第三，很明显，贾湖契刻是一种事理符号，而甲骨文中的事理字很多。

通过以上分析，我们可以认为，8000多年前的贾湖人创造的契刻符号，具有原始文字的性质，同商代甲骨文可能具有某种联系，而且很可能是汉字的滥觞。从对贾湖人智力水平的考察来看，他们是有能力创造出适合当时社会发展的原始文字的。这一发现对汉字起源的研究具有重要意义。

三、成组龟甲——原始宗教的物化

在贾湖遗址的墓葬中我们发现出土成组龟甲的现象，在349座墓葬当中，除去一座鳖甲墓，共有23座墓随葬龟甲90副。龟甲有背腹甲共出及碎片两种形式，并且伴出有石子。出土如此数量的成组龟甲到底意味着什么呢？这就需要探讨这些龟甲的性质。龟甲是史前用龟现象的主要物质载体，如何诠释龟甲当是我们认识史前用龟现象的重要因素。而后世龟文化的溯源也有赖于我们对史前用龟现象的认识。

关于龟甲器的使用方式和功能，淮河流域的贾湖文化跟后来的大汶口文化、汉水流域的仰韶文化下王岗类型、何家湾类型应该是一样的，但长江流域的大溪文化和马家浜文化可能并不一样，这应该与地域差异有关。对于龟甲器的具体用途，先后有汪宁生、高广仁、俞伟超、陈星灿等诸位学者进行过研究并发表了自己的看法，他们的观点也是目前关于龟甲器用途的一些代表性观点，如响器说、龟灵说、占卜说等。龟甲器的用途与龟甲器本身的形制和龟甲墓随葬品特征息息相关，并且随着时间、空间的变化，龟甲器的用途也可能发生改变。就实物龟甲器本身形制来看，其用途具有非单一性。从出土的大部分龟甲看，大多为背腹甲共出，内装小石子，个别有骨针、骨锥之类。从这些内装物来分析，小石子的用途无非有四种可能性，即可用于发声、占卜、计算和记事，或兼而有之。而针、锥之类，则可能与医用有关。

发声之说由于有北美民族学资料的支持比较有说服力，那么龟甲器是否具有占卜功能呢？之前对于龟甲器占卜功能的认识主要来自其内含的石子，认为是作为冷占卜的工具。我们知道，在中国，筮占和数占有密切的联系，它们都是用数字组合变化的或然性来预测吉凶的一种象数体系。这一体系像滚雪球一样，由简单到复杂，由稚拙到成熟，由"伏羲八卦"到"文王六十四卦"，最后形成了影响整个中国传统思想的"象数之学"，并对中国人思维方式的形成产生了重要影响。以上材料使我们有理由推测，贾湖墓葬中随葬的盛有石子的龟壳，应与占卜有关，而且很有可能就是一种数占法。

从随葬龟甲的墓葬来看，如贾湖遗址的M344，不仅随葬品丰富，而且有8个内盛石子的龟甲，其中一个龟甲上有契刻的原始文字，还有两只七孔骨笛，并且随葬的叉形器和龟壳堆在一起，这绝非生产工具，而作为巫术法器的可能性极大；这些龟甲出土时，摆放在墓主人身体的不同部位，内部大都有石子，龟壳上有钻孔，这些随葬的龟可能与原始巫术仪式有关。这些随葬龟的墓主人很有可能是巫师（图一五）。

图一五　贾湖遗址出土的成组龟甲（M363）

舞阳贾湖龟甲所反映出来的原始八卦，还有许多重要启示，主要表现在：贾湖遗址的龟占八卦是中华先民利用"灵龟"来沟通人与天地神灵之间神秘关系的重要手段。因此，这种龟占八卦很快便在河南淅川下王岗、陕西汉中南郑龙岗寺的仰韶文化，山东兖州王因、大汶口、邹县野店、安徽含山大汶口文化，四川巫山大溪文化以及江苏武进圩墩、马家浜文化等遗址传播开来，开启了对中华文明具有深刻影响的八卦哲学之先河。

贾湖龟占八卦为我国文字的起源奠定了思想基础。龟甲、陶器、骨器和石器上刻画的单个"符号"，就是最早记录八卦之象的原始文字，它是中华先民"制器尚象"习俗的产物。贾湖先民创造的龟占八卦和记录八卦之象的卦象文字，以其原始宗教的巨大魔力，在黄河、长江中下游等地迅速传播。特别是其中的卦象文字，自距今8500年的贾湖遗址二期产生以来，到夏代前夕约四千年间，已传播到黄河流域的仰韶、大汶口、马家窑、龙山文化，长江流域的大溪、河姆渡、马家浜、良渚文化，辽河流域的小河沿文化，珠江流域的西樵山文化以及台湾地区的凤鼻头文化，成为中华远古"多元一体"文化的重要纽带。这种"制器尚象"的习俗，直到汉魏时期才日趋衰落。由上所述，贾湖文化发现的龟占器具和卦象文字，拉开了中华民族五千年文明的序幕，在中华文明起源和发展史上，具有划时代的意义。

四、栽培稻——稻作农业起源的新证

1991年春，在对发掘资料进行室内整理时，在一块红烧土块上发现了几枚稻壳印痕。经中国科学院植物研究所孔昭宸研究员鉴定，确认为人工栽培稻。

1994年6月，经对一些标本进行浮选，首次发现了一些炭化稻米（籽实），引起学术界广泛关注（图一六）。1994年6~7月，北京大学、中国农业大学对上述发现先后召开成果鉴定会和学术讨论会，与会的考古、农业史、古生物学家对这一发现给予了充分肯定和高度重视。同年，笔者与中国农业大学教授王象坤、孔昭宸一起对6个遗迹内出土的标本

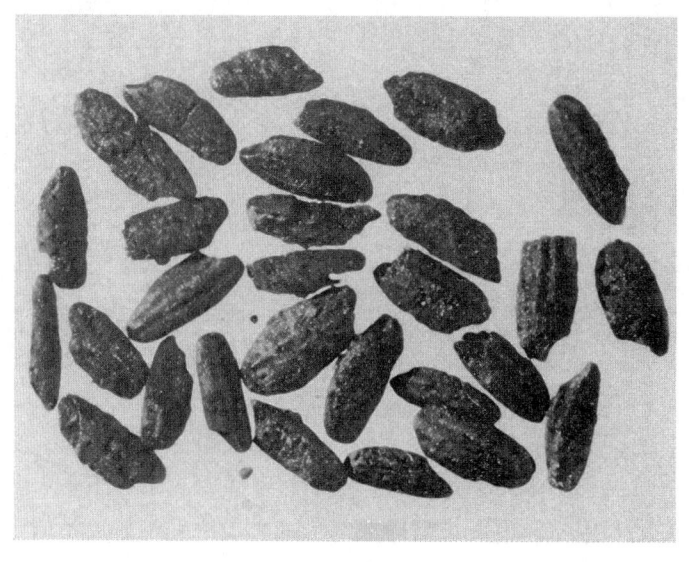

图一六　贾湖遗址发现的炭化稻米

进行浮选，又发现大量炭化稻米和菱角炭化果实。在2001年的发掘中，我们对多个遗迹单位的填土进行了浮选，又发现了大量的炭化稻米及植物果核。

在全新世大暖期，淮河流域年平均气温比现今要高2℃，冬季高3~4℃，古孢粉学研究表明，贾湖遗址出现目前生长在亚热带的枫香（*Liquidamber*）和水青冈（*Fagus*）乔木花粉及热带的水蕨（*Ceratopteris*）孢粉以及较多的水生和沼生植物的硅酸体等，推测当时贾湖周围沼泽湖塘遍布，属湿热多雨的亚热带气候，完全能满足发展稻作农业所需要的水热与日照条件。贾湖遗址出土的生产工具，既有翻地播种、中耕及收获的，也有稻谷加工成米的磨盘、磨棒可以作为栽培稻的重要佐证。经对贾湖遗址第七次发掘抽样浮选的60个遗迹单位中，有1/6的单位发现有炭化稻粒，表明稻作农业在贾湖人的经济生活中已占有较为重要的地位。

为了了解贾湖人的食物结构，我们对贾湖人的遗骨进行了食性分析，^{13}C分析结果表明，贾湖人的食物成分基本上以水稻为主要来源的C_3型植物为主，而基本不见以粟、黍类植物为主要来源的C_4型植物。因此可以认为，贾湖人主要以稻米和采摘来的果实等为植物性食物的主要来源，全新世大暖期结束之后至今，作为这一带人们主要食物的旱作植物，至少在贾湖人生活时期还未被他们所食用。这也为贾湖遗址发现丰富的稻作遗存，而至今未见粟类旱作农业作物遗存的事实所证实。

对出土的较完整的炭化稻米的形态学分析表明，80%以上的炭化米已与野生稻发生了显著变化而与现代栽培稻近似，因此可以肯定贾湖古稻已被驯化为栽培稻。然而，从每个遗迹出土的炭化稻粒几乎都存在偏粳、偏籼、籼粳中间型及野生型的参差不齐现象，表明贾湖古稻群体中的变异很大，与现代已分化很彻底的籼、粳稻品种不同。因此可以认为贾湖古稻虽然已驯化为栽培稻，但由于当时的人工选择还不够强，是一种籼粳分化尚不明显并且还含有一些野生稻特征的原始栽培稻。

五、猪和狗——中国最早的家畜

家畜饲养和原始农业，都是人类迈向文明的重大进步。随着人们生产生活经验的不断丰富，把猎获的食用不完的猪、羊等动物圈养起来，加以照料，以备食物缺乏时渡过难关。

在贾湖遗址出土的大量动物骨骼中，经鉴定已有部分动物被圈养，主要是猪和狗。还有少量黄牛和水牛的骨骼，特征与现代牛相似。

贾湖发现的猪骨经检测后发现，猪颌骨呈现出齿列扭曲的形态（齿列扭曲是鉴定为家猪的一个重要指标，目前尚未在野猪颌骨上发现同类情况），说明此时的猪已具备人工饲养的特征。另外发掘标本中未成年猪的比例高达81.4%，这明显异于狩猎经济中野猪的死亡年龄结构，这种年龄结构应代表了某种人为的干涉，即家猪驯养的可能性比较大。另外，通过对猪骨的病理学观察发现：贾湖所出猪骨的线性牙釉质发育不全，发病率较高，而野猪的此类疾病发病率是相当低的，由此也可以推断该遗址已存在家猪驯养。

贾湖遗址不仅存在家猪，而且其年代可早至贾湖第一期，因为在贾湖一期二段已出现了齿列变形的家猪骨骼标本，本段的测年数据为公元前6530~前6430年（经校正）。所以可以得出结论：贾湖遗址出现家猪的年代可早至公元前6500年左右。以前一般认为磁山遗址出现的家猪在我国北方地区是最早的，年代可早至公元前6100年。现在依据对贾湖遗址的猪骨材料的进一步研究，可将这一年代向前推进400年[25]。

在聚落的居住址和墓地附近发现有埋葬狗骨架的坑，这些坑可能有祭祀的性质，因此，狗作为家畜的可能性较大。虽然，在贾湖文化中已发现有家畜饲养的现象，但这种生产活动仍处于初级阶段，发展程度不高，在整个经济结构中作用有限。

由此可见，贾湖先民最初仍沿袭前辈的生业方式，过着狩猎采集为主的生活，有一定的农业生产，自然环境的变化促进了农业的发展，约以北纬34°为界，形成了南北不同的农业发展模式，以南以稻作农业为主，以北则以粟作农业为主，家畜饲养发达起来，采集经济和渔猎经济仍是人们的主要谋生手段之一。农业经济的出现可能是人们迫于人口压力和自然资源减少的结果，但其发展是一个漫长的过程，它与狩猎、捕捞经济并非此消彼长的关系，而是互补并存的关系[26]。晚期随着聚落的发展，采集渔猎已无法满足人群发展需要的时候，再加上环境变化、动植物数量的波动，人们便有意识地增加农业生产和家畜饲养以维持氏族的发展。此阶段的农业生产已具有一定的进步性，从生产工具来看，已经进入了"锄耕农业"阶段，为氏族社会的进一步发展提供了物质基础。

原始农业和家畜饲养的出现，使人们逐渐摆脱食物缺乏的境况，对人类迈向文明具有划时代的意义，是新石器时代到来的标志。

六、8500年前的米酒——又一项世界之最

笔者与美国宾夕法尼亚大学考古与人类学系帕特里克·麦克戈温教授合作，对贾湖遗址出土的陶器内壁上的沉积物进行了化学分析，研究的结果刊载于《美国国家科学院院刊》上。美国《国家地理》等及国内外媒体进行了广泛报道。

研究证实，沉积物中含有酒类挥发后的酒石酸，其成分有稻米、蜂蜜、山楂、葡萄等，与现代草药所含某些化学成分相同，这是世界上最早的含酒精饮料。根据^{14}C同位素年代测定，其年代在公元前7000~前5800年。实物证明，在新石器时代早期，贾湖先民已开始酿造、饮用发酵的饮料。

此前在伊朗发现的大约5400年前的酒，被认为是世界上最早的"酒"。贾湖酒的发现，改写了这一记录，比国外发现的最早的酒要早1000多年，成为世界上目前发现最早与酒有关的实物资料。

这一系列重要发现使得贾湖遗址得到了学术界的广泛关注，对贾湖遗址发掘资料的研究仍在进行中，也取得了丰硕的成果。随着对贾湖遗址认识的不断深入，并通过和周邻文化关系的探索，揭示了这座位于淮河上游的新石器时代遗址的面貌。由于贾湖遗址时代较早，内涵极为丰富，为我们认识中国文化发展进程提供了多方位的资料。贾湖遗址的发现、发掘与研究，可称是20世纪80年代以来中国新石器时代考古中最重要的工作之一。贾湖文化为我们提供了一个黄河、长江之间新石器时代早期的、居当时文化发展前列的相当完整的实例，对于研究中国新石器文化起源，以及黄河、长江流域新石器文化的关系有着重要意义[27]。

注　释

[1] 河南省文物考古研究所：《舞阳贾湖》，科学出版社，1999年，第520～531页；中国科学技术大学科技史与科技考古系、河南省文物考古研究所、舞阳县博物馆：《河南舞阳贾湖遗址2001年春发掘简报》，《华夏考古》2002年第2期，第14～30页。

[2] 河南省文物考古研究所：《舞阳贾湖》，科学出版社，1999年，第465页。

[3] 河南省文物考古研究所：《舞阳贾湖》，科学出版社，1999年，第465、466页。

[4] 河南省文物考古研究所：《舞阳贾湖》，科学出版社，1999年，第499～502页。

[5] Yang X Y, Kadereita G A, Wagnera I, et al. TL and IRSL Dating of Jiahu Relics and Sediments: Clue of 7th Millennium BC Civilization in Central China. Journal of Archaeological Science, 2005, 32: 1045-1051.

[6] 尹若春：《锶同位素分析技术在贾湖遗址人类迁移行为研究中的应用》，中国科学技术大学博士学位论文，2008年，第34页。

[7] 严文明：《关于聚落考古的方法问题》，《中原文物》2010年第2期，第19～22页。

[8] 全新世气候期的划分，最早是在北欧。首先由挪威植物学家布列特（Blytt，1876）研究北欧沼泽中的植物化石和孢粉时作出的，他把全新世划分为北极期（前北方期）、北方期、大西洋期、亚北方期、亚大西洋期和现代。这个分期方案经色尔南德尔（Sernander，1909）在研究瑞典全新世地层时加以证实，以后又用^{14}C法测定了不同气候期的年代，遂成为地球最新历史时期较为详细的年代表，被称为布列特-色尔南德尔（Blytt-Sernander）冰后期气候分期方案。北欧全新世气候分期方案的分期序列为：前北方期、北方期、大西洋期、亚北方期和亚大西洋五个阶段。

[9] 施雅风、孔昭宸、王苏民等：《中国全新世大暖期鼎盛阶段的气候与环境》，《中国科学：B辑》1993年第23卷第8期，第865～873页。

[10] 孔昭宸、杜乃秋、张子斌：《北京地区10000年以来的植物群发展和气候变化》，《植物学报》，1982年第24卷第2期，第172～181页。

[11] Rothlisberter F. 10000 Jahre Gletschergeschichte der Erde Arau. Verlag Sauerlander, 1986: 317-330.

[12] 唐领余等：《长江中下游地区7.5～5kaBP气候变化系列初步研究》，《中国气候与海洋变化研究》，海洋出版社，1990年。

[13] 俞伟超：《考古学是什么：俞伟超考古学理论文集》，中国社会科学出版社，1996年，第164～194页。
[14] CV即变异或变差系数，等于一系列数值的标准差与平均值的比。根据统计学原理，CV能够反映一系列数值的差别、分化程度。
[15] （美）摩尔根著，杨东莼译：《古代社会》，商务印书馆，1981年，第5页。
[16] （美）路易斯·亨利·摩尔根著，李培茱译：《美洲土著的房屋和家庭生活》，中国社会科学出版社，1985年，第2页。
[17] 邱平、王昌燧、张居中：《贾湖遗址出土古陶产地的初步研究》，《东南文化》2000年第11期，第41～47页。
[18] 尹若春、张居中、杨晓勇：《贾湖史前人类迁移行为的初步研究——锶同位素分析技术在考古学中的运用》，《第四纪研究》2008年第28卷第1期，第50～57页。
[19] Yin R C, Zhang Z J, Yang X Y. Preliminary Study of Prehistoric Human Migration Based on Sr Isotope Analysis from Jiahu Relics. Quaternary Sciences January, 2008, 28(1): 50-57.
[20] 尹若春：《锶同位素分析技术在贾湖遗址人类迁移行为研究中的应用》，中国科学技术大学博士学位论文，2008年，第87～89页。
[21] 王建革：《人口压力与中国原始农业的发展》，《农业考古》1997年第3期，第7页。
[22] 云南民族调查组：《哈尼族社会历史调查》，民族出版社，2009年，第143～146页。
[23] Zhang Z J, Harbottle G, Wang C S, et al. Oldest Playable Musical Instruments Found at Jiahu Early Neolithic Site in China. Nature, 1999, 23: 366-368.
[24] 张居中：《舞阳贾湖出土的龟甲和骨笛》，《华夏考古》1991年第2期，第108、109页。
[25] 袁靖：《中国新石器时代家畜起源的问题》，《文物》2001年第5期，第51～58页。
[26] 赵志军：《有关农业起源和文明起源的植物考古学研究》，《社会科学管理与评论》2005年第2期，第82～91页。
[27] 俞伟超：《淮河的光芒：黄河与长江的联结——〈舞阳贾湖〉序》，《东南文化》1999年第1期，第28、29页。

（原载耶鲁大学考古学讲义第四章中文稿；与崔启龙合著）

《舞阳贾湖》前言

在经历了4年发掘，11年整理，前后15度春秋之后，这本书终于脱稿，将要付梓啦！但是，我虽有瞬间的如释重负之感，却无法真正地感到轻松！

有人说，电影是一种遗憾的艺术，那么，考古学就是一门遗憾的科学。面对着那么多待我们进行解读和阐释的无名氏先民的永远沉默而又绝对真实的遗迹、遗物和丰富的信息，我们的知识显得如此之贫乏，我们的思维显得如此之苍白，我们的方法是如此之单调，自知我们的结论距客观真实岂止差之千里！然而岁月如流，已不容许我无限地思考下去，只得把这些不成熟的思考结果和盘托出，敬请学术界师长和同仁品头论足，就像一个刚交了答卷，等待评判分数的小学生，心情怎能不紧张呢？

一

贾湖遗址的发掘是在20世纪80年代中期，刚刚跨出校门不久的我，尚无田野考古经验可言，可以说，我的田野考古经验的积累，是在摸索中和无数的遗憾中进行的。如房址的发掘、陶窑的确认，都是在发掘的中后期才逐渐掌握其规律的，而聚落的布局、环壕的走向，则始终未能进行全面的了解。更不用说与周围聚落的关系的研究。如果让我从头开始，肯定会比当时做得好得多，因此不得不留下深深的遗憾！

在资料整理过程中，虽然也想尽可能全面地、准确地把握全部已占有的资料，同时，查阅了大量中外考古学家关于理论与方法的论著为借鉴，但由于种种主客观条件的局限，最终未能实现。如陶器最小个体数的统计和动物骨骼最小个体数的统计即是如此。在陶片统计中，虽试行了重量统计的计量方法，但其器形统计结果似乎与传统的数片法差距过大，虽然认为称量法统计结果可能优于数片法，但似乎缺乏衡量的尺度，因而也不能说不是又一个遗憾！

另外，因本书篇幅较大，写作时间较长，前后在行文风格与体例上难免有不一致的地方，又因时间较紧，未来得及认真斟酌修改，故而显得比较粗糙，乞望读者诸君多多原谅！

这里还需声明一点，就是凡过去发表的贾湖遗址的资料，若有与本书不一致的地方，均以本书为准。

二

当基础资料整理接近尾声时，如何介绍这批材料，曾使我颇费心思。纵观国内已有的考古发掘报告，都有可借鉴之处，但采用哪种体例，才能更适合介绍这批材料呢？为此事我曾先后请教过严文明先生、俞伟超先生、王象坤先生、孔昭宸先生等，他们都曾给我不少宝贵启示，陈星灿先生、曹兵武先生、李永迪先生还提供了不少参考材料，几经修改，才确定了现在这种格式。

本书上卷是传统考古报告的基本内容。需要说明的有三点。

一是鉴于有些考古报告对现代自然环境部分过于简略，无法与遗址形成时期的自然环境因子进行对比研究，这里适当增加了现代自然环境因子的介绍篇幅。

二是由于贾湖文化遗存虽可分为三期，但并不为学术界所熟知，这种分期意见能否为学术界所接受，也是个未知数，如果按分期来介绍所有遗迹和遗物，不仅拉长了篇幅，割裂了资料的完整性，而且会有强加于人之嫌。因之，就采用了系统介绍材料，之后用专章讨论分期的形式。但由于陶器的变化远较其他遗物频率为快，这里的分期主要以陶器的变化为依据。并对各期的不同遗迹进行了归纳，而对变化不太明显的遗迹和石器、骨器等遗物则归纳不够，这也是遗憾之一吧！

三是把 ^{14}C 年代研究作为独立一章进行介绍，有两个原因：一是 ^{14}C 年代学的研究方法和表述方式与其他章节确有不同，在全书中又具有重要的地位；二是这部分研究得到了国家文物局文物科研专题经费和香港谭耀宗先生的双重资助，理应放在一个突出的位置。这样就使上卷拉成了九章。

本书下卷的内容，传统考古报告是作为附录列入的。但实质上，这些内容都是考古学研究的不同侧面，是考古报告的有机组成部分，绝不是游离于考古学研究之外的可有可无的点缀和附庸，况且，考古工作者与自然科学工作者一道从不同的侧面和视角对所获资料进行全方位的阐释，与考古工作者将所获涉及其他学科的标本送相关学科的专家进行鉴定，由考古工作者收入考古报告作附录的方式相比，是不能等而视之的。笔者参与了下卷所有相关学科的研究，有些章节还是笔者独立完成的。鉴于上述考虑，就未再称为"附录"，而以"下卷"统之。

这个决心下了之后，随之而来的问题是，用什么体例来进行编排呢？

大凡人们选择聚居地，首先考虑的是该地是否适合人类的生存，换言之，环境是人类选择聚居地的第一要素。那么，贾湖人为什么要选择此地为其聚居地，并在此生活千年之久呢？这一特定的自然环境在贾湖人的生存和发展中曾起到过什么样的作用呢？又是什么原因导致贾湖人离开这里而导致聚落的废弃呢？所以，人类的生存环境是应当首先研究的对象。鉴于此，古环境研究就被列为本书下卷的第一章。

有了适宜于人类生存的环境，那么，在这个环境中生存着一个什么样的人类群体呢？换言之，是什么样的人选择了这个优越的生存环境呢？他们的体质特征如何？人种特征又如何？于是，人种和体质人类学研究就被列为本书下卷的第二章。

一定的生存环境，决定了在这一环境中生存的人类群体的生业形式。那么，在这一环境中生存的人类群体，又是如何适应这种环境而采用何种生业形式谋生的呢？其主体生业形式又是什么呢？这就是本书下卷第三、四章要回答的问题。由于稻作农业在其经济结构中具有突出的位置，并且此项研究获国家自然科学基金资助，因而进行了专章研究。

生产力水平的高低，生产规模的大小，收获量的大小，在多大程度上满足人们生存的需要，都很大程度上取决于技术工艺水平的高低。技术工艺水平的不断提高，不仅是人类千百万年无数经验的积累，更是人类社会得以持续发展的原动力之一。那么，贾湖人的技术工艺水平如何呢？这是本书下卷第五章要回答的问题。

人是社会的人，社会是人的社会，从大量材料可知，贾湖人已处于氏族公社阶段。"用考古学的材料对社会关系的研究"（Bruce G. Trigger, 1967）或"在社会关系的框架之内来做考古资料的研究"[1]是聚落考古学的基本定义。本书下卷第六章试图运用聚落考古学的方法对贾湖聚落的布局、社会组织、人口及人们的生活状态进行初步探讨。

本书下卷第七章就贾湖遗址有关原始宗教的材料进行了阐释。这些材料与其说是原始宗教的，不如说是巫术的，但有些问题，如巫术仪式、巫术道具、巫师等，据已有材料，还难以说得清楚，因而就笼而统之称为原始宗教。

第八、九两章虽与第七章有着密切的联系，但因内容丰富，且在贾湖遗址的研究中地位重要，因之分别用专章进行了探讨。这样下卷就也拉成了九章。

纵观下卷九章，可分为六个内容相对独立的板块，其中第一章可称为环境篇，第二章为人类篇。第三、四章为经济篇，第五章为技术篇，第六章为社会篇，第七、八、九章为思想篇。主意虽是如此，因限于种种条件，加之笔者驾驭材料的能力有限，所做尝试仍很肤浅，很难达到预期的目的。所幸承担许多章节执笔的作者有不少是相关学科的知名专家，有他们的精辟研究成果，使这本书增色许多，并很大程度上弥补了因笔者水平低下所造成的损失，在此谨向他们表示衷心的感谢！

三

下面着重谈一谈本书对考古类型学的理解和应用中的几个问题。

考古类型学作为考古学的主要方法论之一，自从19世纪中叶在生物进化论和生物分类学的启示下诞生以来，已有一百多年的历史。从安特生等西方学者将其介绍到我国也有70多年了。但是由中国学者掌握并运用于中国的考古学实践，则肇始于李济，完成于苏秉琦先生。纵观考古类型学的理论与实践，其成败得失的关键，莫过于正确的分类。事物本身有不同的外在形态,其间又有着一定的内在联系,这些联系又有着一定的规律性,这些都是客观存在。目前,分类的基本手段是分型定式,因之分类又要建立一定的标准,标准的建立又是主观的。客观存在的事物外部形态及其规律与主观的标准之间的一致性愈强,分类结果的正确性也就愈高;而主客观的一致性愈低,分类结果的客观性和正确性也就愈低。因之可以说,正确的分类首先揭示的应当而且只能是事物的演化规律,亦即其演化的逻辑过程。

正确的分类并不是目的,其目的应是为了取得秩序从而进行正确的描述、分析和阐释。比如器物的分类,就应是为了正确的归纳描述其外部形态,揭示其逻辑过程和历史进程,分析其原料、制作工艺和功能,进而阐释其主人的生活内容、生活质量和人际关系[2]。某一类事物演化的逻辑过程,通常与其历史进程有一定的联系,有时甚至是重合的,但不能将其等同看待,因为逻辑过程是可以重复的,而历史进程是无法重复的。一般来讲,变化速度较快的事物,其逻辑过程与历史进程的重合率也就较高;而变化速度较慢的事物,其逻辑过程的重复就可能长时间内反复进行,其逻辑过程和历史进程的重合率也就较低。比如陶器的分类与阐释,因陶器与人们的日常生活息息相关,演化速率较快,且破碎率又高,所以,我们往往以陶器演化的逻辑过程作为某一考古遗存分期断代的标准。但石器、骨器的演化速率较慢,且其逻辑过程最容易重复,因受原材料的限制,制作过程中的随意性也较强,所以其演化的历史进程往往较难以被把握和揭示。有时器体形态的变化是制作过程中不同阶段的反映,其逻辑过程便很难与历史进程相一致。比如贾湖石器坯料的不同式别,分别是石器制作过程中不同加工阶段的产物,这种制石工艺技术传统只要不改变,无论哪一期制作石器时都仍然会重复这一逻辑过程,因此我们见到的Ⅰ式石坯料的绝对制作时间就不一定早于Ⅵ式,Ⅵ式的绝对制作时间也不一定晚于Ⅰ式。又如陶鼎足由长到短的被截过程,本书中之所以作为亚式来描述,乃是鉴于器体的外在形态的形成过程与器体本来的历史演化进程并不是一致的,这种器体外在形态的形成过程只是在使用中形成的逻辑过程,而这种逻辑过程无疑也是不断被重复的,只要这类器物仍然存在,其用途和使用方法不改变,这种逻辑过程的重复就不可避免。虽然就某个鼎足来讲,仅存根部的肯定要晚于它的完整形态,但就众多同形态的鼎足而言,其形成的历史进程绝不会是同步的,并非都是被截的晚于完整的。依上述原则,本书所记述的大量陶器和石器、骨器的分析结果可能分别反映该器类的演变规律和历史进程,具有分期断代意义,而其他部分石器、骨器如石坯料的分式和陶鼎足的分亚式结果,反映的只是其制作和使用过程,只具有文化意义,并无分期意义,不能用来作分期分段的标准。所以笔者认为,在考古类型学的实践中,既要防止为分类而分类的倾向,同时也要防止把分类和阐释看作只为分期分段而分类的简单化倾向。揭示古人的生活内容、技术工艺、人际关系和社会状况,与揭示事物发展的历史进程一样,都应是考古类型学的主要目的之一。当然,正确揭示事物演化的逻辑进程,则是这些研究的基础和出发点。

以上理解是浮浅的,也可能是错误的或片面的,按此理解而进行的分类实践也可能是错误的，因之敬希考古界师友和同仁不吝赐教。

四

细心读者会发现，在这本一百多万字的书中，有几个传统考古报告常常论及的问题这里没有涉及，一是社会发展阶段问题，二是族属问题，三是贾湖文化的来源问题。这里想就此问题谈一些粗浅的看法。

1. 关于社会发展阶段问题

这个问题在20世纪五六十年代的考古学界可以说是热门话题，其理论基础和立论依据主要是恩格斯的《家庭、私有制和国家的起源》和摩尔根《古代社会》中的有关论点和材料。几十年来大量新材料证明，关于人类史前时期分为母系氏族社会和父系氏族社会两大段的论点似乎把复杂多变的人类史前史过于条理化了。且不说婚姻制度与社会发展阶段本身并不一定是同步的，就是婚姻制度本身也是复杂的，在许多情况下，父系、母系和双系是并存的，原来作为划分父系母系社会标志的一些考古学现象，如并非太大悬殊的随葬品多寡不一现象、少量的异性合葬现象和个别的儿童厚葬现象等，往往与各个人类群体的埋葬习俗有关，而与婚姻形态并无直接或必然的联系，更不能用来说明该考古学遗存属于何一社会发展阶段。若按以前的观点，贾湖遗址大量的同性和异性合葬及随葬品有一定悬殊的现象，是属于父系社会呢？还是属于母系社会？似乎都难以自圆其说。这些现象只可能与当时贾湖人的埋葬习俗有关，是当时的原始宗教信仰的一种表现形式，甚或就是一定的巫术仪式的反映，比方说，某一多人合葬墓，可能就是某一扩大家庭某个时间范围之内（譬如说是一年）去世的所有成员的一次集体慰灵仪式的结果。但由于作者精力和能力有限，对上述问题只是一些朦胧的认识，并无成熟的观点，目前很难对贾湖遗址复杂的埋葬习俗进行深入而有价值的剖析，所以只将原始材料进行详细记述，而对于上述问题，只有留待有兴趣于此的同仁进行深入探讨。至于是属父系社会还是属母系社会的简单划分，似无再费笔墨之必要。

2. 关于族属问题

贾湖文化是哪一个古代部族所创造的呢？换言之，谁是贾湖文化的主人？笔者自知文献功底太浅，本不愿附庸风雅，但考虑到重建中国史前史不仅是中国史前考古学的目的之一，也是史前考古工作者义不容辞的责任，也就不揣冒昧，想谈一些粗浅认识。但文成之后，总觉得问题说不清楚，不成样子，为避免产生不必要的误会，就把这一部分从正文中删除了。现在又觉得这个问题不提一下，总感到意犹未尽，就把我的不成熟想法在这里作一概述。

如本书上卷第九章所述，贾湖文化主要分布于淮河上游主要支流沙河、汝河、洪河流域，包括现代的河南省中、东、南部漯河、驻马店、周口和许昌、信阳一部分，影响所及可达皖中一带。据徐旭生先生考证，这一带是传说时代东夷部族的势力范围[3]，东夷集团在传说时代有三大部族，即太昊、少昊和蚩尤。从分布地域和古文献所示时间序列上来看，贾湖文化的主人以太昊氏部族的可能性最大，主要理由如下。

（1）贾湖文化的分布地域与传说中的太昊氏地望大体一致。据《左传·昭公十七年》载："陈太昊之墟也。"即在今日淮阳县一带，与贾湖直线距离仅100余千米，且都在N33°40′附近，属于同一纬度的同一地理单元。其同时期考古学文化的面貌也基本一致。如大量的夹蚌陶、宽扁形鼎足及石磨盘等。

（2）贾湖文化早于被认为属少昊氏所创造的大汶口文化，并与之关系密切。在淮河流域，新石器时代中晚期普遍分布着大汶口文化和龙虬庄文化（或称"青莲岗文化"），特别是大汶口文化，它的大量埋葬习俗如随葬龟、狗和獐牙等作风具有鲜明特征。而这些因素并不见于大汶口文化的前身北辛文化，更不见于后李文化，却普遍存在于贾湖文化之中，表明大汶口文化与贾湖文化也有某种文化传承关系。现在学术界普遍认为大汶口文化是少昊氏部族所创造。经唐兰先生考证，"太昊和少昊可能有先后之分，太昊在前，当少昊强盛时期，它已经衰落了。"那么，贾湖文化早于北辛—大汶口文化二千多年，从贾湖和大汶口各自强盛时期的先后顺序、分布地域和文化面貌的相似性来看，早于大汶口文化的贾湖文化为太昊氏部族所创造，是完全可能的。

（3）关于太阳神崇拜的传统。贾湖文化陶器刻符、龟甲刻符都有与太阳有关的内容；稍晚于贾湖文化，文化面貌相近的安徽侯家寨遗址也发现有与贾湖相似的太阳形陶器刻符。大汶口文化的带有与太阳有关的陶文更为学术界所熟知，这应与他们都存在太阳神崇拜有关。据古史传说，两昊集团都与太阳的神话有关，九夷之中就有一阳夷。从字形上看，"昊"字就是"天"上有一"日"字。两昊之所以都称昊，表明太阳神崇拜是两昊集团的共同崇拜形式。如果大汶口文化属少昊氏部族所创造可以确认的话，我们也就有理由认为贾湖文化为太昊氏部族所创造。

（4）都有与鸟神崇拜有关的内容。据《左传·僖公二十一年》记载，太昊氏风姓。笔者认为至少太昊氏的一支系风姓。九夷之中就有风夷。风，凤也，即为以凤鸟为图腾的氏族，又据《左传·昭公十七年》载，少昊氏以鸟名官。从郯子所述少昊氏的一套以鸟命名的政治或历法体系来看，已相当成熟，似经历了相当长的历程，很可能来源于风姓的太昊氏。今查贾湖遗址中出土的鸟类骨骼中，只有丹顶鹤、天鹅和环颈雉三种，均为美丽的观赏鸟类。我们且不说天鹅和环颈雉骨骼的埋藏原因，至少用丹顶鹤肢骨所制的骨笛，已具备五声、六声和七声音阶，达到了相当高的艺术水平。对美妙动听的音乐与仪态优雅的仙鹤的联想，自然可使原始人达到崇拜的程度。当然它与两昊集团的崇鸟传统可能也有一定的联系。

以上几点使我们有理由推测，贾湖文化很可能是传说中的太昊氏部族所创造。但这些想法肯定都是不成熟的，朦胧的，证据不足，甚至可能是错误的。所以只在这里把自己的思路谈一下，表明笔者愿与有兴趣于此的专家、师友共同探讨的愿望而已。

3. 关于贾湖文化的来源问题

在本书上卷第九章，笔者对贾湖文化的去向进行了剖析，但对其来源却未提及。并非笔者不想解决这个问题，实在是经认真思索，仍未理出个头绪来。

从距贾湖遗址仅数千米的舞阳大岗细石器地点的文化面貌观察，与北方更新世末的细石器遗存如灵井、下川、虎头梁等基本一致，所反映出的生业形式应是适应于荒漠草原的游猎经济，而再向南迄今未见类似遗存，因此推测大岗所在的N33°40′一线有可能是更新世末最后冰盛期时荒漠草原的最南边缘。从大岗细石器遗存的文化面貌分析，很难将其与具有较为发达的稻作农业的贾湖文化联系起来。似乎贾湖文化不可能由当地的旧石器末期文化发展而来。这就自然引起了贾湖文化南来说的话题。但是，事情远非这么简单。

纵观北方地区的更新世末期，基本上都分布着以细小石器为代表的原始文化，这种文化模式是与当时特定的气候环境相适应的，即适应于荒漠草原的游猎性经济。但是，当更新世结束，全新世开始之后，气候发生了戏剧性变化，特别是一万年以来，气温迅速转暖。与此同时，各地的以原始农业为主要特征的新石器文化如雨后春笋般涌现出来。如果与当地的旧石器时代末期的细石器遗存相比较，似乎均会遇到与贾湖文化同样的难题。这些以栽培旱作植物为主要特征的原始农业文化的来源，很难都用南来说、西来说来解释，更不用说北来说。这样一来，产生原始农业的机制只能从当地的旧石器末期文化中寻找原动力。

一般来讲，人类受求生本能的驱使，适应环境的能力是相当强的。在原始人的一切社会活动中，唯一的中心和目的就是两个字——生存，直到今天，生存权仍是人权的核心和重点。因之，原始人类的一切日常活动都是围绕着生存而展开的。无论环境如何变化，人类都千方百计适应它，从而顽强地生存下去。因此我想，在最后冰盛期的数千年艰难岁月里，人们的生业形式应是多元的，食谱应是广谱的，应该包括狩猎、捕捞、采集等多种可能，甚至不能排除初期的栽培植物和驯养家畜的实践。我们现在看到的像大岗、灵井、下川、虎头梁那样的旷野型地点，均属于在游猎活动中的临时营地性质，而其较为固定的居住地可能因地貌变迁、埋藏、居住时间等种种原因发现较为困难，而这些居址可能正代表了反映当时的人们生业形式的另一个侧面。这种材料上的原因可能正是造成上述错觉的关键所在。

试想在最后冰期期间，由于御寒的需要和生产力水平的局限，人们只能寻找那些天然的避寒地点，而天然的洞穴、岩厦等正是理想的聚居点，不仅北方的山顶洞、小南海、织机洞、小空山等如此，南方的仙人洞、甑皮岩等也如此。太行山、嵩山、伏牛山等众多的石灰岩洞穴为人类提供了理想的避难所。人类不仅在这里生息繁衍，而且积累经验，积蓄实力，特别是那些能够果腹且食性较好、又便于储藏的植物种子可能早已被人类发现并长期反复栽培，这些在采集中产生的重大发现可能只是因为当时的恶劣气候和环境所限只能在个别地点像试验田一样地零星种植而无法普及。正是这些无数代的经验积累才能使全新世之初北方地区原始农业部族戏剧般地发展壮大起来。由是可以说，在靠近太行山、嵩山、伏牛山地区产生具有较为发达的磁山、裴李岗、贾湖等原始农业聚落绝非巧合。这些人类群体及其所创造的文化来源于当地的旧石器时代文化是完全可能的。如贾湖出土的打制石器与南召小空山上洞的旧石器在制作工艺上有不少相似之处，就反映出二者有一定的文化传承性，暗示我们如果到南阳盆地去寻找贾湖文化的源头，可能会取得突破性进展。

但是，上述认识只能是无据的推测而已，故不敢写入报告之中，只能在此略陈己见，以做引玉之砖。而这一推测尚需大量的考古学新材料来证实。目前，在华南地区已发现许多距今一万年左右的新石器时代早期文化遗存，而北方地区这个时期的遗存已被人们所认识的只有河北徐水南庄头一处。但这不能说明北方地区缺乏这个时期的遗存，而是它还未被人们所认识而已。相信随着人们对这一问题重视程度的提高和工作的深入，这个历史之谜的谜底被揭开已经为时不远了。

张居中

1998年8月28日

注　释

[1] 张光直：《考古学专题六讲》，文物出版社，1986年。
[2] 俞伟超：《考古学是什么》，中国社会科学出版社，1996年；张光直：《考古学专题六讲》，文物出版社，1986年。
[3] 徐旭生：《中国古史的传说时代》，科学出版社，1960年。

（原载《舞阳贾湖》，科学出版社，1999年）

《舞阳贾湖（二）》前言

真是岁月催人，带着《舞阳贾湖（二）》的稿子前往科学出版社的路上，我算了一下，我来到这个世界已满满一个甲子，而与舞阳贾湖结缘竟然占了一半时间！机缘巧合之下，第一次带着《舞阳贾湖》的一大捆书稿来到科学出版社的情景虽然历历在目，也已过去17年！而这次带来的稿子所记述的2001年的发掘资料，竟然也是13年前的事啦！

2001年发掘结束之后十几年来，我和我的同事、学生组成的研究团队经过不懈努力，完成了现在的这本书稿。记得在《舞阳贾湖》的前言中我在发了"考古学是一门遗憾的科学"的感慨之后曾经设想，"如果让我从头开始，肯定会比当时做的好得多"，但事实上，十几年来社会发展一日千里，考古学研究的理论与方法也是日新月异，变化之快令人目不暇接，虽然我们也在努力追赶科研前沿，但因种种原因，总觉力不从心，留下新的遗憾在所难免！我这样说，也算是在为自己开脱吧！

2001年贾湖遗址的第七次发掘，就其本意来讲，主要是为中国科学技术大学新成立的科技史与科技考古系摸索一条科技考古与传统考古如何从有效结合到有机融合的道路，为科技考古的硕士、博士研究生和本科生进行田野考古的熏陶，提供田野考古方法的训练和实习的机会，搭建科技考古与田野考古相结合进行研究的平台，为科技考古新方法提供实验的场所，为科技考古研究培养适用人才。中国科学技术大学科技史与科技考古系十几年来的发展历程证明，这一尝试是成功的。就本书而言，也算是这一尝试的成果之一。下面就本书的体例、内容和未尽之处做简单说明，作为诸君阅读本书时的参考。

一

《舞阳贾湖》一书的体例，是笔者在当时的学术氛围下，根据贾湖遗址发掘资料的特点，长期反复思考，并请教境内外多位同行师友，最终形成的。该书体例先后得到俞伟超先生、石兴邦先生等前辈大师著文肯定，并在中国文物报组织的20世纪最佳文博图书评选活动中被评为20世纪最佳考古报告，还获得夏鼐考古学基金论著三等奖。能够得到同行师友的首肯，当然感到十分荣幸！但当这本《舞阳贾湖（二）》进入成文阶段后，使用哪种体例来介绍材料又让我颇费思考。使用《舞阳贾湖》原体例可能最为省事，但那种把传统考古报告内容和多学科综合研究内容分为上下卷的体例，是17年前特定历史条件下的产物，按我对考古学和科技考古关系史的划分，应属于第三阶段即相互渗透阶段。而科技考古作为学科发展的最高目标，应是彻底融入考古学研究之中，考古学家把科技考古的思维和方法自觉地作为常规的考古学研究方法，考古工作者队伍中分不出谁是考古学家，谁是科技考古学家，科技考古作为一个学科不复存在，这应是科技考古作为一个学科的最终发展目标。目前的中国考古学界已逐渐显示出这种势头，我们要为实现上述目标而努力，于是在本书中就试图尝试一种新的编写体例。

因为本次发掘本身就不是以获取资料为目的，发掘的位置就在原发掘区之中，所获资料基本上在原资料的范畴之内，所以介绍考古资料已不是本书的重点，而对贾湖聚落进行综合性的解读是我们十几年以来的工作中心，如何系统地展示这些成果，应是选择本书体例时首先要考虑的问题。所以此次报告在介绍材料时，最大变化是取消上、下卷的编排，按研究专题分章节分别介绍材料和研究结果。

由于《舞阳贾湖》的出版已有十几年的时间，贾湖的文化面貌，尤其是独特的文化内涵已被学界所熟知，再分期介绍遗迹和遗物已无必要，至于地质地貌和植被的变化，除了在这一带地下一千多米深处发现丰富的盐矿资源，遗址东的泥河洼滞洪区由湿地变为农田外，没有多少新的内容补充，而前者与遗址和贾湖人至少从今天掌握的信息来讲实无多大关系。传统考古资料的整理和研究基本上沿用原有理论和方法。所以就以概况的形式简单介绍一下此次发掘的缘起、发掘经过与主要收获，其他问题就一带而过了，而把主要篇幅放在多学科综合研究上。

原报告因种种原因不尽人意的人骨研究部分，这次因一开始就请王明辉先生介入，时间又比较充裕，研究结果是较为理想的。

此次还有一个较大变化，就是撤销原来较大的环境一章，把过去在传统考古报告中被称为"自然遗物"的动物、植物遗骸和岩石矿物、土壤地化分析彻底独立出去，另立专章介绍。之所以这样编排，主要是考虑这些材料不仅仅是反映环境，也是研究人类行为方式的重要方面，如人类生存策略、人类生存资源的获取与分配方式等。这些所谓"自然遗物"和前面几章的人工遗迹与遗物及人类学研究结果为后几章的经济、技术和聚落研究奠定了基础。

中区一期墓葬区的发现、西北区B组墓葬区的全部揭露、西南区墓葬群中较多农具随葬的现象、最早酿酒工艺的发现等新材料的增加，为研究贾湖人生存策略、技术工艺和聚落形态变迁增加了新的内容，其结论也更为丰满。

原始宗教、原始文字此次虽然没有多少新的材料发现，但对原有材料进行了进一步的研究，有一些颇有新意的思考，而骨笛则是有一批新的标本和成果面市，原来的反映精神文化的思想三篇都有新的内容，也就保留下来了。

这次新设结语一章，把原来上卷的分期、年代、与周围文化关系包含在内，各设一节，主要考虑是可说的话不多。分期部分，基本上只使用新的资料对原有的结论进行验证，年代学方面补充了热释光年代学的成果和个别 ^{14}C 数据。与周围文化的关系，对其去向又有些新的看法，而其来源问题，本来有不少新的想法，但没有来得及完成，因时间关系，只能割爱啦！

这样，全书就拉成了18章，前5章是传统考古报告的基本内容，即资料篇，后面各章依次是人、动物、植物、岩矿和环境的专题研究，可综合为人类篇和资源与环境篇，之后是经济与技术篇和聚落社会篇，最后是思想篇和结语，构成一个比较完整的聚落社会体系。

二

关于本书报告的内容，与原报告相比，还是有一些新意的，这也算是满足一些《舞阳贾湖》报告前言的愿望吧。

因此次发掘过程中我们对所有遗迹进行了全抽样浮选，获得了一些意想不到的重要发现。一是水生动物，尤其是鱼类骨骼异常丰富。二是水生植物，如菱角和莲藕等的大量发现，大大改变了我们以前的认识，也再次证明贾湖聚落的湿地环境特点。三是贾湖稻作农业的规模和比重，从出土概率看，仅占15%，远远低于采集业所占比重，仅处于从属地位，这也修正了我们原来的认识。人类和动物食性的研究、残留物中淀粉粒的研究等的结果都进一步证明，贾湖人的生存策略仍是以捕捞和采集为主，狩猎为辅，稻作农业和家畜饲养仅处于从属地位。

植物考古和人类农业行为的研究，这次重点介绍了炭化稻粒型的再研究结果，在测量了大量新浮选出的稻粒后发现，决定稻粒的大小的因素非常复杂，粒型大小并不是判断早晚的标志，并不存在一个由小到大的进化系列，这也是对原来认识的一个修正。两粒半小麦的发现可以说是2001年发掘的重要发现之一，但对它的认识我们始终非常谨慎，在排除了后期混入的种种可能性，并准确测出了其年代之后，如何认识它在小麦起源研究中地位困扰我们好几年，这次把他客观报道出来，当然也附带谈了我们的一些初步认识，供学界进一步研究。

通过残留物分析方法进行淀粉粒分析，是近几年来流行的一种新的分析方法，我们也运用到了贾湖研究之中，其结果对大植物遗存的研究是一种很好的补充。例如大植物遗存中未见到或未能辨认出薏苡和薯蓣类的遗骸，但却发现这两种植物的丰富淀粉粒。小麦族淀粉粒的发现，也从一个侧面为大植物遗存的发现提供了一个旁证。

岩矿资源研究，我们着重对绿松石的产地问题进行了探讨。这次发现，贾湖人不仅用绿松石做装饰品，还在其早期就有用绿松石做瞑目的现象，这应是这种葬俗的最早案例，而这些宝石到底来自哪里，一直是我们希望解决的问题，遗憾的是，虽然下了不少功夫，仍未有找到其源头何在，也只有留待我们继续努力啦。

贾湖酒的发现是这十几年来的重要收获之一，其成果发表之后在国内外产生了较大反响，但其内容一直没有用中文报道过。本书在技术部分把这一成果收入其中，主要是让更多的国内读者了解这一重要发现。除此之外，技术工艺部分重点介绍了陶器成分和制作工艺分析、绿松石装饰品制作工艺的分析的研究成果，这也是在原有成果基础之上的进一步拓展。

人类学研究中，本报告补充了《舞阳贾湖》报告牙齿研究的不足，发现了不少原来没能注意到的现象，如齿根脓疡、牙结石、特殊磨耗现象、贫血、类风湿关节炎等。发现的三例头骨穿孔外伤现象也值得关注。葬俗方面最值得一提的是绿松石瞑目现象的发现。这应是流行于三代的玉瞑目和玉殓葬现象的最早萌芽。至于两者之间是一种巧合还是存在某种间接的联系，还需要做进一步的研究。

关于墓地的研究，西南区墓地晚期发现的较多农具随葬现象明显区别于其他墓地以渔猎工具为主，很少见的农具的现象，暗示在一个聚落内不同人群之间可能存在不同生业形式的现象，为我们研究当时人类生存策略提供了一个新的视角。中区一期墓地的发现和西南区、西北区A组在二期还存在居址与墓葬混合分布，直到第三期独立的墓地才最终形成的现象，进一步印证了我们对贾湖聚落变迁的认识。

人体寄生虫的研究和通过锶同位素进行人群迁徙和人口交流的研究，是我们新开展的研究方向，并取得了很有价值的新成果。人体寄生虫的研究不仅对研究当时人类健康状况提供了一个新视角，还可从一个侧面了解当时的环境背景，开辟了墓葬填土这种特有资源利用的新途径。

意识形态领域的研究也有一些新的进展。关于用龟现象，在进行系列研究后认为，无论是否具有占卜的属性，其浓厚的宗教色彩是可以肯定的，而且与中华民族象数思维的形成可能具有某种联系。关于契刻符号的研究，认为从书写特征上分析，应与后来的汉字具有相同的规律性，所以应有千丝万缕的联系。刚刚报道的良渚文化石器上原始文字的发现更进一步证明，甲骨文之前并非没有文字，而是载体不易发现而已。

在结语部分更进一步归纳了贾湖文化的特征，肯定了贾湖文化作为与裴李岗、磁山等同时并存的考古学文化的分布地域和独特文化内涵，以及其后继文化和其影响范围。而如果把它继续与裴李岗文化混为一谈，就会有许多问题无法得到合理的解释。

三

就像本文开始所讲，一个阶段性的考古研究结果，不可能不留下一些遗憾，本书也仍然存在不少未尽之处，这也是我们在后续研究中亟待解决的几个问题。

首先是关于贾湖文化的来源问题，是在《舞阳贾湖》的前言中就提到的问题，至今仍然没有明确的解释。邓州八里岗、淅川申明铺贾湖文化遗存的发现，为贾湖文化本地起源说提供了有利的线索，但浙江上山文化和江苏顺山集文化与贾湖文化大量共同因素的发现似乎使这个问题更为复杂起来。因此，要想使这一问题得到合理的解决，还需调整研究思路，做更多的工作。

关于贾湖文化的族属问题，我在《舞阳贾湖》的前言中曾根据当时有限的材料提出太昊氏的可能性，虽然至今仍觉得不无道理，但后来愈想愈觉得有些唐突，因为毕竟证据不足，失之严谨，因终日俗务缠身，在此问题上至今仍无进展，最近有学者据此进一步提出把贾湖人与伏羲氏挂钩，也促使我下决心在后续的研究中把这个问题梳理清楚，至少提出一个能说服自己的认识来。

关于贾湖聚落本身，也有不少有待解决的问题，例如壕沟的存在和走向，虽然原来的调查与发掘找到一些线索，但因过于不连贯，很难说得清楚。贾湖同时并存聚落的问题，虽然经调查发现一些线索，例如在直线10千米范围之内已知有张王庄、郭庄、大岗、阿岗寺等遗址同时或稍晚的遗址，但因缺乏深入系统的工作，仍然说不清楚，经锶同位素分析提出的贾湖外来人口问题，也就得不到合理的解释。贾湖绿松石来源这个涉及贾湖人获取资源能力的问题，也还没得到合理的解释。原来根据贾湖遗址周围地貌和遗址中出土的大量水生动植物遗骸，推测贾湖聚落周围可能有一片较大面积的水体，但现在经过调查发现，这个推测的水体是不存在的，贾湖聚落就是濒临南侧的河流，现今的贾湖就是该河的一段故道。而贾湖聚落东侧，当时作为灰河与沙河的交汇处，可能也是大面积的湿地。这就修正了原来认为遗址东侧有大面积稳定水体的认识。所幸这些问题都已列入今后的考古工作计划，相信不远的将来都会得到合理的解释。

另外需要说明的是，这批材料曾在2002年为庆祝河南省文物考古研究所建所50周年发表过一篇简报，还有一系列研究文章，凡原已公布的资料和数据与本书不符的，均以本书为准。

[原载《舞阳贾湖（二）》，科学出版社，2015年]

试论班村遗址前仰韶时期文化遗存

写在前面：谨以此文纪念敬爱的俞伟超先生！

班村遗址位于河南省渑池县南村乡的黄河谷地中，小浪底水库的淹没区内，黄河南岸的二级阶地上，涧河与黄河的交汇处，南距仰韶文化的发现地、著名的仰韶村遗址三十多千米，面积三万多平方米。20世纪90年代初，为纪念仰韶文化发现70周年，并尝试世纪之交中国田野考古学方法的革新途径，在著名考古学家、时任中国历史博物馆馆长的俞伟超先生的倡导和组织下，中国历史博物馆与河南、陕西文物考古机构、中国科学院有关研究所、西北大学、中山大学、北京师范大学、中国科技大学等单位的考古工作者和相关学科的科学家在此进行了10年的多学科综合性考古发掘与整理研究工作，取得了丰硕的成果，达到了预期目的。除了发掘方法的探索外，在考古资料上也有较为重要的发现。经过发掘与整理，确认这里的史前文化遗存可分为三期，分别属于前仰韶时期文化遗存、仰韶文化庙底沟类型和庙底沟二期文化。这里所讲的就是以班村遗址裴李岗时期文化遗存为代表的前仰韶时期文化遗存，它是班村遗址考古发掘的重要收获之一。

一、文 化 面 貌

班村遗址前仰韶时期文化遗存的中心分布区在Ⅰ—Ⅳ区之间，大约1000多平方米的范围内，此外东部的Ⅶ区也有零星分布。这个时期的房址目前发现有7座，均为浅地穴式，平面可分为圆形、圆角方形和梯形几种，一般数平方米，大的有十多平方米。房周或中间有柱洞，一侧有斜坡式门道，有的房内还有窖穴，居住面经简单修整。

发现灰坑56座，其中以圆形和椭圆形为主，也有少量不规则形和近方形；灰坑结构以直壁或内斜壁为主，少量呈袋状；底以平底为主，少量呈圜底。这些灰坑除一般的窖穴外，有一种小坑值得注意，这种坑一般直径在1米左右，里面堆积许多大大小小的自然石块，有的有明显烧痕，有的坑内还有灰烬和烧骨，疑为当时的炊爨遗迹。因房内未见灶址，这些小坑应为当时先民的室外灶塘。

出土遗物比较贫乏，有陶器、石器、骨器和动植物遗骸等。

陶器多为泥片筑成法成型，以夹砂红褐陶为主，也有少量泥质红陶及个别夹云母片陶系。夹砂陶多有竖或斜向滚压较密的绳纹，纹痕稍粗，也有少量的之字形篦点纹和个别的附加堆纹。

器形以夹砂绳纹筒形角把罐和夹砂陶钵为主。角把罐的把呈圆柱状或圆锥状，对称置于器身中部，为这里的富有特色的主体器形。泥质红陶敞口钵有一定数量，三足钵很少，多为扁锥形足。壶发现很少，呈直口、矮直领、圆腹。其他还有个别鼎足、瓢、杯、盆等（图一）。

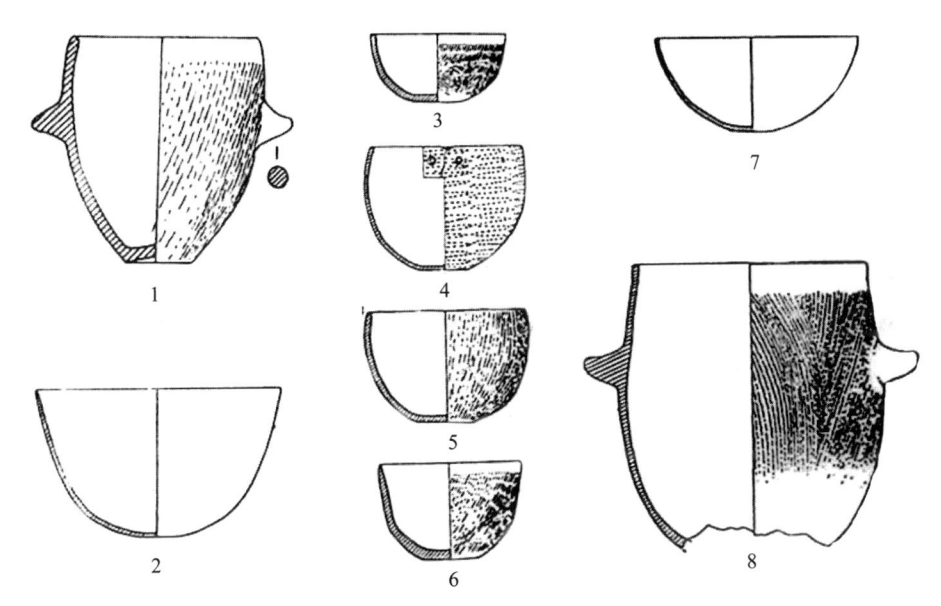

图一 班村遗址出土陶器

1、8. 角把罐 2、7. 泥质陶钵 3~6. 夹砂陶钵

石器绝大部分为残器，器类有铲、齿刃镰、斧、凿、网坠、磨棒及磨盘、杵、砺石、石镞等。磨盘未见足，网坠为河卵石两侧打出缺口而成，石镞也很简单。

骨器很少，以镞为主，还有少量锥、针、刀、匕等。

兽骨以鹿科动物为主，也有少量猪骨存在。植物遗骸都是古人采集来食用的植物种子，有朴树籽、山茱萸、栎树、紫苏及野大豆的种子等。

二、文化因素分析与 ^{14}C 年代

（一）文化因素

文化因素分析是确定文化性质的基础，故我们首先对班村遗址前仰韶时期遗存的文化因素进行分析对比。

在班村遗址前仰韶时期陶器群中，占主导地位的是夹砂绳纹筒形角把罐、夹砂绳纹钵和泥质红陶钵，是这里的主要炊器和盛食器。其中夹砂筒形角把罐残片占总数的44.05%，夹砂绳纹钵占25.3%，是这里的主体器形。其次为泥质红陶钵和三足钵，各占17.26%和5.06%，其他器形均很少，都在2%以下。器物造型以平底器和圜底器为主，偶见三足器，未见圈足器。器表以竖、斜向滚压绳纹为主，大多不太规整，器腹或底部常见左斜或交叉绳纹，篦点纹少见，附加堆纹仅见一例。陶质以夹砂陶为主，占83%以上，其中红褐陶或红陶占总数将近75%，泥质陶占不足16%，夹云母陶占不足1%，以上特征不同于周围同时期各支考古学文化，构成了班村遗址前仰韶时期遗存的独特风格。

首先，它不同于东侧的以裴李岗[1]、莪沟[2]等遗址为代表的裴李岗文化。除了常见于整个北方前仰韶时代的泥质红陶敞口圜底钵、三足钵之外，仅偶见裴李岗文化的直口直颈泥质红陶小口壶，不见裴李岗文化的圈足碗、侈口深腹罐、乳钉纹鼎、三足壶、圈足壶等典型器物，这里的大量角把罐、夹砂绳纹钵则不见于裴李岗文化。裴李岗文化泥质陶占70%以上，夹砂陶不足30%，与班村遗址正好相反。裴李岗文化基本不见绳纹，篦纹占7.35%，班村绳纹陶占68%，篦纹仅0.55%。可见班村陶系比例、纹饰特征均与裴李岗文化有明显区别（图二）。

需要说明的是，汝州中山寨遗址的角把罐[3]以及郏县水泉遗址的角把罐[4]，严格来讲只是一对鸟喙状钮，或曰蜕化了的角把，与贾湖的A型Ⅲ式卷沿罐相同，与班村的角把罐相去甚远。长葛石固遗址出土的角把罐为夹砂红褐陶，素面，角把置于沿下，特征与贾湖文化中期前段的同类器相同，同时石固遗址还有折肩壶、盆形鼎等大量贾湖文化中期的因素，应为贾湖文化强盛时期的北界[5]。

其次，它也不同于贾湖文化[6]。贾湖早期虽也以夹砂陶为主，可见30%以上的绳纹陶，且有不少夹砂绳纹筒形角把罐，但贾湖绳纹多向左斜滚，且绳股较松，与班村绳纹判然有别，角把罐的把均置于口沿下，呈锛形，向上斜，与班村横置于器腹中部的兽角状把手明显不同。贾湖的方口盆、深腹盆、罐形壶、双耳罐、兽头形支脚等均不见于班村，而班村的夹砂绳纹陶钵也不见于贾湖（图二）。

再次，班村与磁山文化也有明显区别[7]，磁山陶器虽也以夹砂陶为主，且也有较多的滚压绳纹和少量篦点纹，但班村器物群中的主体器形夹砂绳纹筒形角把罐、绳纹夹砂钵等不见于磁山，磁山的盂和支架也不见于班村，只表明二者可能为共存关系。

最后，班村前仰韶时期遗存也不同于西邻的老官台文化[8]，二者虽然都有大量绳纹，器物组合中都有不少绳纹夹砂圜底钵，但老官台文化的绳纹为拍印的规整细致的交错绳纹，班村的则为较粗糙的滚印竖绳纹或斜绳纹，以及个别篦点纹。班村不见老官台文化特有的三足罐、圈足碗、夹砂三足钵、小口鼓腹罐和彩陶，老官台文化则不见班村特有的筒形角把罐（图二）。

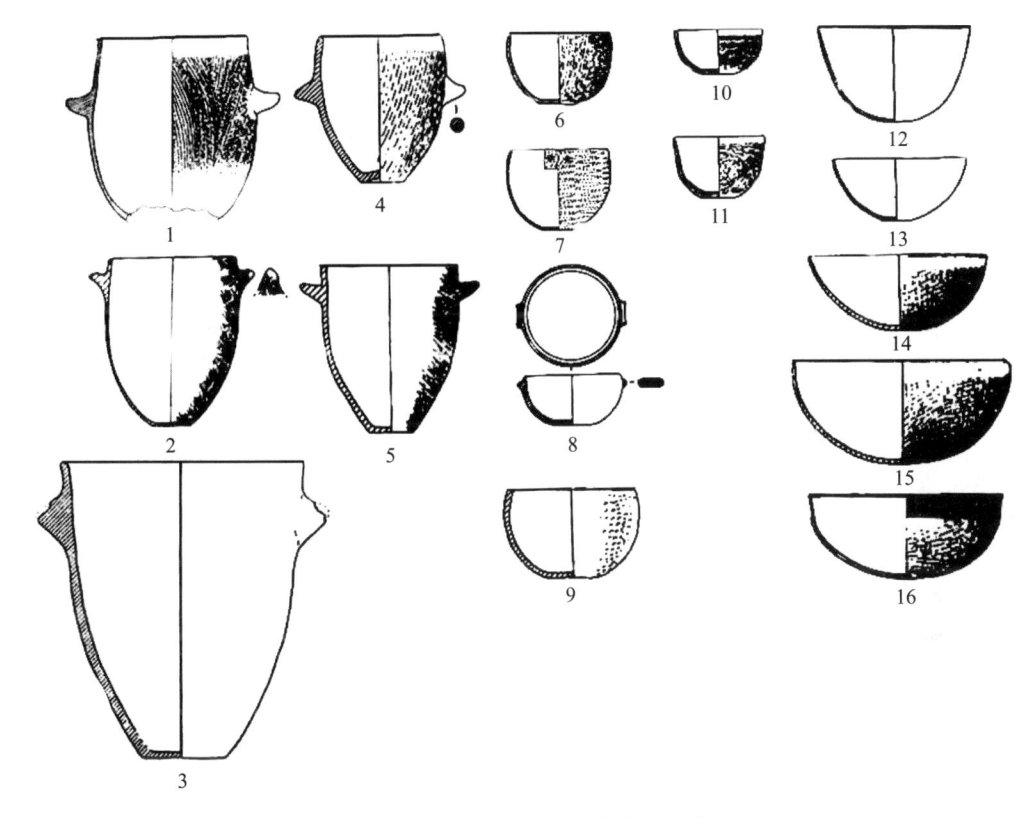

图二　班村遗址与贾湖、石固、老官台文化陶器对比图
1、4. 班村角把罐　2、5. 贾湖角把罐　3. 石固角把罐　6、7、10、11. 班村夹砂陶钵　8. 贾湖夹砂陶盆
9. 石固夹砂陶钵　12、13. 班村泥质陶钵　14~16. 老官台加细砂陶钵

（二）^{14}C年代

班村裴李岗时期遗存仅测了两个^{14}C数据，均由北京大学^{14}C实验室用AMS法所测，一为H2013出土的果核壳，实验室编号为BA94087，测定数据为距今6930±140年（半衰期取5730年，未经树轮校正。下同）。另一为H3052出土木炭，实验室编号为BA94088，测定数据为距今4720±250年，明显偏晚，不宜采用。H2013属于班村遗址前仰韶时期文化较晚阶段的遗存，BA94087的测定数据经树轮校正应大体为距今7600年左右，这应是本期遗存的年代下限。与密县莪沟WB78-38号标本的数据距今6975±100年、密县马良沟ZK0747号标本的数据距今6855±110年、汝州中山寨2K1368号标本的数据距今6955±90年等裴李岗文化晚期数据大体一致，因之可以认为，班村遗址前仰韶时期文化遗存与裴李岗文化在绝对年代上是大体同时的。从文化面貌上来看，似乎与裴李岗文化大致相当，甚至更原始一些，是文化面貌滞后所致，还是存在其他因素，因数据太少，只有待将来解决这一问题。

三、分布范围与文化性质

（一）分布范围

目前发现与班村裴李岗时期文化面貌相同的同时期遗存，还见于班村西邻隔涧河相望的陵上、仁村二遗址[9]，在渑池鹿寺和渑池西的灵宝荆山[10]、官庄遗址[11]也曾见到类似遗存。这些遗址分布在黄河南岸二级阶地和崤函古道上。位于伏牛山和熊耳山之间的嵩县有发现前仰韶遗存的报道[12]，因详细材料未见发表，是否属于此类文化遗存还不甚清楚。这类遗存目前只有班村遗址经过发掘，面貌已大体搞清。

（二）文化特征与文化性质

综上所述，班村遗址前仰韶时期文化遗存的特征可归纳为以下几点。

（1）分布于黄河两岸谷地和崤函古道上，面积均不大，仅数千平方米，堆积也很不丰富，文化层中偶见陶片等，遗迹现象较少，聚落布局亦较散乱。

（2）房址均为浅地穴式，有圆形、圆角方形和梯形几种，一般数平方米，大者有十多平方米，房周或中间有柱洞，一侧有斜坡式门道，有的还有室内窖穴。居住面经简单修整。

（3）发现灰坑以圆形和椭圆形为主，结构以直壁或斜壁为主，少量呈袋状。底以平底为主，少量圜底，除一般窖穴外，有一种直径约1米的小坑，内填大量自然石块，有的有明显烧痕，有的还有灰烬和烧骨，疑为当时的室外灶。

（4）陶器多为泥片筑成法成型，夹砂红褐陶为主，也有少量泥质红陶和个别夹云母陶系。纹饰多滚压竖向、斜向或交错绳纹，也有少量之字形篦点纹和个别附加堆纹。器物造型以平底和圜底主为，有少量三足器，不见圈足器。主要器物组合是夹砂绳纹筒形角把罐、夹砂绳纹敞口钵、泥质红陶敞口钵，也见有少量的三足钵、鼎、折沿或卷沿罐、壶及个别杯、瓢、盆等。

（5）石器、骨器发现较少。石器有铲、镰、斧、杵、磨盘、磨棒、网坠、砺石等。骨器有镞、匕、锥、针、刀等。包括了农具、渔猎、加工和生活用具几大类，基本反映了其经济形态。同时，还发现不少采集而来的果核等，可见采集也是主要经济手段之一。兽骨以鹿科动物为主，也有少量猪骨，反映了以采集、狩猎和捕捞为主，农耕和畜养为辅的特点。

以上特征表明，很难将班村遗址前仰韶时期文化遗存归入目前已知的周围几支考古学文化之中。如大量的夹砂陶、大量的滚压绳纹、以夹砂绳纹筒形角把罐及夹砂绳纹敞口钵为主体的器物组合等，是班村遗址前仰韶时期文化遗存的主体因素。但是，从它与周围几支考古学文化共有的特征看，显然又属于同一时代。如少量的泥质红陶圜底钵、三足钵、小口双耳壶以及个别的折沿篦纹罐等。除泥质红陶钵外，上述其他器形均很少，显系外来因素。圆锥状足三足钵普遍见于裴李岗、磁山、贾湖、老官台诸文化，而凿形钵足则见于贾湖文化。小口直径双耳壶则是裴李岗文化的典型器物，普遍见于裴李岗、莪沟等遗址。值得一提的是班村见到的折沿篦纹罐和附加堆纹盆各一件，前者曾散见于贾湖、石固、水泉、中山寨诸遗址，后者除在班村西邻的任村遗址也见到一片外，则仅见于贾湖遗址，在班村显系外来因素。这表明班村遗址前仰韶时期文化遗存与裴李岗、贾湖和老官台各类遗存都曾发生过文化上的交流。从石器的器类看，班村出土的少量齿刃石镰、石磨盘、石磨棒等，也可反映出与磁山、裴李岗、贾湖、老官台等类前仰韶时期文化遗存共同的时代特征。

班村遗址前仰韶时期文化遗存中，遗物虽然比较贫乏，但特征比较鲜明。虽然也有前仰韶文化普遍存在的诸如齿刃石镰、敞口钵、小口壶等因素，但其主体因素都不同于任何已发现的同时期文化遗存。如夹砂绳纹筒状角把罐、夹砂绳纹陶钵、扁锥状的钵足等。从总体器类上来分析，它与裴李岗、贾湖的共同因素稍多于和老官台文化的共同因素，应是与磁山、裴李岗、贾湖和老官台文化同时存在并列发展的一支前仰韶时代文化遗存。但由于现在发现太少，整体面貌不太清晰，现在独立命名为一支单独的考古学文化为时过早。为了在研究时与裴李岗等文化有所区别，建议可暂命名为"班村类型"，将来条件成熟时看是否可单独命名为一个新的考古学文化。

四、班村类型发现的意义

班村类型虽然文化遗存不甚丰富，但至少可给予人们以下几点启示。

（1）从班村的已有材料分析，是以狩猎、捕捞和采集为主的生业模式，从少量猪骨看已有家畜的饲养，但农业的因素不明显，即使有也只是辅助性的。这就揭示了一个山间谷地型聚落的经济形态，与同时期平原地区原始农业经济占相当大比重的聚落不同，反映了当时经济模式的多样化。

（2）进入新石器时代之后，年代越早，地方特色和地域性差异就越大，随着时间的推移，古文化才像滚雪球似的越滚越大，最后才形成大一统的华夏文明。各时期古文化都有时代的共同因素和地方性差异，我们在分析古文化时要把握好量和度的标准，采用定性和定量分析相结合的方法，切不可以偏概全，也不可只看共同因素而对各自差异视而不见，因之等而视之。

（3）仰韶时代以半坡和庙底沟为代表的两类遗存的关系，是并列还是递进？历来众说纷纭，莫衷一是。山西垣曲古城东关[13]、翼城枣园[14]、北橄[15]、河南灵宝西横涧[16]和陕西临潼零口[17]等遗址仰韶最早期遗存的发现表明，至少在仰韶时代早期，豫西和晋南与关中地区是并列发展，各成体系的。只是到了庙底沟类型的中期，关中和豫西晋南才统一起来，但各自的特征还是存在的。班村类型的发现表明，这两个地区的仰韶时代遗存很可能是各有来源的。我们虽然从目前的资料无法得出东关一期仰韶遗存来源于班村类型的结论，但至少可以证明，关中和豫西晋南这两个文化系统在前仰韶时代就是同时存在，并列发展的。关中和豫西晋南的前仰韶时代和仰韶时代的古文化发展谱系可以下面的表一来表示。

表一　豫秦晋邻境地区新石器时代中期文化简表

距今（年）	时代划分	豫西晋南地区		关中地区	
5000	仰韶时代	典型仰韶文化	庙底沟类型	西王村期	典型仰韶文化	半坡类型	半坡晚期
				庙底沟期			泉护村期
				北橄一、二期			史家期
6000				?			半坡期
				东关期			零口期
			?		?
7000	前仰韶时代	班村类型		老官台文化	

注　释

[1] 开封地区文管会等：《河南新郑裴李岗新石器时代遗址》，《考古》1978年第2期；中国社会科学院考古研究所河南一队：《1979年裴李岗遗址发掘报告》，《考古学报》1984年第1期。

[2] 河南省博物馆等：《河南密县莪沟北岗新石器时代遗址》，《考古学集刊（第一辑）》，中国社会科学出版社，1981年。

[3] 中国社会科学院考古研究所河南一队：《河南汝州中山寨遗址》，《考古学报》1991年第1期。

[4] 中国社会科学院考古研究所河南一队：《河南郏县水泉裴李岗文化遗址》，《考古学报》1995年第1期。

[5] 河南省文物研究所：《长葛石固遗址发掘报告》，《华夏考古》1987年第1期。

[6] 河南省文物考古研究所：《舞阳贾湖》，科学出版社，1999年。

[7] 河北省文物管理处等：《河北武安磁山遗址》，《考古学报》1981年第3期。

[8] 中国社会科学院考古研究所：《临潼白家村》，巴蜀书社，1994年。

[9] 中国历史博物馆调查资料。

[10] 河南省文物考古研究所、中国社会科学院考古研究所等：《河南灵宝铸鼎塬新石器时代遗址调查报告》，《华夏考古》1999年第3期。

[11] 河南省文物考古研究所调查资料。

[12] 河南省文物局：《中国文物分布地图集·河南分册》，地图出版社，1991年。

[13] 中国历史博物馆等：《垣曲古城东关》，科学出版社，2001年。

［14］山西省考古研究所：《山西翼城枣园新石器时代早期遗址调查报告》，《文物季刊》1992年第2期。

［15］山西省考古研究所：《山西翼城北橄遗址发掘报告》，《文物季刊》1993年第4期。

［16］河南省文物考古研究所、中国社会科学院考古研究所等：《河南灵宝铸鼎塬新石器时代遗址调查报告》，《华夏考古》1999年第3期。

［17］陕西省考古研究所：《陕西临潼零口遗址第二期遗存发掘简报》，《考古与文物》1999年第6期。

（原载《俞伟超先生纪念文集·学术卷》，文物出版社，2009年）

仰韶时代

仰韶时代文化刍议

自从20世纪20年代初瑞典学者安特生发现仰韶村新石器时代遗址到现在，已经65年了。迄今，我国的考古学事业发生了很大变化。田野资料的日渐积累和研究工作的逐步深入，为我们重新认识"仰韶文化"提供了可能性。下面就"仰韶文化"的几个有关问题提出一些不成熟的看法，以就教于各位专家。

一

限于当时考古学发展的水平，安特生是将所谓"单色陶器"（即龙山文化遗存）和"彩色陶器"（即仰韶文化遗存）混在一起统统谓之仰韶文化的[1]。经我国老一辈考古学家几十年的研究，将单色陶器即龙山文化遗存从仰韶文化中分离出来，在一定程度上澄清了安特生造成的混乱，但仍认为"仰韶文化"是"代表含有彩色陶器特征的一种文化"（尹达：《新石器时代》，三联书店，1976年，第22页），人们还一度把"仰韶文化"称之为"彩陶文化"。现在，随着新石器时代遗址的大量发现和田野资料的不断丰富，人们发现彩陶并非一支考古学文化所特有，而带有一定的时代特征。若把这种代特征作为"仰韶文化"的特征，势必把具有不同文化传统、不同分布地域、不同文化内涵、不同原始部族所创造的性质不同的考古学文化统统纳入"仰韶文化"的范畴，容易引起认识上的混乱。

在我国历史上以彩绘艺术来装饰陶器的原始文化阶段，目前已确认的考古学文化除"仰韶文化"之外，还有马家窑文化、大汶口文化、大溪文化、屈家岭文化、红山文化等。较早的老官台文化已有简单彩陶出现，较晚的庙底沟二期文化、齐家文化等还有彩陶的孑遗。

20世纪50年代后期，随着考古这门学科的发展，关于"仰韶文化"的研究也逐步深入，人们发现"仰韶文化"的内涵十分复杂。在"仰韶文化"的分布区域内，存在着好几支各有其分布范围和文化特征，具有不同来龙去脉的文化系统；各系统在其发展过程中有不同的发展阶段；各系统间既有地域性差异，也有时间性差异，彼此交错并又互相影响，因此而具有某些共同因素；同时，因处于同一历史发展阶段，所以又都程度不同地具有某些时代特征。从而出现了错综复杂，难解难分的局面。早在20世纪五六十年代之交，有的研究者就试图通过划分类型的办法解决上述问题，并按自然地理的河流流域划分为汾渭区、洛伊区和漳卫区三个区域，把豫、晋、陕地区的仰韶遗存分为半坡、庙底沟两个类型，这种尝试是有益的。这标志着仰韶文化的研究进入了一个新的阶段（安志敏：《中国新石器时代论集》，文物出版社，1982年，第61、72页）。此后，对划分类型的标准问题，学术界的看法不甚一致。有的认为"各地的遗存，除了具有地方性以外，还可以分成不同的类型，可能代表着时间上的早晚"（同上）。因而有人据此把某一文化系统的每个发展阶段都视为一个类型，如半坡类型、史家类型、西王村类型等。有人把几个文化系统的同一发展阶段的遗存视为一个类型，如庙底沟类型等。还有人把早已另行命名的显然属于另一文化系统的遗存视为仰韶文化的一个类型，如马家窑类型。这样，有的类型反映了时间性差异，有的则反映了地域性差异，在类型划分上相当混乱。进入80年代之后，苏秉琦先生提出了著名的区系类型的理论，为正确地划分考古学文化类型提供了科学依据[2]。

苏先生指出："区是块块，系是条条，类型则是分支。"就是说，类型应是一定区域内一支考古学文化中的不同的分支。只有通过反复地、大量地分析、研究田野材料，从中找出各遗址、各小区、各大区本身的文化内涵、发展规律及其相互关系，才能得出正确的结论，哪些属于同一个文化系统，哪些是同一文化的不同分支，哪些是某一考古学文化的地方变体，哪些是同一文化系统的不同发展阶段。据此，我们可以把分布着"仰韶文化"遗存的广大地区划分为以华山为中心，以渭、汾河和黄河中游为主干的关中、豫西、晋南地区，以嵩山为中心的伊洛郑许地区，太行山东麓漳、卫河流域的豫北、冀中南地区、南阳盆地汉水流域的宛襄地区这四大块。这四大块分布着的仰韶遗存，尽管因为处于同一历史发展阶段而具有一定的时代特征，又因相互交流和影响而产生一些共同因素；但各有其不同的分布范围、来龙去脉、文化面貌和独特发展过程，应是不同的原始部族所创造的新石器时代晚期文化，它们上下几千年，纵横几千里，很难用一个统一的考古学文化的字名所容纳，其间的差异也是划分类型所无法解决的。笔者认为，这四个地区的仰韶遗存，都已符合考古学文化的命名条件，因之应分别加以命名。

这四支考古学文化连同周围地区大体同时的其他兄弟文化如马家窑文化、大汶口文化、大溪文化、屈家岭文化、红山文化等，都具有彩陶、红陶与磨光石器共存这一时代特征，大体都处于新石器时代晚期这一历史发展阶段，因而应有一个统一的名字冠于其上。严文明同志曾把龙山文化阶段诸文化统一命名为"龙山时代"[3]，这对"仰韶文化"的研究工作具有借鉴意义，由于仰韶村遗址发现最早，影响最大，"仰韶文化"一词事实上早已脱离了考古学文化的范畴而成为我国新石器时代中期文化的代称，笔者建议将这个时期的多支考古学文化统称为"仰韶时代文化"。下面按上述文化系统分述其主要的文化特征。

二

（一）关中、豫西、晋南的仰韶文化

关中、豫西、晋南的仰韶文化主要分布在以华山为中心的黄河中游及其支流渭、泾、汾河流域广大地区，包括陕西全境、豫西三门峡地区、晋南地区、甘东的渭河上游地区。这里是仰韶时代文化的中心分布地带，甘肃秦安大地湾[4]、陕西宝鸡北首岭[5]等遗址的地层关系和陶器变化规律，证明这个地区的仰韶文化是继老官台文化发展而来的，其文化特征有以下几点。

（1）以原始农业为主要经济形式，粟为主要栽培作物，渔猎采集经济作为补充手段仍然存在，有些遗址还相当发达。

（2）房屋建筑，早期均为圆形或方形的地穴、半地穴式窝棚，中、晚期逐渐出现浅地穴和地面起建的圆形或方形房子。

（3）窖穴均为圆形袋状、锅底状、椭圆形、不规则形、圆角方形等几种。

（4）具有排列有序的氏族公共墓地，早、晚期多单人仰身直肢一次葬，早期后段至中期前段流行多人二次合葬；头向西或西北，随葬品不丰富，多寡差距不大，绝大多数无葬具。儿童早实已行瓮棺葬，多葬于居址附近。

（5）以夹砂罐为主要炊器，以小口尖底瓶为主要水器，以钵、碗、盆、瓮为主要盛食器。陶器制作以手制为主，中期出现慢轮修整，晚期普遍化。陶色始终以红色为主，中、晚期灰陶数量渐增，但未超过红陶所占比例。

（6）彩陶出现最早，老官台文化已有简单彩陶出现，仰韶早、中期较为流行，主要以写实的动植物花纹及其变体为母题。晚期彩陶衰落，数量极少且简单草率。

这一文化系统分布面积较大，文化面貌也很复杂，依其各地的文化特征，大体分可为半坡、庙底沟东西并列的两个地方类型。二者大体以华山为界，在华山周围则交错分布，且相互影响，共同发展，应是一个原始部族的两个亲缘分支所创造的原始文化。

1. 半坡类型

半坡类型主要分布于华山以西的关中盆地，包括陕西全境和甘肃渭河上游地区。典型代表遗址有西安半坡[6]、临潼姜寨[7]、渭南史家[8]、华县泉护村[9]、元君庙[10]、华阴横阵村[11]、邠县（今彬州市）下孟村[12]、宝鸡北首岭、秦安大地湾等。这里田野考古资料积累最为丰富，文化面貌最为清晰，发展线索也最为清楚。依其地层关系和陶器发展序列，可将这一类型的文化遗存分为前后发展的四个大期，即：半坡期→史家期→泉护期→半坡晚期，四期的共同特征是：

（1）房屋建筑以地穴式或半地穴式为主，到泉护期才出现地面建筑。大地湾仰韶晚期的原始水泥地坪房子代表这里当时的最高建筑水平。

（2）窖穴以圆形袋状和不规则形坑为主。

（3）半坡期后段和史家期墓葬中多人二次合葬最为流行，大坑套小坑的葬俗尤为特殊。

（4）渔猎经济较发达。

（5）彩陶虽然出现早，但数量始终较少。中晚期虽受庙底沟类型影响流行一些圆点钩叶纹等植物性花纹，但人面纹、鱼纹及变体鱼纹、鹿纹、鸟纹等动物花纹始终占主导地位。

同时，这一类型的东、西两部分也存在一些地方性差异。如半坡和北首岭两遗址，前者捕鱼业很发达，后者狩猎业则占重要地位。陶器特征也不很一致。半坡汲水器以小口尖底瓶为主，而北首岭汲水器则以壶为主，小口尖底瓶的底实际上是一小平底，不似半坡那样的尖底，且不见半坡的大口尖底器和带流罐等。二者可否分为两个亚型，尚待进一步探讨。

半坡类型通过泉护二期文化发展为客省庄二期文化，其中一部分可能以后发展为先周文化。

2. 庙底沟类型

庙底沟类型主要分布于华山以东、渑池以西、霍山以南、熊耳山以北的三门峡地区和山西的汾河流域中下游及其以南地区，但它的影响面很大，东至黄河下游，西到甘青地区，南达江汉平原，北抵长城内外，几乎半个中国。这个类型的中晚期遗存发现较多，早期面貌还不甚清楚。典型遗址有陕县（今三门峡市陕州区）三里桥[13]、庙底沟[14]、渑池仰韶村[15]、灵宝南万村、山西夏县西阴村、芮城东庄村和西王村[16]等。依其地层关系和器物序列大体可分为三里桥→庙底沟→西王村三期。三里桥期的时间大致相当于半坡类型的半坡期后段至史家期，庙底沟期和西王村期大致与泉护期和半坡晚期同时。这个类型的主要特征有：

（1）房屋建筑以浅地穴和平地起建为主，早期已出现平地起建的圆形房子和白灰面地坪的建筑技术。

（2）窖穴以口大底小的圆形或椭圆形为主。

（3）中期出现了死者做挣扎状的灰坑葬。

（4）农业经济较半坡发达而渔猎经济显然不及半坡类型。

（5）虽然早期受半坡影响出现一些鱼纹和变体鱼纹以及鸟纹、蛙纹等动物花纹，但始终以弧形三角、圆点为母题组成的装饰性植物花纹（或称之为菊科蔷薇科花纹）为主，花纹繁缛、生动活泼且富于变化，数量也多于半坡遗存。

（6）器物造型以平底器为主，不同于圜底器为主的半坡前期。中期受太行山东麓的下潘汪类型影响出现过少量釜、灶等复合炊具和相当数量的篮纹，受大河村文化影响出现过少量釜形鼎和白衣彩陶。这些因素在半坡类型除晚期出现个别篮纹，中期华山周围出现少量釜、灶外，均不见或罕见。

这个类型的来源目前还不清楚，笔者认为应是老官台文化东来的一支或类似老官台文化遗存发展而来的。它的去向，从现存资料推测，中条山以南三门峡地区通过庙底沟二期文化发展为龙山时代的三里桥二期文化。此后，又汇入二里头文化。中条山以北部分发展为陶寺类型龙山时代文化，后又发展为二里头文化的东下冯类型。

通过以上分析，笔者认为仰韶文化只应包括上述两个类型的文化遗存，或曰"典型仰韶文化"。

（二）豫中地区的大河村文化

这一文化系统主要分布于黄河以南、熊耳山、伏牛山以东、淮河以北的伊洛河流域和颍、汝河上中游的大冲积扇平原和丘陵地带，即今郑洛汴许地区。驻马店地区当是其南界，东面周口、商丘地区与大汶口文化交错分布，西侧洛阳与渑池之间为其与庙底沟类型的过渡地带，其中心当是嵩山周围的郑洛地区。典型遗址有郑州大河村[17]、洛阳王湾[18]等。依其地层关系和器物演变序列，大体可分为四期，一期以大河村一期部分器物和王湾一期前段为代表，二期以大河村一期部分遗物和二期及王湾一期后段为代表，三期以大河村三期和王湾二期前段为代表，四期以大河村四期和王湾二期中段为代表。

大河村文化的房屋建筑以平地起建的木骨泥墙方形房为主，二、三期的整塑整烧技术很富特征，并出现了连排房和套间房，可能反映了婚姻形态的变化。窖穴以圆形袋状和椭圆形为主。墓葬多单人仰身直肢一次葬，也有二次葬，少见多人合葬。随葬品不丰富，差距不大，头骨涂朱现象和二层台墓为其典型特征。瓮棺葬流行以小口尖底瓶、大口尖底缸、鼎为葬具。经济形态和栽培作物基本同仰韶文化。

大河村文化的陶器与仰韶文化区别较大，一、二期虽也以手制为主，泥质和夹砂红陶居多，但已出现慢轮修整，到三期已出现轮制蛋壳陶，泥质、夹砂灰陶已占40%。到四期则以轮制为主，灰陶达75%以上。炊具以鼎为主，形式繁多且富于变化。彩陶钵、碗、盆和鼓腹彩陶罐以及后期的杯、豆、大口尖底缸等都很富特色。盛行白色陶衣和双色彩绘，彩陶图案以日、月、星等天象纹和S、X、锯齿纹为其显著特色。各期彩陶所占比例均大大超过仰韶文化，以大河村为例，一期占33.3%，二期占36.3%，三期多达43.2%，四期彩陶已近尾声，也仍占18%远远超过仰韶文化同期遗存，可见大河村文化彩陶的极盛期是在三期，相当于仰韶文化的半坡晚期和西王村前段，而仰韶文化此时彩陶已很少见到。以上特征构成了大河村文化的独特风格。

大河村文化由于地处中原，与周围各兄弟文化的联系甚为密切，如前期流行的大小口尖底瓶、少量釜、灶和彩陶中的圆点钩叶纹等表明它与西侧的仰韶文化联系密切。在豫东的一些同时期遗址中，大汶口文化和大河村文化的典型器物往往同时存在，大河村遗址四期出现的背水壶和陶锅证明其与大汶口文化和屈家岭文化有着程度不同的交往。

大河村文化来源于这个地区的裴李岗文化，之后通过大河村五期文化（大河村五期代表其晚期）发展为王湾三期文化，再后又发展为二里头文化。由于王湾三期文化中、晚期和二里头文化都是探索夏文化的重要对象，那么早于他们的裴李岗文化、大河村文化和大河村五期文化就有可能是先夏文化了。

（三）宛襄地区的下王岗早期文化

位于汉水中游及其主要支流丹江、唐白河流域的南阳盆地，是黄河流域和长江流域古代文化交流的枢纽地带。在仰韶时代，这里分布着下王岗早期文化。典型遗址有河南淅川下王岗[19]、下集[20]、南召二郎岗[21]、南阳黄山[22]、镇平赵湾[23]、湖北郧县青龙泉大寺[24]等。据现有资料可知，下王岗早期文化大体可分为一脉相承的三期，分别以下王岗早一、早二、早三期为代表。方城大张庄遗址[25]似乎稍早于下王岗早一期，但因目前资料太少，可暂归于此。

下王岗早期文化的房屋建筑大多为平地起建的方形、长方形或圆形房子，并较早地出现了多间连排房和整塑整烧技术。窖穴以圆桶状为主，明显不同于仰韶文化和大河村文化。经济生产虽也以原始农业为主，但主要栽培水稻，与其北邻的兄弟文化不同，生产工具中，有肩石铲、穿孔石铸比其北邻出现得早些，打制的柳叶形石镞很富特征。墓葬中普遍有随葬品，且有大体固定的随葬品组合。中期还出现了随葬陶质明器现象。随葬狗、龟现象更为同时代其他文化所罕见。

这里的陶器，早期虽以泥质红陶居多，但却拥有较多的夹砂棕色陶和泥质黑陶。中期红陶已退居次要位置，以灰陶和棕陶为主，次为细泥黑陶，至晚期则主要是泥质和夹砂灰陶。器表始终以素面为主。彩陶盛行陶衣作风，早期多红彩或橙黄彩，中、晚期多为红衣黑陶，与仰韶文化的原地绘黑彩和大河村文化的白衣红彩不同。彩陶图案中的阴阳三角纹和叶形纹自成序列，不见动物花纹，少见圜底器。炊具始终以罐形鼎为主，明显区别于仰韶文化，虽与大河村文化接近，但少见或不见大河村文化很流行的釜形鼎和盆形鼎。水器中少见小口尖底瓶，始终以壶为主。豆和束腰器座也较常见。

下王岗早期文化的来源，从下王岗早一期和方城大张庄的资料分析可知，应是从裴岗文化南面一支发展而来的。因为两处都出现了裴李岗文化的典型器物锯齿石镰以及弧形刃石铲和小口双耳壶等。

下王岗早期文化结束后，宛襄地区是屈家岭文化的分布范围。前者与后者融合在一起，发展为后来的下王岗晚期文化。

（四）豫北、冀中南地区的仰韶时代文化

这个地区的地理范围指太行山以东、泰山以西、黄河以北、长城以南的华北冲积扇平原地区。这里的仰韶时代文化内涵相当复杂，发展线索尚不清楚，但归纳起来主要是以安阳后岗、大司空村、河北磁县下潘汪、蔚县三关四遗址为代表的四种文化遗存。四者之间的关系，目前学术界尚有不同的认识，或认为后岗早于大司空，或以为大司空早于后岗，就其时间早晚而言，笔者同意前一种意见。

1. 后岗一类文化遗存

这类遗存主要分布于豫北、冀南地区，以安阳后岗[26]和正定南杨庄[27]为其代表。房屋建筑多为圆形或椭圆形的半地穴式，木骨泥墙，并运用了烘烤技术。窖穴以圆形或椭圆形为主。埋葬习俗也以单人仰身直肢一次葬为主，同时也有少数二次合葬和多人合葬。经济手段以原始农业为主，狩猎业极不发达，捕鱼业工具基本不见。

陶器以手制的泥质红陶为主，以罐形鼎炊具，"红顶式"钵、碗为食器，蒜头形小口瓶为水器，很富特征。器表以素面为主，彩陶很少，主要是红彩宽带纹和成组的直、斜、平行线为母题组成的图案。

后岗类遗存与裴李岗文化和大河村文化早期关系极为密切，如都用罐形鼎作炊具，汲水器都以壶为主（后岗小口瓶与裴李岗小口壶相似，不同于仰韶文化的小口尖底瓶），其典型器物"红顶碗"等也常见于大河村文化。但从目前资料看，它与大河村文化还有着本质的区别，因而不能归于大河村文化。故笔者认为后岗类遗存是继裴李岗文化北去的一支发展而来的，它与下王岗早期文化一样是大河村文化的亲缘文化，是裴李岗→大河村文化系统的北方变体。因而笔者建议仍可称之为"后岗类型"。后岗类型在这一地区与下潘汪一类遗存并行发展，向后汇入了磁山→下潘汪→大司空文化系统。

2. 下潘汪一类文化遗存

下潘汪一类文化遗存是这个地区仰韶时代文化的早期阶段，主要分布于冀南地区，典型遗址有磁县下潘汪[28]、界段营[29]等。

此类遗存尚未发现房子和墓葬资料，灰坑以圆形或椭圆形的锅底状和喇叭状为主，陶器以泥质陶为主，细泥红陶最多，还有泥质灰陶和夹砂灰陶。器表以素面磨光为主，纹饰以篮纹居多，彩陶基本不见，炊器是釜、灶和夹砂罐，汲水器是小口双耳壶和长颈壶，盛食器有红顶圜底钵、碗、盆等。器物造型以平底为主，次为圜底，不见三足器。

下潘汪以釜、灶为复合炊具，与仰韶文化庙底沟类型中期相似，但后者时代晚于前者。就其复合炊器而言，似与磁山文化的盂和支架有某种发展关系，它的小口双耳壶也与磁山文化同类器十分相似。至于数量众多的"红顶"式钵碗的烧制技术，可能来源于后岗

类型。故笔者认为下潘汪一类遗存是继磁山文化发展而来的，同时受裴李岗→后岗文化系统的很大影响。它的去向，目前无法定论，因为这个地区仰韶时代中期文化遗存资料太少，现在所知的只是与此区别较大的蔚县三关一类文化遗存。

3. 三关一类文化遗存

这类遗存主要分布于河北西部，以蔚县三关[30]和曲阳钓鱼台[31]为代表。房子主要是半地穴式扇面形，窖穴为方形竖井式和不规则形。陶器主要是细泥质和夹砂红陶。器表多素面磨光，纹饰以线纹为主，还有少量篦点纹。彩陶多原地黑彩，图案多由弧形三角和圆点为母题构成。炊器主要是罐，水器主要是尖底瓶和壶。盛器主要是圜底钵和瓮、盆。

这类遗存以罐为炊具，钵为圜底，颇具半坡早期作风，双唇小口尖底瓶和原地黑彩的圆点钓叶纹，又具有庙底沟期作风。究其来源，可能系沿汾河、滹沱河迁徙的仰韶文化的一支发展而来的，是仰韶文化的地方变体。向后则对大司空村一类遗存产生较大影响。可称之为"三关类型"。

4. 大司空一类遗存

这类遗存主要分布于卫、漳河流域，但其北面的大洋河、桑干河流域也发现有这类遗存。以安阳大司空村遗址[32]为其典型代表。也未见房子和墓葬资料，灰坑以圆筒形为主，生产工具出现了穿孔石刀和蚌刀。陶器以泥质和夹砂灰陶占绝大多数，泥质和夹砂红陶不足三分之一。器表也以素面磨光为主，但篮纹较多，且出现了方格纹；彩陶较多，下潘汪第一类型占24%，界段营占5%。彩陶主要是红彩和棕彩，出现了灰陶绘彩现象。图案以弧形三角配平行曲线纹和蝶须纹最为典型。彩陶作风规范化，单调草率，似已近于尾声。最具典型性的器物是折腹彩陶盆，其炊器和水器均以罐为主，与后岗的鼎、瓶和下潘汪的釜、灶、壶均不同。以罐为炊器，可能接受了三关一类遗存的传统。其弧形三角的彩陶图案也当来源于此。而S、X、太阳纹等图案明显是受大河村文化后期的影响。但其主要来源，可能系下潘汪一类遗存，如窖穴下潘汪以椭圆喇叭状居多，也有少量圆筒形。大司空村反之，以圆筒形居多而喇叭形较少。陶器均以泥质陶为主，灰陶较发达，器表以素面磨光为主，篮纹占较大比例；敛口钵、窄沿盆等器物似也有发展线索可寻。故笔者认为大司空村一类遗存和下潘汪一类遗存间虽然缺环较大，但仍可看出前者为后者的后代。这一地区的仰韶时代文化发展序列应为：

老官台文化→仰韶文化→三关→大司空遗存

磁山文化→下潘汪遗存――――→大司空类型

裴李岗文化→后岗文化――――→大司空类型

从上述关系可看出，磁山文化和下潘汪遗存是这个地区的土著文化，而早期的后岗类型和中期的三关类型则是外来因素，晚期的大司空村遗存是继下潘汪、后岗和三关这三类文化遗存融合发展而来的，但仍以下潘汪因素为主。所以笔者建议这个地区的仰韶时代文化遗存可命名为"下潘汪·大司空文化",下潘汪·大司空文化之后,通过永年台口一期文化发展为后岗二期文化。其中的一支可能发展为先商文化。

(五)黄河上游地区的马家窑文化

在渭河上游的甘东地区,仰韶时代早中期主要是仰韶文化半坡类型的分布范围,典型遗址如秦安大地湾、武山石岭下[33]等。中期之后,这里通过半坡类型的泉护期发展为马家窑文化的石岭下期。

石岭下期的特点,是既具有泉护期的因素,如花瓣纹盆、钵及小口尖底瓶等,又具有马家窑文化的特征,如细颈彩陶瓶、小口平底瓶、彩陶罐等。因而具有明显的过渡性。

石岭下期的分布范围,在渭河上游及其支流葫芦河、洮河和西汉水流域,其中心地带在天水武山地区。而马家窑期及其以后的半山期和马厂期则逐渐向西扩展,直到玉门一带。可见马家窑文化是越向西越晚。

石岭下期之后,马家窑文化形成了自己独特的风格。马家窑文化的最显著特征,是彩陶极其繁缛发达,数量多且花纹极富变化,主要以几何图案花纹为主。典型器物有喇叭口彩陶瓶、壶、彩陶钵、碗、盆、罐、瓮等,从器形到彩陶风格都不同于仰韶文化。

以上分析可以看出,马家窑文化是从仰韶文化发展而来的,那么从石岭下期开始出现,后来成为马家窑文化主要因素的文化成分从何而来?笔者认为可能与甘青地区的土著文化有关,近年来发现的拉乙亥遗址值得注意。也就是说,马家窑文化是以东面仰韶文化西来的一支为主体,融合当地土著文化发展而成的。它的去向,也有不同看法,笔者认为主要发展为齐家文化,而西去的一支可能发展为玉门地区的火烧沟文化。

(六)黄河下游海岱地区的大汶口文化

在仰韶时代,海岱地区分布着大汶口文化。它的分布范围除山东全省外,还包括苏北、皖北、豫东和辽东半岛。

大汶口文化陶器也以红陶为主,流行彩陶,晚期以黑、灰陶为主,彩陶减少。制作以手制为主,晚期出现轮制。石器以磨制为主,兼用打制。但其文化面貌与关中、中原地区诸文化显著不同。陶器群中典型器物主要是鼎、豆、背水壶、高圈足豆、觚形杯等。各种器物种类繁多,富于变化,具有自己的独特风格。

根据大汶口文化典型器物的发展序列和许多遗址的地层关系,可将其分为早、中、晚三期,早期以兖州王因[34]、江苏邳县(今邳州市)刘林[35]为代表,中期以大汶口早、中期墓葬[36]为代表,晚期以大汶口晚期墓和日照东海峪下层[37]为代表。其早、中期与大河村文化中、晚期并列发展,受其影响较大,如白衣彩陶、天象纹和圆点钩叶纹等。晚期则与大河村五期文化同时,二者交错分布,在豫中地区甚至豫西南、鄂豫交界处也发现有大汶口文化的因素[38]。这反映了当时文化交流之广泛。大汶口文化是从北辛文化发展而来的。但从其以鼎为炊器、以壶为水器的情况看，与中原的裴李岗—大河村文化系统有着较为密切的关系。同时也可能受到磁山—下潘汪·大司空文化系统的某种影响。大汶口文化向后发展为典型龙山文化，之后又发展为岳石文化。

（七）大溪—屈家岭文化系统

这个文化系统主要分布于长江中游地区，大溪文化代表这里的仰韶时代前期，屈家岭文化早期代表这里的仰韶时代后期。

1. 大溪文化

大溪文化主要分布于湖北大部和川东、湘北地区。典型遗址有四川巫山大溪[39]、湖北宜都红花套[40]、松滋桂花树[41]、枝江关庙山[42]等。大溪文化石器多磨制，以巨型石斧和圭形石凿最为典型。陶器以红陶为主，流行彩陶，多红衣黑彩，图案以绞索纹、平行带中夹横人字纹独具特征。典型器物有敛口圈足豆、筒形彩陶瓶、彩绘器座和釜、鼎等。

大溪文化与中原同期文化有一定联系，如彩陶图案中的回旋勾连纹及个别双唇小口尖底瓶等中原仰韶时代文化因素反映了这一点，同时也说明了大溪文化的相对年代相当于中原仰韶时代文化的早中期。

大溪文化应是从西陵峡朝天咀、石门皂市一类遗存发展而来的，向后发展为屈家岭文化。

2. 屈家岭文化

屈家岭文化主要分布在湖北省及豫西南和湘北的澧江流域。典型遗址有湖北京山屈家岭[43]、宜都红花套、枝江关庙山、松滋桂花树、河南淅川下王岗、黄楝树、唐河寨茨岗、湖南澧县三元宫[44]等。向北到河南郑洛地区仍有其影响。

屈家岭文化分为早、晚两大期，早期的相对年代相当于大河村和下王岗早期文化的晚期，石器磨制粗糙，黑陶多，灰陶次之，流行红衣和白衣彩陶，还有朱绘黑陶。圈足器和三足器较多，典型器物有鸭嘴足小鼎、豆、曲腹杯等。

晚期相当于中原的庙底沟二期和大河村五期文化，磨制石器增多，打制双肩石锄为主要农具。灰陶为主，黑陶次之，器物均手制经慢轮修整，蛋壳彩陶和彩陶纺轮为其典型特征。主要器物有宽扁足盆形鼎、短柱足罐形鼎、圈足碗、镂孔豆、彩陶壶、蛋壳彩陶碗等。

屈家岭文化之后，发展为青龙泉三期文化，其北去的一支融合当地的下王岗早期文化发展为下王岗晚期文化。

（八）太湖地区的马家浜文化

马家浜文化主要分布于浙北苏南地区的太湖流域，典型遗址有浙江嘉兴马家浜、桐乡罗家角、吴县草鞋山、青浦崧泽[45]等。它的文化面貌与中原仰韶时代文化区别较大，但也有一些仰韶时代的特征，如其早期陶器也以泥质和灰砂红陶为主，盛行红色陶衣，并偶见彩陶，晚期以夹砂红褐陶和泥质灰陶为主，还发现过具有大河村文化特征的圆点弧形三角白衣彩陶片。早期以马家遗址为代表，晚期以崧泽遗址为代表。

马家浜文化是继罗家角下层文化发展而来的，向后发展为良渚文化。

（九）宁绍平原的河姆渡文化

河姆渡文化跨越历史较长，相当于中原的裴李岗文化晚期直到仰韶时代文化，其晚期即河姆渡遗址一、二层的相对年代与中原的仰韶文化大致相当。因晚期资料发表不多，不便深入讨论。河姆渡文化以水稻为主要栽培作物，以骨耜为主要农具，居住干栏式的木构建筑，使用腰沿釜作炊器，用刻划来装饰器物，与中原的仰韶文化区别较大。但其晚期施红色陶衣的现象说明了它与仰韶文化[46]处于同一历史发展阶段，同属于仰韶时代。

另外，宁镇地区的南京北阴阳营文化也是一支以红陶和彩陶为特征的文化，其彩陶较为发达，红陶占80%，七孔大石刀实为罕见。所以，它也是仰韶时代大家族的一个成员。

（十）北方西辽河流域的红山文化

红山文化包括今内蒙古东部、辽西、冀北一带，以内蒙古赤峰红山后、蜘蛛山等为典型代表，生产工具除磨光石器外还有不少细石器。特别是东山嘴大型祭祀遗址[47]，是红山文化的突出特征。陶器也以红陶为主，流行彩陶，图案以平行线三角纹和菱形纹为主，器表纹饰以横之字形线纹和直线划纹最富特征。大口罐、红顶钵、小口双耳罐为其典型器物。

红山文化与后岗、下潘汪、大司空文化有一定联系，如红顶碗、平行线三角形彩陶图案与后岗类型相似，某些器形和彩陶作风具有大司空一类遗存的特征。

红山文化起源于这个地区相当于林西沙窝子一类遗存[48]，在其发展过程中受到磁山、下潘汪、大司空文化系统的很大影响，向后通过小河沿文化发展为夏家店下层文化。

三

过去，关于"仰韶文化"的社会性质问题曾展开过热烈地讨论。在20世纪60年代中期以前，主要有三种意见。一是母系说，认为"仰韶文化"是"发达的母系氏族社会"。多数人持此观点。二是父系说，认为"仰韶文化"是"父系社会"，主张此说的仅为个别同志。三是先母系后过渡说，认为前期是母系社会，后期向父系社会过渡。主张此说者也是少数。

70年代以来，主张母系说的部分同志改为先母系后过渡说，主张父系说者增加。80年代以来，一种新的说法渐占上风，即先母系后父系说。笔者原则上同意这种意见。以上几种观点都承认仰韶时代诸文化的发展是不平衡的。苏秉琦先生曾经指出，三门峡以东地区比以西地区发展得快些。笔者认为，仰韶时代诸文化上下几千年，纵横数千里，大家同时进入同一历史发展阶段，同一社会形态，这是不可能的。各地的原始文化由于发展的不平衡，在社会发展阶段上的变化也必然有快有慢。只有将各文化系统区别开来逐个进行分析，才有可能得出合乎历史本来面目的结论来。

认为整个"仰韶文化"都是父系社会的说法，我们是不同意的。反之，把整个"仰韶文化"都说成是母系社会，甚至是"发达的"母系社会，更是与事实相违背的。先母系后父系说也同样释之简单。据民族志材料，北美易洛魁人在同一部落内曾有父系、母系、对偶婚家族等几个婚姻形态并存，我国和世界其他地方的少数民族都有许多同类事例。因此我们认为，不能用整个"仰韶文化"或其早、中、晚期作为划分社会发展阶段的出发点，而应以各个文化系统、各个考古学文化乃至各个发展阶段为出发点来进行具体分析、研究，之后才能判定某文化、某类型或其某期属于某一社会发展阶段，然后再总体地联系起来，得出规律性的结论。历史的发展是不平衡的，我们不能用平衡的眼光和尺度来看待不平衡的事物。

限于篇幅，本文不便引用过多的材料展开讨论，但从仰韶时代诸文化的生产力发展水平、社会经济状况、生产工具和陶器制作、埋葬习俗、房屋建筑等各方面材料分析，仰韶时代诸文化的早期，大抵处于母系氏族社会阶段，但也是不平衡的，有的地方可能已处于"发达的母系氏族社会"阶段，有的地方也许刚刚进入母系氏族阶段。但在早期后段，一些发展较快地区，已开始由母系社会向父系社会的过渡。如半坡类型的半坡期后段和史家期、庙底沟类型的三里桥期、后岗类型、大汶口文化早期等都普遍出现了不分男女老幼的多人一次或二次合葬现象，这是与母系氏族社会的传统不相容的，似应是这一过渡阶段的反映。但在下王岗文化中，这种葬俗是在中期出现的。大河村文化则未出现这种葬俗，而是在其二期就出现了分间连排的房屋建筑。越往后发展，关东各文化发展越快。庙底沟类型中期出现了死者做挣扎状的灰坑葬，大河村文化中期出现灰坑乱葬和套间房，大汶口文化中期墓葬出现随葬品多寡悬殊的墓葬。大溪文化晚期也出现了随葬器物多寡不一的显著差别。这些材料表明，这几支文化或类型在其中期已基本完成了母系向父系社会的过渡而跨入了父系社会的门槛。到了晚期，大部分地方的葬俗又恢复了以仰身直肢一次葬为主的葬俗，大河村文化出现了死者双手被绑缚的俯身葬，大汶口文化和马家浜文化发现了成年男女合葬墓。标志着这些地方的父权制已发展到了相当成熟的阶段。但有些地方，如北方的红山文化则长期处于母系社会，东山嘴大型祭祀遗址发现的大量女性陶塑像证明了这一点。这充分说明仰韶时代诸文化的发展是不平衡的。

仰韶时代，亦即我国历史上的新石器时代晚期阶段，大体上经历了二千多年。中原地区结束得早一些，而黄河上、下游，长江流域和北方草原地区虽各不相同，但均结束较晚。^{14}C技术的运用，使研究考古学文化的绝对年代成为可能。下面简论一下仰韶时代诸文化的绝对年代（本文所引^{14}C年代数据半衰期均为5730年，未经树轮校正）[49]。

根据仰韶文化半坡类型现已公布的^{14}C数据推定，大体处于距今6140～4400年间。其中半坡期为距今6140～5585年，史家期为距今5490～5000年，泉护和半坡晚期为距今5000～4400年。

仰韶文化庙底沟类型的三里桥期未见数据公布，庙底沟期和西王村期为距今5230～4400年间。

这样，整个仰韶文化的年代就在距今6140～4400年间。

大河村文化也缺乏早期数据，中晚期数据较多，处于距今5500～4400年之间，早期若参考登封双庙数据距今6380～5780年，整个大河村文化的年代就落在距今6380～4400年之间，开始时间稍早于仰韶文化，大体同时开始向龙山时代过渡。

后岗文化目前测定数据较少，后岗遗址公布的两个数据为距今5680～5485年，相当于半坡类型早期后段。

下潘汪·大司空文化未见数据发表，参照蔚县三关的两个数据和后岗的两个数据，当在距今5680～5260年间。参照后岗二期文化的最早数据距今4260年，磁山文化的最晚数据为距今7060年，那么它的年代应落在距今7060～4260年间。

下王岗早期文化公布的两个数据为距今6195～5785年，代表了它的早期，相当于半坡期前段。

大汶口文化开始时间晚于中原地区诸文化，结束也较晚，大体在距今5800～4000年之间。

大溪文化和屈家岭文化分别为距今5940～4760年和距今4500～4145年之间。

马家窑文化开始和结束时间均最晚，为距今5140～3680年之间。

马家浜文化约为距今5600～4500年之间，河姆渡文化晚期在距今5370～4790年之间。红山文化也大体处于这个年代之内。

这样，整个仰韶时代的绝对年代大体就落在距今6400～3700年之间，其繁盛期大体在距今6140～4400年之间。

四

在距今6400年以后，我国大部分地区先后进入了新石器时代晚期，即我国历史上的仰韶时代。这一历史时期，人们大都过着定居生活，村落有一定的布局，以原始农业为主要经济手段，黄河流域和华北地区以粟为主要栽培作物，长江流域及华南地区以水稻为主要栽培作物，均以渔猎采集经济作为辅助经济。人们以磨光的石、骨器为主要生产工具。在黄河流域中、上游和华北地区，人们居住在地穴式的窝棚中，中晚期有的地方出现少量平地起建的房屋。中原和长江流域广大地区，人们多住在平地起建的方形房屋中，有的用整塑整烧技术加固和防潮。宁绍平原则居住在干栏式的木构房屋中。成年人死后，大都葬于氏族公共墓地中，多为仰身直肢一次葬。中期，部分地方流行多人二次合葬，晚期出现男女合葬。中晚期出现灰坑乱葬现象。儿童早夭，不少地区实行瓮棺葬。各地因文化传统、风俗习惯不同，故丧葬习俗各异，但均有一定的葬仪。作为主要生活用具的陶器，多以手制为主，中、晚期普及慢轮修整，晚期少数地区出现轮制技术。陶器多泥质和夹砂红陶，中晚期灰陶逐渐增加，至晚期有些地方已以灰陶为主。陶器上流行彩绘装饰艺术，彩陶图案主要有写实性的动植物花纹及其变体和装饰性的几何形花纹等。

各地区各文化系统之间有着广泛的联系和交往，它们相互学习，相互影响，共同发展。就彩陶装饰艺术来讲。最早出现于关中地区华山周围的老官台文化，并最早在关中地区的半坡类型中盛行起来。随之逐渐向邻近各兄弟文化传播。但是仰韶文化的彩陶在整个器物群中所占的比例始终较小。至半坡晚和西王村期，彩陶艺术已经衰落，逐渐趋于消失。而其西方变体马家窑文化和东邻大河村文化的彩陶却在仰韶文化的彩陶将要退出历史舞台时盛行起来，花纹之繁缛多变，数量之多，都是仰韶文化无法比拟的。与此同时，彩陶艺术在现在的全国范围内传播开来，长城内外，大江南北，西起陇上，东达海滨，一时间到处盛开彩陶之花，而且各地风格迥异、独具特征。这至少说明以下三个问题。一是彩陶最早产生于华山周围的仰韶文化，这里是彩陶的发源地，然后才向四方传播的。二是各文化系统彩陶风格、盛衰早晚各不相同，把他们都归于仰韶文化是不妥的。三是各文化系统与仰韶文化大体同时的历史阶段，运用彩陶装饰艺术，所以彩陶就具有一定的时代特征。这就是我们之所以提出典型仰韶文化和仰韶时代文化的主要依据。

仰韶时代早期，大体上处于母系氏族社会后期，早期后段至中期，大部分地区开始向父系社会过渡。至迟到后期前段，大部分地区已完成这一过渡而进入父系氏族社会。一些边远地区可能一直到龙山时代才完成这一过渡，有的甚至更晚。仰韶时代大体开始于距今6400年，中原地区大体结束于4400年，一些边远地区一直延续到距今3700年才结束，但这时中原地区早已进入了青铜时代。

仰韶时代是我国历史上很重要的一个历史阶段，当时的先民用勤劳智慧的双手，创造了一群光辉灿烂的远古文化，像一束束绚丽的鲜花盛开在古老的华夏大地之上，从而奠定了我们伟大的多民族国家的基础。

注　释

[1]　安特生著，袁复礼译：《中华远古之文化》，《地质汇报》第五号第一册，1931年。

[2] 苏秉琦：《苏秉琦考古学论述选集》，文物出版社，1984年，第225页。

[3] 严文明：《龙山文化和龙山时代》，《文物》1981年第6期，第41页。

[4] 甘肃省博物馆、秦安县文化馆大地湾发掘小组：《甘肃秦安大地湾新石器时代早期遗存》，《文物》1981年第4期。

[5] 中国社会科学院考古研究所：《宝鸡北首岭》，文物出版社，1983年。

[6] 中国科学院考古研究所、陕西省西安半坡博物馆：《西安半坡——原始氏族公社聚落遗址》，文物出版社，1963年。

[7] 西安半坡博物馆、临潼县文化馆：《1972年春临潼姜寨遗址发掘简报》，《考古》1973年第3期；西安半坡博物馆、临潼县文化馆、姜寨遗址发掘队：《陕西临潼姜寨遗址第二、三次发掘的主要收获》，《考古》1975年第5期；西安半坡博物馆等：《临潼姜寨遗址第四至第十一次发掘纪要》，《考古与文物》1980年第3期。

[8] 西安半坡博物馆、渭南县文化馆：《陕西渭南史家新石器时代遗址》，《考古》1978年第1期。

[9] 黄河水库考古队华县队：《陕西华县柳子镇考古发掘简报》，《考古》1959年第2期；黄河水库考古队华县队：《陕西华县柳子镇第二次发掘的主要收获》，《考古》1959年第11期。

[10] 北京大学历史系考古教研室：《元君庙仰韶墓地》，文物出版社，1983年。

[11] 黄河水库考古工作队陕西分队：《陕西华阴横阵发掘简报》，《考古》1960年第9期。

[12] 陕西考古所泾水队：《陕西邠县下孟村遗址发掘简报》，《考古》1960年第1期；陕西省社会科学院考古研究所泾水队：《陕西邠县下孟村仰韶文化遗址续掘简报》，《考古》1962年第6期。

[13] 中国科学院考古研究所：《庙底沟与三里桥》，科学出版社，1959年。

[14] 中国科学院考古研究所：《庙底沟与三里桥》，科学出版社，1959年。

[15] 河南省文物研究所等：《渑池仰韶村1980—1981年发掘报告》，《史前研究》1985年第3期。

[16] 中国科学院考古研究所山西工作队：《山西芮城东庄村和西王村遗址的发掘》，《考古学报》1973年第1期。

[17] 郑州市博物馆：《郑州大河村遗址发掘报告》，《考古学报》1979年第3期。

[18] 北京大学考古实习队：《洛阳王湾遗址发掘简报》，《考古》1961年第4期；邹衡：《夏商周考古论文集》，文物出版社，1980年。

[19] 河南省博物馆长江流域规划办公室、河南省博物馆文物考古队河南分队：《河南淅川下王岗遗址的试掘》，《文物》1972年第10期。

[20] 游清汉：《淅川县下集附近发现古遗址》，《文物》1960年第1期。

[21] 河南省文化局文物工作队、"刘胡兰"发掘小队：《河南南召二郎岗新石器时代遗址》，《文物参考资料》1959年第7期。

[22] 河南省文物研究所发掘资料。

[23] 河南省文化局文物工作队：《河南镇平赵湾新石器时代遗址的发掘》，《考古》1962年第1期。

[24] 长办文物考古队直属工作队：《一九五八至一九六一年湖北郧县和均县发掘简报》，《考古》1961年第10期。

[25] 南阳地区文物队、方城县文化馆：《河南方城县大张庄新石器时代遗址》，《考古》1983年第

5期。

[26] 中国科学院考古研究所安阳发掘队：《1971年安阳后岗发掘简报》，《考古》1972年第3期；中国科学院考古研究所安阳工作队：《1972年春安阳后岗发掘简报》，《考古》1972年第5期。

[27] 河北省文管处：《正定南杨庄遗址试掘记》，《中原文物》1981年第1期。

[28] 河北省文物管理处：《磁县下潘汪遗址发掘报告》，《考古学报》1975年第1期。

[29] 河北省文物管理处：《磁县界段营发掘简报》，《考古》1974年第6期。

[30] 张家口考古队：《一九七九年蔚县新石器时代考古的主要收获》，《考古》1981年第2期。

[31] 赵印堂、杨剑豪：《曲阳县附近新发现的古文化遗址》，《考古通讯》1955年第1期；董增凯、孟昭林：《河北曲阳县发现彩陶遗址》，《文物参考资料》1955年第1期。

[32] 中国科学院考古研究所安阳发掘队：《1958—1959年殷墟发掘简报》，《考古》1961年第2期。

[33] 中国社会科学院考古研究所：《新中国的考古发现与研究》，文物出版社，1984年，第106页。

[34] 中国社会科学院考古研究所、山东工作队济宁地区文化局：《山东兖州王因新石器时代遗址发掘简报》，《考古》1979年第1期。

[35] 江苏省文物工作队：《江苏邳县刘林新石器时代遗址第一次发掘》，《考古学报》1962年第1期；南京博物院：《江苏邳县刘林新石器时代遗址第二次发掘》，《考古学报》1965年第2期。

[36] 山东省文物管理处、济南市博物馆：《大汶口——新石器时代墓葬发掘报告》，文物出版社，1974年。

[37] 山东省博物馆东海峪发掘小组、日照县文化馆东海峪发掘小组：《一九七五年东海峪遗址的发掘》，《考古》1976年第6期。

[38] 笔者1984年春在河南唐河湖阳遗址调查发现有典型的大汶口文化陶鬶。

[39] 四川长江流域文物保护委员会文物考古队：《四川巫山大溪新石器时代遗址发掘记略》，《文物》1961年第11期。

[40] 高仲达：《湖北宜都甘家河新石器时代遗址》，《考古》1965年第1期。

[41] 湖北省荆州地区博物馆：《湖北松滋县桂花树新石器时代遗址》，《考古》1976年第3期。

[42] 中国社会科学院考古研究所湖北工作队：《湖北枝江县关庙山新石器时代遗址发掘简报》，《考古》1981年第4期；中国社会科学院考古研究所湖北工作队：《湖北枝江关庙山遗址第二次发掘》，《考古》1983年第1期。

[43] 中国科学院考古研究所：《京山屈家岭》，科学出版社，1965年。

[44] 湖南省博物馆：《澧县梦溪新石器时代遗址试掘简报》，《文物》1972年第2期；湖南省博物馆：《澧县梦溪三元宫遗址》，《考古学报》1979年第4期。

[45] 浙江省文物管理委员会：《浙江嘉兴马家浜新石器时代遗址的发掘》，《考古》1961年第7期；冯信敫：《浙江崇德罗家谷古遗址调查记》，《考古》1957年第4期；南京博物院：《江苏吴县草鞋山遗址》，《文物资料丛刊·3》，文物出版社，1980年；上海市文物保管委员会：《上海市青浦县崧泽遗址的试掘》，《考古学报》1962年第2期；上海市文物保管委员会：《青浦县崧泽遗址第二次发掘》，《考古学报》1980年第1期。

[46] 南京博物院：《南京市北阴阳营第一、二次的发掘》，《考古学报》1958年第1期。

[47] 北京大学历史系考古教研室：《内蒙赤峰红山考古调查报告》，《考古学报》1958年第3期；中国社会科学院考古研究所内蒙古工作队：《赤峰蜘蛛山遗址的发掘》，《考古学报》1979年第2期；郭大顺、张克举：《辽宁省喀左县东山嘴红山文化建筑群址发掘简报》，《文物》1984年第11期。

[48] 吕遵谔：《内蒙林西考古调查》，《考古学报》1960年第1期。

[49] 本文所引碳十四数据多引自《中国考古学中碳十四年代数据集》，文物出版社，1983年；《放射性碳素测定年代报告》（九）~（一二），《考古》1982年第6期、1983年第7期、1984年第7期、1985年第7期。

（原载《论仰韶文化》，中州古籍出版社，1987年）

磁山、裴李岗、下潘汪和后岗——兼论豫北、冀中南地区新石器时代文化的序列与年代

半个多世纪以来，经过几代人的努力，豫北、冀中南地区的新石器时代考古已积累了丰富的资料；虽然对它的发展序列，众家有不同的认识，这也说明了这个地区的新石器时代考古研究在不断地深入。笔者在学习中有几点粗浅的认识，借此机会就教于各位专家。

鉴于龙山时代已有铜器出现，笔者认为此时已进入铜器时代早期。同时限于篇幅，本文中只谈龙山时代之前的新石器时代文化，诸如后岗二期文化等不再述及。

一、磁山与裴李岗

豫北、冀中南地区正处在太行山以东，燕山之南的浅山区和华北大平原地带，是古今人类聚居、繁衍的理想之地。因而留下了丰富的地下文化遗产。近年来发现的磁山文化和仰韶时代诸文化，均代表了这一地区某个阶段的文化面貌。

旧石器时代晚期，这一带发现了小南海文化。在这之后的新石器时代早期阶段，这一地区的文化面貌，目前还不甚清楚。到了新石器时代中期，这个地区主要分布着以河北武安磁山遗址为代表的磁山文化[1]。它的文化内涵极为丰富，其主要特征是：居住的房子为圆形或椭圆形的半地穴式，用以储藏粮食的窖穴为长方形，磁山文化的先民主要从事原始农业生产，以粟为主要栽培作物，使用磨制、打制或打磨兼制的石质、骨质生产工具，扁圆柱形石斧、舌状石铲、长椭圆形石磨盘很富特征。已能饲养猪、狗、鸡等家畜、家禽。除原始农牧业外，渔猎、采集经济仍占重要地位。作为主要生活用具的陶器，大多为夹砂陶，早期以夹砂褐陶为主，晚期以夹砂红陶为主，泥质陶增加，用桶形平底盂和倒靴形支架作复合炊具，双耳罐作水器，还有圈足罐等也很典型。目前，磁山文化还未发现墓葬材料[2]。

在河南中部地区，曾发现过旧石器时代晚期的许昌灵井文化。在此之后的新石器时代早期阶段的文化面貌，目前也不清楚。在新石器时代中期，这里分布着裴李岗文化[3]。它与磁山文化大体同时又相互影响。

裴李岗文化的先民居住在圆形或方形的半地穴式房子之中，窖穴为圆形或椭圆形，袋状窖穴为其特征之一，也以粟为主要栽培作物，其经济结构与磁山文化大体一致。裴李岗文化

的墓葬材料较为丰富,到目前为止已发掘五百余座。无论成人或儿童,死后均埋葬于氏族公共墓地内(但其早期阶段,氏族公共墓地似未最后形成),墓圹多为竖穴土坑,头向大多为西、南或西南,多仰身直肢单人一次葬,也发现有少量的单人二次葬,多人二次合葬,一次葬与二次葬的多人合葬,个别的侧身直肢,俯身直肢葬等。石质、骨质生产工具多为磨制,普遍精致规整,其中两端刃长条形石铲、齿刃石镰,鞋底形四柱足石磨盘等最富特征。陶器早期多夹砂褐陶,晚期以泥质和夹砂红陶为主。器形中以小口双耳球腹壶、折肩壶、盆形和罐形鼎最为典型。早期虽然也发现有夹砂圜底器和支脚作复合炊具,但从中期开始很快发展为从陶鼎为主,直至铜器时代的二里头文化,不似豫北,冀中南地区由磁山的盂和支脚发展为釜和灶,仍是复合炊具,直至以鬲、甗为炊具的后岗二期文化。以上表明这两个文化系统各自都在沿着不同的道路向前发展。根据严文明先生的研究结果,使用陶支脚应为这一时期的时代特征之一[4],只是裴李岗文化使用陶支脚的时间较短和具体形状不同而已。

在裴李岗文化的分布区域内,以裴李岗、莪沟为代表的嵩山东麓诸遗址和以舞阳贾湖为代表的伏牛山东麓诸遗址的文化面貌也存在较大的差异,在陶器组合及特征,经济结构,埋葬习俗方面都不甚一致,似乎代表了不同的文化类型,我们可称之为"裴李岗类型"和"贾湖类型"。

在磁山文化和裴李岗文化的分布区域之间,这个时期的文化遗存明显地具有过渡性。如淇县花窝遗址[5],不但发现有裴李岗文化的小口双耳壶、夹砂罐、两端弧形刃石铲等因素,而且大量发现磁山文化的陶盂。从炊器系统来划分,花窝一带遗存似属磁山文化系统。所具有的裴李岗文化因素,是否可视为裴李岗文化向北发展的足迹。

以上分析可以看出,磁山文化和裴李岗文化,虽然都带有那个时代的共同特征,但各有其不同的分布范围和文化内涵,应是七千到八千年间并存于中原和华北大地上的两支独立发展又相互影响的新石路时代中期文化。其原始农畜业和手工业均已达到了一个相当的高度,决非新石器时代的早期阶段。国外的考古资料证明,在陶器产生之前,应有一个无陶新石器时代,而磁山裴李岗文化的陶器已决非刚刚出现之物。结合其他特征,笔者认为这两支文化均代表了中原、华北地区新石器时代中期后段的文化面貌。而这两支文化的来源如何,即旧石器晚期到磁山、裴李岗之间的新石器时代早期的文化面貌如何,还是新石器时代考古的重大课题。

在河南中部地区,裴李岗文化向后发展为大河村文化[6],其发展脉络比较清晰,这从方城大张庄[7]、下王岗早一期[8]、长葛石固[9]、临汝中山寨[10]等遗址的材料均可看出。但在豫北冀南地区,磁山文化向何处去,都呈现出错综复杂的局面。

二、下潘汪和后岗

在豫北、冀中南地区,仰韶时代分布着分别以后岗[11]、下潘汪[12]、三关[13]、大司空村[14]为代表的四种文化遗存。这四种遗存中,三关和大司空村均有自己的独特面貌。而后岗和下潘汪两种遗存的关系却相当复杂。那么,究竟谁是磁山文化的后代呢?

在这个地区,后岗遗址做工作最早也最多,积累资料最为丰富,所以,我们要想认识这一问题,仍需从后岗遗址入手。

目前,多数同志把后岗、下潘汪视为一个类型,认为后岗类型是磁山文化的直接继承者[15]。个别同志则认为,后岗与下潘汪是来源不同的两个类型,后岗来源于裴李岗文化,而下潘汪类型才是磁山文化的继承者[16]。这种认识上的分歧,是对这一问题的研究不断深入的表现。但是,无论后岗类型是否包括下潘汪一类遗存,都把大量的"红顶式"陶器作为其典型特征之一。实际上,"红顶式"陶器是仰韶时代诸文化的共有特征,它最早产生于裴李岗文化的晚期,在河南一些裴李岗文化晚期遗址中就已有类似器物出现。到了仰韶时代更为流行,如大河村文化、半坡文化、红山文化等都不同程度地存在,只是后岗、下潘汪这两类遗存更为发达而已。这只能说明当时的叠烧技术已广泛运用。这种制陶技术的流行,是仰韶时代的特征之一。而陶器的组合和炊器的形式才能更为具体地反映两类遗存之间的差异。

上述分歧的另一原因,就是把后岗遗址的仰韶时代遗存视为一个整体。事实上后岗遗址的仰韶遗存并不单纯。近几年来,已有不少学者认识到后岗仰韶遗存有早晚期的区别[17]。而且已有人根据后岗遗址已发表的资料将其分为三期[18]。这无疑是一种有益的尝试。

根据上述分期结果,后岗仰韶遗存的早期,主要有圜底红顶钵陶盂、小陶碗、小口长颈凹腹瓶等。器物均素面磨光,未见彩陶。这些特征与磁县下潘汪和界段营第二类型等遗存基本一致,与磁山文化有着密切的联系。如界段营的盂(H50:6)同磁山第二层的Ⅳ式盂器形接近。后岗早期的敛口平底钵与磁山第二层的Ⅰ式钵,后岗早期的敛口罐与磁山第二层的Ⅰ、Ⅱ式小口罐、后岗早期的夹砂侈口罐与磁山的同类罐均有明显的继承关系。尤其值得注意的是,后岗早期及其同时的下潘汪,界段营和西万年[19]等遗存以釜、灶为复合炊具,这种釜、灶可能是从磁山文化的桶形平底盂和倒靴形支脚发展而来的。特别是西万年遗址,这里不仅发现有灶等,而且还有三足钵足、盂、支脚和无足石磨盘。这表明它与磁山文化有着更为密切的联系,同时也使后岗早、下潘汪和界段营第二类型一类遗存与磁山文化的联系更为紧密。这充分证明,这一类遗存应是磁山文化的直接继承者,与以鼎为主要灶具的裴李岗——大河村文化系统有着明显的区别。当然,这类遗存也发现一些裴李岗文化的孑遗,如界段营的小口双耳壶(H50:1),这种壶是裴李岗文化中期的常见之物,在这里出现,只能证明这时还残留有裴李岗文化的影响。

以上说明,豫北地区在仰韶时代早期阶段的文化面貌与冀南地区是基本一致的。到了后岗仰韶中、晚期阶段,则发生了很大变化,出现了诸如罐形鼎、大口圜底缸等新器形,彩陶开始流行,特别是以罐形鼎为主要炊器,这与裴李岗—大河村文化系统一致而与使用复合炊具的磁山文化和西万年、后岗早期、下潘汪和界段营第二类型一类遗存有着明显区别。从器形上看，后岗仰韶中晚期的罐形鼎与大河村一期的Ⅱ式鼎基本一致，后岗仰韶中晚期的敛口钵与大河村一期的钵相似，后岗仰韶中晚期的红顶钵与大河村一期的Ⅰ式钵更为接近。它们之间的联系较之花窝与裴李岗的联系更为密切。

通过上述分析，我们对豫北冀中南地区仰韶时代早期文化的面貌就基本清楚了。以西万年、后岗仰韶早期、下潘汪和界段营第二类型为代表的一支，是磁山文化的直接后代，是这个地区仰韶时代文化的早期阶段，可以下潘汪第二类型为代表。以后岗仰韶中、晚期为代表的另一支，则是裴李岗—大河村文化的北方变体，仍可以称之为"后岗类型"，只是比原来意义上的后岗类型短了一节，只代表后岗仰韶遗存中的晚期。

三、文化序列与年代

那么，下潘汪、后岗之后，这个地区的仰韶时代文化的面貌如何呢？

我们知道，这里晚于下潘汪、后岗的遗存，现在已知的主要有以三关和钓鱼台[20]为代表的一支和以大司空村、下潘汪和界段营第一类型[21]、百家村[22]等为代表的另一支仰韶时代文化遗存。它们之间及与下潘汪、后岗之间目前尚无直接的衔接关系。

三关一类文化遗存主要分布于冀西北和冀中地区，其主要特征与庙底沟类型大同小异[23]，如以夹砂罐作炊具、双唇小口尖底瓶、圆点钩叶弧形三角为母题的彩陶图案，等等。这些文化因素，可能是沿汾河上游向东北发展而来的，可以视为半坡文化庙底沟类型的地方变体，建议可称为"三关类型"。与此同时的豫北冀南地区的仰韶时代中期文化面貌目前还不清楚，这一空白阶段，有待于进一步的工作来填补。

代表这一地区仰韶时代晚期文化的是大司空村一类遗存。这个时期的遗存中，灰陶已占绝对优势，彩陶图案趋于规范化，因而显得呆板而缺少变化，还有大量的篮纹出现等因素。虽然它以夹砂罐为炊具，与磁山·下潘汪系统和裴李岗·大河村系统均不同，但它似乎与下潘汪一类遗存有较多的共同之处。这一点已有同志进行过深入的研究[24]，在此不再赘述。值得指出的是，大司空村一类遗存的某些因素，似与三关类型和后岗类型也有明显的联系，如以夹砂罐作炊器、彩陶图案中的弧形三角母题等，可能与三关类型有关；多条平行线图案和敛口平底钵等器型可能与后岗类型有关。这些情况表明，大司空村一类遗存不仅继承了磁山、下潘汪系统的文化传统，而且融合了三关和后岗这两个类型的文化因素。换句话说，大司空村一类遗存主要是继承了磁山·下潘汪文化系统并融合三关、后岗两类遗存而发展起来的。

通过上面的分析，我们可以大体勾画出豫北、冀中南地区新石器时代文化的序列来。

磁山—下潘汪—大司空是这个地区新石器时代文化发展的一条主线，下潘汪和大司空分别代表了这个地区仰韶时代文化的早、晚不同发展阶段，因此，笔者建议将这里的仰韶时代文化称之为"下潘汪·大司空文化"。

关于这个地区新石器时代文化的绝对年代，目前已有不少^{14}C数据公布[25]，其中磁山文化已有三个，其年代范围在距今7000~7400年间；下潘汪期尚无数据公布，稍晚的后岗类型公布两个数据，ZK16为距今5485±105年，ZK134为距今5680±105年，即分布在距今5500~5700年间。三关类型公布三个数据，ZK79097为距今5260±80年，BK79098为距今5460±200年，蔚县琵琶嘴为距今4790年，即为距今5500~4800年间，与后岗类型的年代相衔接，表明裴李岗·大河村文化系统的影响先于老官台·半坡文化系统到达这一地区，这与其文化面貌也是一致的。大司空期也未见公布^{14}C数据，参照大河村文化的下限，也应在距今4400年前。

通过上面的分析，我们可以看出，豫北、冀中南地区新石器时代文化的绝对年代，现在已知为距今7400~4400年这3000年间，它的上限晚于河南中部地区的裴李岗文化，后者约为距今7900年。其中，这里的仰韶时代文化的年代上限，现在还是一段空白。参照大河村文化的上限登封双庙遗址的数据，为距今6380年，半坡文化的上限为距今6140年，由此推测，与此同时的西万年、下潘汪期的上限也应大体在此期间。因此，下潘汪、大司空文化的绝对年代也应在距今6400~4400年这2000年间。但是，从文化序列的衔接上，这一地区尚有下潘汪和大司空之间一段空白尚待填补，从绝对年代上，还有距今7000~5700年之间和距今4800~4400年之间未见公布^{14}C数据，因之，上述分析是否正确，还有待于进一步的工作来证实。

注　释

[1]　河北省文物管理处等：《河北磁山新石器时代遗址试掘》，《考古》1977年第6期；河北省文物管理处等：《河北武安磁山遗址》，《考古学报》1981年第3期。

[2]　磁山遗址发现有数十组陶器与石器的"组合物"，有人推测为墓葬，有人则认为是粮食加工的场所。笔者认为均不可能。通过现场观察，笔者发现此类"组合物"有三个特征。其一："组合物"的密集区靠近粮食窖穴的密集区，中间仅有一壕沟相隔。其二："组合物"中陶器与石器的组合较固定，具有一定的规律性，大都有陶盂、陶支脚、三足钵、钵、圈足罐、石铲、石斧等。其三："组合物"均系有意放置，挖坑埋藏，但在其周围从未发现与墓葬有关的遗迹，也未发现人们活动的场所如活动面等，而与后代的"窖藏"现象有相似之处。笔者认为这种迹象可能与祭祀活动有关。联系组合物中有农具如石斧、石铲等，有粮食加工工具如石磨盘、石磨棒等，有炊具如陶盂、陶支脚等，还有钵、三足钵、圈足罐等盛储器，小口长颈壶等水器。这些都是当时人们从事生产活动和日常生活的常用器物，"组合物"又靠近粮食窖藏区，据此笔者认为这很可能是当时各个氏族家庭祭天祈求和庆祝丰收仪式的遗迹。

[3]　开封地区文管会等：《河南新郑裴李岗新石器时代遗址》，《考古》1978年第2期；开封地区文管会等：《裴李岗一九七八年发掘简报》，《考古》1979年第3期；中国社会科学院考古研究所河南一队：《一九七九年裴李岗遗址发掘报告》，《考古学报》1984年第1期；河南省博物馆等：《河南密县莪沟北岗新石器时代遗址》，《考古学集刊（第一集）》，中国社会科学出版

社，1981年；河南省文物研究所发掘资料。

[4] 严文明：《中国古代的陶支脚》，《考古》1982年第6期。

[5] 安阳地区文管会等：《河南淇县花窝遗址试掘简报》，《考古》1981年第3期。

[6] 郑州市博物馆：《郑州大河村遗址发掘报告》，《考古学报》1979年第3期。

[7] 南阳地区文物队等：《河南方城县大张庄新石器时代遗址》，《考古》1983年第3期。

[8] 河南省博物馆等：《河南淅川下王岗遗址的试掘》，《文物》1972年第10期。

[9] 河南省文物研究所发掘资料。

[10] 中国社会科学院考古研究所河南一队：《河南临汝中山寨遗址试掘》，《考古》1986年第7期。

[11] 中国社会科学院考古研究所安阳工作队：《1971年安阳后岗发掘简报》，《考古》1972年第3期；中国社会科学院考古研究所安阳工作队：《1972年春安阳后岗发掘简报》，《考古》1972年第5期；中国社会科学院考古研究所安阳工作队：《安阳后岗新石器时代遗址的发掘》，《考古》1982年第6期。

[12] 河北省文物管理处：《磁县下潘汪遗址发掘报告》，《考古学报》1975年第1期；河北省文物管理处：《磁县界段营发掘简报》，《考古》1974年第6期。

[13] 张家口考古队：《一九七九年蔚县新石器时代考古的主要收获》，《考古》1981年第2期。

[14] 中国社会科学院考古研究所安阳工作队：《安阳洹河流域几个遗址的试掘》，《考古》1965年第7期；河北省文物管理处：《磁县下潘汪遗址发掘报告》，《考古学报》1975年第1期；河北省文物管理处：《磁县界段营发掘简报》，《考古》1974年第6期；罗平：《河北邯郸百家村新石器时代遗址》，《考古》1985年第4期。

[15] 安志敏：《磁山、裴李岗和仰韶》，《考古》1979年第4期；严文明：《黄河流域新石器时代早期文化的新发现》，《考古》1979年第1期；河北省文物管理处等：《河北武安磁山遗址》，《考古学报》1981年第3期。

[16] 丁清贤：《仰韶文化后岗类型的来龙去脉》，《中原文物》1981年第3期；丁清贤：《磁山、下潘汪、大司空——从下潘汪仰韶文化第二类型的性质谈起》，《史前研究》1983年创刊号。

[17] 河北省文物管理处等：《河北武安磁山遗址》，《考古学报》1981年第3期；中国社会科学院考古研究所安阳工作队：《安阳后岗新石器时代遗址的发掘》，《考古》1982年第6期。

[18] 吴耀利：《试论后岗仰韶文化的年代与分期》，《考古与文物》1984年第6期。

[19] 河北省文管所等：《河北武安沼河流域几处遗址的试掘》，《考古》1984年第1期。

[20] 董增凯、孟昭林：《河北省曲阳县发现彩陶遗址》，《文物参考资料》1955年第1期。

[21] 河北省文物管理处：《磁县下潘汪遗址发掘报告》，《考古学报》1975年第1期；河北省文物管理处：《磁县界段营发掘简报》，《考古》1974年第6期。

[22] 河北省文物管理处：《磁县界段营发掘简报》，《考古》1974年第6期。

[23] 中国科学院考古研究所：《庙底沟与三里桥》，科学出版社，1959年。

[24] 高天林：《关于磁县下潘汪仰韶文化遗存的讨论》，《考古》1979年第1期；丁清贤：《仰韶文化后岗类型的来龙去脉》，《中原文物》1981年第3期；丁清贤：《磁山、下潘汪、大司空——从下潘汪仰韶文化第二类型的性质谈起》，《史前研究》1983年创刊号。

[25] 本文引用^{14}C数据，半衰期均取5730年，以1950年为起点，未经树轮校正。数据来源：《中国考古学中碳十四测定数据集（1965—1981）》，文物出版社，1983年；《放射性碳素测定年代报告》（九）~（一三），《考古》1982年第6期、1983年第7期、1984年第7期、1985年第7期、1986年第7期。

(原载《磁山文化论集》，河北人民出版社，1988年)

试论灵宝铸鼎原地区仰韶时代早期遗存的性质与年代

  灵宝地处豫、陕、晋邻境地带，南依秦岭，北傍黄河，是联结中原与关中地区的咽喉要道，且黄土丰厚，非常适宜人类的生息和繁衍，特别是新石器时代的人类，给我们留下了大量的文化遗存。几十年来，当地文物部门经过长期调查，发现了一百多处新石器时代文化遗存，仅铸鼎原周围就有近30处，其中仰韶时代早期遗存有10多处，为我们进一步的工作打下了良好的基础。但是，这一带的新石器时代遗址因未能进行过大规模的科学发掘，目前研究其文化性质和年代等问题尚嫌材料不足，为了促使这一问题的进一步拓展，笔者不揣冒昧，以1999年春的调查资料为基础，略陈一孔之见，以做引玉之砖。谬误在所难免，还望知者正之。

一、文 化 面 貌

  这里的仰韶时代文化遗存分布密、面积大，与现代村落几乎相对应，目前已发现有26处，且遗迹和遗物均很丰富。从采集标本观察，几乎涵盖了仰韶时代早、中、晚各阶段，大多遗址为连续堆积，也有少量较为单纯。经对历次调查资料的初步分析，发现有13处遗址存在仰韶早期遗存，它们是西横涧、东横涧、阌东、巴楼北、东仓、北贾村、永泉埠、小常、涧南、水泉头、南大闫、肖家湾、西闫西坡遗址，以红顶钵、敞口浅腹钵、敛口卷沿或折平沿彩陶盆、杯形口和环形口瓶等为主要器物组合，但若进一步分析，这十三处遗址也有早晚关系。

  阳平河流域仅三处遗址存在仰韶早期遗存，东横涧遗址的敞口浅腹钵、红顶式钵和姜黄色厚胎并饰较规整绳纹的尖底瓶应为偏早阶段的遗存。西横涧的尖唇敞口圜底红陶钵、底周凹槽钵，与垣曲古城东关同类器相似，应属仰韶最早阶段的遗存。而阌东遗址的杯形口尖底瓶、饰对顶三角形图案的彩陶钵和饰垂弧纹及竖线纹的彩陶钵则与山西芮城东庄村有相似之处，与西安半坡早期遗存的年代大体相当，阌东遗址紧临黄河，对岸就是山西芮城县，与东庄遗存有较多的共性是正常的。

  巴楼北遗址的深红色宽带纹钵、环状口尖底瓶与古城东关遗址同类器基本一致。证明此处也有仰韶最早阶段的文化遗存。东仓遗址的卷沿彩唇盆不见于以庙底沟为代表的仰韶中期遗存，也应偏早，但又不见于东关一类遗存，而在灵宝沙河下游几个遗址中却普遍存在，具有一定的代表性。北贾村遗址的红顶钵、红彩宽带纹钵和底周带凹槽钵、环形口瓶和窄沿弦纹罐与东关一类遗存基本一致，应是这一带较为丰富而典型的代表性遗址。永泉埠遗址的敞口尖唇钵、葫芦口瓶大体上相当于关中地区的姜寨二期，属于仰韶早期的偏晚阶段。小常遗址的卷沿彩唇盆与东仓遗址同类器相似，而窄沿、沿面带凹槽的夹砂罐又与贾村遗址属同一器形，但变为鼓腹，可能略晚于北贾。涧南遗址虽也发现有红顶钵，但它与折平沿彩陶盆共出，可能属于仰韶早期的偏晚阶段。水泉头遗址的红顶钵和窄沿鼓肩盆与东关和山西翼城枣园H1的同类器相似，也应属于仰韶早期。南大闫遗址的主要器物组合有敞口钵、鼓肩盆、窄沿罐、葫芦口瓶等，前两种器形与古城东关同类器基本相似，而后两种则不见于东关一类遗存，可能稍晚于前者。肖家湾遗址的深腹钵、饰对顶三角图案彩陶钵、窄沿盆、折平沿盆、杯形口类底瓶、沿面带凹槽的折沿罐等，都可在东庄村遗址找到相同或相似因素，因此与东庄村应大致相当。西闫西坡遗址主要标本有彩唇盆、葫芦口瓶等，与东仓、小常、永阜埠等大致相当。

综合上述分析，可把这一带的仰韶早期遗存分为前后两段，前段较少，仅见于北贾村、水泉头、巴楼北、南大闫和西横涧五处，以北贾村为代表，主要器物组合有红顶钵和底周带凹槽的圜底钵、窄沿弦纹盆、窄沿、沿面带凹槽罐、环形口瓶等，与古城东关一类遗存大体同时。后段发现较多，有东横涧、闫东、东仓、永泉埠、小常、涧南、南大闫、肖家湾、西闫西坡九处，以肖家湾为代表，主要器物组合有宽带纹彩陶钵、对向三角纹彩钵、卷沿彩唇盆、彩唇罐、沿面带凹槽折沿罐、杯形口和葫芦口瓶等，与西安半坡早期、芮城东庄村大体同时，个别标本可能稍晚，相当于姜寨二期和三里桥期，如闫东的LWD002彩陶钵。因材料有限，不宜再行细分。

二、性质与年代

以上讨论了这一带仰韶早期遗存的文化面貌，那么，我们如何认定其文化性质呢？其年代又如何呢？

我们知道，仰韶早期遗存在关中地区发现有发达的半坡类型，在豫北冀南有后岗类型和下潘汪类型，在豫西南有下王岗类型，在豫中有大河村类型的早期遗存，在豫西地区则较少发现，所以有学者认为，豫西地区的庙底沟类型是从半坡类型发展而来的，但也有不少学者认为，豫西地区的仰韶文化自有其发展序列。陕西临潼零口二期、山西垣曲古城东关仰韶早期遗存和山西枣园H1遗存的发现，为我们讨论这个问题提供了重要资料。而铸鼎原地区在这么小的范围内发现了十多处这个时期遗存，无疑也是值得重视的。

对这类文化遗存的性质，目前学术界的认识，尚未统一，零口遗址的发掘者称其为零口文化，认为它是"仰韶文化的直接前身"。枣园H1的发掘者称其为枣园文化，将之归前仰韶时代，古城东关Ⅳ区的发掘者则笼统称之为具有自身特点的仰韶早期遗存。认识虽不一致，但有一点是相同的，即都认为它早于已知的仰韶时代文化，特别是零口遗址还有直接压在半坡类型文化层之下的地层依据。

"零口文化"的命名是基于这样的认识，即零口二期遗存与白家村文化的物质外显特征存在文化性质的明显区别，诚然，这无疑是正确的，而与仰韶文化之间也存在明显的区别，实际上主要是指当地的仰韶文化即半坡类型。正如古城东关Ⅳ区的发掘者所指出的那样，此类遗存的环状口瓶、夹砂弦纹罐、窄沿深腹盆等典型器物都与庙底沟类型的同类器有明显的传承关系。此次在铸鼎原地区的大量发现表明，此类遗存正是强大的庙底沟类型的早期阶段。由于此类遗存还没有一个典型遗址作代表，建议暂时称为庙底沟类型东关期或东关一类遗存。

东关一类遗存目前可知，最东到新安县的荒坡遗址，最西即陕西临潼的零口遗址（虽然有学者将宝鸡北首岭部分遗存归入零口文化，但这些遗存与零口二期显然相差甚远）。主要分布在豫西崤函古道、晋南及关中东部。

关于东关一类遗存的年代，目前还没有^{14}C遗存公布，我们可以取裴李岗时期诸文化的下限和已知仰韶文化的上限来推测。目前所知裴李岗文化的下限年代，除去明显偏晚不用的外，汝州中山寨ZK1368木炭为距今6955±90年，渑池班村BA94087果核壳为距今6930±140年，密县马良沟ZK0747木炭为距今6855±110年，高精度表校正平均值大约为距今7510～7590年。仰韶文化半坡类型的上限年代为距今6900年，庙底沟类型的上限年代为距今5900年。那么，东关一类遗存的年代范围就落在了距今7500～5900年间。从零口遗址地层关系可知，此类遗存早于半坡类型遗存，那么，东关一类遗存的前段，如东关、零口、枣园、北贾村等，可能要早于距今6900年，在距今7000年左右，而其后段，如东庄村、肖家湾等可能与半坡类型的年代相当，约为距今6900～5900年间。

综上所述，东关一类遗存的发现，解决了庙底沟类型的来源问题，填补了豫西晋南地区仰韶时代早期文化的空白，对仰韶时代文化及类型的研究深入具有重要意义，而铸鼎原地区此类遗存的大量发现，更为研究此类遗存的分布范围、文化面貌、性质年代、聚落结构、发展机制、气候环境等方面提供了重要资料与线索。

（原载《寻根铸鼎原》，中国文联出版社，2001年；与马萧林合著）

再论仰韶时代文化[*]

前　言

　　仰韶时代文化上下两千年，纵横数千里，以关中、豫西、晋南为中心，其影响所及，北过长城，南过长江，东到大海，西到甘青，在中华文明起源与发展的历程中，具有非常重要的地位，而且仰韶遗址的发掘又是中国考古学的开篇之作，在中国考古学史上具有里程碑式的意义。因此仰韶时代文化得到几代考古学家的持续关注。

　　在1986年的纪念仰韶文化发现65周年学术研讨会上，鉴于当时仰韶文化研究中存在的概念混乱现象，笔者借鉴严文明先生提出"典型龙山文化"和"龙山时代文化"的方法，提出了"典型仰韶文化"和"仰韶时代文化"的概念，并对其概念、特征、年代和分布范围进行了界定[1]。这一提法先后得到了严文明先生、张忠培先生等学界前辈和同仁的认可[2]。20世纪90年代后期，在河南省考古学会一次年会上，笔者曾做过一个题为"二论仰韶时代"的报告，遗憾的是至今未发表，但随着新材料的不断增加，整天又被俗事所困，就被压了下来，现已无发表价值了。

　　从纪念仰韶文化发现65周年学术研讨会到今天，时隔25年，这是考古学的大发展时期，期间仰韶时代文化的新资料不断涌现，诸如《姜寨》、《淅川下王岗》、《郑州大河村》、《秦安大地湾》、《洛阳王湾》、《枣阳雕龙碑》、《灵宝西坡墓地》和《三门峡南交口》等有影响的大部头发掘报告和《新中国考古发现和研究》、《中国考古学·新石器时代卷》等总结性的专著陆续出版，以及植物考古、动物考古、农业考古、环境考古丰富资料和研究成果的问世，为我们重新审视仰韶时代文化提供了基础和前提。2003年，笔者在《黄河中下游地区新石器时代文化谱系的动态思考》一文中，对黄河中下游地区新石器时代文化谱系进行了一番简单的梳理，提出了一些当时的认识，其中不少篇幅涉及仰韶时代文化[3]。今天适逢纪念仰韶文化发现90周年这一学术盛会，笔者不揣冒昧，就近十几年来仰韶时代文化的新资料和一些新的思考奉献给各位师友同仁，主要就典型仰韶文化

---

[*] 中国科学院战略性先导科技专项——应对气候变化的碳收支认证及相关问题（XDA05130500）资助项目。

的文化特征、谱系、发展阶段和仰韶时代文化不同层次所反映的共同时代特征做简单梳理，望不吝赐教。

一、典型仰韶文化

仰韶文化是中国新石器时代晚期分布地域较广，延续时间较长，文化特征鲜明的一支考古学文化，由安特生于1921年首先发现于河南渑池仰韶村。如今距仰韶遗址的初次发掘已经过去了90个年头。在这段时间内，考古学界几代同仁就仰韶文化的性质、文化特征、分期与类型、文化谱系的梳理等问题做了大量卓有成效的工作，使得我们对仰韶文化的认识不断深入。但是早期以彩陶作为仰韶文化的主要判断标准，使得仰韶文化的外延不断延伸，造成了一定程度的混乱。为了解决这一问题，20世纪60年代，苏秉琦先生曾提出把关中、豫西、晋南地区的仰韶时代文化划分为"半坡类型"、"庙底沟类型"等几个类型[4]，之后，不少研究者又划分了更多的类型[5]。1986年，笔者关于"典型仰韶文化"和"仰韶时代文化"的概念，也是针对这一现象提出的。

1. 典型仰韶文化的内涵

20世纪80年代以来，有的研究者把典型仰韶文化分为"半坡文化"、"庙底沟文化"和"西王村文化"三个考古学文化，分别代表关中、豫西、晋南地区仰韶时代文化一脉相承的早、中、晚三个发展阶段[6]。在对考古材料进行系统梳理后，我们认为，"典型仰韶文化"主要是指分布在"华山文化圈"周围及其邻近地区，距今约7000~5000年的仰韶时代文化。其东部大体以崤山地区为界，与嵩山文化圈的大河村文化交错分布[7]。

典型仰韶文化分布地域广大，文化面貌也不尽一致，在其中心分布范围以内，大致以华山周围为界，可分为东、西两部分，即东侧的庙底沟类型和西侧的半坡类型。它们是典型仰韶文化的主要组成部分，在文化特征上有明显的共性。主要表现在以罐为主要炊器，各种尖底或平底瓶极富特色，彩陶图案以仿生动植物为主，住居形态主要是半地穴或平地起建的圆形或方形房子。两者大体以华山为界，屡有交叉，相互影响，共同发展，应是同一人类群体的两个分支所创造的亲缘文化。

庙底沟类型与半坡类型分布地域不同，且都有自身较为完整的发展序列。虽然对于两者之间的关系仍存在争议，但两者在各自分布区域内的连续发展过程以及相互影响是比较明显的。基于这样的认识，我们认为：根据已发表的考古材料，庙底沟类型和半坡类型可按照时间序列粗略划分为早晚相继的四个发展阶段，每个阶段都有其典型遗存。如表一所示。

表一 "典型仰韶文化"分期及代表遗存

期别 代表遗存 类型	半坡类型	庙底沟类型
四期	半坡晚期	西王村
三期	泉护村	庙底沟一期
二期	半坡早期、史家	三里桥一期、东庄
一期	北首岭下、零口	枣园、东关一期

总体来看，典型仰韶文化主要分布于以华山为中心的黄河中游及其支流在内的广大地区，主要包括陕西全境、豫西的三门峡地区、晋中南地区、甘东的渭河上游地区等。在这一广袤的地域内，典型仰韶文化的特征可归结为以下几点。

（1）经济形态。典型仰韶文化已经普遍以原始农业为主要的经济形式，并且以粟为主要的栽培作物，少量有条件的地方也有稻作的存在；渔猎经济作为原始农业的重要补充依然存在，并在有些遗址还相当发达。

（2）住居形态。房屋建筑早期以圆形或方形的地穴式或半地穴建筑为主，中晚期逐渐开始出现浅地穴以及平地起建的圆形或方形房屋。窖穴半坡类型主要以圆形袋状为主，庙底沟类型以口大底小的圆形和椭圆形为主。

（3）埋葬习俗。早晚都以单人仰身直肢一次葬为主，半坡类型发现了排列有序的氏族公共墓地，中期开始流行多人二次合葬，头向以西和西北为主，随葬品普遍不是很丰富，差距不大，绝大多数没有葬具，儿童多实行瓮棺葬，并多见于居址附近。

（4）制陶工艺与器物组合。陶器制作以手制为主，中、晚期出现慢轮修整并逐渐普遍化，成为广泛流行的制陶工艺。陶色自始至终以红色为主，中、晚期灰陶数量有所增长，但始终不占主体地位。两个类型都以夹砂罐为主要炊器，以泥质罐及小口尖底瓶为主要水器，以钵、碗为食器，盆、瓮为主要盛器。

（5）彩陶特征。该区域是彩陶的主要起源地，在老官台文化中已经出现了简单的彩陶，至典型仰韶文化中期彩陶已非常流行，纹样主要以写实的动植物花纹及其变体为母题；晚期彩陶急剧衰落，数量很少，纹样更加抽象并且简单草率。

2. 典型仰韶文化的谱系及分期

典型仰韶文化是延续大约两千年的强势文化，庙底沟类型与半坡类型在其起源、发展、兴盛以及衰落过程中，也各有自身的发展脉络。

1）分布于华山以东地区的庙底沟类型

华山以东地区分布着"典型仰韶文化"的庙底沟类型，以目前资料来看，庙底沟类型的来源还不甚明了，该地区在前仰韶时代虽然发现有以班村下层为代表的文化遗存，但与庙底沟类型枣园期的文化面貌差距甚大，看不出明显的承继关系，反而受东临大河村文化前期的影响倒是十分明显。它以写实和变体的植物花卉纹彩陶图案为典型特征，以罐、釜灶为主要炊器，以下腹作反弧内收的罐为主要汲水器，彩陶盆、彩陶钵为主要盛食器，小口尖底和平底瓶可能另有用途。庙底沟类型大体经历了枣园、东庄、庙底沟和西王村四期，这四个阶段有比较明显的承继关系（图一）。

第一期以垣曲古城东关一期[8]、翼城枣园[9]为代表，是仰韶时代早期的一支强势文化。它与华山以西的零口遗址[10]、北首岭下层大致同时，早于半坡早期，尚无彩陶，以小口平底瓶、筒形罐、红顶钵、折沿盆等为代表，与半坡类型一期呈犬牙交错状，从零口遗址的文化面貌可见，其势力向西可到临潼一带。少量罐形鼎表明，它同时也曾受到嵩山文化圈的强烈冲击。

第二期以东庄村一期[11]、三里桥一期[12]为代表，年代与半坡类型的半坡早期及史家期大致相当，相对于半坡类型的强大，这里此期似处弱势，主体因素基本器物组合变化不大，器形稍有变化，彩陶流行，彩陶花纹以黑彩为主，动物纹仅见鱼纹，虽然也有简单的变体植物纹彩陶，但也见到一些写实和变体的鱼、鸟、鹿等动物图案，可见该期受到半坡类型的强烈影响（图二）。

第三期以庙底沟一期[13]为代表，风格为之一变，以花卉纹彩陶图案为标志的文化因素（图三）不仅遍及整个关中豫西晋南地区，且影响所及西到甘青、东到大海、南过长江、北至河套。该期为本文化圈的鼎盛时期，也是整个新石器时代最强势的文化，它的出现也标志着北方史前文化第一次大融合的完成。由于其势力范围扩大，也吸纳了不少其他地域文化的因素，最有代表性的文化现象是：在仍以罐为炊器的同时，出现了大量的以釜、灶为代表的复合炊具，这是太行山文化圈的主体因素之一，应是太行山文化圈成为其势力范围后所产生的一种新的文化现象。

第四期以西王村[14]为代表，典型遗址还有平陆盘南村[15]、夏县东下冯[16]等。在经历了庙底沟期强劲的发展之后，仰韶文化开始出现了衰落的迹象，生存空间受到挤压，可以清晰地看到来自周邻文化的影响，彩陶数量极少，且均为单彩，以红彩为主；繁缛、讲究的装饰基本不见，彩绘花纹以曲线和直线等几何图案为主。陶器群中以喇叭口直身尖底瓶、鼓腹罐、筒形缸、花边纽器盖等较为常见，还有少量的鼎、折盘豆等。总之，仰韶文化发展到此期已迅速衰落，并最终被当地龙山时代早期的庙底沟二期文化所取代。

2）分布于华山以西地区的半坡类型

华山以西地区分布着"典型仰韶文化"的半坡类型，从北首岭遗址的地层关系和文化性质演变轨迹来看，这一支文化可能主要是由老官台文化发展而来。它以写实和变体的鱼、鸟、鹿等动物图案彩陶为典型特征，以罐为主要炊器，以尖底瓶为主要汲水器，彩陶盆、彩陶钵为主要盛食器。半坡类型大体经历了北首岭、半坡早期及史家、泉护村和半坡晚四期，这四个阶段有比较明显的承继关系（图四）。

北首岭期依然延续关中地区前仰韶文化的特征，表现在以三足罐、圈足罐、小口罐、钵、碗为主的器物组合，彩陶极为罕见，文化面貌显得原始，与之后的半坡期相比差距明

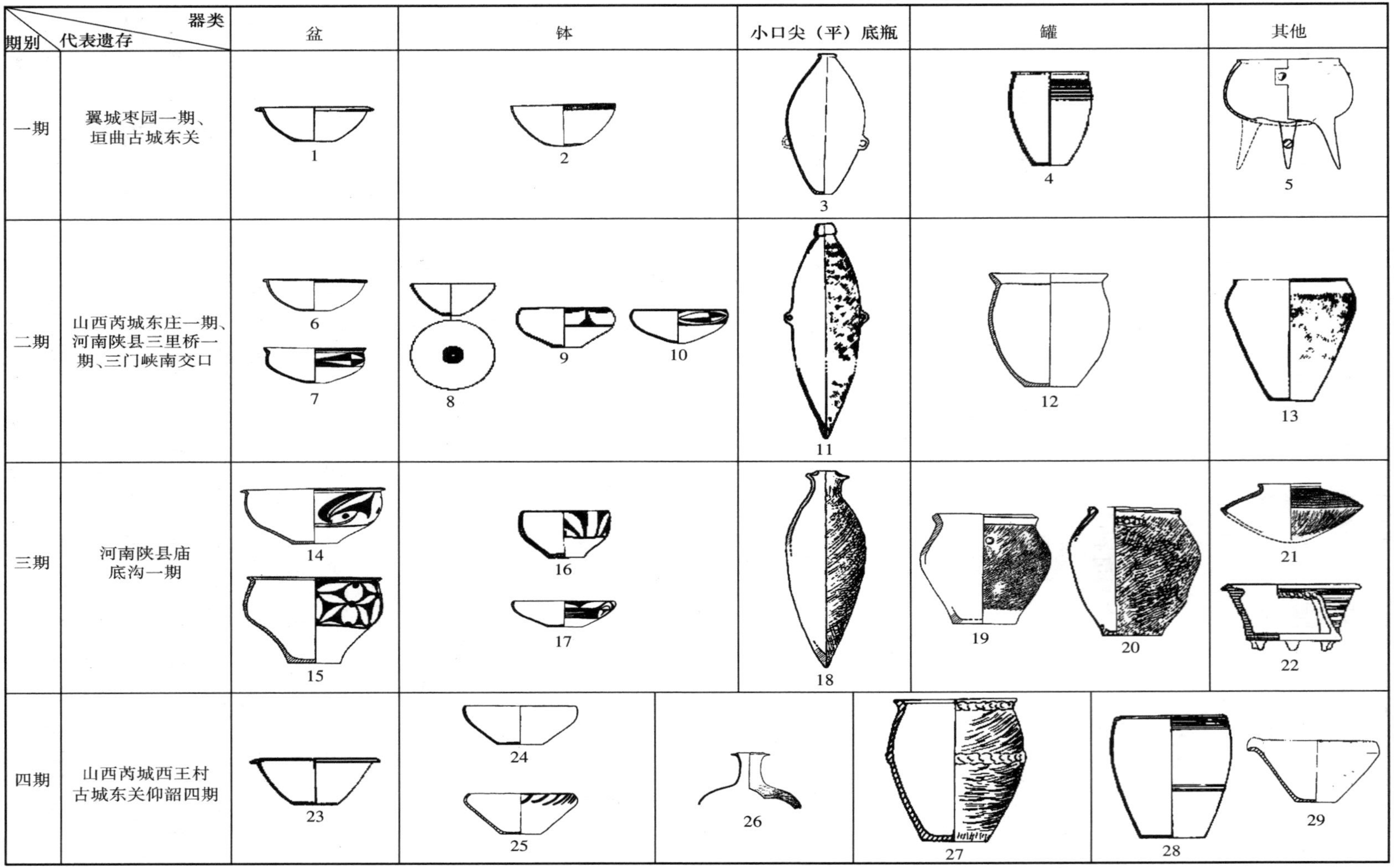

图一 庙底沟类型一至四期典型器物图

1~3、5、24、27.东关 4.荒坡 6、9、12.三里桥 7、10、11、13.东庄 8.南交口 14~22.庙底沟 23、25、26、28、29.西王村

图二　东庄期彩陶纹

显。两者之间似有缺环。

半坡期为半坡类型的强势期[17]，影响所及，西至陇东，东至豫西晋南，北至河套，南到汉中盆地。这一时期的陶器均为手制，火候较高，绝大多数为夹砂红陶和泥质红陶。典型器物有直口圜底钵、卷沿浅腹圜底或小平底盆、直口尖底瓶、弦纹罐、小口细颈壶、敛口深腹小平底粗绳纹陶瓮等。文化面貌显得较为成熟，彩陶以写实和变体的鱼、鸟、鹿等动物图案以及几何形花纹为主。

图三　庙底沟一期彩陶图案

泉护期，半坡类型的区域范围被强大起来的庙底沟类型所融合，但其自身特点仍被保留下来，如弦纹夹砂罐、浅腹盆等。在彩陶纹样上，深受来自东方的庙底沟类型的影响，仿生的动物纹样大量减少，仅见少量的鸟纹；取而代之的是大量的花卉图案以及几何形图案（图五）。

到了半坡类型的半坡晚期，即典型仰韶文化的第四阶段，这里的考古学文化似乎开始走下坡路。在此时期，灰陶数量有所增加，彩陶数量急剧下降，纹样也趋于简单化、草率化。典型仰韶文化的整体影响力下降，由强势变为弱势，对其他文化的辐射能力不仅减弱，而且失去了一些传统的势力范围。

总体来看，在典型仰韶文化第四期，即半坡类型的半坡晚期以及庙底沟类型的西王村期，均呈现出一种衰落的趋势。关于这一点，从周围文化的发展也可反映出来。第一，这个时期的甘青地区摆脱其影响，另外发展起了一支以绚丽彩陶图案、独特器物群为代表的马家窑文化；第二，长期受其挤压的，东临的嵩山文化圈的大河村文化此时成了强势文化；第三，晋北、河套地区此时也形成了独立的地方性文化；第四，传统势力范围的汉水流域此时崛起了一个强大的屈家岭文化，其影响所及直到仰韶文化腹地的黄河两岸。典型仰韶文化的范围在不断萎缩，文化生命力减弱。因此，至距今约5000年左右开始，"华山文化圈"一蹶不振，古文化发展进入了低潮期。华山东西两翼古文化此后的发展也逐渐分道扬镳。到了龙山时代，关中地区发展为客省庄二期文化，而豫西晋南地区则通过庙底沟二期文化发展为三里桥二期文化。

典型仰韶文化分期、分区除了依据陶器的形态变化以外，彩陶的演变特征也为分期提供了标尺。总体来看，在典型仰韶文化分布范围内，从关中到豫西，彩陶的发展有较强的规律性。从数量上来讲，前三期呈现增加的趋势，而后期则是逐渐在减少以至消失。从色彩上来看，第一期仅在零口二期遗存中发现很少的彩陶，均为黑彩，饰于宽沿盆口沿和尖

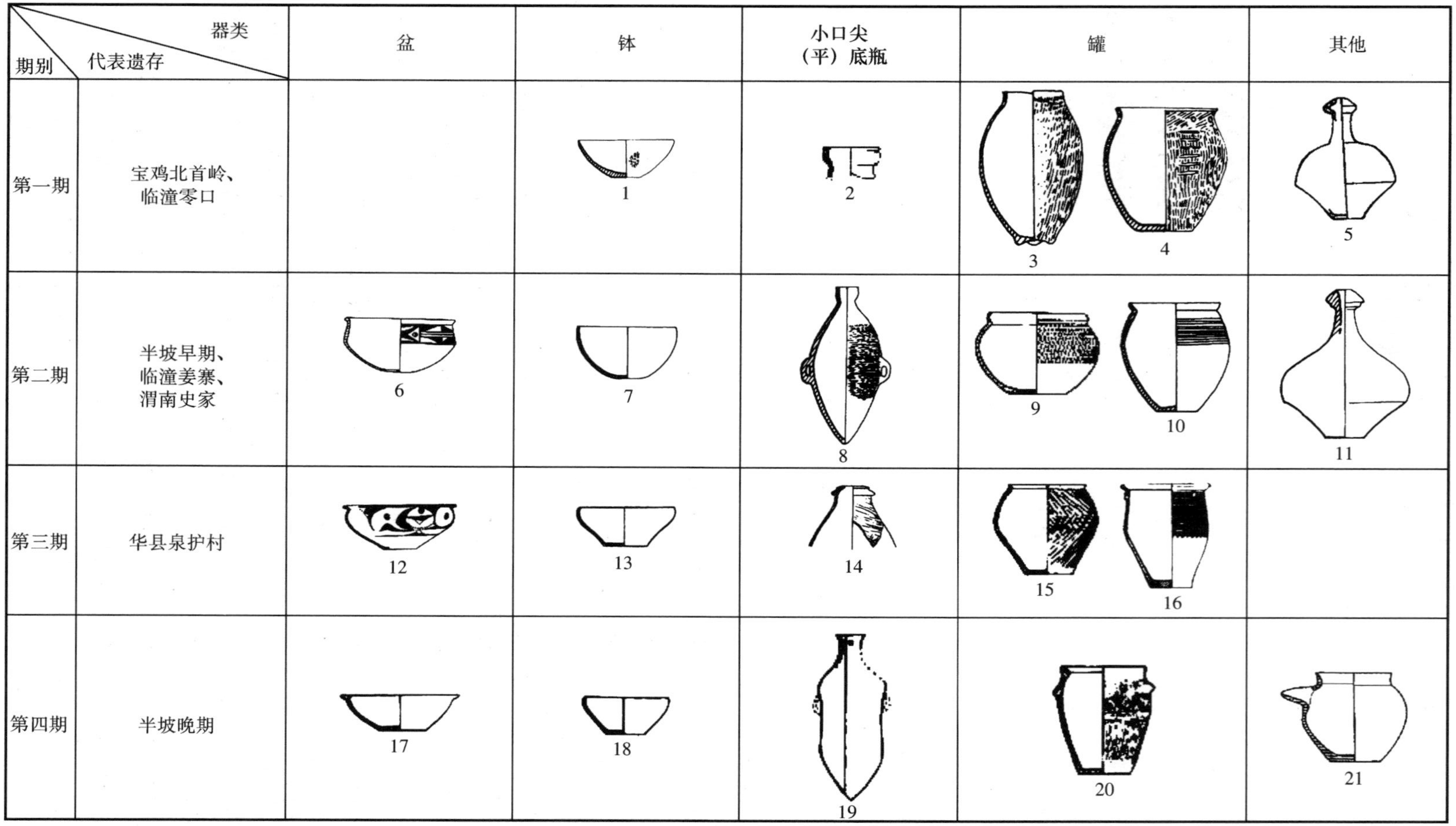

图四 半坡类型一至四期典型器物图

1、3、4、5. 宝鸡北首岭 2. 临潼零口 6～11、17～21. 西安半坡 12～16. 华县泉护村

图五　泉护期彩陶纹样
1~3. 泉护村

底罐上，为几何图形纹样，显得较为简单和原始。第二期还是只有单色黑彩，三期在西部几乎全为黑彩，东部单色彩仍然占主导，大部为黑彩，但见有少量红彩，出现了白衣和红衣彩陶，色彩上也采用了黑、红二色，应是受东临的大河村文化影响所致。二、三期以仿生型花纹以及几何形图案为主。纹样上，几何形图案出现较早，二期的几何形图案多为直边，三期开始多用曲边，这也是两期之间一个比较明显的演变过程。四期开始以红色的单色彩为主，白衣复彩基本不见，多用线条构成花纹，带状网格纹是该时期的主要图案样式之一。

从典型仰韶文化的发展过程来看，一、二期是文化的上升期，内部力量强劲，并吸收周边文化因素，迅速发展起来，该时期以西部半坡类型的强盛为主要特色，文化影响所及范围不断向东部扩展，晋南多处此时期的遗存都受到其影响；到了第三期，东部的庙底沟类型异军突起，其势力范围的扩展达到了前所未有的程度，向西鲸吞关中平原的腹心地带一直到达甘肃东部的渭河上游地区，向东扩张使嵩山文化圈和太行文化圈原有的本土文化受到严重挤压，泰山文化圈的大汶口文化和太湖文化圈的马家浜和崧泽文化也能感受到其强烈影响。总之，在庙底沟期，典型仰韶文化达到了鼎盛，之后便急剧衰落，我们在第四期的文化遗存中看到了大量外来的文化因素就说明了这一点。

综上所述，我们可以看出，典型仰韶文化以"华山文化圈"为中心，经过近两千年的发展，通过起源期对原始文化的继承，发展期对周邻文化的吸取，强势期对外围的扩张，以及自身内部的不断交流与融合，最终完成了对史前文化史无前例的一次大整合，为文明曙光的出现奠定了基础。

二、典型仰韶文化的亲缘文化

典型仰韶文化的亲缘文化是指分布于典型仰韶文化周围，与典型仰韶文化交错分布、关系密切并相互影响，大多还曾被作为广义仰韶文化的一部分来进行研究的一类遗存，但他们都有各自不同的时空定位、文化特征以及来龙去脉，按照考古学文化的命名原则，似应区别对待，以便于我们对仰韶文化本身以及仰韶时代文化有更加全面的认识。这些亲缘文化主要有：位于甘青地区的马家窑文化、汉水流域的下王岗文化、豫中地区的大河村文化、豫北冀南的及其附近地区的下潘汪文化、大司空文化等。如果将其与典型仰韶文化四期相对应，典型仰韶文化的亲缘文化可概括为表二。

表二　典型仰韶文化的亲缘文化分期对应表

代表遗存　　期别　区域	典型仰韶一期	典型仰韶二期	典型仰韶三期	典型仰韶四期
甘青地区	大地湾一期晚段、师赵村一期、西山坪二期	大地湾二期	大地湾三期、马家窑文化石岭下期	马家窑文化马家窑期
汉水流域	下王岗文化早期	下王岗文化中期	下王岗文化晚期	屈家岭文化
豫中地区	大河村文化前期	大河村文化早期	大河村文化中期	大河村文化晚期
豫北冀南地区	下潘汪文化前期	下潘汪文化后期、后岗类型	钓鱼台类型、三关类型	大司空文化

1. 甘青地区的仰韶时代文化

该地区的仰韶时代文化早中期以大地湾遗址为代表，晚期主要以马家窑文化为代表。从大地湾遗址器物由早至晚的发展脉络来看，与关中地区联系较为紧密，大地湾一期晚段及师赵村一期的陶器特征表现出与北首岭下层很强的一致性，典型器物如三足罐、敞口钵都与北首岭下层所出的相似，应属于同一时期的遗物。至大地湾三期，地域特色较为明显的马家窑文化发展起来。从考古资料来看，马家窑文化相当于仰韶时代晚期，地层关系和陶器演变轨迹证明，它是通过石岭下类型发展演变而来的，曾被有的学者称为"甘肃仰韶文化"[18]，或为仰韶文化的"马家窑类型"[19]，可见其与典型仰韶文化的关系相当密切。

从器物特征来看，该地区的仰韶时代文化从早到晚都可找到与典型仰韶文化相似的文化因素，但也有自身特色（图六）。在大致相当于典型仰韶文化一期的时间段内，在本地区是以师赵村一期、西山坪二期以及大地湾一期晚段为代表的一类遗存，这类遗存以圈足碗、平底钵、卵形三足罐和三足深腹罐为代表器物，其中圈足碗、卵形三足罐的形态特征都与北首岭下层较为相似，泥质彩陶罐虽然纹样上更加生动活泼，但器形与仰韶中期的泥质罐较为相似，应是受其影响的产物。在整个仰韶时代的早中期，甘青地区的仰韶时代文化与典型仰韶文化的关系密切，文化面貌及器物形态呈现出很强的一致性，至晚期随着典型仰韶文化的衰落，地方特色较为明显的马家窑文化迅速发展。在彩陶已经衰落的西王村期，马家窑文化则以饰有繁缛图案的彩陶为其鲜明特色，彩陶瓶、彩陶罐等器物造型新颖、构思巧妙，彩绘图案优美、线条流畅、格局均衡对称，以舞蹈纹彩陶盆、二人抬物纹彩陶盆、彩陶碗、全蛙纹彩陶钵为代表，将彩陶文化又推向了一个新的高潮。马家窑文化的彩陶在整个陶器数量中可占到20%~50%，在墓葬中可达80%[20]。彩陶器形有盆、钵、瓶、壶、罐、瓮、杯等。这些彩陶的施彩面很广，有的通体施彩，纹样有旋涡纹、圆圈纹、多道条纹等几何纹和蛙、鸟、鱼纹及人像纹等，部分彩陶母题显然来自典型仰韶文化。这一时期，虽然与典型仰韶文化的差异有所扩大，但器物类型以及彩陶纹样仍可见比较明显的联系，有些图案特征系由典型仰韶文化发展演变而来。

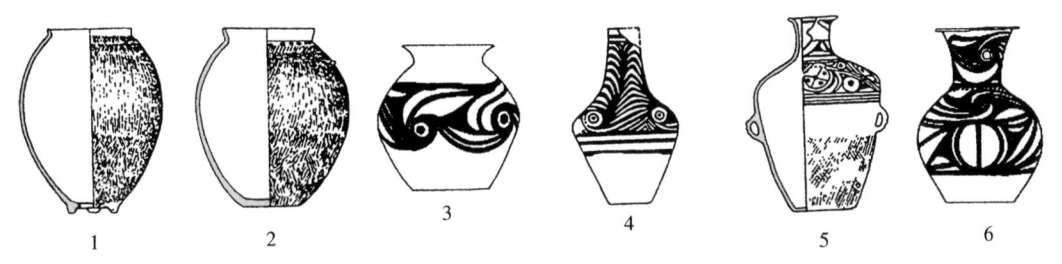

图六　甘青地区仰韶时代文化陶器图
1~3.师赵村　4、5.林家　6.天水

2. 汉水流域的下王岗文化

下王岗文化是仰韶时代主要分布于汉水流域的考古学文化[21]，曾被命名为仰韶文化的"下王岗类型"或"下王岗一期文化"[22]。下王岗文化一开始就是以鼎、壶为主要器物组合的，与典型仰韶文化明显不同。下王岗文化发展到第三期时，房址多见地面式，长达数十间的排房式建筑技术具有鲜明的特色，出现了由20多个单元组成的排房，有双内间、单内间、单室等几种，木骨泥墙，居住面经过烘烤；虽然也有尖底瓶等器物，以及植物花卉纹彩陶图案等因素，但和典型仰韶文化相比区别明显。

遗存可分为三期。一期陶器主要有鼎、壶、钵、罐、细颈折腹瓶等。二期陶器与一期相比，继承了原有器形，如罐、鼎、钵、碗，小口细颈瓶消失，新增了豆、盂、盆、甑等，且纹饰也有所增加，尤其是几何图案彩绘的出现，使二期陶器增色不少。彩绘主要为黑彩，有陶衣的较少，图案较为丰富，母题以三角纹、叶纹、圆点纹为主，这应该是受到典型仰韶文化影响的结果；此外还有花瓣纹、菱形纹、斜线纹、平行线纹、波折纹等。下王岗二期的彩绘纹饰既没有西安半坡的写实动植物纹，也没有庙底沟那样的象形图案和花瓣式图案，越过了写实或者像生的阶段，进入了比较抽象的图案化阶段[23]。三期陶器数量又明显减少，纹饰与二期相比较为单调，器形变化不大（图七）。从文化谱系来看下王岗文化应是贾湖文化西去一支的后代所创造[24]。在仰韶时代后期，这一带成为屈家岭文化的势力范围。

3. 嵩山周围地区大河村文化

大河村文化分布在嵩山周围的郑洛地区，承继该地区前仰韶时代的裴李岗文化而来，其文化主体也是以鼎、罐为主要炊具，以壶为主要水器[25]。与前两支典型仰韶文化的亲缘文化相比，大河村文化的研究最为混乱。他的早期阶段曾被归入"后岗类型"，中期阶段曾被归入"庙底沟类型"，后期阶段曾被称为"秦王寨类型"，末期阶段才被称为"大河村类型"[26]。

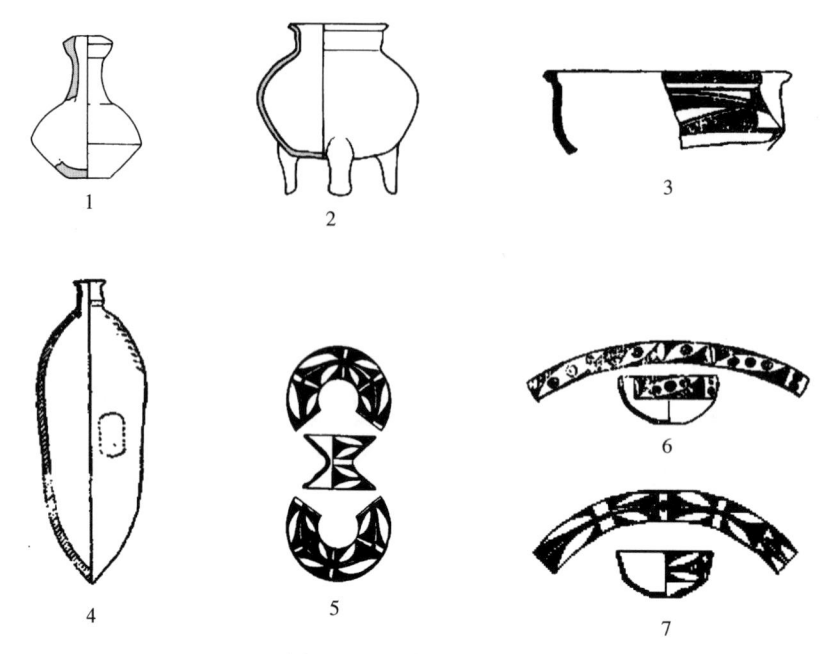

图七　下王岗文化陶器图
1~7.下王岗

大河村文化分为四期,在以大河村前三期为代表的早期,文化面貌也是相当强势的,主要表现是以鼎、壶、红顶钵为代表的后岗类型大规模北上西进,把以复合炊具为特征的磁山文化的后继者下潘汪文化挤压得支离破碎,在强盛时期其影响向北一直到冀中甚至长城地带,西侧的典型仰韶文化早期也受到其强烈影响。

到了距今6000~5500年左右的大河村文化中期,当典型仰韶文化的庙底沟期最为强势大肆扩张之时,大河村文化的腹地郑洛地区,也受到典型仰韶文化的强烈冲击,尖底瓶、釜、灶、花卉纹图案彩陶等因素大行其道,但是,以鼎、壶为主体的文化因素始终占据主导地位。还出现了仰韶时代最早的城址——西山古城[27]。

在距今约5500年之后的大河村文化晚期,强大的华山文化圈一蹶不振之时,这里的大河村文化秦王寨期又成为强势文化,自身达到鼎盛时期,并创造出了白衣彩陶、写实型植物图案、天象纹图案、X纹、S纹等具有地域特征的独特的文化面貌。大河村文化独特风格的彩陶主要出现于三、四期,数量由少到多,花纹由简到繁,至三期时达到顶峰;彩绘以黑、红彩或红、棕彩的复彩为主,带陶衣的彩陶的数量之多、花纹之繁缛也是其他遗址少见的;彩陶纹饰除与典型仰韶文化如出一辙的勾叶、圆点、弧形三角母题外,还有直线、带状、睫毛、花瓣、月亮、太阳、日饵、锯齿、同心圆、舟形、方格、网纹、菱形、六角星、古钱、篦纹、互字、昆虫、S形、X形、曲线、植物、水波、豆点、星座和旋风纹等二十余种,太阳纹、月亮纹、星座纹、日饵纹等与天象有关的花纹反映了古代先民对天象的认识[28](图八)。

需要强调的是主要分布于豫北冀南地区以鼎、壶、红顶钵和简单红彩线条图案彩陶

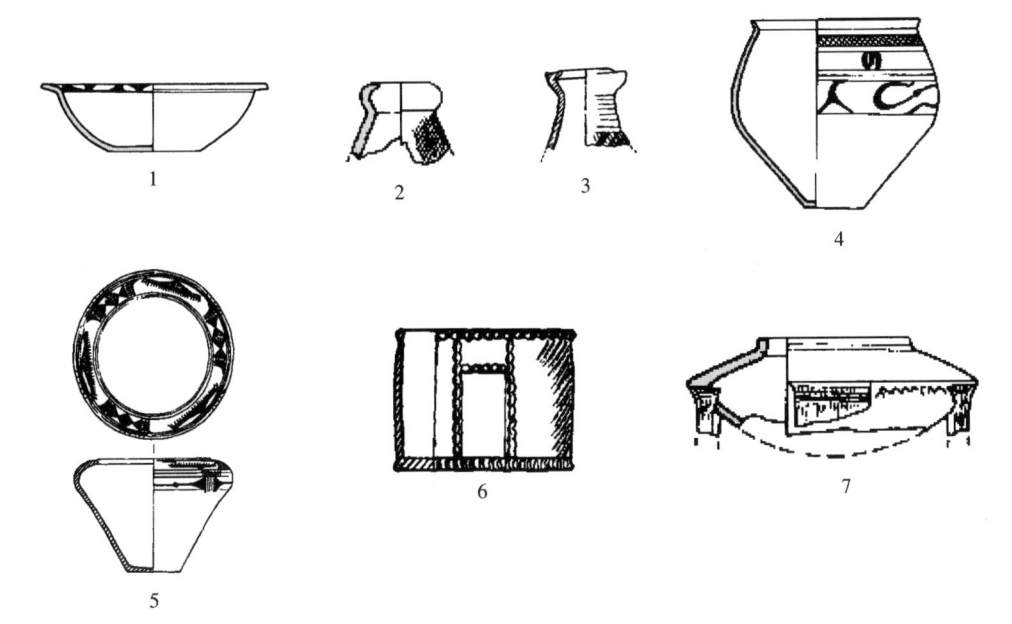

图八　大河村文化陶器图
1~7.大河村

为代表的后岗类型，与大河村文化早期的主体因素是一致的，曾被研究者命名为"后岗类型"、"后岗文化"或"后岗一期文化"[29]，但从其文化主体和文化传统的角度分析，它应是嵩山文化圈的大河村文化北上的一支，同时吸收地方因素而形成的，因此可将其视为大河村文化的北方变体，或是一个地方类型（图九）。

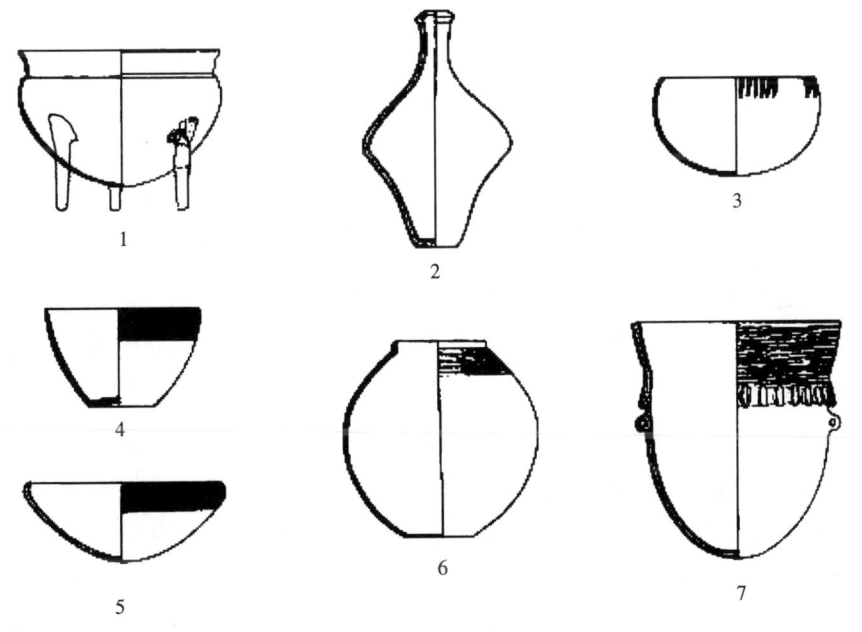

图九　后岗类型陶器图
1~7.后岗

在接受典型仰韶文化强烈影响的同时，大河村文化也吸收了东临的大汶口文化和南临的屈家岭文化的因素。其白衣彩陶的作风也对典型仰韶文化、大汶口文化和屈家岭文化产生了很大的影响。

4. 太行山东麓地区下潘汪文化和大司空文化

太行山东麓地区仰韶时代的文化面貌较为复杂，历来有诸多不同认识，根据对考古材料的梳理，我们认为该地区的仰韶时代文化大体可分为三个阶段。早期以下潘汪（图一〇）、后岗为代表，中期以钓鱼台、三关为代表，晚期以大司空和百家村为代表。

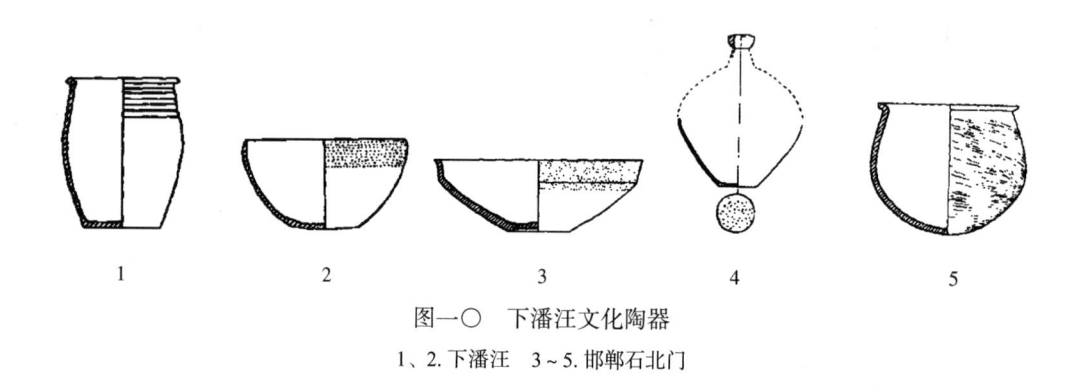

图一〇　下潘汪文化陶器
1、2.下潘汪　3~5.邯郸石北门

太行山东麓地区自磁山文化开始，就是以复合炊具为主体文化因素的，这种传统被其后的下潘汪文化继承了下来，但在其发展过程中受到后岗类型的强烈冲击，其中正定南杨庄遗址[30]的文化面貌较为清晰地反映出了这一带文化主题的演变轨迹。南杨庄遗址遗存可分为五期，一期陶器以圜底釜、灶和腰鼓形支脚为大宗，代表了下潘汪文化早期，也就是本地土著传统的文化面貌；至二、三期时，陶器风格发生了很大变化，出现了大量的夹砂鼎和罐，这应该是后岗类型影响的结果，此期出现的单线条构成的斜行平行线等复合纹饰也与后岗类型的彩陶纹饰风格一致，但同时圜底釜依然占据主要地位，表明属于下潘汪自身的文化因素依然在发挥着重要的影响；到了四、五期，陶器风格又发生翻天覆地的变化，釜已经基本消失，鼎、罐、盆大行其道；从四期开始出现的彩陶器从纹饰上看应该是庙底沟类型东进的结果，下潘汪的彩陶纹饰是以单线条构成的弧形三角和曲线纹为基本题材，这与典型仰韶文化的圆点勾叶弧三角纹母题相比是两个完全不同的体系。此时的下潘汪文化的生存空间因后岗类型的强势介入被严重挤压，土著文化已基本被取代了。

仰韶时代中期，这一带以钓鱼台、三关一类遗存为代表，基本上是典型仰韶文化庙底沟类型因素占主导地位。在下潘汪文化晚期我们可以看到下潘汪文化因素、后岗类型因素和庙底沟类型因素交流、碰撞的印记。此外值得注意的是下潘汪文化中的小口球腹壶，从一期至四期均有发现，其口部类似典型仰韶文化小口尖底瓶，应该是受到了仰韶文化的影响；但是其无颈，腹浑圆饱满呈球形，纹饰也为典型的下潘汪彩绘纹饰，这或许是下潘汪与典型仰韶文化交流融合的独特产物。

仰韶时代晚期，这一地区分布着大司空文化，应是典型仰韶文化陷入低潮退出这一地区之后，由原土著文化传统与后岗类型文化因素和典型仰韶文化庙底沟类型因素融合后产生的一支新的考古学文化，从其陶器风格和彩陶纹饰来看，主要炊器是折沿罐，同时有少量釜和鼎，彩陶折腹钵、折腹盆、敞口碗、彩陶罐等都很富特色（图一一），彩陶多红彩，弧线三角和网格纹最为常见，也有同心圆、睫毛纹、S纹等，与大体同时的南邻的大河村文化晚期联系较为密切。

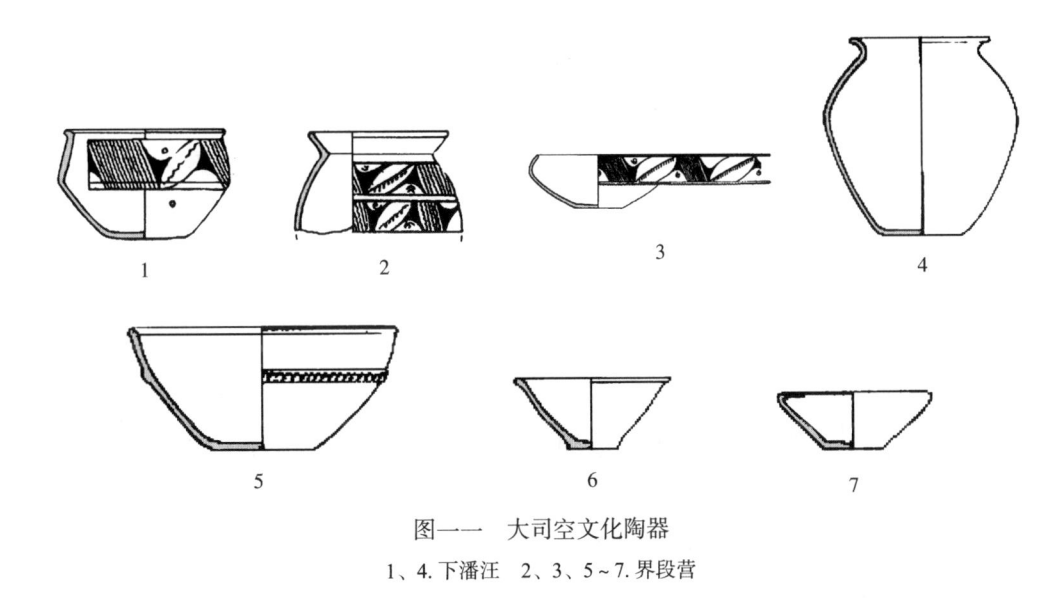

图一一　大司空文化陶器
1、4.下潘汪　2、3、5~7.界段营

5. 内蒙古中南部和冀晋陕北部的仰韶时代文化

内蒙古中南部和冀晋陕北部的仰韶时代文化是近30年来才被人们逐渐认识的，主要有分布在内蒙古中南部的海生不浪文化、分布在晋中地区的义井类文化遗存和晋北北京地区的雪山一期文化遗存[31]，也都曾被归入仰韶文化进行研究。

内蒙古中南部的仰韶时代文化曾被称为白泥窑文化、阿善文化、海生不浪文化[32]等，我们将其称为海生不浪文化。海生不浪文化分布范围较为广泛，除鄂尔多斯高原外，南至大青山以南，东北可达察干淖一带。时代相当于仰韶文化晚期，与南面典型仰韶文化的西王村期、大司空文化大致相当[33]。海生不浪陶器中的夹砂陶瓮、罐类和泥质斜肩小口双耳罐、小口尖底瓶、双耳壶、鼓腹罐等代表性器类在本区上一阶段均可找到源头，表明海生不浪文化应该是源于本地区的原有文化遗存，只是在其发展过程中，受到了典型仰韶文化的影响，例如彩陶数量上不多，但是有以彩带、网格、棋盘格、三角、锯齿及多道平行线及曲线组成的纹饰，都可以看到典型仰韶文化晚期的因素，也可看到马家窑文化的影响（图一二）。

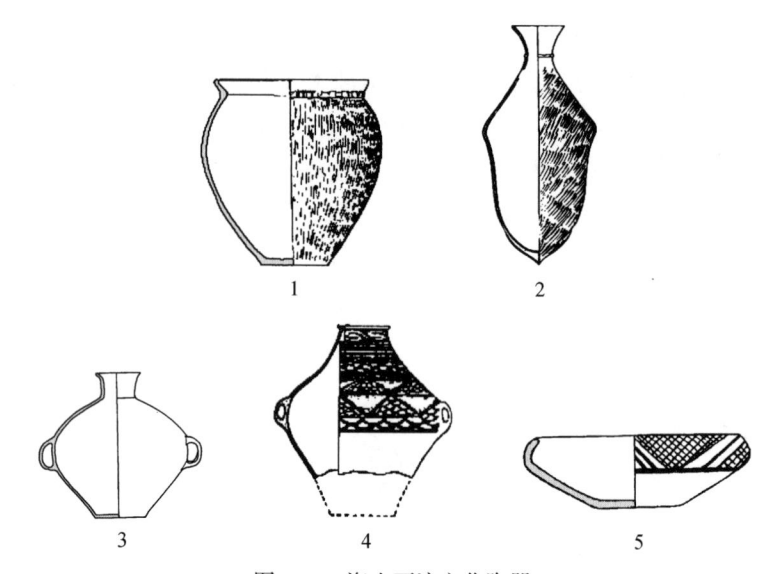

图一二　海生不浪文化陶器
1. 王墓山坡　2. 朱开沟　3. 庙子沟　4. 白泥窑子　5. 西园

三、与典型仰韶文化并存的其他仰韶时代文化

在距今7000~5000年期间，长江、淮河、黄河、海河、辽河流域广大地区内，还大体分布着多支与典型仰韶文化并存的其他仰韶时代文化，如黄河下游的北辛文化、大汶口文化，东北地区的红山文化，长江中游的皂市下层文化、大溪文化、屈家岭文化，长江下游的马家浜文化、崧泽文化，宁镇地区的北阴阳营文化，淮河下游的龙虬庄文化，巢湖流域的凌家滩文化，皖江流域的薛家岗文化等，他们都或多或少地存在一些典型仰韶文化的因素，表明其与典型仰韶文化的对应各期都有过不同程度的联系或相互影响。他们和典型仰韶文化及其亲缘文化同属于仰韶时代。如果把典型仰韶文化作为仰韶时代文化中心，典型仰韶文化的亲缘文化就是第二层次的仰韶时代文化，上述与典型仰韶文化并存的其他仰韶时代文化也可称为仰韶时代文化的第三层次文化。

在上文中，我们将典型仰韶文化分为了四期，与以上四期对应，其周围的第三层次文化可概括为表三。

表三　仰韶时代第三层次文化分期对应表

区域＼代表遗存＼期别	典型仰韶一期	典型仰韶二期	典型仰韶三期	典型仰韶四期
长江中游	皂市下层文化	大溪文化早期	大溪文化晚期	屈家岭文化
黄河下游	北辛文化中期	北辛文化晚期	大汶口文化早期	大汶口文化中期

续表

区域 \ 代表遗存 \ 期别	典型仰韶一期	典型仰韶二期	典型仰韶三期	典型仰韶四期
长江下游	马家浜文化早期	马家浜文化晚期	崧泽文化	良渚文化早期
东北地区	赵宝沟文化	红山文化早期	红山文化中期	红山文化晚期

（一）长江中游地区

长江中游地区与典型仰韶年代相当的时期先后活跃着皂市下层文化、大溪文化和屈家岭文化。下文中我们将分别介绍各文化与典型仰韶文化的异同。

1. 皂市下层文化

皂市下层文化在年代上相当于典型仰韶文化第一期，分布区域集中于洞庭湖周围。典型遗址有皂市[34]、胡家屋场[35]、坟山堡[36]等。

皂市下层文化陶器质地疏松、火候较低的夹炭陶占绝大部分，夹砂陶较少，泥质红陶和泥质黑陶最少。典型器类有高领罐、双耳亚腰釜、圈足盘，以及盆、钵、器盖和器座等。

皂市下层文化与典型仰韶文化有很多相似的地方，如陶器多为手制，陶系几乎全为红陶。陶器装饰主要采用打印、压印、刻划、剔刻、镂孔、戳印等方法，此外，也发现少量在白衣红陶上绘彩的做法。纹样丰富发达，主要有绳纹、划纹、篦点纹、戳印纹等。除此以外，皂市下层文化中也见到了少量的类似典型仰韶文化的盆、罐等器类，说明了皂市下层文化与典型仰韶文化的早期存在着某种联系（图一三）。

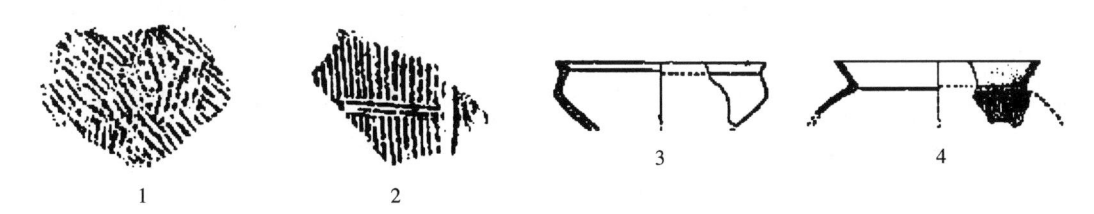

图一三 皂市下层文化中的典型仰韶文化因素
1~4. 皂市下层

2. 大溪文化

大溪文化的年代相当于典型仰韶文化的第二、三期，主要分布在长江中游的两湖平原地区。典型遗址有大溪遗址[37]、中堡岛遗址[38]、关庙山遗址[39]、红花套遗址[40]、桂花树遗址[41]、三元宫遗址[42]等。

大溪文化石器多磨制，以巨型石斧和圭形石凿最为典型。陶器以红陶为主，流行彩陶，多红衣黑彩，图案以绞索纹、平行带中夹人字纹独具特色。典型器物有敛口圈足豆、筒形彩陶瓶、彩绘器座和釜、鼎等。

大溪文化与典型仰韶文化也有一定的联系，在关庙山、红花套等遗址均发现过庙底沟文化的双唇口尖底瓶残片和绘圆点弧线三角纹与花瓣纹图案的彩陶，这些显然是仰韶文化对大溪文化影响的结果（图一四）。[43]

图一四　大溪文化中的典型仰韶文化因素
1、2.关庙山　3、4.大溪

3. 屈家岭文化

屈家岭文化早期（以屈家岭早二期为代表）在年代上相当于典型仰韶文化的第四期，分布在以江汉平原为中心的长江中游地区，典型遗址有京山屈家岭遗址[44]、朱家嘴遗址[45]、梦溪三元宫遗址[46]、安乡划城岗遗址[47]、郧县青龙泉遗址[48]、淅川黄楝树遗址[49]和下王岗遗址[50]等。

屈家岭文化早期石器磨制粗糙，黑陶多，灰陶次之，流行红衣和白衣彩陶，还有朱绘黑陶。圈足器和三足器较多，典型器物有宽扁足双腹盆形鼎、短柱足罐形鼎、甑、高领罐、高领扁腹圈足壶、双腹圈足碗、双腹圈足盘、双腹高圈足豆、高圈足杯等。

屈家岭文化也常见彩陶，系在泥质红陶上施红衣或白衣，再画黑色平行条纹、网格纹、排点纹、菱形纹、水涡纹、弧线三角等，器类中亦有类似典型仰韶的钵和盆，反映了与典型仰韶文化的联系（图一五）。

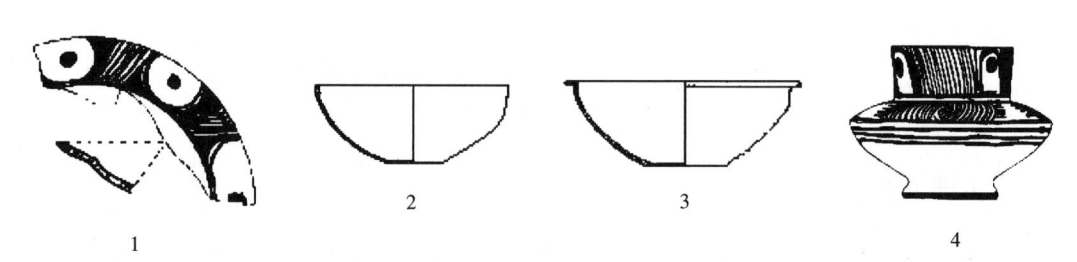

图一五　屈家岭文化中的典型仰韶文化因素
1~4.青龙泉

（二）黄河下游地区

1. 北辛文化

北辛文化的年代相当于典型仰韶文化的第一、二期，主要分布在鲁中南地区的汶、泗河流域，典型遗址有北辛遗址[51]、东贾柏[52]、苑城（西南庄）遗址[53]和白石村遗址[54]等。

北辛文化以圜底折腹鼎、敞口或直口釜、双耳或深腹圜底罐、卷沿平底盆、红顶钵、侈口圜底碗、喇叭形或环形纽器盖、实心圆形支座等为基本器物组合。其中，以釜、鼎为典型器物。另外，红顶钵、双耳罐、支座也很具代表性，以三足占绝对优势，平底器较少见，不见圈足器。

北辛文化中亦发现了彩陶，主要是黑彩，也有红彩，都在钵的口部外侧加一周带纹，与典型仰韶文化的"红顶钵"相似。另北辛遗址发现的小口壶亦与典型仰韶文化神似（图一六）。

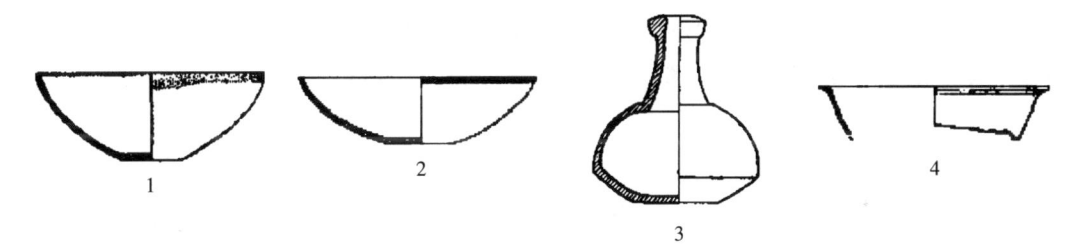

图一六　北辛文化中的典型仰韶文化因素
1~4.北辛

2. 大汶口文化

大汶口文化早、中期相当于典型仰韶文化的第三、四期，主要分布在以泰沂山系为中心的广大地区，典型遗址有大汶口遗址[55]、王因遗址[56]、陵阳河遗址[57]、西夏侯遗址[58]、大墩子遗址[59]、刘林遗址[60]和花厅遗址[61]等。

大汶口文化陶器也以红陶为主，流行彩陶，晚期以黑、灰陶为主，彩陶减少。制作以手制为主，晚期出现轮制。石器以磨制为主，兼用打制。但其文化面貌与关中、中原地区诸文化显著不同。常见器形有釜形鼎、罐形鼎、钵形鼎、壶形鼎、盆形鼎、觚形杯、镂孔豆、实足鬶、背壶、筒形杯等。各种器物种类繁多，富于变化，具有自己的独特风格。

大汶口文化的彩陶，如野店出土的花瓣纹和勾连回旋纹的彩陶盆、彩陶钵，同庙底沟类型的彩陶十分相似，大汶口遗址也出有相似的彩陶片。大汶口出土的一件六角花纹彩陶片、野店的八角纹彩陶盆，同洛阳王湾二期出土的六角形图案相似。说明从很早开始，大汶口文化居民与仰韶文化居民就有往来（图一七）[62]。

图一七　大汶口文化中的典型仰韶文化因素
1、2.大汶口采集　3、4.野店采集

大汶口文化早、中期与大河村文化中、晚期并列发展，受其影响较大，如白衣彩陶、天象纹和圆点勾叶纹等。晚期则与大河村五期文化同时，二者交错分布，在豫中地区甚至豫西南、鄂豫交界处也发现有大汶口文化的因素。这反映了当时文化交流之广泛[63]。

（三）长江下游地区

1. 马家浜文化

马家浜文化的年代相当于典型仰韶文化的第一、二期，主要分布在苏南和江北的太湖周围地区。典型遗址有嘉兴马家浜遗址[64]、吴县草鞋山遗址[65]、常州圩墩遗址[66]、昆山绰墩遗址[67]等。

马家浜文化以红色陶腰沿釜和大量的骨器为主要特征，器类有釜、杯、盘、盆、盉、罐、钵、鼎、豆、器盖和支座等，文化面貌与典型仰韶文化区别较大，但也有一些仰韶时代的共同特征，如其早期陶器也以泥质和夹砂红陶为主，盛行红色陶衣，并偶见彩陶，晚期以夹砂红褐陶和泥质灰陶为主，还发现过具有大河村文化特征的圆点弧形三角白衣彩陶片。

2. 崧泽文化

崧泽文化的年代相当于典型仰韶文化的第三期，主要分布在长江三角洲以太湖流域为中心的地区，典型遗址有上海青浦崧泽[68]、常熟钱底巷[69]和吴县草鞋山[70]等。

崧泽文化的主要器类有盆、釜及壶等形态的鼎类，竹节状或喇叭形圈足折腹盘、豆、罐、折肩或折腹壶、花瓣形矮圈足或平底杯等，与典型仰韶文化差别比较明显。

崧泽文化中零星出土了一些典型仰韶文化庙底沟类型的彩陶碎片[71]，暗示着崧泽文化与典型仰韶文化可能有某种联系（图一八）。

3. 良渚文化早期

良渚文化早期相当于典型仰韶文化的第四期，其分布区以太湖流域为中心。典型遗址有庙前遗址[72]、上海青浦福泉山遗址[73]等。

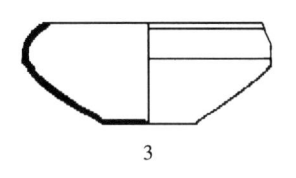

图一八　崧泽文化中的典型仰韶文化因素
1~3. 崧泽

良渚文化早期陶器器形多种多样，有鼎、豆、罐、贯耳壶、盘、盆、杯、鬶、匜、缸、盆等器物，最常见的典型器有T字形足、扁方足或鱼鳍形足的鼎，平唇浅盘，粗把或细高把豆，高颈贯耳圈足壶，三鼻簋，圈足盘，带流阔把杯和壶，高领瓮和罐，袋足鬶以及三实足盉等。器物组合风格有其自身的特色，与典型仰韶文化的联系不甚明显。

（四）东北地区

1. 赵宝沟文化

赵宝沟文化的年代相当于典型仰韶文化的第一期，分布范围东面不逾医巫闾山，南临渤海，西至滦河上游一带，向北已分布到西拉木伦河上游。典型遗址有小山遗址[74]、赵宝沟遗址[75]等。

赵宝沟文化典型器物以弧壁或直壁的筒形罐占大宗，还有平底钵、圈足钵、椭圆底罐、尊形器和器盖，以几何压印纹和之字形压印纹为主。

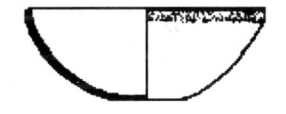

赵宝沟文化钵类中亦流行一种上红下灰的"红顶钵"，同时，还有极少量的彩陶，采用赭红色和黑色两种色彩，甚至还见到刻划纹和彩陶并用的实例（图一九）。

图一九　赵宝沟文化中的典型仰韶文化因素
小山

2. 红山文化

红山文化的年代相当于典型仰韶文化的第二至四期，主要分布在西拉木伦河流域和努鲁尔虎山一带。典型遗址有兴隆洼遗址[76]、蜘蛛山遗址[77]、西水泉遗址[78]和西台遗址[79]等。

红山文化器类单一，绝大多数是弧壁敞口的筒形罐，此外尚有钵、小口罐、敛口鼓腹罐、器盖以及斜口器，流行之字形压印纹。

红山文化与下潘汪、后岗、大司空文化有一定联系（图二〇），如红顶碗、平行线三角形彩陶图案与后岗类型相似，某些器形和彩陶作风具有大司空一类遗存的特征[80]。

同时也需指出，仰韶时代诸文化之间，交流和影响都是相互的，例如典型仰韶文化的

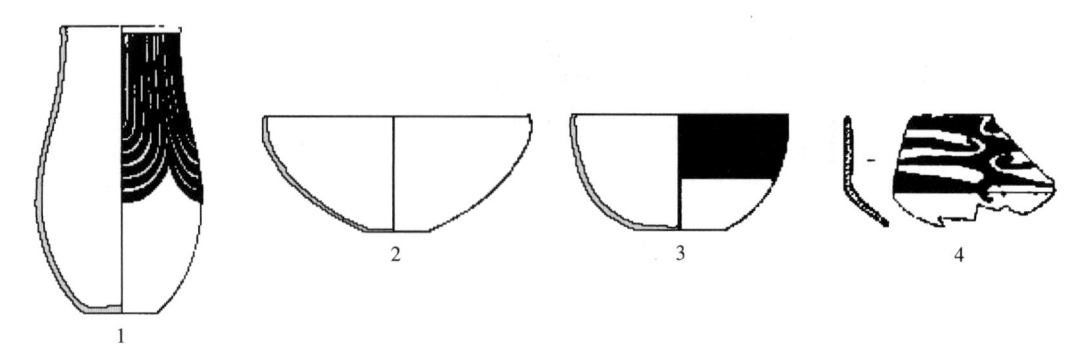

图二〇　红山文化中的典型仰韶文化因素
1、2. 蜘蛛山　3、4. 西水泉

彩陶，在它长达2000年的发展过程中，不断给周围地区以影响，但长江中游的大溪文化和屈家岭文化的影响，也先后不断向北扩展，如在河南淅川下王岗仰韶文化早期遗存中，就发现有大溪文化的陶盂、筒形瓶式细高器座等；在郑州大河村第四期文化遗存中，分别出有类似屈家岭文化的双腹豆、高领圈足杯、盆形瓦足鼎等陶器，等等例证，不胜枚举。

四、仰韶时代先民的生业结构

经过新石器时代前期几千年的发展，到了距今7000~5000年的仰韶时代，人口密度大量增加，例如关中平原、河南中西部和晋南地区遗址数量明显增多，灵宝铸鼎原地区仰韶文化遗址密度与现代村落几乎相当，人口激增加剧了人类的生存压力，促使人们改进生业形式，扩大食物来源。粟和稻是中国史前人类种植的两种主要作物，在仰韶时代即已形成并维持着南稻北粟的局面。但是环境气候的变化深刻地影响着人类社会的发展和变革，尤其在人类的生业结构上表现明显。仰韶时代在气候上处于全新世大暖期，而这一时期正是中国史前文明高度发展的时期。据环境学者研究，在7ka~6ka BP气候稳定暖湿，6ka~5ka BP气候波动剧烈、环境较差[81]。这些环境变化反映在仰韶时代先民的生业结构上，主要表现为以下三个方面。

首先，因为该阶段处在全新世大暖期这个大背景下，气候环境条件的改善促使农业发展水平提高，在很多考古遗址中都有农作物发现；其次，在距今7000~6000年的仰韶时代早期因为气候稳定暖湿，从汉水上游的南阳盆地到东海之滨的连云港地区，稻作农业区逐步向北推进；再次，仰韶时代晚期气候波动，到了距今6000~5000年的仰韶时代中晚期，渭河和黄河沿岸的北纬35°线一带已成为稻粟混作区，如郑州大河村、华县泉护村、扶风案板等遗址都出现稻粟共存现象，其他遗址虽未见共存但也呈交错状分布[82]。在这一时期农业随着环境的动态变化而变化。下面就仰韶时代原始农业发展水平和动态分布状况分别论述。

1. 仰韶时代原始农业发展水平

为了能够较为清晰地论述仰韶时代原始农业的发展水平，可根据种植作物种类将这时期划分为3个农业区，即北方的粟作农业区、南方长江流域的稻作农业区和黄淮地区的稻粟混作区。农业水平的证据则主要是大植物遗存、工具组合、葬俗和窖穴等。

北方的粟作农业区，在8000年前的前仰韶时代已颇具规模，以河北武安磁山遗址为例，在80座窖穴内均发现有粮食堆积，一般堆积厚度0.3~2米，有10座窖穴堆积在2米以上，出土时部分颗粒清晰可见[83]。又如河南渑池班村遗址庙底沟二期文化一袋状灰坑H602内浮选出几十斤农作物遗存，经鉴定其为粟、黍，表明这种袋状坑[84]应该为储存粮食的窖穴。这种袋状窖穴在仰韶时代诸文化的遗址中普遍发现，表明这时的原始农业收获量是相当可观的。

南方的水稻农业区，如大溪文化几乎所有的遗址里都能发现稻作农业的遗存，大量的陶器中都羼有稻草和稻谷壳，居住房屋的墙壁和地面的红烧土中也都普遍羼有稻草和稻谷壳[85]。马家浜文化时期的环境是十分适于水稻生长的，各遗址的孢粉资料显示，当时存在大量禾本科植物，如罗家角第④层中，禾本科植物占孢粉组合的97%，这很可能与水稻的种植和其他采集有关。在罗家角、崧泽、草鞋山和圩墩等遗址中，更是发现炭化稻谷、稻米，夹炭陶中的稻壳和陶器表面的稻谷痕迹等丰富的水稻遗存。引人注目的是田螺山河姆渡文化遗址、草鞋山马家浜文化晚期遗址和城头山大溪文化晚期遗址都发现了水稻田遗迹[86]。这些都表明，在仰韶时代，稻作农业已进入规模化生产阶段。

黄淮流域稻粟混作农业区，在新石器时代中期仰韶文化河南渑池仰韶村遗址一块陶片上发现有稻谷痕迹，1934年瑞典考古学家安特生首次提到，后由两位瑞典植物学家艾德曼和苏德贝格采用灰像法得出结论是栽培稻壳[87]。又如河南三门峡南交口遗址（北纬34°43′，东经111°16′），其仰韶文化一期两座灰坑H01、H02内出土的农作物遗存，经鉴定其以粟、黍为主，并有较多的稻米，表明当时这里也属稻粟混作区；另在仰韶文化二期发现农作物的H2、H4、H8等皆为袋状坑[88]，应该为储存粮食的窖穴。郑州大河村、淅川黄楝树、陕西扶风案板和安徽尉迟寺等遗址都存在粟稻共存现象[89]。在甘肃庆阳仰韶文化遗址也发现了完整炭化稻米，这是目前所见的分布在最北部的古栽培稻遗存[90]。

2. 农业模式的动态分布

仰韶时代早期由于气候稳定湿暖，导致稻作农业区的大规模发展，例如田螺山河姆渡文化遗址发现了水稻田遗迹。连云港二涧村遗址下层即仰韶时代早期采集到带稻壳的红烧土[91]。三门峡南交口遗址仰韶早期稻作遗存的发现与确认，使人们认识到黄河中游一带开始栽培水稻的时间要提前到仰韶时代早期。

如果从粟作农业考察，在东经105°（秦安大地湾）到120°广阔的范围内，最北至北纬

36°58′32.16″（莱阳于家店），黄河流域广泛以粟作农业为主。

仰韶中晚期因为气候波动剧烈，可能导致了这一阶段人们在作物种类选择上的变化，稻粟混作区范围扩大。粟作农业主要还是集中在长岛北庄（北纬37°57′7.68″，东经120°43′59.52″）和宝鸡福临堡（北纬34°22′35.04″，东经107°05′34.08″）、临汝大张，即集中在北纬34°~37°范围内，东北赤峰蜘蛛山红山文化层中，发现甚多粟之灰烬[92]及4件陶量，发掘者还特别标明是用黍测其容量的[93]。沈阳新乐遗址发现有罐装的黍粒[94]。另外在四川理县、茂县也有粟作农业发现，如果单纯以最南和最北两个纬度考量，粟作区跨越13个纬度即北纬29°~41°。

这一时期稻作区最北到了北纬36°，黄河沿线北纬34°~36°之间成为稻粟混作区。如大河村遗址F2房内东北角一烧土台，发掘时台上放有一罐炭化的粮食[95]。发掘者推断认为是高粱米[96]，后经刘莉等研究鉴定为大豆[97]。同时还发现有稻谷痕迹[98]。泉护村在F201及其他窖穴中，见到烧焦的或腐朽的粟粒，但也发现有稻谷遗存[99]。案板H35灰土中发现有粟、黍和稻三种灰象共存的现象[100]。偃师西高崖一期草拌泥制成且未烧的杯坯（T2H18:18）上有稻谷印痕[101]。三门峡南交口（北纬34°43′，东经111°16′）仰韶中期遗存中除有粟粒发现外，还在97SNH21、97SNH25等单位中拣选出数粒已炭化的完整和破碎的稻米籽实[102]。考虑到陕西临潼姜寨、甘肃秦安大地湾等遗址同时期发现粟或黍等旱地作物，南交口遗址也以粟、黍较多见，表明这时三门峡一带的农作物品种很可能仍以旱地作物为主，但水稻作物也已成为其重要的组成部分。

这一时期的旱作农业与稻作农业区分界线在北纬34°。粟作农业的集中分布区在北纬34°~37°；稻作农业的集中分布区在北纬29°~34°范围内；北纬34°~36°之间成为稻粟混作区。

到了4ka BP之前的龙山时代，变为气候波动和缓的亚稳定暖湿期[103]。这一时期无论是粟作农业和稻作农业都有了较大发展。粟作农业伴随着以旱作农业为生的人类群体的迁徙，向西北到了玉门火烧沟，东北到了永吉杨屯，向西则在贡嘎县昌果沟。稻作农业的分布则可能因为环境的再度好转，栽培技术的进步，社会复杂化程度提高等因素，大范围向四周扩散，可以形容为遍地开花，最北到了太原东太堡，最西到了天水西山坪，几乎遍布黄河两岸。这一局面一直延续到殷墟时期，才随着全新世大暖期的结束而结束。南北原始农业的快速发展，为中华文明的形成奠定了雄厚的经济基础。

注　释

[1] 张居中：《仰韶时代文化刍议》，《中原文物》1986年特刊，第94~106页。
[2] 严文明：《仰韶文化研究中几个值得重视的问题》，《中原文物》1986年特刊，第18~36页；张忠培：《仰韶时代——史前社会的繁荣与向文明时代的转变》，《文物季刊》1997年第1期。
[3] 张居中：《黄河中下游地区新石器时代文化谱系的动态思考》，《中原文物》2006年第6期。
[4] 苏秉琦：《关于仰韶文化的若干问题》，《考古学报》1965年第1期。

[5] 河南省考古学会等：《论仰韶文化》，《中原文物》1986年特刊。
[6] 中国社会科学院考古研究所：《中国考古学·新石器时代卷》，中国社会科学出版社，2010年。
[7] 张居中：《仰韶时代文化刍议》，《中原文物》1986年特刊，第94~106页。
[8] 中国历史博物馆等：《垣曲古城东关》，科学出版社，2001年。
[9] 山西省考古研究所：《山西翼城枣园新石器时代早期遗址调查报告》，《文物季刊》1992年第2期。
[10] 陕西省考古研究所：《陕西临潼零口遗址第二期遗存发掘简报》，《考古与文物》1999年第6期。
[11] 中国社会科学院考古研究所山西工作队：《山西芮城东庄村和西王村遗址的发掘》，《考古学报》1973年第1期。
[12] 中国科学院考古研究所：《庙底沟与三里桥》，科学出版社，1959年。
[13] 中国科学院考古研究所：《庙底沟与三里桥》，科学出版社，1959年。
[14] 中国社会科学院考古研究所山西工作队：《山西芮城东庄村和西王村遗址的发掘》，《考古学报》1973年第1期。
[15] 黄河水库考古工作队河南分队：《山西平陆新石器时代遗址复查试掘简报》，《考古》1960年第8期。
[16] 中国社会科学院考古研究所等：《山西夏县东下冯龙山文化遗址》，《考古学报》1983年第1期。
[17] 中国科学院考古研究所、西安半坡博物馆：《西安半坡——原始氏族公社聚落遗址》，文物出版社，1963年；中国社会科学院考古研究所：《宝鸡北首岭》，文物出版社，1983年；北京大学历史系考古教研室：《元君庙仰韶墓地》，文物出版社，1983年；半坡博物馆等：《姜寨——新石器时代遗址发掘报告》，文物出版社，1988年。
[18] 安特生著，乐森珣译：《甘肃考古记》，农商部地质调查所，1925年。
[19] 巩启明：《试论仰韶文化》，《史前研究》1983年第1期，第71页。
[20] 严文明：《仰韶文化研究中几个值得重视的问题》，《中原文物》1986年特刊，第18~36页；张忠培：《仰韶时代——史前社会的繁荣与向文明时代的转变》，《文物季刊》1997年第1期。
[21] 河南省文物研究所等：《淅川下王岗》，文物出版社，1989年。
[22] 张居中：《仰韶时代刍议》，《中原文物》1986年特刊，第94~106页；中国社会科学院考古研究所：《中国考古学·新石器时代卷》，中国社会科学出版社，2010年。
[23] 河南省考古学会渑池县文物保护管理委员会：《论仰韶文化》，《中原文物》1986年特刊。
[24] 河南省文物考古研究所：《舞阳贾湖》，科学出版社，1999年。
[25] 郑州市文物考古研究所：《郑州大河村》，科学出版社，2001年。
[26] 河南省文物研究所：《河南考古四十年》，河南人民出版社，1994年，第54~71页。
[27] 国家文物局考古领队培训班：《郑州西山仰韶时代城址的发掘》，《文物》1999年第7期。
[28] 郑州市文物考古研究所：《郑州大河村》，科学出版社，2001年。
[29] 中国社会科学院考古研究所：《中国考古学·新石器时代卷》，中国社会科学出版社，2010年。

[30] 河北省文物研究所：《正定南杨庄——新石器时代遗址发掘报告》，科学出版社，2003年。

[31] 中国社会科学院考古研究所：《中国考古学·新石器时代卷》，中国社会科学出版社，2010年。

[32] 田广金：《内蒙古中南部仰韶时代文化遗存研究》，《内蒙古中南部原始文化研究文集》，海洋出版社，1991年，第55~85页。

[33] 中国社会科学院考古研究所：《中国考古学·新石器时代卷》，中国社会科学出版社，2010年。

[34] 湖南省博物馆：《湖南石门县皂市下层新石器遗存》，《考古》1986年第1期。

[35] 湖南省文物考古研究所：《湖南临澧县胡家屋场新石器时代遗址》，《考古学报》1993年第2期。

[36] 岳阳市文物工作队、钱粮湖农场文管会：《钱粮湖坟山堡新石器时代遗址试掘报告》，《湖南考古辑刊（第6辑）》，岳麓书社，1994年；李鄂权、宋少华：《钱粮湖农场坟山堡新石器时代遗址》，《中国考古学年鉴·1992》，文物出版社，1994年。

[37] 四川省长江流域文物保护委员会文物考古队：《四川巫山大溪新石器时代遗址发掘纪略》，《文物》1961年第11期；四川省博物馆：《巫山大溪遗址第三次发掘》，《考古学报》1981年第4期。

[38] 湖北省宜昌地区博物馆、四川大学历史系：《宜昌中堡岛新石器时代遗址》，《考古学报》1987年第1期；国家文物局三峡考古队：《朝天嘴与中堡岛》，文物出版社，2001年。

[39] 中国社会科学院考古研究所湖北工作队：《湖北枝江县关庙山新石器时代遗址发掘简报》，《考古》1981年第4期；中国社会科学院考古研究所湖北工作队：《湖北枝江关庙山遗址第二次发掘》，《考古》1983年第1期。

[40] 红花套考古发掘队：《红花套考古遗址发掘简报》，《史前研究》1990~1991年合刊。

[41] 湖北省荆州地区博物馆：《湖北松滋县桂花树新石器时代遗址》，《考古》1976年第3期。

[42] 湖南省博物馆：《澧县梦溪新石器时代遗址试掘简报》，《文物》1972年第2期；湖南省博物馆：《澧县梦溪三元宫遗址》，《考古学报》1979年第4期。

[43] 中国社会科学院考古研究所：《中国考古学·新石器时代卷》，中国社会科学出版社，2010年。

[44] 中国科学院考古研究所：《京山屈家岭》，科学出版社，1965年。

[45] 湖北省文物管理委员会：《湖北京山朱家嘴新石器遗址第一次发掘》，《考古》1964年第5期。

[46] 湖南省博物馆：《澧县梦溪三元宫遗址》，《考古学报》1979年第4期。

[47] 湖南省博物馆：《安乡划城岗新石器时代遗址》，《考古学报》1983年第4期；湖南省文物考古研究所：《湖南安乡县划城岗遗址第二次发掘简报》，《考古》2001年第4期；湖南省文物考古研究所、常德市文物处、安乡县文物管理所：《湖南安乡划城岗遗址第二次发掘报告》，《考古学报》2005年第1期。

[48] 中国社会科学院考古研究所：《青龙泉与大寺》，科学出版社，1991年。

[49] 河南省文物考古研究所、长江流域规划办公室考古队河南分队：《河南淅川黄楝树遗址发掘报告》，《华夏考古》1990年第3期。

[50] 河南省文物研究所、长江流域规划办公室考古队河南分队：《淅川下王岗》，文物出版社，1989年。

[51] 中国社会科学院考古研究所山东队、滕县博物馆：《山东滕县北辛遗址发掘报告》，《考古学报》1984年第2期。

[52] 中国社会科学院考古研究所山东队：《山东汶上县东贾柏新石器时代遗址发掘简报》，《考古》1993年第6期。

[53] 山东大学历史系考古专业：《山东邹平苑城早期新石器时代文化遗址调查》《考古》1989年第6期；山东省文物考古研究所：《山东邹平苑城西南庄遗址勘探试掘简报》，《考古与文物》1992年第2期。

[54] 烟台市博物馆：《山东烟台市白石村遗址调查简报》，《考古》1981年第2期；烟台市博物馆：《烟台白石村遗址发掘报告》，《胶东考古》，文物出版社，2000年；烟台市文物管理委员会：《山东烟台白石村新石器时代遗址发掘简报》，《考古》1992年第7期。

[55] 山东省文物管理处、济南市博物馆：《大汶口——新石器时代墓葬发掘报告》，文物出版社，1974年；山东省文物考古研究所：《大汶口续集——大汶口遗址第二、三次发掘报告》，科学出版社，1997年。

[56] 中国社会科学院考古研究所：《山东王因》，科学出版社，2001年。

[57] 山东省文物考古研究所、山东省博物馆、莒县文管所：《山东莒县陵阳河大汶口文化墓葬发掘简报》，《史前研究》1987年第3期。

[58] 中国科学院考古研究所山东工作队：《山东曲阜西夏侯遗址第一次发掘报告》，《考古学报》1964年第2期；中国社会科学院考古所山东工作队：《西夏侯遗址第二次发掘报告》，《考古学报》1986年第3期。

[59] 南京博物院：《江苏邳县四户镇大墩子遗址探掘报告》，《考古学报》1964年第2期；南京博物院：《江苏邳县大墩子遗址第二次发掘》，《考古学集刊（第一集）》，中国社会科学出版社，1981年。

[60] 江苏省文物工作队：《江苏邳县刘林新石器时代遗址第一次发掘》，《考古学报》1962年第1期；南京博物院：《江苏邳县刘林新石器时代遗址第二次发掘》，《考古学报》1965年第2期。

[61] 南京博物院：《花厅——新石器时代墓地发掘报告》，文物出版社，2003年。

[62] 山东省文物管理处、济南市博物馆：《大汶口——新石器时代墓葬发掘报告》，文物出版社，1974年。

[63] 张居中：《仰韶时代文化刍议》，《中原文物》1986年特刊，第94~106页。

[64] 浙江省文物管理委员会：《浙江嘉兴马家浜新石器时代遗址的发掘》，《考古》1961年第7期。

[65] 南京博物院：《江苏吴县草鞋山》，《文物资料丛刊·3》，文物出版社，1980年。

[66] 常州市博物馆：《江苏常州圩墩新石器时代遗址的调查和试掘》，《考古》1974年第2期；吴苏：《圩墩新石器时代遗址发掘简报》，《考古》1978年第4期。

[67] 苏州博物馆、昆山市文物管理所、昆山市正仪镇政府：《江苏昆山绰墩遗址第一至第五次发掘简报》，《东南文化》2003年增刊。

[68] 上海市文物保管委员会：《崧泽——新石器时代遗址发掘报告》，文物出版社，1987年；上海市文物保管委员会：《上海市青浦县崧泽遗址的试掘》，《考古学报》1962年第2期。

［69］南京大学历史系考古专业、常熟博物馆：《江苏常熟钱底巷遗址发掘报告》，《考古学报》1996年第4期。

［70］南京博物院：《江苏吴县草鞋山遗址》，《文物资料丛刊·3》，文物出版社，1980年。

［71］中国社会科学院考古研究所：《中国考古学·新石器时代卷》，中国社会科学出版社，2010年。

［72］浙江省文物考古研究所：《庙前——良渚遗址群考古报告》，文物出版社，2005年。

［73］上海市文物管理委员会：《福泉山——新石器时代遗址发掘报告》，文物出版社，2000年。

［74］中国社会科学院考古研究所内蒙古工作队：《内蒙古敖汉旗小山遗址》，《考古》1987年第6期。

［75］中国社会科学院考古研究所：《敖汉赵宝沟——新石器时代聚落》，中国大百科全书出版社，1997年。

［76］中国社会科学院考古研究所内蒙古工作队：《内蒙古敖汉旗兴隆洼遗址发掘简报》，《考古》1985年第10期。

［77］中国社会科学院考古研究所内蒙古工作队：《赤峰蜘蛛山遗址的发掘》，《考古学报》1979年第2期。

［78］中国社会科学院考古研究所内蒙古工作队：《赤峰西水泉红山文化遗址》，《考古学报》1982年第2期。

［79］杨虎：《敖汉旗西台新石器时代及青铜时代遗址》，《中国考古学年鉴·1988》，文物出版社，1989年。

［80］张居中：《仰韶时代刍议》，《中原文物》1986年特刊，第94~106页。

［81］施雅风等：《中国全新世大暖期的气候波动与重要事件》，《中国科学：B辑》1992年第12期。

［82］张居中等：《仰韶时代文化与中国稻作农业——兼论栽培稻的东传路线》，《西安半坡博物馆成立四十周年纪念文集》，三秦出版社，1998年，第510~518页。

［83］河北省文物管理处、邯郸市文物保管所：《河北武安磁山遗址》，《考古学报》1981年第3期。

［84］孔昭宸、刘长江、张居中：《渑池班村植物遗存及其在环境考古学上的意义》，《人类学学报》1999年第18卷第4期。

［85］中国社会科学院考古研究所：《中国考古学·新石器时代卷》，中国社会科学出版社，2010年，第427页。

［86］中国社会科学院考古研究所：《中国考古学·新石器时代卷》，中国社会科学出版社，2010年，第468页。

［87］黄其煦：《关于仰韶遗址出土的稻谷》，《史前研究》1986年第1期。

［88］河南省文物考古研究所：《三门峡南交口》，科学出版社，2009年。

［89］张居中等：《舞阳史前稻作遗存与黄淮地区史前农业》，《农业考古》1994年第1期。

［90］张文绪、王辉：《甘肃庆阳遗址古栽培稻的研究》，《农业考古》2000年第3期。

［91］李洪甫：《连云港地区农业考古概述》，《农业考古》1985年第2期。

［92］安志敏：《中国史前时期之农业》，《燕京社会科学》1949年第2卷，第36~53页。

［93］中国社会科学院考古研究所内蒙古工作队：《赤峰蜘蛛山遗址的发掘》，《考古学报》1979年第

[94] 李宇峰：《西辽河流域原始农业考古综述》，《农业考古》1986年第1期。
[95] 郑州市文物考古研究所：《郑州大河村》，科学出版社，2011年，第169页。
[96] 郑州市文物考古研究所：《郑州大河村》，科学出版社，2011年，第671页。
[97] 刘莉等：《郑州大河村遗址仰韶文化"高粱"遗存的再研究》，《考古》2012年第1期。
[98] 严文明：《中国稻作农业起源》，《农业考古》1982年第1、2期。
[99] 北京大学考古学系、中国社会科学院考古研究所：《华县泉护村》，科学出版社，2003年，第42页。
[100] 西北大学文博学院考古专业：《扶风案板遗址发掘报告》，科学出版社，2000年，第288页。
[101] 洛阳博物馆：《洛阳西高崖遗址试掘简报》，《文物》1981年第7期。
[102] 魏兴涛、孔昭宸、刘长江：《三门峡南交口遗址仰韶文化稻作遗存的发现及其意义》，《农业考古》2000年第3期。
[103] 施雅风等：《中国全新世大暖期的气候波动与重要事件》，《中国科学：B辑》1992年第12期。

（原载《仰韶和她的时代——纪念仰韶文化发现90周年国际学术研讨会论文集》，文物出版社，2014；与崔启龙、周晓娟、陈昌富、赵嫚合著）

论河南仰韶时代居民原始科技文化艺术与社会

在进行考古学文化遗存发掘与研究的同时，人们也都普遍重视对仰韶时代原始文化艺术、科学技术、宗教信仰等方面的材料的研究，取得了可喜的成果。

一、原始科学技术

仰韶时代原始科学技术的发现和研究，主要有以下几个方面。

1. 天文历法

河南省仰韶时代天文历法知识的研究首先是围绕大河村遗址发现的天象纹彩陶图案展开的。在大河村遗址中出土一批带有太阳纹、日晕纹、月牙纹、星座纹等的彩陶片，其中1件陶钵经复原后可知在肩部一周绘12个太阳纹[1]。这批材料引起学术界的兴趣。有人认为12个太阳可能象征12个月，而星座纹可能为北斗星的尾部。也有人认为或许与星座纪年有一定缘由[2]，总之大家都认为这些图案是当时人们对天文现象长期观察结果的记录，而天文历法的发明正是人们发展农业生产的需要。这些材料说明，早在5000年前的仰韶文化时期，中原地区的先民们已经掌握了一定的天文和历法知识。

最引人注目的是对濮阳西水坡45号墓的天文学解释。有的学者认为蚌塑的龙、虎分别代表东、西二陆，墓室中央的三角形蚌塑和两根胫骨代表北斗，以上三者合为三宫，并进而指出中国的二十八宿理论体系应起源于仰韶时代。同时，又对45号墓的"人头形"墓圹形状进行天文学论证，认为符合中国古代天文理论中的"盖天宇宙论"。"墓穴形状，选取了盖天图中的春秋分日道、冬至日道和阳光照射界限，再加之方方大地，一幅完整的宇宙图形便构成了。它向人们说明了天圆地方的宇宙模式、寒暑季节的变化、昼夜长短的更替、春秋分日的标准天象以及太阳周日和周年视运动轨迹等一整套古老的宇宙理论"。并且相信"仰韶先民对宇宙模式的初步认识是具备的，古人对于天象的观测可能也远非我们想象中所能接受的水平"。从而把二十八宿的体系和盖天学说提前到了公元前4000年前的仰韶时代初期[3]。

2. 物理学和化学知识

物理学的知识主要是陶轮的发明和纺轮的运用。在仰韶时代初期，已经出现了慢轮制陶技术，这是人们对轮旋原理的认识时期。最迟到了仰韶时代晚期，在大河村文化和下潘汪文化后期、大汶口文化和屈家岭文化的遗址中普遍发现了快轮制作的陶器。这一发明被称为是原始社会末期的重大发明之一，认为不仅是制陶工艺的巨大革命，也是最早利用轮轴原理为生产服务的实例，并为机械学奠定了原始基础[4]。而快轮的发明，为制陶社会化和陶器商品化提供了前提条件，促进了生产力的发展和社会的进步。陶纺轮的运用是对拉力作用认识的结果。陶纺轮是早在裴李岗文化时期已经开始使用的，到了仰韶时代，人们不断总结经验，对纺轮进行改进，质量越来越好，数量也越来越多，人们用烧制的轻重不同的陶纺轮来代替用碎陶片打制的陶纺轮，有的在纺轮上还画出装饰性图案[5]，不仅反映人们对纺织业的重视和原始纺织业的发展，同时也表现出他们在实践过程中逐步认识到纺轮的重量和拉力强弱的关系。纺轮的大小轻重可能与要求纺线的粗细有关。纺轮的轻重不同，下垂时拉力就不同，纺线的粗细也不同，因而不同型号的纺轮可能是人们有意分别制成的。

关于化学知识，主要是烧陶技术的改进和酿造技术的发明。仰韶时代中晚期的封顶窑已普遍推广，这不仅提高了窑温和陶器火候，而且使还原焰和渗碳技术能够得以实行，使灰陶和黑陶的比例不断增加，有些已占主导地位。这是人们不断总结烧陶经验，改进烧制技术的结果，也是原始化学知识的不断丰富和发展的见证。而烧制技术的进步和快轮技术一起，为生产力发展和社会性质的变革提供了重要的条件。

另外，大河村文化各类型流行的整塑整烧技术，使房子居住面和墙壁陶化以提高防潮能力和坚固耐用程度，利用的也是此类化学知识。

在大河村文化、大汶口文化和屈家岭文化的晚期，普遍出现制作精美的饮器，还有鬶类空足器的出现，人们普遍认为与饮酒有关，大河村四期出现的大口尖底缸，下腹部有烧制前的穿孔，很可能是当时的酿造用具[6]。酿造技术的发明和酒的出现，也是人们运用化学知识的结果。因为把植物的果实、根茎等经过发酵处理制出酒来，本身就是化学作用的过程。中原地区的酒文化闻名于后世，其历史应追溯到仰韶时代。

3. 数学及医学

数学是人们在长期生产、生活实践中与数和形打交道时发明的。在裴李岗文化时期，人们已有了8以上的数量概念。到了仰韶时代，从上述绘12个太阳的大河村彩陶钵来看，当时至少已熟练掌握了12个以上数量的概念和12以内的加减运算。如在庙底沟遗址一件陶器上，有2个填以网纹的彩陶图案，2个圆圈内的网纹从右往左斜各为9条，从左往右斜各为12条[7]。安阳后岗出土的一件彩陶钵上，画出由8条斜线组成的图案[8]。这些现象绝非偶然的巧合，应是人们已掌握一定数量和运算知识的反映。

同时，人们在建造房屋、挖筑窖穴、陶窑、壕沟、墓穴时，有的很圆，有的很方，相当规整，表明当时已有了初步的测量知识，还可能有简单的测量工具，不然很难达到那么规整的程度。在制作陶器和乐器时，他们根据不同用途制作出各种形状的器具，也说明他们对圆形、椭圆形、方形、长方形等图形已成竹在胸。从大量的彩陶图案观察，有对分为两组的图案，有等分为三组以上的多组图案，这说明他们已有等分圆的实际知识和技术。

在下王岗一期墓葬中曾发现人肢骨折断后又愈合的现象，有的接骨位正、愈合好，有的却错位愈合，表明当时的接骨知识是初步的[9]。这一发现将我国外科正骨手术的历史提前到仰韶时代早期，表明当时已有了一定的医学知识。

二、原始艺术和记事

中原地区仰韶时代的原始艺术，主要表现在彩绘、雕塑、音乐几个方面。原始记事主要是记事符号的发现。

1. 彩陶艺术

中原地区仰韶时代诸文化的彩陶艺术是中外闻名的。当时的彩陶原料主要是矿石粉末等。如在下王岗一期的一座老年男性墓（M454）内就发现了黄铁矿、锰铁矿各一块[10]。从西安半坡的实例研究可知，这种矿石是人们研成粉末后用来做颜料的。因此，该墓主人应是制彩陶的能手。另外，许多遗址还发现有研磨器，有的上面还黏附有颜料痕。

仰韶时代文化彩陶的颜色，以黑、红、白为主，还有棕、黄、紫、赭等。早期以单彩为主，中、晚期多用两种或两种以上的颜色形成复彩，色彩绚丽美观。彩陶图案以题材来分类，有植物、动物、自然现象、编织花纹、几何图形等几类。

植物图案主要有花卉、茎叶、果实等。花卉图案以庙底沟类型为代表，影响所及遍布河南乃至大半个中国。据苏秉琦先生研究，庙底沟彩陶花卉纹主要是以菊科和蔷薇科两种花卉的花瓣为母题的。而且这种花卉图案还可能与华山和华夏族的得名有关[11]。因为典型仰韶文化是以华山为中心分为左右两翼的，而彩陶花卉图案又是在典型仰韶文化最强大并向四周扩张时期最为流行，因而这种提法是有道理的。

茎叶果实图案主要是分布于大河村文化各类型以及庙底沟类型的草叶纹、树叶纹、莲蓬纹、豆荚纹等。这些图案虽然数量不多，但多呈写实手法，形象逼真，颇具艺术魅力。

以动物形象为主体的花纹，在河南不多见，但多呈写实手法，有鱼、鸟、羊等，主要分布于北汝河上游的王湾亚型分布区。突出代表就是1978年临汝阎村遗址出土的鸟鱼石斧图陶缸[12]。在一作葬具的陶缸上，面一只白色水鸟，身躯健壮，肥润丰满，颈直立，目圆睁，长嘴之端叼大鱼，两腿直立向后倾，显得挺拔有力。在鸟鱼前方一侧画一有柄石斧，上面还有符号。全画高37、宽44厘米。这幅画构图新颖，造型古朴、形态逼真，形神兼备，比例适当，布局合理，用彩准确而鲜明，用笔变化多端又恰到好处，中国画的基本技法如勾线法、没骨法、填色法等，在这幅画中都已具备，反映了作画人高超的绘画技巧，可以说是我国最早的一幅完美的绘画艺术珍品。另外还有昆虫纹、蝶须纹等。

自然现象的题材主要有上述的太阳纹、日晕纹、月牙纹、星座纹、六角星纹、水波纹、涡纹等；编织纹主要是网纹、菱形纹、互字形纹等；几何图形有线条、方格、圆点、同心圆、三角等，此类花纹最富变化，仅线条就有宽带、窄带、单线、复线、平行线、直线、斜线、曲线、弧线等许多种；是最为常见的彩陶图案。

仰韶时代彩陶绘画部位，多是在器物的口沿、肩、腹部，在颈口部位，多点缀以辅助性花纹。这是由当时的生活条件决定的。因为当时无桌凳，人们多席地而坐，绘画部位多目力所能及之最佳角度。可见实用先于审美，这也是原始艺术的发展规律。综观仰韶时代彩陶艺术的构思、布局及绘画部位，说明原始绘图既有实用的目的，又出现了审美观念，这反映出当时的原始绘画艺术已经历了一定的发展阶段，达到了相当高的水平。

2. 雕塑艺术

河南境内仰韶时代诸文化因盛行彩陶绘画艺术，雕塑艺术不太发达，所发现的有庙底沟及临汝诸遗址的浮雕壁虎等，形体虽小，但姿态生动，栩栩如生，雕塑技巧，可见一斑。同时，流行于大河村文化诸遗址陶缸上的鸟喙状纽以及草庐形器盖纽、猪头形器盖纽等，也可视为一种陶塑艺术品。下王岗一期还发现有陶鸟、蚌、蝉、蚕蛹等装饰艺术品。下王岗屈家岭一期还有陶鸡、陶狗等陶塑作品。下王岗二期的骨雕作品，制作规整、刀法娴熟，颇具功力[13]。最值得一提的仍是濮阳西水坡遗址的蚌塑龙虎图案。

西水坡的三组蚌塑作品，选用各种蚌壳精心摆塑，如选用圆形蚌壳代表眼睛，用椭圆形蚌壳代表龙麟和虎毛，选长蚌壳以代表龙、虎牙齿和爪，塑出动物形象，形神兼备，栩栩如生，观之犹闻龙吟虎啸，犹见龙腾虎跃，充分说明原始艺术家们的丰富想象力、洞察力和高超的艺术造诣[14]。

3. 音乐

仰韶时代河南地区发现乐器实物主要有下王岗、大河村等遗址出土的陶铃、陶埙等。陶铃为打击乐器，陶埙为吹奏乐器。在下王岗遗址发现有骨管，薄壁中空，另外还有石管，可能为哨类吹奏乐器[15]。

4. 记事符号

河南境内仰韶时代遗址发现的记事符号不多，主要是在临汝北刘庄遗址第二期曾发现过一批共8个，有烧前刻好的，也有烧后再刻的。符号较简单，多为"十"、"廿"、"丨"、"川"等[16]，另外还有阎村"鸟鱼石斧图"陶缸上的X形符号等[17]。

关于仰韶记事符号的性质，讨论比较热烈。有认为是汉字的原始阶段的[18]，有认为是记号的[19]，也有人认为是原始文字的[20]，等等。笔者同意后一种看法。

三、原 始 宗 教

仰韶时代的宗教材料和研究成果均较为丰富，主要有宗教仪式、图腾崇拜、生殖崇拜等。

关于宗教仪式遗迹的突出代表仍是濮阳西水坡的蚌塑动物图案。关于这三组蚌图的性质和M45的墓主人身份，虽有多种解释，但倾向性的看法是认为45号墓的主人是一位巫师或部落酋长，蚌图是在他的葬礼上祭祀活动的遗迹[21]，有人认为45号墓三组蚌图的形成，可能与送魂、伴魂巫术有关[22]，有人进而认为龙、虎、鹿这三种动物形象与后世道家所称的三蹻的性质是一致的，就是能助身为道士或巫师的墓主人上天入地的龙蹻、虎蹻和鹿蹻的艺术形象，称之为濮阳三蹻[23]。还有人认为45号墓的主人是伏羲、炎帝、黄帝或颛顼，或认为是龙师或巫觋。实际上具体认识虽有分歧，但总体意见是一致的，即都认为与原始宗教有关。在神道设教的原始社会，氏族或部落酋长本身就是巫师，上述几个传说时代的英雄尤其如此。特别是那位颛顼高阳氏，是上古传说中一位"绝地天通"的宗教改革家，对原始宗教的发展起过巨大作用，而濮阳又传说为颛顼的故乡，这恐非偶然的巧合。濮阳蚌图和上古传说之间有某种内在联系是可以肯定的，但也不能简单比附对号入座。总之，濮阳蚌图的发现为我们研究原始宗教以及龙文化的起源都具有重要价值。

另外，在下王岗二期曾发现过卜骨，下王岗一期发现过龟灵和犬牲，这都表明在仰韶时代原始宗教活动是相当盛行的。

关于图腾崇拜的讨论，主要是围绕着彩陶图案的性质展开的。首先是阎村鸟鱼石斧图陶缸所反映的陶画性质问题。有人认为图上的白鹳是死者本人所属氏族的图腾，也是所属部落联盟中许多有相同名号的兄弟氏族的图腾，鲢鱼则是敌对联盟中支配氏族的图腾。这件陶缸是对鹳鸟图腾部落联盟的建立有功的第一任酋长的葬具。这位酋长生前必定是英武善战的，他曾高举那作为权力标志的大石斧，率领白鹳氏族和本联盟的人民同鲢鱼氏族进行殊死战斗，取得了决定性的胜利。在他去世之后，为了纪念他的功勋，专门给他烧制了一个最大最好的陶缸，用画笔把他的业绩记录在上面[24]。有人进而认为仰韶文化时期在今汝河沿岸的阎村一带，生活着一个以鹳鸟为图腾的古老氏族也称为鹳氏族，这个氏族就是我国文献中记载的驩兜族。"鹳鱼石斧图"彩陶缸可能就是古代驩兜族留下来的遗物[25]。但也有人认为图上的水鸟是"鹭"而不是"鹳"，图上的石斧才可能是被原始人所崇拜的"图腾"，而"鹭衔鱼"则是原始人奉献给膜拜对象的吉利形象。而这种作图腾标记的石斧可能发展为后来的族徽图形文字[26]。就目前的材料来看，两种意见看来都有一定道理，但要想解决这一问题，恐需待更多的地下材料发表。

另外还有因庙底沟类型以植物花卉为主要彩陶图案而认为庙底沟人以花为图腾[27]，有因大河村类型富有特色的太阳纹图案而认为大河村人以太阳为图腾的[28]，又有人进一步认为大河村类型以太阳和火为崇拜对象，可能就是传说中的祝融部落的[29]。有人认为濮阳西水坡的蚌砌龙可能也是图腾的[30],等等。

另外,还有人将仰韶时代的二次葬和瓮棺上钻孔的现象称之为灵魂崇拜的[31]。同时在仰韶时代晚期遗存中还不时有陶祖发现,如汝州中山寨遗址[32]、北刘庄遗址[33]和淅川下集遗址[34]等,有人称之为生殖崇拜,有人称之为祖先崇拜。总之,它也是一种宗教现象。上述一些实例表明,对仰韶时代原始宗教的研究,已经积累了丰富的资料,并已取得了不少重要研究成果。

四、社会性质的讨论

关于仰韶文化社会性质问题的讨论是早在20世纪60年代之初开始的[35]。当时主张仰韶文化是父系氏族社会者提出了三条理由来证明。一是认为仰韶文化时期已经出现了农业与畜牧业的第一次社会大分工,而按照恩格斯《家庭、私有制和国家起源》的观点,母系氏族转变为父系氏族社会发生在第一次社会大分工之后,因而仰韶时期是父系氏族社会。二是认为仰韶时期已出现了交换,并产生了私有制,这些都是父系氏族社会的标志。三是仰韶时期已出现了陶祖,认为这是父系氏族社会在意识形态上的反映[36]。认为仰韶时期是母系氏族社会的论者提出许多理由来反驳,归纳起来有以下八条:一是认为锄耕农业是母系氏族社会的基础,只有采用犁耕才能进入父系。仰韶时期经营锄耕农业,所以应该是母系氏族社会。二是认为北美易洛魁人与仰韶时期的经济形态相似,易洛魁人为母系氏族社会,所以仰韶社会也应是母系氏族社会。三是轮制陶器是父系氏族社会的标志,没有使用轮制陶器的仰韶时期当时是母系氏族社会。四是认为仰韶时期遗址中发现不少大房子,这些大房子是母系氏族的议事厅。五是认为在仰韶墓葬中发现有母子合葬现象而不是父子合葬,证明当时是母系而不是父系氏族社会。六是认为当时有以女性为中心的二次合葬墓和女性随葬品比较丰富的现象,因而认为是母系而不是父系氏族社会。七是认为在黄河流域,母系向父系社会变化的基础只是农业的发展以及农业与手工业的分离,而至庙底沟二期文化也未出现这种分工,因而只能是母系氏族的繁荣时期。八是认为仰韶时期男子是森林的主人,女子是家庭的主人,因之仰韶时期必定是母系氏族社会[37]。父系论者对这八条进行了逐条反驳[38]。在20世纪60年代中期,有学者提出整个仰韶文化发展过程可划分为互相区别互相衔接的社会发展阶段。我们如果说它的前期是母系氏族制,它的后期也只能还是母系氏族制。不同的是,它的前期似乎还处在母系氏族制的繁荣阶段,它的后期则似乎是达到了它的顶峰——最后阶段,并孕育着新的变化,而同原始公社氏族制的下行阶段的起点互相衔接。至于父系氏族制的产生,这一革命性变化的实现则是在它结束以后的事情[39]。

20世纪70年代后期到80年代中期,仰韶时期社会性质的讨论随着考古材料的积累进一步深入。主张仰韶时代是父系氏族社会的人逐渐增多,有的父系说者又重申了自己主张[40]，有的人则从少数民族的火塘分居制来证明仰韶早期已经处于父系氏族社会阶段[41]。同时又有人提出了新的观点，如认为仰韶时代早期正是处于母系氏族社会的繁荣阶段，而中晚期应是由母系氏族公社正在向父系氏族公社转化的发展阶段。这种转化可能达到相当高的程度，有的地区可能已经跨入了父系氏族公社的门槛[42]。同时，下潘汪、大河村、东庄村与西王村几个发掘报告的执笔者或以轮制陶器的出现，或以多间房的出现，或以相互对比的方法等理由也都提出了先母系后父系的观点[43]。

在1985年渑池仰韶文化学术讨论会上，社会性质的讨论是热点之一[44]。在这次会议上父系说者更充分地阐述了自己的理由，如认为仰韶文化的二次葬是进入父系氏族社会的标志的，有认为私有制在发展和分化，一夫一妻制的制度已经确立，因而当时父权制已经取代了母权制。同时，主张先母系后父系说的人逐渐多起来，成为倾向性意见。如认为仰韶时期处于由母系氏族社会过渡到父系氏族社会的阶段，中期开始向父系过渡，到晚期父系当已确立。还有人明确提出半坡期是繁荣的母系氏族社会，庙底沟期则已进入父系氏族社会，等等。还有人认为仰韶早期是母系氏族社会，中期是父系氏族社会，晚期开始由父系家庭向分财别居的家庭转变，到了龙山文化转变完毕。有的学者则主张首先考虑从生产力和生产关系的状况来分析社会组织形式，而不要单从世系出发。经分析认为从仰韶前期到后期确实发生了一系列变化，而这种变化是与它的社会性质或社会发展阶段有关系的，又提出将原始公社所有制划分为原群公社、氏族公社和家庭公社三个阶段，而半坡类型（按：指其早期）应属于氏族公社的高级阶段。在这个阶段出现了家庭，同时因氏族本身的增殖又出现了胞族。公有制的经济基础进一步扩大，氏族公社的所有制仍然是基本的方面，同时又有以家庭为基础的公有制和以胞族为基础的公有制，甚至还有少量部落所有制。氏族公社时期的血统可以母系为主，特别是在农业发达的地区如此，但不妨碍有些地方实行父系，这种父系制并不一定以母系制为其必要的前提[45]。另外还有个别论者提出仰韶时期已出现了第二次大分工的萌芽、出现了私有制、出现了战争掠夺及生产奴隶、出现了军事首领和战士、出现了防御性设施、出现了文字的萌芽等理由认为仰韶时期已是军事民主制社会[46]。

还有一种意见认为，仰韶时代上下几千年，纵横几千里，社会不可能是平衡发展的，不能用平衡的眼光和尺度来看待和衡量不平衡的事物。应该针对各遗址的材料进行具体分析后，再讨论和归纳其规律性。如仰韶早期，有的地方可能刚刚进入母系氏族的社会阶段，有的地方可能已是发达的母系氏族社会，有些地方可能已向父系氏族社会过渡。在仰韶时代后期，大部分地区的父权制可能已发达到了相当成熟的阶段，但有些地方可能仍处于"发达的母系氏族社会阶段"[47]中，甚至仰韶文化父系说的首倡者也转而提出这样的主张[48]。淅川下王岗发掘报告的执笔者对该遗址的材料分析后认为，下王岗一期时，男性在经济生活中已经占主导地位，并具有父系氏族社会的一些特征，退一步讲，至少也已由母系氏族社会向父系氏族社会过渡。下王岗仰韶二期进入父系氏族社会已无疑议[49]。

濮阳西水坡45号墓的发现，又有人认为仰韶时期不仅进入父系氏族社会，而且已经发展到军事民主制阶段，产生了文明的因素，出现了文明的曙光[50]。有学者不同意这种说法，认为可以对这群遗迹的宗教意义及其所反映的社会意义进行种种推测，但都无法同文明的起源拉上关系[51]。

最近又有人认为，在新石器时代原始社会正一步步走上崩溃之路，但"家系"或"所有制"只可以当作一种参考概念，考古学家应重新思索原始社会的内涵，在家系、所有制外，建构古人生活的新面貌，如人口结构、劳动习惯、饮食文化、生活资源、生态环境等[52]，其实已有学者早就提出过类似的问题[53]。这些问题确应成为下一步仰韶时代文化研究的着重点。

五、人种学和体质人类学研究

人种学和体质人类学的研究主要是对长葛石固[54]和淅川下王岗[55]两批古人类材料的卓有成效的工作。

长葛石固遗址的古人类材料中，有属于前仰韶时代的28个个体、仰韶时代的16个个体，还有3个不明期属但肯定是这两期的个体，共47个个体。经111项显著性测量后认为，这两期人类的体质类型是同一类群的，所以这里一并加以收集。

体质人类学的研究是人种学研究的基础，经对石固遗址骨材料进行大量测量研究后认为：这里古人类的估计年龄值，根据臼齿磨蚀程度并根据其他材料，如乳齿和恒齿的替换时间及骨骺和骨缝愈合时间，显示可能要高出10～15岁左右，这可能主要与新石器时代人类的食物性质有关。石固新石器时代墓葬中约有2/5死于壮年。青春期内女性的死亡率远高于男性。根据长骨的研究认为，石固组居民的股骨和胫骨的长度与仰韶组的最为接近，并且看不出左利或右利的趋向。根据股骨长度，估计男性身高为167厘米，女性身高为153.5厘米。根据头骨的长、宽、高度推算，男性的平均脑量为1287.86毫升，女性为1305.6毫升。女性头骨较短较高。面高、面宽均中等，总面角为中颌型，鼻颧角为152°，颧上颌角为142°，鼻阔，鼻梁扁塌，中眶、阔腭、短颌、枕骨大孔较狭。男性头骨较高，上面部扁平，阔鼻、中眶、鼻梁扁塌。据非测量性体质特征分析，石固组居民的楔形头占大多数，具有简单的骨缝，眉弓突度特显的少，眉弓范围小，犬齿窝浅平，鼻前棘低矮，梨状孔下缘多钝型，有丘状腭圆枕者、有颧骨缘结者、颧骨、上颌骨下缘转折明显者均过半数，上内侧门齿全为铲形，上外侧门齿绝大多数为铲形，具有下颌圆枕结构，上智齿绝大多数未萌出，下智齿少数未萌出。

下王岗遗址的人骨材料更为丰富，可研究材料仅仰韶时期就有286个个体。经研究后认为，下王岗居民组的头骨特征有以下特点：颅骨较短、较宽、较高，颅形较圆，额宽中等，但额鳞较向后倾斜，面部高、宽均中等，面部平直，眼眶偏低，鼻高中等偏高，鼻宽较宽，下颌骨较宽，下颌体粗壮。随年龄增长下颌角由大变小。上颌第三臼齿未萌出者占

14.1%，下颌第三臼齿未萌出者占10.9%，下颌骨颏孔与下颌牙齿的位置关系以位于第二前臼齿下方者占首位，位于第二前臼齿与第一臼齿之间下方者占第二位，与现代我国人该孔之位置相同。在199个个体中，56岁以上者只占8.5%，绝大多数集中在45岁以下，而女性死亡率在21~25岁之间最为集中。这一现象与我国其他新石器时代遗址居民的死亡率十分相似，说明当时人们寿命较短。这是由于古时人们抗拒自然能力远较今天为低所致。女性死亡率集中于生育期则与当时女性生育条件差有关。身高男性平均1.61米、女性平均1.57米。另据研究，郑州青台遗址男性平均身高1.57±0.10米、女性平均身高1.52±0.41米。均比现代人稍低。据研究新石器时代各遗址人骨材料中男性比例大多高于女性。

关于人种学的研究，经对石固居民组和下王岗居民组的体质特征进行研究后认为，石固居民属蒙古人种，有些特征与其中的南亚类型更加接近。而按照种族相似系数，石固男性头骨与华北新石器时代差异很小，与华南各组相差较大。女性头骨与国内各组新石器人骨相差均不大，其与华北各组差异更小。下颌骨无论是男性还是女性与全国各组差异均不大，而且也看不出其与华北各组的差异较与华南各组的差异为大。

下王岗居民组属于蒙古人种，与黄河下游新石器组居民的体征较相似，他们都具有一些类似南亚人种特征，例如较高的颅高和相对较狭的狭颅型，上面部为中上面型，眼眶偏低，鼻梁高度为中等偏矮，鼻子偏宽，更重要的是下王岗组的垂直颅面指数唯一地落在南亚类型的变异范围之内。因此作者认为居住在丹江上游的下王岗新石器时代的居民与黄河下游的居民应是同属一个种族类型的古代居民——古代华北人，下王岗居民体质与近代华中组居民的体质如此相似，表明近代华中地区的居民与新石器时代汉江流域的居民有着极为密切的血统关系，这种血统应该是受到来自华北地区的古代居民向南迁移的直接影响。这种迁移向南不仅延伸到华南地区，而且延伸到东南亚地区，向西迁移可能影响当时关中地区的居民，宝鸡组居民具有如此相似于下王岗组居民的体征也许就是一个迹象，也就是说，下王岗组和宝鸡组均受来自华北地区的古老居民的直接影响。这一研究结果与我们对下王岗类型考古学文化内涵的研究得出的结论是一致的。

关于仰韶时期骨病的研究，主要是对下王岗和青台两遗址的人骨材料的研究工作。经对下王岗居民组的人骨研究后认为，当时主要有佝偻病、骨折、龋齿等。并指出，当时人们食物粗糙，幼儿易造成消化不良，吸收不佳，这可能是产生佝偻病的原因之一。因当时以锄耕农业为主，狩猎仍占一定比重，故四肢骨和脊柱的外伤和骨折是难免的。由于对当时骨病认识差，不可能妥善处理，所以出现骨折后畸形愈合的现象。又由于当时人们不可能讲究口腔卫生，龋齿的出现是不可避免的。同时龋齿的出现又表明，当时人们已食用淀粉一类的食物。这对当时人们已主要从事农业生产又是一个有力的证明[56]。

另据对青台遗址1981年发掘的73具人骨研究后发现，当时增生性脊椎炎占青年至老年个体的38.23%，说明当时人们的劳动强度之重。龋齿病占45.58%，而且发现随着年龄的增长发病率维持在50%的水平。另外还发现一例骨巨细胞瘤患者[57]。另对1982年发掘的27具人骨个体观测后发现骨性产道异常和慢性骨髓炎病各一例。M151为一青年女性，因骨盆小且患右骶髂关节融合畸形，导致骨性产道异常，在胎儿已入盆腔处左枕前位时难产而使母婴同时致死。M153为化脓性骨髓炎。又发现增生性脊椎炎5例，均为壮年和中年，见有骨刺和骨桥。有研究指出劳动量重是发病的主要原因[58]。

六、生态环境与气候的研究

在这一领域首先是贾兰坡先生等对下王岗遗址动物骨骼所进行的卓有成效的研究。从下王岗遗址发现的动物群，不仅给我们开出各个时代居民食用的"菜单"，同时也反映了当时附近必然有茂盛的森林，因为有猕猴、黑熊、虎、豹猫、苏门犀、亚洲象、野猪、麝、苏门羚等适于森林或多树的山区动物。山区也会有稀树、草地和灌木丛的开阔地带，因为有孔雀、麂、梅花鹿、豪猪等。附近还必然有较大的水域——江河或湖泊，因为有相当大的鱼、龟、鳖、水獭等。附近还有茂盛的竹林，因发现有生活适于海拔2000~4000米以食竹笋和嫩枝叶的多竹山区的大熊猫。同时在仰韶时期各文化层都发现许多竹灰，有的甚至还可看出竹的纤维。在仰韶三期的长屋中还发现有铺竹片编织物的痕迹。以上反映出了当时遗址周围的自然环境。

在下王岗仰韶文化层中，共发现24种动物，其中喜暖动物7种，占29.17%，这些动物现今分布范围的北界多数不超过北纬33°，其中还有更偏南的动物，如野生水牛、苏门犀等，在我国境内已不见。其余为长江南北均可见到的适应性较强的动物，占70.83%。这是下王岗各期文化层中喜暖性动物最多的时代，说明仰韶文化期是下王岗遗址最温暖时代的代表，应属全新世温暖气候的顶峰即大西洋期[59]。竺可桢在研究了仰韶文化的气候后指出，在仰韶时代，黄河流域的年平均气温要比现在高2℃，一月份的平均气温比现在高3~5℃[60]。

另一项工作是对郑州地区全新世地层划分及古气候与古环境演变的研究。论者经对大河村遗址18块孢粉样品分析后得知[61]，在仰韶时代所处的全新世中期，郑州地区的植被特征是乔木植物占（50%~90%）优势，草本和灌木植物（27%~48.5%）较少，其中下段阔叶树植物花粉（52.1%）多于松属（*pinus*）花粉，草本植物中水生的*Nymphoides*（29.4%）最多，其次是*Artemisia*、*Labiatae*、*Ranunculaceae*、*Polygonaceae*和*Chenopodiaceae*，论者经对郑州地区大李、大河村、圃田、京水、祭城几个地层剖面的研究后得知在地层剖面中还发现有介形化石、软体动物化石等。仰韶层的沉积物主要特征是以灰黄色和灰黑色淤泥质亚沙土为主。在大河村遗址仰韶层和龙山层中考古发掘出土有大量动物骨骼，有竹鼠、水牛、野猪、鹿、轴鹿、兔、家猪、狗、羊、鸡、环领雉、龟、鳖、鲤、蚌、螺等。

通过对上述材料进行系统分析对比后，论者推测郑州地区仰韶时期的古气候和古环境，认为此时随着气候的进一步转暖，以*Pinus*为主的针叶林——草原植被逐渐被以

Castanea、*quercus*、*Carpinus*、*Ulmus*等阔叶树花粉占优势、*pinus*为次的针阔叶混交林所代替，林中散生有热带、亚热带乔木树种，如*Tsusa*、*Podocarpus*、*quercus*、*platycarya*、*Ligudambar*、*Oleaceae*和*Enporbiaceae*这些喜暖喜热的乔木植物花粉占木本植物花粉的24.5%，草本植物中，水生的*Nymphoides*、*Potamogetonaceae*、*Sparganiaceae*及湿生的*Cyeraceae*大量出现，占草本植物含量的37.8%。喜热和水生植物的大量出现表明，仰韶时代的气候特点，与现今长江中下游的中亚热带气候相近，相当于布列特-色尔南德尔方案气候期的大西洋期。另外，*Lychnotnamnites*等沉水植物的出现，表明东部平原区为浅水湖沼环境[62]。

还有人根据大河村遗址流行的整塑整烧的建筑技术和遗址出土有莲籽、螺壳及所使用的蚌刀、蚌镰，动物骨骼中有貉、麂、竹鼠等材料得出大河村仰韶期冬季较现今温暖，年降水量较现在多的结论。而且指出在年降水量大于1000毫米时才能满足竹子正常生产的需要。因而当时的年降水量平均应大于1000毫米[63]。

另外还有对濮阳西水坡遗址孢粉样品的研究工作。经对西水坡遗址三个剖面的孢粉样品分析研究后，论者根据在样品中分析出了比例较大的禾本科植物花粉的现象得出了当时这里曾盛产粮食的结论，这对仰韶时代的后岗类型是以农业为主的考古学文化的论点是一个有力的支持[64]。

注　　释

[1]　郑州市博物馆发掘组：《谈谈郑州大河村遗址出土的彩陶上的天文图象》，《河南文博通讯》1978年第1期。

[2]　宋兆麟等：《中国原始社会史》，文物出版社，1983年。

[3]　冯时：《河南濮阳西水坡45号墓的天文学研究》，《文物》1990年第3期。

[4]　宋兆麟等：《中国原始社会史》，文物出版社，1983年。

[5]　河南省文物研究所：《河南淅川黄楝树遗址发掘报告》，《华夏考古》1990年第3期。

[6]　郑州市博物馆：《郑州大河村仰韶文化的房基遗址》，《考古》1973年第6期。

[7]　中国科学院考古研究所：《庙底沟与三里桥》，科学出版社，1959年。

[8]　中国科学院考古研究所安阳发掘队：《1958—1959年殷墟发掘简报》，《考古》1961年第2期；中国科学院考古研究所安阳发掘队：《1971年安阳后岗发掘》，《考古》1972年第3期；中国科学院考古研究所安阳发掘队：《1972年春安阳后岗发掘简报》，《考古》1972年第5期；中国社会科学院考古研究所安阳发掘队：《安阳后岗新石器时代遗址的发掘》，《考古》1982年第6期。

[9]　河南省文物研究所等：《淅川下王岗》，文物出版社，1989年。

[10]　河南省文物研究所等：《淅川下王岗》，文物出版社，1989年。

[11]　苏秉琦：《苏秉琦考古学论文集》，文物出版社，1984年。

[12]　张绍文：《原始艺术的瑰宝——记仰韶文化彩陶上的〈鹳鱼石斧图〉》，《中原文物》1981年第1期。

[13] 河南省文物研究所等：《淅川下王岗》，文物出版社，1989年。

[14] 濮阳市文管会等：《河南濮阳西水坡遗址发掘简报》，《文物》1988年第3期；濮阳西水坡遗址考古队：《1988年河南濮阳西水坡遗址发掘简报》，《考古》1989年第12期。

[15] 河南省文物研究所等：《淅川下王岗》，文物出版社，1989年；郑州市博物馆：《郑州大河村遗址发掘报告》，《考古学报》1979年第3期。

[16] 河南省文物研究所：《河南临汝北刘庄遗址发掘报告》，《华夏考古》1990年第2期。

[17] 张绍文：《原始艺术的瑰宝—记仰韶文化彩陶上的〈鹳鱼石斧图〉》，《中原文物》1981年第1期。

[18] 郭沫若：《古代文字之辩证发展》，《考古学报》1972年第1期。

[19] 汪宁生：《从原始记事到文字发明》，《考古学报》1981年第1期。

[20] 王志俊：《关中地区仰韶文化刻划符号综述》，《考古与文物》1980年第3期。

[21] 丁清贤等：《从濮阳西水坡蚌壳龙虎陪葬墓的发现谈仰韶文化的社会性质》，《中原文物》1988年第1期。

[22] 《濮阳西水坡遗址发掘现场会发言摘要》，《华夏考古》1988年第4期。

[23] 张光直：《濮阳三蹻与中国古代美术史上的人兽母题》，《文物》1988年第11期。

[24] 严文明：《仰韶文化研究》，文物出版社，1989年。

[25] 郑杰祥：《鹳鱼石斧图新论》，《中原文物》1982年第2期。

[26] 牛济普：《鹭鱼石斧图考》，《中原文物》1985年第1期。

[27] 宋兆麟等：《中国原始社会史》，文物出版社，1983年。

[28] 彭曦：《大河村天文图象彩陶试析》，《中原文物》1984年第4期。

[29] 王震中：《大河村文化与祝融部落》，《中原文物》1986年第2期。

[30] 《濮阳西水坡遗址发掘现场会发言摘要》，《华夏考古》1988年第4期。

[31] 宋兆麟等：《中国原始社会史》，文物出版社，1983年。

[32] 中国科学院考古研究所河南一队：《河南汝州中山寨遗址》，《考古学报》1991年第1期。

[33] 河南省文物研究所：《河南临汝北刘庄遗址发掘报告》，《华夏考古》1990年第2期。

[34] 长办考古队河南分队：《淅川下集新石器时代遗址发掘报告》，《中原文物》1989年第1期。

[35] 许顺湛：《关于中原地区新石器时代文化的几个问题》，《考古》1960年第5期。

[36] 许顺湛：《仰韶时期已进入父系氏族社会》，《考古》1962年第5期。

[37] 杨建芳：《仰韶时期已经进入父系氏族社会了吗？》，《考古》1962年第11期；吴汝祚：《从墓葬发掘来看仰韶文化的社会性质》，《考古》1961年第12期；宋兆麟：《云南永宁纳西族的葬俗——兼谈对仰韶文化葬俗的看法》，《考古》1964年第4期。

[38] 许顺湛：《仰韶时期已进入父系氏族社会》，《考古》1962年第5期。

[39] 苏秉琦：《苏秉琦考古学论文集》，文物出版社，1984年。

[40] 许顺湛：《仰韶时期已进入父系氏族社会》，《考古》1962年第5期。

[41] 黄崇岳：《从少数民族的火塘氏居制看仰韶文化时期半坡类型的社会性质》，《中原文物》1984年第1期。

[42] 巩启明：《试论仰韶文化》，《史前研究》1983年第1期。

[43] 河南省文物研究所等：《淅川下王岗》，文物出版社，1989年；郑州市博物馆：《郑州大河村遗址发掘报告》，《考古学报》1979年第3期。

[44] 河南省考古学会等：《论仰韶文化》，《中原文物》1986年特刊。

[45] 严文明：《仰韶文化研究》，文物出版社，1989年。

[46] 丁清贤、赵连生、张相梅：《关于濮阳西水坡蚌壳龙虎陪葬墓及仰韶文化的社会性质——兼答言明提出的几个问题》，《华夏考古》1991年第4期。

[47] 河南省考古学会等：《论仰韶文化》，《中原文物》1986年特刊。

[48] 河南省考古学会等：《论仰韶文化》，《中原文物》1986年特刊。

[49] 河南省文物研究所等：《淅川下王岗》，文物出版社，1989年。

[50] 丁清贤等：《从濮阳西水坡蚌壳龙虎陪葬墓的发现谈仰韶文化的社会性质》，《中原文物》1988年第1期。

[51] 严文明：《略论中国文明的起源》，《文物》1992年第1期。

[52] 《考古学与中国古代史研究——一个方法学的探讨》，《考古》1992年4期。

[53] 严文明：《略论中国文明的起源》，《文物》1992年第1期；孙祖初：《秦王寨文化研究》，《华夏考古》1991年第3期。

[54] 陈德珍、吴新智：《河南长葛石固遗址早期新石器时代人骨的研究》，《人类学学报》1985年第4卷第3、4期。

[55] 河南省文物研究所等：《淅川下王岗》，文物出版社，1989年。

[56] 河南省文物研究所等：《淅川下王岗》，文物出版社，1989年。

[57] 杜百廉、范章宪等：《河南青台原始社会遗址人骨的研究》，《解剖学通报》1982年第5期增刊；杜百廉、范章宪等：《河南青台原始社会遗址人骨腰骶椎病的观察》、《解剖学通报》1984年第7期增刊。

[58] 杜百廉、范章宪等：《河南青台原始社会遗址人骨的研究》，《解剖学通报》1982年第5期增刊；杜百廉、范章宪等：《河南青台原始社会遗址人骨腰骶椎病的观察》、《解剖学通报》1984年第7期增刊。

[59] 河南省文物研究所等：《淅川下王岗》，文物出版社，1989年。

[60] 竺可桢：《近五千年来气候变迁的初步研究》，《考古学报》1972年第1期。

[61] 严富华等：《据花粉分析试论郑州大河村遗址的地质时代和形成环境》，《地震地质》1986年第8卷第1期。

[62] 石钦周等：《郑州市全新世地层划分及古气候环境演变》，"全国第三届科技考古学术讨论会"论文，1992年。

[63] 王邨：《中原地区历史旱涝气候研究和预测》，气象出版社，1992年。

[64] 王邨：《中原地区历史旱涝气候研究和预测》，气象出版社，1992年。

（原载《河南考古四十年》，河南人民出版社，1994年）

仰韶时代文化与中国稻作农业
——兼论栽培稻的东传路线

仰韶时代是中国新石器时代文化的鼎盛时期，它上承各地异彩纷呈的前仰韶时代文化，下启城邦林立的龙山时代文化，奠定了中华民族五千年文明史的基础，在东亚乃至世界史前史上，都具有十分重要的历史地位。在这个历史时期，原始农业，尤其是稻作农业，随着自然环境的改善和栽培技术的提高，耕作规模日趋扩大，最北可达N35°以北，使一些传统的粟作农业区也变成了稻粟混作区。稻作农业在当时人们的经济生活中具有举足轻重的作用。因此可以说，在稻作农业发展史上，仰韶时代是一个非常重要的历史时期。本文仅就仰韶时代稻作农业区的分布与规模及其社会背景和自然环境以及东传路线等进行初步探讨。

一

仰韶文化因瑞典学者安特生（Anderson）首先发现于河南省渑池县仰韶村遗址而得名，距今已有74年的历史。开始时因安氏将仰韶村的文化因素统统归入仰韶文化，致使仰韶文化的概念不甚清晰。20世纪30年代河南安阳后岗三叠层的发现，才把属于龙山文化的部分因素从仰韶文化中分离出来。二战之后，特别是20世纪五六十年代，随着田野考古资料的不断积累，人们发现仰韶文化的外延仍然很泛，不少有不同文化内涵和分布地域，不同来龙去脉和文化传统的文化共同体都因彩陶而纳入仰韶文化之中，给科学研究带来一定混乱，五六十年代虽有人试图运用划分类型的办法来解决这一问题。但由于类型划分标准也不统一，反而带来新的混乱。有感于此，1985年冬，在渑池县召开的首届仰韶文化学术讨论会上，本文第一作者首先提出了"典型仰韶文化"和"仰韶时代文化"的概念，把主要分布于关中、豫西、晋南地区的最早被认识的以半坡和庙底沟两个著名遗址为代表的仰韶文化遗存称之为"典型仰韶文化"，原归仰韶文化的其他地方类型如王湾类型、大河村类型、秦王寨类型、后岗类型、大司空类型等，则区别不同情况另行命名，与其他地区同时期考古学文化如大汶口文化、红山文化、马家浜文化、马家窑文化、大溪文化、屈家岭文化等统统归之于仰韶时代，称之为"仰韶时代文化"[1]。目前，这一提法已得到学术界的公认。

仰韶时代文化是中国的新石器时代晚期文化。它的共同特征，最主要的两条就是原始农业的发展和彩陶的流行。按照这一标准来衡量，北抵长城内外，南到大江南北，东起东海之滨，西达甘青地区，上下两千年，纵横数千里，都是它的分布范围，但若按农业经济的类型来划分，大体可分为稻作农业区、粟作农业区和稻粟混作区三大类。

第一大类是稻作农业区，即以稻为主要栽培对象的地区，主要分布于长江流域，主要考古学文化有大溪文化、屈家岭文化大部、下王岗类型、马家浜文化、崧泽文化、青莲岗文化、北阴阳营文化、薛家岗文化以及大汶口文化的豫皖苏部分等。这一带有八九千年的水稻栽培史，是稻作农业的传统地区，因而，不是本文的主要讨论对象。

第二大类是粟作农业区，是以粟为主要栽培对象的农业经济区，主要分布于黄河以北直至长城内外，主要考古学文化有红山文化、内蒙古的海生不浪文化、河北及豫北的下潘汪文化和后岗类型，典型仰韶文化的渭河以北、黄河以北部分、大汶口文化鲁中以北部分等。这一带有七八千年的粟类作物栽培史，是粟作农业的传统地区，因此也不是本文的主要讨论对象。

第三大类是稻粟混作农业区，主要分布于黄淮地区和汉水上游部分地区，主要考古学文化有大河村文化、大汶口文化鲁中以南部分、典型仰韶文化黄河、渭河以南部分和屈家岭文化的黄楝树类型等。主要特征是将稻和粟同时作为栽培对象或根据自然环境的变化而改变主要栽培对象。这一类地区的情况比较复杂，需作进一步探讨。

二

目前，在典型仰韶文化分布区域内，见于报道的主要有两处稻作遗存，一是处于关中盆地东端的华县泉护村遗址[2]，一处就是由安特生发现于1921年的处于崤函古道东段的仰韶村遗址。提到仰韶村稻作遗存标本，却有一段曲折的经历需要交代[3]。

这处曾引起国内外学术界极大关注的标本，一开始并未引起足够的重视，而是1925年安氏将仰韶村标本带到斯德哥尔摩，在一次整理时偶然发现在一块陶片上有稻壳的印痕，但此时这件标本已失去了原生层位，加之安氏本人发掘时层位划分方法的原始性，已无法说清这件标本到底是属于仰韶文化层还是庙底沟二期文化层或龙山文化层，因而使这件珍贵标本的学术价值打了折扣。直到1970年，日本佐滕敏也先生在从当年对标本作鉴定的两位植物学家之一艾德曼（G. Edman）手中得到这件标本后才发现，这件标本原来不是陶片而是一块红烧土。据本文第一作者对仰韶村遗址的多次调查和在渑池一带多年考古发掘的经验，这种草拌泥烧结而成的红烧土标本在当地仰韶时代文化层和遗迹中经常大量发现，而在龙山时代文化层中却很少见到，这可能与这两个时期的房屋建筑技术和生活方式有关，仰韶时代流行整塑整烧的建筑技术，而龙山时代则流行白灰面建筑技术。因之我们认为，这件标本应是属于仰韶文化的。联系到与仰韶村遗址年代相当、文化面貌相近的泉护村遗址也发现有稻作遗存，仰韶村出现栽培稻应是正常的，不奇怪的。另外这件标本还有一点需引起高度重视就是它是最早由植物学家经过灰像法（即硅酸体法）进行科学鉴定的稻作标本，经鉴定肯定为栽培稻，这就更增加了它的学术价值。

再向东行，分布于洛阳、郑州地区的大河村文化，在郑州大河村[4]、洛阳西高崖[5]均有发现稻作遗存的报道。大河村文化分布区的南部，即许昌以南的漯河、驻马店两地区，有八九千年的稻作历史，在前仰韶时代就发现有舞阳贾湖等稻作遗存[6]。到了仰韶时代，考虑到更靠北的黄河沿岸已成了稻粟混作区，这一带更应以稻作农业为其主体经济形式。据作者调查，在舞阳阿岗寺遗址仰韶时代文化层中，也发现有丰富的稻作遗存。因之可以说，这一带也是传统的稻作农业区。原归仰韶文化，现认为应属大河村文化的分布于南阳盆地的下王岗类型，则有更多的稻作遗存的发现，据目前已公布的和笔者掌握的资料，就有淅川下王岗[7]、下集[8]、内乡朱岗、小河、社旗茅草寺、谭岗等遗址。同样位于南阳盆地的属于屈家岭文化的淅川黄楝树遗址[9]，也发现有水稻遗存。直至位于北纬35°26′的山东王因大汶口文化遗址，也发现有水稻的花粉[10]。

与此同时，在上述地区也有不少粟作农业的记录。在典型仰韶文化分布区，如陕西华县泉护村[11]、元君庙[12]、长武下孟村[13]、西安半坡[14]、宝鸡北首岭[15]、山西万荣荆村[16]都发现有粟作遗存。在大河村文化分布的郑洛地区，郑州大河村[17]、林山寨[18]、洛阳王湾[19]、孙旗屯[20]、临汝大张[21]也发现有粟作遗存。在黄河下游的江苏邳县大墩子大汶口文化早期遗址[22]和山东胶县三里河大汶口文化晚期遗址[23]也发现有粟。汉水流域的黄楝树遗址发现粟与稻共存[24]。如果结合前仰韶时代文化和龙山时代文化稻作和粟作遗存的考古记录，可以看到一个有趣的现象，在距今7000年至6000年的仰韶时代初期，稻作与粟作的分界线在北纬34°一带。而到了距今6000～5000年的仰韶时代中期，稻粟混作区则北移到北纬35°以北地区，向北推进了一个多纬度。这个时期，有不少遗址皆是稻粟共存，如华县泉护村，郑州大河村等遗址。但到了距今5000～4500年间的庙底沟二期文化时期，稻粟混作区的界线又向南到了北纬33°一线，淅川黄楝树稻粟共出于一个遗址便是有力的证据。但像陕西扶风案板遗址那样的小环境仍有稻粟混作现象的存在[25]，则应是局部现象。到了距今4500至4000年左右的龙山时代，位于山东沿海的日照尧王城遗址和山东半岛的栖霞杨家圈遗址也发现有栽培稻遗存[26]。这表明稻粟混作区在龙山时代又向北推进到了北纬37°以北地区。直至夏商时期，郑州、洛阳至安阳地区仍有稻作农业存在。这至少可说明两个问题。

一是早在仰韶时代，黄河南岸是作为稻粟混作区而存在的，只是到了距今3000年以后，随着全新世大暖期的结束，这一带的稻作传统才逐渐消失，成为粟作农业区。

二是稻粟混作区不是一成不变的，而变换农业经济形式的主要原因可能是受气候和环境的影响。

三

从上面分析我们已经知道，分布于黄淮地区的仰韶时代文化，是以稻粟混作农业为主体，以狩猎、捕捞和家畜饲养为重要组成部分，以采集为辅助手段的原始农业经济形态。而这种经济形式，是与当时这一地区的气候与自然环境密切相关的。

据最新研究，仰韶时代文化经历了距今7000～5000年大约两千年的历程[27]，这两千年正是全新世大暖期的鼎盛时期[28]。虽然在距今5500～5000年间曾出现过短期降温事件，气候有过较为剧烈的波动，但总的来讲气候环境仍优于现在，季风降水几乎波及全国，降水量增大，湖泊发育，动植物生长空前繁茂。郑州大河村遗址仰韶文化层出土有大量竹鼠、水牛、龟、鳖、淡水蚌类等喜暖湿的动物和栎、椴、山毛榉、水蕨等现今分布于亚热带的植物孢粉和莲子等[29]，郑州青台遗址还发现有枫香、凤尾蕨和大量喜湿的茵孢子。西安半坡遗址出土有竹鼠、獐的骨骼，水生的香蒲和环纹藻类和以栎属与铁衫为代表的喜温湿的落阔叶和针叶树花粉大量存在[30]。山东王因大汶口文化遗址不仅发现丽蚌等大量亚热带淡水蚌类，还发现有扬子鳄的骨骼[31]，而位于太行山南麓的辉县地区，早在7000年前的地层中已发现有常绿栎类、盐肤木、八角枫、石松、石蕨、紫萁、里白、海金沙等热带、亚热带成分，在大暖期的盛期，其气候条件只能更优[32]。以上材料表明，在仰韶时代，北亚热带的北界应位于北纬35°～35°30′一带，甚至更偏北一些。

同时经历了新石器时代早、中期四五千年的发展，人类社会征服自然的能力也大大加强。在仰韶时代，居民点的密集程度与现在的村落相差无几，各聚落的觅食范围也相应缩小。人口的猛增，促使人们进一步增加觅食手段，以满足人口增长的需要。因而在这些环境适宜、条件许可的聚落周围，人们在从事粟作农业的同时，也兼营水稻的栽培以增加食物收获，是不难理解的。在这个时期，农具的比例进一步增加，如石铲等翻土的工具和石刀、陶刀等收割工具不仅比例增加，而且穿孔率提高，可有效地提高劳动效率。至于粮食加工工具，不像裴李岗文化那样发现大量石磨盘、磨棒等，可能另有不同类型的工具，只是由于质料不同，可能不易保存罢了。文献记载上古时"斩木为杵，掘地为臼"也许就反映的是这个时期的史实吧！另外，除了石质工具之外，大量使用的可能还有木质工具，考古发掘中经常可见到这类工具的痕迹，只是由于木质工具无法保存下来，我们很难见到实物。这些因素都是稻粟混作农业得以产生和发展的前提。同时，黄河流域的人们虽然长期从事粟作农业，但因与南临的淮河、长江流域的部族长期交流，完全可以采取拿来主义，学得水稻栽培技术，以增强自己的觅食能力，扩大食物来源。换句话说，黄河流域各部族的水稻栽培技术应是从长江、淮河流域传播而来的。

另外需要说明的是，在仰韶时代黄河流域的先民主要栽培粳型稻：一是此时人们经过优化选育，籼粳分离已经完成；二是黄河流域的气候条件只能适合粳型稻生长，而不足以满足籼型稻的水热需求。

四

目前，日本和韩国学者在研究其稻作起源时，一般都认为来自中国。而对于稻作东传的路线则有几种不同的认识，归纳起来，大体可以分为华南—日本说、连云港—日本说、山东半岛—辽东半岛—朝鲜半岛—日本列岛说三种，而其东传时间，则大多认为始自稻作农业规模最大的龙山时代，即距今4500~4000年间。但是韩国家瓦地稻作遗存的发现[33]，则使上述几种观点有重新认识的必要。

家瓦地遗址位于韩国一山市，这里地处汉江下游，濒临黄海。1992年以来，忠北大学博物馆在这里发现了大量保存完好的稻壳。经^{14}C测年，这里的年代为4770a BP，经树轮校正为5020±100a BP，如果我们认为这一测定数据可信的话，大体与中国的仰韶时代晚期的年代相当。这对研究朝鲜半岛和日本列岛稻作的起源，显然具有十分重要的意义。我们应如何认识这一重要发现呢？

从以上分析我们已经知道，仰韶时代是中国稻作农业的大发展时代，稻作农业区的北界在现今江苏北部一带，兖州王因遗址稻作遗存的发现表明，稻粟混作区已达北纬35°~36°之间。虽然目前在胶东半岛尚未发现大汶口时期的稻作遗存，但这里的大汶口文化也有相当分布，特别是沿海地区，自然条件与苏北沿海大同小异，且在大汶口文化时期人们已有海上交通的能力，甚至在一定距离之内，比翻山越岭的陆上交通更为便捷一些。因此有理由推测，在大汶口文化时期，不能排除胶东半岛已有稻作农业存在的可能。据有关学者研究，与陆上文化传播不同，海洋文化传播的遗迹往往是非连续的[34]。承家瓦地稻作遗存的发现者，韩国忠北大学博物馆李隆助博士相告，在韩半岛西岸他的家乡，晴天可看到山东半岛，两半岛渔民自古以来就有频繁的交往，这或可说明，在大汶口文化时期，山东半岛的稻作文化有可能直接向东传播至朝鲜半岛中部的汉江下游，并由此向南北两个方向扩散开来。从自然条件来讲，朝鲜半岛中部与山东半岛纬度相当，自然环境可能更优越一些，而辽东半岛不仅纬度偏北，距离也并不比朝鲜半岛近多少。况且辽东半岛和朝鲜半岛北部至今并未发现距今6000年左右的稻作遗存，也可反证上述推测不是不可能的。

那么在距今5000年左右，稻作农业东传的契机是什么呢？我们知道在仰韶时代后期，即距今5000年左右，有一个全新世大暖期的降温阶段，孢粉资料显示，长江下游地区年均温比6000年左右时下降1℃以上，太湖流域崧泽文化遗址数比马家浜文化明显减少，许多古井显示气候一度比现今干旱，地下水位下降[35]，中原地区稻粟混作区向南退缩至北纬33°一线，严重影响了人们的生活。在这种自然灾害条件下，生存的压力迫使从事稻作农业的先民扩展自己的生存空间，或增加自己的谋生技能。在这种情况下，与苏北、山东沿海纬度大致相当、自然条件甚至稍优的朝鲜半岛中南部首先接受稻作文化，然后向南北两个方向传播，再向南传至日本列岛，是完全可能的。

附记：本文曾于1996年在韩国《作物学会志》第41卷第3号发表。值此半坡博物馆成立40周年之机，特将此文中文稿略作修改和订正后奉上，聊表祝贺之意。

注　释

[1] 张居中：《仰韶时代文化刍议——论仰韶文化》，《中原文物》1986年特刊。

[2] 黄河水库考古队华县队：《陕西华县柳子镇考古发掘简报》，《考古》1959年第2期。

[3] 黄其煦：《关于仰韶遗址出土的稻谷》，《史前研究》1986年第一期合刊；安志敏：《中国的史前农业》，《考古学报》1988年第4期。

[4] 严文明：《中国稻作农业的起源》，《农业考古》1982年第1、2期。

[5] 洛阳博物馆：《洛阳西高崖遗址发掘简报》，《考古》1981年第7期。

[6] 张居中等：《河南舞阳稻作遗存与淮河地区史前农业》，《农业考古》1994年第1期。

[7] 安志敏：《略论三十年来我国的新石器时代考古》，《考古》1979年第5期。

[8] 长办考古队河南分队：《河南淅川下集遗址发掘简报》，《文物》1960年第1期；笔者调查资料。

[9] 长办考古队河南分队：《河南淅川黄楝树遗址发掘报告》，《华夏考古》1990年第3期。

[10] 高广仁等：《王因遗址形成时期的生态环境》，《庆祝苏秉琦考古五十五周年论文集》，文物出版社，1989年。

[11] 黄河水库考古队华县队：《陕西华县柳子镇考古发掘简报》，《考古》1959年第2期。

[12] 石兴邦：《半坡氏族公社》，陕西人民出版社，1979年。

[13] 陕西省考古队泾水所：《陕西彬县下孟村仰韶文化遗址发掘简报》，《考古》1962年第6期。

[14] 中国科学院考古研究所：《西安半坡》，科学出版社，1963年。

[15] 中国社科院考古所宝鸡队：《年宝鸡北首岭遗址简报》，《考古》1979年第2期。

[16] 任式楠：《我国新石器—铜石并用时代农作物和其他食用植物遗存》，《史前研究》1986年3、4期合刊。

[17] 任式楠：《我国新石器—铜石并用时代农作物和其他食用植物遗存》，《史前研究》1986年3、4期合刊。

[18] 安金槐：《郑州地区的古代遗存介绍》，《文物参考资料》1957年第8期。

[19] 北京大学考古实习队：《洛阳王湾遗址发掘简报》，《考古》1961年第4期。

[20] 河南省文物工作队二队：《洛阳涧西孙旗屯古遗址》，《文物参考资料》1955年第9期。

[21] 黄其煦：《黄河流域新石器时代农耕文化中的作物——关于农耕起源问题的探索》，《农业考古》1982年第2期。

[22] 南京博物院：《江苏文物考古三十年》，《文物考古工作三十年》，文物出版社，1979年。

[23] 中科院考古所山东队等：《山东胶县三里河遗址发掘简报》，《考古》1977年第4期。
[24] 长办考古队河南分队：《河南淅川黄楝树遗址发掘报告》，《华夏考古》1990年第3期。
[25] 谢伟：《案板遗址灰土中所见的农作物》，《考古与文物》1988年5、6期合刊。
[26] 严文明：《中国稻作农业的起源》，《农业考古》1982年第1、2期。
[27] 中国社科院考古所：《中国考古学中碳十四年代数据集（1965～1991）》，文物出版社，1992年。
[28] 施雅风等：《中国全新世大暖期气候与环境》，海洋出版社，1992年。
[29] 河南省文物研究所：《河南考古四十年》，河南人民出版社，1994年。
[30] 中国科学院考古研究所：《西安半坡——原始氏族公社聚落遗址》，科学出版社，1963年。
[31] 高广仁等：《王因遗址形成时期的生态环境》，《庆祝苏秉琦考古五十五周年论文集》，文物出版社，1989年。
[32] 曹兵武：《河南辉县及其附近地区环境考古学研究》，《华夏考古》1994年第2期。
[33] 朴泰植、李隆助：《1995高阳家瓦地I地区出土韩国年代最早的先史时代稻作遗存》，《农业科学论文集》第37辑2号（水稻）。
[34] 巫鸿：《从地形变化和地理分布观察山东地区古文化的发展》，《考古学文化论集》，文物出版社，1987年。
[35] 施雅风等：《中国全新世大暖期气候与环境》，海洋出版社，1992年。

（原载《史前研究—西安半坡博物馆成立四十周年纪念文集》，三秦出版社，1998年）

环境与生业

环境与裴李岗文化

裴李岗文化是20世纪70年代后期发现的一支分布于中原地区的新石器时代中期文化。十多年来，经过考古工作者的大量调查、发掘和整理，已经积累了较为丰富的资料，对其文化内涵与特征、文化性质与年代、类型与分期等方面的研究，目前正在日益深入；对其生态环境的研究，也已开始进行。笔者不揣冒昧，借此次会议之良机，提出一些粗浅的认识，以就教于各位专家，望不吝赐教。

一、裴李岗文化遗址的分布及地理环境

目前，裴李岗文化遗址已发现50多处，集中分布于河南省中部地区，东经113°～115°，北纬33°～35°的范围内。此外，大别山北麓和太行山东麓的山前地带也有零星分布。裴李岗文化的集中分布区，从地质构造上讲，属于华北地台的华北凹陷区，总地势为西高东低，西部有嵩山、外方山、伏牛山，海拔400～1000米，最高在1400米以上；东部为黄淮冲积平原，海拔100米以下；中间为山前侵蚀剥蚀丘陵、黄土台地丘陵地貌，海拔100～400米。黄河、淮河及其主要支流大多自西向东或东南穿过该区。这里的新生代地层大面积覆盖，第四系分布广泛，地层齐全，从下更新统到全新统均较发育。由于受各期地壳运动影响和周围构造单元的控制，这一地区总趋势是下沉，特别是中生代燕山运动之后，下沉速度尤快；进入新生界以来，下沉仍较快，尤其是北、中部地区，沉降幅度较大。由于构造复杂，平行或交错的断层，造成许多山间小盆地、谷地、凹陷区等及大面积的沉降堆积平原，其中的中部地区多洪积倾斜平原、洪积冲积缓倾斜平原和冲积河谷带状平原，东部地区为冲积扇形平原和冲积低平缓平原[1]。分布在浅山或山前地带的裴李岗文化遗址，多坐落在这些盆地、谷地的边缘或冲积河谷带状平原上，一般距现代河床较远，所处地势较高。如新郑裴李岗遗址，距现双洎河床300多米，高出现河床25米[2]；密县莪沟遗址距现双洎河床约1000米，高出现河床约70米[3]。舞阳贾湖遗址位于舞阳凹陷区，紧邻现在的泥河洼滞洪区，古地貌已发生了很大变化[4]。

二、裴李岗文化时期的动物群

裴李岗文化的动物骨骼鉴定材料，目前发表甚少，只能根据现有材料，并参考大体同时代的其他考古学文化已发表的资料，做些推测。现根据已有资料，将裴李岗文化的动物群分为野生的、家养或可能家养的两大类。

（一）狩猎或捕捞来的野生动物

1. 哺乳动物

哺乳动物有鹿类、貉、獾、野猪等。

鹿类：此类发现最多，主要有角、牙床、肢骨等，裴李岗、莪沟、贾湖、长葛石固[5]等遗址均有发现。据初步鉴定，有麋、麂、獐等。

麋（*Elaphurus drvidianus*）亦称四不像。在河北武安磁山[6]、山东滕县北辛[7]、浙江余姚河姆渡[8]、桐乡罗家角[9]等大体同时期的遗址中均有发现。现在野生种已不可见。从现生麋的生活习性观察，这种动物可能栖息于沼泽或其他近水的地方。

麂（*Mnutiacus*）为小型鹿类，产于我国的有黄麂（*Muntiacus reevesi*）、黑麂（*Muntiacus crinifrons*）、赤麂（*Muntiacus muntjak*）等，现生种多生活于长江中下游和东南沿海一带的丛林中。

獐（*Hydropotes inermis*）善跳跃，能游泳，行动敏捷。现生种多分布于长江中下游及东南沿海一带的水边芦丛、山边丛林中。

貉（*Hyctereutes procyunoides*）主要发现于贾湖遗址，有牙床、肢骨等。貉为杂食动物，穴居于河谷、山边和田野间，今在河南南部仍有分布。

獾（*Meles meles*）在裴李岗、贾湖等遗址均有发现，有牙床、肢骨等。獾喜穴居于土丘或大树下，现生种遍布全国。

另外还有野猪（*Sus scrofa*）、野猫、野兔等。贾湖遗址还发现一些食肉类动物的粪便。

2. 鸟类

鸟类有鹤等，主要见于贾湖遗址。鹤为候鸟，在东北乌苏里江、黑龙江一带繁殖，在长江中下游地区越冬，有时在淮河流域作短暂停留。我国有灰鹤（*Grus lilfordi*）、丹顶鹤（*Grus japonensis*）等7种。

3. 爬行、鱼和腹足类

此类仅见于贾湖遗址。

龟有两种，一种可能为闭壳龟（*Cuora flavomarginate*），数量较多，在墓葬中往往成组出现。这种龟生活于水中，常食蚯蚓。现生种多分布于长江以南地区，淮河流域已绝迹。另一种数量较少，种属有待鉴定。

鳖（*Amyda sinensis*）发现亦较多，以背甲最常见，生活于池沼、河湖中，目前当地亦有分布。

鳄（*Alligator sinensis*）发现有牙床、鳞板等，亦有一定数量。现生种仅见于长江下游地区。以前在山东大汶口[10]、王因[11]等遗址亦有发现，再晚的山西陶寺龙山文化遗址[12]和河南安阳殷墟曾发现有鳄皮制品，人们疑为从南方交换而来。从贾湖、王因的材料分析，显系当地所捕。

另外，在贾湖遗址二、三期灰坑中还发现许多鱼骨、蚌壳、螺壳等，经鉴定有河篮蚬（*Corbicula fluminea miiller*）等，余均太朽碎，无法鉴定。

（二）家养或可能家养的动物

此类主要发现的有猪、狗、黄牛、羊、鸡等动物的头骨、牙床、肢骨等。

家猪（*Sus domusticus* L.），在各裴李岗文化遗址均有发现，且数量最多，表明家猪的饲养在当时已相当普遍。裴李岗遗址还发现有猪的雕塑艺术品，吻部较短，系家猪无疑。所见猪的骨骼标本中，幼年和成年个体均占一定数量。

狗（*Canis familiaris*），贾湖遗址发现有狗的骨骸，墓地中还有葬狗现象，表明当时还饲养狗。

黄牛（*Bos taurus domestica*），贾湖遗址发现有黄牛骨骸，经鉴定为驯化的黄牛。以前在河姆渡、罗家角等江浙新石器遗址中多次见到驯化水牛的骨骸。但家养的黄牛在同时代遗址中还属首次发现。当然，当时人们养牛仍是为了食肉，役使黄牛恐怕是很久以后的事情了。

山羊（*Capra hircus*），贾湖遗址发现有羊的骨骸，可能为山羊。裴李岗遗址还发现有羊的雕塑艺术品，为当时已养羊的又一例证。

鸡（*Gallus domesticus*）的骨骸仅见于贾湖遗址，与磁山文化的家鸡骨骸相似。因之推测家鸡可能也是此时的家养动物之一。

从以上动物的生活习性分析，裴李岗文化遗址的自然景观，应有以下几个特点：附近应有一定面积的树林，可供鹿、野猪等动物栖息；周围应有广阔的草原，可供鹿类、野兔等活动和生存，并可放牧黄牛、山羊等；在贾湖遗址附近应有较大面积的湖沼，可供麋、獐、貉、鹤、龟、鳖、鳄、鱼、蚌、螺等水生和喜湿动物活动与生存。另外，各遗址均未见到大型猛兽类，可见周围无大面积原始森林存在。

三、裴李岗文化时期的植被

（一）植物遗存

裴李岗文化诸遗址发现植物遗存不多，主要是一些炭化的植物种子、果核等，均为当时的人们采集来作为补充食物用的，主要有以下几种。

栎（Quercus）发现于莪沟遗址红烧土面上的木炭灰中，经鉴定很可能是麻栎（Quercus acutissima）的核。麻栎为山毛榉科，栎属，落叶乔木，广布我国南北，喜光，喜酸性和中性土壤，现今河南山区仍有大面积分布。

榛（Corylus heterophylla）见于长葛石固遗址。桦木科，落叶乔木，喜光，耐旱耐寒，华北分布较广。

白榆（Ulmus pumila L.）见于石固遗址一陶罐内，发现榆树种子（榆钱）10多枚。白榆又称家榆，榆科，落叶乔木，喜光，深根，广布我国南北，以华北平原较多，目前河南普遍分布。

胡桃（Juglans regia）又称核桃，裴李岗文化诸遗址普遍发现，胡桃科胡桃属，高大落叶乔木，喜光，深根，喜湿润肥沃土壤，主要分布于黄河流域及江南各地，现今河南仍有分布。

梅（Prunus mume），裴李岗遗址发现有梅核。梅为蔷薇科樱桃属，落叶乔木，喜温暖湿润，现多分布于江南各地，河南南部也有分布。

酸枣（Ziziphus jujba），裴李岗文化诸遗址普遍发现酸枣核。酸枣为鼠李科枣属，落叶灌木，喜向阳和干燥山坡，广布全国，主产华北，目前河南仍普遍分布。

（二）孢粉组合

在裴李岗文化诸遗址中，目前只有贾湖遗址做过孢粉分析。贾湖的孢粉标本采自遗址东部T75北隔梁一柱状剖面上，共12个样品。请中国科学院地理研究所李文漪先生等鉴定。可惜除一号样品（采自下伏黄土层）、二号样品（采自下伏黄土层表面，即裴李岗人初来此活动时的原始地面）、十一号样品（近、现代扰土层）、十二号样品（现代农耕土层）的孢粉含量较多外，裴李岗文化层的三至九号共七个样品和汉代文化层的十号样品的孢粉含量都太小，不能客观反映当时的植被状况。但从 ^{14}C 年代判断，裴李岗文化层的时代跨度不足千年。若将属于裴李岗文化层的七个样品所含孢粉综合起来分析，或许仍有一定参考价值。如果这样可行，贾湖遗址的裴李岗文化层及其以前的地层就可分为三个孢粉带。

带Ⅰ（距地表1.6米）

木本植物花粉占6.3%，其中松属（*Pinus* sp.）占3.6%，其他还有柳属（*Salix* sp.）、赤杨属（*Alnus* sp.）、栎属（*Quercus* sp.）等。草本和灌木植物花粉占76%，其中蒿属（*Artemisia* sp.）占64%，居绝对优势，其他还有柽柳属（*Tamarix* sp.）、菊科（Compositae）、藜科（Chenopodiaceae）、麻黄属（*Ephedra* sp.）、大戟科（Euphordiaceae）、茜草科（Rabiaceae）等。蕨类孢子占8.3%，其中卷柏属（*Selaginella* sp.）和铁线蕨科（Adiantaceae）各占3%，还有水龙骨科（Polypodiaceae）、石松属（*Lycopodium* sp.）。环纹藻类孢子占9.4%。

带Ⅱ（距地表1.5米）

木本植物花粉比例升至18.3%，其中柳属占5%，榆属（*Ulmus* sp.）占4.5%，松属4%，还有栎属、胡桃属（*Juglans* sp.）、栗属（*Castanea* sp.）、铁杉属（*Tsuga* sp.）、枫香属（*Liquidambar* sp.）、山毛榉属（*Fagus* sp.）。草本和灌木植物花粉比例下降，占43.7%，其中蒿属占33%，还有藜科、禾本科（Gramineae）、莎草科（Cyperaceae）、莲属、茜草科、水鳖（*Iydrocharis asiatica*）等。蕨类孢子占11.6%，其中中华卷柏（*Selaginella sinensis*）占6%，还有铁线蕨科、石松属、水龙骨科、水蕨属（*Ceratopteris* sp.）。环纹藻类孢子占26.5%。

带Ⅲ（距地表深0.8～1.4米）

木本植物花粉占6.3%，其中有栎属、栗属、榆属、松属等。草本和灌木植物花粉占28.5%，其中蒿属占15.5%，还有藜科、唇形科（Labiatae）、柽柳科、菊科等。蕨类孢子占2.4%，环纹藻类占62.6%。

以上三个孢粉带反映的植被特征，应是疏林—草原—湖沼景观。这与贾湖遗址所处的地理位置和动物群反映出的自然景观是一致的。如今贾湖遗址东有几十千米长，最宽处十几千米的低洼地，它的形成，可能与地质构造上的凹陷有关，想当年，这片低洼地可能为水面广阔的湖沼。从上述植物遗骸分析，其他无大面积水域相邻的裴李岗文化遗址，可能是疏林—草原景观。

至此，我们对裴李岗文化时期的自然景观已经有了一个大体了解。在原始聚落周围，应有广阔的蒿属草原，时有鹿类、野兔等在其上奔驰而过；附近岗丘或山坡上，有稀疏的由麻栎、栗、核桃、榛等组成的落叶阔叶林；林下或沟坎、断崖边，生长着酸枣、柽柳等灌木；林中时有野猪、麂等动物出没；遗址附近的湖沼、河湾等水面上，莲等水生植物绽开朵朵鲜花点缀其上；水中和水边有大量的鱼、蚌、螺、龟、鳖、鳄及环纹藻类等动植物生存，常有獐、麋等动物饮水、嬉戏，或有鹤等鸟类翩翩起舞，不时传来几声鸟鸣；聚落内外，偶见几株榆、柳、梅树迎风摇曳；聚落近旁，可见先民们开垦的片片农田。人们就在这种自然环境中栖息、生存、繁衍。

四、裴李岗文化时期及其前夕的气候

通过以上两节的分析，我们可以看出，裴李岗文化时期及其前夕的气候主要有以下特征。

（一）气温和年降水量呈逐渐上升趋势

以贾湖遗址为例，裴李岗文化层下的下伏黄土层的孢粉组合中，虽有少量喜暖的因素如赤杨属、茜草科、大戟科、水龙骨科等，但未见榆，少见栎，耐旱的蒿属、菊科、藜科占绝对优势。表明末次冰期之后的气温已回升许多，但仍不很高，降水量也不大，仍很干旱，大体呈现出温干的气候特征，属于温和半干旱气候。

在下伏地层表面，即裴李岗人初来此活动时的地面上的孢粉组合中，喜暖的因素进一步增加，新出现榆属、枫香属、山毛榉属、水蕨属等，柳属和栎属比例也有所增加，环纹藻类比例大增，而耐旱的蒿属等植物比例递减50%以上，呈现出蒿属草原面积缩小而湖沼面积扩大的趋势。反映的气候条件可能与现在相似或略暖湿一些，属温和半湿润气候。

裴李岗文化时期，出现了大量的现今分布于长江流域及其以南地区的动物如鳄、闭壳龟、獐、麋等。环纹藻类比例更大，蒿属等植物比例更小，反映出草原面积进一步缩小而湖沼面积进一步扩大的趋势，表明当时的气温和降水量都比现今这一地区高，呈现了温暖湿润的气候特征，与现在的长江流域气候特征相似。

裴李岗文化分布区，现在属北暖温带温和半湿润气候区，年平均气温14~15℃，年降水量为600~800毫米；而属北亚热带湿润区的长江流域，年平均气温为16~18℃，年降水量为1200~1400毫米。由此推测，裴李岗文化时期的年平均气温要比现今这一地区高2~3℃，年降水量要高600毫米左右。

以上分析表明，裴李岗文化时期及其前夕，气温和降水量都是呈逐渐上升趋势的。

（二）季节分明的气候特征

上述植被特征中，还有三点值得注意。一是有不少种属仍在这一植被区分布，如木本的榆、柳、胡桃、麻栎等；草木和灌木的蒿属、菊科、藜科、麻黄科以及酸枣等。而这些植物中有不少是耐旱的。另外还有耐寒耐旱的榛子遗骸。二是出现了少量现今分布偏南的喜暖湿的植物，如木本的赤杨、铁杉、枫香、梅等，蕨类的水蕨等。三是大量水生、湿生植物的存在，如莲、水蕨、水鳖、环纹藻类等。这些喜暖湿的植物与耐寒耐旱的植物并存的现象，反映出的应该是冷暖季节交替的气候特征。只是从三个孢粉带的发展变化分析，时间愈晚，则冷季可能愈短而暖季可能愈长。

如果以上分析结果可以成立的话，我们是否可以认为，裴李岗文化形成前夕及其诞生之后的气候条件，是经历了从温干到暖湿的发展过程的，其后期的气候条件已同仰韶时代相似[13]，这同我国学者对其他地区全新世（Q_4）气候的研究结果也是基本一致的[14]。

过去，西方学者曾把全新世（Q_4）的气候划分为五个气候期，即所谓布列特-色尔南德尔（Blytt-Sernander）方案[15]，五期的顺序为前北方期、北方期、大西洋期、亚北方期、亚大西洋期。

我国学者通过对辽宁、北京、河北、山西、陕西、上海、江西等许多地方的全新世地层及花粉谱和动物群研究后认为，我国全新世的气候演变规律与欧美相似，并多以7500a BP和2500a BP为界将全新世（Q_4）划分为早、中、晚三大期，早全新世（Q_4^1）气候相当于西方的前北方期和北方期，为古环境的升温时期；中全新世（Q_4^2）气候相当于西方的大西洋期和亚北方期，为古环境的温暖时期；晚全新世（Q_4^3）气候相当于西方的亚大西洋期，为古环境的降温时期。

裴李岗文化的^{14}C年代数据，目前已发表了9个遗址的24个[16]，除去已被公认为偏早或偏晚的两个外，其余22个数据的年代分布在7920~6855a BP之间。若按树轮校正年代，则在8600~7600a BP之间。

从以上分析可知，裴李岗文化诞生之前的气候特征与温干的北方期相当，而裴李岗文化时期的千年间，基本上已过渡到了暖湿的大西洋期。也就是说，淮河流域大西洋期的开始时限可能在8000a BP（或8600a BP）前。

五、环境与裴李岗文化的关系

在史前时代，自然环境因素对各种考古学文化的形成和发展，始终存在着不可忽视的作用。从某种意义上讲，这种作用甚至居于支配地位，而且年代愈久远，这种作用就愈强烈。当然，这样讲并不是否认人类对自然界的利用和改造能力，但是一定的自然环境和气候条件，决定着原始人类的经济形式和谋生手段，却是毋庸置疑的。毫无例外，裴李岗文化也打上了这种因素的深深烙印。从目前掌握的材料来看，当时人们生活资料的主要来源不外乎以下两种，一是从周围植物中获得食物，二是从周围动物中获取食物。其获取食物的手段，不外乎利用和改造两种。对植物的利用和改造方式，就是采集和栽培，而后者是从前者发展而来的。对动物的利用和改造方式，前者有狩猎和捕捞，后者有驯养家畜、家禽，后者仍然是从前者发展而来的。正是这两种谋生手段的转变与发展，促使人类由旧石器时代进入了新石器时代。

（一）原始农业和采集业

农业的问题，说到底，是人与植物的关系问题。原始农业的起源与发展过程，就是人对植物的利用与改造过程。裴李岗文化诸遗址中，都发现了大量的石铲、石斧、石镰及石磨盘、石磨棒等与原始农业和粮食加工有关的工具。这表明，原始农业应是当时的人们赖以生存的主要经济手段。那么，当时主要栽培什么作物呢？

根据现有资料可知，自仰韶时代始，包括裴李岗文化分布区在内的华北地区，基本上是粟作农业区，因为这里的土壤条件和气候条件最适宜粟类作物生长[17]。虽然在几个主要裴李岗文化遗址发掘中未见到粮食遗骸，但在调查许昌一处裴李岗文化遗址中，曾发现炭化粟粒。因此我们有理由相信，裴李岗文化时期也是以粟为主要栽培对象的。

裴李岗文化北部的河北磁山文化，曾发现大量的炭化粟粒。有学者据窖穴的容积推测，有10万斤以上[18]。我们对裴李岗文化发现的大量农业和粮食加工工具及许多规整的窖穴并结合其他文化因素进行综合分析之后认为，裴李岗文化的原始农业水平至少不会低于磁山文化。由此推测，裴李岗文化的原始农业收获量也是相当可观的。从大量的用于翻土的石铲分析，当时的农业耕作方式已脱离了刀耕火种阶段而发展到了耜耕阶段。较进步的耕作方式和逐渐变得适宜的气候条件，使人们得以不断改进栽培方法，扩大栽培面积，获得较好的收成，为人类的生存和发展奠定了物质基础。

如上所述，采集业也是以周围植物为对象的。作为人类最古老的谋生手段之一，它也曾为人类的生存和发展起过重大作用。此时人类获取植物食品的主要手段已转为原始农业，但采集业仍为人们获取植物食品的补充手段。当时的主要采集对象，是生长于聚落附近的稀疏森林中的栎果、栗果、核桃、酸枣、榛子、梅子、榆钱等。

（二）狩猎、捕捞与家畜饲养业

自从人类发明用火烤取熟食以来，人们对肉食的要求始终都与从植物中获取的食品具有同样的地位，是人们膳食结构的主要组成部分之一。自旧石器时代始，狩猎一直是人们获取肉食的主要手段。裴李岗人由于远离大森林，就以生活于附近疏林草原上的野生动物如鹿类、野猪、野兔、貉、獾、鹤等为主要狩猎对象。从发掘所获的大量动物骨骸表明，狩猎的收获也是相当可观的。

原始人类的聚落都靠近水源，除了保证饮用水外，也为发展捕捞业提供了有利条件。所以捕捞也是最古老的获取动物食品的主要手段之一。裴李岗文化时期，天气转暖和降雨量增加，引起水面积扩大，使水生动物繁盛起来，为人们提供了充裕的捕捞对象。特别是临近湖沼的贾湖遗址，成堆的鱼骨、蚌壳和螺壳，说明捕捞业曾为人们提供过丰富的肉食来源。

除了狩猎和捕捞野生动物，当时人们已能饲养一些易于驯化的动物，以补狩猎和捕捞之不足。当时的饲养对象主要是猪以及黄牛和狗，可能还有山羊和鸡。这些动物以杂食和草食为主，除了它们性情易于驯化外，与周围广阔的草原便于放牧也不无关系。

大量的动物骨骼，为人们制造骨质生产工具和生活用具提供了丰富的原材料。如贾湖遗址数以千计的以鹿、牛等动物的骨骼制成的镞、镖、针、锥等器物，又反过来提高了人们的生存能力。贾湖遗址的夹蚌陶，就是用食余的蚌片、碎骨为羼和料的。同时，还促进了精神文化的发展，如具有七声音阶的贾湖七孔骨笛，就是以鹤的尺骨为原料的。食余的龟壳还成为当时人们开展宗教活动、创造原始文字的材料。在驯养动物的实践中，人们通过长期观察，还激发了创作原始雕塑艺术品的灵感。

综上所述，我们可以这样认为，气候的转暖和降水量的增加，改善了人类的生存环境，为发展原始农牧业提供了有利条件，也为我们的祖先提供了充分发挥聪明才智的环境和机会。他们用自己勤劳的双手，创造了光辉灿烂的裴李岗文化。从此，中原地区的原始文化进入了一个空前的大发展时期。

致谢：贾湖遗址的部分动物骨骼标本，曾承蒙北京大学考古系吕遵谔教授、中国科学院古脊椎动物与古人类研究所黄万波先生、地矿部华北石油局郭书元先生等鉴定，在此深表感谢！

注　释

[1] 时子明等：《河南自然条件和自然资源》，河南科技出版社，1983年。

[2] 开封地区文管会等：《河南新郑裴李岗新石器时代遗址》，《考古》1978年第2期，第73～79页；开封地区文管会等：《裴李岗遗址1978年发掘简报》，《考古》1979年第3期，第197～205页；中国社会科学院考古研究所河南一队：《1979年裴李岗遗址发掘报告》，《考古学报》1984年第1期，第23～52页。以下裴李岗遗址资料均引于此。

[3] 河南省博物馆等：《河南密县莪沟北岗新石器时代遗址》，《考古学集刊（第一集）》，中国社会科学出版社，1981年，第1～26页。以下莪沟遗址资料均引于此。

[4] 河南省文物研究所：《河南舞阳贾湖遗址第二至六次发掘简报》，《文物》1989年第1期，第1～14页。以下贾湖遗址资料均引于此。

[5] 河南省文物研究所：《长葛石固遗址发掘报告》，《华夏考古》1987年第1期。以下石固遗址资料均引于此。

[6] 周本雄：《河北武安磁山遗址的动物骨骼》，《考古学报》1981年第3期，第339～347页。

[7] 中国社会科学院考古研究所山东队等：《山东滕县北辛遗址发掘简报》，《考古学报》1984年第2期，第159～191页。

[8] 浙江省博物馆自然组：《河姆渡遗址动植物遗存鉴定研究》，《考古学报》1978年第2期，第95～107页。

［9］张明华：《罗家角遗址的动物群》，《浙江省文物考古所学刊》，文物出版社，1981年，第43～51页。

［10］山东省文物管理处等：《大汶口——新石器时代墓葬发掘报告》，文物出版社，1974年。

［11］周本雄：《山东兖州王因新石器时代遗址中的扬子鳄遗骸》，《考古学报》1982年第2期，第251～260页。

［12］中国社科院考古所山西队：《1978—1980年山西襄汾陶寺墓地发掘简报》，《考古》1983年第1期，第30～42页。

［13］竺可桢：《中国近五千年来气候变迁的初步研究》，《考古学报》1972年第1期；周昆叔：《半坡新石器时代遗址的孢粉分析》，《西安半坡——原始氏族公社聚落遗址》，文物出版社，1963年，第270～272页。

［14］中科院地质所孢粉组等：《第四纪孢粉分析与古环境》，科学出版社，1984年。

［15］王开发等：《孢粉学概论》，北京大学出版社，1983年，第148页。

［16］中国社科院考古所：《中国考古学中碳十四年代数据集（1965-1981）》，文物出版社，1983年，第72～87页。

［17］黄其煦：《黄河流域新石器时代农耕文化中的作物》，《农业考古》1983年第2期，第86～90页。

［18］佟伟华：《磁山遗址的原始农业遗存及其相关的问题》，《农业考古》1984年第1期，第194～207页。

［原载《环境考古论集（第一辑）》，科学出版社，1991年］

舞阳史前稻作遗存与黄淮地区史前农业

迄今为止，论者述及史前农业时，多认为河南属粟作农业传统地区，只是在仰韶文化中期之后，稻作农业技术方从长江流域传播过来，但始终未得以推广[1]。河南舞阳贾湖遗址新发现的史前稻作遗存[2]以及黄淮地区一系列与史前稻作农业有关的资料的公布，使这一至关中国农业起源的重要问题有重新认识之必要。

一

贾湖遗址是属于裴李岗文化的一个重要遗址，位于东经113°40′，北纬33°37′，海拔68米。但它的文化面貌与裴李岗、莪沟等裴李岗文化典型遗址不尽一致，本文第一作者曾著文称之为"贾湖类型"[3]。据目前所知，贾湖类型主要分布于伏牛山、外方山东麓及其以东的淮河上游支流洪河、沙河、北汝河流域。经^{14}C测定，贾湖遗址的年代为距今8000～7000年左右。若按延长树轮校正年代公式正弦曲线的方法推测，则可能达到距今8500～7500年间，是目前所见的中原地区年代最早的新石器时代遗址[4]。

贾湖遗址是1983年至1987年由河南省文物研究所发掘的。最近在整理资料过程中，在一些红烧土块内发现了10枚保存甚好具有鉴定特征的稻壳印痕。在标本上可清晰地看出三条纵长隆起形成的印痕和其秤上的长条格状的纹饰。其稻壳印痕的长宽之比为2以下，估计稻谷更具有粳稻的特征，但也有一粒长宽比大于2，具有籼稻的特征。通过扫描电镜下对其印痕的观察和与现代稻壳的形态学比较，我们认为系栽培水稻无疑。从红烧土中分析出的扇形植物硅酸体（plant opal）的形态学特征和红烧土上所能见到的植物茎秆印痕也很大程度上支持这是栽培水稻的印痕。

与这些水稻标本共出的工具类器物中，有可用于翻土的石铲，其中既有与裴李岗等遗址相同的两端舌形刃石铲，也有较大型的有肩石铲，还有个别类似河姆渡的骨铲（或曰骨耜，用动物肩胛骨所制，但未见穿孔），还有大量石斧，以及收割用的齿刃石镰，谷物加工用的石磨盘、石磨棒等。

在废弃的窖穴和房基内，除了大量的陶器碎片和残石器、残骨器外，还有大量的动物骨骼，经鉴定有家猪、野猪、狗、鹿类、黄牛、貉、獾、野兔、野猫、鸟类、鱼类、闭壳龟属（Cuora）、鳖属（Trionyx）、蚌类、螺类、扬子鳄（Alligator sinensis）等。还发现有植物的遗骸，鉴定有未带壳斗的栎（Quercus）的半炭化果核等。

经对遗址上采集的孢粉标本的鉴定，文化层下覆黄土层表的孢粉带中，木本植物花粉占18.3%，有栎属（*Quercus*）、胡桃属（*Juglans*）、栗属（*Castanea*）、柳属（*Salix*）、榆属（*Ulmus*）等落叶阔叶树种和枫香属（*Liquidambar*）、山毛榉属（*Fagus*）等常绿阔叶树种及松属（*Pinus*）和铁杉属（*Tsuga*）等常绿针叶树种。草本灌木植物花粉占43.7%，其中蒿属（*Artemisia*）占33%，还有藜科（Chenopodiaceae）、禾本科（Gramineae）、莎草科（Lyperaceae）、莲属（*Nelumbo*）、茜草科（Rabiaceae）、水鳖（*Hydrocharis asialica*）等。蕨类孢子占11.6%，其中主要是中华卷柏（*Selaginella sinensis*），还有铁线蕨科（Adiantaceae）、石松属（*Lycopodium*）、水龙骨科（Polypodiaceae）、水蕨属（*Ceratopteris*）。环纹藻类占26.5%。可见已形成暖温带—亚热带疏林草原景观。但部分水生和湿生植物的存在，表明遗址周围已有较大面积的湖沼形成。

文化层中所含孢粉量很少，计七个样品的孢粉中，木本植物花粉占6.3%，其中有栎、栗、榆、松等属，草本灌本植物花粉占28.5%，其中仍以蒿属为主，占15.5%，还有藜科、唇形科（Labiatae）、柽柳属（*Tamarix*）等，蕨类孢子占2.4%，环纹藻类占62.6%。

从贾湖遗址的动物群和植被看，当时这里应为疏林—草原—湖沼景观，气候处于全新世升温期后段，比现今这一带温度稍高，降雨量稍大，可能相当于现今江淮地区的自然景观[5]。

二

黄淮地区作为我国南北气候的过渡地带，其农耕活动历来被气候的变化所制约。自进入历史时期以来，气候的整体趋势是向干凉方向发展，以粟作为代表的旱作农业成为这一地区的主体经济。但如果以此为由说明史前时期的淮河流域也是以粟作农业为主，则是值得讨论的。

首先，在黄淮地区史前考古发掘中，稻和粟都有发现。

从前节介绍可知，在七八千年以前的裴李岗文化时期，稻作农业已在淮河流域出现。到了仰韶时代，洛阳西高崖[6]、郑州大河村遗址[7]都发现有稻作遗存。渑池仰韶村的水稻，虽也有可能属于龙山时代，但仍不应排除其属于仰韶时代的可能性①。淮河下游的连云港地区，在二涧遗址的大汶口文化早期地层中也发现了夹有稻壳的红烧土[8]。位

---

① 据黄其煦先生著文介绍，这件标本系发现于一红烧土块之上。据安志敏先生观察，认为似一炉灶的灶壁（《史前研究》1986年第1、2期），据本文前一作者对仰韶村遗址的多次调查和在渑池一带考古发掘的经验，这种草拌泥烧结而成的红烧土标本在仰韶时代地层和遗迹中曾大量发现，相反在龙山时代文化层中发现相对较少，这可能与这两个特定时期的房屋建筑技术和生活方式有关。因此，这一标本的重要性应充分肯定。

于淮河以南的高邮龙虬庄遗址也发现有栽培粳稻遗存,其年代在距今7000～5000年间,与北辛和大汶口文化大体同时[9]。直到关中东部的华县泉护村遗址[10]也有水稻发现。在南阳盆地,仰韶时代遗址中普遍有水稻遗存的发现。目前见于报道和作者掌握的有淅川下王岗[11]、社旗谭岗[12]、内乡小河[13]以及属于屈家岭文化的淅川黄楝树遗址[14]等。到了龙山时代,黄淮地区稻作遗址见于报道的发现首推汝州市李楼遗址[15],这里在发掘中经水洗法收集到100多粒稻米。另据介绍,在禹州市严寨龙山时代遗址发掘中曾发现稻米的窖藏遗迹,在其内发现了大量的半炭化粳稻的籽实和稻壳[16]。在江苏赣榆盐仓龙山时代遗址下文化层中也曾采集到炭化稻粒[17]。另据报道,山东半岛上的栖霞杨家圈遗址[18]也发现炭化稻粒,关中盆地的陕西扶风案板案遗址[19]也发现有栽培水稻的灰像。另外,在安徽五河豪城镇[20]、肥东大陈墩[21]、山西太原东太堡庄[22]、陕西户县(今西安市鄠邑区)丈八寺[23]等地也发现有水稻的遗存,只是遗址性质和年代不明,无法确认属于哪个历史阶段,但也有可能属于史前时期。据报道,在洛阳皂角树二里头文化遗址中也发现有水稻[24]。商代的郑州[25]、安阳[26]一带稻作农业已初具规模,殷墟甲骨文中已有"稻"字[27],更是人所共知的了(表一)。

表一　黄淮地区史前稻作遗存发现一览表

出土地点	地理位置	形态	时代与文化	历年(aBP)	资料来源
河南舞阳贾湖	淮河上游	烧土印痕	前仰韶时代裴李岗文化	8500～7500	注
江苏连云港二涧	东方沿海	烧土印痕	仰韶时代早中期北辛文化	7000～6000	⑧
江苏高邮龙虬庄	淮河下游(属江淮)	炭化稻粒	仰韶时代早中期北辛文化、大汶口文化	7000～5500	⑨
河南洛阳西高崖	黄河中游	烧土印痕	仰韶时代中期	5500～5000	⑥
河南郑州大河村	黄河中游	烧土印痕	仰韶时代中晚期	5500～4800	⑦
河南渑池仰韶村	黄河中游	烧土印痕	仰韶时代?中期?	5500?～5000	第二节第三段脚注
河南汝州李楼	淮河上游	炭化稻粒	龙山时代中晚期	4400～4000	⑤
河南禹州严寨	淮河上游	炭化稻粒	龙山时代中晚期	4400～4000	⑯
江苏赣榆盐仓	东方沿海	炭化稻粒	龙山时代中晚期	4400～4000	⑰
山东栖霞杨家圈	山东半岛	烧土印痕	龙山时代中晚期	4400～4000	⑱
安徽五河豪城镇	淮河中游	炭化稻粒	新石器时代	?	⑳
安徽肥东大陈墩	淮河中游(属江淮)	烧土印痕	新石器时代?	?	㉑

我们回过头来再看看耐旱的粟、黍类作物的考古发现情况。首先列举粟类。20世纪70年代末,河南省文物研究所在许昌丁庄裴李岗文化遗址调查时,曾在一方形半地穴房子中发现炭化粟粒[28];同时郑州沙窝李遗址也发现有炭化粟粒[29]。经鉴定其年代均与河北武安磁山遗址的粟[30]大体同时,为距今七八千年,是河南粟作的最早记录。此后,在洛

阳王湾[31]、孙旗屯[32]、临汝大张[33]、郑州大河村[34]、林山寨[35]等仰韶时代文化遗址中均发现有粟类作物遗骸，在汉水上游的淅川黄楝树屈家岭文化遗址[36]也发现有粟并经科学鉴定。另外，在邻近的陕西华县泉护村[37]、元君庙[38]、邠县下孟村[39]、宝鸡北首岭[40]、西安半坡[41]、山西万荣荆村[42]等仰韶时代遗址和黄河下游江苏邳县大墩子大汶口早期遗址[43]、山东胶县三里河大汶口文化晚期遗址[44]也发现有粟。在龙山时代，粟类的发现见于报道的仅有山西陶寺[45]、陕西赵家来[46]和渑池班村[47]三处，而黄淮地区则未见报道。陶寺、班村的粟类出土层位属庙底沟二期文化，与黄楝树遗址大体同时。

黍类的发现虽相对较少，但与稻、粟二类也同时出现于中原大地。如在新郑裴李岗遗址[48]就有发现，还见于甘肃秦安大地湾遗址[49]和陕西临潼姜寨遗址[50]。另外在扶风案板遗址还同时见有粟和黍的灰像[51]（表二）。

表二　黄淮地区史前粟、黍类遗存发现一览表

出土地点	地理位置	种类及形态	时代与文化	历年（aBP）	资料来源
河南新郑裴李岗	淮河上游	炭化黍粒	前仰韶时代裴李岗文化	8000~7500	㊽
河南新郑沙窝李	淮河上游	炭化粟粒	前仰韶时代裴李岗文化	7500~7000	㉙
河南许昌丁庄	淮河上游	炭化黍粒	前仰韶时代裴李岗文化	7500~7000	㉘
河北武安磁山	淮河上游	炭化粟粒	前仰韶时代磁山文化	8000~7500	㉚
江苏邳县大墩子	淮河下游	炭化粟粒	仰韶时代早期北辛文化	7000~6000	㊸
河南洛阳王湾	黄河中游	陶器印粟痕	仰韶时代中期	5500~5000	㉛
河南郑州大河村	黄河中游	炭化粟粒	仰韶时代中晚期	5500~4800	㉞
河南洛阳孙旗屯	黄河中游	炭化粟粒	仰韶时代中晚期	5000~4800	㉜
河南郑州林山寨	黄河中游	炭化粟粒	仰韶时代晚期	5000~4800	㉟
河南汝州大张	淮河上游	炭化粟粒	仰韶时代晚期	5000~4800	㉝
山东胶县三里河	山东半岛	炭化粟粒	龙山时代晚期 大汶口文化晚期	4800~4400	㊹
河南渑池班村	黄河中游	炭化粟粒	龙山时代早期 庙底沟二期文化	4800~4400	㊼

从以上介绍可以看出四个问题。

第一，在中原地区，稻与粟、黍类作物同时见于七八千年前的裴李岗文化，其稻作农业的发生期与长江中游地区大体同步。

第二，从新石器时代到史初时期，整个黄淮地区，或为稻粟混作区，或为稻的栽培区，似乎始终未曾作为单纯的粟黍类栽培区而存在。如果汉水流域、关中和甘肃的发现不计在内的话，黄淮地区稻作遗存和粟、黍两类遗存的发现各12处，稻作遗存的发现并不少于粟、黍类遗存。而且粟黍类遗存在龙山时代早期以前集中于黄河两岸及附近地区。龙山时代中期之后在黄河以南地区未见有粟黍类遗存的报道。这里面虽与考古工作的开展及发

掘方法有关，但从概率上讲，反映出的这种现象还是能够说明一些问题的。

第三，在数千年的发展中，由于受全球性气候变化和人类活动的影响，稻作农业和粟作农业的分布区域此消彼长，均有所变化。从目前材料看，在距今七八千年前的裴李岗文化时期，稻作与粟作的分界线在北纬34°线左右。在距今7000年至6000年的仰韶时代早期，从汉水上游的南阳盆地到东海之滨的连云港地区，稻作农业区逐步向北推进，到了距今6000年到5000年的仰韶时代中晚期，渭河和黄河沿岸的北纬35°线一带已成为稻粟混作区，如郑州大河村、华县泉护村、扶风案板等遗址都是稻粟共存，其他遗址虽未见共存但也呈交错状分布。到了距今4800~4400年的龙山时代早期，稻粟混作区向南推进至北纬33°线一带，如淅川黄楝树遗址即为稻粟共存。到了距今44000~4000年的龙山时代中晚期，整个黄淮地区见于报道的均为稻的遗存，直到北纬37°以北的山东栖霞杨家圈遗址。当然，杨家圈遗址地处山东半岛，属海洋性气候，但在中原地区，稻粟混作区或其分界线至少在北纬35°以北的黄河以北地区。中原地区现在的稻作与旱作农业自然分界线在北纬32°~33°之间，似乎比龙山时代早期还要偏南一些。

第四，黄淮地区并不是到距今5000年以后才开始接受长江流域的传播成为水稻栽培区的，至少从距今8500年前到商代，黄淮地区和长江流域一样，均为传统的稻作农业区。只是到商周以后，由于气候和环境的变化，粟作农业才逐渐代替稻作农业而成为主体经济的。

三

关于稻作农业的起源[①]农史界讨论比较热烈。20世纪70年代以前，主要是国外学者认为水稻起源于印度，甚至将籼稻型和粳稻型分别命名为印度亚种和日本亚种。但70年代初在浙江余姚河姆渡遗址[52]和80年代初在浙江桐乡罗家角遗址[53]出土的大量炭化稻谷，把我国栽培稻的历史推进到了距今7000年左右，且当时发展到了较高的水平。此消息一经报道，犹如一支狂飙，震撼了中外农史界，动摇了水稻的"印度、东南亚起源说"，一时间长江下游起源说、太湖流域起源说骤起[54]。80年代末湖南澧县彭头山遗址稻作遗存的发现，更把我国稻作农业的历史向前推进到了8000年前[55]。因之，水稻长江中游起源说、长江流域起源说又提了出来。另外，是印度—阿萨姆—云南"一元说"还是印度、长江流域"二元说"、"多元说"也是讨论的焦点。随着野生稻资源调查结果的公布，人们发现认为野生稻资源最丰富、被水稻起源论者普遍看好的云南地区，与栽培稻亲缘关系最近的普通野生稻却只在滇南的景洪、元江两县有零星分布，大量发现的只是疣粒野生稻和药用野生稻[56]。这等于把"印度—华南起源区"一分为二，"云南—阿萨姆起源说"失

---

① 本文讨论的只是亚洲稻的起源，非洲稻起源问题不在讨论之列。

去一翼。鉴于上述发现，严文明教授提出可"把探索中国稻作农业起源地的范围稍稍放宽，使之包括整个长江中下游，甚至还包括华南地区"[57]。另外，还有个别学者曾提出水稻"黄河流域起源说"[58]，因论据不够充分而未引起学术界的重视。但就上述新的考古发现来看，这一提法也并非毫无道理。那么黄淮地区在水稻起源史上究竟处于什么地位呢？

我们知道，稻类作物由野生到人工栽培，无非需要四个前提条件，一是要有适宜稻类作物生长的气候和环境。二是在此环境中要有野生稻资源分布。三是要有能够支配天然资源和自然环境的能力和水平的人类群体，换言之，即在此地域内生活的人类群体的发展水平足以达到了能将野生稻培育为人工栽培稻的历史阶段。四是自然环境或人口等原因迫使在这一地域内活动的人类群体必须通过栽培稻类作物的手段和途径，以获取必要的食物来源。以上四项缺一不可。试想如果第一条不具备的话，不管是原地选育栽培还是从外地引进都无从谈起。如果没有野生稻资源，原地起源也成了无源之水。如果该地区生活的人类群体还未达到发明或掌握栽培稻类作物的技术水平，无论发明还是引进都是不可能的。第四条实际上也是非常关键的，因为水稻栽培和其他农作物栽培一样，都是一个较复杂的工程，当人们不需通过复杂劳动就足以保证人们对食物的需要时，人们是不会自寻烦恼的。这也许就是有的地方的农耕文化在某一历史阶段会呈现倒退现象的主要原因之一。

那么，黄淮地区是否具备这些条件呢？

其一，据目前环境考古学研究可知，距今12000年的全新世之始已开始了升温的过程，黄淮地区的气温逐渐回升，到距今约8500年前的裴李岗文化早期，其气温和降雨量已接近或稍高于现今的水平，其自然景观为疏林—草原—湖沼景观。枫香、山毛榉、水蕨等部分喜暖植物和大量龟、鳖、鱼、鳄类动物的存在表明，贾湖所在的黄淮地区在8500年前的气候环境条件要稍优于现在，可能已与现今的江淮地区相当。根据古气候与环境研究，在距今7000~4000年的全新世中期，黄河流域的年均温比现在普遍高2℃，黄河流域的降雨量和自然景观与现今长江流域近似，而淮河流域则与江南的现今环境类同。在裴李岗文化中后期（距今8000~7000年）、仰韶时代中晚期（距今6500~4800年）和龙山时代中晚期（距今4400~4000年）均为温暖温润降水量较大时期。进入历史时期以后，特别在2500年以来，气温和降水量在逐渐下降之中。既然今日之江淮和江南地区为水稻的传统栽培区，那么历史上与今日之江淮和江南地区气候环境相同的黄淮地区的先民同样经营稻作农业就不难理解了。总之气候环境也是动态的、不断变化的。我们不能拿现在的气候条件来衡量过去的环境。

其二，黄淮地区自古至今都有野生稻分布。据报道，直到现在苏北连云港地区仍有野生稻存在。江苏省农科院在连云港地区发现29处稆稻，为一种一年生野稻，长芒、黑壳、红米，成熟时粒易脱落[59]。据《文献通考·物异考》载北宋"太平兴国四年（公元979年）八月，宿州符离县湃湖稆稻生，民采食之，味如面，谓之圣米。"据气象学研究，公元964~992年为湿润多雨期[60]，在此期间淮北的符离野生稻滋生应是正常现象。

另据记载，开元十九年（公元731年），扬州秬稻生（《新唐书·玄宗本记》）。大中六年（公历852年），海陵、高邮二县百姓在"官禾"中漉得"异米"煮食，呼为"圣米"。（《文献通过考》卷二九九），大中祥符六年（公元1013年），泰州管内四县生圣米（同上）。说明唐宋时期的淮河流域仍是野生稻分布区。直到现在，淮南的巢湖地区仍有野生的"浮稻"存在。这种浮稻有芒、颖灰褐色、米微红色，粒形短圆，籽实成熟时易脱落[61]。巢湖地区位于北纬31°以北，只比淮河干流低一个纬度，比贾湖和符离低2个纬度。另据报道，河南汝州李楼龙山时代遗址中除浮选出栽培稻粒外也有野生稻粒[62]。这表明从裴李岗、龙山、唐宋直到现代，淮河流域一直是野生稻的传统分布区，只不过是不像西南和华南那样普遍，只在环境条件适宜的低湿地带呈片状分布罢了。野生稻资源的逐渐消失，除了环境因素以外，与人类对土地的大面积开发也有很大关系。

其三，就8000年前淮河流域先民的文化发展水平而言，已经达到了相当高的程度，至少在当时是居于领先地位的，仍以贾湖为例[63]，其遗址范围有55000平方米，文化层厚达2米，遗址、遗物均很丰富，在已发掘的2400多平方米中，已清理出房基数十座，窖穴300多个，陶窑近10个，墓葬300座，陶、石、骨等各种质料的遗物数千件，特别是在一些墓葬的随葬品中还发现有七孔骨笛、成组龟甲及契刻符号，从这些制作科学而精致、已具有七声音阶的骨笛和具有原始文字性质的契刻符号可以充分说明，当时先民的精神文化水平已达到了相当的高度。遗址中出土的农业生产工具中，除了以上介绍的有肩石铲、骨耜以外，裴李岗文化常见的两端舌形刃石铲、椭圆形石斧、齿刃石镰、四足或无足鞋底状石磨盘、圆柱形石磨棒在这里均可见到。可以说，就其文化发达水平和生产工具的组合而言，它与同时期或稍晚的裴李岗、莪沟、磁山等遗址相比，至少是毫不逊色，比起同时或稍早的湖南彭头山文化来讲，可能还要高一个发展阶段。既然磁山文化的粟作农业已达到了相当高的水平，既然彭头山文化的稻作农业也已出现，以贾湖先民为代表的淮河流域先民发明并经营稻作农业，也是不难理解的。

其四，当时的先民为什么要发明稻作农业呢？也就是说，把野生稻驯化为栽培稻的契机是什么呢？我们想：比起狩猎和捕捞来讲，经营原始农业所需的劳动及其复杂程度要高得多，不仅要掌握栽培对象的生长习性和规律，还要掌握气象知识、播种、管理（可能原始农业阶段的管理要简单得多）、收割、加工等技术，因此说，原始农业是一个复杂的工程，如果人们周围的食物唾手可得，就不会有栽培农业的产生。在一些自然资源较丰富的偏远地区生活的现代原始部落，至今仍以狩猎、采集或捕捞经济为主。华南地区虽在一万年前就有以种植块茎植物为主的园圃式农业出现[64]，虽也不能排除原始栽培稻的成分，但所占比重恐怕是微不足道的，其原始农业发展始终处于较低的水平，直到距今4000多年的石峡文化时期，稻作农业才逐渐有所发展[65]，而直到南北朝甚至隋唐以后，栽培农业才逐步发展起来，其原因主要在这里。迫使人们发明栽培农业的根本原因，只能是人们生活来源的匮乏，对人们的生存造成威胁。而造成人们生活来源匮乏的原因无非有两个，一是环境的恶化，一是人口的增加，或者二者兼而有之。我国北方地区汉代以来精耕细作传统的形成，与2500年来气候的恶化和人口的急剧增加是有直接关系的。我们可以设想，当一个聚落的人们在采集圈和狩猎圈以内靠传统的经营方式无法满足日益增加的人口的生活最低需要时，其解决办法一是扩大作业范围，再就是改变或增加经营方式，在这种情况下，栽培农业和原始畜牧业就会应运而生。试想在寒冷的最后冰期期间，人类被严寒逼到洞穴之中，其谋生的道路是相当艰难的。而自一万年前升温期开始之后，人们方才走出洞穴，来到山前地带，但气候仍不稳定，经常出现反复，河北徐水南庄头新石器时代早期地点的孢粉分析结果证实了这一点[66]。即使到了彭头山、贾湖先民生活的距今9000~8000年间及其以后，在天然食物来源缺乏的漫长的冬春，单靠渔猎和采集是难以果腹的，这就促使人们不得不转向易于增产又便于储藏的谷物栽培经济。很可能在这种情况下，长江、淮河和黄河流域各地的先民已开始了适合各地环境条件的早期栽培农业的尝试，并逐渐得以发展。这可能正是为什么彭头山、贾湖、裴李岗，特别是磁山文化和河姆渡文化的原始农业一经发现就已达到了相当高度的原因所在。

四

笔者的上述分析，并不是说淮河流域是最早稻作起源中心，更无意否定目前学术界的几种起源说，而只是想提出这样一种可能，即整个黄河以南地区，包括淮河、长江和珠江流域，是一个大的稻作农业起源地，即南中国水稻起源中心。在这个范围内，只要符合稻作起源的几个条件，任何一个地方都有可能独立的或在周围部族的影响下开始进行水稻的栽培。又由于淮河和长江流域在全新世之初气候的反复多变，古文化的发展又相当迅速，更有可能首先掌握水稻栽培技术。从目前考古学文化的发现来者，长江中游、长江下游和淮河流域分别以彭头山—皂市下层—大溪—屈家岭—石家河文化传统、罗家角与河姆渡—马家浜—崧泽—良渚文化传统、贾湖—仰韶与青莲岗（或大汶口）—龙山文化传统为代表的三大史前文化传统，很可能同步进入了稻作农业的原始栽培阶段，黄河两岸可能为稻粟混作区。在史前各个发展阶段，随着气候环境的变迁，这一混作区可能在纬度上时有变化，但淮河流域在史前和原史时代则一直是稻作农业区是可以肯定的。被人们普遍看好的华南地区，由于自然资源的丰富，只是到了4000多年前的石峡文化时期以后，可能由于人口的压力等原因，稻作农业才逐渐发展起来。

另据遗传学以及现代栽培粳稻和籼稻的纬度分布研究表明，北纬30°左右是这两大亚种的变异区，以北是粳稻区，以南是籼稻区，而现代发现的野生稻资料表明，江南、华南的普通野生稻更接近于籼稻，淮河流域的野生稻则更接近于粳稻。以上黄淮地区已发现的水稻遗存经鉴定的多系粳稻。所以我们认为，粳稻和籼稻这两个亚种很可能在驯化之初就已存在着差异，只是随着人工的选育和栽培，其差异愈来愈显著而已。

就目前材料来看，贾湖和彭头山的稻作农业大体处于同一发展阶段，即所谓"原栽培稻时期"，采集、狩猎和捕捞经济仍占主要地位，比起河姆渡的稻作经济比重来，要小得多，但河姆渡比贾湖和彭头山要晚1500～2000年，与长江中游地区的皂市下层、黄河中游地区的典型仰韶文化半坡期、黄河下游的北辛文化大体同时，此时各个地区的原始农业都已得到很大发展，以稻作农业为其基本经济形态的河姆渡文化的发展水平与其他同期文化基本上也是同步发展的。因此，尽管眼下长江下游地区未发现相当于贾湖和彭头山阶段的稻作农业遗存，作为南中国稻作农业起源大中心的重要组成部分，长江下游的重要地位是不容怀疑的。随着工作的深入，相信关于稻作起源问题的谜底不久的将来就会被揭开。

注　释

[1] 安志敏：《中国的史前农业》，《考古学报》1988年第4期；严文明：《中国稻作农业的起源》，《农业考古》1982年第1、2期。

[2] 张居中：《河南舞阳贾湖遗址发现水稻，距今8000年》，《中国文物报》1993年10月31日第一版。

[3] 张居中：《试论贾湖类型的特征及与周围文化的关系》，《文物》1989年第1期。

[4] 河南省文物考古研究所：《河南舞阳贾湖新石器时代遗址第二至六次发掘简报》，《文物》1989年第1期。

[5] 张居中：《环境与裴李岗文化》，《环境考古研究（第一辑）》，科学出版社，1991年。

[6] 洛阳博物馆：《洛阳西高崖遗址发掘简报》，《考古》1981年第7期。

[7] 严文明：《中国稻作农业的起源》，《农业考古》1982年第1、2期。

[8] 李洪甫：《连云港地区农业考古概述》，《农业考古》1985年第2期。

[9] 张敏等：《高邮龙虬庄遗址发掘获重大成果》，《中国文物报》1993年9月5日。

[10] 黄河水库考古华县队：《陕西华县柳子镇考古发掘简报》，《考古》1959年第2期。

[11] 安志敏：《略论三十年来我国的新石器时代考古》，《考古》1979年第5期。

[12] 笔者调查资料。

[13] 笔者调查资料。

[14] 长办考古队河南分队：《河南淅川黄楝树遗址发掘报告》，《华夏考古》1990年第3期。

[15] 吴耀利：《河南龙山文化炭化稻米》，《光明日报》1993年11月7日。

[16] 据郑州大学历史系贾洲杰教授相告。

[17] 李洪甫：《连云港地区农业考古概述》，《农业考古》1985年第2期。

[18] 严文明：《中国稻作农业的起源》，《农业考古》1982年第1、2期。

[19] 谢伟：《案板遗址灰土中所见的农作物》，《考古与文物》1988年第5、6期。

[20] 修燕山等：《安徽新石器时代遗址》，《考古》1959年第7期。

[21] 安徽省博物馆：《安徽新石器时代遗址的调查》，《考古学报》1957年第1期。

[22] 戴尊德等：《山西太原市郊区发现古代文化灰层》，《文物参考资料》1954年第6期。

[23] 吴梓林：《从考古发现看中国古稻》，《人文杂志》1980年第4期。

[24] 蒋迎春：《考古与地质结合的新尝试，有关专家座谈洛阳皂角树遗址发掘成果》，《中国文物报》1993年11月21日。

[25] 李济：《安阳最近发掘报告及六年工作之总结》，《安阳发掘报告》第四期，1933年。

[26] 许顺湛：《灿烂的郑州商代文化》，河南人民出版社，1957年。

[27] 游修龄：《稻黍新解》，《农业考古》1993年第1期。

[28] 吴梓林：《古粟考》，《史前研究》1983年第1期。

[29] 薛文灿：《沙窝李新石器时代遗址调查》，《中原文物》1982年第2期。

[30] 邯郸市文物管理处等：《河北武安磁山新石器遗址试掘》，《考古》1977年第6期；河北省文物管理处等：《河北武安磁山遗址》，《考古学报》1981年第3期。

[31] 北京大学考古实习队：《洛阳王湾遗址发掘简报》，《考古》1961年第4期。

[32] 河南省文物工作队二队：《洛阳涧西孙旗屯古遗址》，《文物参考资料》1955年第9期。

[33] 黄其煦：《黄河流域新石器时代农耕文化中的作物——关于农耕起源问题的探索》，《农业考古》1982年第2期。

[34] 任式楠：《我国新石器—铜石并用时代农作物和其它食用植物遗存》，《史前研究》1986年第3、4期。

[35] 安金槐：《郑州地区的古代遗存介绍》，《文物参考资料》1957年第8期。

[36] 长办考古队河南分队：《河南淅川黄楝树遗址发掘报告》，《华夏考古》1990年第3期。

[37] 黄河水库考古华县队：《陕西华县柳子镇考古发掘简报》，《考古》1959年第2期。

[38] 石兴邦：《半坡氏族公社》，陕西人民出版社，1979年。

[39] 陕西省考古所泾水队：《陕西邠县下孟村仰韶文化遗址试掘简报》，《考古》1962年第6期。

[40] 中国社会科学院考古研究所宝鸡队：《一九七七年宝鸡北首岭遗址发掘简报》，《考古》1979年第2期。

[41] 中国科学院考古研究所、西安半坡博物馆：《西安半坡——原始氏族公社聚落遗址》，文物出版社，1963年。

[42] 任式楠：《我国新石器—铜石并用时代农作物和其它食用植物遗存》，《史前研究》1986年第3、4期。

[43] 南京博物院：《江苏文物考古三十年》，《文物考古工作三十年》，文物出版社，1979年。

[44] 中国科学院考古研究所山东队等：《山东胶县三里河遗址发掘简报》，《考古》1977年第4期。

[45] 中国社会科学院考古研究所实验室：《放射性碳素测定年代报告（一〇）》，《考古》1983年第7期。

[46] 中国科学院考古研究所武工队：《1981—1982年陕西省武功县赵家来遗址发掘的主要收获》，《考古》1983年第7期。

[47] 蒋迎春：《班村遗址发掘获成果》，《中国文物报》1993年2月21日。

[48] 李璠：《中国栽培植物发展史》，科学出版社，1984年。

[49] 甘肃省博物馆等：《一九八〇年秦安大地湾第一期文化遗存发掘简报》，《考古与文物》1982年第2期。

[50] 黄其煦：《灰像法在考古学上的应用》，《考古》1982年第4期。

[51] 谢伟：《案板遗址灰土中所见的农作物》，《考古与文物》1988年第5、6期。

[52] 浙江省博物馆自然组：《河姆渡遗址动植物遗存的鉴定研究》，《考古学报》1978年第1期。

[53] 罗家角考古队：《桐乡县罗家角遗址试掘报告》，《浙江文物考古所学刊》，文物出版社，1981年。

[54] 持这种观点者很多，具有代表性的有吴维棠：《中国稻作农业的起源和传播》，《地理学报》1985年第1期；游修龄：《对河姆渡遗址第四文化层出土稻谷和骨耜的几点看法》，《文物》1976年第8期。

[55] 裴安平：《彭头山文化的稻作遗存与中国史前稻作农业》，《农业考古》1989年第2期。

[56] 全国野生稻资源考察协作组：《我国野生稻资料的普查与考察》，《中国农业科学》1986年第6期。

[57] 严文明：《再论中国稻作农业的起源》，《农业考古》1989年第2期。

[58] 李江浙：《大费育稻考》，《农业考古》1986年第2期。

[59] 李洪甫：《连云港地区农业考古概述》，《农业考古》1985年第2期。

[60] 王邨等：《中原地区历史旱涝气候研究与预测》，气象出版社，1992年。

[61] 李璠：《栽培植物的起源和演变》，《生物史》（第五分册），科学出版社，1979年。

[62] 吴耀利：《河南龙山文化炭化稻米》，《光明日报》1993年11月7日。

[63] 河南省文物考古研究所：《河南舞阳贾湖新石器时代遗址第二至六次发掘简报》，《文物》1989年第1期。

[64] 李富强：《试论华南地区原始农业的起源》，《农业考古》1990年第2期。

[65] 杨式挺：《谈谈石峡发现的栽培稻遗迹》，《文物》1978年第7期。

[66] 原思训等：《南庄头遗址^{14}C年代测定与文化层孢粉分析》，《环境考古研究（第一辑）》，科学出版社，1991年。

（原载《农业考古》1994年第1期；与孔昭宸、刘长江合著）

河南贾湖稻作文化的发现与研究*

农业起源这一重要理论问题始终是国际学术界长盛不衰的话题。关于主要栽培作物的起源,国际上对西亚小麦起源、美洲玉米起源的研究,均有权威性结论,但对于稻米的起源问题,迄今尚未取得一致意见。20世纪70年代以前,苏联学者瓦维洛夫(Н. И. Вавилов)提出作物起源一元论,认为作物起源中心必然是生物多样性的中心。在其影响下,国际学术界一直认为南亚是稻米起源的中心,中国稻米则是从印度传来。中国学者丁颖、周拾禄曾在20世纪40年代根据自己的研究提出,中国栽培稻起源于中国,但在当时被学术界冷落。20世纪70年代初,在距今近7000年的浙江河姆渡遗址发现了丰富的稻作遗存并开展了研究;而美国学者哈兰(J. R. Harlan)又提出作物分散起源论,认为作物起源的中心不一定是生物多样性的中心。这些成果打破了陈腐的一元论,把人们关注的焦点逐渐转移到中国。

然而,稻米究竟起源于中国何处?对此仍然众说纷纭。最早,丁颖等提出华南说,日本的渡部忠世等提出云南说;后来,严文明等提出长江下游说等。20世纪80年代末和20世纪90年代初,在长江中游的彭头山、八十垱遗址和淮河上游的贾湖遗址等地,有丰富的稻作遗存出土并得到研究。20世纪90年代中期,又在湖南玉蟾岩发现数粒万年前的稻壳,在江西吊桶环发现水稻硅酸体。这些成果将我国的稻作起源研究推向高潮。研究中采用了分子生物学和硅酸体、稻谷外稃亚显微结构分析等许多现代化的科技手段,这使我国成为国际稻作研究的中心之一。

在稻作起源研究中,淮河流域向来不为人所重视,近年却发现了丰富的稻作文化遗存。尤其在河南舞阳的贾湖遗址,发现了世界上最早的栽培粳稻种子和整地、收割、脱粒等系列农具,把淮河流域的水稻栽培史一下子提前到距今约9000年前,动摇了淮河流域稻作农业系自长江流域传来的传统认识。丰富的稻作遗存和发达的稻作文化,以及从迄今为止的考古报道来看居于当时世界领先地位的音乐文化和宗教文化,均表明淮河上游可能是粳稻的初始起源地之一。

一、贾湖遗址的考古发现

贾湖遗址位于河南省中部,伏牛山东麓,黄淮大平原的西部边缘,淮河上游支流古昆

---

* 本文相关研究受国家自然科学基金资助(资助号:30070463、39920017)。

水之滨的一个小湖旁，面积55000平方米。1983～1987年，河南省文物考古研究所在此发掘六次。2001年春，中国科技大学与河南省文物考古研究所又联合在此进行多学科综合发掘，七次共发掘2700多平方米，发现新石器时代前期房址50多座、窖穴400多座、陶窑10多座、墓葬400多座、瓮棺葬30多座、埋狗坑10多座，出土陶、石、骨等各种质料的文物近5000件，此外还有大量动植物遗骸。通过发掘，基本上弄清了该遗址的文化内涵。

贾湖遗存可分为三期。一期遗存早于裴李岗文化，二、三期与裴李岗大体同时。^{14}C测年显示，遗存的年代跨度为距今9000～7800年。其中第一期约为距今9000～8600年，第二期约为距今8600～8200年，第三期约为距今8200～7800年。文化面貌与贾湖相同的还有郭庄、翟庄等10多处，大体分布于淮河上游支流沙河、洪河流域。以贾湖为代表的文化遗存具有一定的分布地域，有独特的文化特征和发展序列，目前统称为"贾湖文化"。

贾湖聚落周围有环壕，早期居住区与墓葬混杂，中晚期居住区、作坊区和墓葬区相对集中，为中国向心式环壕聚落的滥觞。中期聚落内有5个以上家族同时并存，推测聚落内可能有氏族、家族、家庭三级社会组织形式。由住房和墓葬来推测，贾湖聚落常住人口在160～260人之间。贾湖人的房屋以半地穴式单间房为主，也有少量依次扩建的多间房。灶为室内与室外并存。贾湖墓葬层层叠压或打破，最多达6层。葬式复杂，有单人或多人仰身直肢一次葬，还有许多单人或多人二次葬，以及多人仰身直肢一次葬与二次葬的合葬。墓向以西为主，266°～275°（以磁北为坐标基点，270°为正西方向）之间占半数以上。随葬品以陶、骨器为主要组合，骨器特别发达，成组随葬龟甲和犬牲的现象值得重视。贾湖人以角把罐、凿形足鼎为炊器，钵、碗为食器，折肩壶为水器，兽头形支脚很有特色，已经具备了煮、蒸、烧、烤等几种基本的食品加工工艺。对出土的几百具人骨进行的体质人类学分析表明，贾湖人属于蒙古人种的亚洲北部类型，男子平均身高在1.7～1.8米之间，易患退行性关节炎等多种疾病。

根据对发掘出土的动植物遗骸和孢粉、植硅石及土壤的微形态分析可知，这里当时的气候环境与今日之长江流域相似。中晚期年均气温高于现在2～3℃，降水量高于现今400～600毫米。在当时的动植物群落中，有喜暖湿的獐、麋、鹿、扬子鳄、闭壳龟、丽蚌、枫香、山毛榉、水蕨、香蒲、盐肤木、野生稻及大量湿生环纹藻类等。同时，耐旱的蒿属、藜科植物也大量存在。最早期灰坑中还有喜冷的紫貂。这反映了全新世大暖期之初气候迅速转暖时不稳定的状态，其时可能具有四季分明的气候特征。此种气候环境为稻作农业的发展提供了前提条件。

二、贾湖稻作遗存的发现

因受野外操作方法的限制，前几次发掘中除发现大批农用生产工具外，未见栽培作物的遗存。直至1991年春，笔者等在对发掘资料进行室内整理时，在一些红烧土块上发现了几枚稻壳印痕,这立即引起了我们的重视。随后又见到几例。1992年春,这几件标本被送至中国科学院植物研究所鉴定,鉴定结果认为它们无疑是栽培稻。1993年10月、11月,《中国文物报》和《光明日报》报道了发现稻壳印痕的消息,很快引起了有关专家的重视。1993年6月,对贾湖遗址三个文化期的9个填土标本系统地进行了植物硅酸体分析,结果在所选样品中均分析出大量典型的水稻硅酸体。接着在1994年6月,从其中3个标本中浮选出一些炭化稻米(籽实)。这些成果进一步引起了学术界的广泛关注。因此在1994年6月和7月,先后在北京大学和中国农业大学召开了这一发现的成果鉴定会与学术讨论会,考古学、农业史和古生物学领域的一些著名专家学者对这一发现给了充分的肯定和高度的重视。同年9月,对6个遗迹单位的标本进行了水浮选,从中发现大量的炭化稻米及菱角的炭化果实。

上述重要发现不只是丰富了对贾湖遗址乃至整个前仰韶文化的认识,更具深刻意义的是,贾湖遗址作为中国同期文化中纬度最高的一处稻作遗存,能作为有力的实物证据,用以回答有关中国乃至亚洲稻作农业起源、演化、传播及环境变迁等的重要的基础理论问题。基于此,又先后以"河南贾湖遗址在稻作起源与古环境研究中的地位"、"淮河上游地区稻作农业的起源与发展"为题展开了研究。

三、贾湖古稻的分类地位

大量发掘资料显示,从距今9000年前的贾湖一期开始,稻作农业已成为贾湖人经济生活中的重要组成部分。在贾湖二、三期,稻作规模日趋扩大,稻种的驯化程度也日渐增强。通过对出土的1000多粒炭化稻米及其中较完整的197粒进行形态学分析,发现80%以上的炭化米与野生稻相比已发生显著变化,而与现代栽培稻近似。因此可以肯定,贾湖古稻已被驯化为栽培稻。然而,每个层次几乎都存在偏粳、偏籼、籼粳中间型以及野生稻型的炭化米。从这一点来看,贾湖古稻群体内的变异很大,该群体是一个粒形上包括籼、粳、中间及普通野生型的混合群体,与现代已分化得很彻底的籼、粳稻品种有所不同。不仅如此,在距今9000~8000年前的1000年中,粒型的长与宽逐渐增加,而长宽比却逐渐变小,容积则逐渐加大,有接近现代栽培稻的趋势。或许可以作这样的解释:其一,普通野生稻曾发生过粒型偏粳或偏籼的突变;其二,这些突变类型与以异花授粉为主的普通野生稻发生过天然杂交,从而出现了偏粳、偏籼、中间型到普通野生粒型的分离,在普通野生稻与粳稻或籼稻的杂交试验的后代中,经常可以看到上述的分离情况;其三,人类的选择压力虽然很弱,但已朝着稻米容积加大(粒型短、宽、厚)的增产方向逐渐累积,最终形成与其野生祖先普通野生稻显著不同的栽培稻。

出土于贾湖遗址的新石器时代的生产工具,既有翻地、播种、中耕及收获的工具,也有把稻谷加工成米的磨盘、磨棒,可以作为栽培稻的重要佐证。对于稻米加工工艺的研究结果也表明，贾湖人食用的是经过加工的精米。

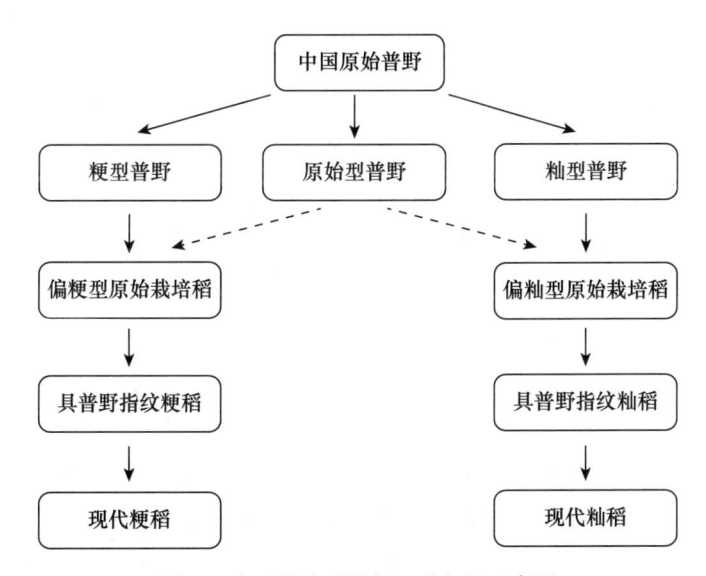

在贾湖古稻的粒型中，早中期偏籼型较多（占60.4%），中间型也有相当比例（占16.3%），偏粳较少（占7%）；晚期以偏粳（占36%）和粳籼中间型（占31.5%）为主，偏籼者较少（占19%）。硅酸体分析的结果与粒形分析类似，即贾湖古稻以偏粳型为主（占49%），偏籼型只占22%。这种粒长偏粳、粒宽偏野、长宽比偏籼、硅酸体分析结果以偏粳型为主的现象，与河姆渡古稻粒型偏籼而稻谷稃面双峰乳突偏粳，湖南澧县八十垱彭头山文化古稻的粒型似籼而双峰乳突似粳，或粒型似粳而双峰乳突似籼的不一致现象颇为相似。可以认为，贾湖古稻虽已驯化为栽培稻，但与现代已分化得很彻底的栽培稻不同。由于当时的人工选择还不够强，故贾湖古稻是一种籼粳分化尚不明显并且还含有一些野生稻特征的原始栽培稻。根据对龙虬庄炭化稻的分析，在距今6600～5500年前这1100年间，谷粒长、宽、厚的变化没有明显规律。5500年以来，谷粒明显变长、变宽、变厚，总体上谷粒变大，籼粳分化更加明显和彻底（图一）。这说明人工选择压力明显加大，成为在分类学上与现代栽培粳稻相间的栽培稻，相比之下，8000年前的贾湖原始栽培稻带有一定的野生稻特征，且籼粳分化不彻底，所以笔者等曾建议称之为"贾湖古稻"。

图一 中国栽培稻籼粳亚种起源示意图

上述事实还可证明，粳稻与籼稻确实是同源的，两者皆源于普通野生稻，只是在被人类栽培驯化的过程中，受到水、热等气候环境因素的制约和人为的优化选育，才逐渐向籼、粳两个方向发展，最终形成两个亚种。

笔者等曾把确定稻作农业产生的前提条件归纳为四条：①发现有中国最古老的栽培稻（或遗骸）；②发现有与最古老的栽培稻共存的野生祖先稻种（或遗骸）及与之相适应的自然环境；③发现有与最古老的栽培稻耕作相适应的生产工具；④发现有与稻作文化相适应的古人类群体，该群体具有驯化栽培稻的强烈生存压力。

贾湖聚落完全具备上述条件。

由于贾湖古稻与长江流域稻作农业的起始阶段大体同步，且发现有石铲、石镰、石磨盘、石磨棒等从耕作、收割到加工的整套稻作农业工具，因而有理由相信，淮河上游地区是粳稻的初始起源地之一。人骨^{13}C的研究也证明，贾湖人以食用稻米为主。有关淮河流域迄今9000~3500年前稻作文化的被发现的大量资料表明，贾湖古稻并非孤立存在，而是形成了一个位于北纬31°~35°之间的淮汉粳稻栽培带。由于地处长江、黄河两大流域之间这一特殊地理位置和人文背景，又有全新世大暖期的气候条件，淮河流域有可能是稻作起源的关键地区，至少也与长江流域具有同等重要的地位。

四、贾湖古稻产生的社会背景

从发掘材料中可以看出，稻作农业在贾湖人的经济生活中占有较大比重。同时还应指出，贾湖人的生业形式是一种广谱的自然经济，狩猎、捕捞和采集也占有重要地位。据笔者等对贾湖遗址发掘出土的近两千件工具的初步分析，可用于生活资料生产的农具、狩猎和捕捞工具约占36.2%，其中农具和捕捞工具各占四分之一，狩猎工具占近一半。

渔猎经济的发达也为骨器的制作提供了原料。骨器种类繁多，箭头、骨镖制作精细，骨笛的制作更反映出贾湖人高超的计算水平。制石工艺也很发达，石环、绿松石饰等制作精致，石制品上的隧道孔更是这种工艺的最早实例。制陶工艺处在泥片筑成法向泥条筑成法过渡的时期，烧陶为堆烧与窑烧并存，中期出现较先进的横穴封顶窑，陶器烧成温度在800~900℃之间，少数在900℃以上。

贾湖墓葬中的随葬物品有成组龟甲及内装石子，还有骨笛、叉形骨器等，均为原始宗教用品。随葬龟甲和墓地葬狗表明，祖先崇拜、龟灵崇拜与犬牲现象并存。从龟甲的8、6等偶数组合与内装石子看，贾湖人已有百以上的正整数概念，并认识了正整数的奇偶规律。龟甲遗物也表明当时存在用龟占卜的现象。在龟甲、石、骨、陶器上发现近20个契刻的符号，具有原始文字的性质，有些符号的形体与殷墟甲骨文相似。

贾湖发现的三十多支骨笛，都是用丹顶鹤尺骨加工而成。在贾湖一期遗存中发现的为5孔和6孔骨笛，分别具备四声和五声音阶；二、三期遗存中的大多为7孔，个别8孔，具备六声甚至完备的七声音阶。这些骨笛打破了先秦只有五声音阶的结论，还显示了平均律和纯律的萌芽，是世界上同时期遗存中最为丰富、音乐性能最好的音乐实物。英国《自然》杂志曾报道过有关贾湖骨笛的初步研究成果。

综合以上发现可见，贾湖人聚落的经济文化生活已达原始文明中颇高的水准，必须以相当规模的物质生产为基础，而在广谱经济背景上的稻作农业是与此相适应的。反之，贾湖人较发达的原始生产手段与文化形态，又促进了稻作农业的进一步发展。人口的增长以及全新世大暖期前期起伏波动的气候环境，也增加了人们的生存压力，迫使其不断扩大生活资料的来源，这应是贾湖稻作农业持续发展的动力所在。

参 考 文 献

[1] 河南省文物考古研究所：《舞阳贾湖》，科学出版社，1999年。

[2] 张居中等：《舞阳史前稻作遗存与黄淮地区史前农业》，《农业考古》1994年第1期，第68页。

[3] 王象坤等：《中国稻作起源研究的现状与展望》，《科学通报》1998年第4期，第2354页。

[4] Zhang J Z, Harbottle G, Wang C S, et al. Oldest Playable Musical Instruments Found at Jiahu Early Neolithic Site in China. Nature, 1999, 401: 366.

（原载《科学》2002年第54卷第3期；与王象坤、孔昭宸、宋豫秦合著）

河南舞阳贾湖遗址植物考古研究的新进展

前　　言

　　河南舞阳贾湖遗址的植物考古研究为探讨中原地区和淮河流域农业起源与发展、史前先民的生业经济等提供了重要资料。截至目前，针对贾湖遗址已经开展了多方面的植物考古研究。早在20世纪90年代初，发掘者就在贾湖遗址发现了稻作农业的有力证据，包括炭化稻米、稻壳印痕和水稻植硅体等遗存[1]。为了解贾湖古稻的属性，先后进行了水稻植硅体分析和多次粒型测量，粒型特征的多样性表明贾湖古稻是一种尚具有不少野生稻性状的原始栽培稻[2]。孢粉和植硅体分析，为复原贾湖文化的气候环境提供了重要参考[3]。在2001年第七次发掘时开展了系统的浮选工作，获得了比较丰富的炭化植物遗存，研究者通过量化分析，对贾湖遗址的总体生业模式进行探讨，认为贾湖先民虽然已经开始种植稻谷，但其经济生产活动的主体却仍然是采集和渔猎，属于农业的稻谷种植在当时仅是辅助性的次要生产活动，贾湖聚落处在"似农非农"阶段[4]。

　　相关研究表明，裴李岗文化是一种稻粟兼作的农业模式[5]。贾湖文化与裴李岗文化关系密切，虽然多方面证据表明贾湖遗址存在稻作农业，但是否存在稻粟兼作的可能？小穗轴形态特征是反映水稻驯化特征的重要证据之一，贾湖遗址是否可找到进一步判定水稻驯化特征的小穗轴证据？以往对贾湖遗址稻作农业的研究多集中在水稻本身，能否找到水稻收获、加工、利用方面的证据？针对上述问题，我们在2013年贾湖遗址第八次发掘[6]过程中再次进行了系统的浮选工作，并对该遗址所获植物遗存开展了进一步的淀粉粒、植硅体分析，获得了一些新的研究进展。

一、2013年度植物遗存浮选结果

　　为进一步了解贾湖遗址植物遗存的总体情况以及贾湖先民植物性食物结构，在2013年发掘过程中再次开展了系统的浮选工作。收集土样时，将8座房址和25个灰坑中的填土全部收集，各文化层的土样抽样收集。浮选土样总计约9000升。

　　虽然在取样过程中尽量全部收集所有遗迹中的土样，但仅在10个遗迹单位（8个灰坑和2座房址）中获得了炭化植物遗存。这些炭化植物遗存包括炭屑、块茎残块、硬果壳核和植物种子（表一）。其中，块茎类可鉴定的仅有炭化莲藕（*Nelumbo nucifern*）残块；硬果壳核包括菱属（*Trapa*）残角和残块、芡实（*Euryale ferox*）残块、栎属（*Quercus*）果实和山核桃（*Caryacathayensis*）残壳；植物种子有稻（*Oryza sativa*）、粟（*Setariaitalica*）、小麦（*Triticumaestivum*）、野大豆（*Glycine soja*）、葡萄属（*Vitis*）、禾本科（*Poaceae*）、藜属（*Amaranthus*）、反枝苋（*Amaranthus retroflexus*）、苋科（*Amaranthaceae*）、酸模属（*Rumex*）、蓼科（*Polygonaceae*）、马齿苋科（*Potulacaceae*）、莎草科（*Cyperaceae*）、牛筋草（*Eleusineindica*）、飘拂草（*Fimbrystylis dichotoma*）、泽漆（*Euphorbia helioscopia*）等。

表一　贾湖遗址2013年度植物浮选结果统计表

	H8	H10	H12	H16	H19	H20	H21	H24	F5	F8	合计
植物种子											
稻（*Oryza sativa*）	23				1		30	91		62	207
野大豆（*Glycine soja*）	6	4	2				83	20		16	131
粟（*Setariaitalica*）？		2					3	2		13	19
小麦（*Triticumaestivum*）？	1	1	1		2		3	1	1	7	17
葡萄属（*Vitis*）	3	48			456		2	2		139	650
禾本科（*Poaceae*）					9		1	8		16	34
牛筋草（*Eleusineindica*）	1		64		3				17		85
藜属（*Amaranthus*）		3			8		1		3	6	21
苋科（*Amaranthaceae*）		23			29		12			14	78
反枝苋（*Amaranthus retroflexus*）		5				28		13		23	69
马齿苋科（*Potulacaceae*）		7		17	7				24	8	63
蓼科（*Polygonaceae*）			9	1		11				3	24
莎草科（*Cyperaceae*）	3				8		2	12			25
酸模属（*Rumex*）							48				48
飘拂草（*Fimbristylis dichotoma*）										2	2
泽漆（*Euphorbia helioscopia*）								1			1
未知种子	19	15	35	4	39		12	27	7	59	217
块茎残块											
莲藕（*Nelumbo nucifern*）	1										1
硬果壳核残块											
菱属（*Trapa*）	10	5		51	3987		489		3	38	4583
栎属（*Quercus*）			2					91			93
芡实（*Euryale ferox*）	1										1
山核桃（*Caryacathayensis*）										3	3

结合出土炭化植物遗存的各遗迹单位的层位关系和遗物特征判断，这些单位属于贾湖遗址一期晚段和二期。从这些遗迹单位样品的加速器质谱仪（AMS）碳十四测年数据（表二）来看，经树轮校正后的碳十四年代为距今8500~8000年。

表二 贾湖遗址2013年度发掘样品加速器质谱仪（AMS）碳十四测年结果

实验编号	样本	样本单位	碳十四年代	树轮校正后年代 1σ（68.2%）	树轮校正后年代 2σ（95.4%）
Beta-401983	菱	H21	距今7590±30年	公元前6460~6430年	公元前6470~6420年
Beta-401984	炭块	H24	距今7490±30年	公元前6415~6370年	公元前6430~6345年 公元前6310~6260年
Beta-401987	炭块	H8	距今7540±30年	公元前6435~6400年	公元前6450~6385年
Beta-401988	土样	第3C层	距今7530±30年	公元前6430~6395年	公元前6445~6375年
Beta-382826	土样	第3B层	距今7610±30年	公元前6465~6440年	公元前6475~6430年
Beta-382827	土样	第4层	距今8130±30年	公元前7135~7100年 公元前7085~7065年	公元前7175~7055年
19809	菱	H21	距今7580±30年	距今8407~8377年	距今8419~8353年
19810	橡子	H24	距今7430±30年	距今8310~8235年	距今8332~8184年
19811	葡萄	H19	距今7420±30年	距今8305~8239年	距今8327~8181年
19812	葡萄	F8	距今7620±30年	距今8423~8390年	距今8456~8373年
19813	炭屑	H8	距今7180±30年	距今8009~7968年	距今8033~7946年

说明：编号以Beta-开头的样品测年在美国贝塔（Beta）测年实验室进行；编号以198开头的样品测年在佐治亚大学应用同位素研究中心进行。所用碳十四半衰期为5568年，距今年代指距1950年的年代，树轮校正所用曲线为IntCal13，所用程序为OxCal v3.10。

二、水稻小穗轴与贾湖古稻的驯化特征

水稻小穗轴、基盘的形态特征是判断水稻驯化与否的重要证据之一[7]。此前因贾湖遗址水稻遗存没有公布小穗轴证据，曾有学者质疑其驯化程度[8]。第八次发掘进行植物浮选时，我们非常关注这方面的材料，但遗憾的是因这次发掘区域主要是墓葬区，虽对遗迹单位填土全部浮选，也没找到具有鉴定特征的水稻小穗轴证据。幸而贾湖遗址2001年度浮选时曾发现了一批水稻小穗轴，但在整理研究浮选出的植物遗骸时，没有来得及对这批材料开展相应研究，所以浮选报告未能提及。这批水稻小穗轴出自第一期、第二期的灰坑和房址内，共计454个。小穗轴的总体保存状况不佳，出土小穗轴的各单位均有相当比例的小穗轴不具备鉴定特征，只得归入不可鉴定类型（表三）。依据形态特征，将鉴定特征明显的水稻小穗轴区分为驯化型和野生型。其中野生型小穗轴由于离层发达，脱粒时形成的疤面比较光滑（图一，1）；驯化型小穗轴依形态分为两类，一类疤面呈规则的圆形，但整个疤面部位下凹明显（图一，2）；另一类常见的疤面不规则且不平整

（图一，3）。

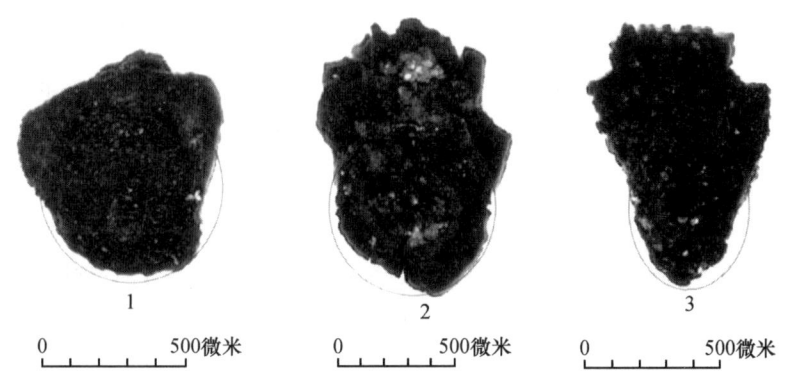

图一 贾湖遗址出土的水稻小穗轴
1.野生型 2.驯化型1 3.驯化型2

表三 贾湖遗址2001年度植物浮选出土水稻小穗轴统计表

时期	驯化型	野生型	不可鉴定	合计
一期	261	69	50	380
二期	46	13	15	74
合计	307	82	65	454

我们对贾湖遗址不同类型的水稻小穗轴进行量化分析，因不可鉴定型小穗轴的数据不能反映水稻的驯化程度，此处的量化分析暂不将其考虑在内。总体来看，第一期和第二期的驯化型小穗轴占所有可鉴定小穗轴的78.9%，野生型的比例为21.1%（图二）。邓州八里岗遗址的贾湖一期遗迹内发现516个水稻小穗轴，除了130个保存状况较差无法进行鉴定外，在所有可鉴定的稻属小穗轴中，驯化型的比例占到79.3%，野生型和不成熟型的比例分别为14.2%和6.5%。研究者认为从小穗轴形态来看，八里岗遗址贾湖一期阶段的水稻已经是驯化稻[9]。根据现有的统计结果，大致可以看出驯化型小穗轴比例从贾湖一期的77.7%增长到二期的82.8%，野生型小穗轴比例在下降。八里岗遗址贾湖一期与贾湖遗址一、二期相比，驯化型稻属小穗轴所占比例大致相当。这批材料为探讨贾湖古稻的驯化水平提供了重要依据。目前还缺少贾湖三期的小穗轴形态数据，但根据前两期的演变趋势并参考农具的比例变化，应该存在驯化型小穗轴继续增长的趋势，即贾湖水稻的驯化程度呈现不断强化的趋势。

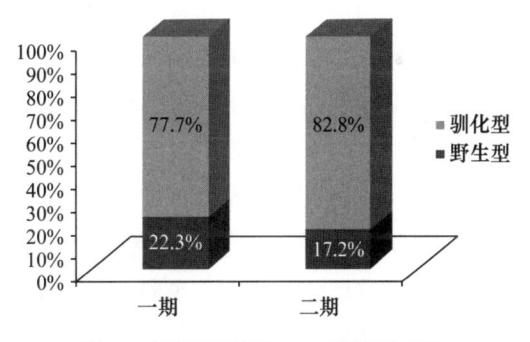

图二 贾湖遗址第一、二期野生型与驯化型水稻小穗轴比例示意图

此前，我们对贾湖遗址第一、三期出土炭化稻米的粒长、粒宽、粒厚进行过测量[10]。其长宽比变幅为1.68～3.38，绝大部分分布在1.9～2.7之间。经反复测量的数据显示，贾湖炭化稻米的长宽比具有多样性。小于2.3的所占比例最大，为50%，且从一期到三期，此区间的分布变化不大；而相对于一期，三期处于2.5～3.5区间的百分比减少，2.3～2.5区间的百分比增加。总体看来，长宽比有变小的趋势，也就是说，贾湖稻米的宽和厚逐渐增加，其千粒重有增加的趋势。

综上，从小穗轴形态所反映的落粒性来看，贾湖遗址的稻米已经处于驯化阶段，驯化性状不断加强，但粒型仍在进化过程中。尽管如此，贾湖水稻遗存所反映的水稻生物性状的明显变化是不容忽视的，这一变化产生的原因自然与高强度的人工干预有关，虽然稻作农业在贾湖聚落经济结构中的比例不高，但其水稻的驯化程度已经有了相当的发展则是可以肯定的。

三、水稻收割方式的植硅体证据

根据文献记载和农学、民族学、民俗学资料可以将水稻的收获方式分为三种，即拍打（手捋）稻穗[11]、割（掐）穗[12]、割秆[13]。采用不同的方式收获水稻，不仅可以反映人们对水稻的依赖程度，也可从一个侧面反映水稻的驯化程度。收获方式不同，带入居住场所的水稻植株部位也会有所不同。用拍打（手捋）稻穗的方法收获水稻时，获取的部位仅是稻谷，几乎没有水稻的茎叶；而采用割（掐）穗方式收获水稻时，会将稻穗和少量茎叶一同带回；当采用割秆方式收获水稻时，会将稻穗和大部分茎叶带回居住地。水稻茎叶和颖壳会产生大量不同形态的植硅体，根据贾湖遗址各期水稻不同部位典型植硅体的分布及相对的比例，可为探讨贾湖先民的水稻收获方式提供重要参考，进而为了解水稻驯化程度及其在生业结构中的地位提供证据。

为了进行植硅体分析，我们在贾湖遗址2013年第八次发掘的不同时期的灰坑、房址、灶址、地层等堆积单位中采集了17份土样。因此次发掘主要为墓葬区，生活遗迹较少，为全面获取贾湖遗址各期利用植物资源的信息，又选择2001年发掘采集的16份土样。由于这两次发掘都比较缺少第三期遗迹，又选择了1份1987年发掘采集的土样[14]。这样，共选取土样34份进行分析，各期土样情况见表四。

表四　贾湖遗址植硅体分析土样统计表

遗迹分期	灰坑	房址	灶	文化层	合计
一期	7	1	2	1	11
二期	5	3	5	1	14
三期	8			1	9
合计	20	4	7	3	34

在18份样品（一期4份、二期8份、三期6份）中发现有总计7817粒水稻植硅体，其中双峰型7558粒，扇型259粒，总体出土概率为52.94%。大部分样品中水稻植硅体含量较少，而且风化严重。

从植硅体分析的结果可以看出，贾湖一期的水稻植硅体有99.7%是来自颖壳部位的双峰型；贾湖二期和三期的水稻植桂体虽然仍主要来自颖壳，但来自茎叶的扇型植硅体所占比重不断增加（图三）。这可能意味着贾湖先民收获水稻的方式发生变化。贾湖第一期时先民可能采用拍打（手将）稻穗的方式收获稻谷，茎秆被带入遗址的概率很小，因而遗址内水稻茎秆部位的扇型植硅体所占比例非常低。到贾湖二期和三期，贾湖先民可能开始采用割（掐）穗的方式来收获水稻，这使得遗址内水稻叶片部位的扇型植硅体所占比例有所增加。

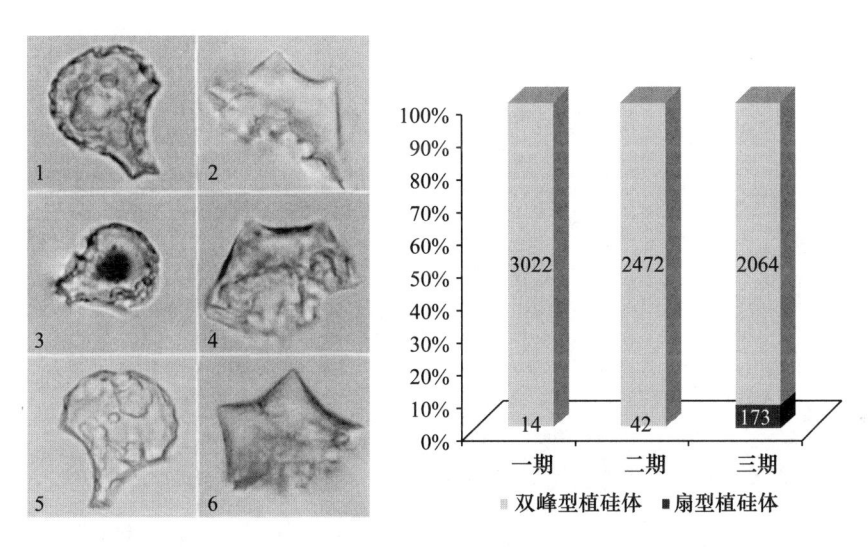

图三　贾湖遗址各期水稻扇型植硅体和双峰型植硅体及数量统计示意图
1、2. H472（二期）　3、4. H21（一期）　5、6. H174（三期）

作为收割谷物工具的石镰的发现[15]，为贾湖先民水稻收获方式的转变提供了重要证据。石镰在贾湖二期开始出现，到贾湖三期数量大幅度增加[16]。这表明贾湖先民在贾湖二期开始使用石镰收割水稻，到贾湖三期可能已有所推广。

结合水稻植硅体证据和石镰的出现可以推知，贾湖先民的水稻收获方式可能经历了从拍打（手将）到割（掐）穗的转变，贾湖一期可能通过拍打（手将）谷穗收获水稻，贾湖二期开始出现割（掐）穗的方式。贾湖三期石镰数量的增加表明割（掐）穗这种收获方式的推广，但是扇型植硅体所占比重仍然很小，表明贾湖先民的收获方式始终没有发展到连秆一起收割的阶段。这在一定程度上体现了当时可能已经开始对水稻的成熟时间不一致性和落粒性进行干预，对水稻进行有意识的优化选育。

四、植物性食物结构分析

因第七、八次发掘中属于贾湖三期的遗迹和遗物较少,为全面了解贾湖遗址各期利用植物资源的信息,我们曾重点对前六次发掘出土的属于贾湖三期的15件石磨盘及残块表面进行了淀粉粒残留物研究[17]。经过种属鉴定,贾湖三期的磨盘及残块表面提取到的淀粉粒残留物来源于菱角、水稻、莲藕、小麦族(Triticeae)、山药(Dioscorea opposita)、薏苡(Coix)、豇豆属(Vigna)等植物(图四)。其中,来源于小麦族、薏苡等野生植物的淀粉数量和出现频率最高。

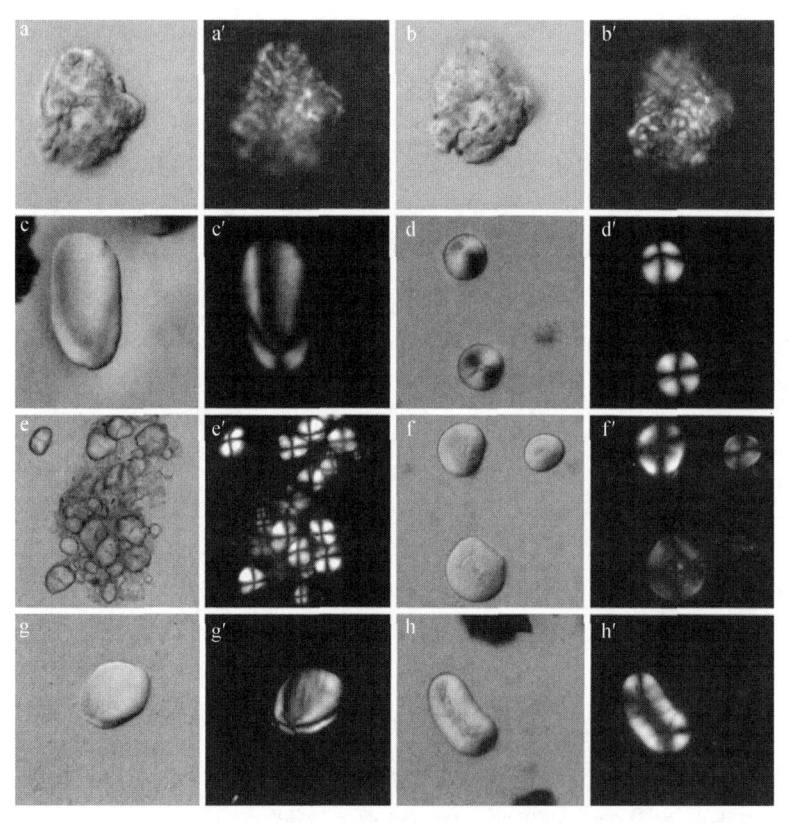

图四 贾湖遗址第三期石磨盘表面提取的淀粉粒种类
a、a′、b、b′. 水稻(Oryza sativa) c、c′. 莲藕(Nelumbo nucifern) d、d′. 菱属(Trapa) e、e′. 薏苡(Coix)
f、f′. 小麦族(Triticeae) g、g′. 山药(Dioscorea opposita) h、h′. 豇豆属(Vigna)
(a′、b′、c′、d′、e′、f′、g′、h′表示照片效果为偏光)

综合2001年、2013年两次发掘的浮选结果和前述淀粉粒残留物分析结果可知,贾湖先民食用的植物包括栽培作物和野生植物两类。可明确认定的栽培作物仅有水稻,发现数量占所有植物遗存的不到10%。虽然第二期水稻的数量少于第一期,但出土概率变化不大。野生植物包括水生的菱属、莲藕，陆生的栎属、野大豆、葡萄属、山核桃、山楂、猕猴桃、山药、豇豆属、薏苡、小麦族等。第一、二期可食用的野生植物种类并未发生明显变化（图五、图六）。需要指出的是，我们只在第三期出土的石磨盘或其残块表面提取到了山药、豇豆属、薏苡、小麦族植物的淀粉粒，但浮选中并未发现相应的炭化遗存（图七）。

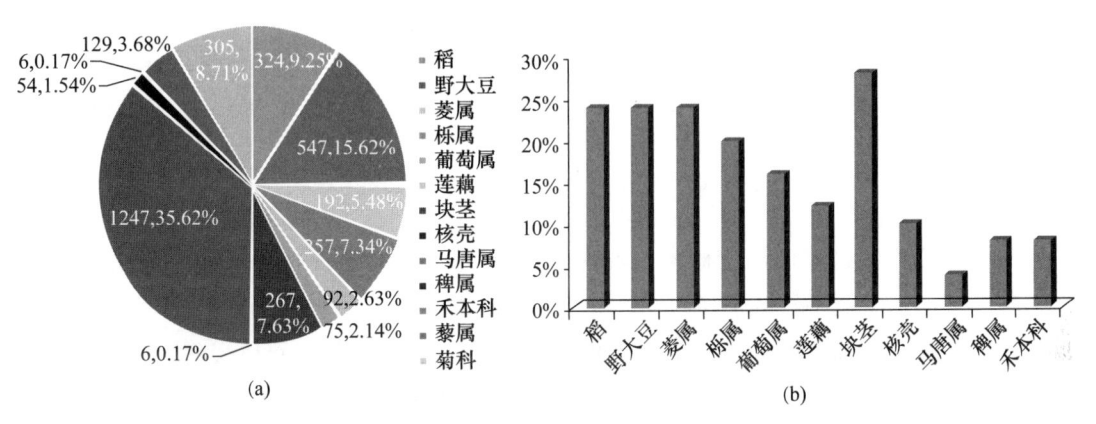

图五　贾湖遗址第一期炭化植物遗存数量比例（a）与出土概率（b）示意图

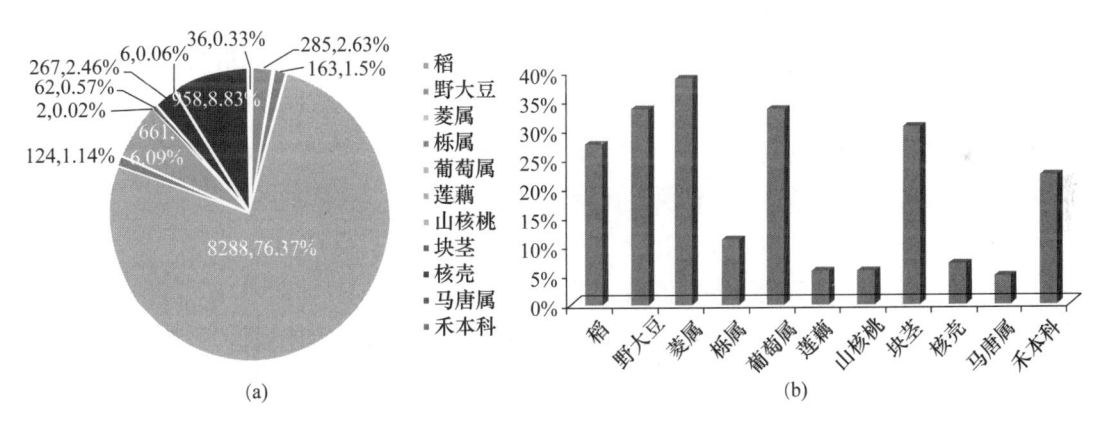

图六　贾湖遗址第二期炭化植物遗存数量比例（a）与出土概率（b）示意图

炭化植物遗骸和淀粉粒这两类植物遗存的绝对数量均显示，野生植物在植食结构中的比例最高，占植物遗存总数约90%以上。需要指出的是，菱角去壳食用后角和壳被丢弃，其碎块的个体数量显得很大，占所有植物遗骸的近80%，但无法统计其最小个体数，推测完整个体的实际数量应该没有这么高，菱属淀粉粒30%的出土概率可能与真实的比例较为接近。从出土概率来看，可食野生植物比例都比较高，菱属出土概率超过30%，葡萄属近30%，栎属近20%。莲藕的出土概率仅15%，但由于莲藕食用后不易遗留残余物，或多不用石磨盘加工，其绝对数量和出土概率可能比实际情况偏低。贾湖第三期石磨盘及残块上提取到的淀粉粒残留物结果显示，利用磨盘加工的植物中，以小麦族和薏苡最为突出。

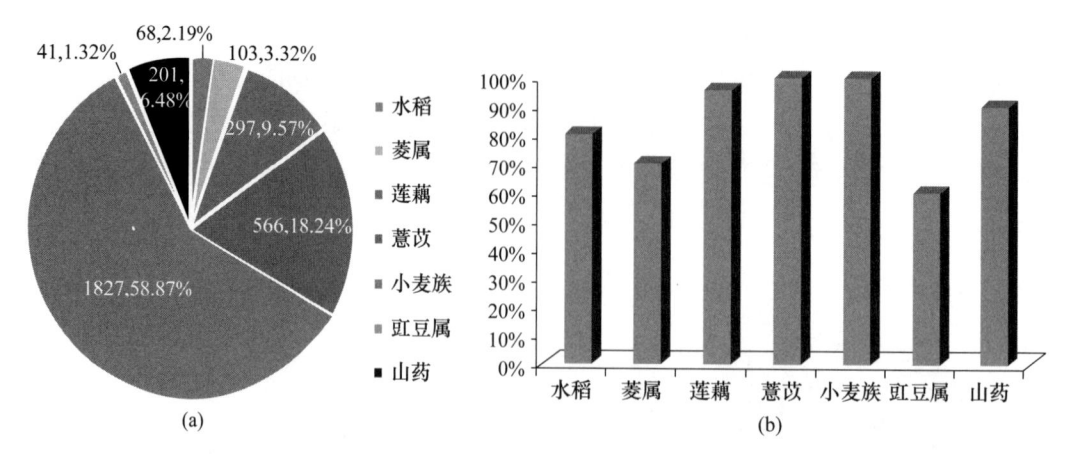

图七　贾湖遗址第三期炭化植物遗存数量比例（a）与出土概率（b）示意图

对照各类植物遗存的出土概率，发现与农耕生产活动相关的水稻和田间杂草如马唐属、稗属等的出土概率均低于15%。而在与采集活动相关的植物中，硬果壳核和块茎残块的出土概率高于30%，野大豆和栎属的出土概率均高于20%[18]。总体来看，野生植物资源的数量丰富，种类多样，且出土概率维持在较高水平；水稻及田间杂草的出土概率未占优势，稻米可能仅提供必要的食物补充。这一结果再次证明，稻作农业可能仅是贾湖先民的辅助性生业活动，野生植物资源应该是其植物性食物结构的主体，采集是获取植食资源的主要方式[19]。贾湖遗址的人骨稳定同位素分析结果证明，贾湖人的植物类食物以C_3类植物为主，C_4类植物的摄取也占有一定的比重，从一期到三期呈现C_4类食物的比例逐渐减小而C_3类食物逐渐增加的趋势[20]，可能反映了食用采集的C_4类野生植物所占比例逐渐减少，而食用农耕收获的C_3类的水稻所占比例逐渐增加这种生业结构的变化。

值得注意的是，在对贾湖遗址出土的不同时期生产工具进行研究时发现[21]，贾湖第一、二期时，骨镞、骨鱼镖等各类渔猎工具的数量比例和出土频率明显高于石铲、石镰等农业生产工具。然而，到了贾湖第三期（距今8000～7500年），各类农具的数量和出土频率明显上升，其比例超过了同期各类渔猎工具。这一结果表明，贾湖遗址第一、二期时采集、渔猎活动是人们获取食物资源的主要途径，农业在当时仅是一种辅助性的生产活动；而到了贾湖第三期，农业生产可能已有了较大发展。

上述分析结果不仅进一步丰富了对贾湖先民植食资源组合及比例的认识，进一步证明了"似农非农"的结构特点，而且发现了各期农业发展演变的规律和证据。

五、粟和小麦

贾湖遗址发现的大量水稻遗存，证明了稻作农业的存在，但是否有其他农作物遗存呢？从2001年第七次发掘起就一直关注这个问题。2001年的植物浮选中在贾湖一期、二期的房基和灰坑内发现3粒小麦种子[22]。2013年度植物浮选结果中又发现了一定数量的炭化小麦和粟的种子，这些炭化种子出自贾湖第一、二期的灰坑和房址内。

2013年度植物浮选共出土19粒裸露的炭化粟粒，未见带壳者，分别出自H10、H21、H24、F8。完整的炭化粟粒近圆形，胚区深凹呈长三角形，胚长为粒长的三分之二至四分之三，背面圆滑，大小不一（图八）。

图八　贾湖遗址出土的炭化粟
1~10. T0203F8

完整炭化粟的粒长1.2~1.56毫米，平均值1.42毫米；粒宽1.17~1.45毫米，平均值1.3毫米（表五）。相关研究表明，现代粟的粒长一般在1.44~1.81毫米，粒宽一般在1.52~1.65毫米，粟粒经人工炭化后，其长、宽、厚均有不同程度的减小，长度缩小4.85%，宽度缩小3.13%[23]。按照这一比例对完整炭化粟粒的长、宽进行复原，其粒长已基本达到现代粟的标准，但是粒宽相对较小，即这些炭化粟较现代粟略细长。考虑到不同炭化条件下，粒长、粒宽的缩小程度可能会不同，推测出土炭化粟的粒型已接近现代粟。

表五　贾湖遗址出土的完整炭化粟长、宽数据

编号	出土单位	长（毫米）	宽（毫米）	编号	出土单位	长（毫米）	宽（毫米）
1	T0203F8	1.470	1.214	9	T0203F8	1.487	1.447
2	T0203F8	1.508	1.271	10	T0203F8	1.201	1.248
3	T0203F8	1.459	1.383	11	T0403H10	1.392	1.167
4	T0203F8	1.445	1.408	12	T0503H10	1.427	1.239
5	T0203F8	1.556	1.220	13	T0201H21	1.247	1.253
6	T0203F8	1.330	1.353	14	T0201H24	1.638	1.278
7	T0203F8	1.347	1.454	15	T0201H24	1.477	1.177
8	T0203F8	1.284	1.305	平均值		1.423	1.304

贾湖遗址目前共发现20粒炭化小麦遗存，其中2001年度浮选发现3粒，2013年度浮选发现17粒。完整的小麦颖果，呈团圆形、椭圆形或长椭圆形，粒型差异较大（表六）。在颖果的背面，靠近基端有显著的疤痕，为胚区。在胚区中央，可见到略凸出的胚轴，胚轴基端尖，腹面中央有纵向腹沟。麦粒因炭化呈黑色，表面有一些小块缺损（图九）。

表六　贾湖遗址出土的完整炭化小麦长、宽数据

编号	出土单位	长（毫米）	宽（毫米）	编号	出土单位	长（毫米）	宽（毫米）
1	T0201H12	3.098	2.229	5	T0203F8	4.005	3.508
2	T0203F8	4.133	2.997	6	T0201H21	3.803	1.999
3	T0303F5	3.273	1.890	7	T106F50	4.96	3.04
4	T0202H19	3.469	2.031	8	T0201H21	3.86	2.96

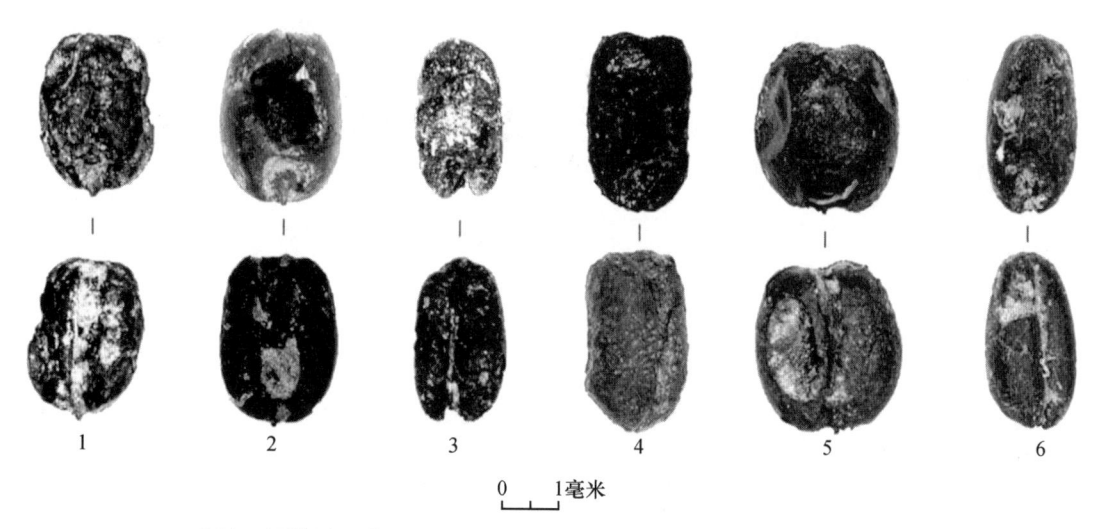

图九　贾湖遗址出土的炭化小麦（上、下行为同一粒小麦的正反面）
1. T0201H12　2、5. T0203F8　3. T0303F5　4. T0202H19　6. T0201H21

在发掘、采集土样和浮选过程中，我们秉持谨慎原则，确保浮选结果出土单位的准确性，避免操作不当造成污染。

考虑到贾湖遗址出土小麦遗存与现今学界对小麦在距今五千纪中后期由西亚传入中国的一般认识[24]不一致，而且前七次发掘均未发现粟类种子，因此对贾湖遗址出土的小麦和粟均反复进行了加速器质谱仪（AMS）碳十四测年（表七）。测年结果显示，小麦和粟均不早于距今800年。也就是说，贾湖遗址出土的粟和小麦均不是贾湖文化时期的炭化植物遗存。浮选发现的粟和小麦种子是探讨作物起源与生业结构最直接和最关键的证据，倘若这两种遗存均是贾湖文化时期的产物，无疑会颠覆当前学界的普遍认识。遗憾的是，这两种作物种子的测年结果并不支持这样的结论。

表七 贾湖遗址出土小麦、粟样品加速器质谱仪（AMS）碳十四测年结果

实验编号	样本	出土单位	碳十四年代	树轮校正后年代 1σ（68.2%）	树轮校正后年代 2σ（95.4%）
Beta-401985	小麦	H24	163.9+/−0.2 pMC		现代
Beta-401986	小麦	H19	100.5+/−0.3 pMC		现代
Beta-404376	小麦	H21	距今380±30年	距今500~440年 距今350~335年	距今505~425年 距今395~320年
Beta-404377	小麦	H21	距今610±30年	距今650~620年 距今610~580年 距今570~555年	距今660~540年
20247	小麦	H21	100.4+/−0.3pMC		现代
20248	小麦	H24	100.5+/−0.3pMC		现代
20249	小麦	H19	距今380±20年	距今510~450年 距今350~335年	距今505~425年 距今395~320年
OxA-X-2672-19	粟	F8	距今780±110年	距今614~556年	距今727~623年

说明：编号以Beta-开头的样品测年在美国贝塔（Beta）测年实验室进行；编号以202开头的样品测年在佐治亚大学应用同位素研究中心进行；编号以OxA-开头的样品测年在牛津大学测年实验室进行。所用碳十四半衰期为5568年，距今年代指距1950年的年代，树轮校正所用曲线为IntCal13，所用程序为OxCal v3.10。

在发掘中，我们关注并排除了鼠洞的干扰，但虫洞（比如蚁窝）尤其是遗址废弃之后埋藏过程中的古老虫洞，是很难排除的。所以我们推测这些炭化的小麦和粟类遗骸很可能来自古代虫洞。这些粟和小麦遗骸虽然大大晚于贾湖文化时期，但是对于研究800年以来当地作物结构和粒型状况的演变还是有一定参考价值的。

结 语

历年来的多种植物考古资料显示，贾湖先民的植食资源包括通过农业种植收获的水稻，以及通过采集获得的各种块根和块茎、坚果、浆果、豆类及其他禾草类种子等野生植物。各类植物遗存的量化分析结果显示，贾湖遗址第一、二期的植食结构中，可食用的野生植物是主体，采集是获取植食资源的主要方式；水稻在植食资源结构中所占的比重较小，农业在生业结构中居于次要和补充地位。生产工具统计结果显示，贾湖第三期的原始农业可能获得较大发展。水稻植硅体的分析结果显示，贾湖先民的水稻收获方式可能经历了从拍打（手捋）到割（掐）穗的转变，贾湖一期是通过拍打（手捋）谷穗收获稻谷，贾湖二期开始出现割（掐）穗的方式。水稻小穗轴形态特征表明，贾湖古稻已经处于驯化阶段，水稻粒型等生物性状仍在驯化过程之中。驯化型水稻小穗轴所占比例的增长、稻米粒型的变化、扇型和双峰型植硅体的比例变化等证据均表明，贾湖遗址的稻作农业已经有了

初步的发展，并已经持续发展了一个较长的阶段。上述研究再次证明，贾湖聚落仅进行了栽培水稻的实践，排除了粟黍类旱作农业存在的可能性。出土炭化小麦和粟粒的测年结果提醒我们，在判断浮选出土的特殊植物遗骸所属年代时，一定要进行准确的测年，将地层关系与测年结果相结合进行年代学研究，才能得出可靠的结论。这对认识浮选出土的特殊植物，尤其是对认识敏感时期、敏感地区的敏感作物具有一定的启示意义。

附记：本研究得到国家重点基础研究发展规划项目（973项目）（批准号2015CB953802）、国家自然科学基金面上项目（批准号41472148）、中国科学院战略性先导科技专项项目（批准号XDA05130503）、中国博士后科学基金（批准号2016M602025、2017T100456）资助。本文涉及的小麦和粟粒的鉴定由中国科学院植物研究所孔昭宸先生和刘长江先生承担，水稻小穗轴由中国社会科学院考古研究所赵志军先生及其课题组拣选。在此一并致以诚挚的谢意！

注　释

[1] 河南省文物考古研究所：《舞阳贾湖》，科学出版社，1999年，第883～896页；河南省文物考古研究院、中国科学技术大学科技史与科技考古系：《舞阳贾湖（二）》，科学出版社，2015年，第462～468页。

[2] 河南省文物考古研究所：《舞阳贾湖》，科学出版社，1999年，第883～896页；河南省文物考古研究院、中国科学技术大学科技史与科技考古系：《舞阳贾湖（二）》，科学出版社，2015年，第462～468页。

[3] 河南省文物考古研究所：《舞阳贾湖》，科学出版社，1999年，第883～896页；河南省文物考古研究院、中国科学技术大学科技史与科技考古系：《舞阳贾湖（二）》，科学出版社，2015年，第462～468页。

[4] 赵志军、张居中：《贾湖遗址2001年度浮选结果分析报告》，《考古》2009年第8期。

[5] Zhang J P, Lu H Y, Gu W F, et al. Early Mixed Farming of Millet and Rice 7800 Years Ago in the Middle Yellow River Region, China. PLOS ONE, 2012, 1(12): e52146.

[6] 河南省文物考古研究院等：《河南舞阳县贾湖遗址2013年发掘简报》，《考古》2017年第12期。

[7] 郑云飞等：《7000年前考古遗址出土稻谷的小穗轴特征》，《科学通报》2007年第9期；Fuller D Q, Qin L, Zheng Y, et al. The Domestication Process and Domestication Rate in Rice: Spikelet Bases from the Lower Yangtze. Science, 2009, 323(5921): 1607-1610.

[8] Fuller D, Ling Q, Harvey E. Rice Archaeobotany Revisited: Comments on Liu. Antiquity, 2007, 82: 315.

[9] Deng Z H, Qin L, Gao Y, et al. From Early Domesticated Rice of the Middle Yangtze Basin to Millet, Rice and Wheat Agriculture: Archaeobotanical Macro-Remains from Baligang, Nanyang Basin, Central China(6700-500 BC). PLOS ONE, 2015, 10(10): e0139885.

[10] 张居中等：《舞阳贾湖炭化稻米粒型再研究》，《农业考古》2009年第4期。

[11] Vaughan D A, Lu B R, Tomooka N. The Evolving Story of Rice Evolution. Plant Science, 2008, 174(4): 394-408；傅稻镰、秦岭：《农业起源的比较研究——西亚和北美东部的个案分析》，《古代文明（第4卷）》，文物出版社，2005年。

[12] 马洪路：《再论我国新石器时代的谷物加工》，《农业考古》1986年第2期；杨肇清：《试析锯齿石镰》，《中原文物》1981年第2期；郑云飞、蒋乐平：《上山遗址出土的古稻遗存及其意义》，《考古》2007年第9期。

[13] （宋）庄绰：《鸡肋编》，上海古籍出版社，2012年。

[14] 因第八次发掘未发现形态清晰的第二、三期水稻植硅体，所以利用了第六次发掘采集的属于第三期H174的土样植硅体分析结果，以及第七次发掘采集的属于第二期H472的土样植硅体分析结果，用以与第八次发掘采集的属于第一期H21的土样植硅体分析结果进行对比研究。

[15] Vaughan D A, Lu B R, Tomooka N. The Evolving Story of Rice Evolution. Plant Science, 2008, 174(4): 394-408；傅稻镰、秦岭：《农业起源的比较研究——西亚和北美东部的个案分析》，《古代文明（第4卷）》，文物出版社，2005年。

[16] 胡耀武等：《贾湖遗址人骨的稳定同位素分析》，《中国科学：D辑》2007年第1期。

[17] 贾湖淀粉粒的阶段性研究结果参见《舞阳贾湖（二）》，科学出版社，2015年，第406~414页。

[18] 赵志军、张居中：《贾湖遗址2001年度浮选结果分析报告》，《考古》2009年第8期。

[19] 赵志军、张居中：《贾湖遗址2001年度浮选结果分析报告》，《考古》2009年第8期。

[20] 胡耀武等：《贾湖遗址人骨的稳定同位素分析》，《中国科学：D辑》2007年第1期。

[21] 来茵等：《舞阳贾湖遗址生产工具及其所反映的经济形态分析》，《中原文物》2009年第2期。

[22] 《舞阳贾湖（二）》，科学出版社，2015年，第469~471。

[23] Zhang J P, Lu H Y, Gu W F, et al. Early Mixed Farming of Millet and Rice 7800 Years Ago in the Middle Yellow River Region, China. PLOS ONE, 2012, 1(12): e52146；刘长江、孔昭宸：《粟、黍籽粒的形态比较及其在考古鉴定中的意义》，《考古》2004年第8期。

[24] 赵志军：《小麦传入中国的研究——植物考古资料》，《南方文物》2015年第3期；Betts A, Jia P W, Dodson J. The Origins of Wheat in China and Potential Pathways for Its Introduction: A Review. Quaternary International, 2014, 348: 158-168.

（原载《考古》2018年第4期；与程至杰、蓝万里、杨玉璋、罗武宏、姚凌、尹承龙合著）

古环境与栽培稻的西进南下

农业传播是考古学研究中的重要学术领域之一。稻作农业的东传路线，学术界有较为充分的研究，分别有南线说、北线说、中线说等不同观点，而西传和南传论者不多。农业是一种生计方式，在发展过程中成为史前社会重要的经济基础之一。农业在发展，也在扩散传播。而传播要满足一些基本的前提：一是有适宜的气候环境；二是应该有技术上的准备；三是应该有人群的交流活动。满足这些条件就会大大减少传播的阻力。全新世大暖期的持续升温使得北方粟作区的部分地区开始适宜稻子的种植，长期粟作农业使得人们积累了丰富的种植技术和经验，文化上的整合等各方面的原因促成了稻作农业在传统的粟作区落地生根，相对高产的稻作农业可能进一步促进了整个社会、文化的继续发展与整合。环境、社会、文化各方面的因素导致史前时期稻作农业区始终存在南北摆动的发展状态，这种动态发展的过程恰恰为栽培稻的传播提供了机遇和可能性，并在稻作区和旱作区之间形成稻粟混作区，最终形成"南稻北粟"的基本格局。

一、起源中心

既然是讲传播，就回避不了源头的问题，关于中国稻作起源于何时何地一直是学术界致力解决的问题，学术界对于这个问题始终未能达成一致，概括起来有两种观点，即一元论和多元论，且先有一元论后有多元论。主张一元论的学者提出云贵高原说、华南说、长江中游说、长江下游说等。主张多元说的学者有严文明[1]、裴安平[2]、张居中等[3]。张居中曾提出栽培稻的最初起源地应具备四种必不可少的前提条件：一是该地必须发现有最早的栽培古稻遗存；二是该地当时还必须发现有栽培稻的野生祖先种普通野生稻；三是该地当时要具备适于栽培稻及其野生祖先种生长发育的气候与环境条件；四是当时该地或其附近要有以栽培稻为主要食物并具有将野生稻驯化为栽培稻的发展水平和能力的古人类群体，以及相应的稻作农业生产工具。凡是符合上述四个条件的地区都有可能成为稻作农业的发生地，这片区域即中国淮河流域以南的大片区域，栽培稻的西传则是从这个大中心出发的，只是在稻作农业有了相当的发展之后才开始的，而且环境因素在传播过程中扮演着很重要的作用。

二、西 进

距今7000年前后气候不断好转，尤其是全新世气候适宜期时，稻作栽培区不断扩大。距今约7000~6000年，稻作栽培区从原北纬30°~33°向北推进，尤以汉水中上游的淅川下王岗[4]、西乡何家湾[5]等遗址为代表。而淮河中游地区人们的生业经济仍以渔猎-采集经济为主，农业经济发展相对滞后，但从遗址整体文化面貌来看，人们的物质资源并不匮乏，其中以石山子遗址[6]、蚌埠双墩[7]为代表。距今约6000~5000年，稻作栽培区广泛分布区至北纬35°，由东向西，依次有灰嘴[8]、洛阳西高崖[9]、三门峡南交口[10]、华县泉护村[11]等遗址。距今5000~4000年，稻作栽培区往西推进到了扶风案板[12]、天水西山坪[13]。总的来说，在距今6000~4000年，随着关中、豫西、晋南地区典型仰韶文化的不断整合，稻作栽培也在典型仰韶文化区内广泛传播，向西甚至到了马家窑文化区。

从气候环境来讲，汉水流域上游龙岗寺仰韶文化灰坑中发现的野生森林动物有野猪、野牛、貘、华丽黑鹿、小鹿等[14]。汉水中游河南淅川下王岗遗址文化层中也发现大量的森林动物[15]。这些证据都表明，此时汉水流域气候温暖湿润。洛阳盆地距今约8000~3000年，气候比较温暖湿润，接近现代长江中下游的气候[16]。郑州西山全新世地层的分析显示，在距今6800~4200年，这一地区达到温暖湿润的鼎盛阶段[17]。三门峡南交口遗址位于河旁二级阶地及黄土台塬边坡上，距今8039~5368年该地区属于暖湿气候类型，湖盆流域温暖湿润，湖泊水位较高[18]。关中平原则森林广布，气候温暖湿润[19]。这些地区适宜的气候环境，为栽培稻的种植做好了准备。

从植物考古证据来看，淮河流域上游地区距今9000~7500年的舞阳贾湖遗址就已有丰富的稻作遗存被发现[20]。近期又在汉水流域距今8500年的邓州八里岗遗址发现了高比例的驯化稻[21]。淮河中游地区距今7000~6000年的蚌埠双墩、定远侯家寨和霍邱红墩寺[22]等遗址发现稻作遗存。淮河下游有龙虬庄一期（距今7000~6300年）、二期（距今6300~5500年）。汉水流域的稻作遗存还有西乡何家湾（距今7000~6000年）[23]、淅川下王岗（距今6000~5000年）[24]等。丰富且时间连续的稻作遗存表明在距今7000~6000年淮河和汉水流域稻作栽培普遍，而且其稻种很早就已形成粳型特征，这就形成了淮汉粳稻栽培带[25]。

黄河流域洛阳盆地、关中平原和渭河上游地区稻作遗存的证据表明传统粟作区引入了新的稻作栽培技术，优化了作物结构，再加上适宜的气候环境，使得农业有了一定的发展。农业经济的发展，为社会的发展提供了有保障的物质基础，所以庙底沟期文化才如此强势。反之，文化上较为强劲的扩张也促进了稻作栽培区的传播扩展。

从考古学文化角度看，此时正值华山文化圈典型仰韶文化鼎盛阶段的庙底沟期，以花卉图案为标志的文化因素遍及整个关中、豫西、晋南地区，其势力范围的扩展达到了前所未有的程度。向西鲸吞关中平原的腹地一直到达甘肃东部的渭河上游地区；向东扩张使得嵩山文化圈和太行文化圈原有的文化因素受到严重挤压，泰山文化圈的大汶口文化、太湖文化圈的马家浜和崧泽文化也受到极大的影响[26]；向南则剧烈影响淮汉文化带，主要表现在对汉水中上游考古学文化的整合。

淮系文化[27]以鼎为主要炊器，以小口壶（罐）为主要水器，还有龟灵崇拜、犬牲等。贾湖文化在受到嵩山文化圈裴李岗文化的挤压后沿着淮河和汉水向东、西两个方向迁徙，成为淮汉文化带形成的基础。汉水中上游先受到老官台文化李家村类型影响，又不断受到东部淮系文化的影响，如下王岗、龙岗寺等遗址的龟灵崇拜现象和唐河影坑遗址发现的陶鬶等都是受到淮系文化影响的标志。

但是，该地区大溪文化因素业已出现，在屈家岭—石家河文化时期南方文化因素大量出现，终究沦为其文化版图一隅[28]。南北强势文化此消彼长，汉水中上游地区文化很难独成一体，那么农作物粟黍稻的变化也就不难理解了。龙岗寺[29]和中坝遗址的粟米[30]的出现可能是这个原因。淮河下游同样存在南北文化此消彼长的现象，早期北部以北辛—大汶口文化为代表，南部以龙虬庄文化为代表，曾被统称为青莲岗文化，中晚期影响到江淮地区的北阴阳营、凌家滩等文化。栽培稻作为一种农作物，在这条文化带上传播，同时南北摆动，在环境适宜的地方落地生根。

三、南　　下

近年来，成都平原宝墩文化的浮选工作带给研究者一些新的思考。宝墩文化以相继发现的广汉三星堆、新津宝墩村、都江堰芒城村、崇州双河村和紫竹村、郫县古城村、温江鱼凫村等史前遗址群为代表，这些遗址位于成都平原西侧的东北—西南半环形地带，年代距今4700～4000年[31]。植物遗存发现有稻、粟、野豌豆等，稻属遗存是驯化品种，另有少量粟，浮选的植物遗存主要属一期2段，基本反映了距今4500年前后的状况，这些群落的生业模式以稻作为主[32]。宝墩驯化的稻子从何而来呢？有学者认为应该是从长江中游出发顺峡江地区到川东重庆地区传播而来[33]。从现在的考古发现和当时的文化格局、气候、地貌、水文条件来看，这条传播线路似乎不太清晰明朗。

从宝墩文化时期的环境地貌来看，成都平原当时的环境温暖湿润。刘兴诗先生把成都平原全新世划分出了干湿交替的四个地文期：前江北期（距今9500～7500年），温干；资阳期（距今7500～5000年），温暖湿润；江北期（距今5000～2700年），温暖湿润程度降低；三台期（距今2700年至今），凉爽湿润，分别对应北欧全新世气候分期，北方期、大西洋期、亚北方期和亚大西洋期[34]。在气候适宜的大西洋期，中原地区正是典型仰韶文化高速发展期，但成都平原则可能是水道纵横、湖沼满布、洪涝频繁，不利于人类活动和文化的繁荣与发展，而在亚北方期，气候没有那么湿润，使成都平原史前文化兴起[35]。

就地貌来讲，整个平原东南低，西北高，坡度平缓，一般坡降在3%～5%，山前部分可超过7%～11%，与周围山地有明显的波折，特别是与西部龙门山有显著的地势差异，河流上游近山地带多为南北向，下游腹心地带的河流多为西北—东南向，史前宝墩等六座城址大都选择与河流平行的龙岗状台地，特点是有利于防洪、增强城址的抗洪能力[36]。

从早期城址西南—东北半环形的地理分布和城址所处地貌特点来看，虽然亚北方期水文条件相对于大西洋期有所改善，但河流下游地势较低，仍然不利于人居。即使经历了距今2500年较为明显的快速降温过程[37]，秦代仍然要修都江堰治理水患。

从现在的考古发现来看，平原东南稍早于宝墩文化的新石器时代文化有哨棚嘴一期文化[38]、老关庙下层文化[39]。东北地区则有绵阳边堆山遗址[40]。哨棚嘴一期文化年代相当于中原地区的庙底沟二期文化，陶器总体风格比宝墩村文化显得更古朴，老关庙下层文化与其年代相当，其陶器遗存与哨棚嘴一期文化总体面貌有相近之处，但又存在明显差别，而与宝墩村文化的陶器差别更大，边堆山遗址文化较单纯，有学者根据已发表材料，推断宝墩文化可能的发展序列为边堆山—宝墩—三星堆[41]，但其陶器文化面貌与哨棚嘴一期类型差别很大，比哨棚嘴一期文化稍晚的忠县中坝子早期晚段遗存与宝墩文化有相似因素却又存在显著差异，对于其是否和宝墩文化归为同一考古学文化值得考虑，重庆沿长江地区忠县一带应当不属于宝墩村文化的基本分布区，只是在向东发展的过程中，川中丘陵一带与川东平行谷地的忠县哨棚嘴一期、老关庙下层遗存为代表的文化发生接触，并受到了后者的制约而未到达重庆沿江一带。不论从文化还是自然条件来讲，这条线路都有很大的阻力。

宝墩文化的聚落群和城址表明当时的社会复杂化程度已经很高，并且在发展壮大，这一定是建立在相当发展的物质基础上的。在宝墩文化时期稻作农业作为重要的经济部门应该处在发展期。至于宝墩文化中石家河文化因素具体情况所见报道较少。

总的来说，这条线路还不是很清楚，需要进一步探讨，正如有学者从其他的角度指出的一样，宝墩稻米非常短小，需要和长江中游的数据对比后进行合理解释，大溪—屈家岭—石家河文化序列中农业经济发展模式是完全不清楚的，是否始终伴随小部分的粟作共同进行，这点尚不能肯定[42]。长江中游仅见城头山遗址的狗尾草[43]。三峡地区的中坝遗址一期（距今4500～3750年）以粟黍遗存为主，仅发现一个炭化稻残块，稻作遗存在中坝后期的样品中也较罕见。中坝遗址的粟当另有来源。长江中游的稻作农业是了解成都平原稻作农业的重要的历史背景，但是并不唯一。

宝墩文化除了有稻子还有粟。考虑到粟的生境，聚焦西部，从甘青地区到川西北都有粟被发现，从北往南依次有营盘山遗址[44]、箭山寨遗址[45]、哈休遗址[46]、昌都卡若遗址[47]等。从这些遗址的分布来看，其都位于中国从东北至西南的边地半月形文化传播带[48]。

边地半月形文化传播带是童恩正提出的，他借用文化人类学的概念，将考古学文化要素称为文化因素（culture element），并且运用文化因素分析法，从出土器物的类型、风格、建筑遗迹、葬具、葬俗等方面的文化因素,探讨东北至西南这一半月形地带古文化的内在联系。边地半月形文化传播带的位置恰好从西面环绕黄河中游的黄土高原,东起大兴安岭南端,北以长城为界,西抵河湟地区再折向南方,沿青藏高原东部直达云南西部。

这个边地半月形文化传播带大兴安岭南端及西辽河平原在北纬40°附近,海拔为1000~1500米;六盘山以西、黄河上游河湟一带在北纬37°附近,黄土高原的高度在2000米左右;青藏高原的东南部为北纬33°~26°,平均海拔3000米以上。半月形地带的高度呈阶梯状递增,呈现纬度高地形低、地形高纬度低的互为补偿的自然条件,使本地区的太阳辐射、气温、降水量、湿润程度、植物生长期等方面具有相当的一致性,并且自从新石器时代晚期以来,这个半月形地带一直是畜牧或半农半牧的民族繁衍生息的场所,西北地区的马家窑系统文化虽然发展水平很高,但其主流始终不能进入中原地区,最终向四川盆地扩张。环境学者的研究则表明距今36000~7000年,青藏高原的气候温润[49],人类活动范围相对现在较大。

马家窑、半山、马厂文化系统中,陶器以平底器占绝对优势,不见三足器,器形以罐、壶、盆、碗较多,这些似乎都和卡若的陶器有一定的关系,卡若遗址的三角折线纹、菱形纹和半山类型折线三角、正反相对的三角形相似,彩绘在夹砂陶磨光的面上,不加色衣,黑彩暗淡,容易脱落,和马厂类型的彩陶也类似[50]。哈休遗址(公元前4000年~前3500年)位于大渡河上游,文化性质属于仰韶晚期文化和马家窑文化[51]。同样,哈休、营盘山的陶片化学元素分析结果显示与以高钙、高镁黏土制作的甘肃彩陶及非彩陶标本相似,甚至整个川西彩陶标本都有同样的分析结果[52]。从西北到西南,横断山区北部及邻近地区都有一些彩陶被发现[53]。

四川盆地与华北地区的文化联系甚至可以更早,旧石器时代晚期的富林遗址与华北旧石器文化有着密切关系,甚至可以认为是华北旧石器文化以小石器为主要传统的类型向西南发展的结果,而不大可能是南方旧石器文化接受华北旧石器文化影响的结果[54]。也就是从旧石器时代开始,这个文化走廊一直存在且发挥着作用。

新近关于北方粟作农业起源的重要证据是山西柿子滩、河北南庄头、北京东胡林的淀粉粒,证明早在距今11000年左右华北地区的先民们就已对粟米进行利用[55]。有人认为磁山发达的粟作农业是由泥河湾和冀东北的细石器文化发展而来[56]。大地湾连续完整的考古记录证明旧石器晚期,北中国以细石器工业为特征的狩猎采集者就已开始了向粟作农业的转变过程[57]。且经过两个阶段的发展:第一个阶段是(距今7900~7200年)人们收获和储藏足够的黍来自给和喂养他们的猎狗;第二个阶段是(距今5900年)黍和粟同时栽培,并且对人们的生活有重要意义[58]。最迟在距今6000年左右河湟地区已经有了较为发达的粟作农业。随着马家窑文化的扩展,人们将粟作农业也从甘肃南部带到四川西部。桂园桥(距今5000~4500年)早期的陶器也表明粟作农业已经到低海拔的平原地带[59]。这条文化通道始终畅通，甚至有人认为宝墩文化的源头是马家窑文化，尤其是营盘山[60]。如果粟米来自甘青地区，那么稻子到达甘肃天水地区之后，可能重蹈粟米的传播路线而到达四川盆地低海拔的平原地带，不能否认这种可能性是存在的。

宝墩文化的稻米时间上晚于稻米到达甘肃天水一带的时间，所以稻米很可能只是作为一种农作物被人们将其带到适宜种植的成都平原。而稻米的引进促进了农业的发展，从而可能极大地促进了宝墩文化社会复杂化程度的加剧和文化的扩张，为紧接其后的三星堆高度文明奠定了坚实的物质基础。

稻米南下的脚步是否就此停止呢，本研究继续跟踪发现在云南地区出土水稻遗存的新石器时代遗址有耿马石佛洞（距今2900年）[61]、元谋大墩子（距今3210±90年）[62]、昌宁达宾营盘山（距今3304±82年）[63]、宾川白羊村（距今3370±85年）[64]、晋宁石寨山（距今4260±165年）、耿马南壁桥[65]、剑川海门口（距今4300~3900年）[66]，时间均晚于宝墩文化，甚至晚于三星堆，很多都已进入青铜时代。这些遗址同样分布在边地半月形文化传播带上。

另外，云南的稻子很有特点，如云南耿马石佛洞与昌宁营盘山稻谷的外形与现今栽培稻的陆稻品种，如澜沧江、沧源、西盟等地的地方品种"扎鲁扎拉"、"扎西尼"、"阿丫甫"、"考糯秕"等，在粒型形态上有较多相似之处，可能为陆稻，谷壳没稃毛，可能为"光壳稻"[67]。而这种光壳稻根据栽培稻已有的分类，属于粳稻，是从粳稻中分化出来的一种生态类型，适宜栽培在干旱缺水的土壤中[68]。

距今5000年前，各地的栽培品种都有明显的"二向演化态"特征，即粒型似籼，而稃壳植硅石和双峰乳突像粳稻，或者相反的其他性状组合，反映出古栽培稻的复杂性和多样性，也说明粒型和双峰乳突两种性状是独立遗传和演化的[69]。但在距今5000年前后发生了明显变化，长江中游属于屈家岭文化（距今5000~4500年）的几处遗址，如天门石家河、武昌放鹰台、京山屈家岭等[70]发现的稻子都是粳稻，另外，云梦好石桥[71]和随州三里岗冷皮娅[72]发现的也是粳稻。长江下游的草鞋山的水稻DNA分析结果也显示其为粳稻[73]。植硅石的分析同样证明其是粳稻[74]。经过几千年的人工干预和自然演化，原始古稻在距今6000~5000年逐渐发展为粳稻。

虽然不能单独根据表型明确宝墩的稻子是粳稻还是籼稻，但是考虑到粳稻是在中国驯化，在东南亚籼稻较晚，以及宝墩的植物群表明的湿地环境，说明宝墩的驯化稻为粳稻的可能性很大。南部贵州的植物材料相对较少，青铜时代鸡公山[75]的稻作可能是成都平原稻作农业发展后扩散的结果。

近期广西西部那坡感驮岩的发现[76]及其研究让稻粟南下的可能性更大。感驮岩遗址出土的遗物不仅数量多，而且风格独特，牙璋、炭化粟等在广西史前考古中还是首次发现。尤其是发现的牙璋证明了感驮岩遗址与中原地区古代文化有比较密切的联系，其稻、粟的^{14}C测定如表一所示。

表一　感驮岩遗址出土炭化稻、粟 ^{14}C 测定年代

样品编号	年代	备注
DY-D1013	距今2883±50年；公元前1077±203年	炭化稻
DY-D1014	距今3463±50年；公元前1820±153年	炭化稻
DY-D1015	距今3131±50年；公元前1448±183年	炭化粟

据研究，感驮岩古稻属于偏粳稻类型的栽培古稻群。在判别函数和距离测定数据指标上都属于粳稻类型，在形态上接近粳稻。张光直很早就推测东南亚的粟米是从黄河流域传播过去的[77]，现在看来是完全有可能的，而这条粟米之路很可能也是粳米之路。

四、结　语

根据前文的梳理，笔者认为栽培稻的西传与南传和气候环境关系密切，大致分为两步：第一步西进，一条沿着淮汉条形文化带进行，另外一条在仰韶时代华山文化圈内典型仰韶文化的整合区内；第二步是南下，南下的路线应该是沿着边地半月形文化传播带进行的，主要是马家窑文化（距今5000～4000年）向四川盆地的扩张。

南下的这条路线应该是粟米传播的路线，但是，当稻子到了甘肃天水一带，栽培稻重蹈粟米之路进入低海拔的平原地带，考虑到宝墩和云南水稻的特点及时间，云南青铜时代的稻子应当是稻作农业在成都平原有了一定发展之后扩散的结果，而云南的粳稻可能进一步南下，通过"藏缅走廊"进入中南半岛。

注　释

[1] 严文明：《中国稻作农业的起源》，《农业考古》1982年第1、2期；严文明：《再论中国稻作农业起源》，《农业考古》1989年第2期。

[2] 裴安平：《彭头山文化的稻作遗存与中国史前稻作农业》，《农业考古》1989年第2期。

[3] 张居中：《河南史前水稻栽培刍议》，《文物天地》1994年第3期。

[4] 河南省文物考古研究所：《淅川下王岗》，文物出版社，1989年。

[5] 陕西省考古研究所汉水考古队：《陕西西乡何家湾新石器时代遗址首次发掘》，《考古与文物》1981年第4期。

[6] 董珍、张居中、杨玉璋等：《安徽濉溪石山子遗址古人类植物性食物资源利用情况的淀粉粒分析》，《第四纪研究》2014年第34卷第1期。

[7] 董珍：《双墩、石山子遗址石器表面的淀粉粒分析》，中国科学技术大学硕士学位论文，2013年。

[8] 北京大学考古文博学院：《考古学研究（九）》，文物出版社，2012年。

[9] 洛阳博物馆：《洛阳西高崖遗址试掘简报》，《文物》1981年第7期。

[10] 河南省文物考古研究所：《三门峡南交口》，科学出版社，2009年。

［11］黄河水库考古队华县队：《陕西华县柳子镇考古发掘简报》，《考古》1959年第2期。

［12］西北大学文博学院考古专业：《扶风案板遗址发掘报告》，科学出版社，2000年。

［13］李小强、周新郢、张宏宾等：《考古生物指标记录的中国西北地区5000a BP水稻遗存》，《科学通报》2007年第52卷第6期。

［14］陕西省考古研究所：《龙岗寺——新石器时代遗址发掘报告》，文物出版社，1990年。

［15］张弛：《论贾湖一期文化遗存》，《文物》2011年第3期。

［16］张本韵、李容全：《洛阳盆地全新世时候环境》，《北京师范大学学报》（自然科学版）1997年第33卷第2期。

［17］王晓岚、何雨：《郑州西山7000年来磁化率所反映的气候变化》，《北京师范大学学报》（自然科学版）2004年第40卷第1期。

［18］郭永志、翟秋敏、沈娟：《黄河中游渑池盆地湖泊沉积记录的古气候变化及其意义》，《第四纪研究》2011年第31卷第1期。

［19］赵景波、顾静：《关中平原全新世土壤与环境研究》，《地质评论》2009年第55卷第5期。

［20］河南省文物考古研究所：《舞阳贾湖》，科学出版社，1999年。

［21］张弛：《论贾湖一期文化遗存》，《文物》2011年第3期。

［22］张居中、尹若春、杨玉璋等：《淮河中游地区稻作农业考古调查报告》，《农业考古》2004年第3期。

［23］高广仁：《淮系文化新说》，中国东方地区古代社会文明化进程国际学术研讨会论文，2003年；向安强：《长江中游史前稻作遗存的发现与研究》，《江汉考古》1995年第4期。

［24］高广仁：《淮系文化新说》，中国东方地区古代社会文明化进程国际学术研讨会论文，2003年。

［25］编辑委员会：《何炳棣先生九十华诞论文集》，三秦出版社，2008年。

［26］陈星灿、方丰章：《仰韶文化90周年纪念会论文集》，文物出版社，2014年。

［27］高广仁：《淮系文化新说》，中国东方地区古代社会文明化进程国际学术研讨会论文，2003年。

［28］编辑委员会：《何炳棣先生九十华诞论文集》，三秦出版社，2008年。

［29］陕西省考古研究所：《龙岗寺——新石器时代遗址发掘报告》，文物出版社，1990年。

［30］Guedes J A. Millets, Rice, Social Complexity, and the Spread of Agriculture to the Chengdu Plain and Southwest China. Rice, 2011, 4(3): 104-113.

［31］严文明：《稻作、陶器和都市的起源》，文物出版社，2000年。

［32］姜铭、玳玉、何琨宇：《新津宝墩遗址2009年度考古试掘浮选结果分析简报》，《成都考古发现2009》，科学出版社，2011年。

［33］张弛、洪晓纯：《华南和西南地区农业出现时间和相关问题》，《南方文物》2009年第3期。

［34］刘兴诗：《四川盆地的第四系》，四川科学技术出版社，1983年。

［35］霍巍：《长江上游早期文明的探索》，巴蜀书社，2002年。

［36］李俊、莫多闻、王辉：《成都平原全新世环境与古文化发展关系初探》，《水土保持研究》2005年第12卷第4期。

［37］罗虹、朱利东、张擎等：《成都平原4ka BP以来黏土矿物记录的古气候变化》，《海洋地质与第

四纪地质》2007年第27卷第4期。

[38] 四川省文物考古研究所：《四川考古论文集》，文物出版社，1996年。

[39] 四川省文物考古研究所：《四川考古论文集》，文物出版社，1996年。

[40] 何志国：《绵阳边堆山文化初探》，《四川文物》1993年第6期。

[41] 王毅、孙华：《宝墩村文化的初步认识》，《考古》1999年第8期。

[42] 北京大学考古文博学院：《考古学研究（九）》，文物出版社，2012年。

[43] Nasu H, Momohara A, Yasuda Y, et al. The Occurrence and Identification of *Setaria italica* (L.) P. Beauv. (foxtail millet) Grains from the Chengtoushan Site (ca. 5800 cal B.P.) in Central China, with Reference to the Domestication Centre in Asia. Vegetation History and Archaeobotany, 2007, 16(5): 481-494.

[44] 赵志军、陈剑：《四川茂县营盘山遗址浮选结果及分析》，《南方文物》2011年第3期。

[45] 徐学书：《岷江上游新石器时代文化的初步研究》，《考古》1995年第5期。

[46] Zhao Z J. Origin of Agriculture in China: A Case Study from the Sichuan Basin in the Spread of Agriculture in Asia: Understanding Early Settlements in the Chengdu Plain. Harvard University, 2008: 14-17.

[47] 西藏自治区文物管理委员会、四川大学历史系、中国社会科学院考古研究所：《昌都卡若》，文物出版社，1985年。

[48] 童恩正：《试论我国从东北至西南的边地半月形文化传播带》，《中国西南民族考古论文集》，文物出版社，1990年。

[49] 陈克造：《四万年来青藏高原的气候变迁》，《第四纪研究》1990年第1期。

[50] 童恩正：《西藏昌都卡若新石器时代遗址的发掘及其相关问题》，《西南民族考古论文集》，文物出版社，1990年。

[51] 杨文成、陈剑、陈学志等：《四川马尔康县哈休遗址调查简报》，《四川文物》2007年第4期。

[52] 洪玲玉、崔剑锋、王辉等：《川西马家窑类型彩陶产源分析与探讨》，《南方民族考古（第七辑）》，科学出版社，2011年。

[53] 王仁湘：《庙底沟文化彩陶向西南的传播》，《四川文物》2011年第1期。

[54] 叶茂林：《四川旧石器时代遗存浅论》，《四川大学考古专业创建三十五周年纪念文集》，四川大学出版社，1998年。

[55] Yang X Y, Wan Z W, Perry L, et al. Early Millet Use in Northern China. PNAS, 2012, 109(10): 3726-3730.

[56] 郭明建：《中国北方农业起源研究的理论和实践》，《华夏考古》2012年第1期。

[57] Robert L B, Loukas B, Christopher M. The Origins of Food Production in North China: A Different Kind of Agricultural Revolution. Evolutionary Anthropology, 2010, 19: 9-21.

[58] Barton L, Newsome S D, Chen F H, et al. Agricultural Origins and the Isotopic Identity of Domestication in Northern China. PNAS, 2009, 106(14): 5523-5528.

[59] 云南省博物馆：《云南宾川白羊村遗址》，《考古学报》1981年第3期。

[60] 黄昊德、赵宾福：《宝墩文化的发现及其来源考察》，《中华文化论坛》2004年第2期。

[61] 阚勇：《云南耿马石佛洞遗址出土炭化古稻》，《农业考古》1983年第2期。

[62] 云南省博物馆：《元谋大墩子新石器时代遗址》，《考古学报》1977年第1期。

[63] 王大道：《昌宁营盘山新石器时代遗址》，《中国考古学年鉴·1991》，文物出版社，1992年。

[64] 云南省博物馆：《云南宾川白羊村遗址》，《考古学报》1981年第3期。

[65] 云南省博物馆文物队：《南壁桥新石器时代洞穴遗址》，《云南文物》1984年第16期。

[66] 云南省文物考古研究所、大理白族自治州文物管理所、剑川县文物管理所：《云南剑川县海门口遗址》，《考古》2009年第7期。

[67] 程侃声、周季维：《耿马石佛洞发掘出土稻谷遗存植物学农艺形态鉴定书》，《农业考古》1983年第2期。

[68] 秦发兰、张瑞品、林兴华等：《云南光壳稻亲和性品种的筛选与鉴定》，《华中农业大学学报》1994年第13卷第6期；曾亚文、徐福荣、申时全等：《云南光壳稻籼粳分类与形态形状的相关研究》，《中国水稻科学》2000年第14卷第2期。

[69] 张文绪、裴安平：《湖南澧县彭头山遗址陶片中水稻秆壳双峰乳突印痕的研究》，《作物学报》2002年第1期。

[70] 丁颖稻作论文选集编辑组：《丁颖稻作论文选集》，农业出版社，1983年。

[71] 云梦县博物馆：《湖北云梦新石器时代遗址调查简报》，《考古》1987年第2期。

[72] 刘玉堂、黄敬刚：《从考古发现看随的农业》，《农业考古》1986年第1期。

[73] 湖南文物事业管理局：《考古耕耘录》，岳麓书社，1999年。

[74] 王才林：《纪念周拾禄先生诞辰110周年暨稻作起源国际学术研讨会论文集》，中国农业科学技术出版社，2008年。

[75] 张合荣、王林、罗二虎等：《贵州威宁县鸡公山遗址2004年发掘简报》，《考古》2006年第8期。

[76] 广西壮族自治区文物工作队：《广西那坡县感驮岩遗址发掘简报》，《考古》2003年第10期。

[77] 童恩正：《试探古代四川与东南亚文明的关系》，《文物》1983年第9期。

[原载《环境考古研究（第五辑）》，科学出版社，2016年；与陈昌富合著]

从中国史前栽培稻的考古发现谈稻作农业起源[*]

农业的产生，在人类历史上具有划时代的意义，柴尔德称之为"食物生产革命"[1]，怀特称之为"最初的伟大的文化革命"[2]，布雷伍德称为"农业革命"[3]。农业起源与发展，同自然资源、地理环境、气候等自然条件和文化传统密切相关。农业产生之后，对人类社会的发展产生了深远的影响。

中国自古以来就是一个农业大国，中国史前农业在世界上有其突出的地位。农业的起始年代也位于世界上最早的行列。起源于我国的稻、粟、黍、大豆等都出土有公元前6000年以前的实物资料。出土年代最早的首推对全世界影响最大、占当今全球一半以上人口主食、在世界农业史中占有重要地位的亚洲稻。

一、史前水稻遗存的考古发现

目前，全国发现史前水稻的遗存的地点已有100多处，遍布黄河流域及其以南的大半个中国。归纳起来，史前稻作遗存大体上可以分为下列文化谱系和分布区。

（一）长江中游地区稻作文化谱系

长江中游地区人类对水稻籽实的利用目前已知至少可追溯到公元前12000年之前。最早记录现为湖南道县玉蟾岩洞穴遗址，在这里出土了公元前12000年的水稻壳，据称属于有人工干预痕迹的野生稻[4]。江西万年仙人洞和吊桶环也在公元前12000~前7000年间的地层中发现了野生的和栽培的水稻植硅体，也都是世界上最早的稻作证据之一[5]。

在公元前7000~前6000年间的彭头山文化诸多遗址，都发现了水稻遗存[6]。1988年冬，发掘彭头山遗址时在出土的陶片及红烧土块中观察到大量炭化稻壳；1989年冬，试掘李家岗遗址时在出土的陶片上发现了炭化稻壳；1990年夏，在试掘曹家湾遗址时在出土陶片中观察到炭化稻壳。根据对稻壳形状的观察，其为长粒型，推测可能属于偏籼型稻。这些稻作遗存，不仅是中国稻作农业的最早证据，而且是现阶段世界上最早的稻作遗

---

[*] 中国科学院战略性先导科技专项——应对气候变化的碳收支认证及相关问题（XDA05130503）资助项目、国家自然科学基金资助项目（资助号：40772105）。

存之一。湖南八十垱[7]，湖北城背溪[8]、枝城北[9]，陕西李家村[10]、何家湾[11]等地也都有炭化稻发现，其中八十垱遗址的标本不仅数量大，而且还发现了中国最早的一批木质农具[12]。最近报道，河南邓州八里岗遗址也发现有这个阶段的稻作遗存[13]。据报道，印度马哈加拉遗址出土的炭化稻米，据^{14}C测定年代为6570±210BC；5440±240BC；4530±185BC[14]。由此可见，彭头山遗址出土的稻谷遗存，比印度最早的水稻还要早几百年。

到了公元前6000~前5000年的皂市下层文化时期，在石门皂市遗址、临澧胡家屋场遗址、澧县黄家岗遗址、澧县习家湾遗址的陶支座等器物上都观察到有稻谷壳或其印痕，岳阳坟山堡发现有炭化稻谷[15]。

在公元前5000~前3000年的大溪文化时期，巫山大溪[16]、宜都红花套[17]、松滋桂花树[18]、枝江关庙山[19]、澧县汤家岗[20]、丁家岗[21]、三元宫[22]、河南淅川下王岗[23]等遗址都发现有稻谷壳、稻草和稻米等稻作遗存，澧县都督塔遗址[24]在红烧土块中观察到稻谷、稻草印痕，城头山遗址[25]还发现了水稻田，表明此时人工灌溉农业已经出现。

在公元前3000~前2500年的屈家岭文化时期，京山屈家岭[26]、朱家嘴、荆州阴湘城、澧县宋家台、淅川黄楝树[27]等遗址中普遍出土有保留稻谷和稻秆印痕等稻谷遗存的红烧土。

在公元前2500~前2000年前的龙山时代，天门石家河[28]、武昌放鹰台[29]等石家河文化遗址中普遍发现有稻壳或稻草印痕。

以上资料表明，长江中游地区人类对稻子的利用和栽培史源远流长，稻作农业在这一带具有较为完整的发展历程。

（二）长江下游地区稻作文化谱系

近年来，在浙江上山[30]和小黄山遗址[31]发现了公元前8000~前7000年间的稻壳印痕、炭化稻米等水稻遗存，在此之前公元前6000~前5000年间的浙江跨湖桥遗址[32]还发现了部分栽培稻特征的稻米标本。20世纪70年代，在浙江余姚河姆渡遗址[33]发现公元前5000年的大量成层的稻谷、稻叶和稻秆等遗存，在稻谷遗存中，包括了籼稻、籼粳过渡型稻。还发现了与之相应的骨耜等农具、水井和干栏式建筑。近年来，在附近的田螺山遗址[34]也发现了类似的水稻遗存。浙江桐乡县罗家角遗址[35]出土的农业生产工具为骨耜，出土的稻谷为籼粳混合型，籼稻占64%~76%，粳稻占24%~36%。大量研究证明，尽管此时此地区的水稻栽培稻种的特征还没能最终形成，但其栽培程度明显要高于前一个时期。

在公元前5000~前3000年的马家浜、崧泽文化时期，嘉兴马家浜[36]、南河浜[37]、吴县草鞋山[38]、常州圩墩[39]、吴江龙南[40]等数十个遗址普遍出土稻谷、稻草等，崧泽遗址、草鞋山遗址中出土的稻谷都有籼、粳两种，证明栽培稻的两个亚种此时在这个地区已经形成。江苏吴县草鞋山等遗址也发现了水稻田，表明此时的长江下游地区也和长江中游地区大体同步进入人工灌溉稻作农业阶段。

公元前3000～前2000年的良渚文化时期，长江下游地区普遍发现石犁和耘田器，钱山漾[41]、水田畈[42]、武进寺墩[43]、苏州越城、无锡仙蠡墩、吴县草鞋山等遗址，都有稻谷、稻壳出土，标志着这里的稻作农业发展到了一个新的阶段。此外，钱山漾、水田畈还有蚕豆、芝麻、花生、西瓜子、酸枣核、毛桃核、葫芦以及竹编器物、草编织物和丝麻织物等出土。

这些资料证明，人类对稻子的利用和栽培在长江下游地区也具有较为完整的发展历程。

（三）淮河流域稻作文化谱系

淮河流域史前稻作农业长期以来一直被认为自长江流域传播而来，自20世纪90年代前期在河南舞阳贾湖遗址[44]发现大量炭化稻米和稻壳印痕以及从收割到脱粒的全套农具之后，其在稻作起源研究中的地位才逐渐引起学界的关注。贾湖遗址大约距今9000～7500年，有关学者认为贾湖遗址是目前中国发现的最早明显带有稻作农业生产特点的考古遗址。研究结果表明，贾湖的稻米是一种形态非常原始并伴生有野生形态的栽培稻。经对人骨中^{13}C的研究，发现贾湖人淀粉类食物主要来源于水稻等C_3型植物，而非粟黍类C_4型植物。近年来在江苏泗洪顺山集遗址发现了距今8500～7000年间的水稻遗存[45]。

距今7000～5500年间，在淮河流域的高邮龙虬庄[46]、周邶墩、蚌埠双墩[47]、定远侯家寨[48]、霍邱红墩寺[49]、连云港二涧村[50]、正阳凉马台、老母注[51]等遗址均发现炭化稻米或稻壳印痕。特别是江苏高邮龙虬庄遗址，发现在距今7000～5500年间的各期文化层中均有大量炭化稻米、稻谷遗存，并在距今5500年间的第4层中发现粳稻特征的定型化和大粒化现象，也是最早具备具有现代鉴定特征的栽培稻实例。

距今5000～4000年间的龙山时代，淮河流域普遍有水稻的种植，如淮河上游的汝州李楼[52]、禹州阎寨、驻马店杨庄[53]，淮河中游的蒙城尉迟寺[54]、固镇濠城镇[55]、蚌埠禹会村[56]，淮河下游的连云港藤花落[57]、赣榆盐仓城、东海焦庄，以及沂、沭河流域的日照两城镇[58]、尧王城[59]、滕州庄里西[60]等遗址均发现有炭化稻米或稻谷，还有不少遗址发现有水稻的硅酸体，连云港藤花落遗址还发现龙山文化时期稻田遗迹。

据笔者的调研结果，在淮河流域的仰韶时代遗存中，普遍发现有稻作遗存的迹象，资料尚待系统整理。可以肯定的一点是，黄淮地区的稻作农业在贾湖之后直至夏商时期一以贯之，只是随着全新世大暖期的气候波动，稻作、稻粟混作和旱作农业的分界线存在着南北摆动现象。这一带成为传统的粟作农业区是到全新世大暖期结束之后的历史时期的事情。淮河流域距今9000～3000年稻作文化的资料，说明淮河流域的稻作农业也经历了从稻种的原始栽培行为到成功驯化出栽培稻种子的全过程,淮河流域与长江流域在研究稻作农业的发生和发展方面具有同等重要地位。

(四)黄河流域及其以北地区的史前稻作遗存

据目前发现的资料可知,黄河流域及其以北地区最早的与稻作有关的材料是距今8000年左右山东月庄遗址出土的后李时期的稻米[61]。距今6000~5000年间,水稻扩散到黄河中游地区,例如1934年瑞典考古学家安特生首次提到,在河南的渑池仰韶村遗址一块陶片上发现有稻谷痕迹,后由两位瑞典植物学家艾德曼和苏德贝格采用灰像法研究得出结论是栽培稻壳[62],这是黄河中游地区最早发现的栽培稻遗迹。此后在三门峡南交口[63]和偃师灰咀[64]、西高崖[65]、郑州大河村[66]、陕西华县泉护村[67]、山东兖州王因[68]等仰韶时代中、晚期遗址都发现有炭化稻米遗存。随后在距今5000~4500年间进一步扩散到黄河上游,如甘肃庆阳仰韶晚期遗址发现炭化稻粒、碎米、炭化稻谷数千粒[69]。到了龙山时代,稻作的分布区域继续向北扩展,甘肃庆阳西峰南佐[70]、陕西扶风周原王家嘴、扶风案板[71]、户县丈八寺、山西襄汾陶寺[72]、河南辉县孟庄[73]、山东栖霞杨家圈[74]、淄博田旺[75]等遗址均发现有炭化稻米、稻谷或水稻植硅石的存在。

据目前资料分析,黄河流域及其以北地区未见有史前时代野生稻资料公布,除山东地区发现的稻作遗存可早到8000年前左右之外,也未见稻种起源阶段的资料,直到4000年前左右的龙山时代,除鲁南地区之外,分布也较为零星,且多与旱作的粟、黍、麦等作物混作,因之似不能作为一个独立的稻作起源区存在,其稻种和稻作行为以及栽培技术很可能来源于邻近的淮河流域。

(五)华南地区的史前稻作遗存

华南地区尤其是云贵地区,曾一度被认为是栽培稻起源地的重要组成部分。早在10000年前的广东英德牛栏洞[76]和7000~6000年前的封开涺竹口都曾经发现有水稻硅酸体,真正发掘出土的稻作遗存是4500年前广东曲江石峡遗址[77],发现有粳稻谷、米混合,其他还有曲江泥岭4500年前稻谷、曲江乌市床板样4300年前炭化稻米、龙川紫市坪头岭4000年前炭化稻米、翁源坝仔下角坡石峡文化稻谷壳、广西资源晓锦5000~3200年前的炭化稻[78],云南仅在滇池周围、普洱、曲靖马槽洞、永仁菜园子等新石器时代晚期遗址中发现有炭化稻谷、稻米、泥质红陶内外夹谷壳、谷穗芒痕迹等水稻遗存,而且大多以粳稻为主[79]。近年来又有学者通过DNA分析认为中国栽培稻起源于广西山地[80],但这一观点缺乏考古材料的支持,至少从目前这一带的考古材料中还看不出稻种的连续驯化线索。不过鉴于华南地区的地理和气候优势,还不能排除这种可能性,而且该地区早期人类对稻种的采食和利用行为至少不会晚于长江流域或更早,肯定要早于淮河流域,但人类的水稻栽培行为至少从目前资料来看不早于4500年前的石峡文化，要大大晚于长江和淮河流域，究其原因，可能与地理和气候环境、食物丰富程度、人类文化发展水平等复杂的自然、社会背景有关。

二、稻作农业起源研究

　　亚洲稻作起源的研究，虽然一直是世界农业起源研究的热点，但至今也尚未取得一致意见。20世纪70年代以前，国际学术界在瓦维洛夫作物起源中心是生物多样性中心理论的影响下，一直认为南亚是稻米起源中心，中国稻米被认为自印度传播而来，甚至在我国已使用了一千多年的籼稻、粳稻之名，也分别被冠上印度稻、日本稻之名。尽管中国学者丁颖、周拾禄在20世纪40年代已根据当时原生稻的分布情况而提出中国栽培稻起源于本土的理论[81]，但却长期无人理睬。直到70年代初，因浙江河姆渡遗址公元前5000年左右稻作遗存的发现，以及美国学者哈兰关于作物起源中心不一定是生物多样性中心的作物分布起源论的提出[82]，才把人们关注的焦点逐渐转移到了中国。但栽培稻起源于中国何地，也是众说纷纭。最早是丁颖提出华南说[83]，日本的渡部忠世提出云南说[84]，后来严文明等又提出了长江下游说[85]等。80年代末至90年代初，长江中游的彭头山、八十垱遗址和淮河上游的贾湖遗址等丰富的稻作遗存的出土和研究，以及90年代中期湖南玉蟾岩数粒稻壳和江西吊桶环水稻植硅体的发现，更是将我国稻作起源研究推向了高潮。20世纪90年代以来，先后4次在浙江河姆渡、江西南昌、湖南株洲和江西万年召开国际稻作起源研讨会，加之分子生物学、植硅体、稻谷外稃亚微结构分析、淀粉粒等许多现代科技手段的运用，使我国已成为国际稻作起源研究中心之一，初步奠定了我国稻作研究大国的地位。

　　从目前资料分析，笔者认为长江流域及华南地区可能是人类最早采食和利用稻种的地区，但人类有意驯化稻种的栽培行为可能首先在长江流域和淮河流域同时展开，又由于气候环境等因素，淮河流域先民对稻种的依赖程度可能要高于长江流域，对稻种生物性状的人工干预程度可能也强于长江流域，因此才在淮河流域首先实现稻种的大粒化和粳稻特征的定型化。鉴于此，王象坤等提出了长江中游和淮河中游说[86]；笔者曾据此提出南中国大起源中心说[87]。近几年来严文明等又提出了中心起源边缘发展说[88]。

　　在稻作起源研究中，我们还要区分以下概念：我们要充分考虑全新世以来气候环境曾不断变化这一重要因素，避免以现代的自然环境去解释古代；稻种起源与稻作起源乃是两个虽互有联系，但并不等同的问题；还要注意区分古人对稻种的采集、捡拾利用行为与驯化栽培行为的界限；栽培稻的起源和人类栽培行为的起源也要区别开来；还要注意不能把栽培稻的起源与籼、粳两个亚种的起源混为一谈，等等。

　　现在的稻作起源研究领域，已经呈现出一种学术争鸣的良好气氛，但也反映了进一步深入综合研究的必要性。如果联合更多的学科，增加投入，尽可能多地运用现代科技手段,一定能够尽快弄清上述问题,对真正奠定我国农业起源的研究大国和中心的地位,推进万年农业文化的研究,进而探讨史前农业的起源与发展在中华文明进程中的历史地位与作用,都将具有十分重要的意义。

注　释

[1] Childe V G. Man Makes Himself. New York: Mentor Books, 1951.

[2] Wright G A. Origin of Food Production in Southwestern Asia: A Survey of Ideas. Current Anthropology, 1992, 33(1): 109-139.

[3] Braidwood R J. Prehistoric Men. Chicago: Chicago Natural History Museum, 1964.

[4] 张文绪、袁家荣:《湖南道县玉蟾岩古栽培稻的初步研究》,《作物学报》1998年第4期。

[5] Zhao Z J. The Middle Yangtze Region in China is One Place Where Rice Was Domesticated: Phytolith Evidence from the Diaotonghuan Cave, Northern Jiangxi. Antiquity, 1998, 72(278): 885-897.

[6] 湖南省文物考古研究所:《湖南澧县彭头山新石器时代早期遗址发掘简报》,《文物》1990年第8期。

[7] 湖南省文物考古研究所:《湖南澧县梦溪八十垱新石器时代早期遗址发掘简报》,《文物》1996年第2期。

[8] 林春、胡鸿保:《城背溪·彭头山文化和中国早期稻作农业》,《农业考古》1993年第1期。

[9] 湖北省文物考古研究所:《宜都城背溪》,文物出版社,2001年。

[10] 魏京武等:《从考古资料看陕西古代农业的发展》,《农业考古》1986年第1期。

[11] 魏京武等:《从考古资料看陕西古代农业的发展》,《农业考古》1986年第1期。

[12] 湖南省文物考古研究所:《湖南澧县梦溪八十垱新石器时代早期遗址发掘简报》,《文物》1996年第12期。

[13] 邓振华:《河南邓州八里岗遗址出土植物遗存分析》,北京大学学士学位论文,2009年。

[14] 郑若葵:《印度发现最早的稻作文化遗址》,《农业考古》1987年第2期。

[15] 向安强:《论长江中游新石器时代早期遗存的农业》,《农业考古》1991年第1期。

[16] 王杰:《大溪文化的农业》,《农业考古》1987年第1期。

[17] 卢德佩:《浅谈鄂西原始农业》,《农业考古》1985年第1期。

[18] 湖北省荆州地区博物馆:《湖北松滋县桂花树新石器时代遗址》,《考古》1976年第3期。

[19] 中国社会科学院考古研究所湖北工作队:《湖北枝江关庙山遗址第二次发掘简告》,《考古》1983年第1期。

[20] 张文绪、裴安平:《澧阳平原几处遗址出土陶片中稻谷稃面印痕和稃壳残片的研究》,《作物学报》1998年第2期。

[21] 向安强:《论长江中游新石器时代早期遗存的农业》,《农业考古》1991年第1期。

[22] 湖南省博物馆:《澧县梦溪三元宫遗址》,《考古学报》1979年第4期。

[23] 河南省文物研究所等:《淅川下王岗》,文物出版社,1989年。

[24] 向安强：《湖南澧县都督塔原始农业遗存》，《农业考古》1991年第3期。

[25] 张文绪、顾海滨：《湖南澧县城头山遗址古稻研究》，《作物学报》2005年第6期。

[26] 石龙过江水库指挥部文物工作队：《湖北京山、天门考古发掘简报》，《考古通讯》1956年第3期。

[27] 长江流域规划办公室考古队河南分队：《河南淅川黄楝树遗址发掘报告》，《华夏考古》1990年第3期。

[28] 石河考古队：《湖北省石河遗址群1987年发掘简报》，《文物》1990年第8期。

[29] 湖北省文物考古研究所：《武昌放鹰台》，文物出版社，2003年。

[30] 郑云飞、蒋乐平：《上山遗址出土的古稻遗存及其意义》，《考古》2007年第9期。

[31] 张恒等：《浙江嵊州小黄山遗址发现新石器时代早期遗存》，《中国文物报》2005年9月30日。

[32] 郑云飞等：《浙江跨湖桥遗址的古稻遗存研究》，《中国水稻科学》2004年第2期。

[33] 黄渭金：《河姆渡稻作农业剖析》，《农业考古》1998年第1期。

[34] 北京大学中国考古学研究中心：《田螺山遗址自然遗存综合研究》，文物出版社，2011年。

[35] 罗家角考古队：《桐乡县罗家角遗址发掘报告》，《浙江省文物考古所学刊》，文物出版社，1981年。

[36] 姚促源、梅福根：《浙江嘉兴马家滨新石器时代遗址的发掘》，《考古》1961年第7期。

[37] 浙江省文物考古研究所：《南河浜——崧泽文化遗址发掘报告》，文物出版社，2005年。

[38] 谷建祥等：《对草鞋山遗址马家浜文化时期稻作农业的初步认识》，《东南文化》1998年第3期。

[39] 南京博物院等：《常州圩墩遗址第五次发掘报告》，《东南文化》1995年第4期。

[40] 苏州博物馆等：《吴江梅堰龙南新石器时代村落遗址第三、四次发掘简报》，《东南文化》1999年第3期。

[41] 汪济英、牟永抗：《关于吴兴钱山漾遗址的发掘》，《考古》1980年第4期。

[42] 陈桥驿：《浙江古代粮食种植业的发展》，《中国农史》1981年第1期。

[43] 陈丽华：《江苏武进寺墩遗址的新石器时代遗物》，《文物》1984年第2期。

[44] 张居中：《舞阳史前遗存稻作遗存与黄淮地区史前农业》，《农业考古》1994年第1期。

[45] 南京博物院、泗洪县博物馆：《顺山集——泗洪县新石器时代遗址考古发掘报告》，科学出版社，2016年。

[46] 汤陵华等：《高邮龙虬庄遗址的原始稻作》，《作物学报》1996年第5期。

[47] 张居中等：《淮河中游地区稻作农业考古调查报告》，《农业考古》2004年第3期。

[48] 张居中等：《淮河中游地区稻作农业考古调查报告》，《农业考古》2004年第3期。

[49] 张居中等：《淮河中游地区稻作农业考古调查报告》，《农业考古》2004年第3期。

[50] 江苏省文物工作队：《江苏省连云港市二涧村遗址第二次发掘》，《考古》1962年第3期。

[51] 本课题组调查资料。

[52] 中国社会科学院考古研究所河南一队:《河南汝州李楼遗址的发掘》,《考古学报》1994年第1期。

[53] 北京大学考古系、驻马店市文物保护管理所:《驻马店杨庄》,科学出版社,1998年;姜钦华等:《河南驻马店市杨庄龙山文化遗址的植硅石分析》,《考古》1996年第4期。

[54] 中国社会科学院考古研究所:《蒙城尉迟寺》,科学出版社,2001年。

[55] 固镇濠城镇考古调查与发掘资料。

[56] 尹达:《禹会村遗址浮选结果分析报告》,中国社会科学院硕士学位论文,2011年。

[57] 周润垦等:《2003~2004年连云港藤花落遗址发掘收获》,《东南文化》2005年第3期。

[58] 凯利·克劳福德等:《山东日照市两城镇遗址龙山文化植物遗存的初步分析》,《考古》2004年第9期。

[59] 《尧王城遗址第二次发掘有重要发现》,《中国文物报》1993年1月23日。

[60] 孔昭宸等:《山东滕州市庄里西遗址植物遗存及其在环境考古学上的意义》,《考古》1999年第7期。

[61] Crawford G W等:《山东济南长清区月庄遗址发现后李文化时期的炭化稻》,《东方考古(第3集)》,科学出版社,2006年。

[62] 安特生:《黄土的女儿》(Children of the Yellow Earth),1934年。

[63] 魏兴涛等:《三门峡南交口遗址仰韶文化稻作遗存的发现及其意义》,《农业考古》2000年第3期。

[64] 陈星灿等:《河南偃师市灰嘴遗址西址2004年发掘简报》,《考古》2010年第2期。

[65] 洛阳博物馆:《洛阳西高崖遗址试掘简报》,《文物》1981年第7期。

[66] 安志敏:《大河村炭化粮食的鉴定和问题——兼论高粱的起源及其我国的栽培》,《文物》1981年第11期。

[67] 北京大学考古学系、中国社会科学院考古研究所:《华县泉护村》,科学出版社,2003年。

[68] 山东省文物考古研究所:《山东王因》,科学出版社,2000年。

[69] 李红雄:《甘肃庆阳地区南四县新石器时代文化遗址调查与试掘简报》,《考古与文物》1988年第3期。

[70] 李红雄:《甘肃庆阳地区南四县新石器时代文化遗址调查与试掘简报》,《考古与文物》1988年第3期。

[71] 谢伟:《案板遗址灰土中所见到的农作物——兼论灰像法的改进》,《考古与文物》1988年第5、6期。

[72] 赵志军、何驽:《陶寺城址2002年度浮选结果及分析》,《考古》2006年第5期。

[73] 河南省文物考古研究所:《辉县孟庄》,中州古籍出版社,2003年。

[74] 栾丰实等:《山东栖霞县杨家圈遗址稻作遗存的调查和初步研究》,《考古》2007年第12期。

[75] 靳桂云等:《山东临淄田旺龙山文化遗址植物硅酸体研究》,《考古》1999年第2期。

[76] 金志伟等:《英德云岭牛栏洞遗址试掘简报》,《江汉考古》1998年第1期。

[77] 张文绪等：《广东曲江马坝石峡遗址古稻研究》，《作物学报》2006年第11期。

[78] 蒋廷瑜：《资源县晓锦遗址发现炭化稻米》，《中国文物报》2000年3月5日。

[79] 李昆声、李保伦：《云南曲靖发现炭化古稻》，《农业考古》1983年第2期。

[80] Huang X H, et al. A Map of Rice Genome Variation Reveals the Origin of Cultivated Rice. Nature, 2012, 490(7421): 497-501.

[81] 丁颖：《中国稻作之起源》，《中山大学农学院农艺专刊》1949年第7期；周拾禄：《中国是稻之原产地》，《中国稻作》1948年第5期。

[82] Oka H I. Origin of Cultivated Rice. Tokyo: Japan Scientific Societies Press, 1988.

[83] 丁颖：《中国栽培稻种的起源及其演变》，《农业学报》1957年第3期。

[84] 渡部忠世：《稻米之路》，云南人民出版社，1982年。

[85] 严文明：《中国稻作农业的起源》，《农业考古》1982年第1期。

[86] 王象坤等：《中国稻作起源与演化》，《科学通报》1998年第22期。

[87] 张居中：《舞阳史前稻作农业遗存和黄淮地区史前农业》，《农业考古》1994年第1期。

[88] 严文明：《中国稻作农业的起源》，《农业考古》1982年第1期。

（原载《无限悠悠远古情——佟柱臣先生纪念文集》，科学出版社，2014年；与罗武宏、程至杰合著）

贾湖与彭头山稻作文化比较研究[*]

贾湖文化是分布于淮河上游地区的前仰韶时代考古学文化,彭头山文化是分布于长江中游洞庭湖西岸澧阳平原的考古学文化,均有距今9000~8000年的历史,近几年来都发现有丰富的稻作文化遗存,因而两者之间的关系引起人们的很大兴趣,本文借此机会试就此问题略陈管见,以就正于方家。

一、文化因素的分析对比

二者文化发展阶段和时代相同,气候环境相似,所处地域又不太远,因而存在不少共同因素,但也有许多差异,下面试分析之。

(一)贾湖文化

贾湖文化主要分布于河南省中、东部,淮河上游支流沙河、汝河、洪河流域,北纬32°~34°一带,黄淮海大平原的西南部,现代北亚热带与北暖温带的过渡地带[1]。代表遗址有舞阳贾湖、大岗、漯河翟庄等。它有如下主要特征。

(1)据对贾湖遗址出土资料的研究可知,这一带当时具有温暖湿润的气候和草原、湖沼交错的自然环境[2],决定其具有稻作农业与渔猎家畜饲养并重的生业形式。这里是同时期以稻作农业为主体的考古学文化中纬度最偏北的一支,也是亚洲最早的稻作农业遗存之一。

(2)聚落已有一定布局。环壕聚落的雏形已经出现,墓葬区、作坊区逐渐从居住区中分离出来,并出现数组居住址共存于同一聚落的现象。烘烤居住面和墙壁的技术为同时期其他文化所罕见,依次扩建的多间房不见于其他遗址,干栏式建筑遗迹的发现也是同类遗迹的最北分布。

(3)它有一组独特的器物群,有大量磨制的石器和骨器,石器中的大型带肩石铲、长方形石刀、骨器中的镞、镖、叉形器等均为其他遗址不见或少见,陶器中的角把罐、A型双耳罐、A和B型盆形鼎、A和C型罐形鼎、双耳罐形壶、折肩壶、喇叭口圆腹壶、方口

---

[*] 国家自然科学基金资助项目(资助号:39570440)。

盆、深腹盆、划纹盆、浅腹钵、敛口钵、A型敞口钵、锛形足三足钵、双角形及独角形和柱状支脚、陶锉等。

（4）从制陶工艺上讲，泥片筑成法与泥条筑成法同时并存，且后者逐渐取代前者。陶系中不仅有北方常见的泥质陶、夹砂陶、夹云母片和滑石粉陶，还有长江流域流行的夹炭陶和淮河流域流行的夹蚌片，夹骨屑陶，多种因素并存是这里一大特色。

（5）这里发现的300多座墓葬，层层叠压，多达6层，头向大多向西，流行一次葬、二次葬和一次葬与二次的多人合葬。大量随葬骨器而陶、石器相对较少，随葬獐牙、成组龟甲和殉狗现象为同时其他考古学文化所不见。

（6）大量骨笛、叉形骨器、成组龟甲和刻符柄形石器以及刻于甲、骨、陶、石器上的符号表明，这里精神文化达到了相当的高度，也是其他同时期遗址所罕见的。

（二）彭头山文化

彭头山文化主要分布于湖南省北部，洞庭湖以西的澧阳平原上，代表性遗址有澧县彭头山[3]、八十垱[4]等。其主要特征如下。

（1）已出现了环壕性质的聚落，并有一定布局，但面积多在几千至一万平方米左右。居住建筑有大型地面式和小型半地面穴式两种，大的周围有柱洞，面积可达三十多平方米，小的不足两平方米。窖穴也以圆形、椭圆形和不规则形为主。

（2）墓葬分布于居住址周围，墓坑小而浅，形状不固定，有方形、长条形、圆形、不规则形等，为它处所罕见。葬式多为二次葬，少量一次葬，可能为屈肢葬，骨架均被酸性土腐蚀而不存。随葬品多有1~4件陶器或石质装饰品。

（3）生产工具以打制石器为主，可分为大石器和细小石器两大类，大石器有砍砸器、刮削器、石锤、带有使用痕迹的石片等，后者有刮削器、锥形器、雕刻器等。磨制石器很少，且大多属装饰品，工具类只有个别的斧、锛等。此外，八十垱遗址还发现有少量的骨木器。

（4）陶器较为简单，陶土未经淘洗，人为掺和大量稻壳、草叶等有机物，烧后形成夹炭陶，器表多施陶衣，一般火候不匀，陶色不纯正，器表多饰交错乱绳纹，痂瘢纹也很有特色。陶器多以泥片贴塑法成型，造型以圜底器为主，三足器次之。主要器类有大口深腹罐、圆腹罐、高领双耳罐、盘、支脚、钵、盆、三足器等。

（三）贾湖与彭头山文化的异同

贾湖文化与彭头山文化相比，有不少共同因素。

二者都发现了大量栽培稻作遗存，表明具有相同的生业形式，以及由于二者大体处于同一历史发展阶段所反映出共同的时代特征，因自然环境相同或相似，所具有相同或相似的生活方式和宗教习俗等，同时也不排除其间有一定联系即相互交往与交流的可能性。

但是，从以下分析可以看出，二者是独立发展的两支考古学文化。

（1）埋葬习俗方面，贾湖逐渐形成固定的氏族公共墓地，多为较规整的长方形竖穴土坑墓，彭头山的墓葬则散布于居址周围，墓圹小而浅，形状也不固定。葬式方面，贾湖以仰身直肢一次葬为主，还有一次葬与二次葬的多人合葬、单人或多人二次葬、多人一次葬等，彭头山则多属二次葬，仅有少量一次屈肢葬。贾湖墓葬中随葬品组合有大量陶、石、骨质的生活用具、生产工具、装饰品和成组龟甲等，彭头山墓中仅有陶质生活用具和少量石质装饰品。

（2）彭头山石器以打制为主，磨制者很少，且种类简单，除装饰品外，可用作工具的仅有斧、锛两种，且数量很少。贾湖虽也有一些打制石器，但数量和所占比例很少，且种类与彭头山大致相当，并罕见细小燧石器。磨制石器很发达，不仅作为农具和加工工具的铲、镰、刀、斧、锛、凿、磨盘、磨棒等大量发现，制造工具的工具如锤、砧、钻、砺石、研磨器等也非常丰富。

（3）彭头山可能因其酸性土壤的关系，未发现骨器，八十垱发现少量的骨、木器，有锥、钻、杵等，还见有个别的简陋粗糙的木耒和骨耒。贾湖的骨器却相当发达，不仅有大量生活用具如针、锥、匕等，还有生产工具镞、镖、耜、凿以及叉形骨器等。牙饰、牙削也大量发现。

（4）两者陶器虽也有一定的共同因素，但差异还是很大的。彭头山陶系主要为夹炭陶，仅有少量夹砂红陶。贾湖一期主要为夹砂红陶，二、三期陶系很复杂，有泥质、夹砂、夹炭、夹蚌片和骨屑、夹云母和滑石粉等陶系。二者虽都用泥片筑成法筑成陶坯，但贾湖中、晚期泥条筑成法逐渐取代了泥片筑成法。中、晚期窑外渗碳技术已相当流行。彭头山陶器造型以圜底器为主，仅有少量三足器，罕见平底器和圈足器，而贾湖则以平底器、三足器为主，圜底器相对较少，圈足和假圈足器也占一定比例。彭头山主要器物组合有大口深腹罐、小口深腹罐、圆腹罐、高领双耳罐、盘、盆、钵、碟、三足器、支座等；贾湖主要陶器组合有角把罐、双耳罐、侈口罐、卷沿罐、折沿罐、盆形鼎、罐形鼎、甑、釜、双耳罐形壶、折肩壶、圆腹壶、扁腹壶、方口盆、深腹盆、划纹盆、敞口钵、浅腹钵、敛口钵、三足钵、圈足或假圈足碗、双角或独角形支足、柱形支脚、柳叶形陶锉等。

（5）贾湖出土的大量精神文化产品为彭头山不见或少见。如贾湖墓葬中出土成组的龟甲、骨笛、叉形骨器及叉形石器等，在甲、骨、陶、石器上还发现不少契刻符号，而彭头山仅有在石器上刻划符号的报道。

以上异同点的分析是否可以说明，贾湖人的文化发展较彭头山人要快一些？

（四）^{14}C年代的比较

目前，贾湖测有19个^{14}C数据[5]，其中木炭所测数据9个，草木灰5个，人骨4个，果核1个，年代在距今8285～7017年间。其中9个木炭数据分属早、中、晚三期，为距今8285～7450年。晚于7450年的均为草木灰、人骨标本所测。

彭头山文化共测得^{14}C数据29个[6]，年代为距今9785～6252年，其中早于8200年的数据均为陶片中的基质炭、含有基质的陶片和带泥炭所测，晚于6900年的均为富里酸和兽骨所测，均不能客观反映彭头山文化的真实年代。5个木炭标本，一个竹炭（含少量木炭）标本和两个炭化稻壳、稻草标本所测共8个数据为距今8200～6990年。因八十垱遗址的BK94110和BK94111的年代与属于彭头山文化后继文化的临澧胡家屋场皂市下层文化的BK87046所测数据交叉，而OXA2214因样量太少，可能被污染。若舍去此三个偏晚数据，其余5个数据的年代为8200～7540年，与贾湖木炭标本所测数据大致相当。贾湖9个木炭数据经高精度表树轮校正结果为距今9000～8000年，彭头山文化的绝对年代也大致落在这个时间范围内。也就是说，就绝对年代而言，贾湖文化与彭头山文化是在同一历史时限内同步发展的。

二、气候环境的分析对比

贾湖与彭头山之所以都产生了迄今所知时间较早的稻作农业文化，与它们处于相似的自然环境有关，正是由于这些优越的自然环境，才为他们发展稻作农业提供了得天独厚的条件。

据最新气候与环境的研究成果[7]，自距今12000年进入全新世之后，气温急剧回升，至距今10000年时已接近于现在的气温，9000年时已高于现在，同时降雨量也迅速增加，促使植被迅速恢复。从贾湖孢粉分析结果看[8]，贾湖人聚落建成前夕的第二孢粉带中，木本植物占18.3%，以柳属（Salix sp.）、榆属（Ulmus sp.）、松属（Pinus sp.）为主，还有栎属（Quercus sp.）、胡桃属（Jujlans sp.）、铁杉属（Tsuja sp.）、枫香属（Luquiaambar sp.）、山毛榉属（Fajus sp.）等。草本、灌木植物占43.3%，其中以蒿属（Artemisia sp.）为主，还有藜科（Chenopodiaceae）、禾本科（Gramineae）、莎草科（Cyperaceac）、莲属（Nelumbo sp.）、茜草科（Rabiaceae）、水鳖（Hydrocharis asiatica）等。蕨类孢子占11.6%，其中以中华卷柏（Selajinella sinensis）为主，还有水蕨属（Ceratopteris sp.）等。湿生的环纹藻类占26.5%，反映的是疏林—草原—湖沼景观。枫香、山毛榉、水蕨等植物的存在表明，当地当时的气候环境已优于现在，而与现今江淮地区大致相当。从贾湖早期文化层中出土有大量喜暖湿的动植物如扬子鳄、闭壳龟、丽蚌、野生稻等，表明当地的气温与降水量已接近现今的长江以南地区。在这种气候环境下，人类生存的需要和野生稻资源的分布，促使了栽培稻作农业的诞生。

彭头山文化早期地层孢粉分析结果表明[9]，当时这里的植被主要是杉木（*Cunninghamia* sp.）、枫香（*Liquidambar* sp.）、松等木本植物以及少量草本植物水稻（*Oryza* sp.）、蓼（*Polygonum* sp.）、蒿等和一定数量的蕨类植物孢子如里白（*Licrio pteris* sp.）、鳞盖蕨（*Micriopteris* sp.）及湿生的环纹藻类等。研究者据上述资料得出了彭头山文化时期气温比现在略低的结论，主要依据是彭头山文化层内未发现热带植物种类，占主要地位的杉木现在生长中心在闽、浙、赣、粤交界的武陵山区、南岭山地和湘黔交界地带。枫香自然生长林目前仅分布于鄂豫交界的北纬32°20′的鸡公山上，这些地区的年均温比澧阳平原低0.5~1℃。需要指出的是，目前的自然生长林在很大程度上受人类活动的干扰和影响，并不一定代表这些植物的自然属性，况且作为彭头山植被的主要成员杉木，目前只分布于接近热带的亚热带南部地区，表明它有较高的水热需求。同时或可说明，彭头山文化时期的澧阳平原，气候环境可能接近现今亚热带南部地区。

分布于34°N以北在裴李岗文化，目前的裴李岗、沙窝李、许昌丁庄等，都发现有黍、粟等栽培作物[10]，表明其为旱作农业区，裴李岗粟作与贾湖稻作农业的分界线在北纬34°一线，这一线或可作为当时北亚热带的北界。也就是说，当时的淮河流域的年均温可能比现在要高1~1.5℃。

就贾湖、彭头山、八十垱等聚落所在地区的地貌单元来看，也有许多共性。贾湖聚落位于古汝河与古灰河之间的河间泛滥平原上，舞阳凹陷区的西都边缘，低缓小土岗丘的东侧，当时这一带应有广阔的草原和大面积的低洼湿地，很宜于人类发展稻作农业并开展渔猎采集活动。

彭头山聚落位于澧阳平原之上，由小土岗丘边连接而成的地势低缓的缓坡地带。八十垱聚落位于澧水支流涔水北岸，属古河阶地地貌类型，西、北、南三面均有河道环绕。周围河网交错，低湿洼地面积较大，当时的岗丘上应有茂密的杉木、枫香林，林下有许多湿生蕨类，低湿洼地上有丰富的野生稻资源及菱、莲等植物生长，是发展早期稻作农业的理想之地。

就贾湖、彭头山、八十垱等聚落所在地区的土壤资源来讲，因都处于冲积和沉积平原上，土壤丰厚而疏松，自肥力强，加上良好的水热条件和丰富的野生稻资源，以及人类生存的需要和数十万年以来采食野生植物过程中积累起来的经验，稻作农业便诞生于东亚的腹心地带——长江中游和淮河上游地区。

三、生产工具与经济结构的分析对比

那么，彭头山文化与贾湖文化的稻作农业处于何种发展水平呢？稻作农业在各自居民经济生活中究竟处于何种地位呢？关于这一点，我们想通过各自发掘中出土的生产工具进行对比分析。

（一）贾湖遗址经济结构分析

贾湖遗址出土了大量的骨、石、陶质生产工具，除了大量的过于残破无法分类的石、骨器之外，特征较明显，可进行分类统计的生产工具有1852件[11]，其中用于制造工具的第一类工具如锤、砧、钻和钻帽、研磨器和砺石等占11.7%，用作生活资料的生产、加工和生活用具的第二类工具共占88.3%。第二类工具中，大体用于农业生产的工具如铲、镰、刀类占9.5%，镞、矛、弹丸等狩猎工具占19.3%，镖、网坠等捕捞工具占9.8%，斧、锛、凿等木作工具占8.6%，磨盘、磨棒、石杵等粮食加工工具占10%，砍砸器、刮削器、有使用痕迹的石片、石块等打制石器共占5%。一般来讲，打制石器反映的是采集经济。其他如针、锥、匕、牙削、骨刀、牙刀、骨板、纺轮、陶锉等纺织、缝纫工具和日常生活用具占34.8%。就农具、狩猎工具和捕捞工具这三类创造生活资料的工具来讲，狩猎工具占一半，其余两类各占四分之一。从数量上看，渔猎经济明显居于主导地位。但事实上并没有这么简单。这是因为以下三点：

（1）作为狩猎、捕捞工具主体的是骨镞、骨镖，这些器物主要出自墓葬，这可能与埋葬习俗有关。由于狩猎、捕捞业远较农业的历史悠久，以及人们埋葬习俗和观念的滞后性，这种习俗反映的经济结构也就具有滞后性。

（2）根据长江流域、东南沿海地区的大溪、屈家岭、河姆渡、马家浜、良渚等考古学文化大量发掘资料显示，人们在生产活动中大量使用竹木制品。从贾湖发掘出土的大量木作工具来看，木质生产工具也应是存在的，只是由于贾湖所在地区埋藏条件所限，木器无法保存下来。

（3）在传统工具分类中，往往将石斧归入农业工具，但事实上，石斧主要用于砍伐，因之这里将其归入了木作工具。

如果加上这些因素的话，农具的比例可能会高于上述数字，稻作农业在贾湖先民的食物来源中至少已占四分之一以上的比重。

从另一方面来看，我们对废弃的房基和灰坑中所采集的标本进行水洗、筛选，只要在发掘中取有填土标本的遗迹单位，都或多或少地发现有炭化稻米存在。另据人骨标本的骨病研究，贾湖人已有2.45%患有龋齿。龋齿是经常食用含淀粉类食物的人类群体的常见病。迄今为止，贾湖遗址除少量野菱之外，未发现稻米之外的含淀粉食物，这或可作为贾湖人经常食用稻米的旁证。

总之，稻米种植是贾湖人淀粉类食物的主要来源，在贾湖人经济生活中占有重要的地位。

（二）彭头山文化经济结构分析

彭头山文化的典型遗址彭头山、八十垱未系统发表生产工具的资料，因之无法进行统计分析，现只能依据已发表的零星材料进行可能的推测。

据彭头山遗址的发掘简报发表的材料[12]，彭头山遗址未见有骨、陶质生产工具，石制生产工具按形制和制法分为打制细小燧石器、打制大型石器和磨制石器三类，以前两类居多，石料均选自河床上的河卵石。细小燧石器的种类有刮削器、锥形器、雕刻器，大型打制石器有砍砸器、刮削器、石锤等，种类都较简单。磨制石器数量虽少，但加工精细，种类简单，以装饰品石棒为主，还有钻孔石管等。生产工具极少，仅见功用不明的平面为近长方形的石斧一种，且为黑色油页岩类，硬度只有莫氏3~4级。发表的T11②：4器体长8厘米、宽4厘米、厚仅0.85厘米，很难承担大量的砍伐工作。八十垱遗址报道的材料与彭头山大体一致[13]，也未见陶、骨质生产工具的报道。石器的材料与彭头山一样，也分为细小燧石器、打制的大型石器和磨制石器三类，其中前两类数量较多，而磨制石器除一件较精致的石斧外，余均为黑色油石磨制的管状装饰品。唯一不同的是，由于彭头山、八十垱文化层中发现有少量骨、木制品，使人觉得彭头山先民可能使用骨、木质生产工具，但是，由于彭头山、八十垱均未发现大量木器加工工具，仅有的几件斧、锛类工具不仅数量少、形体小，且硬度太低，很难满足砍伐木料、加工大量农业生产工具的需要，所发现的骨木器，不仅数量少，制作简单粗糙，且多器体较小，属于掌上型工具，仅见个别木、骨耒可能用于翻土、取土、开沟等。而发现的大量打制石器，与之相适应的只能是以采集为主体的经济。

但是，彭头山文化却是典型的稻作农业文化。如何解释这一现象呢？根据彭头山文化的自然环境、生产工具所反映出的生产力水平，以及稻作农业的发展水平，笔者认为，彭头山文化很可能是一种仍以传统的采集经济手段为主的具有很原始形态的稻作农业文化。

四、水稻标本的对比分析

因彭头山遗址未发现系统的稻谷、稻米鉴定材料，下面我们将贾湖和八十垱遗址出土的稻壳与稻谷、炭化稻的特征进行对比分析，并参照贾湖后继文化之一，淮河下游的龙虬庄文化稻米鉴定材料和彭头山文化的后继文化大溪文化城头山遗址稻谷、稻米鉴定材料进行比较分析，或可发现规律性的东西，以期解决淮河、长江两大流域稻作文化起源及关系问题。

贾湖遗址目前已公布了5个稻壳[14]和197粒炭化稻米的鉴定材料[15]，彭头山遗址公布有一粒稻壳的材料，彭头山文化的八十垱遗址目前公布了133粒稻谷和240粒稻米的鉴定材料[16]，龙虬庄遗址公布有245粒炭化稻米的材料[17]，城头山遗址公布有4粒炭化稻谷和100粒炭化米的材料[18]，见表一、表二。

表一 贾湖一期、彭头山、八十垱、城头山大溪期稻谷（壳）长、宽、长宽比平均值
（据孔昭宸等，1996；张文绪等，1997；顾海滨，1995）

项目 数据 遗址	粒数	长	宽	长宽比	年代（aBP）
贾湖	5	6.31	2.51	2.63	8285~7450
彭头山	1	7.0	2.22	3.15	8200~7540
八十垱	133	7.2	2.65	2.74	7540~7200
城头山	4	7.5	2.83	2.65	6000~5000
籼稻	49	8.56	3.09	2.88	现代湖南
粳稻	30	7.35	3.66	2.1	现代湖南

表二 贾湖、八十垱、龙虬庄、城头山大溪期炭化稻米长、宽、长宽比平均值
（据王象坤等，1995；张文绪等，1997；张敏等，1996；顾海滨，1995）

项目 测量值 遗址及分期		粒数	长	宽	厚	长宽比	时代（aBP）
贾湖一期		17	4.1	1.5		2.73	8285~8090
贾湖二期		60	4.1	1.5		2.73	8090~7825
贾湖三期		111	4.2	1.6		2.3	7825~7450
龙虬庄八层		14	4.84	2.24	1.65	2.19	6300~5500
龙虬庄七层		65	4.72	2.31	1.69	2.07	
龙虬庄六层		48	4.58	2.28	1.65	2.03	
龙虬庄四层		118	5.8	2.57	1.78	2.31	
八十垱		240	4.94	1.98		2.52	7500~7200
城头山大溪期	粳	25	4.75	2.75		1.73	6000~5000
	籼	48	6.1	25		2.44	
	小粒型	27	4.3	2.1		2.0	
粳稻						1.91	现代江苏

从表一可以看出，贾湖、八十垱和城头山大溪文化期出土稻谷（壳）的粒长、粒宽均有逐渐增加的趋势，表明随着时间的推移，人工选择因素的增强，稻粒逐渐增大，粒重逐渐提高，而长宽比则都在2.63~3.15，介于现代籼稻和现代粳稻之间，而接近于现代籼稻。

据报道，城头山出土一粒椭圆形的小粒稻谷，粒长6.8mm，长宽比为2.6：1，不具

芒，颖毛不清楚，出土此种类型炭化米占总量的27%，这种稻的特征与贾湖出土稻壳印痕的特征比较接近，表明直到大溪文化时期，长江中游地区还有约占四分之一以上的具有原始形态的栽培稻。

从表二可知，贾湖一、二期炭化米的粒长、粒宽均相同，表明变化不大，粒长接近现代粳稻，长宽比都大于现代籼稻，其形态较八十垱古稻更为原始一些。贾湖三期粒长变化不大，但粒宽增加，因而长宽比接近于现代粳稻，与贾湖稻壳的长宽比接近籼稻不同，可能因为贾湖稻壳数量太少，因而偶然性较强。

若按传统的用长宽比判断籼粳的标准进一步分析，我们可以发现，贾湖古稻是一种特征极不稳定的原始形态的古栽培稻（表三）。

表三　贾湖遗址各期稻米粒型分布表（据王象坤等，1995）

分期	单位	炭化稻米长/宽*				共计
		<2.3	2.31~2.5	2.51~3.5	>3.5	
Ⅲ	H121	5	5	2		12
	H174	35	30	19	16	99
Ⅱ	H339	2	4	32	7	45
	H168	1	5	5	1	12
Ⅰ	H229	2	2	7	2	13
	H187	1	3	8	4	16
总计		6	46	49	73	29	197
百分比（%）			23.4	24.9	37.0	14.7	100

*<2.3为粳稻，2.31~2.5为籼稻中间型，2.51~3.5为籼稻，>3.5以上为典型普通野生稻。

从表三可以看出，一、二期稻米多为偏籼型和籼粳中间型，共占同期的76.74%，而偏粳型仅占6.98%，到了三期，粳与偏粳型占67.57%，偏籼型仅占18.92%，是一个明显的变化，表明了贾湖三期之时，人工选择的和自然的因素促使栽培稻向粳稻方向发展，也表明贾湖古稻是一种正在演化过程中的，至三期时形成偏粳特征，又兼有一些籼和野性特征的小粒型原始栽培稻。

另外从表三也可看出，一期普野占25%，二期占14.3%，三期占13.5%，虽逐渐减少的趋势。这意味着贾湖人生活时期，栽培稻种植规模的逐渐增大和人们采食野生稻的数量逐渐减少，或人们对自然界依赖程度的降低。

八十垱古稻米的粒长大大长于贾湖古稻，而与龙虬庄第八层古稻接近，但粒宽则远远小于龙虬庄古稻，只比贾湖三期古稻略大，长宽比大于贾湖三期古稻和城头山大溪期籼稻。从粒型来看，八十垱古稻粒长、粒宽均表现为一种小粒型特征，若按长宽比指标判断，八十垱古稻则属于籼型稻，但还兼有普野和粳稻的某些演化痕迹，因而认为是一种偏籼为主，兼有某些粳和普野特征的正在演化中的偏籼小粒型原始古栽培稻。

从以上分析可以看出，贾湖古稻和八十垱古稻分别向粳、籼两个方向发展，为后来的栽培稻的发展奠定了基础,产生了很大影响,因而建议分别命名为"贾湖古栽培稻"和"八十垱古栽培稻",作为今后古栽培稻品种研究的参照系,距今6000年后,贾湖所在的淮河流域发展成为龙虬庄古粳稻,并于距今5500年完成了选育优化,使粳稻的特征定型化。在长江中游地区,则从八十垱古稻中分化成了城头山古籼稻和城头山古粳稻,其中以籼稻为主,占48%,粳稻占25%,还有27%的仍保留原始形态的小粒稻,表明淮河流域在完成稻种的选育优化方面要先于长江中游地区。贾湖古稻和彭头山古稻应是同时存在,并列发展的关系,换言之,淮河上游地区和长江中游地区应是大体同时进入水稻的人工栽培阶段的。当然不排除长江中游地区的先民对野生稻的采食利用要先于淮河流域先民的可能性。

五、余 论

综上所述,就与现代栽培稻比较而言,贾湖古栽培稻比八十垱古栽培稻具有更为原始的形态,当然这也可能与贾湖绝对年代早于八十垱500~700年有关。但从其生产工具分析,人工干预程度应该高于彭头山、八十垱古稻。因为,淮河流域古稻在距今5500年左右的龙虬庄第四层时期已经完成了稻种的选育优化,使粳稻形态定型化,而彭头山文化所在的长江中游地区,与龙虬庄文化的年代大致相当的大溪文化时期,还保留了大量的具有原始形态的小粒稻,显示淮河流域古栽培稻比长江中游地区古栽培稻向现代栽培稻进化的过程要快一些。其主要原因,可能与长江中游地区的自然环境优于淮河流域,从而食物来源要比淮河流域相对丰富,因而人工选择的压力较淮河流域稍逊不无关系。

纵观我国早于7000年的新石器时代文化,在有可能产生原始农业的地区,总是纬度越高,其农业经济的所占比重就越大。如上所述,就生产工具所反映的经济结构状况观察,贾湖文化稻作农业所占比重高于彭头山文化。按照同样的标准,裴李岗文化的旱作农业生产工具所占比重明显高于贾湖文化,尽管稻作农业所用工具可能不同于旱作农业工具,稻作农业可能运用大量的竹、木质易朽的工具,但墓葬中成套的农业生产工具的随葬或可表明,原始农业在裴李岗人心目中可能较贾湖人具有更为重要的地位,并使人们的思想观念产生了重大改变而超越了滞后的渔猎采集经济时代遗留下来的旧的埋葬习俗。同样,磁山文化的粟作农业生产规模可能比裴李岗文化更大一些,这从大量的窖穴和许多成组生产工具组合物构成的祀年仪式遗迹可以清楚地了解到。有学者根据磁山遗址大量窖穴推算,这些窖穴的储藏量可能有十多万斤之多[19]。虽然这一数字的计算方法或可商榷,但也可说明磁山聚落粟作农业的规模之大,在磁山先民经济生活中的地位之重。在纬度更高的兴隆洼文化,大量大型石质生产工具,数十甚至上百平方米的房子和一次性规划整齐有序的聚落,均可表明兴隆洼人原始农业的规模之大,原始农业公社组织之严密[20],可能都要高于磁山、裴李岗、贾湖和彭头山文化。那么,产生这些现象的原因何在呢?

一般来讲,纬度越低,大自然提供给人类的食物资源越丰富,人类对自然界的依赖性也就越强,这也就是我国南方地区对野生植物的采集、利用的历史非常悠久,而原始农业的产生不仅非常晚,而且发展比较缓慢的原因所在。而纬度越高,条件相对而言就越差,特别是在全新世升温期的后段和大暖期的前段,气候的波动较为剧烈,给人类的生活无疑将带来不少麻烦,而且纬度越高,这种麻烦可能就越多越大,这就促使人们不得不团结起来与大自然抗争,这大概也就是纬度越高,人们对原始农业或畜牧业的依赖性越强,生产和聚落规模越大,社会组织越严密的原因所在。

另外,我们通过对上述早期原始农业文化的考察可以看出这样一条规律,这几支规模较大的原始农业文化大多分布于当时气候、植被环境的临界区,如贾湖稻作文化分布于当时北亚热带的北缘,裴李岗、磁山和兴隆洼三支粟作文化分别分布于北暖温带的南缘和北缘,这可能与边缘效应有关。所谓边缘效应就是在不同的地貌单元及生物群落的界面地带,结构往往比较复杂,不同生境的物种于此共生,种群密度大,生产力水平也相应较高。这种具有边缘效应的地带,也就是国际上所谓的"Ecotone"地带[21]。有学者将其定义为"在植物群落的交错区,由于不同群落的相互渗透,相互联系和相互作用,引起交错区的种类组成、配置以及结构和功能具有不同于相邻的群落特征"[22]。在早期人类社会,由于任何单一谋食途径都不能保障其生存的需要,这就决定了早期人类必然力求选择具有边缘效应的满意生境。因为具有这种生境,才能适宜人类的生存和繁衍。同时,人口膨胀的压力也就越大,人们也就迫不得已而千方百计扩大自己的谋生手段,增加新的食物来源。至少在东亚地区,这一规律是可能存在的。

注 释

[1] 张居中:《试论河南省前仰韶时代文化》,《河南文物考古论集》,河南人民出版社,1996年。

[2] 张居中:《环境与裴李岗文化》,《环境考古研究(第一辑)》,科学出版社,1991年,以下贾湖遗址环境资料均引于此,不再另注。

[3] 湖南省文物考古研究所等:《湖南澧县彭头山新石器时代早期遗址发掘简报》,《文物》1990年第8期。

[4] 湖南省文物考古研究所等:《湖南澧县彭头山新石器时代早期遗址发掘简报》,《文物》1990年第8期;湖南省文物考古研究所:《湖南澧县梦溪八十垱新石器时代早期遗址发掘简报》,《文物》1996年第12期。

[5] 河南省文物研究所:《河南舞阳贾湖遗址第二至六次发掘简报》,《文物》1989年第1期;河南省文物考古研究所:《舞阳贾湖》,科学出版社,待出版。

[6] 裴安平:《彭头山文化初论》,《长江中游史前文化暨第二届亚洲文明学术讨论会论文集》,岳麓书社,1996年。

[7] 施雅风、孙昭宸等:《中国全新世大暖期气候与环境》,海洋出版社,1992年。

[8] 张居中:《环境与裴李岗文化》,《环境考古研究(第一辑)》,科学出版社,1991年。

[9] 湖南省文物考古研究所孢粉实验室:《湖南澧县彭头山遗址孢粉分析与古环境探讨》,《文物》

1990年第8期。

[10] 张居中：《舞阳史前稻作遗存与黄淮地区史前农业》，《农业考古》1994年第1期。

[11] 河南省文物研究所：《河南舞阳贾湖遗址第二至六次发掘简报》，《文物》1989年第1期；河南省文物考古研究所：《舞阳贾湖》，科学出版社，待出版。

[12] 湖南省文物考古研究所等：《湖南澧县彭头山新石器时代早期遗址发掘简报》，《文物》1990年第8期。

[13] 湖南省文物考古研究所等：《湖南澧县彭头山新石器时代早期遗址发掘简报》，《文物》1990年第8期；湖南省文物考古研究所：《湖南澧县梦溪八十垱新石器时代早期遗址发掘简报》，《文物》1996年第12期。

[14] 孔昭宸等：《河南舞阳贾湖遗址八千年前水稻遗存的发现及其在环境考古学上的意义》，《考古》1996年第12期。

[15] 王象坤等：《中国稻作起源研究上的新发现》，《中国栽培稻起源与演化研究专辑》，中国农业大学出版社，1996年。

[16] 张文绪等：《澧县梦溪八十垱出土稻谷的研究》，《文物》1997年第1期。

[17] 张敏等：《长江东部的原始稻作农业及相关问题的讨论》，《农业考古》1996年第3期。

[18] 顾海滨：《城头山古城址水稻及其类型》，《长江中游史前文化暨第二届亚洲文明学术讨论会论文集》，岳麓书社，1996年。

[19] 佟伟华：《磁山遗址的原始遗存及其相关的问题》，《农业考古》1984年第1期。

[20] 中国社会科学院考古研究所内蒙古工作队：《内蒙古敖汉旗兴隆洼聚落遗址发掘获硕果》，《中国文物报》1992年12月13日；杨虎等：《兴隆洼聚落遗址发掘再获硕果》，《中国文物报》1993年12月26日。

[21] 宋豫秦：《西辽河流域全新世沙质荒漠化过程的人地关系》，北京大学博士后研究工作报告，1995年。

[22] 宋豫秦：《西辽河流域全新世沙质荒漠化过程的人地关系》，北京大学博士后研究工作报告，1995年。

（原载《农业考古》1998年第1期；与王象坤合著）

中国栽培稻起源与分子生物学研究*

一、中国栽培稻起源研究的现状

栽培稻起源研究，是一个多世纪以来国际学术界持续关注并长期争论的重大理论问题，其中亚洲栽培稻的起源主要涉及三方面的问题：一是起源地——栽培稻最初的发祥地在哪里？二是祖先种——栽培稻是由哪个野生祖先种驯化而来？三是演化机理——野生祖先种是怎样演化为栽培稻的籼和粳两个亚种的？

20世纪70年代以前，苏联学者瓦维洛夫提出过作物起源的"一元论"，并认为作物起源中心必然也是生物多样性的中心。在这类观点的影响下，南亚曾长期被认为是稻米起源的中心，并出现了中国稻米乃是由印度传播而来的说法。丁颖、周拾禄[1]曾在20世纪40年代提出中国栽培稻起源于本土的意见，但在当时未能引起学术界的重视。直到70年代初，在距今近7000年的浙江余姚河姆渡遗址发现了丰富的稻作遗存，才动摇了上述传统认识，一系列相关研究论著相继问世。最近三十多年来，国外作物起源理论的创新，我国新石器时代稻作遗址的大量出土及新技术特别是分子生物学技术的应用，诸方面都取得了许多重要进展。美国学者哈兰提出了作物分散起源的理论，认为作物起源中心未必都是生物多样性的中心[2]。这些发现和研究打破了传统的作物起源"一元论"，中国这片辽阔的土地于是备受研究栽培作物的学者所关注。

然而起源在中国的什么地方仍有争议；"云南说"、"华南说"与原有的"印度说"、"东南亚说"一样，共同缺憾是对考古资料重视不够。河姆渡等距今7000年以前的稻作遗存发现后，国内学术界"长江下游说"的主张日益占据主导地位[3]；80年代末90年代初长江中游的彭头山等地点相继发现了丰富的稻作遗存，90年代中期在湖南玉蟾岩又发现数粒距今1万年前的稻壳，在江西吊桶环则发现了距今1万年前的水稻硅酸体，"长江中游说"又成为主流认识[4]。90年代以来，淮河流域的贾湖、龙虬庄遗址等遗址也相继发现了丰富的稻作遗存，又出现了"长江中游—淮河上游"起源说[5]；本文作者之一曾提出过"南中国大起源中心说"[6]。近年来，浙江浦江上山遗址和嵊州小黄山遗址都发现了万年左右的栽培稻遗存[7]，跨湖桥发现8000年左右的栽培稻[8]，目前我国距今

---

* 国家自然科学基金资助项目（资助号：40772105）。

10000~8000年的古稻遗存已发现了数十处。这些发现再一次证明，整个黄河以南地区，是一个大的稻作起源中心。直到目前，围绕这一问题仍然是众说纷纭。这些新的发现带来了中国稻作起源研究的新高潮，严文明等又曾提出了"中心起源，边缘发展"说[9]。

关于栽培稻的起源，我们曾把确定稻作农业产生的前提条件归纳为四条[10]。

（1）发现有中国最古老的栽培稻（或遗骸）。

（2）发现有与最古老的栽培稻共存的野生祖先稻种（或遗骸）及其相适应的自然环境。

（3）发现有与最古老的栽培稻耕作相适应的生产工具。

（4）发现有与稻作文化相适应的古人类群体，该群体具有驯化栽培稻的强烈生存压力。

研究水稻起源，首先要分清两个问题，一是稻种的起源，二是稻作的起源，二者有密切的联系，但不能混同。现在水稻起源研究之所以纠缠不清，其根本原因是基本概念的混乱。从史前稻作文化的发展看，大体上可以归纳为下列各谱系。

（1）长江中游的仙人洞—彭头山—皂市下层—大溪—屈家岭—石家河谱系。

（2）长江下游的上山—跨湖桥—河姆渡—马家浜—崧泽—良渚文化谱系。

（3）黄淮地区的贾湖—双墩/龙虬庄—大汶口—龙山谱系。

其他地区则看不出稻作遗存的连续性，成为稻作起源地的可能性较小。

在以往的稻作起源研究中，淮河流域一向不为人重视，90年代却在上游的贾湖遗址和下游的龙虬庄遗址发现了丰富的稻作文化遗存。这些发现将淮河流域的水稻栽培史提前到距今9000年前，从而动摇了淮河流域稻作农业系由长江流域发展而来的传统认识。黄淮地区是中华文明发祥地的主要组成部分，是连接黄河、长江两大文化传统的纽带和桥梁，是华夏、东夷、苗蛮三大集团相互碰撞、交叉与融合的主战场，在中华文明的起源、形成与发展的历史进程中具有非常重要的地位。黄淮地区又是史前稻作农业和粟作农业两种耕作方式的交错分布带，两种耕作方式及其操作者在这一带的势力范围也不断变化。而耕作方式的不同则反映了经济形态和生业形式的差异，人们的行为习惯和文化传统的形成又与其经济形态和生业形式密切相关。这一带在进入历史时期之后，基本上是传统的旱作农业区，但从河南舞阳贾湖、郑州大河村、蒙城尉迟寺等大量考古发掘资料证明，这一带在新石器时代曾是传统的稻作农业区，只是在全新世高温期中几次降温事件期间，又同时存在着粟作农业，成为稻粟混作农业区。进入全新世后期，特别是秦汉以降，随着气候的逐渐变冷，这一带才逐渐成为旱作农业区，稻粟混作农业区推移到了淮河以南的江淮地区。两种耕作方式的此消彼长与两大文化传统、三大部族集团势力的相互消长密不可分。而史前耕作方式的变更又与全新世气候环境的演变密切相关[11]。

结合淮河下游龙虬庄遗址距今7000~5500年的栽培粳稻和长江中游八十垱、城头山古稻的发现，并结合气候和环境演变的研究结果进行比较研究后认为，淮河流域古人类对野生稻的采食、利用虽晚于华南和长江流域，但稻作农业的产生是大体同步的。而且稻种的优化选育和粳稻特征的形成可能还要早于籼粳混杂的长江流域。

然而，上述三大谱系的稻作遗存究竟是何关系？特别是淮河流域的稻作农业，是独立起源？还是像多数学者所认为的那样，是自长江流域传播而来？这是涉及农业起源和稻种起源的理论问题，而仅仅依靠传统的考古学文化传播的理论和稻种的粒型分析等方法是无法解决的，只能借助现代科学的分析方法。这也正是本项目申请的目的。最近关于中国栽培稻起源时间的争论，更凸现了这一研究的重要性[12]。

二、贾湖遗址稻作遗存分析

大量发掘资料证明，贾湖遗址是目前在中国发现的最早的明显带有稻作农业生产特点的考古遗址，是"似农非农"这一社会经济发展阶段的代表[13]。贾湖遗址出土的生产工具，既有翻地、播种、中耕及收获的工具，也有把稻谷加工成米的磨盘、磨棒，即从耕作、收割到加工的整套稻作农业工具，可以作为栽培稻的重要佐证，这是同时期长江流域仅见大量打制石器和少量掌上型的磨制石器所无法比拟的。对于稻米加工工艺的研究结果也表明，贾湖人食用的是经过加工的精米。人骨 ^{13}C 的研究也证明，稻米是贾湖人植物食品的主要组成[14]。与西亚发明葡萄酒的同时，贾湖遗址还发现了8000年前的米酒的酒石酸，从而证明8600年前贾湖人可能已经掌握酿制米酒技术，比原认为世界上最早的伊朗葡萄酒要早1000多年[15]。由于地处长江、黄河两大流域之间这一特殊地理位置和人文背景，又有全新世大暖期的气候条件，淮河流域有可能是稻作起源的关键地区，与长江流域具有同等重要的地位。这些新发现的信息，证明处在长江和黄河之间的淮河流域，有可能是粳稻的起源地之一[16]。

我们还对产生贾湖稻作文化的意识形态和社会背景进行了研究，它的以七声音阶骨笛为代表的音乐文化[17]，以成组随葬龟甲及契刻符号为代表的原始文字和原始数学等[18]，其制作工艺之高超，科学内涵之丰富，在当时的中国和世界上都明显居领先地位，贾湖稻作文化与同时期西亚两河流域麦作文化相映生辉，并驾齐驱，具有同等的发达程度[19]。1999年9月、2003年3月和2004年12月，《自然》杂志（Nature）、《古物》（Antiquity）、《美国国家科学院院刊》（PNAS）、《纽约时报》、《时代周刊》和英国广播公司等西方媒体关于贾湖骨笛、稻作文化、酒石酸和原始文字的报道，在国际上产生了较大反响。

距今9000~7800年的贾湖文化是中原地区全新世早期的典型代表之一，是同时期遗存最丰富的史前聚落遗址，根据发掘出土的动植物遗骸和孢粉、植硅石及土壤微形态分析可知，这里当时的气候环境与今日之长江中下游相似[20]。从距今9000年前的贾湖一期开始，稻作生产已经成为贾湖居民生产活动中的一个组成部分。贾湖二、三期，稻作规模日趋扩大，稻种的驯化程度也日渐增强。经对贾湖遗址的七次发掘出土数千粒炭化稻米及其中近千粒较完整的炭化稻米的形态学分析表明，80%以上的炭化米已与野生稻发生了显著变化，而与现代栽培稻近似，因此可以肯定贾湖古稻已被驯化为栽培稻。然而，从每个层次几乎都存在偏粳、偏籼、籼粳中间型及野生稻型炭化米来看，贾湖古稻群体中的变异很大，是一个粒型上包括籼、粳、中间型及普野的混合群体（与现代已分化很彻底的籼、粳稻品种不同）。并且在距今9000～8000年的1000年中粒型的长与宽逐渐增加，而长宽比却有逐渐变小、容积逐渐加大而接近现代栽培稻的趋势（表一）[21]。

表一 贾湖遗址各期稻米粒型分布表

分期	单位	炭化稻米长宽比*				共计
		<2.3	2.31～2.5	2.51～3.5	>3.5	
Ⅲ	H121	5	5	2		12
	H174	35	30	19	15	99
Ⅱ	H339	2	4	32	7	45
	H168	1	5	5	1	12
Ⅰ	H229	2	2	7	2	13
	H187	1	3	8	4	16
总计		6	46	49	73	29	197
百分比（%）			23.4	24.9	37.0	14.7	100

*<2.3为粳稻，2.31～2.5为籼粳中间型，2.51～3.5为籼稻，>3.5以上为典型普通野生稻。

硅酸体与粒型分析的结果类似，即以偏粳型为主（占49%），偏籼型只占22%。这种粒长偏粳、粒宽偏野、长宽比偏籼，而硅酸体以偏粳型为主的现象，与河姆渡古稻粒型偏籼而稻谷稃面双峰乳突偏粳，和湖南澧县八十垱彭头山文化古稻的粒型似籼而双峰乳突似粳，或粒型似粳而双峰乳突似籼的不一致现象颇为相似。因此可以认为贾湖古稻虽然已驯化为栽培稻，但与现代已分化很彻底的栽培稻不同。由于当时的人工选择还不够强，是一种籼粳分化尚不明显并且还含有一些野生稻特征的原始栽培稻。根据龙虬庄炭化稻的分析，距今6600～5500年这1100年间，谷粒长、宽、厚的变化没有明显规律，5500年以来，谷粒明显变长、变宽、变厚，总体上谷粒变大，籼粳分化更加明显和彻底。这说明人工选择压力明显加大，成为在分类学上与现代栽培粳稻相同的栽培稻[22]（表二）。

表二 贾湖、八十垱、龙虬庄、城头山大溪期炭化稻米长、宽、长宽比平均值
（据王象坤等，1995；张文绪等，1997；张敏等，1996；顾海滨，1995）

遗址及分期	粒数	长	宽	厚	长宽比	时代（a BP）
贾湖一期	17	4.1	1.5		2.73	9000～8600
贾湖二期	60	4.1	1.5		2.73	8600～8200
贾湖三期	111	4.2	1.6		2.3	8200～7800
龙虬庄八层	14	4.84	2.24	1.65	2.19	6600～6300

续表

遗址及分期		项目	粒数	长	宽	厚	长宽比	时代（a BP）
龙虬庄七层			65	4.72	2.31	1.69	2.07	6600~6300
龙虬庄六层			48	4.58	2.28	1.65	2.03	6300~5500
龙虬庄四层			118	5.8	2.57	1.78	2.31	
八十垱			240	4.94	1.98		2.52	8100~7800
城头山	大溪期	粳	25	4.75	2.75		1.73	6000~5000
		籼	48	6.1	2.5		2.44	
		小粒型	27	4.3	2.1		2.0	
粳稻							1.91	现代江苏

贾湖古稻与长江流域稻作农业的起始阶段大体同步，淮河下游的龙虬庄、中游的双墩和侯家寨等遗址都发现了丰富的稻作遗存。有关淮河流域距今9000~3500年稻作文化的资料表明，贾湖古稻并非孤立存在，而是存在一个位于北纬31°~35°之间的淮汉粳稻栽培带之中。为研究淮河上游稻作农业起源、演化、传播及环境变迁等重要基础理论问题，我们对淮河上中游地区的河南、安徽新石器时代前期遗址进行了农业考古调查，发现了一批保存甚好、具有鉴定特征的稻壳印痕，对之进行了形态学观察和初步探讨，认为虽然在距今9000~7000年间的贾湖时期，稻作生产在人们经济生活中并不占主导地位，但在距今7000~4000年期间的仰韶时代和龙山时代，淮河上中游地区的史前遗址中，普遍发现有稻作遗存，并且已经开始了粳稻和籼稻的分化，从而表明贾湖遗址开始的稻作农业在淮河流域有了广泛的发展。而且随着时间的推移，籼稻比例逐渐减少直至消失，粳稻却由少渐多，以至于到晚期完全取代籼稻，这是人们在水稻栽培的过程中进行品种的人工选择和优化选育的必然结果，与淮河下游的江苏高邮龙虬庄遗址第4层即距今5500年左右即以完成粳稻特征的定型化是一致的[23]。

三、开展古稻分子生物学研究的必要性和可行性

分子考古学是当今世界的前沿学科，但限于样本来源和研究难度，古稻分子生物学研究迄今为止在国际上报道极少，而国内尚属空白[24]。迄今国际上只有数篇古稻DNA的分析报道，一篇为日本学者，距今1200年的古稻DNA研究[25]；另一篇是最近韩国学者报道的，距今17310~13100年古稻DNA的分析[26]，其分析结果的真实性已经受到了分子遗传学者的严重质疑[27]。考古发掘特别是近年来八十垱、贾湖、跨湖桥和田螺山等遗址出土的大量7000年以前的古稻，过去由于我们没有条件进行这方面的研究，致使大量出土的古生物材料的研究仅仅局限于形态学、植硅石及扫描电镜下的双峰乳突等表型描述，影响

了这些极其宝贵的古生物材料的科学价值的最终体现。尽管目前国内外不少科研机构已经开始涉足进行古稻分子研究，但由于古DNA提取及分析技术难度高，成功率低，实验设备、器具和样本等防污染步骤与措施极其复杂，以及古稻资源难得等客观原因，这方面的成果至今鲜见。最近一个时期，美国、德国、日本等国的研究人员都在加大关注并插手我国这个世界上绝无仅有的古稻资源宝库。这一严峻的事实充分显示了古稻DNA研究的重要性与紧迫性。我国科学工作者，应责无旁贷将这项令世界瞩目的研究承担起来。

迄今为止古DNA研究所遇到的最大难题是古生物在地下长期埋藏过程中，不同地区的地下水质、温度以及土质（例如酸碱度、各种微生物的种类和数量以及微量物质的含量等）影响，DNA严重降解或片段化（100~300bp），致使成功提取和分析残留在古生物遗骸中的微量DNA成为研究最大的难题。现代稻的DNA分析技术已有系统的分子标记（包括核DNA微卫星标记、RFLP、ISSR等技术）用来研究野生稻和栽培稻，为现代稻DNA的进化研究提供了有效的手段[28]。但是由于古生物样本的特性，无法将其方法直接利用于古水稻的研究中。首先古样本DNA残存量极低，单拷贝的核DNA标记很难成功；其次古样本DNA严重降解或片段化（100~300bp）使得较大片段的DNA标记无法被利用。因此在建立成功的提取古水稻DNA方法的同时，有效地选取遗传分析标记并建立分析方法将成为该项研究成功的关键。

目前，国内学术界经多年研究，已积累了丰富的经验和大量实物资料，同时已经有规模地发掘并整理收集了许多遗址大量丰富的古水稻样本，并有很好的现代稻种资源和分析平台，而且古水稻DNA提取方法、遗传分析标记的选取以及分析方法已经建立。在遗传标记的选择和分析方法上，充分考虑到古水稻DNA残存量极低、DNA严重降解或片段化严重等特性，单拷贝的核DNA标记很难成功地应用于本项研究。而水稻叶绿体DNA具有高拷贝数、母性遗传及较高的突变率等特征，使其成为研究古代及现代群体之间相互关系的最为理想的遗传指标。我们在沿用现代稻遗传标记的基础上，为了最大限度地挖掘水稻叶绿体DNA遗传多态性用于栽培稻的进化和亲缘关系的研究，通过对水稻基因组 O. sativa japonica（DB_AY522330）、O. sativa indica（DB_AY522329）[29]和 O. nivara（DB_AP006728）[30]的叶绿体DNA全序列的系统比较基因组学研究，发现了若干横跨整个叶绿体序列的多态聚集块[31]。我们利用"973项目"现代稻种资源和分析平台以及日本国立遗传研究所稻种资源和分析平台，对上百种野生稻和栽培稻的多个多态聚集区进行了测序和序列分析比较分析，找出了有效地用于古代及现代稻进化和亲缘关系的研究的多态聚集区的遗传标记组合。在上述结果的基础上，我们曾对河南贾湖遗址（9000a BP）和江苏高邮的龙虬庄遗址（7000~5500a BP）出土的古代水稻成功地进行了古DNA的提取和序列分析，经与现代稻DNA序列的同源性对比分析，结果表明技术上是成功的，结果是可靠的。充分利用丰富的古稻资源，在DNA水平上研究水稻起源与演化，为稻作起源研究提供一个非常有力的工具，相信可取得突破性进展。对出土于淮河流域、长江流域和江南地区的古稻DNA进行系统的提取与分析，并进行对比研究，将可进一步了解古稻DNA

与现代野生稻和栽培稻的遗传差异，探讨中国栽培稻原始类型及进化谱系，揭示其起源与演化的遗传学机理，因之将具有重要意义。或许还可从中发现有利于现代水稻遗传育种的基因，为农业现代化建设服务。

注　释

[1] 周拾禄：《中国是稻之原产地》，《中国稻作》1948年第5期，第53、54页。

[2] Harlan J R. Agricultural Origins: Centers and Nancenters. Science, 1971, 174: 468-474; Oka H I. Origin of Cultivated Rice. Tokyo: Japan Scientific Societies Press, 1988; Morishima H, et al. Are the Asian Common Wild Rices Differentiated into the Indica and Japonica Types?//Hsieh S C. Crop Exploration and Utilization of Genetic Resources. 1987: 11-20; Oka H I. Experimental Studies on the Origin of Cultivated Rice. Genetics 1974, 78: 475-486; 王象坤等：《论水稻广亲和基因的地理分布与系统发生》，《植物优异种质资源及其开拓利用》，中国科学技术出版社，1992年，第70～73页；王象坤、孙传清等：《中国稻作起源与演化》，《科学通报》1998年第43卷第22期，第2354～2363页。

[3] 陈文华：《中国稻作起源的几个问题》，《农业考古》1989年第2期；汤圣祥：《中国粳稻起源的探讨》，《农业考古》1994年第1期。

[4] 严文明：《再论中国稻作农业的起源》，《农业考古》1989年第2期，第72～83页。

[5] 王象坤、张居中等：《中国稻作起源研究上的新发现》，《中国栽培稻起源与演化研究专集》，中国农业大学出版社，1996年。

[6] 张居中等：《舞阳史前稻作遗存与黄淮地区史前农业》，《农业考古》1994年第1期。

[7] 蒋乐平：《浦阳江新石器时代遗址的发现与思考》，《浙江省文物考古研究所学刊（第八辑）——纪念良渚遗址发现七十周年学术研讨会文集》，科学出版社，2006年，第439～461页；盛丹平、郑云飞、蒋乐平：《浙江浦江县上山新石器时代早期遗址——长江下游万年前稻作遗存的最新发现》，《农业考古》2006年第1期，第30～32页；王海明：《九千年前的远古文化——浙江嵊州小黄山遗址》，《浙江省文物考古研究所学刊（第八辑）——纪念良渚遗址发现七十周年学术研讨会文集》，科学出版社，2006年，第401～412页；张恒、王海明、杨卫：《浙江嵊州小黄山遗址发现新石器时代早期遗存》，《中国文物报》2005年9月30日第1版。

[8] 浙江省文物考古研究所、萧山博物馆：《跨湖桥》，文物出版社，2004年；郑云飞、蒋乐平、郑建明：《浙江跨湖桥遗址的古稻遗存研究》，《中国水稻科学》2004年第18卷第2期，第119～124页。

[9] 朱乃诚：《中国早期新石器文化研究的新进展》，《光明日报》2000年7月28日。

[10] 张居中等：《也论中国栽培稻的起源与东传》，《农业考古》1996年1期。

[11] 张居中等：《要重视对中原地区新石器时代人类生存模式与环境变化关系的研究》，《华夏文明的形成与发展》，大象出版社，2003年。

[12] Dorian F, Harvey E, Qin L. Presumed Domestication? Evidence for Wild Rice Cultivation and Domestication in the 5th Millennium BC of the Lower Yangzte Region. Antiquity, 2007, 81: 316-331; Liu

L, Lee G A H, Jiang L P, et al. Evidence for the Early Beginning (c. 9000cal. BP) of Rice Domestication in China: A Response. The Holocene, 2007, 17(8): 1059-1068；刘莉等：《有关中国稻作起源证据的争论》，《中国文物报》2007年9月28日第七版。

[13] 赵志军：《植物考古学及其新进展》，《考古》2005年第7期，第42～49页。

[14] 河南省文物考古研究所：《舞阳贾湖》，科学出版社，1999年。

[15] McGovern P E, Zhang J Z, Tang J G, et al. Fermented Beverages of Pre-and Proto-historic China. PNAS, 2004, 51: 17593-17598.

[16] Zhang J Z, Wang X K. Notes on the Recent Discovery of Ancient Cultivated Rice at Jiahu, Henan Province: A New Theory Concerning the Origin of *Oryza japonica* in China. Antiquity, 1998, 278: 897-901.

[17] Zhang J Z, et al. Oldest Playable Musical Instruments Found at Jiahu Early Neolithic Site in China. Nature, 1999, 401: 366-368; Zhang J Z, Xiao X H, Lee R K. The Early Development of Music. Analysis of the Jiahu Bone Flutes. Antiquity, 2004, 78(302); Zhang J Z, Lee R K. The Magic Flutes. Natural History. https://www.naturalhistorymag.com/htmlsite/master.html? https://www.naturalhistorymag.com/htmlsite/0905/0905_feature.html.

[18] Li X Q, Harbottle G, Zhang J Z, et al. The Earliest Writing? Sign Use in the Seventh Millennium BC at Jiahu, Henan Province, China. Antiquity, 2003, 77: 31.

[19] 俞伟超、张居中等：《以原始农业为基础的中华文明传统的出现》，《农业考古》2001年第3期。

[20] 张居中等：《试论贾湖先民的生存环境》，《环境考古论集（第二辑）》，科学出版社，2000年。

[21] 张居中等：《贾湖与彭头山稻作文化比较研究》，《农业考古》1998年第1期；王象坤、孙传清、张居中：《中国栽培稻起源研究的现状与展望》，《农业考古》1998年第1期。

[22] 张居中等：《河南贾湖稻作文化的发现与研究》，《科学》2002年第3期。

[23] 张居中、尹若春等：《淮河中游地区稻作农业考古调查报告》，《农业考古》2004年第3期；张居中等：《淮河流域史前稻作农业与文明进程的关系》，《东方考古（第一辑）》，科学出版社，2004年。

[24] 孙传清、王象坤等：《从普通野生稻DNA的籼粳分化看亚洲栽培稻的起源与演化》，《农业考古》1998年第1期。

[25] Second G. Origin of the Genic Diversity of Cultivated Rice (*Oryza* spp.): Study of the Polymorphism Scored at 40 Isogyme Loci. The Japanese Journal of Genetics, 1982, 57: 25-57.

[26] Suh H S, et al. RAPD Variation in the Carbonized Rice Aged 13100 and 17310 Years//Advances in Rice Genetics. World Scientific Publishing Co. Pte. Ltd. 2003.

[27] Wang X K, Sun C Q, et al. A Discussion on the Origin of *Oryga japonica* in China and Sorori Ancient Rice in Korea//Advances in Rice Genetics. World Scientific Publishing Co. Pte. Ltd. 2003.

[28] Tian X, et al. The Rice Mitochondrial Genomes and Their Variations. Plant Physiol, 2006, 140(2): 401;

Wang X K, et al. On the Geographical Distribution and Phylogenesis of Wide Compatibility Genes of Rice. Crop Production and Improvement Technology in Asia, 1993: 373-378.

[29] Tang J G, et al. A Comparison of Rice Chloroplast Genomes. Plant Physiol, 2004, 135: 412-420.

[30] Shahid M, et al. The Complete Nucleotide Sequence of Wild Rice (*Oryza nivara*) Chloroplast Genome: First Genome Wide Comparative Sequence Analysis of Wild and Cultivated Rice. Gene, 2004, 340(1): 133.

[31] Sun C Q, Wang X K, Yoshimura A, et al. Genetie Differentiation for Nuclear, Mitochondrial and Chloroplast Genomes in Common Wild Rice (*Oryza rufipogon* Griff.) and Cultivated Rice (*Oryza sativa* L.). Theoretical and Applied Genetics, 2002, 104(8): 1325-1345.

（与王沥合著）

试论贾湖聚落的捕捞业[*]

舞阳贾湖遗址位于黄淮海大平原西南部边缘的淮河上游地区,这里地处中国二、三级阶梯的过渡地带,地理坐标为东经113°40′,北纬33°36′,海拔67米,面积55000多平方米,文化层厚1~2米。1983~2001年,河南省文物考古研究所、中国科技大学科技史与科技考古系等单位先后在此进行了7次发掘,发掘面积共计2700平方米,发现大量房基、陶窑、窖穴和墓葬,出土陶、石、骨等各种质料的遗物上千件。其中以七声音阶骨笛、成组龟甲及其原始契刻文字和最早的稻作农业等最为重要。发掘者根据遗址出土主要器物的形式变化将其分为三期:一期距今9000~8500年,二期距今8500~8000年,三期距今8000~7500年。贾湖遗址多学科综合研究的成果在国内外公布之后引起广泛关注,其被评为20世纪100项重大考古发现之一。

捕捞业是在海洋或内陆水域中捕获天然的或人工放流的鱼类或其他水生经济动物的生计形式。捕获天然鱼类和其他水生经济动物,是人类最早取得食物的手段之一[1]。原始农业和原始畜牧业产生以后直至今日,捕捞业在滨水居民的经济生活中仍然具有重要地位。本文根据贾湖遗址发现的捕捞工具、鱼类骨骼、龟鳖等爬行类骨骼等相关水生生物遗存,探讨捕捞业在贾湖先民经济生活中的作用和地位,并尝试探讨捕捞业与贾湖先民社会生活和精神生活的关系。

一、贾湖聚落的气候环境

贾湖先民生存时期,正是全新世升温期的后期和大暖期的前期,气候温暖湿润,雨量充沛。贾湖聚落地处河间泛滥平原,西有一低缓土岗,海拔68.6米,高于遗址1~1.5米。东为大片洼地,低于遗址1~4米,现在为一滞洪区。现在的贾湖应为古氾水的一段废河床。贾湖村东的全新世地层中有一层黑色的净水沉积层,自西向东由薄渐厚,边缘地带0.3~0.5米,在滞洪区中心地带厚达3米仍未见底[2]。这表明在全新世大暖期期间这一带曾有较大面积的水域存在。

---

[*] 本文研究得到国家自然科学基金项目"淮河上中游地区全新世早中期人类植物利用反映环境适应过程"(编号:41472148)和中国科学院战略性先导科技专项"应对气候变化的碳收支认证及相关问题"(编号:XDA05130503)资助。

从遗址中出土大量鹿科动物骨骼以及骨镞等狩猎工具看,周围应有广阔的草原;遗址中随处可见的大量鱼骨、蚌类、龟鳖、扬子鳄、丹顶鹤以及菱角、莲藕、水蕨等水生、湿生动植物群落则表明当地应有大面积水域存在;已发现的水稻资源利用颇具规模,也证明这里有较充沛的水热资源。

在聚落东部大约1千米范围内,地势稍低,又紧临东侧洼地,当时应为沼泽景观,是从事捕捞活动的理想地带。再向东,坡度陡然加大,1千米以外下降1~2米,海拔降至65米左右,最低达63.4米。从地层剖面观察,净水沉积层亦明显加厚,表明当时积水可能较深。从现在泥河洼滞洪区面积推算,这片洼地有100多平方千米,倘若数千年来此处地貌变动不大,贾湖先民的可捕捞范围是相当宽阔的。

贾湖聚落周围优越的自然环境,为先民提供了丰富的食物来源和制造生产工具的原材料。温暖湿润、雨量充沛的气候和大面积水域的存在,使捕捞业的产生成为可能,也为其发展提供了有利条件。

二、贾湖聚落的捕捞业

贾湖遗址出土许多与捕捞业有关的生产工具和大量水生生物遗存,为我们探讨贾湖遗址的捕捞业提供了丰富的资料。这些资料表明捕捞业在贾湖先民的经济生活中具有不可或缺的重要地位。

(一)捕捞工具

贾湖遗址发掘出土大量的生产工具,对这些工具的分析有助于我们了解其经济结构(表一)。

表一 生产工具分类统计表(摘自《舞阳贾湖》)

质料 \ 类别	第一类工具	第二类工具 农业工具	第二类工具 狩猎工具	第二类工具 捕捞工具	第二类工具 生活用具和加工工具	其他工具	合计	百分比(%)
陶			5	28	64	1	98	5.3
石	217	161	27		300	82	787	42.3
骨、角、牙		1	283	132	541	17	974	52.4
合计	217	162	315	160	905	100	1859	
百分比(%)	11.7	8.7	16.9	8.6	48.7	5.4		100

表一中的第一类工具,主要是加工工具的工具,包括锤、砧、钻和钻帽、研磨器和砺石等;第二类工具主要是直接用来生产生活资料和日常生活用品的工具,又分为农具、狩

猎工具、捕捞工具、加工工具和日常生活用具几类。加工工具一栏数量最多，但器类也最为庞杂。除石磨盘、石磨棒属于粮食加工工具，石斧、石锛和石（骨）凿属于木作工具，纺轮、针、锥属于纺织、缝纫工具外，其他如匕、削、骨板等很难系统分类，但这些又都明显是人们日常生活中常用之器，骨板类工具也可能属于纺织工具，这里统统放在手工业加工工具类中统计[3]。

从上表看直接用于生活资料生产的工具主要有农具、狩猎、捕捞三大类，下面将这几类工具单独列表分类统计如下（表二）。

表二　用于生活资料生产的工具分类统计表（摘自《舞阳贾湖》）

质料＼类别	农具	狩猎工具	捕捞工具	合计	百分比（%）
陶		5	28	33	5.2
石	161	27		188	29.5
骨	1	183	132	416	65.3
合计	162	315	160	637	
百分比（%）	25.4	49.6	25.1		100

根据表二，从工具质料上看，骨制品数量最多，陶制品最少。由于陶制品主要用做生活用具，石制品则主要用于加工工具，而用于狩猎、捕捞的镞、镖主要由骨料制成，故显得骨制品比例偏高。

在贾湖遗址出土的生产工具中，捕捞工具占25.1%。其质料以骨质为主，主要是骨镖，陶质工具仅有网坠一种，未见石质捕捞工具。

1. 骨镖

骨镖为一种投射用的捕捞工具，共有132件，占捕捞工具的82.5%，可见是当时贾湖先民的主要捕鱼工具。从其形态看，当时捕获的鱼应该比较大。在已公布的349座墓葬的资料中，随葬骨镖的有42座，占全部墓葬的12%，可见捕鱼是一种相当普及的日常性生业形式。

骨镖在第一期的数量为27件，第二期增加到81件，第三期又减少到19件。器体横剖面形状有圆角方形（图一，1）、菱形（图一，2）、圆形（图一，3）、椭圆形（图一，4）、U形或V形等。铤部形状呈圆锥（图一，5）或圆柱状（图一，6），有的一面削磨成平面呈凹槽状，另一面圆弧或起中脊，横剖面形状有半圆形、三角形等，有的器身一侧有凹槽（图一，7），有的铤部刻有短细的线段（图一，8），锋尖大多细长锐利。两翼大多呈对称、密集倒刺的A型（图一，9~11）与无翼、尾端圆锥状的B型（图一，12~14）是数量最多的两种器型。

这些鱼镖从镖杆的固定方式上可分为三种：一种是嵌杆式，即将镖的铤部插入杆的一端；一种是绑杆式，即将镖的铤部绑缚固定在杆的一端；一种是连杆式，即制作时将镖头与镖杆一次制成，镖杆是铤部的加长。嵌杆式和连杆式均有双侧倒刺，大多制作精致，说明此类工具在贾湖先民的生活中颇受重视。

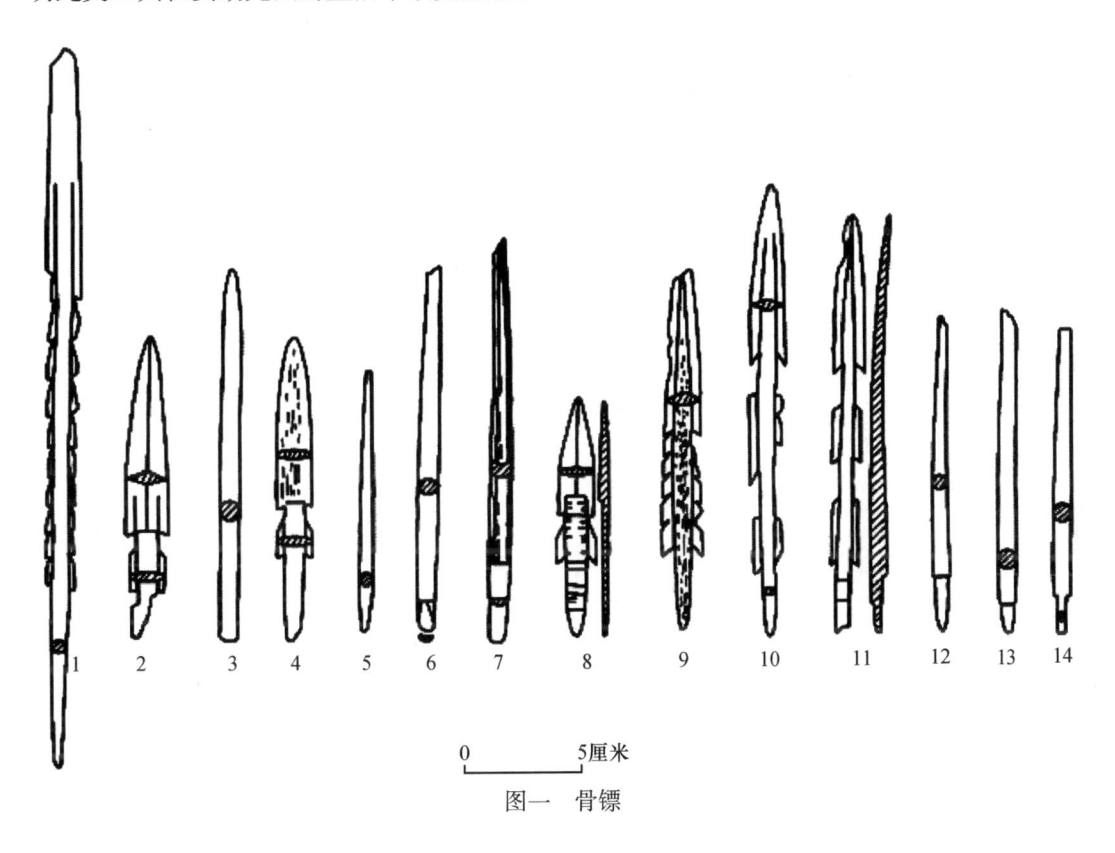

图一 骨镖

2. 网坠

网坠是渔网的构件，数量较少，共发现28件，占捕捞工具的17.5%。其在第二期开始出现，共6件，第三期增加到22件。从形态上，网坠大都分为废鼎足改制，质量较轻。可统计的标本中，重100克以下的占92%，100克以上的占8%。据此推测网不会太大，且只能捕捉中、小型鱼类。第三期网坠数量的增加可能表明贾湖三期的先民以撒网为捕捞方式之一。

总的来说，投射这种最为古老的捕捞方式仍是主流，且使用的骨镖应是用来捕捞大、中型鱼类，但省力而又高效的网捕方式自第二期产生以后呈逐步增加的趋势。由此看来，贾湖先民不仅能够根据捕捞对象的不同而使用不同的工具，而且捕捞技术也在不断改进。

从保存现状而言，通过捕捞工具数量来研究捕捞业的比重可能具有很大的局限性，因为出土的捕捞工具只是经过几千年保存下来的一部分，而大量竹、木、纤维编织而成的工具可能限于埋藏条件未能保存下来。事实上，在水生资源丰富的贾湖先民生活时期，大量捕捞活动可能都是用这种工具进行的，如捕捞蚌、螺类动物等。而捕捉龟鳖等爬行类动物，至今人们还主要靠观察了解动物的生活习性后徒手进行。因此，上述分析还要加上这种因素后才能较为全面一些[4]。

（二）捕捞对象

由于贾湖聚落周围有大面积水域，且当时气候温暖多雨，水生动物资源比较丰富。贾湖遗址出土的动物遗存从大类上可分为贝类、鱼类、爬行类、鸟类、哺乳类五类（表三）。

表三 各大类动物骨骼标本数量与比例
（摘自《贾湖遗址第七次发掘出土动物遗存研究报告》）

分期 类别	一期 数量	一期 百分比（%）	二期 数量	二期 百分比（%）	三期 数量	三期 百分比（%）
贝类	7	0.10	8	0.13	1	0.02
鱼类	4827	69.16	3874	62.80	3698	76.03
爬行类	679	9.73	323	5.24	329	6.76
鸟类	206	2.95	46	0.75	99	2.04
哺乳类	1260	18.05	1918	31.09	737	15.15
合计	6979	100.00	6169	100.00	4864	100.00

从表三中可以看出，鱼类骨骼数量最多，在各期中均占60%以上，哺乳类次之，其他大类的数量与比例均较小。由于出土的动物骨骼、介壳大部分都是残断、破碎的，各类动物遗存的数量不一定代表该类动物的个体数量，但总体上鱼类骨骼所占的优势是显而易见的，可以认为鱼类是当时人们的主要捕捞对象。

1. 鱼类

贾湖遗址的绝大多数灰坑中可见到大量的鱼肋骨、脊椎骨和喉齿，主要是青鱼、鲤鱼两种。青鱼喉齿大者长径1.95、短径1.45厘米，有的鱼脊椎骨单节长1.9、直径1.8厘米，推测其活体重量均相当大。

鱼骨中可鉴定种属的仅有鲤科的咽齿，鲤科中，发现鲤鱼、草鱼、青鱼三种，根据咽齿数量统计，可知各期中均以鲤鱼为主，草鱼次之，青鱼极少，仅在第三期发现1例。按照这些可鉴定的骨骼数量来看，第一期鲤鱼占75%、草鱼占25%；第二期鲤鱼占86.76%、草鱼占13.24%；第三期鲤鱼占85.11%、草鱼占12.76%、青鱼占2.13%[5]。

贾湖遗址出土鱼类骨骼总计12398件，占全部动物骨骼标本总量的68.82%，第一至第三期出土鱼骨数量在所有动物骨骼标本数量中的比例分别为69.16%、62.8%、76.03%。鱼骨的数量远远超过了遗址动物群中其他大类的骨骼数量。其中鱼骨数量几乎是哺乳动物骨骼的3倍[6]。当然，鱼类骨骼与哺乳动物的骨骼相比在数量上具有优势，比如一只典型的哺乳动物的骨骼数量一般为200块多一点，而一条多骨鱼则有300块以上。另外，鱼类骨骼比较脆弱，因而更容易成为碎片，这也会夸大鱼骨的数量优势，而从肉食供应量方面来计算,一只中型哺乳类动物要比一条中型鱼类大好多倍。但是从大量出土的比较完整的鱼脊椎骨看,鱼骨的数量优势还是相对客观的。

贾湖遗址出土的大量鱼骨证实当时消费的鱼类数量相当可观,这也暗示当时捞捕鱼类的活动相当频繁。注重捕鱼是贾湖先民经济活动的一个显著特征。

2. 爬行类

爬行动物数量很多,种类较少,包括龟、鳖和扬子鳄三种。

龟鳖类标本比较多,就出土和保存状况看,大致可分两类:一类是从墓葬里发现的。除个别外,大多为完整的背腹甲,或部分完整的背腹甲,或完整腹甲。前两者的背、腹甲相互分离,但可一一上下匹配,表示原为一个个体。后者主要以完整或基本完整的腹甲为代表,背甲缺如或破损较甚。另一类是从灰坑或废弃的房基中出土的。材料也很多,特别是鳖类,但全是碎片,似为先民食用之后的遗弃品。其中有一件从房基里发现的龟甲标本,可能是"奠基龟"[7]。经研究,这些龟鳖类甲壳代表龟科的黄缘闭壳龟、中国花龟和一个未定属,以及鳖科的鳖属。

另一爬行类是扬子鳄,在灰坑、残房基中发现的扬子鳄各部骨骼大约分属10多个个体,幼年和成年均有,部分骨片上还有人工砍砸的痕迹[8],表明这种动物可能是在当地捕杀而非从外地运来。

3. 软体动物

贾湖先民的另一大类捕捞对象是蚌、蚬、螺等软体类动物,此类动物的介壳数量很多。因埋藏条件所限,保存较差,在许多灰坑、文化层中都可见到蚌螺类甲壳腐烂而成的白色粉末。已发现的大量夹蚌陶表明,这些介壳被粉碎后用做制陶的羼和料,证明捕捞软体类动物是贾湖人的一种经常性生产活动。

在发掘中收集到的软体动物标本有三十多个个体,大多出土于H115,另外在H187、H29内也有少量出土。经鉴定有2科6属共14种:一为珠蚌科,包括珠蚌属的杜氏珠蚌和一未定种,楔蚌属的江西楔蚌、巨首楔蚌、圆头楔蚌和一未定种,丽蚌属的楔丽蚌、拟丽蚌、失衡丽蚌和一未定种,矛蚌属的剑状矛蚌、短褶矛蚌,以及一冠蚌未定种;另一为蚬科,仅见河篮蚬一种。虽然发现有大量螺类介壳碎片,但没有可鉴定者。

三、捕捞业与社会生活

1. 捕捞业是贾湖先民重要的生计形式

根据贾湖遗址出土生产工具的数量,对其总体的经济结构进行分析。从分析结果看,直接用于生活资料生产的工具有农具、狩猎、捕捞三大类。其中农具162件，占工具总数的25.4%；狩猎工具315件，占总数的49.6%；捕捞工具160件，占总数的25.1%（见表一、表二）。如果把三期的生产工具进行进一步分类比较，将有利于我们观察每一期经济结构的情况及变化趋势。

表四　贾湖各期用于生活资料生产的工具分类统计表

类别	农具			狩猎工具			捕捞工具			合计	百分比（%）
质料	陶	石	骨	陶	石	骨	陶	石	骨		
第一期		4			1	27			27	59	9.5
第二期		39		2	15	199	6		81	342	54.8
第三期		118	1	3	11	49	22		19	223	35.7
合计	162			307			155			624	
百分比（%）	26			49.2			24.8				100

从表四看，农具的比例很小。主要是因为数量较多的石斧和石磨盘、石磨棒等都按木作工具和加工工具计算了，若把这些归属于农具类，农具的比例将会提高不少。大量难以保存的竹、木质料的工具也应是当时常用的生产工具和生活用具，若加上这些不易保存下来的竹木制品的话，农具的比例可能会再高一些。从工具数量看，狩猎工具所占比例最高，占49.2%，其次是农具，将一期至三期的工具数量进行对比发现，第一期的狩猎工具与捕捞工具数量相当，可见在早期，狩猎和捕捞占有同等重要的地位。第二期狩猎工具的数量是捕捞工具的2倍多，是农具数量的5倍多，说明狩猎是贾湖人最主要的生业形式，捕捞业的地位仍不能忽视。贾湖遗址在多次发掘中，获得大量动物骨骼，经鉴定有哺乳类、鸟类、爬行类、鱼类等。丰富的动物资源为人们的狩猎、捕捞提供了有利条件。到了第三期，狩猎工具的数量大约是二期的1/3，捕捞工具的数量约是第二期的1/2，而农具的数量约是第二期的3倍。这一比例变化的趋势从第一期至第三期各类生产工具比例图（图二）中也能明显看出。把各种工具进行纵向对比，可以看出狩猎工具的比例在第一、二期呈递增趋势，第三期有所减少。捕捞工具的比例在第一期所占比例较大，第二期、第三期呈递减趋势。只有农具的数量一直呈递增趋势。从工具种类和数量的变化可以推论，贾湖晚期人们对狩猎、捕捞方式的依赖已经没有早期、中期那么强烈，而越来越多地转向农业种植

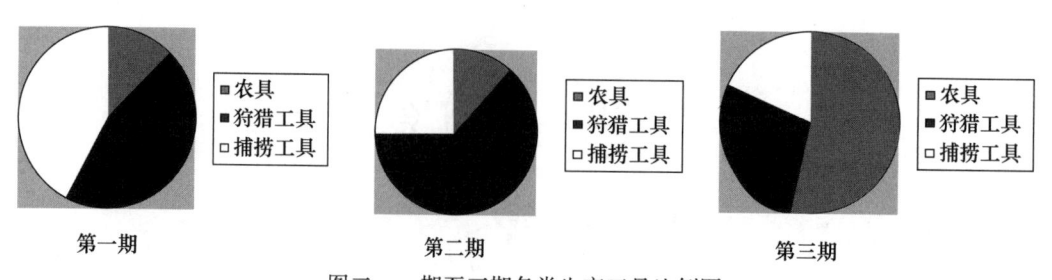

第一期　　　　　　　第二期　　　　　　　第三期

图二　一期至三期各类生产工具比例图

（表、图均摘自《舞阳贾湖遗址生产工具及其所反映的经济形态分析》）

和家畜饲养。

综上所述，从第一期至第三期出土的生产工具显示，一期、二期是以狩猎、捕捞业为主，农业为辅的经济类型；到了三期，农业有了相当的发展，所占比例超过狩猎、捕捞业。从生产工具的总量、动物遗骸、植物遗存综合分析结果显示，贾湖遗址是以采集、狩猎、捕捞为主，农业种植、家畜饲养为辅的广谱性经济，但农业经济所占比重呈逐渐增加的趋势。由此可见，捕捞业是贾湖先民重要的生计形式之一。

在第7次发掘中，发现有3处同时并存的公共墓地，其中两处以随葬渔猎工具为主，另一处以随葬农业生产工具为主[9]。这可能说明在贾湖遗址后期，聚落内的不同区域可能存在一定的分工。

对比分析各类动物骨骼标本数量与比例，可以看出贾湖先民的肉食来源主要依赖渔猎活动，而家畜饲养还只是一种辅助手段，饲养活动在整个获取肉食资源活动中仅占据次要地位。注重捕鱼在贾湖先民肉食资源获取策略中表现得极为突出，鱼类是当时人们最主要的肉食来源之一。另外，捞捕贝类、爬行类动物和狩猎哺乳类动物的活动也相当兴盛，龟、鳖类动物骨骼在整个肉食资源中占有较高的比例，并被埋葬在一些特殊遗迹中，这表明龟、鳖在贾湖先民的经济生活中也扮演了重要的角色。

2. 贾湖先民的龟文化

贾湖遗址发现龟鳖类动物的数量相当大，许多灰坑、文化层中都可见到龟、鳖的甲片。不仅如此，龟壳还被改造成原始宗教活动的道具，在墓葬中成组地随葬。龟壳内装石子，个别龟甲上还刻有符号，形成了贾湖特征显明的龟文化。这种文化应是伴随长期的捕龟、食龟、崇龟活动逐渐产生的。

就目前所掌握的资料而言，还不能对贾湖先民的社会群体结构形式做出合理的推断，但其信仰形式与其自然环境和生计形式息息相关，贾湖先民的信仰尚处于泛灵论的精灵崇拜阶段[10]。大量的有规律的龟甲随葬，表明龟灵崇拜的存在。这只有在龟与人们的生活关系密切，并经历了长期的观察之后才成为可能。同时，也只有在长期食龟、用龟、崇龟的部族中，才有可能产生出有中国特色、并对中国历史产生重大影响的龟甲契刻文字，而这一文字体系正是滥觞于贾湖聚落。大量随葬狩猎、捕捞工具箭头、鱼镖等，直接反映了与环境相适应的生业形式。贾湖最有特色的龟甲文化和骨笛文化，对影响中国数千年并成为中华民族思维方式的象数思维的形成，具有奠基性作用。这些都与贾湖周围特定的自然环境有关，都是贾湖先民在顺应并利用自然环境的过程中创造的特色思想文化。

四、小　结

贾湖先民作为9000年前的渔夫，不仅发展了捕捞业，更创造了绚丽的捕捞文化。贾湖聚落优越的气候和环境为贾湖先民发展捕捞业提供了得天独厚的自然条件,贾湖先民也充分发挥自己的聪明才智,发明了一系列捕捞工具,勤恳劳作,使捕捞业不断发展。虽然渔猎经济在贾湖聚落的经济结构中所占比例在后期有所下降,但渔猎经济尤其是捕捞业在贾湖先民的经济生活中一直发挥着不可代替的重要作用。与捕捞经济相适应,贾湖先民的精神生活中产生了长期持续的龟灵崇拜,这种文化现象也对周围地区当时乃至之后的文化产生重大影响。

注　释

[1] 余汉桂：《捕捞技术的发展》,《广西水产科技》2011年第1期,第51~58页。
[2] 河南省文物考古研究所：《舞阳贾湖》,科学出版社,1999年,第3~7页。
[3] 张居中：《论贾湖遗址的环境与生业》,《论裴李岗文化》,科学出版社,2010年,第119~135页。
[4] 张居中：《论贾湖遗址的环境与生业》,《论裴李岗文化》,科学出版社,2010年,第119~135页。
[5] 罗运兵、袁靖等：《贾湖遗址第七次发掘出土动物遗存研究报告》,《舞阳贾湖(二)》,待出版。
[6] 罗运兵、袁靖等：《贾湖遗址第七次发掘出土动物遗存研究报告》,《舞阳贾湖(二)》,待出版。
[7] 河南省文物考古研究所：《舞阳贾湖》,科学出版社,1999年,第458页。
[8] 河南省文物考古研究所：《舞阳贾湖》,科学出版社,1999年,第799页。
[9] 来茵、张居中、尹若春：《舞阳贾湖遗址生产工具及其所反映的经济形态分析》,《中原文物》2009年第2期,第22~28页。
[10] 范方芳、张居中：《中国史前龟文化研究综论》,《华夏考古》2008年第2期,第69~75页。

[原载《东方考古(第11集)》,科学出版社,2014年;与程至杰合著]

舞阳贾湖遗址生产工具及其所反映的
经济形态分析*

生产工具是人类双手的延伸，是生产力发展的客观尺度，是认识人类生活方式的直接途径。马克思指出："要认识已经灭亡的动物的身体组织，必须研究遗骨的构造；要判别已经灭亡的社会经济形态，研究劳动手段的遗物，有相同的重要性。"[1]一部生产工具发展史就是一部生动的人类发展史和社会进步史。位于河南省舞阳县的贾湖遗址，是中原地区新石器时代前期的一处重要遗址，1983～2001年期间，河南省文物考古研究所、中国科技大学科技史与科技考古系等单位先后在此进行了7次发掘，发掘面积共计2700平方米，发现房基数十座，陶窑十几座，窖穴数百座，墓葬数百座，发现陶、石、骨等各种质料的遗物数千件。发掘者据此将该遗址的文化遗存分为三期，据年代学研究距今9000～7500年[2]。发掘资料公布之后，因其独特的文化面貌和丰富的文化内涵，引起学术界的广泛关注。俞伟超先生曾指出："贾湖遗址的发掘，提供了能理解黄河中游至淮河中下游之间新石器文化（主要是早、中期）关系的一个联结点。"[3]在贾湖遗址的墓葬、灰坑、房址中，皆发现大量生产工具和生活用具，这为认识和研究贾湖先民的日常生活和经济形态提供了丰富的资料。本文试图通过对贾湖各期石、骨器的组合、数量和形制的变化等因素的分析，来讨论贾湖聚落的经济形态和生业形式及其变化趋势。

一、生产工具组合

据《舞阳贾湖》一书公布的资料，前6次发掘出土的石、骨、角、牙、陶质工具，按用途可分为农具、粮食加工、渔猎、纺织、缝切工具等类[4]。其中石质工具包括加工工具的工具如石锤、石砧、钻和钻帽、砺石等；日常生产、生活所用工具如铲、镰、刀、斧、锛、凿、磨盘、磨棒、研磨器、矛头、石球、弹丸、纺轮、刮削器、砍砸器、磨刃石片、有使用痕迹的石片、石块等。骨、角、牙质的工具包括骨镞、骨镖、骨矛、骨凿、骨板、骨耜、钩形器、骨柄、骨锥、角锥、牙锥、骨匕、骨针、骨刀、牙刀、牙削等。陶质工具包括网坠、垂球、弹丸、陶锉、纺轮等。而各种装饰品，如石环、穿孔石器、骨饰、

---
* 国家自然科学基金资助项目（资助号：40472087）。

牙饰等，则不在本文的研究范围之内。本文依据的材料，是根据前6次发掘出土的石、骨、角、牙、陶制品的统计结果。其中石质生产工具782件，骨、角、牙质生产工具943件，陶质生产工具100件。

《舞阳贾湖》一书根据地层叠压打破关系及具有明显分期意义的陶容器的演变趋势的分析，把贾湖遗址分为一脉相承的三期[5]。下面主要从分析各期生产工具的数量入手来讨论一至三期的经济形态的发展趋势及变化情况。

二、工具数量的分析

本文以生产工具的数量为讨论生业形式和经济结构的主要指标。就贾湖第一期至第三期出土的陶、石、骨、角、牙质工具，统计如表一至表三所示。

由以下列表可见，从第一期到第三期的生产工具，在种类和数量上，都显示出较大的变化。从数量上看，在一期、二期，骨质工具的数量基本是石质工具的2.9倍和2.4倍。但到了三期，骨器数量锐减，石器数量剧增，是骨质工具的2.7倍，数量增幅最大的是石铲、石斧、石镰、石磨棒。

石器在种类上，第一期有石锤、石铲、石刀、石斧、石磨盘、石磨棒等15种。第二期增加了重要的农业生产工具——石镰，以及石锛、石凿2种木作工具。第三期的工具种类基本同第二期，且石铲、石斧、石磨盘、石磨棒的数量也比第一期增加了不少。第三期是石质生产工具数量最多的阶段，很多种类比第二期都有了成倍地增加，如石铲在第一期仅为1件，第二期为23件，第三期则达到63件；石镰从第二期开始出现了10件，第三期有35件；石斧在第一期为4件，第二期为32件，第三期为56件；石磨盘第一期4件，第二期增加到19件，第三期为27件；石磨棒第一期6件，第二期增加到27件，第三期为65件。当然石磨盘、石磨棒的增加并不能作为判断农业发展水平的标准，因为其用途很广，如野果、橡子之类的采集食物同样可以用此工具加工。但可以看出，从事耕作、种植、收割到加工的工具都已齐备，数量的增加说明需要的增长。单纯的渔猎、采集已经越来越不能满足人们的生活需要，有着更高技术含量的生业方式——农业，开始有所发展。与贾湖文化第二、三期大体同时的裴李岗文化，亦发掘出土了大量的石铲、石斧、石镰、石磨盘及石磨棒，从生产工具和发现的农作物遗存分析，在郑州附近的裴李岗文化中心分布区以粟作农业为主[6]。与贾湖文化大体同时的彭头山文化也有大量稻作遗存发现，该遗址出土的石器以大型打制石器、细小燧石器为主，磨制石器数量较少[7]。生产工具仅有石斧一种，由此反映出的稻作农业应该处在比较原始的起步阶段。通过对贾湖炭化稻米样品的分析，一期至三期出土炭化米的遗迹单位呈增加趋势[8]，似乎说明古稻种植的规模是逐渐扩大的，这与多种石质工具数量的增加也有一定的关系。

骨、角、牙器在种类上，第一期有骨镞、骨镖等9种工具。到了第二期，则增加了骨

表一 贾湖第一期至第三期出土石质工具统计表

工具名称	第一类工具 石锤	石砧	钻和钻帽	砺石	合计	第二类工具 石铲	石镰	石刀	石斧	石锛	石凿	石磨盘	研磨器	石磨棒	石杵	石球	石弹丸	石纺轮	刮削器	有使用痕迹的石块	有使用痕迹的石片	砍砸器	磨刃石片	石矛头	合计
第一期	11	6	2	7	26	1		3	4			4	1	6	3	1			6	1	2				32
第二期	35	11	8	27	81	23	10	6	32	3	4	19	3	27	2	4	9	3	12	4	4	3			170
第三期	63	11	6	29	109	63	35	20	56	10	6	27	4	65	17	7	4	2	16	13	12	5		2	364
合计	109	28	16	63	216	87	45	29	92	13	10	50	8	98	22	12	13	5	34	18	18	8	2	2	566

表二 贾湖第一期至第三期出土骨、角、牙质工具统计表

工具名称	骨镞	骨镖	骨凿	骨板	骨耜	骨柄	骨锥	牙锥	骨匕	骨针	骨刀	牙刀	牙削	骨矛	钩形器	角锥	合计
第一期	27	27	2	1		2	8		2	40	1	3	51		2	1	167
第二期	196	81	16	21		14	29	5	27	116	6	10	77	3	1	1	603
第三期	47	19	3	2	1	1	10	2	21	21	10		31	2		3	173
合计	270	127	21	24	1	17	47	7	50	177	17	13	159	5	3	5	943

表三 贾湖第一期至第三期出土陶质工具统计表

工具名称	垂球	纺轮	网坠	弹丸	陶锉	合计
第一期		1				1
第二期		1	6	2	2	11
第三期	1	6	22	3	56	88
总计	1	8	28	5	58	100

矛和牙锥。虽然种类的变化不是很大，但是各种工具在数量上，都比第一期激增，功能以渔猎为主，表明狩猎业和捕捞业非常发达。第三期出现了骨耜，但各种工具数量都比第二期大大减少，如骨镞、骨镖，大约是第二期数量的1/4，一方面说明人们对狩猎、捕捞的依赖已不像第二期那么强烈，另一方面可能是由于材料来源也不像第二期那么丰富。

陶质生产工具的数量不多，仅有垂球、纺轮、弹丸、陶锉及网坠等器类。第一期仅有纺轮一种，且只有1件。网坠、弹丸、陶锉是在第二期开始出现的。到了第三期，出现了垂球。在数量上，网坠、陶锉是主要器类，分别占陶质生产工具的28%、58%，纺轮、垂球、弹丸数量极少。数量较多的网坠是一种捕捞工具，但也仅占全部捕捞工具的18%。这可能是由于质料的原因，适合作生产工具的陶制品种类有限。

将第一期至第三期石、骨、陶质工具数量变化以折线的方式表示出来，可以更加直观地看出其数量变化趋势（图一）。从总体上看，骨器数量变化起伏最大，第二期的数量最多，第三期减少到与第一期基本持平；石器的数量则一直呈直线上升趋势；陶器从第二期到第三期也有大的增长，但总体看起来比较平缓。这种数量变化的趋势可以在一定程度上帮助我们分析理解三期经济形态的组成结构及规模。

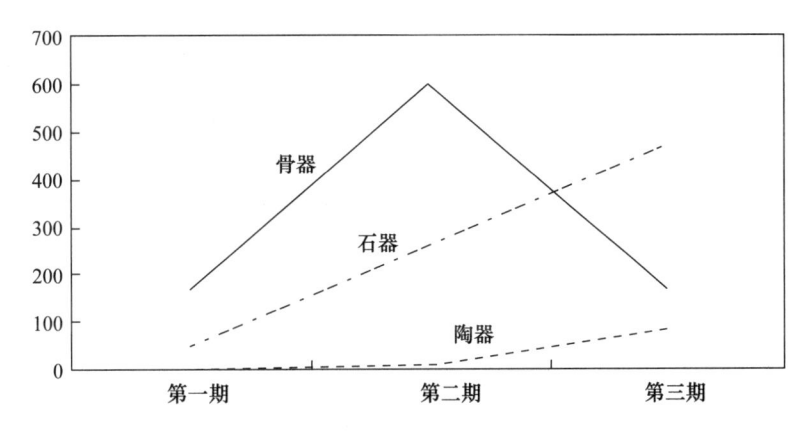

图一 第一期至第三期石器、骨器、陶器数量变化走势图

三、工具形制的分析

"工欲善其事，必先利其器。"生产工具的制作水平和工艺技术是分析一个社会或文化发展程度的重要因素。生产工具的形制是分析工具的演变与发展，讨论工具的用途和使用方法的主要依据。

石铲是贾湖遗址中最具代表性的器物之一，出土达87件。平面长方形，一端或两端舌形刃的A型石铲（图二，1）数量最多，有48件。窄长梯形的C型石铲（图二，2）出现最早，数量却最少。B型有肩石铲（图二，3）也较少。

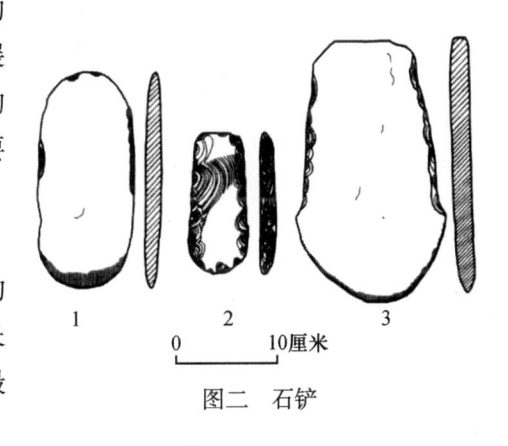

图二 石铲

石镰是一种重要的收割工具，贾湖遗址出土45件。双面刃无齿的B型石镰数量较多（图三，1），A型齿刃石镰较少（图三，2），形式上有拱背弧刃、拱背直刃、直背斜直刃的差异。

石磨盘、石磨棒是常用的加工工具，也是贾湖遗址中出土较多的两种工具。手执石棒反复碾磨，可达到脱壳、碾碎的目的，两种工具都在第二段出现。其中平面呈鞋底形（图四，1）或近似鞋底形（图四，2）的B型、C型石磨盘是主要器形。

骨镞是使用动物（如牛、鹿等）的腿骨等坚硬的骨骼切削磨制而成，是常见的狩猎工具。贾湖遗址共出土270件骨镞，大多制作精美。器身形状有三角形（图五，1）、梭形（图五，2）、棱形（图五，3）等。器体横剖面形状有扁圆形（图五，4）、半圆形（图五，5）、圆形（图五，6）、扁椭圆形（图五，7）、菱形（图五，8）等。有的镞身有血槽（图五，9），镞身大多有双翼，有的平齐（图五，10），有的呈倒刺状

图三 石镰

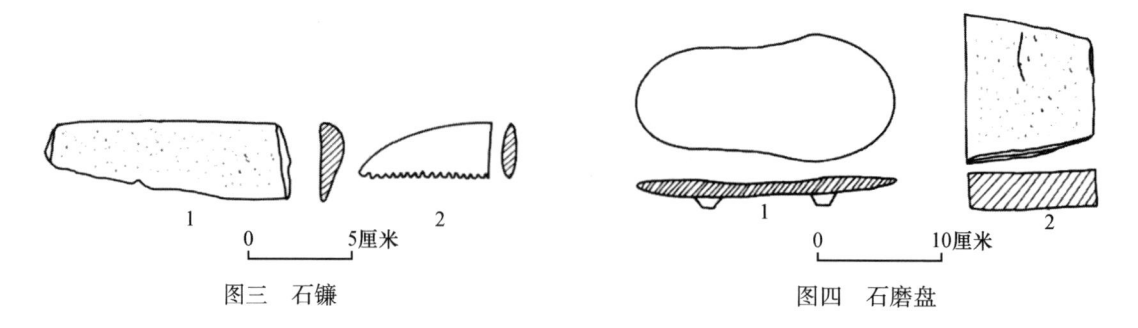

图四 石磨盘

（图五，11）。铤部横剖面形状有圆形（图五，12）、半圆形（图五，13）、椭圆形（图五，14）、扁圆形（图五，15）等。有的铤身刻有浅细横纹（图五，16），有的铤尾微上翘，有的铤部有绑缚痕迹（图五，17）[9]。众多的型、式可能说明用途或使用方法不尽相同。第五段和第六段出土的骨镞数量最多，器身两面圆弧状凸起的D型（图五，1）、E型（图五，9），一面平、一面呈圆弧状的F型（图五，2），器身两面中脊明显的G型（图五，3）是当时人们使用最多的工具，数量较多，型、式变化最为丰富。这四种类型的骨镞均有锋尖和刃部锋利的特点（这一特点不完全见于其他类型），可以大大提高狩猎的收获量，这说明当时人们制作骨镞的技术已相当熟练。锋利程度是衡量工具精良及制作工艺水平的重要标准。骨镞是先民生产活动中不可缺少的工具，这与当时遗址周围辽阔的草原和丰富的野生动物资源有关。温润潮湿的气候适于动植物的生活、生长，也为人们提供了丰富的生活资源和生产资料。

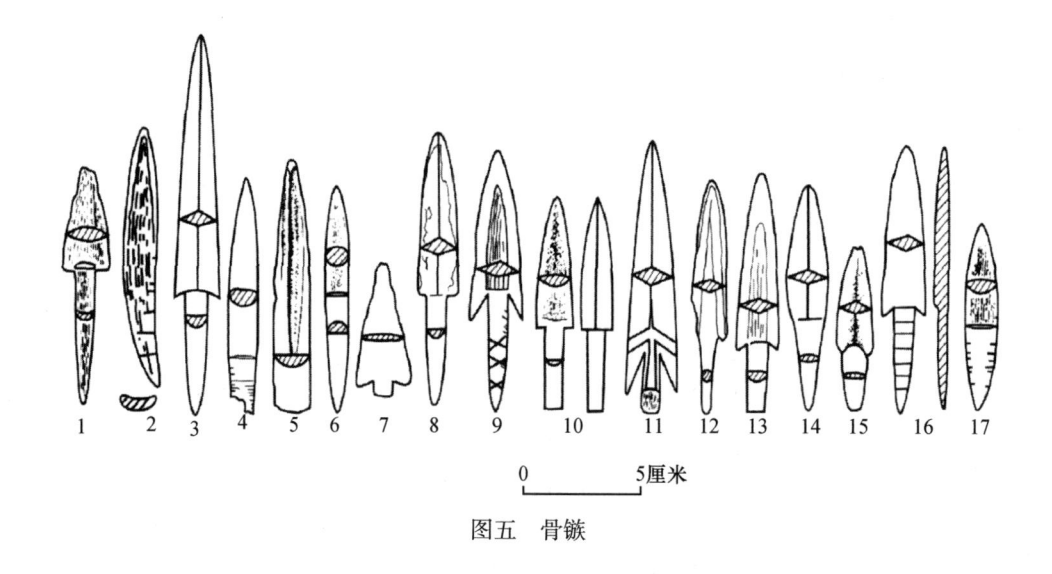

图五 骨镞

骨镖为一种投射用的渔猎工具，其数量仅次于骨镞、骨针，形态多样，磨制精细，在第一段就已出现，到第五段数量最多。器体横剖面形状有圆角方形（图六，1）、菱形（图六，2）、圆形（图六，3）、椭圆形（图六，4）、U形或V形等。铤部形状呈圆锥

（图六，5）或圆柱状（图六，6），有的一面削磨成平面呈凹槽状，另一面圆弧或起中脊，横剖面形状有半圆形、三角形等，有的器身一侧有凹槽（图六，7），有的铤部刻有短细的线段（图六，8），锋尖大多细长锐利。两翼大多呈对称、密集倒刺的A型（图六，9～11），与无翼，尾端圆锥状的B型（图六，12～14）是数量最多的两种器型。

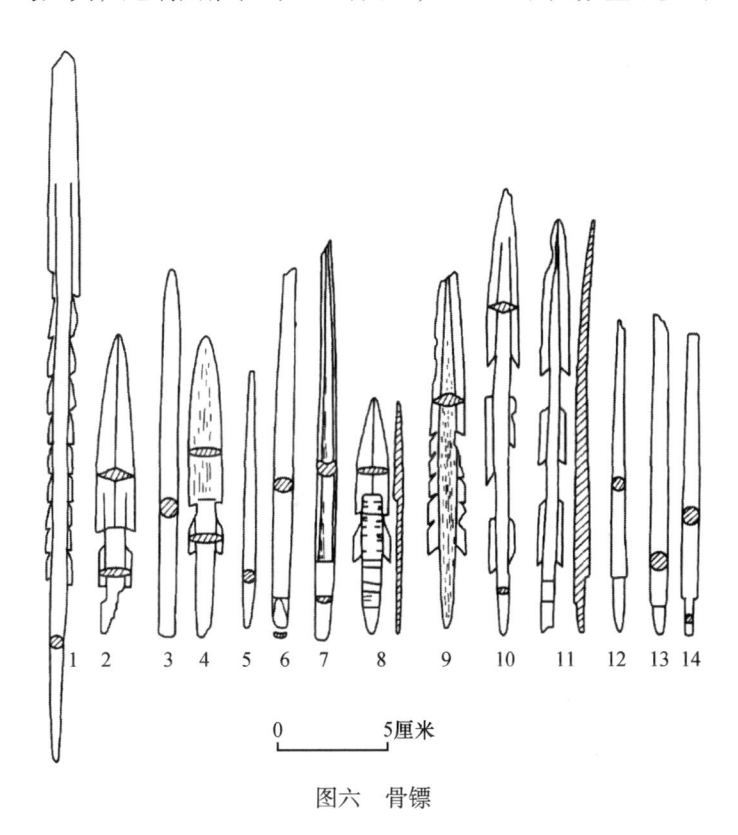

图六　骨镖

这几种数量较多的工具与裴李岗遗址、磁山遗址发现的工具相比，亦有一定的差异。裴李岗遗址的石铲以上下宽窄一致的长条形和两端舌形刃为主，齿刃石镰、平面近似鞋底形的四足石磨盘数量较多，加工最为精致，不见三足的[10]。而磁山遗址的石铲以上窄下宽的扁平条形为主，少见有肩石铲，石磨盘以无足的较多，也有三足的，不见锯齿石镰[11]。贾湖遗址的长条形舌形刃石铲数量也较多，有肩石铲从早到晚比例增加，石镰有锯齿和无齿两种，无齿石镰较多，石磨盘以平面鞋底形为主。贾湖遗址与磁山遗址的骨镞、骨镖形式多样，富于变化，制作精良，这一点是裴李岗遗址无法相比的。

四、经济结构分析

人类自诞生后便与其赖以生存的地理环境形成有机的整体。一方面人类在不断适应环境的过程中创造并发展了文化；另一方面人类也在文明发展的进程中影响并改造着环境[12]。早期的人们对自然的认识微乎其微，更多的是对自然的敬畏、崇拜和依赖，人们只能不断调整自己，将自己与生存环境协调起来，采集、狩猎、捕捞等活动就是向大自然索取的主要方式，人类满足生存需要本能的是一种攫取型生态方式。但这些看似原始、粗放的生业方式带给人的却不仅仅是食物、衣物、房屋等生活必需品。譬如人们在追寻猎物的过程中，逐渐了解了各种动物的生存和活动的规律，还要根据不同的狩猎对象，设计不同的捕获方法，改进工具，巧妙地根据动物骨骼的软硬、形态制作不同功能的工具。为了加快追捕猎物的速度，发明了石球、弹丸、箭头等；为了把生肉变成熟食，学会了使用火，发明了石烹法、石煮法等；为了缝纫兽皮做衣服穿，发明了骨针。所有工具的产生、变化及发展都是随着人们的需要应运而生。对生产工具进行分析不仅为复原古代先民劳动场景提供了依据，同时有助于了解当时的经济结构组成情况。

《舞阳贾湖》一书中根据生产工具的数量，对总体的经济结构进行了分析。从分析结果看，直接用于生活资料生产的工具有农具、狩猎、捕捞三大类。其中农具162件，占工具总数的25.4%；狩猎工具315件，占总数的49.5%；捕捞工具160件，占总数的25.1%[13]。从统计结果中可以看出，狩猎工具数量最多，农具和捕捞工具数量相当。如果把三期的生产工具进行进一步分类比较，将有利于我们观察每一期经济结构的情况及变化趋势。

从表四看，农具的比例很小。主要是因为数量较多的木作工具——石斧及石器中数量较多的石磨盘、石磨棒等都按木作工具和加工工具计算了，若把这些归属于农具类，农具的比例将会提高不少。大量难以保存的竹、木质料的工具也应是当时常用的生产工具和生活用具，若加上这些不易保存下来的竹木制品的因素的话，农具的比例可能会再高一些[14]。从工具数量看，狩猎工具所占比例最高，占49.2%，其次是农具，将一期至三期的工具数量进行对比发现，第一期的狩猎工具与捕捞工具数量相当，可见在早期，狩猎和捕捞占有同等重要的地位。第二期狩猎工具的数量是捕捞工具的2倍多，是农具数量的5倍多，说明狩猎是贾湖人最主要的生业形式。贾湖遗址在多次发掘中，获得大量动物骨骼，经鉴定有哺乳类、鸟类、爬行类、鱼类等[15]。丰富的动物资源为人们的狩猎、捕捞提供了先天条件。到了第三期，狩猎工具的数量大约是第二期的1/3，捕捞工具的数量约是第二期的1/2，而农具的数量约是第二期的3倍。这一比例变化的趋势从第一期至第三期各类生产工具比例图（图七）中也能明显看出。把各种工具进行纵向对比，可以看出狩猎工具的比例在第一、二期呈递增趋势，第三期有所减少。捕捞工具的比例在第一期所占比例较大，第二期、第三期呈递减趋势。只有农具的比例一直呈递增趋势。一期为6.8%，二期为11.4%，三期为53.4%。从工具种类和数量的变化，可以推论人们对狩猎、捕捞方式的依赖已经没有早期、中期那么强烈，而越来越多地转向农业种植和家畜饲养。贾湖遗址发现了与现代栽培稻相似的炭化稻米，但这并不能说明其农业生产的水平和规模，根据粒型变化的分析表明，贾湖古稻与现代已分化很彻底的栽培稻不同，是一种籼粳分化尚不明显并且还含有一些野生稻特征的原始栽培稻[16]。农业经济的出现可能是人们迫于人口压力和自然资源减少的结果，但其发展是一个漫长的过程，它与狩猎、捕捞经济并非此消彼长的关系，而是互补并存的关系。农业经济是指以种植业和由种植业提供饲料来源的家畜饲养业为主要生产部门的一种经济形式。农业是由采集业转化而来的，在这个过程中，采集业在人类经济生活中的地位日趋衰落，同时农业生产的地位日渐增强，最终农业生产取代采集狩猎成为人类经济生活的主体[17]。第一期至第三期生产工具组合与数量的变化趋势也反映了这一规律。

表四 贾湖各期用于生活资料生产的工具分类统计表

类别	农具			狩猎工具			捕捞工具			合计	百分比（%）
质料	陶	石	骨	陶	石	骨	陶	石	骨		
第一期		4			1	27			27	59	9.5
第二期		39		2	15	199	6		81	342	54.8
第三期		118	1	3	11	49	22		19	223	35.7
合计		162			307			155		624	
百分比（%）		26			49.2			248			100

说明：①对于三类工具的分类方法及包括范围是依据《舞阳贾湖》对生产工具统计表（表一三六）的说明。农具类包括石铲、石镰、石刀、骨耜。②狩猎类工具包括石球、石弹丸、石矛、骨镞、骨矛、陶弹丸。③捕捞类工具包括骨镖、网坠。

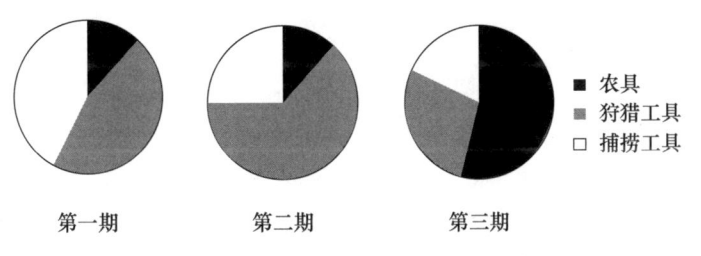

图七 第一期至第三期各类生产工具比例图

采集业与狩猎业、捕捞业同作为对自然资源依赖强烈的生业方式，在贾湖遗址中广泛存在。遗址出土的植物遗存主要有栎果、菱角、野大豆、野生稻。对丰富的炭化植物遗存进行浮选后发现，采集活动的获取物的数量、总体重量和出土概率都高于稻谷（稻谷是栽培作物，属于农业生产的收获物）。采集经济在贾湖人生活中的分量可见一斑。

另外，家畜饲养业作为肉食来源的补充形式，在贾湖人的经济生活中也占有一定地位。经对贾湖遗址发掘出土的猪骨标本，从形态学、年龄结构、数量比例、文化现象、病理学观察等方面的综合分析看，很多方面都与野猪有不小的区别，因此可以判断该遗址已存在家猪饲养。由于贾湖遗址第一期已出现齿列变形的家猪骨骼标本，还可以证明早在贾湖一期，家猪饲养就已存在，且是目前我国发现的最早的家猪[18]。

综上所述，从第一期至第三期出土的生产工具显示，一期、二期是以狩猎、捕捞业为主，农业为辅的经济类型，到了三期，农业有了相当的发展，所占比例超过狩猎、捕捞业。从生产工具的总量、动物遗骸、植物遗存综合分析结果显示，贾湖遗址是以采集渔猎为主，农业种植、家畜饲养为辅的广谱性经济，但农业经济所占比重呈逐渐增加的趋势。

注　释

[1]　马克思：《资本论》（卷一），人民出版社，1975年，第194、195页。
[2]　河南省文物考古研究所：《舞阳贾湖》（上卷），科学出版社，1999年；Yang X Y, Kadereit A, Wagner G A, et al. TL and IRSL Dating of Jiahu Relics and Sediments: Clue of 7th Millennium BC Civilization in Central China. Journal of Archaeological Science, 2005, 32(7): 1045-1051.
[3]　俞伟超：《淮河的光芒：黄河与长江的联结—〈舞阳贾湖〉·序》，《东南文化》1999年第1期。
[4]　杨肇清：《河南舞阳贾湖遗址生产工具的初步研究》，《农业考古》1998年第1期。
[5]　河南省文物考古研究所：《舞阳贾湖》（上卷），科学出版社，1999年；Yang X Y, Kadereit A, Wagner G A, et al. TL and IRSL Dating of Jiahu Relics and Sediments: Clue of 7th Millennium BC Civilization in Central China. Journal of Archaeological Science, 2005, 32(7): 1045-1051.
[6]　许天申：《论裴李岗文化时期的原始农业》，《中原文物》1998年第3期。
[7]　湖南省文物考古研究所：《湖南澧县彭头山新石器时代早期遗址发掘简报》，《文物》1990年第8期。
[8]　河南省文物考古研究所：《舞阳贾湖》（下卷），科学出版社，1999年。
[9]　河南省文物考古研究所：《舞阳贾湖》（上卷），科学出版社，1999年；Yang X Y, Kadereit A, Wagner G A, et al. TL and IRSL Dating of Jiahu Relics and Sediments: Clue of 7th Millennium BC Civilization in Central China. Journal of Archaeological Science, 2005, 32(7): 1045-1051.
[10]　杨肇清：《关于裴李岗·磁山文化的定名及其年代问题的探讨》，《华夏考古》1987年第1期。
[11]　佟柱臣：《磁山文化工具的个性》，《磁山文化论集》，河北人民出版社，1989年。
[12]　李容全、张居中：《论地学与考古学的相互关系》，《北京师范大学学报》（自然科学版）1997年第1期。
[13]　河南省文物考古研究所：《舞阳贾湖》（下卷），科学出版社，1999年。
[14]　河南省文物考古研究所：《舞阳贾湖》（下卷），科学出版社，1999年。
[15]　河南省文物考古研究所：《舞阳贾湖》（下卷），科学出版社，1999年。
[16]　河南省文物考古研究所：《舞阳贾湖》（下卷），科学出版社，1999年。
[17]　赵志军：《有关农业起源和文明起源的植物考古学研究》，《考古》2004年第7期。
[18]　罗运兵、张居中：《河南舞阳贾湖遗址出土猪骨再研究》，《考古》2008年第1期。

（原载《中原文物》2009年第2期；与来茵、尹若春合著）

科技考古

试论科技考古和考古科技与考古学之关系

一、科技考古与考古学的关系

一般来讲，考古学面对的是整个逝去的社会，凡能收集到的过去社会各个方面及相关领域的信息，均是考古学研究的对象。所以可以认为，考古学是一个已逝去社会的百科全书式的科学。当然，这里所指的是广义的考古学。从这个角度来理解，考古学也可以认为属于广义的历史学。所以人们通常把考古学定义为：根据古代人类各种活动遗留下来的实物及其呈现的时空差异与矛盾来揭示人们的社会关系和人与自然关系的一种历史科学。而科技考古则是利用现代科学技术手段研究古代遗存，取得丰富的潜信息，再结合考古学方法，探索人类古代文化和社会历史发展及其规律的科学。二者虽然研究的方法、理论和手段不同，但研究对象和研究目的是完全一致的[1]。

事实上，科技考古与考古学是相伴而生的。1784年曾任美国第三任总统的托马斯·杰弗逊（Tomas Jefferson）在发掘美国弗吉尼亚州一个印第安人墓葬时首先提出了发掘中应注意地层关系的看法，肇始了考古层位学的萌芽，而1795年德国化学家M. H. Klaproth完成第一篇文物化学分析的论文，也标志着将自然科学应用于古代文物研究的开始。如果说1836年丹麦皇家博物馆的汤姆逊（C. J. Thomsen）提出人类历史三段论和1871年德国人施利曼（H. Schliemann）运用地层学原理发掘特洛伊古城标志着近代考古学的诞生和成熟的话，1864年和1866年法国矿物学家A. Damour关于研究文物产地及矿料来源的两篇论文的发表，也标志着科技考古的诞生和成熟。考古学虽然属于人文科学的范畴，但其基本方法论和许多研究手段都是属于或来源于自然科学的。这种多学科的交叉和渗透，是考古学的学科性质所决定的。同时，考古学的学科性质还决定，考古学是一个开放性很强的学科，一百多年的发展历史证明，只有不断从其他学科吸取营养以丰富自己，考古学才能不断地发展壮大。其间，与考古学关系最为密切的莫过于和他相伴而生的科技考古。尽管科技考古及其各分支学科都有自己的学科目的，相对考古学本体论而言，科技考古仍属于考古学方法论的范畴，如同考古层位学和考古类型学一样。

二、科技考古与考古科技的关系

考古学是一个操作性很强的学科,从资料的提取、资料的分析与描述到资料的研究与阐释各个阶段,都是如此。而每个阶段都不可避免地要借鉴或运用许多自然科学的手段和方法。这里就有一个科技考古和考古科技概念的界定问题。

如上所述,科技考古就是利用自然科学手段,测试分析古代遗存,取得丰富的潜信息,结合考古学方法,探索人类的历史,也就是说,它强调的是对考古学资料的分析与阐释,而考古科技(Archaeometry)则强调的是现代数学、化学等自然科学的方法在考古学上的运用[2]。前者是为了解决考古学研究中某个方面的问题,如文物产地研究的目的是为了解决某类文物的制作工艺及相关考古文化间的交流和相互关系,分子遗传学研究的目的是为了研究某人类群体内和群体间亲缘关系、社会组织、婚姻形态及其迁徙路线等。这些研究不仅是现代科技考古的重要组成部分,而且也是考古学研究的强有力手段之一,而后者则强调的是先进科技方法本身的运用。PCR分析方法是遗传考古学的基本方法,但它本身不属于遗传考古学而属于分子遗传学。^{14}C技术给考古年代学带来了革命性变化,但它只是考古年代学的分析方法之一。如此等等。

三、科技考古与考古科技在考古学研究中的地位

考古学研究的运作过程,大体可分为三个阶段,一是资料的收集阶段,二是资料的分析与描述阶段,三是资料的阐释阶段,在这三个阶段中,都离不开科技考古的参与和考古科技的运用。

在考古资料的收集阶段,主要方式是考古调查勘探和发掘。目前可用于或已用于这一阶段的考古科技主要有GPS技术、遥感技术、高精度磁性、电阻和电磁测量以及地质雷达测量等,均属于空间研究范畴。在遥感技术的运用中诞生的遥感考古,已取得了丰硕的成果。GPS技术和地球物理勘探技术均有十分广阔的发展前景。如目前仍在广泛运用的传统勘探办法,不知每年浪费了多少建设经费,延误了多少时间。如果成功的物探技术能被广泛地推广运用,不仅可以节约大量经费和人力物力资源,而且可以更加准确地了解地下文物埋藏情况,从而可缩短清理时间,节约经费,加快工程进度,将可带来巨大的经济和社会效益。其他如测量摄影技术、浮选和离心技术等,都大大增加了我们所获资料的信息量。至于从地质地层学引进而来的考古层位学,已成为考古学研究的主要方法论支柱之一。

在考古资料的分析与描述阶段,与科技考古和考古科技的关系更加密切。目前主要有

以下分支学科。

（1）环境考古，以环境学、气候学、生物学、地貌学、土壤学、微体古生物、沉积环境分析技术以及GIS技术等为主要手段。

（2）地质考古，运用了第四纪地质学、地理学、地貌学、灾害学、水文学、地磁学等学科的分析技术。

（3）动物考古，以分类学、统计学、测量学为主要手段。

（4）植物考古，以分类学、孢粉学、分子生物学以及植硅石分析技术等为主要手段。

（5）农业考古，以植物分类学、分子遗传学、土壤学以及工具、用具微痕分析技术、脂肪酸、固醇等残留物提取分析技术、人类食谱分析技术等为主要手段。

（6）考古人类学，也是与考古学相伴而生的学科之一，现代新科技手段的使用使它充满无限生机，主要有分子遗传学、测量人类学、生理与病理分析、^{13}C食谱分析等。

（7）考古年代学，^{14}C测年以及树木年轮、热释光、铀系法、裂变经迹、核磁共振、穆斯堡尔谱等技术为主要组成部分。

（8）文物产地研究，除成分分析技术外，新技术也是不断出现，如中子活化分析、同位素比值分析、微痕、微结构和微量元素分析等。

还有文物的制作工艺研究、文物无损鉴定技术以及模拟实验考古等，计算机的运用为考古学研究更是发挥了巨大的作用。

以上所列不仅是科技考古的重要组成部分，也是考古学研究的重要分支，这些新技术有些仅用于第二阶段，有些在第一、二阶段共同运用。从而拓展了考古学的研究空间，形成了许多科技考古的分支学科，也为考古学研究的第三阶段，即解释阶段提供了更为丰富的材料，充分展示了考古学作为百科全书式学科的本来面貌。

在考古学的解释阶段，即考古学本体论的研究阶段，除了充分运用第一、二阶段各分支学科的大量研究结果外，还要运用数量分类学、计量统计学、概率论以及计算机技术等。总之，科技考古研究和考古科技的运用贯穿了考古学研究的始终。

四、科技考古在考古学研究中应有的地位

科技考古和考古科技在考古学研究中的地位大体可分为三个层次。

第一个层次是在考古发掘与研究中注意运用现代科学技术。如在考古发掘时注意采集动植物遗骸、孢粉标本等，请相关学科专家鉴定并将鉴定结果收录入考古报告，这虽然扩大了考古报告的信息量，但是这些技术只是被利用而已。

第二个层次是考古工作者和科技考古工作者都认识到了相互结合的重要性，科技考古工作者主动到考古工作者那里收集资料，考古工作者也主动邀请科技考古工作者加盟自己

的研究工作，从而极大地扩充了考古学研究的范围，充分地利用了考古信息资源，促进了考古学和科技考古不少分支学科的诞生。但是，由于考古工作者尚未将科技考古的思想和研究方法融入自己的研究之中，二者仍停留在相互利用研究结果的层面上，尚未脱离"两张皮"之嫌。

科技考古与考古学研究相结合的第三层次也就是最高层次，应该是考古工作者将科技考古的理论作为自己的主要方法论之一，如同层位学和类型学一样，将科技考古的内容作为考古学研究的主要组成部分，成为考古学研究的自觉行动。只有这样，才能极大地拓展考古工作者的研究思路，最大限度地发掘和利用考古资料中"无限大"的信息量，最大限度地实现考古学研究的目的。在这里，科技考古作为考古学的分支学科虽然继续存在，但已成为考古学必不可少的一部分，而绝对不是考古学研究中可有可无的点缀和附庸。

俞伟超先生曾把考古学研究的根本宗旨分为两个层次：表层认识是理解人类已逝生活；深层认识则是全面理解人类本身，包括其自然性能及其行为内容，以及人类与自然界的相互关系。因此他指出，这些认识，自然就意味着考古是为了未来[3]。如前所述，考古学属于广义的历史学，他的着眼点又是未来，所以是否可以认为，考古学是由历史通向未来的一门科学。考古学的定义可否修正为：考古学是通过对已逝社会人类及其所有相关遗存的研究，全面理解人类本身，从而对人类社会的发展提供生存参数的一门综合性的边缘学科。现在，考古工作者是否承担起了人类社会赋予的历史重任呢？我们经过了几十年几代考古学家的辛勤劳动，已基本建立了自己的学科体系，取得了辉煌的成绩，但由于种种原因，不仅尚未完成学科性质所赋予我们的历史责任，与国际流行的研究思路、研究手段和研究水平相比也还有一定差距。而这一差距，很大程度上是与我们未能处理好考古学和科技考古的关系有关。当然还有其他许多方面的原因。目前，科技考古和考古科技在考古学研究中的地位，大多处于第二个层次，虽已有少数考古工作者已上升到第三个层次，但也有相当一部分仍停留在第一个层次，也就是考古科技的部分利用上，考古资料丰富的信息资源每天都在大量地浪费和流失，考古学研究陷于低层次的重复之中。考古工作者要想实现自己的学科目的，就必须尽快改变现状。相信随着广大考古工作者和科技考古工作者的共同努力，考古学一定会尽快被社会所普遍了解和理解，为人类社会的发展起到应有的作用。

注　释

[1]　王昌燧：《国际科技考古研究的现状与动向》，《华东师范大学学报》1998年第4期。
[2]　王昌燧：《文物产地研究溯源》，《中国文物报》1999年12月29日第三版。
[3]　俞伟超：《新世纪寄语》，《东南文化》2000年第1期。

考古学的深入发展需要分子人类学的合作*

前　言

考古学是什么？这个最基本的学科定位问题，至今仍在困扰着考古学这个对象古老而方法日新的学科。考古学诞生100多年来，背靠社会和自然两大学科，凭借着交叉学科的优势，依靠着丰富的古文化资源和日新月异的科学技术手段，为人类社会的发展做出了巨大贡献。如果把古物学（在中国应为金石学）作为考古学这棵参天大树之母本的话，那么地质层位学和生物分类学应是其父本，因之可以认为，考古学自诞生之日起，就不存在什么纯洁性，而是需要不断汲取新的科学营养，才能更加茁壮地成长。不断融入兄弟学科新的思路、手段和方法，才能使其永葆青春与活力。

同其他新兴学科一样，考古学也有其局限性。譬如，运用传统考古学手段，我们永远无法确知同一史前聚落内两座房子主人的关系，尽管我们可以根据考古现象做出种种推测和解释。记得在20世纪60年代初，考古学界在讨论仰韶文化的社会性质问题时，往往引用同一材料，却得出相反的结论，也是学科局限性的具体体现。以前，各民族的起源和演化研究除了有限的文献资料之外，只能依靠考古发现的器物比较来推断。但是，人群基因交流和器物变迁并不是一回事，因之从器物研究来复原民族关系问题仍然具有很大的局限性。然而，目前已趋成熟的脱氧核糖核酸（DNA）的提取与分析技术为考古学从人类骨骼的遗传信息来研究人群的进化、交融和迁徙提供了有效的观察手段。

分子人类学是当今世界的前沿学科，它的介入极大地增强了人类学与考古学的研究手段，它不但涉及人类起源这样的重大课题，而且对各民族的遗传关系研究开创一片崭新的天地。目前，分子人类学在我国也日益得到学术界的重视。复旦大学现代人类学研究中心在人类起源方面、吉林大学考古系实验室和中国科学院遗传研究所在新石器时代晚期和历史时期的人类学研究中运用DNA分析技术，都取得了一些令人注目的成果。但就整体发展状况而言，尚不尽人意。尽管近三十年来我国的考古新发现层出不穷，表明东亚和西亚在人类文明进程中具有同等重要的历史地位，万年以来几乎是同步发展的，在中期甚至长期居于领先地位，但因各种研究尚未深入，其成果还未被国外同行所充分了解，这与我国的实际地位是极不相称的，系统开展此项研究的必要性和迫切性当前已经凸显在我们的面前了。

---

* 国家自然科学基金资助项目（资助号：40472087）。

笔者认为，考古学至少在以下几个方面，可以借助分子人类学手段，解决传统考古学手段力不从心的问题，以促进本学科的深入发展。

1. 重要墓葬的性别鉴定

在考古发掘中接触到古人类骨骼的第一要求可能就是性别和年龄鉴定，特别是墓地和大墓出土的人骨，鉴定墓主人性别是判断其身份、地位和价值的重要依据，虽然在体质人类学的范畴中，人骨上有很多关键点可供鉴定性别，但由于保存条件的限制那些关键点可能模糊不清，因而考古实地发掘中，其实有不少人骨无法断定性别，或者只能给一个倾向性的判断，而有时一个不同的判断可能会形成截然相反的认识。譬如新石器时代墓葬中的合葬墓人骨的鉴定，同性合葬与异性合葬的不同现象，在葬俗、葬仪与婚姻形态的研究中就可能得出不同的结果。此时DNA分析就可以发挥作用。这种方法在考古上还可应用在婴儿和少年的性别鉴定，因为在青春期之前男女骨骼的发育基本没有差异。记得在20世纪60～70年代讨论仰韶文化社会性质时，有人曾以半坡M152女童厚葬现象为例说明当时属于母系氏族社会，而这具儿童骨架的鉴定年龄只有4岁，性别的鉴定结果是很难令人相信的，以此来论证社会性质就更难有说服力。不过运用DNA分析方法鉴定其性别则相对容易且可靠，虽不能用来说明社会性质问题，但对了解这一特殊葬仪，则是很有意义的。

2. 同一聚落内家系和社会结构的构建

在古代社会人们往往是聚族而居，死后埋在共同的墓地之中，今天这个传统在很多发达或不发达的农村依然有着顽强的生命力。远古的聚落里，一般都是按血统聚集，在一起居住生活工作，实际上就在不久以前的游牧民族或偏远山区的人群中仍然如此。在传统考古学研究中，我们通常根据墓地的布局和排列顺序、随葬品的特征及其变化来进行聚落内社会结构的研究，但往往受发掘面积、保存状况、时间跨度、随葬品丰富程度的限制，无法对同一遗址内的不同墓葬区的人群进行家系分析，从而我们就无法判断同一聚落内同时并存的不同人类群体间，是同一氏族内的不同家族，还是共居于同一聚落内的两个对偶氏族，即是血亲关系还是姻亲关系，聚落是由单一家族组成，还是由两个或更多家族组成；统治阶层和被统治阶层，是否由明显的两类人组成。通过DNA分析，我们就可以获取各人类群体的遗传信息，构建家系，判断其婚姻形态及社会性质等。因为第一，Y染色体是父系遗传；第二，可以用软件来构建种种可能家系，依据非DNA证据做出先验判断，再根据DNA证据做出后验判断，通过对一系列DNA位点的分析，并结合其他证据，给出各个可能家系的概率，从而可以判断概率最大的可能性。当然也可以只用DNA数据来构建家系，不过用非DNA数据排除一些可能性，会得到可靠性更高的家系树。吉林大学考古DNA实验室曾对河北姜家梁遗址的人骨进行mtDNA分析，经构建进化树认为该时期的聚落不处于母系氏族社会[1]，就是一次很有意义的尝试。

3. 聚落群的研究

在聚落考古研究中，我们经常见到几个、十几个甚至几十个大体同时并存的遗址共存于一个不大的地理单元之内。这些遗址是一支古代先民所创造，因抛荒轮耕或季节变换留下的遗迹，还是几支人类群体共同创造？若是后者，不同等级的聚落间，是血亲关系？姻亲关系？还是仅仅的地域关系？这对研究聚落群体内的社会复杂化进程和发展阶段，探讨文明因素和国家的起源，都有重要意义。同一遗址内不同文化层是同一人类群体不同时间所创造，还是不同的两个人类群体先后选择了同一聚居地？如果依靠传统考古学的文化因素分析方法来研究，对文化面貌完全不同的两期遗存，分析结果可能相对可靠，但如果因环境和发展阶段相同而导致产生许多共同因素，在这方面，靠传统考古学文化因素分析的手段，往往见仁见智，古DNA的分析手段就大有用武之地。

4. 考古学文化的交流、传播与迁徙

在中国，各主要文化传统的发展谱系和年代框架已经基本确立，诸考古学文化的传承线索已基本清晰，但文化之间的动态交流研究还不够深入，以往主要依据陶器、石器（包括玉器）等器形特征及其变化和一些风俗习惯（如拔牙等）来判断，显然不够，比如江苏兴华南荡遗址和上海广富林遗址，从文化面貌来看，显然属于王油坊文化，但这些文化遗存是同一史前部族所创造，还是文化的影响与交流所致，即是文化交流、传播与迁徙，还是部族的迁徙，仅从陶器器形和文化特征的对比是不够的。我们可以用同位素分析来判断是否本地人，而用DNA分析则可以进行氏族聚类，结合其他考古证据，来判断是文化的交流与传播还是部落迁徙，实际上是人的个体来源问题，从而对诸文化之间取代、融合等问题的解决提供新的视野。当然这首先要建立一个所有中国史前文化的DNA数据库，才能有一个比较的基础。古代社会尽管交通不发达，但人员、物质的交流其实很频繁。研究各个文化之间的承继、交流关系是我们的重要任务，古DNA分析可以在其中发挥强有力的作用。从个体层次上可以了解古代民族的点位分布，从群体层次上可以了解古代民族的谱系传承以及地理分布，在多群体的层次上可以了解民族的交融和迁徙。这些成果结合考古学的文化分析以及其他手段的帮助，可望从更高的层次上来解读社会文化演变，解决人类群体的起源、发展、民族融合、语言分化、人体形态基因和遗传资源评估问题。

5. 考古学文化与人类共同体的关系问题

这也是个传统考古学争论不休的问题，现在基本上有两种观点。一种是认为考古学文化就是考古学文化，不同人类群体可能因地理环境、生业形式相同而产生相同或相似的考古学文化，而同一人类群体可能因迁徙到不同地理环境的地域生存而产生不同的生业形式和文化面貌，因此不能把考古学文化与古代传说或文献记载中的部族作简单的比附，搞

对号入座。另一种观点认为，考古学的学科目的之一就是复原历史，考古学不能满足于命名考古学文化了事，而应把考古学文化放在人类历史的长河中，并找到相应的位置，才能算部分地实现了考古学的学科目的，因此，不少学者都在乐此不疲地进行着对号入座的工作。应该说两种观点都有道理，但如果依靠传统考古学的文化因素分析方法来研究，就很难有公认的研究结果。如果借助分子生物学的分析方法，将同一文化传统地区不同人群的遗传关系作为研究的重大课题，以求在此基础上建立拥有一定规模的数据库，并逐渐扩大，建立在个人、群体和区域规模上的基因库，主要研究各地各时期古代遗骸的基因结构，佐以体质人类学和考古学研究，了解古代人群的族属，就可以知道古代族群与现今群体的对应关系。

我国有5000多年的文明史，连绵不断，源远流长，是中华文明区别于其他文明主体的显著特征。而历史社会是由史前社会孕育诞生的，文明社会是由氏族社会发展而来的。譬如中原地区，是连接黄河、长江两大文化传统的纽带和桥梁，是华夏、东夷、苗蛮三大集团相互碰撞、交叉与融合的主战场，自远古起就有许多少数民族栖居生息于此，伴随着通婚、贸易和战争等交流，群体融合和基因交流也日趋复杂，因之在中华文明的起源、形成与发展的历史进程中具有非常重要的地位。作为文明社会主要标志的国家，首先诞生于中原地区，绝不是偶然的。这里是中华文明的主要发祥地，是华夏文明的中心，唐宋以前，这里一直是中国的政治和经济中心，即所谓"得中原者得天下"。中原地区又是史前稻作农业和粟作农业两种耕作方式的交错分布带，两种耕作方式及其操作者在这一带的势力范围也不断变化。黄河中下游、长江中下游和淮河流域考古学诸文化的动态发展过程在耕作方式上也可反映出来。而耕作方式的不同则反映了经济形态和生存模式的差异，人们的行为习惯和文化传统的形成又与其经济形态和生业形式密切相关。两种耕作方式的此消彼长与两大文化传统、三大部族集团的势力此消彼长密不可分，史前耕作方式的变更又与全新世气候环境的演变密切相关。研究其相互关系，总结其演变规律，对今后的发展也具有重要的借鉴价值。选择具有代表性的样品进行分子人类学研究，获得遗传信息，与周邻地区同时期其他古人类群体进行比较研究，以了解古人类的体质特征、迁徙与传播路线，探明与周邻和前后各古人类群体间的相互关系，以此来解读中原地区的社会文化演变，可以说是解谜中国传统文化的钥匙。

再如，高山族的起源一直有闽越说、南岛说，研究祖国大陆闽越墓葬遗骸的遗传结构，与高山族比较，就可以解决这一争议。

6. 关于人类起源问题

关于人类起源、演化、变异和迁徙的历史过程，历来被世人所关注，20世纪80年代以来，一些学者尝试运用分子人类学的方法解读这一问题，给现代人起源研究带来了勃勃生机。

mtDNA研究成果最具有影响力的莫过于现代人类非洲单一起源说，即所谓"线粒体夏娃"理论。这一理论基于两个假设：①人类mtDNA由母系遗传，不发生重组，其多态性只是突变积累的结果；②mtDNA的突变是以稳定的速度发生的，该速度每100万年为2%~4%。实际上这个学说包含以下内容：①现代人类的mtDNA类型起源于单一母性祖先"夏娃"；②"夏娃"，大概生活在非洲，因为从非洲提取出来的现代mtDNA类型最多，说明其时间最长，"夏娃"生活的时间在距今20万年左右，而考古学证据也表明那个时间段中确有人类走出非洲；③走出非洲的人类逐渐取代了当地人类，或者当地人类的mtDNA并没有遗传下来[2]。这个学说提出来以后，遭受到了西方和中国许多学者的质疑，但似乎越来越成为主流认识，部分中国学者通过研究现代人Y染色体的变异程度，也倾向于支持这一学说，甚至推算出现代人进入中国大致有两条路线，中南半岛进入的人群构成中国人的主体成分，从阿尔泰山进入的人群也产生很大的影响。但是"线粒体夏娃"理论也并没有成为公认的理论。首先mtDNA突变的速率是否恒定有待商榷；有人根据人类基因很强的多态性，计算出合并的时间是6000万年前。其次，"线粒体夏娃"理论无法解决基因家系与个体家系之间的矛盾，用同样的方法、同样的数据，以不同的顺序比较，就会得出不同的结果[3]。有人通过Y染色体的分型实验，得出了人类起源于亚洲的结论[4]。人类自身是一个复杂的生命体，我们的研究也决不能简单化。

现代中国人到底如何起源，是从东亚地区直立人和智人一步步发展而来，还是自非洲迁徙而来，迄今仍是讨论的焦点，虽然复旦大学现代人类学研究中心运用古DNA的分析手段已经得出了倾向性结论，但若要达成共识，恐还需做大量工作。我们可以联合全国的力量，人类学、考古学、民族学、语言学等学科与分子人类学共同研究，进行多学科协同作战，以分子人类学证据为主，分析中国人的起源，蒙古人种的形成，又是如何分化成各个民族系统的，鉴别各系统在基因组、体质、语言、风俗等诸方面的特点，相互印证。同时通过对考古材料的分析，同样观察这些特点，了解史前各支考古学文化的主人是现代哪些民族的祖先，现代民族是古代哪些部族发展而来的，中华民族中的各部分是如何分分合合的。中国从一万年前至今都有比较清晰的文化发展序列，各个时期都有重要的遗址发现，中国家谱的历史源远流长，这些无疑是中国人为解决人类起源问题最大的优势，比照古DNA和现代DNA也可以勾画出古代人类的迁移路线图。笔者认为，课题重点应放在连接黄河、长江两大文化传统和华夏、东夷、苗蛮三大部族集团相互碰撞、交叉与融合的中原地区，而且这里万年以来的古人类材料非常丰富。只有首先建立起中国文明主体的遗传基因标尺，再进行边疆地区和少数民族的基因分析时，才有对比的依据。厘清其间错综复杂的瓜葛，对中华民族的远古历史研究具有重大意义，甚至可能重写中华文明史。

近几年来，我国分子人类学研究正在日新月异地发展，取得了一系列举世瞩目的成果，如复旦大学现代人类学研究中心和吉林大学古DNA实验室的建立，我国参与的人类基因组计划的完成等等，这些都是我国DNA人类学领域中的大事，表明分子人类学已经成为我国人类学研究中的一支生力军。相信在人类学、考古学、历史学、民族学、语言学等各相关学科的共同努力下，分子考古学研究必将进一步深入发展，将我国的考古学和人类学研究推进到一个新的境界。

  附注：本文曾在2002年复旦大学召开的"现代人类学国际研讨会"会上宣读。该会议虽未见出版文集，但对分子生物学在考古学研究中的运用，确曾起到了积极的意义。此次适逢同窗故友为纪念入校30周年出版文集，念及本文虽有些地方已经过时，但大部分内容仍有继续发表之必要，故稍作订正，续貂于此，希望以上述一孔之见，继续向方家讨教。

注　释

[1]　吉林大学考古DNA实验室：《河北阳原县姜家梁遗址新石器时代人骨DNA的研究》，《考古》2001年第7期。

[2]　Cann R L, Staneking M, Wilson A C. Mitochondrial DNA and Human Evolution. Nature, 1987, 325: 31-35；刘武、叶健：《DNA与人类起源和演化——现代分子生物学在人类学研究中的应用》，《人类学学报》1995年第14卷第3期。

[3]　Ayala F L. The Myth of Eve: Molecular Biology and Human Origins. Science, 1995, 270 (5244): 1930-1936.

[4]　Hammer M. A Recent Common Ancestry for Human Y Chromosomes. Nature, 1995, 378(6555): 376-378.

（原载《红叶集》，中州古籍出版社，2010年）

锶同位素分析技术在考古学中的应用研究*

一、引　言

质子数相同而中子数不同的原子称为同位素（isotope）[1]，因为核外电子数由原子核中的质子数决定，所以可以近似的说，相同元素同位素的化学性质相同。大部分的同位素有几个天然的同位素，同位素的组成通常用比值的方式表达，这样可以使分析的结果达到非常高的精度（例如对于放射性同位素可达到<～0.03‰），将丰度差别很小的同位素区分开来。由于其有这样高的分析精度，同位素分析技术在各个领域里有着广泛的应用。例如在医学领域内，同位素示踪方法已经成为确定人体内病因部位的一种重要手段。在考古化学的新领域里，考古学家们广泛地运用同位素分析方法，获取了大量史前人类的信息。例如通过对骨骼中^{13}C和^{15}N同位素的研究可以了解人们食物中C_3、C_4植物及海洋和陆生食物所占的比例；通过对骨骼中Sr/Ca比值的研究可以了解人们在食物链中所处的营养等级，并据此来探究古人类的食谱。Ericson在1985年首先提出了利用锶同位素来了解人们的迁移情况[2]，近年来随着考古学家的尝试和分析技术的提高，已经成为一种比较成熟的考古学方法。在一些研究中已经取得了一些非常好的结果，比较成功地解决了一些考古学难题。例如，利用动物硬组织中的锶同位素比值来鉴定非法出口的象牙[3]。对人类的研究报道包括对美国西南部史前时期印第安群体的研究[4]，Sealy检查了南非好望角地区近年和史前时期居民的起源[5]。Price和Ezzo研究了德国南部Bell Beaker地区人口的迁移状况，并且报道这群人的迁移率至少在25%[6]。Sillen和Sealy用锶同位素技术来检查食谱及南非早期类人猿化石[7]。Price证明了墨西哥城全盛时期特奥蒂瓦坎人具有较高的人口迁移率，并且确定了城址居住区内外来人口的墓葬分布[8]。在国内，方辉教授在《中国文物报》上也曾对锶同位素分析技术作过简要的介绍[9]。

二、锶的地球化学

锶是由铍、镁、钙、锶、钡和镭构成的ⅡA族碱土金属的一员[10]。它的离子半径（1.13Å）略大于钙的离子半径（0.99Å），这使锶能够在许多矿物中替换钙。因此，锶也

---

* 国家自然科学基金资助项目（资助号：40472087）。

是一个分散元素，它存在于诸如斜长石、磷灰石、碳酸钙，特别是文石等之类的含钙矿物中。由于以下原因，使锶对钙的替代能力受到限制：锶离子（Sr^{2+}）倾向占据八次配位位置，而钙离子（Ca^{2+}）由于体积较小，所以它既能适合于六次配位，也适合于八次配位的晶格位置。另外，Sr^{2+}离子可以被钾长石俘获到K^+离子位置上，但是为了保持电中性，这种K^+离子被Sr^{2+}离子的替换必须由Sr^{2+}离子被Al^{3+}离子替代相配合。

锶有4种天然同位素（^{88}Sr、^{87}Sr、^{86}Sr、^{85}Sr），它们都是稳定的。这些同位素的丰度分别为82.53%、7.04%、9.87%和0.56%。除了^{87}Sr是放射成因同位素，其他的3种都是天然的稳定同位素。放射性成因的^{87}Sr是通过铷（^{87}Rb，半衰期大约4.7×10^{10}年）衰变形成的，并且大约占锶总量的7%，这使得锶同位素的丰度不断发生变化。^{87}Rb是放射性的，如方程（1）所示，它通过发射一个负β粒子，衰变为稳定的^{87}Sr：

$$^{87}_{38}Rb \rightarrow {}^{87}_{38}Rb + \beta^- - \bar{\nu} + Q \tag{1}$$

这里的β^-是负粒子，$\bar{\nu}$是反中微子，而Q则是衰变能。因此，在含有铷的岩石或矿物中，锶同位素精确组成取决于该岩石或矿物的年龄和Rb/Sr比值。

锶同位素在地球物质中分布很不均一，这种不均一性不仅表现在相同时间不同区域内形成的岩石有不同的锶同位素组成，而且在同一区域不同时间，甚至同一时间形成的岩石中也存在明显的锶同位素组成的差异。导致这种差异的原因十分复杂，总体上可以归纳为：源岩物质的来源、源岩物质的Rb/Sr比，源岩形成的时间，以及源岩形成后，在后期地质作用过程中能否保持封闭系统等因素。

三、锶同位素分析技术在考古学中应用的原理

锶同位素在岩石或矿物的地质年代学上的应用在较早时期已经开始，这也是它在地质学上最为常见的应用之一。自然物质中的锶同位素成分是变化的，通常表达为锶同位素的比值（$^{87}Sr/^{86}Sr$），这个比值根据铷和锶的相对丰度和岩石的年龄而在不同的地质中存在变化。一段时间以来，地质学家应用这一原理来测定基岩中锶同位素成分并根据衰变的^{87}Rb的比例来确定各种地层的年龄。近年来，由于分析技术的改进及仪器精度的提高，测定数据的准确性和可靠性也越来越高，同位素分析技术也越来越广泛的运用于其他一些研究领域。

虽然大部分的同位素方法最初都是在地球物理科学领域里为研究岩石和矿物而发展起来的，但是很多方法同样可以用于分析考古遗址中所发掘的材料。通常来说，同位素方法可被分为定年和示踪两类技术。定年的范围从几百年到100万年，主要根据核的自然放射性，包括^{14}C定年、U系不平衡定年和$^{40}Ar/^{39}Ar$定年等。同位素示踪技术主要根据的是某一特殊元素的同位素组成的有规律变化。最常用的长寿命的放射性同位素系统包括$^{87}Rb \rightarrow {}^{87}Sr$，$^{147}Sm \rightarrow {}^{143}Nd$，$^{238}U \rightarrow {}^{206}Pb$，$^{235}U \rightarrow {}^{207}Pb$，$^{232}Th \rightarrow {}^{208}Pb$，$^{187}Re \rightarrow {}^{187}Os$。

锶同位素示踪技术在考古学中的运用已经越来越受到人们的关注。对考古遗址中骨

骼内锶同位素的测量已经成为研究史前人类迁移状况的一个有效方法。研究的材料主要是人骨和牙齿。人骨主要是由细胞和骨基质组成的。骨基质主要由两部分组成，一部分为有机物，其90%以上为骨胶原；另一部分为无机物，绝大部分为不可溶解的羟磷灰石[$Ca_{10}(PO_4)_6(OH)_2$]。在人骨组织中，锶可以取代羟磷灰石中的钙，浓度可达$10^2 \sim 10^3$ppm的数量级。由于人的骨骼一生中都在与外界发生物质交换，因此其中的锶也发生变化。据估计，锶在密质骨中的转换率大约是3%每年，在松质骨中的转换率大约是26%每年[11]。骨成分的半周转率是指骨中大约一半的物质被替换所需要的时间，皮质骨大约是23.1年，松质骨大约是2.9年。从形态上，牙齿可分为牙冠、牙颈、牙根及牙髓腔几个部分。所有牙齿都是由牙釉质、牙本质和牙骨质组成。牙釉质位于牙冠的最上部，是人体内最坚固的物质，主要是由骨基质（羟磷灰石）组成，有机物质的含量小于5%。与骨中的情况相反，牙釉质中由于没有细胞，形成后就不再发生转换。例如，人的第一枚臼齿牙釉质中的锶同位素在大约1岁到4岁时形成后就不再发生变化[12]。

在理论上，这一方法十分简单[13]。不同地质区域内有不同的锶同位素特征，就像人类指纹一样，有人称为fingerprint。不同的岩石具有的不同的$^{87}Sr/^{86}Sr$比值，当岩石风化形成土壤时，长在这些土壤中的植物就会获得这些岩石的$^{87}Sr/^{86}Sr$比值。吃这些植物的动物就会把摄取到的锶保存在骨骼系统中（代替矿物结构中的钙），锶同位素的比值不发生变化，同样的道理，吃这些动物的食肉动物具有同样的锶同位素比值。由于锶是一个质量大的元素，同位素间的相对差别很小，而且两者的分馏也可忽略不计，例如$^{87}Sr/^{86}Sr$的比值，锶元素从风化的岩石进入食物链到最后保存在人体骨骼系统中，基本没有变化。Beard和Johnson[14]指出即使从风化的岩石到人骨组织的过程发生了轻微的$^{87}Sr/^{86}Sr$分馏，可以通过对$^{86}Sr/^{88}Sr$比值的标准化步骤在质谱上进行校正，习惯上认为自然界中$^{86}Sr/^{88}Sr$的值是0.11940。人体的牙釉质在个体生活的前几年就形成了，并且在形成后其矿物结构不会被取代[15]。牙釉质形成后，记录了人们在儿童时期通过所吃的食物反映的当地锶同位素状况。由于骨中的锶不断地被取代，因此骨中的锶可以用来反映个体最后几年到10年间所摄取锶元素的平均水平。

研究通过牙齿中的锶和已经建立的"当地"的特征锶进行对比来研究当地人的迁移情况。通过比较两种组织中锶同位素的比值可反映个体一生中所食用的食物及所处地质环境是否有明显的改变。对于没有迁移的人来说，在硬组织中的$^{87}Sr/^{86}Sr$的比值将会与居住地的锶同位素组成相同。如果同一个体的牙釉质和骨骼中的锶同位素比值存在着差别，表明个体出生地与死亡地的地质环境是不同的，意味着这个人在其一生中曾经发生过迁移。

四、锶同位素分析的实验要求和样品的选取

获得准确和精确的同位素数据是同位素地球化学研究的基础，而溶样、分离等一系列

化学操作又是放射成因同位素分析的重要环节。由于高精度、低本底等要求,所有操作都要在洁净实验室内进行,因此有其特殊的和比常规化学实验室更严格的要求[16]。

当地地质中锶同位素的确定是一个难题[17],在过去的25年里,地质学家们已经测定了世界上许多地区内基岩的锶同位素组成。生态学家和考古学家认为基岩中的锶比值会在食物链中重复,便使用这些值来研究动物和人类的迁移。然而,现在人们通过研究已经认识到当地食物链中的锶同位素的比值不是直接从已知的基岩中获取的。

有几个因素致使人们不能使用地质中所测定的锶同位素比值[18]。当地环境中的同位素比值是由来源于大气和矿物风化中的锶混合组成的。例如,现代土壤中的铅主要是大气来源的,在世界上的某些地区锶可能也是这样。然而,这类大气沉降的影响在大部分地区可能是很微小的,尤其是在史前时期。此外,一种岩石中可以包括具有$^{87}Sr/^{86}Sr$比值变化范围很大的各种矿物。在通常的情况下,这些矿物将会以不同的速率进行风化。由于矿物不同的风化速度和土壤是由各种来源的沉积物混合组成的,因此当地的土壤表现的是$^{87}Sr/^{86}Sr$的范围,而不是任何准确的全岩的平均值。尤其特别的是,冲积土倾向于体现出来源物质的$^{87}Sr/^{86}Sr$的平均值。

许多科学工作者对土壤、岩石、植物、动物和水等的研究表明[19],生物利用的锶同位素比值与基岩和其他环境中的锶同位素比值可能存在着明显的不同。虽然在一个特定地区的岩石、土壤和植物中的$^{87}Sr/^{86}Sr$值间有显著的变化,但是动物骨骼组织中的值却通常非常惊人的相一致。有一系列对不同物种的研究证明了这种情况。表一中列出了地点、物种、分析物、样品数、$^{87}Sr/^{86}Sr$平均值、标准偏差和变化系数,还有出版的参考文献。

骨骼的形成就像一个对当地变化$^{87}Sr/^{86}Sr$值的一个非常好的平均机制。骨骼中的$^{87}Sr/^{86}Sr$值反映的是一段时间内吸收的当地可利用$^{87}Sr/^{86}Sr$值,组织在形成和重建过程中经过了一段时间并且吸收了一系列可以利用的食物中锶同位素,认识到上面这种情况,就很容易理解骨骼中的值应当反映当地$^{87}Sr/^{86}Sr$的平均值。从表中可以看出,随着动物的数量和生活范围的扩大,这种变化范围有稍微增大的情况。从范围更大和地质情况更复杂的地区获取食物的动物的$^{87}Sr/^{86}Sr$值将表现出更大的可变性。这为估计当地生物利用锶同位素比值问题的解决提供了一个很好的方法。很明显当地动物骨骼材料中$^{87}Sr/^{86}Sr$值将会为当地生物利用锶同位素的比值提供一个较好的估计方法,为当地变化的锶比值范围提供一个较准确的平均值。

哪种动物可以最好地代表当地生物利用的锶?对这个问题没有一个简单的答案,因为不同的物种生活在不同的区域并且有不同的活动范围。小动物的活动范围相对较小,可能不会摄取一个给定遗址周围的所有来源的锶。当然,大的动物活动范围会大些。而食物是骨骼内锶的直接来源。人是杂食性的,食物包括许多植物和许多活动范围不同的动物。根据当地的地质状况,这些食物可能来自一个或者更多的$^{87}Sr/^{86}Sr$源。活动范围广的可食性动物例如大型食草动物可能从几个源区的食物中获取锶并进入到组织中。所食用的植物种类也可能分布在几个$^{87}Sr/^{86}Sr$源区内。

表一 自然物种中 $^{87}Sr/^{86}Sr$ 的平均值、标准偏差（s.d.）和变化系数（c.v.），选择样品的位置都是在一定的地理范围内，并且数量都不少于5个

位置*	物种	材料	数量	$^{87}Sr/^{86}Sr$ 平均值	s.d. $^{87}Sr/^{86}Sr$	c.v.（%）	参考文献
Teotihuscan, MX	兔子	骨	8	0.70463	0.00005	0.0071	Price et al（2000）
Cahokia, IL	松鼠	骨和牙釉质	5	0.70925	0.00012	0.0169	未出版
Aztalan, WI	兔子	骨	5	0.70922	0.00004	0.0056	未出版
Vermont, WI	鹿	骨	12	0.71029	0.00022	0.0310	未出版
Oneida, WI	鹿	骨	6	0.71295	0.00041	0.0575	未出版
Grasshopper, AZ	老鼠	骨和牙釉质	10	0.71000	0.00031	0.0437	Ezzo et al（1997）
Dillingen, D	蜗牛	外壳	5	0.70838	0.00027	0.3812	未出版
Hubbbard Brook, NH	蜗牛	外壳	6	0.71923	0.00134	0.1863	Blum et al（2000）
Hatchery, ME	鲑鱼	骨	5	0.71982	0.0009	0.1250	Koch et al（1992）
Hatchery, OR	鲑鱼	骨	5	0.70919	0.00010	0.0141	Koch et al（1992）
Addo park, SA	大象	骨	6	0.71153	0.00008	0.0112	Koch et al（1990）
Namibian Desert, SA	大象	骨	6	0.72380	0.0013	0.1796	Koch et al（1990）
Etosha Park, SA	犀牛	角	8	0.71837	0.00306	0.4260	Hall-Marine et al（1993）
Addo park, SA	犀牛	角	7	0.71340	0.00212	0.2972	Hall-Marine et al（1993）
Pilanesberg, SA	犀牛	角	7	0.70675	0.00389	0.5504	Hall-Marine et al（1993）
Umfolozi, SA	犀牛	角	12	0.71693	0.00096	0.1339	Hall-Marine et al（1993）
Mkuze, SA	犀牛	角	16	0.71161	0.00112	0.1574	Hall-Marine et al（1993）
Hluhluwe, SA	犀牛	角	8	0.71511	0.00208	0.2909	Hall-Marine et al（1993）

*地理位置是缩写的：MX＝墨西哥，IL＝美国伊利诺伊州，WI＝美国威斯康星州，AZ＝美国亚利桑那州，NH＝美国新罕布什尔州，SA＝南非，ME＝美国缅因州，OR＝美国俄勒冈州（表格来源于注释[7]第二条文献）

从以上的讨论可以看出，严格地确定考古遗址所在地锶同位素比值是一个复杂的课题，当依靠遗址中的人骨、现代的食草动物及考古材料来进行测定时，这些都极有可能会提供不同的结果。因此，考古遗址所在地的 $^{87}Sr/^{86}Sr$ 值的确定非常重要，因为它的微小变化都可以引起对数据结果解释的不同。

经研究证明，用遗址中或者遗址附近的小动物来建立当地生物利用锶的含量并区别外来人口比较好。如果可能的话，最好用考古遗址中的动物化石的牙釉质进行测定。如果没有这些样品，可以用现代的物种进行代替，但要注意外来食物和污染物质引起的污染。如果化石样品没有现代物质的污染，那么对化石中的牙釉质和现代物种的牙釉质的对比还可以使我们了解成岩化作用的状况，即成岩化作用对样品的影响情况。从Bentley等人的研究中可以看出，猪和犬基本上吃的是人们的生活垃圾，食物来源与人的基本相同，因此它们的锶同位素比值和人是一致的[20]。因此在研究中最理想的材料应当是史前的考古遗址中的猪或者犬的牙釉质样品。

五、锶同位素分析技术在考古学研究中的运用

对史前迁移人口的锶同位素研究中的一个重要问题是如何区别当地和外来迁移人口。在理想的情况下，迁移人口的牙釉质的锶同位素值应当与当地人的骨骼和牙釉质中的值完全不同，然而这种区别并不总是明显的。在这些研究中经常发现骨骼和牙釉质的同位素比值是一个范围。所测定的骨骼组织的值中那些特别高或者低的值很明显的是外来的个体，但是没有一个客观的标准来区别那些与当地值的范围接近的个体。进行研究的工作者建议用来区分当地和外来人口的置信界限应当用生物利用锶同位素比值的平均值（由动物样品确定）±2倍的标准偏差。正如上面所讨论的，虽然标准的选择是有些主观的，但按照习惯用这个来辨别史前人口迁移情况已经成为一个相对客观的标准。

世界各地的考古学家在锶同位素的应用方面已经取得了一些非常好的结果，解决了一些难以回答的考古学问题。从Ericson 1985年提出利用锶同位素来了解人们的迁徙路线开始[21]，人们就对这种方法进行了不断的探索和研究，并且证明了这种方法是完全可能和实际的。比如对墨西哥古城特奥蒂瓦坎的研究就取得了很好的成果。特奥蒂瓦坎位于墨西哥高地，存在于1~650年，是前西班牙文化最早和最大的城市。为了获得这个城市内各个地区的埋在这儿的居民的来源信息，考古学家们对出土的骨骼进行了研究，准确地测量了大量牙釉质和骨头中的锶同位素比值（$^{87}Sr/^{86}Sr$）。

在Price等人的研究中共分析了81个样品[13]，其中有10个来源于瓦哈卡地区阿尔万山遗址，71个样品来源于特奥蒂瓦坎。特奥蒂瓦坎的71个样品中有9个是现代和史前时期兔子骨骼样品，剩下的62个是古代的人骨和牙釉质样品。9个兔子的样品是为能够获当地锶同位素比值的1个独立的分析数据，对9个兔子骨骼样品分析得到锶同位素比值的平均值为

0.7046，标准偏差是0.00005。研究者认为长期居住在特奥蒂瓦坎的居民的锶同位素比值和兔子的值相近。一个出生在特奥蒂瓦坎地区的居民应当有同样的或者非常相近的骨骼和牙齿中的同位素比值。两者间有微小的差别表明这个人是最近才迁居到这儿的。

特奥蒂瓦坎研究的锶同位素柱状图中[22]样品的排列顺序是按照来源地的不同分开的，来自于同一个体的人骨和牙釉质的值在图中是放在一块的。根据来源地的不同，将不同组的值放在一块。图中左边的水平线标明了当地锶同位素比值的平均值，其来源是9个兔子骨骼样品的平均值。从图中所测的结果中可以明显地看出，牙釉质中的$^{87}Sr/^{86}Sr$确实存在变化，然而在骨骼样品中几乎没有什么变化。牙釉质样品中存在变化说明，研究的许多人是从外地迁居到这个城市的。

在欧洲史前史中，线纹陶文化（Linearbandkeramik）的年代大约为公元前5700年～公元前5000年，传统上被认为是中欧新石器的最初阶段，其源头是匈牙利平原的斯达克沃-克洛斯文化，后来扩展到其他地区，因此长期以来被当作史前时期人类迁移的经典例子[23]。T. D. Price等人选取了莱茵河上游地区属于线纹陶文化的两处墓地进行锶同位素的研究，一处叫作福勒姆波恩（Flomborn），一处叫做斯沃辛根（Schwetzingen）。两处遗址都位于莱茵河地堑区海德尔堡城市的西边，相距大约45千米。两墓地处的锶同位素特征与莱茵河水相似，在0.708～0.709之间。福勒波恩墓地是在1900年被发现的（Koehl 1903），从墓地中取出的两个骨骼样品的放射性碳测定的时间大约是公元前5200年。斯沃辛根墓地发现于1988年，墓地的时间大约是公元前5100～前5000年。

福勒波恩墓地用来分析的锶同位素样品包括5个骨骼和11个牙釉质，取自11个个体，包括7个女性和4个男性，年龄范围从儿童到成年人都有。从斯沃辛根墓地取了6个骨和21个牙釉质样品，年龄也包括各个年龄段。斯沃辛根墓地骨样品的$^{87}SR/^{86}Sr$平均值是0.70941 ± 0.0036，福勒波恩处的值稍高些，其值是0.70995 ± 0.00019。每处墓地的当地锶值是通过每处墓地中骨样品平均值的2倍标准偏差来确定的。牙釉质的$^{87}Sr/^{86}Sr$值落在当地锶值范围外的被确定为迁移的个体，福勒姆波恩处的锶值范围是0.70957～0.71033，斯沃辛根处的锶值范围是0.70868～0.71013。所确定的当地锶值范围比莱茵河水的值稍微高些，但与河流所在的平原地区的值是一致的。

经研究确认，福勒波恩的11个个体中有7个是迁移来的，占总数的64%；斯沃辛根的21个个体中有7个是迁移来的，占总数的33%。研究结果表明两处墓地中的个体存在较高的迁移率，说明线纹陶文化中的农民有着高的迁移率并且与周围其他区域的农民有着交流。

六、结　　论

从上面的讨论中我们可以看出，一般情况下，用锶同位素来确定人类的迁移问题是一个直接而又有说服力的方法。牙釉质中的锶同位素反映人的出生地，骨骼中的反映出人的死亡地。同一个体的两者间存在差异，表明这个人在一生中曾经迁移过，并且由此还可能解决人类的迁徙与传播、不同人类群体间的关系等问题。虽然这一方法在世界各地都已经有了广泛的应用，但由于还有一些不确定的因素，有许多方面还需要进一步的研究和探索。我国幅员辽阔、历史悠久，在考古发掘中不断有大量人骨遗存发现，并已做出了一系列举世瞩目的成果，但迄今为止还缺少锶同位素方面的分析。我们期望今后将这一分析技术与传统的分析技术相结合，获取更多的潜信息，解决更多的考古学难题。

注 释

[1] 郑永飞、陈江峰：《稳定同位素地球化学》，科学出版社，2000年。

[2] Ericson J E. Strontium Isotope Characterization in the Study of Prehistoric Human Ecology. Journal of Human Evolution, 1985, 14: 503-514.

[3] Van der Merwe N, Lee-Thorp J, Thackeray J A, et al. Source Area Determination of Elephant Ivory by Isotopic Analysis. Nature, 1990, 346: 744-746; Vogel J C, Eglington B, Auret J M. Isotope Fingerprints in Elephant Bone and Ivory. Nature, 1990, 346: 747-749.

[4] Price T D, Johnson C M, Ezzo J A, et al. Residential Mobility in the Prehistoric Southwest United States. A Preliminary Study Using Strontium Isotope Analysis. Journal of Archaeological Science, 1994, 24: 315-330.

[5] Sealy J C, Van der Merwe N J, Sillen A, et al. ^{87}Sr/^{86}Sr as a Dietary Indicator in Modern and Archaeological Bone. Journal of Archaeological Science, 1991, 18: 399-416; Sealy J, Armstrong R, Schrire C. Beyond Lifetime Averages: Tracing Life Histories Through Isotopic Analysis of Different Calcified Tissues from Archaeological Human Skeletons. Antiquity, 1995, 69: 290-300; Cox G, Sealy J. Investigating Identity and Life Histories: Isotopic Analysis and Historical Documentation of Slave Skeletons Found on the Cape Town Foreshore, South Africa. International Journal of Historical Archaeology, 1997, 1: 207-224.

[6] Price T D, Grupe G, Schröter P. Reconstruction of Migration Patterns in the Bell Beaker Period by Stable Strontium Isotope Analysis. Applied Geochemistry, 1994, 9: 413-417; Ezzo J A, Johnson C M, Price T D. Analytical Perspectives on Prehistoric Migration: A Case Study from East-Central Arizona. Journal of Archaeological Science, 1997, 24: 447-466.

[7] Sillen A, Sealy J. Diagenesis of Strontium in Fossil Bone: A Reconsideration of Nelson et al (1986). Journal of Archaeological Science, 1995, 22: 313-320; Sillen A, Hall G, Richardson S, et al. ^{87}Sr/^{86}Sr Rations in Modern and Fossil Food-webs of the Sterkfontein Valley: Implications for Early Hominid Habitat Preference. Geochimica et Cosmochimica Acta, 1998, 62: 2463-2478.

[8] Price T D, Manzanilla L, Middleton W D. Immigration and the Ancient City of Teotihuacan in Mexico: A Study Using Strontium Isotope Rations in Human Bone and Teeth. Journal of Archaeological Science, 2000, 27: 903-913.

[9] 方辉:《研究人口迁移的新方法——锶同位素分析技术》,《中国文物报》2004年11月5日。

[10] G.福尔著,潘曙光、乔广生译,李继亮校:《同位素地质学原理》,科学出版社,1983年。

[11] Parfitt A M. The Physiologic and Clinical Significance of Bone Histomorphometric Data//Recker R R. Bone Histomorphometry: Techniques and Interpretation. Boca Raton: CRC Press, 1983: 143-223.

[12] Hillson S. Teeth. Cambridge: Cambridge University Press, 1989.

[13] Bentley R A, Price T D, Stephan E. Determining the Local ^{87}Sr/^{86}Sr Range for Archaeological Skeletons: A Case Study from Neolithic Europe. Journal of Archaeological Science, 2004, 31: 365-375.

[14] Beard B L, Johnson C M. Strontium Isotope Composition of Skeletal Material Can Determine the Birth Place and Geographic Mobility of Humans and Animals. Journal of Forensic Sciences, 2000, 45: 1049-1061.

[15] Grupe G, Price T D, Schroter P, et al. Mobility of Bell Beaker People Revealed by Strontium Isotope Ratios of Tooth and Bone: A Study of Southern Bavarian Skeletal Remains. Applied Geochemistry, 1997, 12: 517-525.

[16] 陈江峰、钱卉、谢智:《放射成因同位素分离实验讲义》,2003年。

[17] Price T D, Burton J H, Bentley R A. The Characterization of Biologically Available Strontium Isotope Rations for the Study of Prehistoric Migration. Archaeometry, 2022, 44: 117-135.

[18] Price T D, Burton J H, Bentley R A. The Characterization of Biologically Available Strontium Isotope Rations for the Study of Prehistoric Migration. Archaeometry, 2022, 44: 117-135.

[19] Sillen A, Sealy J. Diagenesis of Strontium in Fossil Bone: A Reconsideration of Nelson et al (1986). Journal of Archaeological Science, 1995, 22: 313-320; Sillen A, Hall G, Richardson S, et al. ^{87}Sr/^{86}Sr Rations in Modern and Fossil Food-webs of the Sterkfontein Valley: Implications for Early Hominid Habitat Preference. Geochimica et Cosmochimica Acta, 1998, 62: 2463-2478; Blum J D, Taliaferro H, Weisse M T, et al. Changes in Sr/Ca, Ba/Ca and ^{87}Sr/^{86}Sr Ratios Between Trophic Levels in Two Forest Ecosystems in Northeastern USA. Biogeochemistry, 2000, 49: 87-101.

[20] Bentley R A, Price T D, Stephan E. Determining the Local ^{87}Sr/^{86}Sr Range for Archaeological Skeletons: A Case Study from Neolithic Europe. Journal of Archaeological Science, 2004, 31: 365-375.

[21] Ericson J E. Strontium Isotope Characterization in the Study of Prehistoric Human Ecology. Journal of Human Evolution, 1985, 14: 503-514.

[22] Price T D, Manzanilla L, Middleton W D. Immigration and the Ancient City of Teotihuacan in Mexico: A Study Using Strontium Isotope Rations in Human Bone and Teeth. Journal of Archaeological Science, 2000, 27: 903-913.

[23] Price T D, Bentley R A, Luning J, et al. Prehistoric Human Migration in the Linearbandkeramik of Central Europe. Antiquity, 2001, 75(289): 593-603.

(原载《东南文化》2007年第1期;与尹若春合著)

寄生物考古学——考古环境学的新思路[*]

新石器时代考古中的环境研究历来是考古学家、环境学家关注的问题。自然环境（包括温度、湿度、动植物资源、水文条件等因素）制约着人类活动，决定了人类的生业模式、生活习惯等，而人类活动又反过来影响自然，改造周遭的生存环境。这些过程是如何进行的？人地关系对于人类社会发展进程又有怎样的影响？考古学家一直在寻找各种方法从各个角度来研究与人类相关的自然环境。从最开始通过大的动物、植物遗骸，复原当时的动植物类群，根据其冷暖干湿的习性，推出当时的气候环境，到现在成熟的孢粉、植硅石分析技术的广泛应用等，人们尝试了多种方法，取得了许多成果。如今，寄生物考古学的发展，为环境考古的研究又提供了新的思路。

寄生物考古学是把寄生物学引入考古学研究，利用寄生物学理论、方法和手段来为考古学服务，通过对考古遗址中寄生物材料的分析来研究古代人类行为模式、健康状况、卫生状况及其所处自然环境的科学，它有将近一百年的学科历史，其开端可以追溯到1910年Ruffer在3200年前的埃及木乃伊中发现血吸虫卵[1]，但直到20世纪80年代它才作为一门考古领域的学科真正迅速地发展起来。国外的古寄生物学家们从原来仅仅停留在对古寄生虫卵的找寻鉴定的层面上，开始利用获得的古寄生物资料对古代人类生存环境及生活习性等在更大范围给予解释，并取得了许多重要的成果。美国学者莱茵哈德通过对美洲考古遗址发现的古寄生物进行分析研究，提出的在史前人类中寄生虫疾病的感染与生业模式相关，是这些成果的代表之一。随着分子生物学技术的发展，先进的技术已被引进到寄生物考古中来。2001年O. Loreille等人成功地从比利时中世纪Namur遗址的粪化石发现的蛔虫卵中提取了线粒体基因片断[2]，这是寄生物考古的又一大进展。我国虽然从20世纪50年代开始，就有了对考古材料中寄生物遗存的研究，即1956年，中山医学院在两具明代干尸肠内发现华枝睾吸虫卵、姜片吸虫卵、鞭虫卵及蛔虫卵；此后，湖南医学院在1972年出土的著名的长沙马王堆1号汉墓古尸中发现鞭虫、蛲虫和大量的血吸虫卵[3]。在这之后也时常有零星的在古尸中发现寄生虫卵的报道，但都仅限于对古尸的寄生物学分析鉴定，并没有深入探讨其中包含的考古学意义，特别是相关的环境方面的信息被忽略掉了。这些研究仅是考古学与医学相结合的产物，这种结合是被动的、偶然性的，还没有形成真正意义上的寄生物考古学，对于我国丰富的考古资源不能不说是一种浪费。因此开展寄生物考古研究有着相当重要的意义。

---

[*] 国家自然科学基金资助项目（批准号：40472087）。

如今，寄生物考古技术日益发展，研究对象越来越广泛，材料越来越丰富，所能提取的潜信息也越来越多。笔者认为，至少在以下几个方面，寄生物考古学能够为环境考古学、人地关系研究提供参考信息。

一、为复原当时的气候提供直接证据

大多数寄生虫对环境的依赖性极高，要完成它的生活史，必须得有一定的温度、湿度和特定的宿主（包括中间宿主和终末宿主），否则就不能成活。比如温暖、潮湿的环境有利于疟原虫在蚊虫体内发育，也有利于蚊虫的生长、发育和繁殖以及吸血活动，而低于15～16°C或高于37.5°C时，疟原虫就不能在蚊虫体内发育。寄生物考古学，主要的研究对象是寄生在人体肠道内的蠕虫，从传播途径上可分为土源性蠕虫与生物源性蠕虫。土源性蠕虫一般没有中间宿主，人类直接从外界环境受到该虫的感染，其生活史需要经过一个在外界环境中发育的阶段才能完成。因此，通过对考古遗物的分析研究，如果能发现土源性蠕虫的生活史各阶段的遗存，根据其体外发育所需的环境条件，就可以推测当时环境的温度和湿度满足的最小值。生物源性蠕虫必须通过中间宿主与终宿主才能完成整个生活史，人类的感染源是其他生物。比如卫氏并殖吸虫（肺吸虫）有两个中间宿主，第一中间宿主为生活于淡水的川卷螺，第二中间宿主为淡水蟹或蝲蛄；血吸虫只有一种中间宿主——钉螺。寄生虫的有性繁殖在终末宿主体内完成，无性繁殖以及幼虫发育多在中间宿主体内进行。生物源性蠕虫遗存的存在，说明中间宿主的存在，当时的环境需满足中间宿主生存的要求，例如，血吸虫的中间宿主钉螺目前分布在我国长江流域及以南地区，北界是江苏省宝应县，如果在遗迹中发现了血吸虫存在的证据，那么古代遗址周围必然存在适宜钉螺生长的水环境，而且当时的气候至少与现在的长江流域的气候相当，或是更为温暖湿润[4]。

二、与人类活动相关的动物类群

生物源性蠕虫的中间宿主大多是特异性的，特定的寄生虫需要特定的中间宿主。例如，大部分的吸虫中间宿主是各种水生动物，不同的吸虫对应不同的鱼类、虾蟹类、淡水螺蛳等。带绦虫主要的两大类——猪带绦虫和牛带绦虫，对应的中间宿主分别是猪和牛。许多动物带有自己特有的寄生虫，如马蛲虫、犬毒蛔虫等。当人类通过捕猎或驯养、食用这些动物后，就会感染上相应的寄生虫。所以，考古遗址中的寄生虫直接反映当时人类的食谱，消费了何种动物，可以据此构建出与当时人类活动相关的动物类群。

三、人地关系的研究

　　自然环境制约着人类活动,决定了人类的生业模式、生活习惯等,不同生业模式下生活的人群所感染的寄生虫类群是不一样的。以游牧为主要生业模式的人群,由于不断地迁徙,相对于以农业为主要生业模式的人群来说,处于一种变化的外界环境之中,感染土源性蠕虫的概率比感染生物源性蠕虫要小得多,而农业模式下的人群感染这两类蠕虫的概率则不会有太大的区别。因此,通过分析遗址中不同时期人群感染寄生物的类群变化,基本上能反映生业模式的变化信息。

　　另外,根据达尔文的理论,物种仅仅起源于一个地理区域,因此,对作为"生物记号员"的寄生虫的研究是研究古代人类迁徙的一种新方法。寄生虫在时间上的分布结合环境学研究能够被用来跟踪它们的宿主人类的迁徙。例如,在美洲大陆发现的钩虫和鞭虫卵,它们的年代远在哥伦布到达美洲之前。这一发现引起了有趣的讨论。钩虫和鞭虫都是土源性蠕虫,它们的生活史都必须要经过土壤阶段。只有环境条件合适时,它们才能维持其生活史去感染一个新的宿主,例如钩虫卵在体外生活阶段需要17°C以上的环境温度才能发育成幼虫。假如史前人类是经过白令陆桥迁徙进入美洲并作为第一个美洲定居者,冷的气候和几乎冻结的土壤条件将削弱幼虫和卵的发育,影响它们传染新宿主的能力。A. Montenegro等学者通过对古气候环境建模,划出当时最高气温低于17°C的地域(称为不可感染区域),并对人类迁徙速度建模,分析人类在钩虫最长寿命的时间内,穿越这样的区域,将钩虫从亚洲携带至美洲的可能性。如果这一可能性不成立,那么美洲的钩虫就有可能是史前亚洲人在横渡太平洋时直接携带至美洲大陆,或者是通过其他途径到达美洲的[5]。

　　目前,国际上寄生物考古学的主要研究材料是木乃伊和干尸的腹部内含物、粪化石、粪土堆积等。但在中国,木乃伊、干尸的遗存除新疆地区外很少发现,粪化石、粪土堆积在新石器时代遗址中也不常见。但是一种通常在考古发掘中被忽视的材料——墓葬腹土在我国各个时期的遗址中却有着广泛的存在。腹土即墓葬内位于人体腹部的土壤,其范围上至肋骨下缘、下到耻骨联合处。当人类死亡被埋葬后,随着尸体的腐烂,腹腔内的物质就会逐渐渗入周围的土壤中,其中所含的寄生虫卵也就随之进入身体腹部填土之中,所以,腹土是进行寄生物考古研究的极有价值的材料之一。我们很早就意识到了这一材料的重要性,因此,在2001年舞阳贾湖第七次发掘的时候,就开始着手墓葬腹土的采样工作;在2006年河南灵宝西坡遗址墓葬区的发掘中,也采集了腹土的样品,并对它们进行了寄生物考古研究的尝试,取得了一些成果,验证了在这一材料上开展寄生物研究的可行性[6]。

　　腹土,以它特有的广泛分布,使得寄生物考古学不仅可用于单个遗址的研究,还可以使我们着眼于大的文化地域,乃至在不同的文化地域之间,收集各个遗址中的寄生物遗存，建立起一个完备的跨越各时间、空间段的数据库，掌握寄生虫在不同的社会环境和自然环境下的分布和变化情况。通过这些信息，复原当时人类的生存环境，研究人类体质、人地关系以及对人类社会发展进程的影响，对于考古学环境学有着重要的意义。这一工作需要众多学者的长期合作才能完成。我们希望通过讨论寄生物考古学的巨大潜力和研究前景，引起相关学界同仁对这一研究领域的关注，通力合作，充分挖掘墓葬腹土这一考古材料的价值，为考古研究做出应有的贡献。这也是本文欲达到的目的。

注 释

[1] 转引自Araújo A, Reinhard K, Bastos O M, et al. Paleoparasitology: Perspectives with New Techniques. Revista do Instituto de Medicina Tropical de Sao Paulo, 1998, 40(6).

[2] Oreille O L, Roumat E, Verneau O, et al. Ancient DNA from Ascaris: Extraction Amplification and Sequences from Eggs Collected in Coprolites. International Journal for Parasitology, 2001, 31: 1101-1106.

[3] 湖南医学院：《长沙马王堆1号汉墓古尸研究》，文物出版社，1980年。

[4] 中山医学院：《人体寄生虫学》，人民卫生出版社，1982年。

[5] Montenegro A, Araujo A, Eby M, et al. Parasites, Paleoclimate and the Peopling of the Americas: Using the Hookworm to Time the Clovis Migration. Current Anthropology, 2006, 47(1): 193-200.

[6] 张居中、任启坤、翁屹：《贾湖遗址墓葬腹土古寄生物研究》，《中原文物》2006年第3期；张居中、任启坤：《寄生物考古学简论》，《广西民族学院学报》（自然科学版）2006年第1期。

[原载《环境考古论集（第四辑）》，科学出版社，2007年；与蓝万里合著]

寄生物考古学简论[*]

寄生物考古学是一门新兴学科，它是把考古学同寄生物学结合起来，通过对古代遗物中有关寄生物的分析来研究古代人类行为模式及其所处的自然环境。寄生现象普遍存在于自然界，而且历史久远，对人类寄生虫病历史研究发现，人类的进化与寄生虫的感染是紧紧相联系在一起的。由于大多数寄生虫的一生或其生活史中的某个阶段都寄居于宿主体内，而且只有依赖宿主才能生存，因此当宿主死亡后，寄生虫最终也要在宿主体内死亡；另外，某种寄生虫的宿主可能被另一种动物捕食，而这种动物又不适合它生存，这样，寄生虫就会通过粪便由后一种动物排出体外，例如当人吃鱼之后，在人的粪便中就有可能发现鱼的寄生虫。所以在几乎所有遗址中，动物的尸体、粪化石、粪土、被粪便污染的垃圾和活动地面都可能含有寄生虫的虫卵、幼虫以及成虫的遗存[1]，甚至古人生前使用过的器物（如梳子等也会有类似遗存）。

美国、英国、巴西和德国等国家的一些学者在寄生物考古学研究领域已经取得丰硕成果，对古寄生物的研究逐渐趋于成熟。我国自20世纪90年代开始，有一些综述性的介绍，如谢仲礼先生曾撰文对寄生物考古学的基本原理、标本采集与分析技术以及寄生物考古学在考古学中的应用作简要介绍[2]。近年来，我们对取自贾湖遗址墓葬的腹土进行了这方面的研究[3]。但到目前为止，国内专门从事寄生物考古学研究的人甚少，有关寄生物考古学的发展情况也少见报道。本文试图对寄生物考古学发展历程及前景作一简要介绍，以期引起国内同行的兴趣和重视。

寄生物考古学自开始起到现在还不到一百年，其整个历程大致可分为以下几个阶段。

一、萌 芽 期

寄生物考古学是研究考古材料中的寄生虫。第一个报道发现古寄生虫的是Ruffer，他在1910年对来自古埃及的木乃伊肾脏通过做组织切片染色的方法进行鉴定，结果诊断出血吸虫虫卵[4]。其年代距今大约为3200年。所以，现在把寄生物考古学的开端定为1910年。本阶段有关寄生物考古学的研究较少，而且仅限于对古尸的分析鉴定。这是考古学与医学相结合的产物，这种结合是被动的，偶然性的。这一阶段一直持续到20世纪60年代。

---

[*] 国家自然科学基金资助项目（批准号：40472087）。

二、初步发展期

20世纪60年代,一些寄生物学家开始积极主动地去探寻考古材料中的寄生虫卵,他们的视野不仅仅局限于古尸,开始投向粪化石。最初,他们利用水选方法来处理粪化石,希望从中找到寄生虫卵,但没有获得成功,因为粪化石凝结成块,难以分散开,里面的物质无法暴露。寄生物学家不断地通过实验寻找合适的分散剂,最后发现磷酸钠是较为理想的选择,它能够使粪化石分散开,并且不至于损坏虫卵,又经过反复试验,发现0.5%的磷酸钠是最为理想的。在20世纪60年代末70年代初,磷酸钠水化粪化石技术得到广泛应用。寄生物考古学家利用这一技术对来自美国犹他州、亚利桑那州、科罗拉多、内华达州的粪化石进行一系列的研究。在这一时期,寄生虫病被证明可以追溯到很遥远的时代,史前人类是种类广泛的寄生虫的宿主。据此,在1967年Aidan Cockburn指出,粪化石研究在传染病演化史的研究中有很大潜力。他敦促寄生物学家从传染病的角度来解释他们的数据。然而,他的建议当时并没有受到重视,直到好几年后Cockburn的理论才被接受,在北美洲和南美洲产生了广泛的影响[5]。更广泛的寄生物考古学解释在整个20世纪70~80年代是缺乏的,直到80年代末,寄生物考古学的数据开始在更大范围给予解释。

三、成 熟 期

初步发展期过后,在实际的研究过程中,研究者们遇到了新的问题,迫使他们不得不努力寻找新的方法。对于寄生物考古学来说,共同的问题是如何判断地层中发现的粪化石来源于何种动物,以及寄生虫本身的诊断。巴西的寄生物考古学家开始对巴西东北部的一个国家公园的动物进行观察和实验。他们收集活的哺乳动物的自然干粪便作为参照样品,并把这些样品拿来与同一地区考古遗址发现的粪化石进行对比。虽然去调查所有动物粪便形态可能是一个长而乏味的过程,但这种方法在应用时显示出良好的结果[6]。

在20世纪80年代,Rainhad等寄生物考古学家发明了一种新的研究方法,采用孢粉学技术去发现考古遗址土壤中残存的寄生虫卵。通过使用盐酸、氢氟酸、溴化锌重液,加石松属跟踪孢子到沉积物里,寄生虫卵能够被浓缩和确定数量。在随后几年里,这项技术被使用在对许多考古遗址的粪土研究上,在以色列和北美洲古遗址的研究中,古寄生虫卵的分布还被作为寻找、判断和确认古代都市遗址的重要线索和证据[7]。

寄生物考古学的发展依赖于寄生虫遗存的发现与确认,以往科学家们主要是通过光学显微镜作为主要工具来辨别古寄生虫卵的,到了本期,一些新的技术和工具被引用进来,如免疫学和电子显微镜法。Horne首先用透射电子显微镜进行寄生物考古学实验。虽然,

Horne没有建议用透射电子显微镜（TEM）去取代光学显微镜，但是TEM可以辨别寄生虫卵的内部结构，这是光学显微镜所无法得到的。扫描电镜（SEM）也是一种有用的诊断工具。在有的实验里，真菌孢子和特殊的花粉可能会和寄生虫卵相混淆，SEM可以用来检查表面特征从而很好地区别它们。此外，SEM对鉴定寄生虫幼虫的特征是一个非常有用的工具。Fouant是第一个应用免疫分析方法研究古寄生虫遗存的学者。荧光免疫检验法被成功应用于鉴别来自美国肯塔基粪化石的蓝氏贾第鞭毛虫（Giardia lamblia）包囊。免疫学实验对寄生物考古学有潜在的重要意义，尤其是鉴定寄生虫遗存有着巨大的潜力[8]。

寄生物考古学在萌芽阶段和发展阶段，研究者们注重的是从某个古尸或粪化石里发现有某种寄生虫卵的存在，当时发表的文章也大多停留在这一水平。到了成熟阶段，研究者们通过得到的大量的有关寄生虫卵的数据，开始对古代人类寄生虫传染病进行探讨，并利用古寄生物学的成果对古代人类的生存模式、饮食卫生、定居环境等进行有意义的分析，即从过去的单纯对古寄生物的描述阶段向寄生虫病的病理生态学（pathoecology）阶段发展。通过古寄生物的发现，进而找出寄生虫与宿主的关系，绘制寄生虫传染病在史前时代的分布，这对追踪传染病的起源以及人类与寄生虫共同进化研究具有重大意义。

莱茵哈德通过对美洲考古遗址发现的古寄生物的研究分析，提出在史前人类中寄生虫疾病的影响，认为狩猎采集者更少感染寄生虫，而农业人群显示出更高的肠道寄生虫感染率，其中居住于洞穴的那些农业人群蛲虫的感染率则更高，莱茵哈德认为这样的结果是由于人口的密度以及洞穴里有限的空气流动而导致[9]。随后的粪化石里的寄生虫与骨损坏相一致，显示寄生虫病与动物相关。通过对史前农业村庄的病理生态学比较发现，寄生虫病的程度与当地的生态环境、卫生设施以及居住方式有关[10]。根据达尔文的理论，物种仅仅起源于一个地理区域。因此，作为"生物记号员"的寄生虫的利用是关于古代人类迁徙研究的一个新方法。寄生虫在时间上的分布能够被用来跟踪它们的宿主人类的迁徙。在美洲大陆发现的钩虫和鞭虫卵，它们的年代远在哥伦布到达美洲之前。这一发现引起了有趣的讨论。钩虫和鞭虫都是土源性蠕虫，它们的生活史都必须要经过土壤阶段。只有环境条件是合适的，他们才能维持他们的生活史去感染一个新的宿主。假如史前人类是经过白令大陆桥迁徙进入美洲并作为第一个美洲定居者，冷的气候和几乎冻结的土壤条件将削弱幼虫和卵发育，影响他们传染新宿主的能力，那么就有可能是史前亚洲人在横渡太平洋时直接携带至美洲大陆，或者是通过其他途径到达美洲的[11]。

四、进一步发展期

寄生物考古学是伴随着相关实验技术的改进和提高而发展的，任何一次大的进步都离不开新技术的突破和应用。经典的寄生物考古学就是基于粪化石水化技术和显微镜观察分析，对整个古代寄生虫疾病的分布情况做出较大贡献。

在过去的十多年时间里,分子生物学诊断方法在包括寄生虫在内的病原生物感染的诊断中,获得越来越广泛的应用。它们不仅已成为诊断的重要手段,同时也在病原体鉴定、遗传学分析、基因工程操作等多方面,发挥着日益重要的作用。其中最为常见的就是DNA探针技术和PCR技术。

DNA探针技术,又称DNA分子杂交技术,是20世纪70年代中后期形成的一项分子生物学检测技术。它是利用DNA分子的变性、复性以及碱基互补配对的高度精确性,对寄生虫某一特异性DNA序列进行探查的新技术。目前,DNA探针技术在寄生虫学领域的应用有:一是利用特异性探针进行种、株鉴定等分类学研究;二是用于寄生虫病的诊断及流行病学研究。由于DNA探针直接检测寄生虫DNA片段,客观上不像检测抗体和抗原那样受宿主及寄生虫各发育阶段抗原变异的影响,比免疫血清学方法可靠、稳定,日益受到重视。目前应用DNA探针技术作为诊断工具的寄生虫病有:疟疾、利什曼病、弓形虫病、血吸虫病、丝虫病。此外,深组织内阿米巴和蓝氏贾第鞭毛虫重组克隆DNA探针均具种的特异性,后者可检测病人粪便中105个滋养体或104包囊,或纯化10mgDNA;细粒棘球绦虫、旋毛虫和并殖吸虫等DNA克隆探针均具有高度的特异性与敏感性。

PCR为聚合酶链反应(Polymerase Chain Reaction)的英文缩写,是一项体外基因扩增技术,1985年美国PE公司人类遗传研究室发明了该项技术,Saiki等首先应用于镰状红细胞贫血的产前诊断,但由于操作方法烦琐未能全面推广应用。直到1988年耐热DNA聚合酶(Taq酶)的发现和应用,使PCR技术变得极为简单,才被迅速应用于分子生物学、生物工程、医学、法医学和农学等领域,PCR技术已经作为分子生物学发展道路上一个里程碑,永载史册。

目前PCR技术已广泛用于生物考古、种系发育、民族学、人类学和考古学等各个领域中。古寄生物学可利用它来研究物种的分类、进化及亲缘关系,寄生疾病的诊断、致病病原体的检测。利用人类短串联重复STR—PCR技术,研究人类种族的遗传多态性,效果非常稳定。2000年Ferreira等人使用PCR技术成功地从智利木乃伊古尸恢复锥虫DNA,证实4000年前查格斯疾病在安第斯山地区已经存在。这一研究也成功地说明PCR技术是可以用来探明考古材料中的寄生虫的[12]。

2001年,Odile Loreille等人在《国际寄生虫学杂志》上发表文章,公布了他们利用PCR技术对古蛔虫卵进行研究的情况。他们研究的材料是来自比利时中世纪Namur遗址的粪化石,该遗址被选择是因为它的极好的埋葬学条件(无氧)。通过磷酸钠水化技术对样品进行处理,揭露一批浓度非常高的寄生虫卵的标本,这些寄生虫卵中有一些仍旧含有胚胎遗存。在这批样品中共收集了104个寄生虫卵,根据形态学特征,被鉴定为蛔虫卵。接着用超声波降解法与石炭酸氯仿方法对其进行萃取。三个重叠片断的^{18}S sRNA基因和一个片断的细胞色素b基因被扩增、克隆和排序。这些序列的分析也证实卵是来自蛔虫[13]。他们的研究揭示粪化石可能是寄生虫的一个值得重视的资源,能够易于使用分子方法鉴定。蠕虫古DNA的研究也许能够回答传染性疾病史中长期存在而有待解决的有关问题。

五、发展前景展望

以研究人类基因组的结构，绘制遗传连锁图、物理图、序列图和转录图为主要科学目标的人类基因组研究计划（Human Genomic Project，HGP）实施之后，近年来寄生虫基因组的研究已经开始，其中疟原虫和溶组织阿米巴基因组计划已宣布全部完成，血吸虫、包虫等还在进行中，主要内容有新基因的发现，物理图谱的制作，DNA微型矩阵的制作，线粒体基因的测序以及生物信息学的研究等[14]。随着基因组计划的完成，就开始进入"后基因组学"时代，即识别和鉴定基因组的功能信息。后基因组学研究内容主要有基因的识别和鉴定以及基因功能信息的提取和鉴定。我们有理由相信，随着这些新技术在对现代寄生虫的研究趋于成熟之后，会很快应用到寄生物考古学的研究上来。我们可对一个感染人类有几千年甚至上万年的寄生虫的染色体组进行分析，再与现代同种类的进行比较，就有望打开随时间流逝的基因组进化特征以及寄生虫病的起源、分布、毒力、致病性等众多问题。目前国际上运用分子生物学技术研究寄生物考古学主要集中于木乃伊研究，例如，巴西的研究者们正致力于发展木乃伊的分析技术[15]。我国木乃伊的材料虽然不多，但可运用这个技术的考古材料相当丰富。随着分子生物学技术在寄生物考古学上的应用，相信会给古寄生物研究带来更为广阔的前景，也为考古学研究开辟一块新天地。

注　释

［1］ 谢仲礼：《生物学与考古学的最新结合》，《考古》1993年第11期。

［2］ 谢仲礼：《生物学与考古学的最新结合》，《考古》1993年第11期。

［3］ 张居中、任启坤、翁屹等：《贾湖遗址墓葬腹土古寄生物的研究》，《中原文物》2006年第3期。

［4］ Araújo A, Reinhard K, Bastos O M, et al. Paleoparasitology: Perspectives with New Techniques. Revista do Instituto de Medicina Tropical de São Paulo, 1998: 40(6): 371-376.

［5］ Cockburn A. Infectious Diseases. Their Evolution and Erradication Springfield: Charles C.Thomas, 1967.

［6］ Chame M, Ferreira L F, Araojo A, et al. Experimental Paleoparasitology. An Approach to the Diagnosis of Animal Coprolites. Paleopath News, 1991, 76: 7-9.

［7］ Reinhard K J, Confalonieri U, Herrmann B, et al. Recovery of Parasite Remains from Coprolites and Latrines: Aspects of Paleoparasitological Technique. Homo, 1986, 37: 2117-2239.

［8］ Araújo A, Reinhard K, Bastos O M, et al. Paleoparasitology: Perspectives with New Techniques. Revista do Instituto de Medicina Tropical de São Paulo, 1998: 40(6): 371-376.

［9］ Karl J, Reinhard S L, Hugot G J P. The Pathoecology of Enterobiasis in the Prehistoric Southwest USA. This Paper was Presented at the 1996 Meetings of the Paleopathology Association, 1996.

［10］ Montenegro A, Araujo A, Eby M, et al. Parasites, Paleoclimate and the Peopling of the Americas: Using the Hookworm to Time the Clovis Migration. Current Anthropology, 2006, 47(1): 193-200.

[11] Montenegro A, Araujo A, Eby M, et al. Parasites, Paleoclimate and the Peopling of the Americas: Using the Hookworm to Time the Clovis Migration. Current Anthropology, 2006, 47(1): 193-200.

[12] Araújo A, Reinhard K, Bastos O M, et al. Paleoparasitology: Perspectives with New Techniques. Revista do Instituto de Medicina Tropical de São Paulo, 1998: 40(6): 371-376.

[13] Oreille O L, Roumat E, Verneau O, et al. Ancient DNA from Ascaris: Extraction Amplification and Sequences from Eggs Collected in Coprolites. International Journal for Parasitology, 2001, 31: 1101-1106.

[14] 张树庸：《国内外生物技术研究概况（续）》，《实验动物科学与管理》2005年第22卷第1期。

[15] Araújo A, Reinhard K, Bastos O M, et al. Paleoparasitology: Perspectives with New Techniques. Revista do Instituto de Medicina Tropical de São Paulo, 1998: 40(6): 371-376.

［原载《广西民族学院学报》（自然科学版）2006年第1期；与任启坤合著］

贾湖古酒研究论纲*

自从中国贾湖发现距今9000年前酒的遗存的研究成果公布之后[1]，引起国内外社会各界的兴趣和关注。在此之前，人们在伊朗一处新石器时代遗址发现的大约公元前5400年的酒，被认为是世界最早的酒。厘清贾湖古酒产生的经济、社会和思想背景以及明确其在中国乃至世界酿酒史上的地位，具有重要意义。

一、贾湖古酒的产生背景

1. 地理位置与自然环境

贾湖遗址所在地位于中国和二、三级阶梯的过渡地带，黄淮海大平原的西南部边缘，地理坐标为东经113°40′，北纬33°36′。地处北亚热带向暖温带过渡的交接地区，属北亚热带向暖温带过渡的大陆性季风气候，气候区属淮北平原易涝区。温暖多雨，光照充足，四季分明。区内现代年均气温约14.6℃，年平均降水量845毫米，是小麦、水稻、芝麻等粮油作物重要产区。

2. 遗址概况

遗址位于贾湖村东侧，现代小湖泊贾湖的北岸，近圆形，面积约55000平方米。遗址范围内海拔大体在67米左右。贾湖村周围地势西高东低。村西高地海拔68.6米。村东1千米舞北公路测高为海拔66.9米，贾湖村北、西、南三面均为一望无际的平原，仅村西有隆起的小土岗，村东为一片低洼地。

3. 发现、发掘、研究经过

1961年发现。1979年认识其文化性质。1983年试掘。1984~1987年进行第二至第六次发掘。1989年发掘简报发表。1999年发掘报告出版。2000年被评为20世纪100项考古大发现之一。2001年被公布为全国重点文物保护单位，同年春进行第七次发掘。2005年贾湖古酒的研究成果公布。

---

* 本研究为国家自然科学基金资助项目（资助号：40472087）。

4. 发掘概况

七次发掘共揭露面积2700平方米。发现房基53座、陶窑12座、灰坑436座、墓葬445座、瓮棺葬32座、狗坑12座，以及壕沟、小坑、灶、柱洞等遗迹。发现遗物有陶、石、骨等各种质料的文物数千件。包括工具、用具、装饰品、原始宗教用品等，以及大量植物种子、动物骨骼、石料等。

5. 年代学研究

根据贾湖遗址出土的19个木炭、果核和人骨样品的^{14}C测年数据，贾湖遗址的年代范围为9000~7800a BP；根据地层学和器物形态学研究，可知贾湖聚落经历了三个发展阶段，三期的大致年代范围为：

Ⅰ：7000~6600 BC；

Ⅱ：6600~6200 BC；

Ⅲ：6200~5800 BC。

6. 贾湖遗址的重要发现

贾湖遗址是中国中原地区新石器时代前期的重要遗址[2]，除了上述大量遗迹和遗物，对研究长江和黄河之间的中原地区在距今9000至7800年期间的古文化面貌及与周围和后世文化的影响之外，这里发现的9000年前的多音阶骨笛[3]、墓葬中随葬的成组龟甲及具有原始文字性质的刻划符号[4]和稻作农业遗存[5]也颇受人们关注。贾湖骨笛是迄今为止世界最早的可演奏乐器，9000年前已能演奏五声音阶，堪称史前的音乐奇迹；贾湖墓葬中随葬的成组龟甲及其他相关物品，为研究萨满教的起源提供重要资料，而贾湖的米酒和契刻符号，可能都是萨满教巫师们的发明创造。贾湖遗址的契刻符号大多发现于龟甲、骨器、石器和陶器上，已初步具备字形结构，应是汉字的雏形，这也是目前世界最早的与文字有关的资料；这里还发现了丰富的栽培水稻遗迹，为研究稻作农业起源提供了新证；这里发现的猪和狗被认为是中国最早的家畜；而近9000年前米酒的发现，更将人类的酿酒史向前推进了1000多年。

二、贾湖古酒的发现

此次公布的贾湖古酒初步研究成果，研究工作始于1999年底。当时在与McGovern博士讨论的基础上，我选择了可能用于酿酒和盛酒的陶器碎片15片，基本上都是泥质的双耳罐和罐形壶两种器类，属于贾湖遗址的三个文化期。

第一期F17出土的双耳罐和H383∶9罐形壶两块碎片。

第二期T109∶65、H36、H56、H238四块双耳罐碎片，以及H290∶13和H348∶2两个罐底的碎片。

第三期H102∶2、T109∶8、H25、H32、F41五块双耳罐碎片，F1∶16敞口钵和W1∶1甑形器的残片。

其中仅在T109∶65双耳罐碎片内壁发现了酒石酸的残留物，从而使我们有理由相信，这种器类可能盛放过含酒精的饮料。

此前，学界曾推测中国新石器时代的人们可能使用小口尖底瓶、大口缸或尊作为酿酒器具，壶、瓶或杯类为饮酒器具[6]。据我的观察，贾湖的B型卷沿罐[7]和C型折沿罐[8]均在上腹部装一周盲鼻或乳钉，显系与方便封口有关，这与酿酒时需封口以便促使原料发酵的要求是一致的。此类器形大多为夹炭红衣陶。

另外，W1∶1甑形器很值得我们重视。这件改作瓮棺的器物也是夹炭红衣陶，在底部中央有一大圆孔，下腹部有上、下两个小圆孔，且都是烧前所穿，可惜上腹部以上残缺。从以上器形特征分析，这件器物很可能是专用的沥酒用具。遗憾的是在该器的碎片上没能测得酒石酸的残留物。

由上观之，仰韶文化（5000~3000BC）的大口尖底缸、大汶口文化（4100~2600BC）的陶尊有可能是酿酒器具，这种类似器具在北辛文化（5300~4100BC）之中也有发现。在距今5500年之后的仰韶文化晚期甚至出现过滤酒的专用工具；仰韶、大汶口和龙山时代（3000~2000BC），还出现了专用的斟酒和饮酒器具，如鬶、盉、蛋壳陶高柄杯等，可见此时酿酒业已相当普及。而仰韶文化的小口尖底瓶因其器形和制作技术的局限性，并不适用于盛装液体，最早可能仅被用作盛放农作物种子，但也并非与酿酒无关，可能正是此类小口器盛装粮食时的偶尔自然发酵，才激发了人们酿造含酒精饮料的灵感。

长期以来，人们推断中国酒起源于上古时期粮食的自然发酵，并追溯到从事农业的炎帝（又号神农氏）。有不少学者以磁山、裴李岗等新石器时代文化发现的丰富粮食遗存和相关器具为依据，撰文认为中国的酿酒史可追溯到8000年前[9]，而贾湖遗址的稻作农业正处于起步阶段，这一时期米酒的发现也证明了文献记载和上述观点的正确，并为农业起源宴享论提供了有力的证据。经研究可知，贾湖古酒是用稻米发酵而成，并用山楂和蜂蜜作发酵料。贾湖虽发现有野葡萄种子，但葡萄是否被用于酒的制作，还有待于进一步的研究。

三、贾湖古酒的发明及社会背景

经对贾湖出土的龟甲、骨笛、叉形骨器等综合分析后可以认为，贾湖人社会中萨满教性质的巫术之风盛行，上述器物可能皆为巫术仪式上的道具。大量古代文献和民族志资料显示，酒也是巫师在做法时的重要道具，这可能是贾湖古酒产生的重要社会背景。

在贾湖遗址的发掘与研究中，我们发现了大量与原始崇拜相关的遗迹和遗物，如随葬龟甲和墓地葬狗就表明太阳崇拜、祖先崇拜、龟灵崇拜与犬牲现象并存。特别是在349座墓葬中，有23座都发现了数量不等的随葬龟甲，墓主人大多为男性，龟甲大多成组随葬，有8、6、4、2等数字组合，以八个一组为主，大多有被长期摩挲把玩的痕迹，有的有穿孔，个别上面还有契刻符号，龟背腹甲之间大多装有石子，石子数量为几颗至二十几颗不等；这些墓葬中有的还同时发现了用于随葬的骨笛、叉形骨器和骨板等物品，在有的房屋柱洞下面还放置有完整的龟甲。这些龟甲和骨器显系某种宗教仪式上使用的道具，如慰灵式、奠基仪式等。这些发现说明，当时的贾湖聚落中巫术流行。巫术仪式的主持者，正是当时社会的精英人士，即巫师阶层。他们沟通天地、联络人神、预知未来，且通医乐，深得族人敬畏。而巫师在主持巫术仪式时，需要借助一些可使人尽快达到癫狂的通神状态的道具，于是含酒精饮料就应运而生了。因此在许多巫术仪式上，饮酒都是很重要的一步程序[10]。

20世纪90年代初，加拿大考古学家Hayden提出了与人口压力相左的竞争宴享理论，认为农业可能起源于资源丰富且供应较为可靠的地区，这些地区的社会结构会因经济富裕而相对比较复杂，一些首领人物能够利用对劳力的控制来驯养主要用于宴享的物种，这些物种因为劳力投入比较高，既可能是一种美食，也可能是用于酿酒的材料，所以它们只有在复杂化程度比较高的社会中产生。Hayden还认为，在农业社会的初期，驯化与栽培的动植物因其数量有限及产量不稳定，在当时人类的食谱中不可能占很大的比重；也有一些驯化物种是与充饥无关的非主食品种，它们只是在食物资源比较充裕的条件下，被作为美食对主食品种起到补充作用，以便使那些首领人物利用宴享来控制劳动力、忠诚度和其他资源[11]。近年来浙江上山和小黄山遗址发现近万年前的稻作遗存后，有人将其与贾湖酒的研究成果相结合并得出结论，认为这些新发现为上述理论提供了佐证。本人则以为不然，因为在巫术盛行的史前时代，纯粹的宴会和舞会、音乐会一样，都是不可能存在的。即使是庆丰收这样的活动，也会被蒙上神的面纱。当然，敬神和娱神的同时，人们也可以达到自敬自娱的效果。我们有理由相信，贾湖人酿造的含酒精饮料，首先也是巫师做法时通神的道具之一。

四、余 论

在古代中国也有类似于啤酒的酒精饮料。古人称之为醴。大约在汉代以后，醴被酒曲酿造的黄酒所取代。同远古时期的美索不达米亚（Mesopotamia）和古埃及一样，我国远古时期的醴也是用谷芽酿造的，所谓的蘖法酿醴。而位于贾湖遗址以南的一条河流自古以来就叫醴水，又叫澧口水。据《水经注·汝水注》："汝水又东，得醴口水，水出南阳雉水，亦云导源雉衡山。……又东经舞阳故城北，又东经定陵城南……醴水东经郾县故城南，左入汝……"。遗址南距澧河河床约10千米。这可能不仅是巧合。据东汉许慎所著《说文解字》一书记载，"醴"是酿一夜就成熟了的酒，徐灏（段注笺）："醪与醴，皆汁滓相将。醴，一宿孰，味至薄。醪则醇酒，味甜。"[12]在这些区分清浊的酒名中，"醴"为浊酒的代表。邹阳《酒赋》里有"清者为酒，浊者为醴"的说法，就是一证。"醴"，一般泛指色泽浑浊、酒度偏低但甜度较大的酒。据王宁先生考证，"酒"与"醴"有着极大的区别，酒指一切烈性酒，而醴则可统指祭祀或食用的淡饮料。但是，正是这些淡淡的浊酒，为此后9000年丰富的酒文化开创了先河。

注　释

[1] McGovern P E, Zhang J Z, Tang J G, et al. Fermented Beverages of Pre-and Proto-historic China. Proceedings of the National Academy of Sciences, 2004, 101: 17593-17598.

[2] 河南省文物考古研究所：《舞阳贾湖》，科学出版社，1999年。

[3] Zhang J Z, Harbottle G, Wang C S, et al. Oldest Playable Musical Instruments Found at Jiahu Early Neolithic Site in China. Nature, 1999, 23: 366-368.

[4] Li X Q, Harbottle G, Zhang J Z, et al. The Earliest Writing? Signs Use in the Seventh Millennium BC at Jiahu, Henan Province, China. Antiquity, 2003, 77: 31-44.

[5] Zhang J Z, Wang X K. Notes on the Recent Discovery of Ancient Cultivated Rice at Jiahu, Henan Province. A New Theory Concerning the Origin of *Oryza japonica* in China. Antiquity, 1998, 72: 897-901.

[6] 李仰松：《我国谷物酿酒起源新论》，《考古》1993年第6期，第534~542页。

[7] 李健民：《大汶口墓葬出土的酒器》，《考古与文物》1984年第6期。

[8] 王树明：《考古发现中的陶缸与我国古代的酿酒》，《海岱考古（第一辑）》，山东大学出版社，1989年。

[9] 李仰松：《我国谷物酿酒起源新论》，《考古》1993年第6期，第534~542页。

[10] 张紫晨：《中国巫术》，上海三联出版社，1990年。

[11] Hayden B. Models of Domestication//Gebauer A B, et al. Transition to Agriculture in Prehistory (Monographs in World Archaeology). Madison: Prehistory Press, 1992: 11-19.

[12] 许慎：《说文解字》，中华书局，1963年。

（原载《中国的葡萄酒文化——历史、文学、社会与全球视角的研究》，LITVERLAG，2010年；与蓝万里合著）

论贾湖文化的制陶业

陶器是人类利用物理和化学反应制备出的第一种自然界不存在的新物质，在很大程度上改变了人类的生活方式，因而被誉为人类发展史上的里程碑。

陶器的研究，归纳起来，可从功能、材料、技术、传统、审美等方面开展研究，此外，制陶过程及制陶工艺也是陶器研究的重要内容之一。

贾湖遗址20世纪80年代前六次发掘，共收集陶片数千千克，其中复原和大部分复原的约千余件。我在整理过程中，首先按陶制品制作工艺的流程分为材料制备工艺、成型工艺、饰纹和装饰工艺、烧制和后处理工艺几个步骤进行了分析，发现贾湖人的制陶技术在当时较有其先进性和代表性[1]。

一、材料制备工艺

陶制品制作的四个阶段中，成型阶段和修饰阶段是关键阶段。大凡人们在制作某一件器物时，决定器物的外部形态的往往有以下几种因素：人们对器物的功能的要求、审美的习惯、技术工艺传统和环境资源四个主要前提条件，而陶系的形成则主要反映人们的设计思想，是在陶制品制作的第一个阶段即材料的选择与制备阶段完成的。贾湖陶制品主要有泥质、夹砂、夹炭、夹骨蚌碎屑、夹云母片和滑石粉五大陶系。其中以夹砂和泥质数量较多，其他三项相对较少。

由于贾湖聚落存在了1500年之久，从其各期变化中可以清晰发现其发展变化的轨迹。

贾湖一期的前段，我们只看到夹砂陶，没见到其他陶系；中段出现了少量泥质陶，但仍以夹砂陶为主；晚段虽仍以大量夹砂陶和少量泥质陶为主，但部分夹砂陶中出现同时夹炭和夹蚌片的现象。中晚期夹砂陶仍然存在，但已不是主流陶系，一般在20%上下。夹砂陶以石英砂粒为主要羼和料，大多粒度一般，直径约0.5mm左右，个别粒度较粗1~3mm不等，夹细砂陶器一般不见，系在陶泥制备阶段即有意识地将砂粒敲碎后作为掺料掺入的。这些作羼和料的砂粒可能主要来自附近的河床。早期夹砂陶用作所有器形，中晚期仅用作炊器。

泥质陶也是这里的主要陶系，早期中段已开始出现，但所占比例很小，至中期成为主体陶系。泥质陶是有意选择遗址周围地区的黏土制备成陶土成型的，大多未经人工淘洗，陶胎可见少量的自然砂粒，但晚期个别陶胎较薄的细泥陶的陶土，有可能经过人工淘洗。

泥质陶主要用于制作盆、钵、碗、壶等盛食器和汲水器。

夹炭陶是在中期开始出现的一种陶系，晚期继续延用，系用炭化的水稻等植物皮壳作羼和料的陶土成型的，这种做法虽在早期后段已出现，但成为一种独立陶系则是在中期前段。据模拟实验，用稻壳烧成半炭化状态，再研碎才能成为理想的羼和料，贾湖夹炭陶符合这种特征，贾湖人食余的稻壳为理想的原材料。经显微观察发现陶胎内有夹植物叶片、水稻壳的炭化物。贾湖夹炭陶主要用来作炊器，也用来做盛食器，见于鼎、罐、盆、钵、碗及个别壶类等器物。

夹骨屑、夹蚌片陶是一个较复杂的陶系，在早期后段虽然也有个别夹砂陶中夹蚌现象，但也是在中期形成独立陶系的，晚期继续沿用，陶片表面和陶胎内多被氧化、腐蚀形成麻面状或蜂窝状，证明其确为有机质。从表面特征观察，有些灰白色的片状物可能为蚌片，但有些为青灰或灰黄色的块状物，其中个别还呈中空状，应为砸碎的兽骨屑。经中国科技大学结构中心化验分析，有些夹蚌陶中含有一种白色片状物叫纤磷钙铝石的矿物，但查遍河南省矿产志，未见此矿物，怀疑系蚌片或碎骨屑被烧后所形成[2]。在有的陶窑旁边，我们见到一大堆经过火烧的碎兽骨，还未经研碎，可能即用作羼和料的原材料。据李文杰先生作模拟实验，蚌壳只有经火烧才能去除黏性被研碎[3]。贾湖渔猎经济较为发达，食余的兽骨、蚌壳应是理想的原材料。夹碎骨、蚌壳陶系主要用来制造鼎、罐类炊具。

夹云母片和滑石粉陶也是中、晚期出现的，主要特征是陶胎中有意掺入直径1～2mm的云母片与滑石粉或两者之一作为羼和料，有的直径达3～4mm，主要用来制作鼎、罐类炊器，以增加陶器的张力。在灰坑中曾发现这种云母块，甚至还有个别墓葬用云母块作随葬品[4]，可见这种原料也是来之不易的。虽然也有单用云母片或滑石粉末做羼和料，但大多两者并用，是否有两者的共生矿，还是有意将两者原料羼在一起，还是其他原因，尚需进一步探讨。这种夹云母现象在北方裴李岗时代遗址中经常见到，可能与材料和理念都有相关性。

上述五大陶系只是按其主要成分来划分的，实际上有些并非区分那么严格和单纯，有些陶胎内兼有二至三类。例如上述泥质陶中含少量细砂粒，因系自然包含物，归入了泥质陶。有些夹砂陶内含少量炭屑和蚌片，有些系夹碳与夹蚌并用等，只有夹云母片和滑石粉陶系较纯净，看来人们制作这种陶器时最为认真。

二、坯体成型工艺

陶器的形状决定于其功能以及文化传统，制作技术与工艺、生活习惯、审美习惯等各个方面的因素，这些因素通过设计和制作集中体现在器形上。这里的容器包括炊器、储器、水器、盛器、食器、杂器等，陶容器从器体上讲主要分深腹和浅腹两大类，深腹主要见于炊器、水器和储器，如鼎、罐、壶、瓮、缸等，浅腹的主要见于食器，如盆、钵、三足钵、碗和个别炊器如釜等。浅腹的均为大口器，深腹的有大口、小口之分，如鼎、罐、瓿、缸等口较大，而壶、双耳罐等口较小。

如果尝试按功能来分类，炊器类大体可包括角把罐、侈口罐、折沿罐、卷沿罐、筒形篦纹罐、敛口罐、圈足罐、扁腹罐、小罐、鼎、釜、瓿等，储器包括双耳罐、瓮、缸等，盛器包括所有盆类等，水器包括所有壶类；食器包括所有钵类、三足钵、碗、盂、杯和勺等。器底以平底类居多，圆底类、三足类次之，圈足类较少，还有少量尖底类，但接地处往往蹾出一个小平面，并非为真正意义上的尖底。

陶容器的附件主要为錾、把、耳、足四大类，均为在器体成型后另附加而成，器錾主要见于深腹盆，器把主要见于角把罐，耳主要见于双耳罐和壶类，三足主要见于鼎和三足钵，圈足主要见于碗和圈足罐。

非容器包括支足、网坠、弹丸、陶锉、纺轮、陶塑品等。可分为杂器类、工具类和其他类。杂器类包括支脚和器盖，工具类包括网坠、弹丸、陶锉、纺轮等，其他类指的是陶塑品。非容器类的制作，则是将泥料直接捏成团成型的，值得注意的是支脚，A型则较复杂是经过多道工序后才形成兽头状的，而B、C型均为一次捏塑成型。

按器体特征所分的炊、食、盛、储、水等器类，其实并不严格，因为有些器物存在一器多用的可能，如深腹盆、方口盆、A型敞口钵等，可能既当炊器，也可当盛食器使用。因之，只能按形体特征来分类记述。

正因为坯体成型工艺是制作工艺的核心，因此要详细研究成型方法。考虑到成型、修整和装饰是一个完整的连续进行的工艺流程，对一批典型器物应当报道整个工艺流程。在此基础上，再概括地研究修整方法和装饰方法。

贾湖遗址的陶器全部属于手制范畴，尚未发现慢轮上的构件（如陶转盘）及慢轮修整痕迹，推测器身的成型和修整都是在没有轴的垫板上进行。大多数陶器由器身和附件两部分构成，少数陶器没有附件。器身的成型方法有泥片筑成和泥条筑成两种。初步成型的毛坯经过修整和装饰成为成坯。

为了深入探讨贾湖遗址陶器成型工艺的特征以及形成这一特征的各种原因和背景，应当首先将泥片筑成和泥条筑成两种制作工艺分别进行研究[5]，然后比较二者的共同点和差异点。

（一）泥片筑成法

所谓泥片筑成法系指先将泥料按压成适当形状和大小的泥片，再用泥片筑成坯体的成型方法。有些泥片筑成之前为圆形或椭圆形，筑成之后暴露在外部分呈现为鱼鳞状，有些泥片筑成之后呈现为菱形或不规则形。泥片筑成法有倒筑、正筑之分，盘筑、圈筑之别。此外，还有一些器物难以判断盘筑还是圈筑。具体操作方法也有差异：捏泥片时有的用右手，有的用左手，即"左撇子"操作方法；加泥片时有的从器壁内侧加上，有的从器壁外侧加上。根据现象观察可将泥片筑成法细分为正筑法、正筑圈筑法、倒筑盘筑法、倒筑圈筑法4种。

1. 倒筑法

倒筑盘筑法是从口部开始筑成，当时坯体呈倒立状，泥片排列成盘旋升状。器形仅有早期的双耳罐形壶1种，例如一期的M110：1罐形壶（图一），用17块泥片筑成，都已从泥片缝隙处开裂，多数泥片呈菱形。倒筑时采用"左撇子"操作方法，坯体随同垫板按逆时针方向转动，用右手持泥片，左手捏泥片，泥片按顺时针方向排列。泥片从距制陶者自己较远一边的器壁内侧加上。筑至第10块后暂停，在第4块右侧筑第11~13块。然后在第11、12块上侧筑第14块，在第13块右侧筑第15、16块。剖面显示上述16块泥片都从器壁内侧加上，因此当时泥片都向器内倾斜。最后用第17块小泥片从器壁外侧加上，将底部的孔洞封死，这是倒筑的一种现象。经过拍打整形，呈现为小平底。但是底部的平面与口部的平面明显不平行，经测量，器底的垂直线与器身的中轴线（即器口中心与器底中心的连线）之间形成的夹角为4.5°，因此器身明显歪斜。内壁经过横向刮削，留有刮痕。肩部两侧先刻划竖向沟槽，再安装器耳，耳上滚压细绳纹，湿手抹平后细绳纹仍隐约可见。

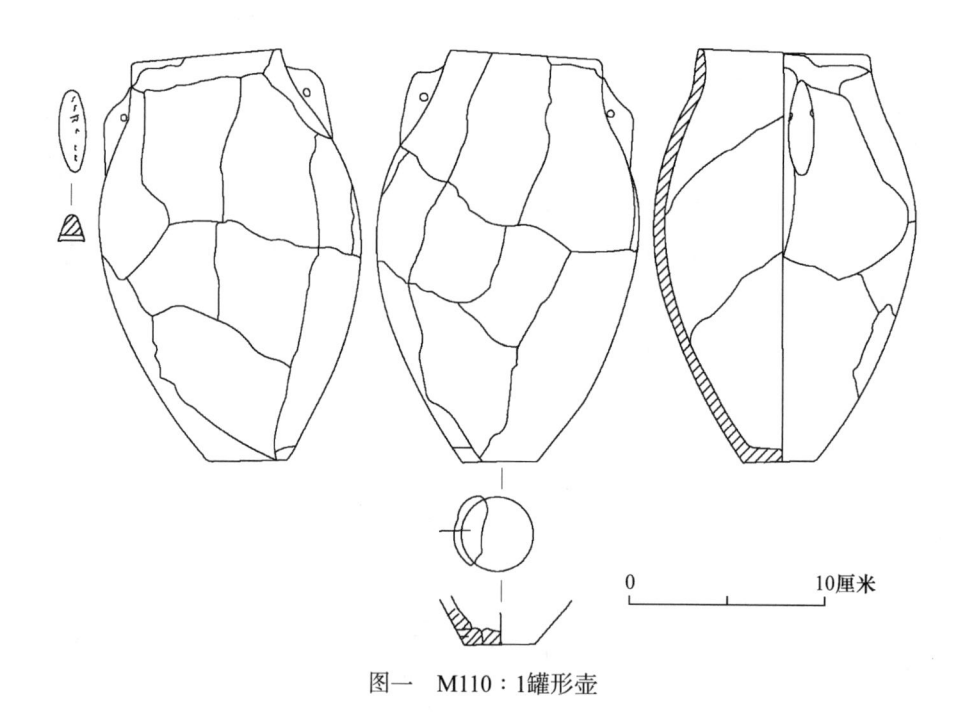

图一　M110：1罐形壶

倒筑圈筑法是从口部或肩部开始筑成，当时坯体呈倒立状，泥片排列成一圆圈，垒叠而上，每圈首尾衔接。器形有双耳罐、双耳罐形壶2种，例如一期的H383：9双耳罐形壶和三期M28：1双耳罐（图二）。这两种倒筑法大多只在早期出现。中晚期只见于双耳罐。最为典型的如三期M28：1，口欠圆，器身歪斜。从肩部至底部用13块泥片筑成，都

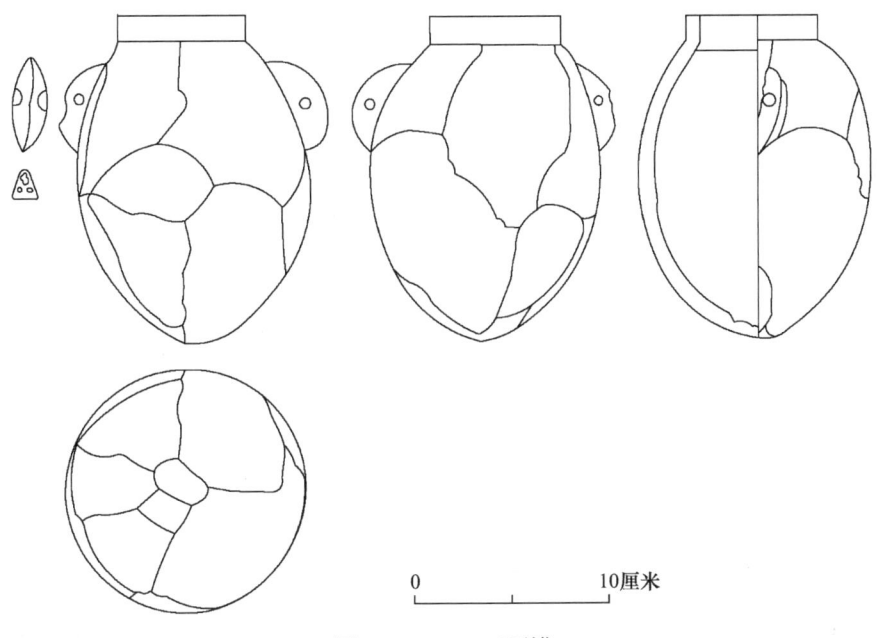

图二　M28∶1双耳罐

已从泥片缝隙处开裂，泥片有弧边，略呈鱼鳞状。倒筑时坯体随同垫板按顺时针方向转动，用左手持泥片，右手捍泥片，泥片按逆时针方向转动，用左手持泥片，右手捏泥片，泥片按逆时针方向排列，大致呈水平状。泥片从器壁内侧加上。第1～5块筑或第1圈第6块较小，填补第2、3块上方的缺口；第7～11块筑成第2圈。第12、13块很小，从器壁外侧加上，将底部的孔洞封死，这是倒筑的一种现象。经过拍打整形，呈现为圜底。将坯体翻转正放，置于草圈之类的器座上，用泥条圈筑成口沿（连续编号为第14），泥条从器壁内侧加上，向器内倾斜，内壁有泥条缝隙一周。这件双耳罐的成型方法以泥片筑成为主，泥条筑成为辅，两种工艺做法出自一人之手，由此可以设想，有一些泥片筑成的陶器与泥条筑成的陶器可能是由同一制陶者制作的。外表用湿手抹平，内壁没有任何修整痕迹，泥片缝隙处呈现沟槽状。

2. 正筑法

正筑圈筑法是从底部开始筑成，泥片排列成一圈圈，垒叠而上，每圈首尾衔接。这种技法在早期已经流行，主要见于双耳罐，例如H383∶8（图三），腹下部、肩部以上从泥片缝隙处开裂泥片呈鱼鳞状。底部为一块大泥片，从外表测量直径达10.5厘米，这是正筑的一种现象。口部有两处由于涂在表面的泥浆层脱落，暴露出泥片痕迹：唇部的泥片之间有小缺口，

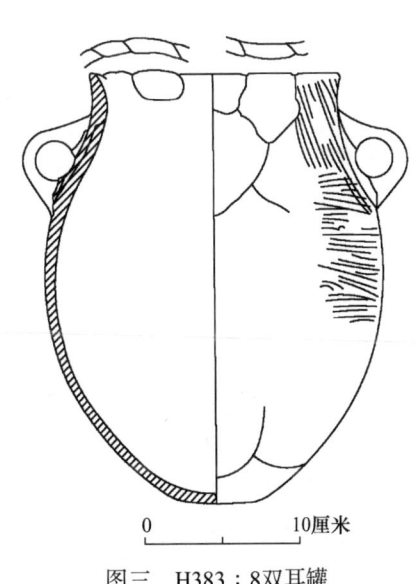

图三　H383∶8双耳罐

因此唇面略呈波浪状起伏，这是成型之初，唇部未曾挨过垫板的证据，表明是正筑；从剖面上看，三层泥片互相叠压，下层在内侧，上层在外侧，显示出泥片是从器壁外侧加上的；俯视唇部泥片之间的叠压关系，在内侧的先加上去，在外侧的后加上去。由此得知，圈筑时坯体随同垫板按逆时针方向转动，用右手持泥片，左手捏泥片，泥片按顺时针方向排列。口部的泥片较小，其中最小的一块从内壁测量宽3.8、高2.3厘米，与底部的大泥片相比，大小相差悬殊，这也是正筑成型的证据。经过拍打整形，器底变小，呈现为小平底微外凸，底与壁之间呈圆角。双耳已脱落，留有疤痕，疤痕上有两处露出竖向沟槽，是在安装器耳之前用篦状工具刮削肩部所遗留的痕迹。耳孔用圆棍从两面捅成。外表先涂一层浅红色泥浆，厚的0.5毫米，再用绕绳圆棍滚压较粗的竖绳纹、横绳纹，绳股印痕向右斜。泥浆层大部分已脱落，一部分绳纹也随之消失。外底因使用时被火烧，红颜色变为橙红色，腹部的泥浆层上存有烟炱，表明这件双耳罐是炊器。制作时拍打成小平底微外凸就是为了使用时加大下部与火的接触面，改善使用功能。这种工艺在中晚期一直存在，较多见于双耳罐，例如H28∶36，也见于侈口罐和双耳罐形壶，例如M22∶3和M487∶2。

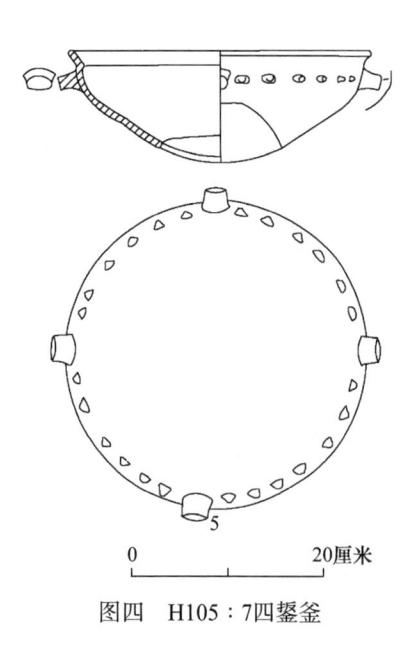

还有一些器物虽有正筑的痕迹，但难以判断盘筑还是圈筑，例如一期的H409∶1双耳罐、H37∶4方口盆，二期的M88∶1盆形鼎、H331∶1罐形鼎、T113③C∶11五角口盆、H208∶2深腹盆，三期的H102∶11双耳罐、H105∶7四錾釜等。如三期四錾釜H105∶7（图四），夹炭红褐陶，胎心黑色。器底残缺，腹部有许多纵向裂缝，推测用泥片筑成。腹上部安装4个大致对称的扁柱形板耳（其中3个已脱落），便于手持；板耳之间的附加25个扁锥状乳钉纹（8个已脱落），起装饰作用。

图四 H105∶7四錾釜

（二）泥条筑成法

所谓泥条筑成法是先将泥料搓成适当粗细和长度的泥条，再用泥条筑成坯体的成型方法，可见泥条筑成法是与泥片筑成法相对而言。泥条筑成法有倒筑、正筑、倒筑与正筑兼用之分，盘筑、圈筑之别。此外，还有一些器物难以判断盘筑还是圈筑。具体操作方法也有差异：捏泥条时有的用右手，有的用左手；加泥条时，有的从器壁内侧加上，有的从器壁外侧加上。现将泥条筑成法细分为倒筑盘筑法、倒筑圈筑法、正筑盘筑法、正筑圈筑法、正筑法、倒筑与正筑兼用盘筑法6种。

1. 倒筑法

倒筑盘筑法是从口部开始筑成，当时坯体呈倒立状，泥条盘旋上升。器形主要见于早期的罐形壶，如H234：1（图五），外表有泥条缝隙，倒筑时，坯体随同垫板按顺时针方向转动，用左手持泥条，右手捏泥条，泥条按逆时针方向盘旋上升。然而，至近底部，坯体改为按逆时针方向转动，拍打近底部封死成为尖底，再拍成小平底，俯视内底有小凹坑和放射状褶皱。坯体转动方向的改变，表明具体操作方法可以灵活掌握尚未达到规范化程度。M303：1（图六）外表有泥条缝隙，倒筑时用右手捏泥条，泥条按逆时针方向盘旋上升，拍打封底后再拍成小平底，内底有小凹坑。器耳上滚压细绳纹。中期的三足钵也见有这种技术，如H322：7，内壁有泥条缝隙，倒筑时用右手捏泥条，泥条按逆时针方向盘旋上升，剖面显示泥条从器壁内侧加上。外底有凹坑状卯眼，足上端作为榫头插入卯眼内。

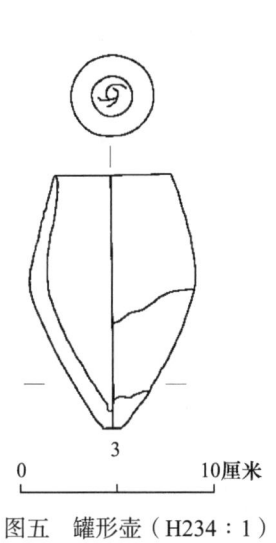

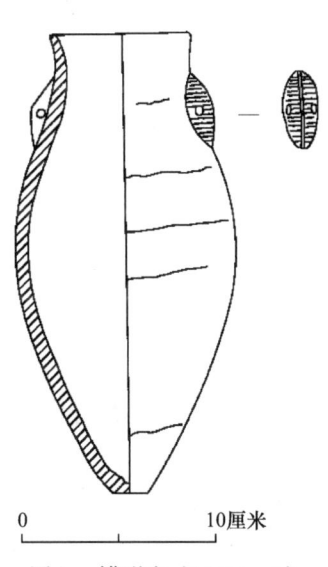

图五　罐形壶（H234：1）

图六　罐形壶（M303：1）

倒筑圈筑法的特点是：从口部开始筑成，泥条一圈圈垒叠而上，每圈首尾衔接。流行于中晚期，器形有双耳罐、侈口罐2种。如二期侈口罐T101M282：2腹部内壁、外表有泥条缝隙4周，已开裂，剖面显示倒筑时泥条从器壁内侧加上。肩部有横錾4个，上有用圆棍捅成的竖的孔，内壁、外表都用湿手抹平。又如三期双耳罐M208：1（图七），内壁、外表都有泥条缝隙，内壁还有右手大拇指捏痕2周。倒筑时，坯体按顺时针方向转动，用右手捏泥条，泥条按逆时针方向延伸。剖面显示泥条从器壁内侧加上，倒筑时各圈泥条的泥首与泥尾衔接状况，泥首（虚弧线）在外侧，泥尾（实弧线）在内侧互相叠压，各衔接处形成错缝现象，错缝是防止坯体纵向开裂的措施。内壁未经修整，致密度较低，外表涂红陶衣后经过磨光，致密度较高，由于应力上的差异，每圈都从泥尾（实弧线）处开裂，外表显示错缝现象呈阶梯状。圈筑至近底部，坯体改为按逆时针方向转动，先拍打封死成为圜底，再拍成小平底微凸，内底呈现小凹坑和放射状褶皱，坯体转动方向的改变是操作方法尚未规范化的表现。

2. 正筑法

正筑盘筑法的特点是从底部开始筑成，泥条盘旋上升。早期未见，流行于中晚期，器形例如二期的有H229：19双耳罐（图八），内壁有泥条缝隙。用右手捏泥条，泥条按逆时针方向盘旋上升。泥条从器壁内侧加上。M411：1罐形壶（图九），内壁、外表都有泥条缝隙，用右手捏泥条，泥条按逆时针方向盘旋上升。泥条从器壁内侧加上。H16：5缸（图一〇）仅存腹部，内壁有泥条缝隙。用左手捏泥条，泥条按顺时针方向盘旋上升。剖面显示泥条从器壁内侧加上。内壁先用篦状工具刮削，留有向右斜的篦划纹，再用窄条片状工具刮削，留有向左斜的刮痕，切断篦划纹理。腹部安装横向錾，特殊之处是上下两个錾并列，錾面都略下坠。两錾之间也有向右斜的刮削纹理，表明刮削在先，安装器錾在后。三期敛口罐M350：1，外表有器壁与器底之间的接缝和泥条缝隙。在圆饼底上侧筑器壁，用右手捏泥条，泥条按逆时针方向盘旋上升。泥条从器壁内侧加上。三期T34③：8圈足碗，器身外表有泥条缝隙。用左手捏泥条，泥条按顺时针方向盘旋上升。部面显示泥条从器壁内侧加上。圈足另外制作后与器身接合。三期T12③：2敞口钵内壁、外表都有泥条缝隙。用右手捏泥条，泥条按逆时针方向盘旋上升。剖面显示泥条从器壁内侧加上。

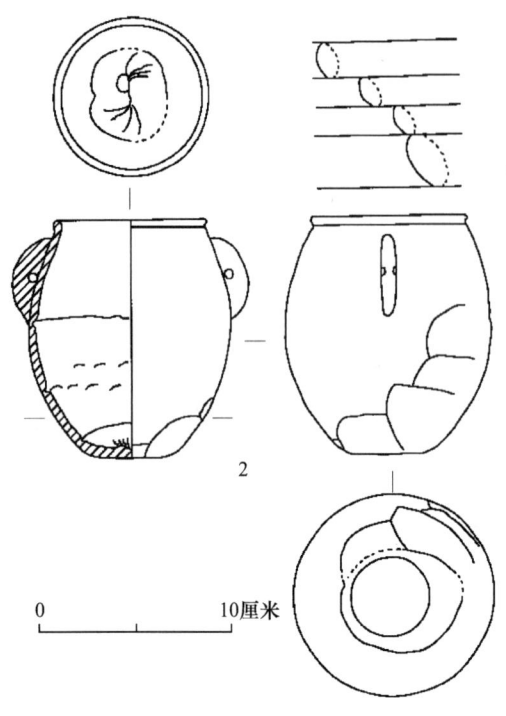

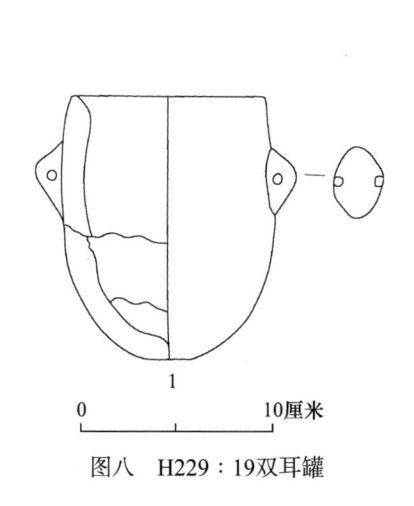

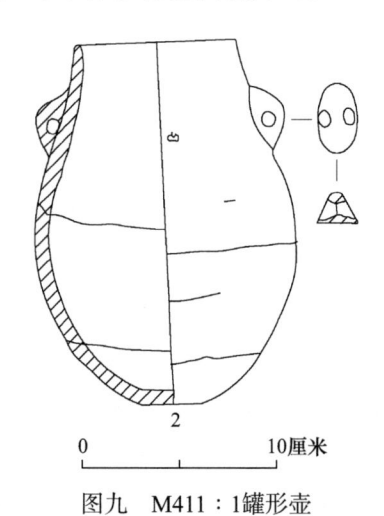

图七 双耳罐（M208：1）

图八 H229：19双耳罐

图九 M411：1罐形壶

正筑圈筑法的特点是从底部开始筑成，泥条一圈圈垒叠而上，每圈首尾衔接。早期仅见个别罐形壶，例如H42：4，内壁有泥条缝隙，泥条从器壁内侧加上。主要流行于中晚期，器形有圆腹壶、折肩壶、敞口钵、敛口钵、平底甑等。例如二期M325：4圆腹壶（图一一），在圆饼底外侧筑器壁，底已脱落丢失，仰视腹下部有一周及半周泥条缝隙。剖面显示泥条从器壁内侧加上。近底部经过拍打整形，因器壁收缩，内壁下端变成鼓棱状。M323：1（图一二），在圆饼底上侧筑器壁，用左手捏泥条，泥条按顺时针方向延伸，内壁留有左手大拇指窝14个，每个都向右斜，指窝长0.9～1.7、宽0.7～1厘米，间距约1.2厘米。近底部经过拍打整形，因器壁收缩，壁与底交界处变成圆角，内壁下端变成鼓棱状，并且出现褶皱。颈部用圆棍进行滚压整形，因器壁收缩，颈部变细，内壁出现竖向褶皱。H291：21折肩壶仅存肩部，下半身已脱落。内壁有泥条缝隙，泥条从器壁内侧加上。肩下端呈现光面，痕迹显示，肩在内侧，腹在外侧套接。M22：1斜肩壶肩内壁有泥条缝隙一周，泥条从器壁内侧加上。肩内壁有横向刮削痕迹。腹部内侧，肩在外侧套接，外表有接缝。三期H60：13平底罐内壁有泥条缝隙，泥条向器外倾斜，表明从器壁外侧加上。内壁、外表都有横向刮削痕迹。H60：10圆腹壶器身刚成型时，肩部开口较大，用湿手伸入器内抹去泥条缝

图一○ H16：5缸

隙，以便加固，内壁留有一道道向右斜的手指抹痕，剖面呈现波状。然后拍打肩部，因器壁收缩，开口变小，内壁出现纵向褶皱。另外圈筑颈部，内壁有泥条缝隙，泥条从器壁内侧加上。颈在内侧，肩在外侧套接，内壁有接缝，外表颈与肩有明显分界。这是个别与裴李岗同类器成型工艺相同的器物之一。H19：14平底甑在圆饼底上侧筑器壁，用右手捏第一圈泥条，泥条已脱落，内底留有通过泥条间接形成的凹槽1周，槽内有右手大拇指窝8个。折肩壶H85：3（图一三），仅见肩至腹上部，腹内壁有泥条缝隙，泥条从器壁内侧加上。肩在内侧，腹在外侧套接。

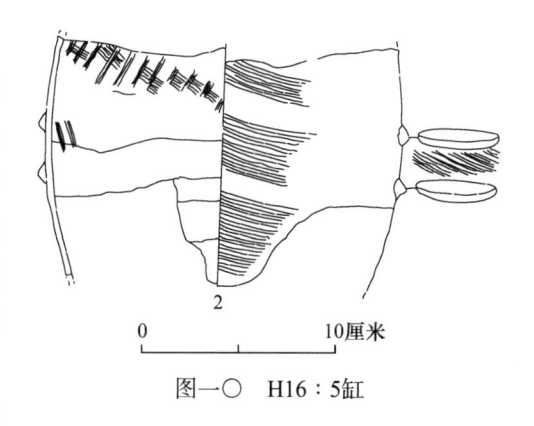

3. 正筑法，盘圈不明

一些器物上的泥条痕迹已被抹平，许多完整的或已修复的器物口部很小，不便于观察内壁的泥条痕迹，但根据同类器的可断定为正筑。早期器形基本不见，主要流行于中期，器形有主要见于折肩壶和个别平底甑。例如二期折肩壶M319：1，上

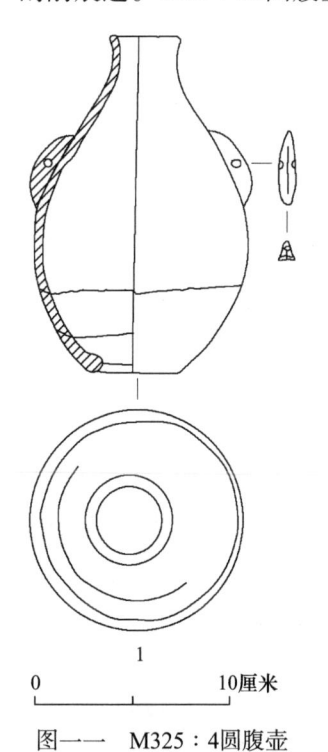

图一一 M325：4圆腹壶

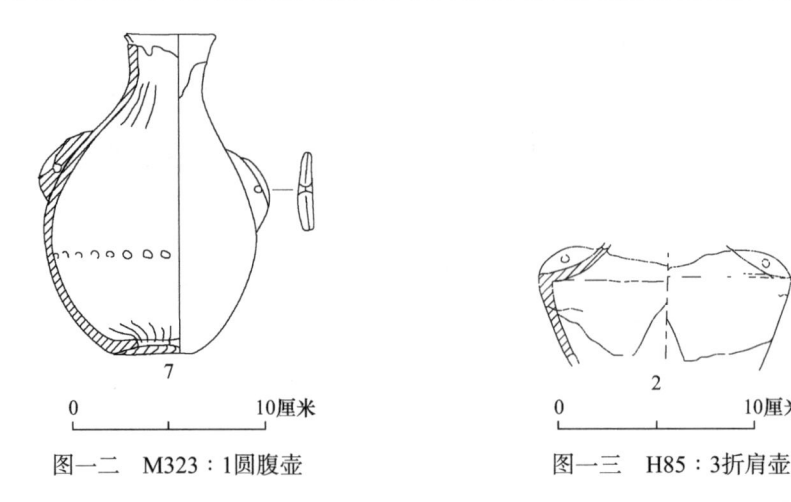

图一二 M323:1圆腹壶　　　　　图一三 H85:3折肩壶

半身、下半身分别制作，肩内壁用弧刃工具进行刮削，有向左斜刮痕。颈外表用圆棍进行滚压整形，因器壁收缩，颈变细，内壁呈现竖向褶皱。腹在内侧，肩在外侧，肩在外侧套接，有接缝。二期M313:1折肩壶在圆饼底外侧筑器壁，仰视外底有接缝，底径大于圆饼直径，腹在内侧，肩在外侧套接，有接缝。晚期仍然可见，如M251:1折肩壶在圆饼底上侧筑器壁，经拍打整形，壁与底交界处变成圆角，内壁下端变成鼓棱状，腹在内侧，肩在外侧套接，有接缝。

（三）倒筑与正筑兼用盘筑法

主要发现有两种具体操作模式，第一种在早期仅可见个别于罐形壶，如H383:13（图一四），下半身倒筑盘筑，上半身正筑盘筑，下半身与上半身套接。中期也较少，如二期M57:1折肩壶，下半身倒筑，内壁有泥条缝隙，用右手捏泥条，泥条按逆时针方向盘旋上升。剖面显示泥条从器壁外侧加上。最后将泥塞入圆洞内拍打封死，将圜底拍成小平底。内底有螺旋式泥条痕迹和泥尾，肩在内侧，腹在外侧套接，有接缝。晚期大量流行，主要见于双耳罐、圆腹壶、折肩壶。如三期折肩壶M46:1，下半身倒筑，内壁有泥条缝隙，用左手捏泥条，泥条按顺时针方向盘旋上升。剖面显示泥条从器壁外侧加上。至近底部将泥尾塞入圆洞内，拍打封死成为圜底，再拍成小平底，底与壁交接处呈圆角。俯视内底有螺旋式泥条痕迹和泥尾。肩在内侧，腹在外侧套接，有接缝。又如三期圆腹壶H309:2（图一五），下半身已从接缝处脱落。上半身正筑，颈下部内壁有泥条缝隙，用左手捏泥条，泥条按顺时针方向盘旋上升。剖面显示泥条从器壁内侧加上。肩内壁有一道道横向手指抹痕，剖面呈现波状。上半身在内侧，下半身在外侧套接。三期的双耳罐T4H14:1（图一六）较为典型，下半身和上半身在腹上部分界。下半身内壁、外表都有泥条缝隙，倒筑时，坯体随同垫板按逆时针方向转动，用右手持泥条，左手捏泥条，泥条按顺时针方向盘旋上升。剖面显示泥条从器壁内侧加上。至近底部，坯体改为按顺时针方向转动，左手垫在内壁作依托，右手持陶拍拍打外表，以便加固器壁，内壁留有指窝

论贾湖文化的制陶业 ·455·

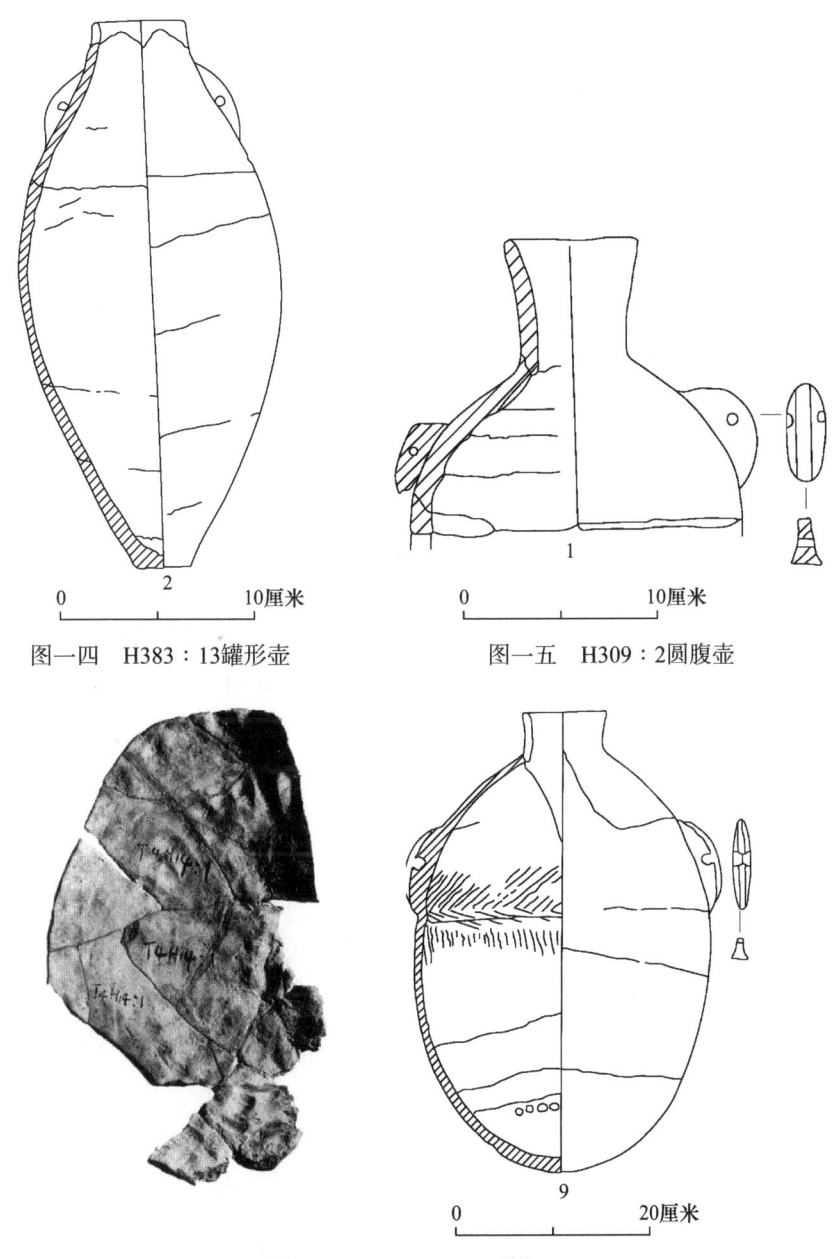

图一四 H383∶13罐形壶

图一五 H309∶2圆腹壶

图一六 T4H14∶1双耳罐

若干组，其中1组4个相依，是左手食指、中指、无名指和小拇指的印痕，印痕共长4.2厘米，指窝很小，据此推测制陶者是女子。抽出左手后，继续按顺时针方向边转动坯体，边拍打近底部，使其直径逐渐缩小，最后封死成为圜底，内底出现小凹坑和放射状褶皱。拍打底部时改变坯体转动的方向，是操作方法具有灵活性的表现，对于这件器物的制作者来说，筑器壁时，用左手捏泥条比较方便，拍打整形时，用右手持陶拍比较方便。翻转正放后（推测置于草圈之类的器座上），用湿手将内壁抹平，留有竖向的手指抹痕。另外正筑上半身，用左手捏泥条，泥条按顺时针方向盘旋上升。剖面显示泥条按顺时针方向盘旋上升，剖面显示泥条从器壁内侧加上。内壁用湿手抹平，留有向左斜的手指抹痕。上半身在内侧，下半身在外侧套接。相接处胎转厚，达0.7厘米，内壁呈现鼓棱状。为使两部分接合牢固，用湿手伸入器内抹平，鼓棱上留有向右斜的手指抹痕。

第二种仅见于中期的圆腹壶1种，下半身倒筑盘筑，翻转正放后，在下半身的基础上继续盘筑上半身，下半身与上半身之间没有套接现象。例如M358：1（图一七），内壁有泥条缝隙。下半身和上半身在腹部分界。下半身倒筑，用左手捏泥条，泥条按顺时针方向盘旋上升。剖面显示泥条，泥条按时针方向盘旋上升。剖面显示泥条从器壁内侧加上。至近底部，将泥尾塞入圆周内，拍打封死成为圜底，再拍成小平底。俯视内底有螺旋式泥条痕迹和凸起的泥尾。翻转正放后将边缘捏薄，继续盘筑上半身，剖面显示泥条从器壁内侧加上。在上半身与下半身交界处内壁有凹槽一段，长1.8厘米，另外有指窝一周，是继续捏泥条时遗留的痕迹，但没有下半身与上半身两部分套接的现象，这是在下半身基础上继续盘筑上半身的证据。H366：1（图一八）内壁、外表都有泥条缝隙。下半身倒筑翻转正放后，继续盘筑上半身至肩部。上半身与下半身交界处内壁呈现凹槽一周，是手捏所致，凹槽内存有右手大拇指窝1个，向左斜，却没有下半身与上半身两部分套接的现象。用弧刃工具伸入器内进行刮削，内壁留有交错状刮痕。然后在肩部基础上继续盘筑颈部。

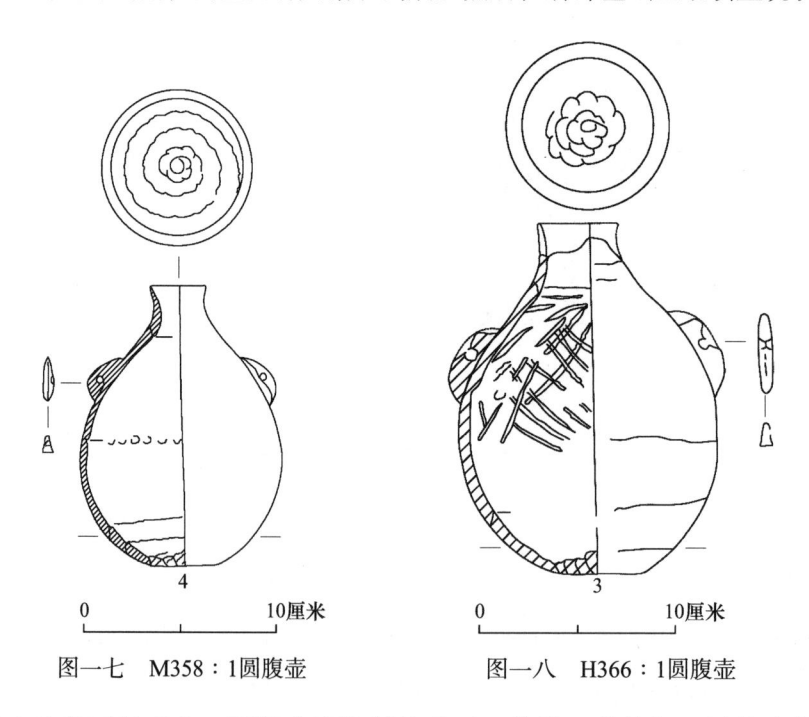

图一七　M358：1圆腹壶　　　　图一八　H366：1圆腹壶

通过以上比较可以看出，贾湖遗址陶制品成型工艺的显著特征，是早晚各期都采用泥片筑成法和泥条筑成法，两种成型方法长期共存，并行发展。有些大型厚胎的器形只采用泥片筑成法，而有些厚胎的器形只采用泥条筑成法，二者泾渭分明，界限清楚。可见采用哪一种成型方法与器形的不同关系较大。而且发现有同一遗迹单位中出土的陶器分别用不同的成型方法制成的现象，如一期的双耳罐H383：8采用泥片正筑圈筑法成型，罐形壶

H383∶9采用泥片倒筑圈筑法成型，然而罐形壶H383∶13则采用泥条倒筑与正筑兼用盘筑法成型。第二期的M22∶3侈口罐采用泥片正筑圈筑法成型，然而折肩壶M22∶1又采用泥条正筑圈筑法成型。共存于同一单位的器物有可能是同一制陶者制作的，或同一人使用过的，却采用两种不同的成型方法，其原因就在于制陶者根据器形的不同，选择比较适宜的成型方法。

但是，总体来讲，时代愈晚，泥条筑成法所占比重愈大，泥片筑成法所占比重愈小。反之亦然。比如早期角把罐、双耳罐、罐形壶、方口盆、深腹盆、敞口钵几个器类中，只有罐形壶是泥条筑成法与泥片筑成法共存，其他几个器类均为泥片筑成法成型。中期的各器类都是两种方法共用，到了晚期，除了器形较厚大的双耳罐以外，几乎全为泥条筑成法成型。由此可见，泥条筑成法这种较为进步的成型方法是逐步取代泥片筑成法这种较为原始的成型工艺的。这一现象说明，贾湖人的制陶成型工艺正处在由泥片成型向泥条成型的过渡之中，早期以泥片成型为主，泥条成型者很少，这一成型工艺似乎刚刚出现。而晚期则相反，泥条成型成为主流，泥片成型则成为少数。共同点是都属于手制范畴，尚未发现慢轮上的构件（陶转盘）及慢轮修整痕迹，推测器身的成型和修整都是在没有轴的垫板上进行。

如果把贾湖文化的陶器成型工艺与大体同时的裴李岗文化诸遗址相比，虽然器物组合大同小异，但其成型工艺还是各有特色的。我们知道，裴李岗文化没有贾湖文化的早期，从文化面貌、器物组合与^{14}C测年数据都可证明，裴李岗文化的早中期相当于贾湖文化的中晚期。抛开贾湖早期的制陶工艺不谈，裴李岗文化的陶器成型工艺主要是泥片筑成法，泥条筑成法较少见到[6]，这一特点与贾湖文化不同，两者各有特色，即使相同的器形，例如小口双耳红陶壶，裴李岗的大多为小口直颈圆腹，颈肩转折明显，颈腹易分离，显系两段分作后对接成型，而贾湖同类器大多呈喇叭口，折肩壶常在肩部分离脱落，显系颈肩和腹底分段制作然后在肩部对接成型，圆腹和扁腹壶则是从腹到口一直盘筑而成，所以都呈喇叭口，颈肩之间没有明显转折，很少见到在此处脱落现象；类似裴李岗直口直颈的好像地雷的圆腹壶，贾湖仅出土有几件，而裴李岗类似贾湖的喇叭口壶好像也不多。类似这些现象表明，二者的陶器成型工艺还是各有特色的。

（四）坯体修整

从工艺流程上来看，通常是器身的修整在前，安装附件在后，但也有在安装附件之后继续拍打、滚压、修整的。无论是泥片筑成还是泥条筑成法成型的坯体，其修整方法是一致的，大体有拍打，滚压，刮削，湿手抹平，涂泥浆、施纹及陶衣，打磨抛光几种方法。

1. 拍打

一般在成型过程中或整形时采用拍打方法，常用素面陶拍，因在发掘中未发现陶拍子，故推测当时人们制陶时使用的拍子可能是木质的。目前在陶器内壁未见陶垫窝，却有手指窝，如H14∶1双耳罐，可能拍打外表时，往往内壁不使用陶垫作依托，有时用手作依托，这是修整工艺比较原始的一种表现。有的将圜底拍成小平底微凸，内底有小凹坑和放射状褶皱。有的圆腹壶和折肩壶将泥尾塞入圆洞内，拍打封死后再拍成小平底，俯视内底有螺旋式泥条痕迹和泥尾。

2. 滚压

利用素面圆棍进行滚压，是对细颈器物进行整形的特殊方法。如双耳圆腹壶M323∶1、双耳折肩壶M319∶1的颈部经过滚压整形，变得更细，内壁呈现竖向褶皱。

3. 刮削

刮削是常用的一种修整方法，目前在陶器上未见利用慢轮边旋转边对坯体进行刮削修整的痕迹。推测至贾湖晚期亦未出现慢轮技术。刮削坯体内壁和外表，可使胎壁厚薄均匀，也有消除泥片和泥条缝隙，增加平整度，提高致密度的作用。刮削所用的工具有3种：第一种用弧刃工具刮削内壁，如圆腹壶H366∶1和折肩壶M319∶1；第二种是用竹、木、石、骨、陶片所制的薄片状工具刮削内壁和外表，如T2H16∶5缸内壁，用篦状工具刮削后，再用窄条片状工具刮削，外表似用宽条木片刮削；第三种是用篦状工具削内壁及外表，篦状工具由片状工具加工而成，有密齿，压刮后器表留有篦划纹，如H28∶36双耳罐等，平底甑H19∶14内外底均有用篦状工具刮削形成的篦划纹。

4. 湿手抹平

湿手抹平是在刮削之后进行或直接在刚成型坯体上进行的一种修整方法，目前在陶器上未见利用慢轮边旋转边对坯体进行抹平所产生的细密轮旋纹。湿手抹平的基本方法是用沾水的手将坯体表面抹一遍，由于吸水，汲料中析出细泥浆，遮盖在小凹坑或麻点及粗颗粒之上，从而使表面显得平整，这道工序称为湿手抹平，简称抹平。模拟实验表明，湿手抹平不可一遍又一遍进行，因为表面吸水过多，会使胎变软变形，并且将析出来的细泥浆洗掉，反而显得粗糙。湿手抹平不会使表面产生光泽，因此不宜称为"抹光"，应将抹平与抹光区别对待。从坯体本身析出来的泥浆，与坯体之间没有层的界线，不可分离，不同于另外涂在坯表面的泥浆层或红陶衣层。

抹平的状况有2种。第一种，器表比较平整，如双耳敛口罐T34M350∶1和四錾侈口罐T101M282∶2内壁和外表都抹得较平整。双耳罐T32H241∶1内壁刮削之后略加抹平，使一部分刮削痕迹消失。第二种，器表产生一道道呈现凹槽状的手指抹痕，实际上并不平整，如双耳罐T4H14∶1，下半身内壁有竖向手指抹痕，上半身内壁有向左斜手指抹痕，套接处内壁有向右斜手指抹痕。双耳手指抹痕，套接处内壁有向右斜手指抹痕。双耳圆腹壶T66H309∶2内壁有横向手指抹痕，T18H60∶10内壁有斜向手指抹痕。

5. 涂泥浆、施纹及陶衣

就贾湖遗址来说，陶器表面的泥浆与红陶衣是两种不同的物质，但是彼此有关。泥浆是用含铁量较低的浅灰色黏土淘洗而成的，质地细腻，焙烤之后变为浅红色，比陶胎颜色浅一些。红陶衣的原料是用铁矿石或红色含铁粉砂岩加水研磨而成的，质地更加细腻，附着力更强，焙烧之后呈现深红色而且鲜艳美观，比陶胎颜色深一些。陶衣与泥浆往往先后施于同一件坯体上。涂泥浆、涂陶衣的情况有5种。

第一种，数量最多，先涂一层泥浆打底子，再涂一层红陶衣作为装饰。如双耳罐H310∶6、T34H252∶4、H102∶11，四板耳釜H105∶7等，外表先涂泥浆，后涂红陶衣。深腹盆H208∶2内壁、外表都是先涂泥浆，后涂红陶衣。泥浆的浓度较大，因而该层较厚，可将坯体表面的麻点、粗糙不平等缺陷都覆盖起来，红陶衣浓度较小，因而该层很薄，经测量，双耳罐T34H252∶4的泥浆层与红陶衣层共厚0.5毫米。M325∶4圆腹壶外表和内壁近口部泥浆层和陶衣层共厚0.8毫米，H14∶1双耳罐泥浆层厚0.2毫米，之外再涂陶衣层。上述先打底子后装饰效果良好。

第二种，没有涂泥浆，直接涂红陶衣作为装饰，如M110∶1和H229∶19双耳罐形壶。

第三种，只涂泥浆，用泥浆取代红陶衣，作为装饰，如双耳罐H105∶3泥质红陶，外表涂抹一层相当厚的泥浆，厚约2毫米，局部泥浆脱落。由于没有红陶衣，颜色不鲜艳，装饰效果较差。

第四种，先涂一层泥浆，再滚压绳纹，如角把罐H330∶19、双耳罐T31H383∶8，泥浆层起打底子作用。

第五种，先涂一层泥浆，再刮成篦划纹，如双耳罐T17 ③ B∶9的外表，泥浆层起打底子作用。可见泥浆适宜打底子，红陶衣适宜装饰。

6. 打磨抛光

磨光是制作工艺中的最后一道工序，是最后一次利用泥料的可塑性，在坯体将干未干时，用坚硬而光滑的工具（如河卵石等）将器表打磨光亮，产生光泽，既可提高器表的致密度，又可提高装饰效果。这种技术较为盛行，早期常见于双耳罐、罐形壶、方口盆、深腹盆等器形，这些器形均为夹砂红陶的盛器和水器类，可能为便于使用而采取的美化措施，一般通体施鲜红色陶衣，器表通体打磨，少数深腹盆类内外壁皆通体打磨。中晚期常见于泥质陶的壶、盆、三足钵、钵、碗类，少量双耳罐和鼎类也可见到。统计高达三分之一甚至一半以上，一般不低于五分之一。打磨工具很可能为河卵石或兽骨，发现在墓葬中有随葬河卵石现象，推测可能为制陶时的打磨用具。推测打磨方法是，在坯体施过红色陶衣并晾大半干后，用光滑的河卵石或兽骨压抹器表，直至光滑平整。双耳罐H13∶10，通体红衣磨光；方口盆H156∶5，器表打磨抛光，红陶衣鲜艳；H147∶10，器表红衣磨光，内壁素面。深腹盆应该归入釜类，因为大多器底都可见到长期烧烤痕，如H84∶4，但器表壁底因长期烧烤大片脱落，但口部和内壁仍可见鲜艳红色陶衣并通体磨光。凡是涂红的陶衣的器表都经过磨光，但磨光的程度和保存状况有所不同，有些经过认真磨光而且保存较好的陶器至今还能辨认磨光纹理的方向。敞口钵H19∶21，泥质黑陶，火候较高，标本器内外表均有大块黄褐斑，陶土较细，可能经过淘洗，器体制作精细规整，器壁内外通体磨光。敞口钵T12③∶2泥质黑陶，没有陶衣，但内壁、外表皆磨光。

（五）附件制作法

泥片筑成法和泥条筑成法成型的陶坯，附件的制作法基本一致，有把、錾、耳、足四大类，另外，还有个别的纽、鼻等。共同之处在于，大多为贴附式，即在陶坯成型之后，陶坯半干或大半干之时，在所附着之处，用尖状工具刻划成沟槽状，以加强附件在器体上附着的牢固程度；足类也有嵌入式的。因附件的用途不同部位各异，制作方法也有程序不同的差别。有的将附件按压在器壁上后还要在附件表面用缠绳的棍子滚压或按压，以增加附着的牢固程序。按压后有的附件上还要钻或捅出一圆孔。最后才在整个器体表现涂泥浆，施陶衣，打磨抛光。

1. 器把

器把主要见于角把罐，均置于筒形罐的上腹部，呈对称状，数量很多，且富于变化，是这里的典型器物之一，主要见于一期和二期前段（图一九）。其制作方法是，待陶器坯体成型之后，干燥到一定程度（经观察，大多为半干时），将需装附件的部位用尖状工具刻划成多条竖向沟槽状，个别用端刃状工具戳刺使之形成粗糙不平的接触面，同时将泥料抟成需要的形状，将一端用力捺在器壁上，有的因把体和器壁较干，为便于加固，在把体根部周围压一周软泥。然后用卷绳的小棍在器把表面滚压，以增加其牢固程度，有的则是用绳棍按压，使绳纹印痕不相连接呈排状。个别有指甲掐戳使之加固的。唯H60∶10圆腹壶（图一三）的器把较特殊，呈圆锥形上翘状，还用圆棍捅出一耳孔来，形成嵌入式把状器耳。

需要指出的是，与贾湖遗址大体同期的还有渑池班村遗址也出土有同类角把罐，只是贾湖的角把大多呈锛状，且都在器外壁呈斜上置于口沿下，而班村角把罐的角把皆为圆柄状横置于深腹筒形罐腹中部最大腹径处。从最佳使用效果来看，班村角把可能更实用一些，但班村遗址的^{14}C测年数据要晚于贾湖，二者是否有联系暂时无从得知。

2. 錾

錾均呈长条状，多呈对称状横置于深腹盆的上腹部；少数呈对称状四錾，仅见于侈口罐；个别为上下重叠状錾，仅见于缸一种器形。制法与器把大同小异，系在坯体器壁半干时，用篦状工具竖划成一排短沟槽，或用尖状工具横划几道较长沟槽，以增加附着面

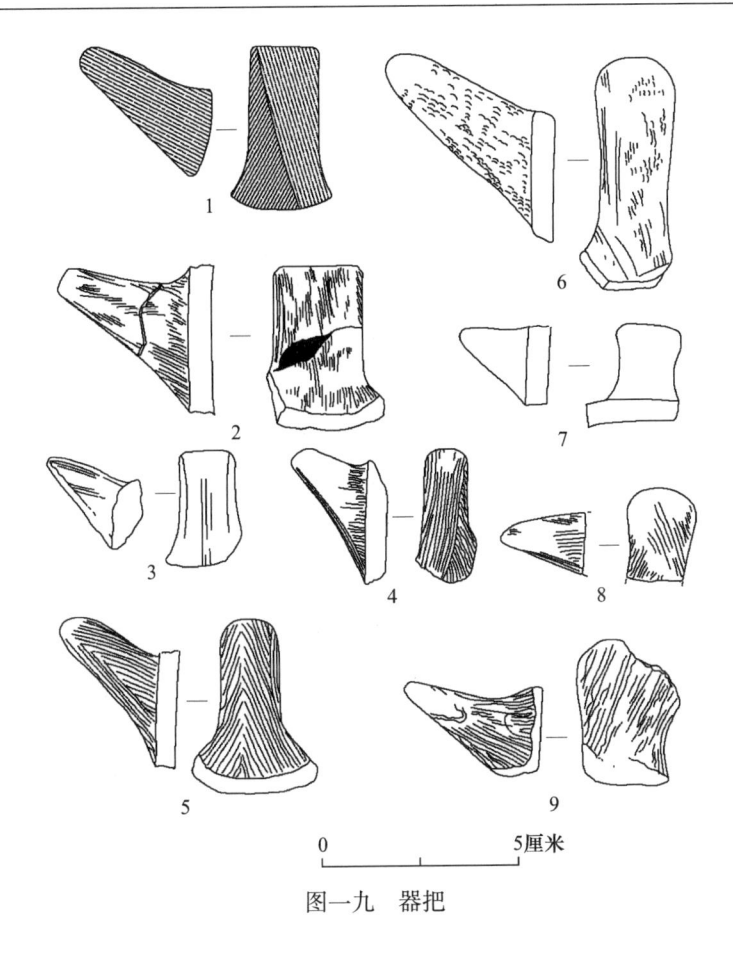

图一九　器把

的粗糙度，同时将泥料捏成长条状，将其一边用力按压在器壁上，再用卷绳的小棍在錾体表面和根部滚压，使之附着牢固。也有个别用尖刃工具戳刺成密集而有规律的纹饰，除加固外，还兼有一定的装饰效果。B型侈口罐上腹多饰有舌形横錾，对称二錾板或四錾，大多趁錾体尚软时在中间部位上下捅出一耳孔，如M282∶2侈口罐（图二〇），颈部有对称四横錾，錾中间用圆棍上下捅出一孔。上下重叠的横板錾仅见于H16∶5（图一〇）缸腹中部，上下对称重叠双舌形横錾，錾上无孔。

3. 器耳

贾湖器耳数量很多，形状以半月形居多，也有带形、桥形者，均呈对称状置于双耳罐和壶两种器形的颈部。以竖置为主，也有少量为横置。器耳的安装方法与把、錾一样，都是在器物坯体成型半干后，在安装部位用篦状或齿状工具竖划或横划出沟槽，如双耳罐H383∶8用篦状工具划成竖向

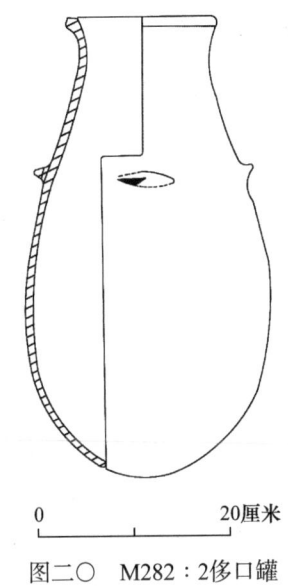

图二〇　M282∶2侈口罐

沟槽，H28∶36用弧形工具刮成横向凹槽，使之形成粗糙不平状，将泥料制成所需形状，用力按压在附着面上，坯体较干，附着不甚牢的，耳根周围再加软泥按压平滑以增加耳体的牢固程度。属于早期的A型双耳罐和罐形壶的双耳多为桥形、圆拱形，个别呈带形，属于中晚期的其余双耳罐、折肩壶均为半月形耳。早期耳体按压牢固后大多还要用绳棍滚压或按压耳体表面，如H409∶1双耳罐、H383∶9罐形壶耳面均有滚压绳纹印痕。少量为素面，H387∶1（图二一）双耳罐耳面上则有篦状工具刮平，留有篦划纹。因坯体按压在器体上后还要滚压，所以坯体均为一次按压。

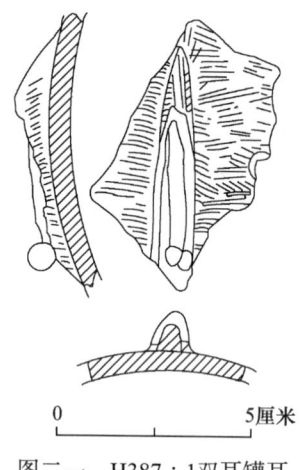

图二一　H387∶1双耳罐耳

中晚期半月形耳大多为一次按压成型，但因坯体太薄，不能用绕绳圆棍滚压，所以有的就采用二次附着法，如H387∶1，器耳为双层胎，先将内层按实粘牢，两侧留有指窝，再附加外层，但因两张皮很难附着牢固，导致外层局部脱落。

器耳均有穿孔，穿孔方法大致有两种，第一种是趁坯体含水量尚高，胎尚软时，用圆棍从一面捅成，如罐形壶M110∶1、圆腹壶H60∶10；或两面捅成，如双耳罐H28∶1和圆腹壶H374∶3。第二种是在耳体含水量略降低，胎较硬时用钝尖工具从两面钻成，孔壁有旋转痕，如T6③∶14双耳罐。T6③∶14系先从右侧向左侧钻，后从左侧向右侧钻，孔壁旋转纹理明显，是钻孔的证据。有的则用管状工具从两面钻成，比较罕见，仅见于H29∶20（图二二）双耳罐。

甑的穿孔方法与器耳类同。

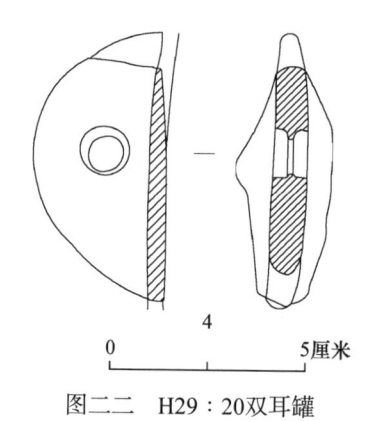

图二二　H29∶20双耳罐

4. 器足

因中期才出现三足器和圈足器，所以这种工艺只流行于中晚期。

1）三足器足

三足器有鼎和三足钵两种，数量相当丰富，足的装法也有两种。

（1）榫卯法。常见于罐形鼎和个别三足钵，有两种具体做法。

第一种是在器身底周计划装足处穿孔作为卯眼。鼎足上端捏成柱状榫头，榫头插入卯眼内。如H331∶1内底露出榫头。H32∶10榫头平面呈椭圆形，剖面呈梯形。H54∶8（图二三）榫头捏成长条状，两则有手捏痕。

第二种是器物底部有凹坑状卯眼，鼎足上端从卯眼翻印成榫头。如T119③∶17（图二四）器底用弧刃工具刮成凹槽状卯眼，鼎足上端自然地翻印成凸棱状榫头，其横断面呈半圆形，足内侧还附泥加固。T14③B∶3（图二五）器身底部用手指按压成凹坑状卯眼，鼎足已脱落。

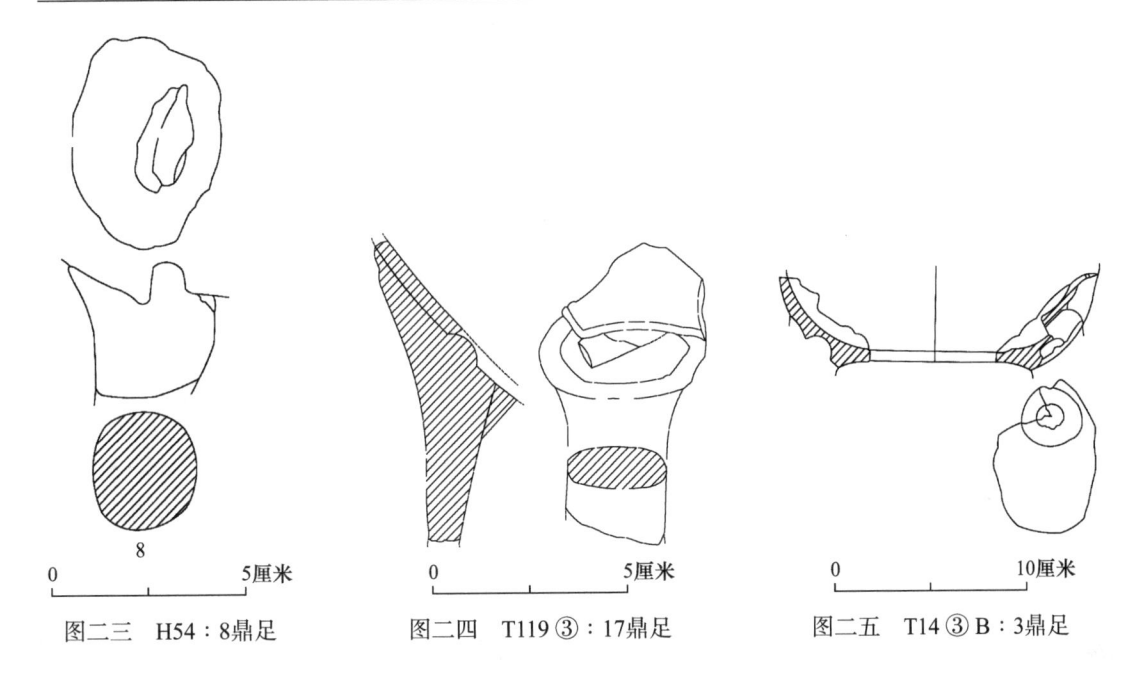

图二三　H54:8鼎足　　　　图二四　T119③:17鼎足　　　　图二五　T14③B:3鼎足

（2）贴附法。常见于盆形鼎和大量三足钵，方法与錾、把、耳相同，即在器体成型半干后，在计划装足的部位用尖状工具划成沟槽状使贴附面粗糙不平，然后将做成的足坯上端贴附在器体上，用力按压牢固，如M65:1盆形鼎、T103③:31三足钵均是如此。

2）圈足器足

圈足器足见于圈足碗、圈足罐两种器形，做法有圈足和假圈足两种。

（1）圈足，在圜底器的外底一周附一圈泥条，干后正置即成为圈足，安装方法也是贴附法，在器体半干时，在装足部位用篦状工具划出一周粗糙不平的面，再将泥圈贴附在一周糙面上。

（2）假圈足，在圜底器的外底先加一周泥条使器底外部平整，再加一圈泥饼，形成假圈足，器外壁和底周面往往一并施篦划纹或磨光，也是一种加固措施，同时也表明坯体和假圈足的干燥速率应大体一致。

5. 鼻

鼻数量不多，仅见于中晚期少量敛口钵、敛口罐，共同特征是用贴附法贴在器体上，对称两个或等分三个圆形大乳钉，再在其根部穿孔而成，敛口钵一般在口沿外侧，敛口罐一般在器腹中部偏上处。推测这种工艺的来源，当是贾湖早期的方口盆。这种盆大多在圆形器口的等分四角部位口沿外附加一块泥条，经修整后使器口形成内圆外方形，在四角部位上下各穿一小圆孔，开始时可能用于系绳，但后来可能仅具装饰意义。

6. 纽

纽的数量更少，仅见于晚期少量卷沿罐和罐形鼎，且多为夹云母红褐陶，形状多为鸟喙状，系由角把退化而来。类似工艺曾见于汝州中山寨遗址[7]，有人也把它称作角把罐，实与此相同。

三、器表装饰工艺

陶坯成型之后，一般要在器表进行装饰，其目的主要有三点，一是进一步增加其强度，使其更加坚固耐用，这也应是对器表进行装饰的原初目的；二是进一步增加其致密度，提高防渗漏能力；三是使之具有装饰性，以满足人们审美的需要。为达到上述三个目的，人们创造出种种装饰方法。就贾湖的装饰工艺流程来讲，主要有施加纹饰、涂泥浆和陶衣、磨光三个步骤，也是三种主要的装饰方法，此外又从施陶衣工艺衍生出早期彩陶工艺。需要指出的是，有许多器类只具有其中的二或三种，四种方法同用于一件器物上的现象并不多见。如器表饰拍印或滚印纹饰者一般不再磨光，只有少数在口沿部位仍经打磨。而磨光者一般多无纹饰，仅有少量附加堆纹、乳钉纹、花边纹等局部性纹饰。下面分三步进行介绍。

1. 施加纹饰

贾湖有纹饰的陶器不多，主要有绳纹、网绳纹、篦点纹、篦划纹、刻划纹、拍印纹、戳印纹、乳钉纹、花边纹、圆饼纹等。

1）绳纹

贾湖绳纹较为常见，尤其以一期为最多。从施纹工艺上来讲，绳纹又可分为滚印、拍印两大类。其中拍印绳纹多呈网状，又可称之为网绳纹。

（1）滚印绳纹大多流行于早期，是用细绳缠绕在圆棍上，待器物坯体成型未干时，一手在内壁承托，一手在器表按压滚动绳棍。常见通体施绳纹者只有角把罐以及个别A型双耳罐，施纹方式是腹部竖滚或斜滚，近口部和近底部横滚，底部平滚；绳股印痕向左斜的较多，向右斜的较少（图二六）。附件上滚印绳纹者较为常见，主要见于角把、双耳罐和罐形壶的双耳和深腹盆的两横錾上（图二七）。

（2）绳网纹出现于中期，数量不多，仅见于罐形鼎或罐上，是一种特殊的纹饰。如罐H34∶5（图二八），夹骨屑红陶，骨屑呈白色块状，腹部有裹网陶拍拍打所致的小平面和菱形绳网纹，为阴纹，有的部位互相叠压，绳粗1毫米，绳股印痕向左斜，在菱形的对角线位置上有短条状的绳结印痕，一律向左斜。经过模拟实验，利用裹渔网的陶拍在泥饼上拍印的绳网纹与出土陶罐上的绳网纹十分相似（图二九），据此推测，先民是用捕鱼捉鸟的绳网裹在陶拍上，在陶器上拍印成绳网纹的。

2）篦点纹

篦点纹是用篦状工具在坯体上按压而成的，数量很少，仅见于筒形篦纹罐，如H35∶6（图三〇）为横向按压与之字形按压并用，特征与裴李岗[8]、磁山[9]同类施纹工

图二六　滚印绳纹

1. 细绳纹（H262∶5）　2. 细绳纹（H13∶18）　3. 绳纹（H115∶19）　4. 绳纹（H112∶59）　5. 绳纹（H112∶18）　6. 绳纹（H39∶10）　7. 绳纹（H156∶2）　8. 粗绳纹（H42∶9）　9. 粗绳纹（H112∶58）

艺大体相同。

3）篦划纹

篦划纹是用篦状工具在加固器壁时由篦齿划成的，见于划纹盆、T型碗、筒形罐、双耳罐等。如双耳罐H28∶15（图三一），外表的篦划纹兼有装饰作用，内壁的篦划纹属于修整痕迹，修整作用与装饰作用的界限还不太清楚，这是装饰工艺原始性的表现。筒形罐口沿一周篦点纹，以下通体竖饰篦划纹，应主要起装饰作用。H60∶11（图三二）划纹盆上的也主要起装饰作用，大多为放射状竖划纹。

4）刻划纹

刻划纹用尖状工具在器表刻划而成，很少见，主要见于A型支足。有的呈平行线状，

图二七　滚印绳纹

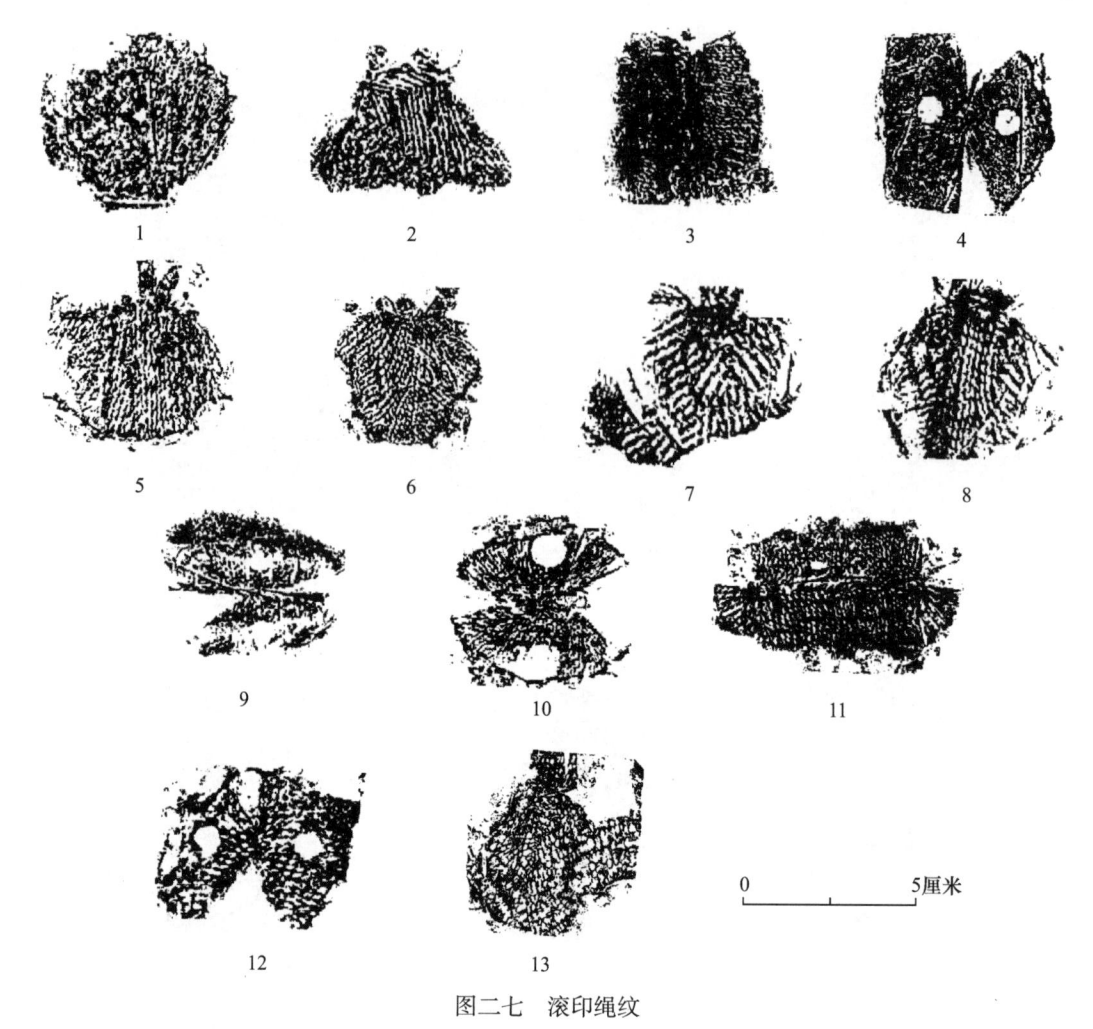

1. 细绳纹（H290：11）　2. 细绳纹（H236：4）　3. 细绳纹（H112：25）　4. 细绳纹（H132：1）
5. 绳纹（H37：15）　6. 绳纹（H303：4）　7. 绳纹（H187：34）　8. 绳纹（H82：7）　9. 绳纹（H115：23）
10. 绳纹（H250：5）　11. 绳纹（H278：8）　12. 粗绳纹（T695：4）　13. 粗绳纹（H111：2）

有的呈叶脉状（图三三）。

5）乳钉纹

乳钉纹呈圆锥或扁锥状，附加而成，纯属装饰。如罐M22：3，腹上部附加圆锥状乳钉纹一周8个。双耳罐H319：6器耳之向附加圆锥状乳钉纹4个。四鋬釜H105：7（图四）板耳之间附加扁锥状乳钉纹一周25个。M395：1盆形鼎口沿下一周11个扁乳钉纹。

6）圆饼纹

圆饼纹罕见，仅在深腹盆T102③：20腹上部见到附加的圆饼纹。

7）附加堆纹

附加堆纹发现很少，仅见于晚期的附加堆纹盆，在器表上腹部或口沿外附加一周细泥条，再用细棍斜压成纽索状，如H28：13（图三四），与蚌埠双墩A型钵形釜相似。

图二八 拍印网绳纹

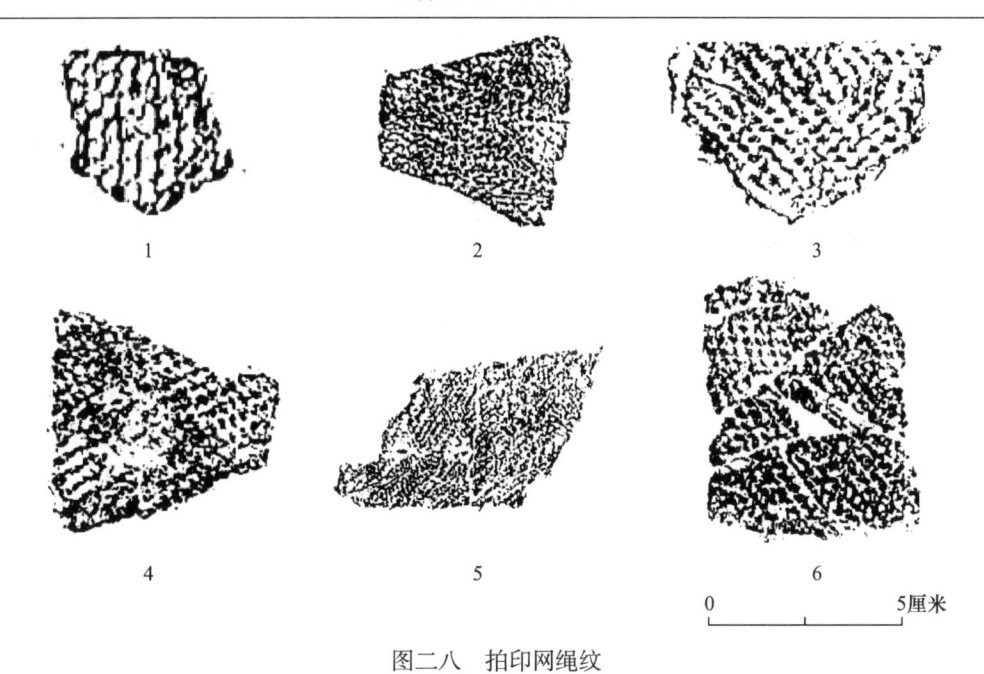

1. 拍印绳纹（T1093B∶77） 2. 网绳纹（H36∶8） 3. 网绳纹（H174∶4） 4. 网绳纹（H298∶1）
5. 网绳纹（H60∶16） 6. 网绳纹（H34∶5）

图二九 模拟拍印网绳纹

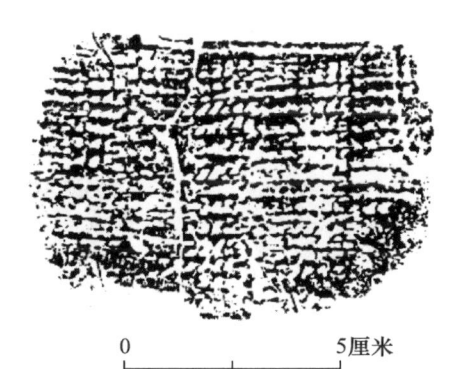

图三〇 H35∶6 篦点纹

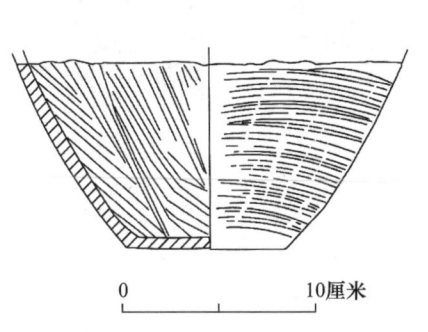

图三一 H28∶15 双耳罐

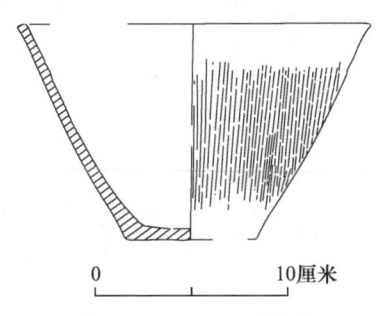

图三二 H60∶11 划纹盆

图三三　刻划纹

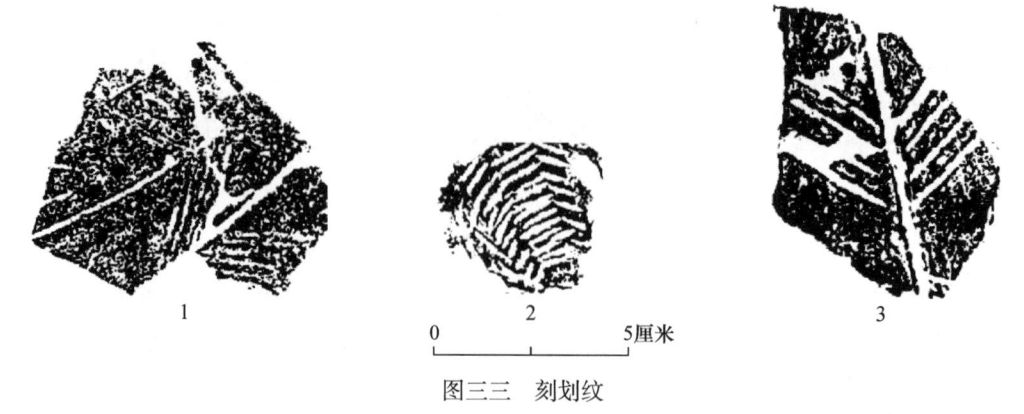

1. 刻划纹H88∶3　2. 刻划纹H262∶2　3. 刻划纹H35∶5

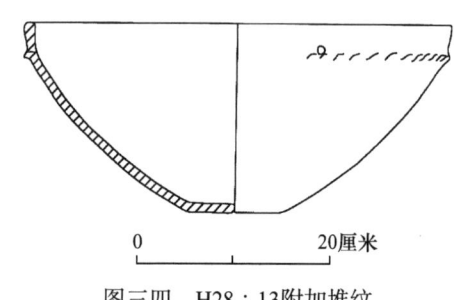

图三四　H28∶13附加堆纹

8）花边饰

花边饰仅见于中晚期，大多见于盆形鼎口沿外缘一周，或个别划纹盆和侈口罐口沿。圈足罐和假圈足碗底周也见有同类装饰，盆形鼎和侈口罐均是用薄刃工具或细棍在方唇外缘一周斜压或竖压，使之形成纽索状花边饰，如M35∶18和M22∶2盆形鼎等（图三五）。

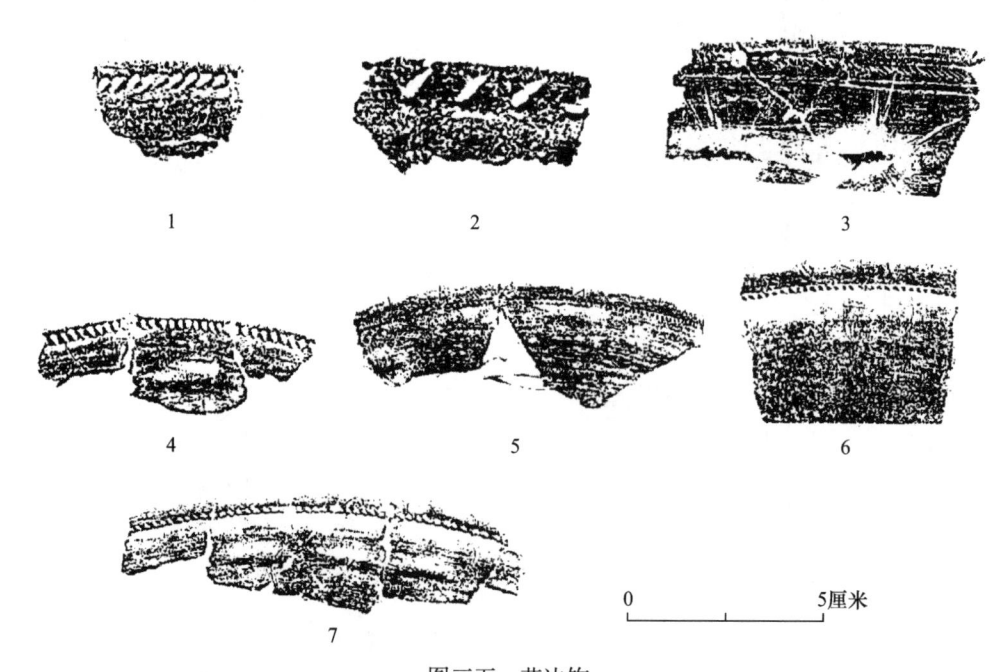

图三五　花边饰

1. 花边纹（M88∶3）　2. 花边纹（T13③∶5）　3. 花边纹（H124∶9）　4. 花边纹（H308∶19）
5. 花边纹（H35∶18）　6. 花边纹（H35∶21）　7. 花边纹（H291∶9）

9）戳印纹

戳印纹仅偶见于早中期。早期角把罐H231：3外表有竖条状戳印纹一个，也许是作为记号。中期戳印纹虽然排列有序，但是，它是用小戳子一个个戳印而成的，如筒形罐H290：2外表用数个不同形状的小戳子戳印成纹饰，先在口外戳印一周，再于腹部自上而下戳印成行，工艺与篦点纹相似。近口部有一处由于没有注意间距，戳印纹呈现叠压现象，这是逐个戳印，而且是自上而下戳印的证据（图三六）。

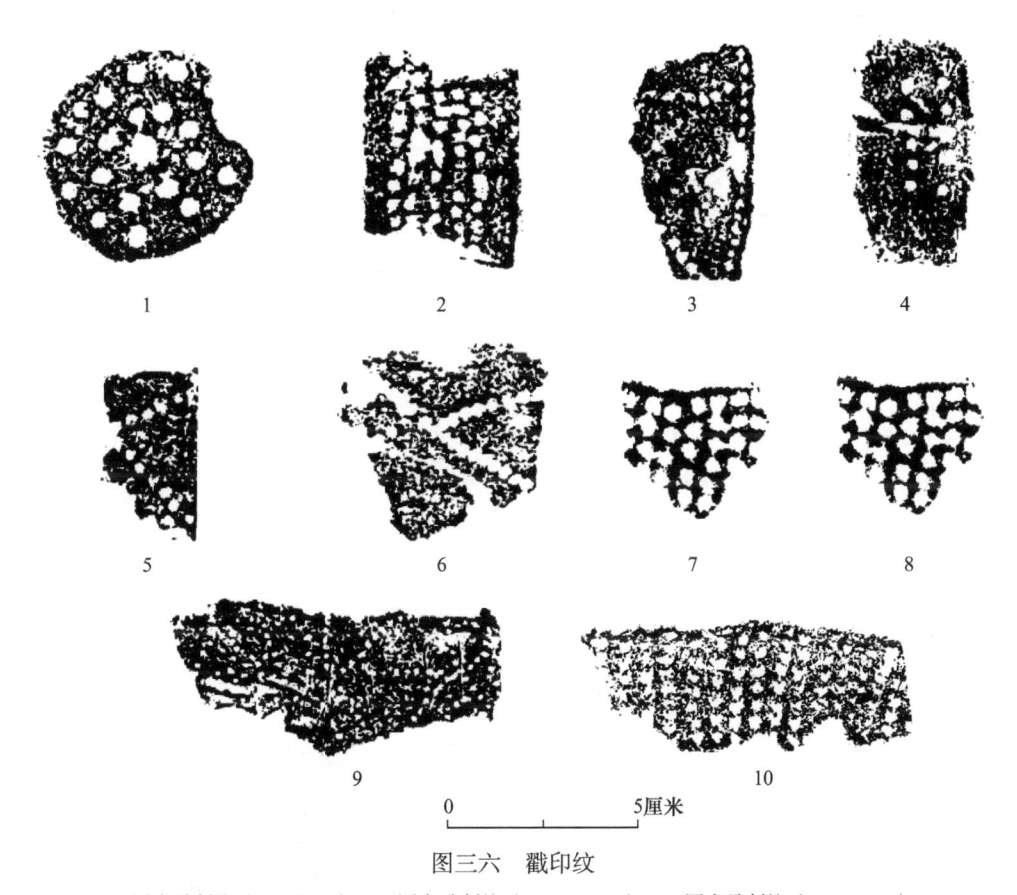

图三六　戳印纹

1. 圆点戳刺纹（M235：1） 2. 圆点戳刺纹（T102B：10） 3. 圆点戳刺纹（H383：10）
4. 圆点戳刺纹（H198：6） 5. 圆点戳刺纹（H351：2） 6. 圆点戳刺纹（T313C：4） 7. 圆点戳刺纹（H155：7）
8. 圆点戳刺纹（H113B：20） 9. 圆点戳刺纹（T20③：6） 10. 圆点戳刺纹（T684：9）

10）戳刺纹

戳刺纹较为常见，均见于A、C型支足上，有的用尖状工具，有的用中空的管状工具在器表刺出纹饰来，有圆形和弧形两种，有的刺成菱形图案来。这些器物或胎壁较厚，或为实心，戳刺的目的主要也是加固，同时兼具装饰作用（图三七）。

11）方格纹

方格纹很少，仅见一片，标本H60：12（图三八），系一夹骨屑褐罐的腹片，陶质很差，但拍印方格纹清晰规整。在稍晚的大岗遗址，方格纹比例大增。

图三七　戳刺纹

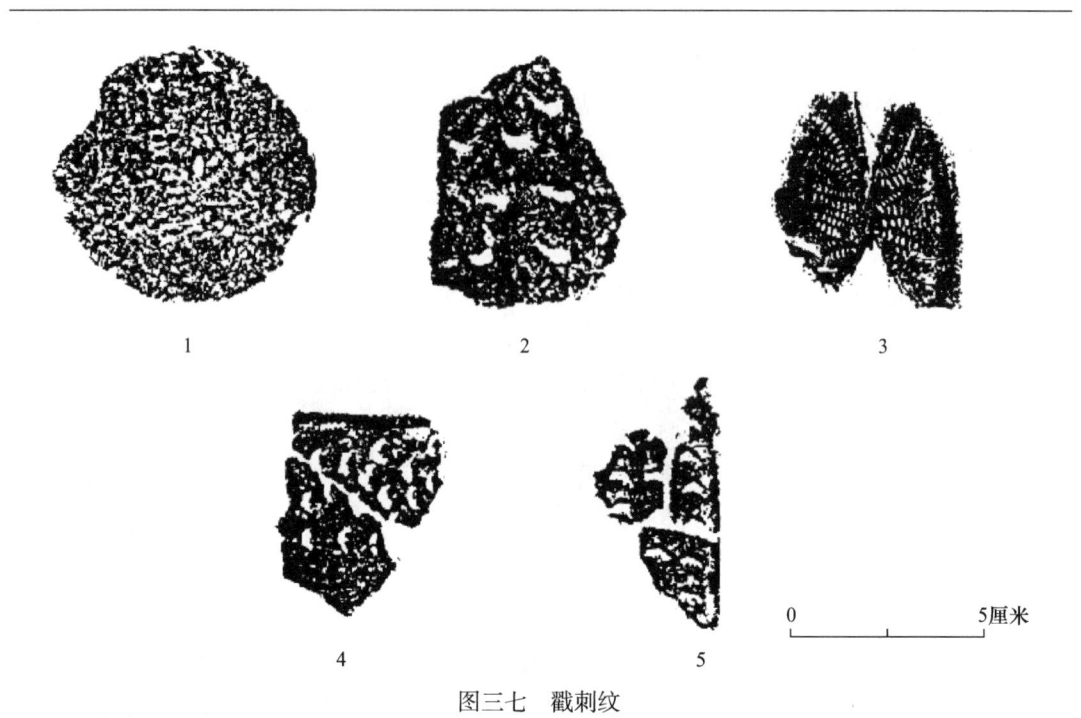

1. 弧形戳刺纹（H1083B：42）　2. 弧形戳刺纹（H320：7）　3. 弧形戳刺纹（H112：42）
4. 弧形戳刺纹（H320：5）　5. 弧形戳刺纹（H320：6）

12）篮纹

篮纹很少，仅见二片。标本H134：3（图三九），系一夹砂褐陶片，拍印痕较清晰。

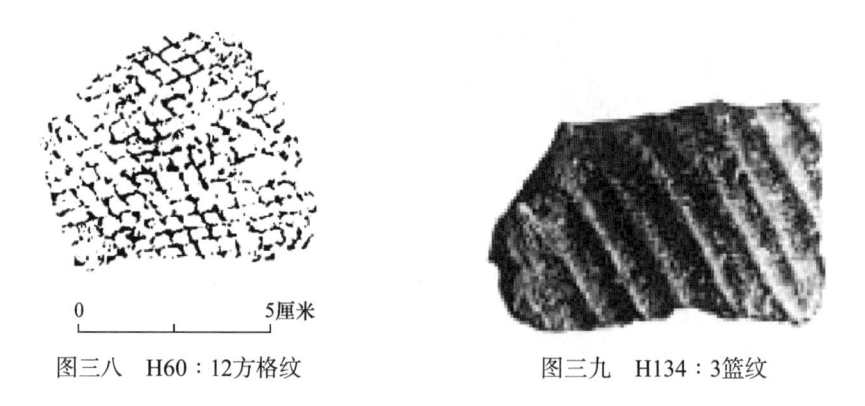

图三八　H60：12方格纹　　　　图三九　H134：3篮纹

从陶片统计表中可以看出，在各期的典型单位中，各种纹饰所占比例有所变化，但有些罕见的纹饰几乎不占比例，如方格纹、篮纹等。

2. 彩陶

彩陶是一种原始的彩陶工艺，如敛口钵T101M387：3（图四〇），夹炭红陶，内壁涂红陶衣，横向磨光；外表口部至腹上部（以平行线为界）涂宽带状红陶衣，也是横向磨光，磨光纹理清晰可见，具有彩陶的效果；腹中部以下原地裸露，分界处还被横向修刮整齐。2013M64：14侈口罐（图四一），器表先涂一层泥浆，再在腹中部以上施红色陶衣；2013M50：40盆形鼎（图四二），器腹中部一周扁乳钉之上器表内外均施红色陶衣，以下原胎壁裸露；都具有红彩装饰效果。这应该是中原地区大岗类型和仰韶时代早期后岗类型红彩宽带和窄带纹彩陶的前身（图四三）。

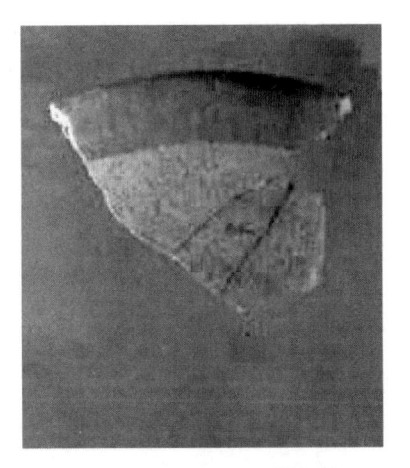

图四〇　T101M387：3敛口钵

图四一　2013M64：14侈口罐

图四二　2013M50：40盆形鼎

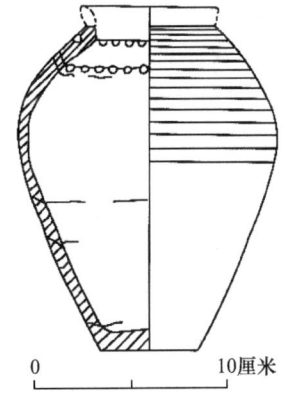

图四三　大岗彩陶H4：10

从陶器统计表中可以看出，在各期的典型单位中，各种纹饰所占比例有所变化，但有些罕见的纹饰几乎不占比例，如方格纹、篮纹等。

从各期纹饰特征来看，早期主要流行绳纹，包括滚印和按压绳纹，还有少量刻划纹、戳刺纹等，中期滚印绳纹逐渐消失，新出现少量拍印网绳纹、乳钉纹、花边饰等，还有北方大体同时的裴李岗、磁山、兴隆洼文化流行的之字形篦点纹，晚期绳纹基本消失，新出现裴李岗文化流行的篦划纹和更晚出现于大岗遗址的个别拍印方格纹。

四、烧 造 工 艺

制作的坯体阴干后经过窑烧变为陶器，烧成工艺包括烧成温度、烧成气氛和渗碳三个方面的问题。

贾湖陶制品陶色以红为主，但若仔细观察，则可发现大多不甚纯正，一器多色且无规律的现象十分普遍，大多陶制品表面，内里皆有大块黑、褐色斑，外红内黑（灰）、下红上黑（灰）的黑里、黑顶现象也相当常见。红皮黑心、红皮灰心的现象亦很常见。陶色是在烧制及其后处理过程中形成的，因此主要反映烧制技术的水平，反映陶窑的形制、窑温和气氛以及后处理工艺等。

（一）陶窑及附属遗迹

1. 陶窑

贾湖遗址发现了大体可确认的12座陶窑。这些陶窑刚发现时均作灰坑处理，只是在逐渐认识其特征后，才确认为陶窑，但因普遍保存较差，仍不排除可能有些残陶窑被归入灰坑统计的可能性。这些陶窑平面多呈圆形或椭圆形，大体可分为两类，第一类是特意修建的横穴式陶窑，残存有窑室、火门、烟道和烟孔，有的还保存有窑壁和火道、如Y5、Y8、Y9。第二类可分为两型，A型也是特意修建，但相当简陋，仅挖一圆形或椭圆形的圜底浅坑，应是平地露天封烧式陶窑的改进型，但仍然相当原始。B型是A型的变体形式，即不是特意挖窑坑，而是利用废弃的灰坑平整铺垫后，形成一平底浅坑。从第二类窑底部的原生红烧土层和坑内大量破碎的红烧土块堆积层看，均应是就地封烧的原始陶窑，反复利用率不高，与云南西盟佤族的陶窑有相似之处。这些陶窑的分布大体相对集中。第一类分布在东中部，第二类东、中西部均可见到。另外，我们在文化层中和各类遗迹中有大量的红烧土块、粒存在，尤其是遗址西部的③B层，因包含大量红烧土颗粒使该层堆积呈黑红色，其形成原因很可能就是露天烧陶导致的。这种露天烧陶的场所很可能不太固定，烧出的陶器火候又不会太高，极易破碎，所以，烧陶器应是人们的经常性的活动。这些大量的平地露天烧的场所除了散落大量的红烧土块外，就很难留下遗迹了。像这样的简陋陶窑，只是保存下来的很少一部分而已。因于上述原因，陶窑的面积也很不一致，大的如Y1直径有2.4米之多，小的如Y3，平均直径只有1.1米。

第一类，横穴式。

此类仅见有二例，包括Y8、Y9，其总体特征是：都有一圆形或近圆形的窑室，在一侧有火门，另一侧有一至二个出烟口。保存好的还有烟道、火道和窑壁。推测其建筑程序，第一步首先根据需要挖一坑穴，修成平底作火台，在窑室中间或周围挖一火道，一端通到窑室以外为火门，另一端修出一孔眼为烟道和出烟孔。将坑壁上涂一层厚约0.1米左右的泥为窑壁，使用时应是在火台上架陶坯，上面为封顶式。

Y8位于遗址东部，主要部分保存较好，尚可看出形状与结构。整体为南北向，平面略呈椭圆形，南北长2.1、东西宽1.8米。中间为长椭圆形火膛，形状不太规则，周围可能有坍塌，但仍较硬，呈红褐色，现有南北长1.5米、东西宽0.5～0.8米，两壁陡直，深0.48米，其内满填草木灰、木炭块、红烧土碎块和碎陶片等。火膛周围有火台，应为架陶坯的地方，宽0.4～0.5米，保存较好的西、南火台均被烧成砖红色，厚约0.2米渐变为浅红色。火台周围为窑壁，保存较好的西、南两侧红烧土窑壁之高仍为0.05～0.2米，厚0.1～0.2米；火膛的东南、西北两面各有一斜坡伸出窑室之外，西北斜坡宽0.35、凸出壁外约0.3米，东南侧斜坡0.35、向外凸出0.2米，出口地势高于西北斜坡0.3～0.4米，推测东南侧斜坡可能具有窑门性质。西北斜坡为火门，在西北火门之外有一灰坑H336，从包含物看晚于Y8，但从形状来分析，可能具有工作间的性质，其内的陶片可能为废弃后填入，不一定代表该坑使用期的年代。在火膛之斜坡，向上渐窄形成烟道，然后变成一圆洞向南通过窑壁伸出地面，出口处直径为0.12米。烟道和出烟口的周壁因经长期烟火烧烤而呈黑褐色或红褐色，相当坚硬，用手铲叩之有声。烟道底中沉积有厚厚一层烟灰，约0.05～0.15米。以有固定火门和烟道、出烟口的情况来看，该窑在装上陶坯后，应为封顶式（图四四）。

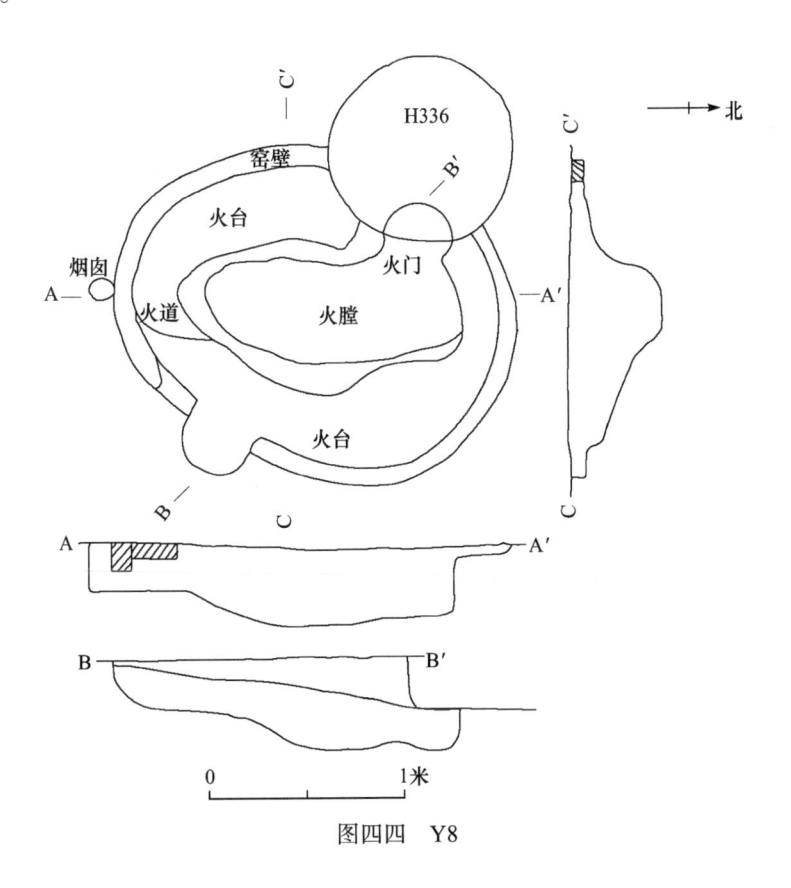

图四四 Y8

第二类，坑穴式。

以其特征大体可分为两种类型。

A型　总体特征是，均为一圆形或椭圆形坑穴，圜底或平底，底部有一层厚约0.10～0.20米的原生红烧土，有的较厚，有的较薄，可能因重复利用次数多少不同所致。烧烤程度从内向外由深渐浅，周边厚于底部，坑内填大量大小不等的红烧土碎块并夹大量草木灰。推测其修建和使用程度，应是先挖一圜底坑穴，铺一层柴草后，在上面架一层陶坯，然后柴草陶坯层层相隔，最后上面铺一层柴草用泥封抹，捅出若干出烟孔，在一侧点火。此类陶窑可能被重复利用，应是竖穴式陶窑的原始形态。

例如Y1，平面呈圆形，斜壁圜底，呈锅底状，壁底为层厚约0.1～0.3米的原生红烧土，由上而下由红褐色渐变为浅红色，较坚硬。坑内填土分三层，第一层灰黄色，厚约0.3米，质松，内含红烧土块、兽骨、兽牙等。第二层黄灰色，厚0.3米，含红烧土块、兽骨、鳖甲、鱼骨、粗沙子等。第三层厚0.1米，为黑灰色草木灰层，含木炭块等。第一、二层为窑废弃后的堆积，三层为陶窑使用期的堆积（图四五）。

又如Y5，保存极差，整体为一圆形，直壁平底，直径约1.7、深0.65米，周壁的红烧土窑壁已坍塌不存，仅在东北部中间部位保留一条宽约0.10～0.25米，厚约0.06～0.08米的原生红烧土，其下厚0.15米至底被烧成红褐色，极坚硬，对应高度在西壁也残留有宽约0.08、厚0.06米的红烧土带。西南壁外缘有一红烧土洞，直径0.12米，应为出烟口。红烧土面上东北扣置一侈口罐。窑室内填土分三层，第一层为含大量红烧土块的黄色土，厚0.2米，为窑壁塌时的堆积；第二层为黑灰色草木灰层，含大量鱼骨及兽骨、陶片等，应为陶窑使用时期和刚刚废弃时的堆积；第三层即窑底的红褐色原生烧土层，厚约0.05米，无包含物（图四六）。

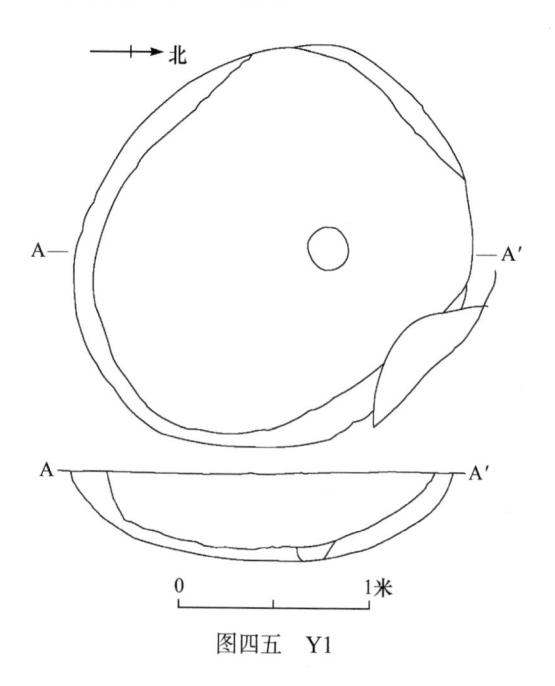

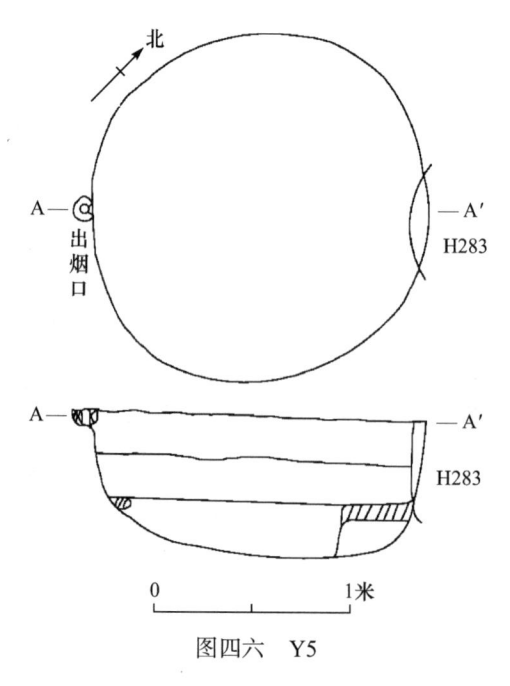

图四五　Y1

图四六　Y5

B型 形状、结构、使用方式特征与A型相同，只是不是特意挖坑，而是利用废弃的窖穴，将其平整砸实，所以在烧面之下往往有原来灰坑内的厚薄不等的填土，烧面上大量破碎的草木灰和红烧土块应为烧窑后的堆积。

例如Y4，平面呈椭圆形，东北—西南向，长径2.1、短径1.45米。此窑原为一底呈台阶状的窖穴，其南侧有一直径约0.85、深约0.25米的小圆坑，窖穴总深约1.02米，中部为一平面，台端有一层台阶。窖穴废弃后对整个坑底进行了平整铺垫，成为一简陋的陶窑。清理出时陶窑周壁除北侧外均保留有厚约0.04~0.05米的红烧土窑壁，底有0.05~0.10米厚的原生红烧土窑底，之上有倒塌的大块红烧土块，堆积厚达0.1~0.15米。窑深约0.6米。窑内堆积为松软、草木灰层，含有陶片、鱼骨等。窑底下窖穴内填土为松软的灰土，含大量灰烬、炭粒、陶片、兽骨等（图四七）。

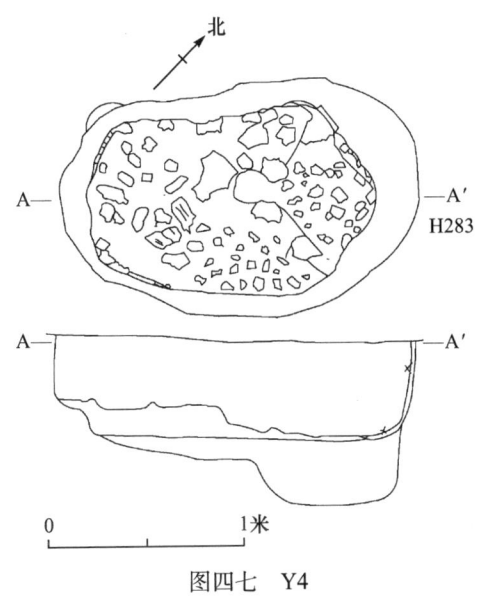

图四七 Y4

又如Y6，平面呈近圆形，直径南北1.35、东西1.56米，此窑原为一窖穴，底略大于口，呈袋状，底径1.45~1.65米，总深0.88米。废弃后在其坑内平整后铺垫厚约0.3米的黄土，以做陶窑使用。因这里文化层已遭到破坏，原有窑壁多已破坏，仅北壁尚保留高、厚约0.1米的红烧土壁，窑底的红烧土硬面以中间部位最为明显，表层厚约0.02米，呈灰白色，陶化程度很高，相当坚硬。向下陶化程度渐浅，由砖红色渐变为黄红色，共厚约0.2米，之下为未陶化的铺垫黄土层，内夹少量红烧土粒。在北壁外0.16米处有一出烟口，南北呈椭圆。长径0.4、短径0.28米，并有一烟道与窑室相连，烟道内沉积有黑色灰烬。烟道内口烧成红褐色，烟道内壁和出烟口均为砖红色。在铺垫的黄土层下，原来的窖穴堆积有8层，最下一层为黄沙土，含少量红烧土粒。厚0.06米，为窖穴底部的铺垫土，代表着窖穴的始建年代。黄沙土层之上有一层纯草木灰层，厚约0.06米，应为窖穴使用时期的堆积。再上也是草木灰层，呈黑色，只是夹大量木炭块，厚约0.06米。草木灰层之上是颗粒状的黄土层，厚0.06米，含少量红烧土和灰白色砂粒，也应是有意铺垫层，是窖穴使用时期的堆积。再之上又为一纯草木灰层，上面也是一层夹大量木炭块的黑色草木灰层，两层共厚0.14米，在其上又为一较纯的黄土层，厚0.1米。黄土层之上为一层含少量大块红烧土的黑灰土层。这两层可能是窖穴废弃后的堆积。此窑可复原为一带出烟口的就地封顶窑。从窑底较厚红烧土，以及边上有淘洗池和凉坯棚等现象看，此窑曾经反复使用过（图四八）。

图四八　Y6

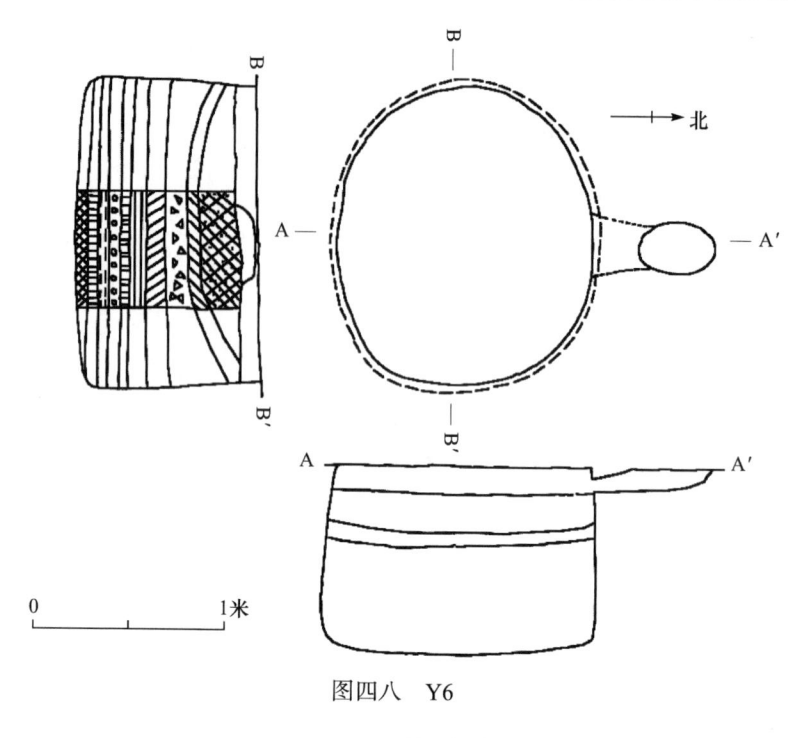

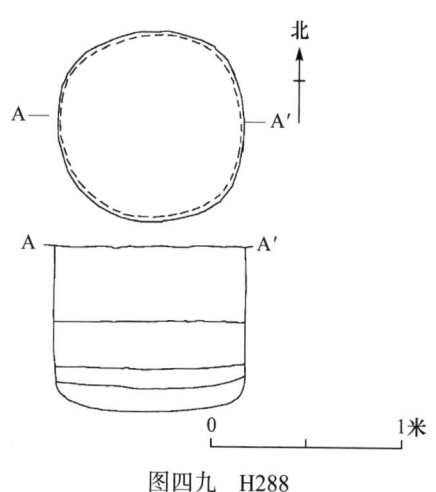

2. 淘洗池

其他与制陶相关的遗迹，可辨认的主要见有淘洗池和晾坯棚遗迹两种。

1）淘洗池

在Y6西南侧约3米处，H288底部，我们发现有一层厚约0.10~0.2米的纯净、细腻的青泥层，显系经过淘洗，联系到大部分陶器表面均涂有一层厚厚的泥浆层，我们推测这个灰坑原来可能是一个泥浆淘洗池（图四九）。

2）晾坯棚

在Y6之南，Y5之西，见有大大小小近20个的烧土洞或黑土洞，圆形或椭圆形，大的直径约0.6米，小的只有0.1余米，看不出有什么规律且无别的遗迹存在，我们推测这一片数十平方米的空地应是晾晒陶坯的场所，这些烧土洞或黑土洞底应是反复多次撑简易晾坯棚的柱子洞。

图四九　H288

（二）烧成温度和烧成气氛

1. 烧成温度

贾湖遗址发现的陶窑，大多为升烟窑，但也不排除个别为原始倒烟窑的可能。虽然陶窑的规模不大，但是陶器大多是在陶窑内焙烧的，虽然技术上已经越过了平地堆烧的阶段，但从地层内见有大量红烧土颗粒等现象分析，平地堆烧的方式可能继续存在。根据陶器的硬度、吸水率和表层的保存状况（如陶衣层是否脱落、表层是否剥落），可以推测多数陶器的烧成温度约700~800℃。如双耳罐H14:1的烧成温度约700℃，圆腹壶M385:1的烧成温度约750℃，圆腹壶M385:1的烧成温度约750℃，敛口钵M387:3的烧成温度约800℃。但经利用热膨胀仪测定陶片的高温膨胀收缩率。绘制出相应的曲线，利用曲线的斜率改变和试样熔体含量增加大致成正比的原理，在曲线上找出斜率变化最大的一点作为它原来所达到的烧成温度，从所得的实验看，H39和H174出土的两块泥质陶片分别是960℃和920℃，H174出土的两块夹炭陶片均为900℃。因所选的陶片质量均较好，这些测定数据应该是可信的。有个别器物烧流变形，成为次品，如罐形壶M110:1，推测烧成温度高于1000℃。但是，有一部分陶器的烧成温度低于700℃。如双耳罐M28:1，质地松软，经渗水试验，陶胎吸水后会立即疏散，推测烧成温度约600℃。圆腹壶M325:4、H366:1、M323:1和平底甑W1:1质地较软，用指甲刻划陶胎会掉粉末，推测烧成温度约650℃。上述低温陶器除H366:1之外都出自墓葬，据此推测当时已经出现明器，作为随葬用的明器，虽然在制作工艺上与实用器同样认真，但是在烧成工艺上比较马虎。

2. 烧成气氛

全部陶器采用氧化气氛烧成，大多数为颜色较纯的红陶，少数为颜色不纯的红褐陶，这是氧化不充分，陶胎内的碳素未烧尽所致。陶器中所带的Fe^{2+}/Fe^{3+}的比值称为还原比值，从Fe^{2+}/Fe^{3+}的比值可以分析烧制的气氛。当Fe^{2+}/Fe^{3+}大于1时，为还原气氛；当Fe^{2+}/Fe^{3+}小于1时，为氧化气氛。利用穆斯堡尔谱测定了部分陶器的Fe^{2+}/Fe^{3+}的比值，实验结果表明，这些陶片的烧成气氛为氧化气氛。这与观察的结果是一致的。目前未见真正意义的灰陶，推测当时尚未出现还原烧成气氛的技术。

（三）渗碳工艺

从制陶流程来讲，这是最后一步，属于后处理工艺。渗碳工艺已出现，但是不发达，经过渗碳的器物不多，个别属二期，大多属三期。渗碳的方法有几种：第一种是窑内渗碳，有少量泥质黑陶，如敞口钵T12③:2，内壁、外表都经过磨光，又渗入大量碳颗粒，显得黑亮，胎心渗入炭粒较少，呈黑灰色。

第二种是窑外渗碳，将刚出窑的陶器趁热迅速进行渗碳。如敞口钵T34③B:9，泥质红陶，内壁全部呈黑色，外表腹中部以上为黑色，以下为红色，黑色与红色之间呈现为渐变。口径13.3、底径4.7~5.3、胎厚0.2~0.5厘米。推测将刚出窑的敞口钵迅速扣放在渗碳材料（如干燥的生稻壳）之上，腹中部以上插入渗碳材料内，渗碳被红热的陶胎烧焦产生大量黑烟，钵内部充满黑烟，内壁全部变成黑色，外表插入渗内的部分由于渗碳变成黑色，暴露在空气中的部分没有渗碳保持红色。罐形鼎T109③B：63，夹砂红陶，口径20、残高20.2、胎厚0.5厘米。器耳以上部分扣放时插入渗碳材料内，内壁和外表由于渗碳都变成黑色；器耳以下部分内壁呈黑灰色，这是鼎内空间很大，黑烟浓度较小，内壁渗入碳元素较少所致，外表保持红色是暴露在空气中没有渗碳的缘故。H135：3三足钵，内壁和外壁口沿部分呈灰色，腹底外壁和三足呈红色（图五〇）。

图五〇　H135：3三足钵

三足钵T103③：31，泥质红陶，口部内壁和外表涂深红色陶衣，内壁和外表都磨光。刚出窑时趁热迅速往钵内渗碳，口上歪扣一件器物作为"器盖"，结果内壁平行线以下部分由于渗碳变成黑色，平行线与斜线之间的红陶衣变成褐色，这是红色与黑色的混合色，斜线以上部分的红陶衣以及外表的红陶衣暴露在空气中没有渗碳都保持深红色。如上所述，窑外渗碳有扣放渗碳、扣"器盖"渗碳两种具体方法。三足钵T109③B：17，外壁和内壁口沿部分呈红色，内壁口沿以下呈黑色（图五一）。

图五一　T109③B：17三足钵

（四）器表陶色

陶色是在烧制及其后处理过程中形成的，因此主要反映烧制技术的水平，反映陶窑的形制、窑温和气氛以及后处理工艺等，这里只介绍其表面形态。因此可以说，陶色是陶器烧造技术的表象，也就是说，通过陶色可以窥知特定时期的陶器烧制水平。贾湖陶制品陶色以红为主，但若仔细观察，则可发现大多不甚纯正，一器多色且无规律的现象十分普遍，大多陶制品表面、内里皆有大块黑、褐色斑，外红内黑（灰）、下红上黑（灰）的黑里、黑顶现象也相当常见。红皮黑心、红皮灰心的现象亦很常见。陶器器表的颜色说明如下。

1. 红色

红色是贾湖陶制品的主体陶色，但若认真观察，红色陶也并不尽一致。主要有以下几种情况。

（1）制作工艺的不同反映。器物坯体的陶土均未经陶洗，因此陶衣脱落后陶胎的原色裸露，呈土黄红色；坯体外涂的泥浆均经淘洗，质地细腻，色多呈浅黄红色；陶衣层为特殊材料所制，多呈鲜红色。

（2）烧成温度的不同反映。火候较高时器壁陶化程度较高，器表多呈深红色或红褐色，火候较低时器表多呈鲜红色、土红色或黄红色。陶胎在火候高时有机质充分氧化，多呈砖红色，但火候低氧气不充分时陶胎内有机质氧化不充分，多呈黑色或灰色。

（3）烧成气氛的不同反映，由于陶窑的原始性，窑内器物摆放和火焰气氛的不同，使器物表面产生大块黑色、灰褐色斑点，有些为大块色斑。但其主体仍属于红色。

2. 褐色

这是一种比较复杂的色调，往往把稍带红头，色又较深的标本归类于此。细分可分为红褐、黄褐、灰褐、黑褐等，红褐是指以红为主。红中带黑的颜色，其他各色划分原则均如此。但因陶色多不纯正，同一器物不同部位陶色各不相同，所以统计时无法细分，只能统统归入褐色之中，但仍不可避免地与红色相交叉。

3. 灰黑色

因为贾湖少见纯正的灰陶或黑陶，过渡色较多，只能把灰、黑色放在一起来记述。这种陶色的形成，可能为在还原焰的气氛下形成，但可能由于这种工艺刚刚出现，技术不太稳定，所以形成色泽不稳定的现象。但联系到巩义瓦窑嘴遗址大量此类标本的发现[10]，可以认为贾湖已经出现这种技术。

4. 外红内黑（灰）、下红上黑（灰）

这种现象也较常见，经李文杰先生模拟实验，是烧后的窑外渗碳工艺形成的，主要作用是增加器物的防渗水能力。细分则有内红顶和外黑（灰）顶两种，前者是在器物刚出窑很热时抓一把谷糠类易燃料置入其中，然后迅速将一小于该器物口径的器物扣盖其上，达到内壁渗碳的效果，从而形成内红顶现象。后者是将刚出窑的器物扣置在谷糠类易燃物堆上，使器物内壁和外壁口沿部位均经渗碳形成黑（灰）色。一般器物出窑渗碳时温度越高，渗碳效果越好，色就越深，呈黑色；温度越低，渗碳效果越差，色越浅，呈灰色。

以上四种基本上代表了贾湖遗址所有陶色，有许多细微变化，皆从这四种陶色过渡而来。

从大量陶片统计结果可以看出，按传统的数片法统计法与称重统计法的结果不尽一致。其主要原因是陶制品火候太低，陶片过于破碎，有些几乎成粉末状，无法数片统计，而称重法则将所有陶片进行称重统计，因之称重法的统计结果可能更接近于真实比例。

五、结 论

通过研究和比较，可以得出以下八点认识。

（一）

贾湖遗址制陶工艺的显著特征是：泥片筑成法与泥条筑成法长期共存、并行发展的同时，泥片筑成法由一期占主导地位到三期只占次要地位，泥条筑成法由一期只有个别器物到三期变为占有主导地位。因此可以认为，贾湖文化的制陶工艺恰好处于由泥片筑成法向泥条筑成法过渡的历史阶段，贾湖遗址制陶工艺史上的重要性就在于此。

（二）

贾湖遗址有若干共存于同一期甚至同一单位（灰坑或墓葬）的器物采用泥片筑成法、泥条筑成法这两种不同的成型方法，制陶者针对不同的器形选择适宜的成型方法，换句话说，成型方法的选择与器形直接相关。由于不同的器形具有不同的用途，成型方法的不同与用途的不同有间接关系。

（三）

相对而言，泥片筑成法比较原始，缺点较明显；泥条筑成法比较先进，优点较明显。在贾湖文化中，由泥片筑成法向泥条筑成法过渡经历了一个漫长的量变的过程，达一千多年之久。到了晚于贾湖文化的大岗遗址，泥条筑成法完全取代了泥片筑成法，并且出现了慢轮和彩陶，开始进入慢轮制陶的新阶段，虽然其成型方法仍属于手制范畴，但是慢轮的使用，提高了成型、修整和装饰的效率及效果，可见这是制陶工艺发展史上的一个进步。

（四）

贾湖遗址的陶器，拍打外表时，未见内壁使用陶垫作依托的痕迹，有的用裹网陶拍进行拍打，形成绳网纹；有些用篦状工具刮削内壁和外表，形成篦划纹；有些器耳用尖状圆棍从单面或管状工具从两面钻成圆孔；有些三足采用榫卯结构安装在器身底部；许多器物先涂泥浆打底子，再涂红陶衣作装饰，最后磨光。这些做法具有鲜明特色。

（五）

贾湖遗址出土陶器的烧成气氛主要为氧化气氛，并出现了窑外渗碳工艺。大多陶器在650~850°之间，少数火候较低，仅600°左右，部分陶片火候较高，个别可达到上千度。

（六）

贾湖遗址已出现原始彩陶。这是一种原始的彩陶工艺，外表先涂一层泥浆，口部至腹上部涂宽带状红陶衣，以下原胎壁裸露，有的分界处还修刮整齐，具有彩陶的效果。这应该是中原地区大岗类型和仰韶时代早期后岗类型红彩宽带和窄带纹彩陶的前身。

（七）

贾湖文化的陶器成型工艺与裴李岗文化相比，器物组合不同，其成型工艺各具特色。裴李岗文化的早中期相当于贾湖文化的中晚期。裴李岗文化的陶器成型工艺主要是泥片筑成法，泥条筑成法较少见到。即使相同的器形，但成型手法各异，例如小口双耳壶，裴李岗的大多为小口直颈圆腹，颈肩转折明显，显系两段分作后对接成型；而贾湖同类器大多呈喇叭口，折肩壶颈肩和腹底分段制作然后在肩部对接成型，圆腹壶和扁腹壶则是从腹到口一直盘筑而成，所以都呈喇叭口。类似这些现象反映二者的陶器成型工艺还是各有特色的。

（八）

从贾湖遗址和大岗遗址的制陶工艺上可以看出，贾湖文化是这一地区仰韶时代文化的源头之一，但是与仰韶时代文化之间尚有缺环。中原地区在贾湖文化之前是否有存在只采用泥片筑成法的文化阶段，有待于今后去探索。

附记：李仰松先生是我最尊敬的前辈学者之一，虽无缘成为他的门生，而且谋面的机会也很少，但他的学术思想曾引导我解决过一个个谜团！今有幸承蒙赵春青先生邀请，为李仰松先生诞辰90周年论文集助兴，虽本人才疏学浅，但怀着对李先生的仰慕之情，也不揣冒昧，将在研究贾湖文化的制陶工艺的过程中，受李先生的启发产生的一些体会奉献给大家，望各位方家不吝赐教。

致谢：本文关于贾湖陶器制作工艺的观察与研究由李文杰先生和笔者共同完成，制陶工艺标本图由李文杰先生手绘，本文此类内容均摘自《舞阳贾湖》下卷第五章第一节《陶制品制作工艺》，本文插图由方方博士根据《舞阳贾湖》原图摘编，特此说明并致谢忱！

注　释

[1] 河南省文物考古研究所：《舞阳贾湖》，科学出版社，1999年，第904~941页。

[2] 河南省文物考古研究所：《舞阳贾湖》，科学出版社，1999年，第909页。

[3] 李文杰：《舞阳贾湖》（下卷）第五章第一节《陶制品制造工艺》，科学出版社，1999年。

[4] 河南省文物考古研究所：《舞阳贾湖》，科学出版社，1999年，第345页，图版一二一，1。

[5] 以下观察记述都引自李文杰：《舞阳贾湖》（下卷）第五章第一节《陶制品制造工艺》，科学出版社，1999年，第911~941页。下同，相同来源不再加注。

[6] 据李永强先生电话相告，特此致谢！

[7] 中国社会科学院考古研究所河南一队：《河南汝州中山寨遗址》，《考古学报》1991年第1期。

[8] 开封地区文管会、新郑县文管会：《河南新郑裴李岗新石器时代遗址》，《考古》1978年第2期，图七。

[9] 河北省考古学会等：《磁山文化论集》，河北人民出版社，1989年。

[10] 巩义市文物保护管理所：《巩义市瓦窑嘴遗址第三次发掘报告》，《中原文物》1997年第1期；吴茂林、张保平、刘洪淼：《河南巩义市瓦窑嘴新石器时代遗址试掘简报》，《考古》1996年第7期。

［原载《考古学研究（十六）》，科学出版社，2023年］

浙江嵊州小黄山遗址石制品资源域研究*

一、引　言

浙江嵊州小黄山新石器时代早期聚落遗址，位于嵊州市甘霖镇上杜山村（29°33′27″N，120°43′32″E；海拔32m），坐落于相对高度10m左右的古地台上，北距崇仁江约320m，东南距长乐江约1400m，依山面水，地理位置十分优越。遗址分布面积十多万平方米，2005年和2006年由浙江省文物考古研究所进行两次系统发掘，揭露面积3000余平方米，揭示了房址、墓葬和大量储藏坑等遗迹，同时出土了石磨盘、磨石、夹砂红衣陶盆、罐等器物数百件和大量石料、陶片等遗物，尤以出土的形态大小各异的大量石磨盘独具特色，最为完整的一件石磨盘重30kg[1]。遗址文化内涵丰富，包括上山文化、跨湖桥文化、河姆渡文化和良渚文化遗存。发掘者依据北京大学^{14}C测年数据和地层堆积状况推算，认为小黄山文化遗存年代为距今9000～8000年[2]。

小黄山遗址是目前为止曹娥江流域发现年代最早的新石器时代遗址，丰富的考古资料，特别是其多层叠压的地层关系，对于研究江浙地区，乃至整个长江下游地区的考古学文化都具有重要意义[3]。2005年，小黄山遗址的发掘被评为"全国十大考古新发现"[4]。

目前针对遗址出土材料的研究还很有限，主要包括石磨盘的淀粉粒研究、出土陶器化学组成的分析研究[5]。由于小黄山遗址的酸性埋藏环境，有机质遗物难以保存，充分挖掘石制品所蕴含的文化信息更显重要。遗址出土了大量的石制品，且岩性类别多样，不同器形岩性区分明显，特别是出土的气孔状玄武岩质石磨盘和磨石独具地方特色。目前，尚未见学者有针对小黄山石制品石料等相关问题的研究成果。因此，通过对小黄山遗址出土石制品资源域的初步考察，厘清石料的来源，不仅可以帮助我们了解先民对石料的认识水平及利用情况，亦有助于开展微痕分析、操作链分析等石器研究工作，并可进而为人类文化从采集经济到农耕经济的过渡和转变、为稻作农业的起源和发展等问题的探讨提供重要的旁证资料。

---

* 中国科学院战略性先导科技专项项目"应对气候变化的碳收支认证及相关问题"（批准号：XDA05130500）和国家自然科学基金项目（批准号：40772105）共同资助。

二、研究方法

遗址资源域分析（Site Catchment Analysis）自Higgs和Vita-Finzi于20世纪70年代提出后，立即被欧美考古学者广泛地应用到史前考古研究当中，并不断发展和完善[6]。遗址资源域分析早在20世纪90年代被学者介绍到国内[7]。近年来又有学者对"Site Catchment Analysis"的译名及其含义等展开了讨论[8]。部分学者开始尝试将这一方法运用到我国具体考古材料中，或分析遗址的生业经济特点[9]，或探讨聚落的控制网络与模式[10]，或讨论遗址的实际活动范围[11]。这些研究成果，有助于我们更真实的了解当时人类的资源获取情况，进而分析人类的生存行为和社会经济形态。

遗址资源域分析是指通过对遗址周围自然资源的调查与分析，来恢复古人以遗址为中心的日常活动范围和资源获取方式，进而考察人地关系演变[12]。遗址资源域分析的理论前提是，人类开发利用周围的环境资源是以减少所需时间和能量的合理方式进行的，换言之，离居住地越远，获取资源所需时间和能量就越大，资源的开发利用价值就越小[13]。

其分析方法包括"遗址外"（off-site）和"遗址内"（on-site）两种，前者在研究前事先划定研究范围，具体是农耕定居社会以5km或步行1小时为半径的圆圈，狩猎游动社会以10km或步行2小时为半径的圆圈，这一理论模式是根据现代原始部落的观察和分析提炼出来的[14]。然后，再对区域内的资源情况进行统计分析，进而讨论相关的考古学问题。区别于这种事先划定研究范围的做法，"遗址内"分析方法以遗址发掘的出土遗物为出发点，强调在对出土遗物全面分析的基础上开展资源域的研究[15]。

对石制品原料来源的研究，国内外学者已开展较多工作[16]，其实验方法由最初的薄片鉴定发展到岩石地球化学分析方法[17]。参照资源域分析的一般步骤[18]，结合岩矿资源利用的具体情况，本文的研究步骤如下。

（1）利用手标本鉴定与薄片鉴定相结合的方法，具体分析遗址所见岩矿类别。将岩石岩性和石器功能相结合，了解古人对各类石料的利用特点。

（2）对照石制品岩性的鉴定结果，结合区域地质图、区域地质志等资料，了解各类岩性石料的露头情况，并对其进行实地调查。考虑到玄武岩质石磨盘和磨石独具地方特色，且在石器总量中占有相当大的比重（共计528件），我们首先对采于崇仁镇的玄武岩地质样品（CRZ1，坐标为29°38′04″N，120°42′30″E）进行薄片鉴定。

（3）通过对当时自然环境的综合分析，考察各类有露头的石料是否被搬运至遗址附近的可能性，并对遗址岩矿资源的获取方式和利用范围进行分析。

三、遗址所见岩矿资源分析

1. 遗址出土石制品的鉴定

出土石制品岩性的鉴定采取手标本鉴定和岩石薄片鉴定相结合的方法。首先对所有编号的出土标本按岩性不同进行分类鉴定，然后对有代表性的和暂不能确定岩性的标本进行岩石切片观察。鉴定先后分两次完成，共鉴定标本1610件，其中包括完整石器、残石器、原料、废料等（图一）。

图一　小黄山遗址出土的部分石制品及崇仁镇玄武岩地质样品
1. 05XHSAH81：4，石磨盘（残）　2. 05XHSBT5④：21，磨石　3. 05XHSAT0805⑥：3，石球
4. 05XHSAT0805⑧：3，石锛（残）　5. 05XHSAT0805⑦：1，砺石　6. CRZ1，玄武岩岩石样品

岩石切片在合肥工业大学资源与环境学院磨样室完成，共切岩石薄片43片。经鉴定，岩石类型主要包括玄武岩、辉绿岩、石英正长岩、花岗岩、流纹岩、砂岩、泥质板岩、火山碎屑岩以及玉髓等（表一和图二）。

表一　小黄山遗址出土石制品及崇仁镇玄武岩地质样品切片鉴定结果

序号	器形	出土编号	薄片描述	岩石类型
1	磨石（残）	05XHSBT7④：40	气孔状构造，斑状结构，基质为间粒结构-间隐结构。斑晶为橄榄石，基质为斜长石及磁铁矿等暗色矿物，橄榄石斑晶出现弱伊丁石化，斜长石呈现大量的聚片双晶，呈交织状分布	玄武岩
2	废料	05XHSAG5②：8	主要由晶屑及火山灰组成，晶屑以斜长石、石英为主，有少量的辉石、角闪石，由火山灰胶结。长石多绢云母化，石英多见爆裂结构，裂纹清晰	火山碎屑岩

续表

序号	器形	出土编号	薄片描述	岩石类型
3	石片	05XHSBT7④:18	斑状结构，流纹构造，斑晶以石英、碱性长石为主，有少量斜长石；基质为玻璃质，存在脱玻璃化现象。长石定向排列	流纹岩
4	磨石（残）	05XHSBH12:1	半自形-它形粒状结构，主要由粒径为0.5~1.5mm大小的它形粒状的长石、石英、黑云母、暗色矿物等组成。长石、石英彼此镶嵌，具有镶嵌结构。普遍见长石具高岭石化	花岗岩
5	石球	05XHSAT1⑥:4	纤维状树枝，由石英脉充填	玉髓
6	残石器	05XHSBT6③:11	块状构造，泥质结构，主要由黏土矿物组成，弱绿泥石化，结晶差	泥质板岩
7	砾石（残）	05XHSBT5③:5	主要矿物碎屑为石英、长石，石英较少；岩屑有火山岩；以泥质胶结为主，少量为硅质胶结。矿物碎屑分选差，磨圆差，且多呈棱角状，偶见矿物呈定向排列	砂岩
8	石料	05XHSAT1004采:7	柱状粒状中细粒变晶结构，矿物主要为石英、长石，另可见角闪石，斜长石，含少量的石英和黑云母	角闪变粒岩
9	石料	05XHSBT8④:13	中粗粒花岗结构，主要矿物为正长石、石英，次要矿物为角闪石	石英正长岩
10	残石器	05XHSAT0805采:6	辉绿结构，主要矿物为辉石和斜长石组成，古有少量的角闪石和磁铁矿。其中辉石和斜长石均为半自形晶，斜长石普遍出现绢云母化	辉绿岩
11	地质样品	CRZ1	气孔状构造，斑状结构，基质为间粒结构。斑晶为橄榄石，基质为斜长石、少量磁铁矿等暗色矿物。斜长石呈现大量的聚片双晶，呈交织状分布	玄武岩

从石料岩性的分类统计结果来看，火成岩、沉积岩、变质岩在出土石制品中均有出现，但它们所占的比重区别明显。在鉴定的1610件石质标本中，火成岩类岩石标本有1141件，占鉴定总数的70.87%，其中以玄武岩、辉绿岩、石英正长岩、花岗岩、流纹岩居多；沉积岩类岩石标本243件，占鉴定总数的15.09%，以砂岩为主；变质岩类岩石标本87件，仅为鉴定总数的5.4%。另外，还有137件玉髓，1件叶蜡石和1件萤石矿物标本。

2. 遗址所见石料的利用特点

小黄山遗址出土的石制品种类并不多，打制石器有砍砸器、刮削器，磨制石器中石斧、石锛较多，出土数量最多的石器是石磨盘和磨石，穿孔石器和石球颇具特色[19]。

我们将遗址出土的石器器形与岩性进行统计分析（表二和图三），发现约88.8%的石磨盘和磨石由带有气孔状的玄武岩制成。出土的石磨盘多为残块，风化严重，由于长时间的使用，磨盘中部凹陷。磨石保存较完整，形状多样，饼状居多，饼状磨石略成椭圆形，研磨面平整，大小形状差别不大，有的甚至是两面都被认为研磨面被使用，部分两端有砸击形成的崩疤。刘莉[20]认为中国史前碾磨石器可能被用来加工橡子类坚果，其他学者[21]对不同遗址出土石磨盘的淀粉粒分析也支持这一观点。小黄山石磨盘和磨石的淀粉粒分析表明，其加工对象包括橡子、根茎类、小麦族与薏苡属等植物类食物[22]。据观察，被用来

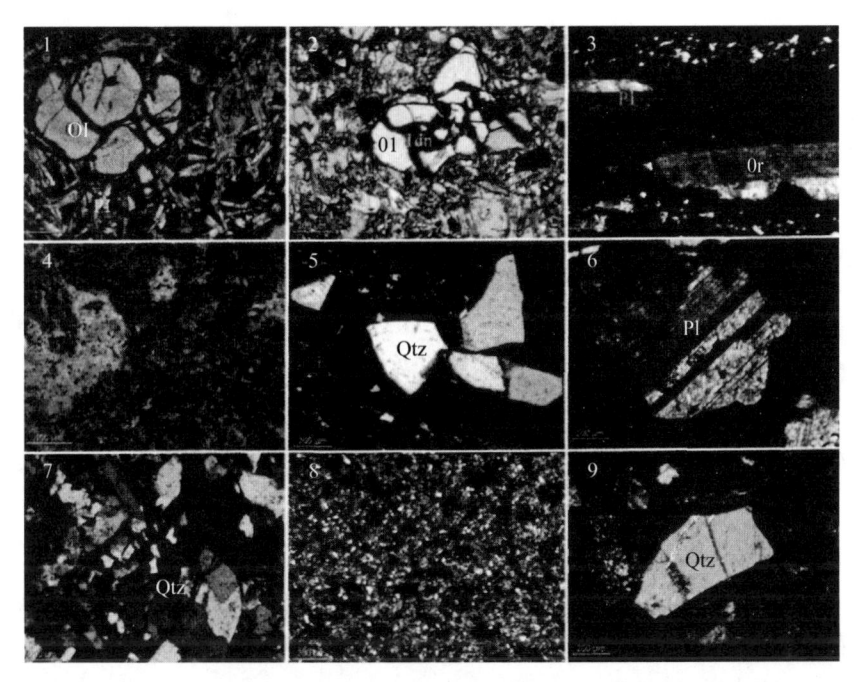

图二 小黄山遗址出土石制品及崇仁镇玄武岩地质样品切片显微照片

1. 玄武岩，照片为橄榄石（Ol）斑晶及成交织状分布的斜长石（Pl）基质，单偏光，来自于CRZ1 2. 玄武岩，照片为橄榄石（Ol）斑晶的边部部分转变为红色伊丁石（Idn），单偏光，来自于05XHSBT7④：40 3. 流纹岩，照片为长石的定向排列，正交偏光，来自于05XHSBT7④：18 4. 凝灰岩，照片为隐晶质基质，单偏光，来自于05XHSBT21：03 5. 砂岩，照片为呈棱角状的石英碎屑（Qtz），正交偏光，来自于05XHSBT5③：5 6. 花岗岩，照片为斜长石（Pl）的高岭石化，正交偏光，来自于05XHSBH12：1 7. 玉髓，照片为显晶质微细粒状石英（Qtz），正交偏光，来自于05XHSAT1⑥：4 8. 泥质板岩，照片为黏土矿物，正交偏光，来自于05XHSBT6③：11 9. 火山碎屑岩，照片为爆裂的石英（Qtz）晶屑，正交偏光，来自于05XHSAG5②：8

制作磨盘和磨石的玄武岩石料节理和裂隙不发育，这使得加工和使用过程中不易断裂，且气孔状构造亦可增加磨粉时的摩擦力，有助于提高加工效率。

表二 各类石器工具原料数量分布表*

石器	玄武岩 N	玄武岩 %	安山岩 N	安山岩 %	辉绿岩 N	辉绿岩 %	花岗岩 N	花岗岩 %	石英正长岩 N	石英正长岩 %	火山碎屑岩 N	火山碎屑岩 %	砂岩 N	砂岩 %	泥质板岩 N	泥质板岩 %	玉髓 N	玉髓 %	总量
石磨盘	46	90.2											5	9.6					51
磨石	482	88.8	7	1.3	3	0.6	7	1.3	16	2.9	20	3.7	8	1.5					543
石球	31	22.8	13	9.5					9	6.6	17	12.5	6	4.4			60	43.9	136
砺石							3	4.9	7	11.5	5	8.2	46	75.4					61
石镞					2	2.7					2	2.7	3	4	68	90.7			75
石凿			3	12.5	2	8.3							2	8.3	17	70.8			24
石斧							17	36.9					2	4.3	27	58.7			46
石锛			2	13.3	4	26.7									9	60			15
合计	559	58.8	25	2.6	28	2.9	10	1.1	32	3.4	44	4.6	72	7.5	121	12.7	60	6.3	951

*涉及的统计对象（N）主要为可辨器形的石制品。器形不可辨的石制品，以及原料、不明器、石片、废料等，暂未计算在内。

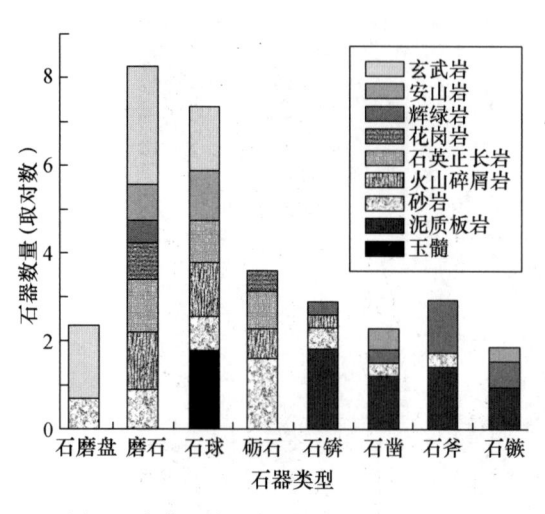

图三 小黄山遗址出土石器石料利用情况

带刃口的工具可归为一类，如石锛、石凿、石斧、石镞等。石斧和石锛多为磨制，石斧截面呈椭圆形，通体磨制，残损严重，小型石锛数量不少，石凿和石镞少见。此类工具选择的岩石多为辉绿岩和泥质板岩。由表二可以看出，泥质板岩制成的石锛、石凿、石斧和石镞分别占90.7%、70.8%、58.7%和60.0%。一般认为石斧、石锛是用来砍伐树木，加工木料的工具[23]。研究者对磨制石斧的微痕分析表明，石斧的功能复杂，可能不只刃缘被利用，有的标本在刃口用钝之后可能转用于不需利刃的活动[24]。不管石斧和石锛的具体用途如何，其刃部的利用是必需的。从此类工具的加工角度来看，若需加工出有刃的工具，所选原料的矿物颗粒不能太大，呈玻璃质或隐晶质结构最好。辉绿岩属浅层侵入岩，块状构造，镜下观察其主要矿物是辉石和斜长石，矿物结晶颗粒小；泥质板岩是黏土岩在较强的后生作用下，通过压固、重结晶作用形成的一种变质岩，新生矿物的粒度很小，无明显的纹层，在加工过程中不易劈裂。同时，这两种岩石都比较坚硬，能抵抗外来较强的机械力，适合石斧砍、劈等用途。

如表二所示，75.4%的砺石用砂岩制成。以砂岩为原料的砺石多用来加工磨制石、骨器，经常会在砺石的磨面上见有较深的凹槽[25]。民族志记录和考古发掘中也常见砂岩质砺石[26]。小黄山遗址所见的砺石有下凹和有沟槽的两种。砂岩多由耐风化的矿物组成，空隙部分被胶结物充填，经固结、压实等成岩作用而形成的。小黄山遗址砂岩主要矿物成分为石英、长石，胶结物主要为硅质、钙质和泥质的细屑物质。由于矿物颗粒与胶结物硬度不同，在受外作用力时，胶结物受力容易脱落，而矿物颗粒不易脱落，这样就会形成凸凹不平的粗糙表面。这种粗糙，有利于石器的磨制和刃口的加工。

另外，石球多为隐晶质玉髓和玄武岩制成，分别占43.9%和22.8%。玉髓是SiO_2的隐晶质体，呈隐晶质结构，块状构造，质地坚硬。区别于制作磨盘、磨石的气孔状玄武岩，被用来制作石球的玄武岩呈致密块状构造，玻璃质结构。同时我们还注意到，火山碎屑岩大多是石片，或者是碎片，成器的火山碎屑岩多被制成磨石、石球等。由于火山碎屑岩由岩屑、晶屑、火山砾等构成，有的碎屑颗粒直径约1cm，因此，先民不用此类石料制作带刃口的工具。

综合以上分析，我们可以看出，小黄山先民充分利用自然界为他们提供的各类石料，包括火成岩、沉积岩和变质岩，但所占比例明显不同。从器形与石料的对应关系来看，我们发现他们对各类石料的物理性质有了一定的感性认识，不同器形选择不同的石料，充分利用其物理性质，具有规律性。在石料的选择上具有较强的偏向性，石磨盘和磨石多选用气孔状玄武岩，砺石多选用砂岩，玉髓质石球较多，需要利用刃口的工具避开火山碎屑岩。这种偏向性选择习惯的形成，无疑会反作用于古人对岩矿资源的利用，指导他们有意识地集中利用某些岩性的石料，甚至成为远距离开采或交换行为的原因之一。

四、遗址出土石制品资源域分析

1. 遗址周围地质概况

嵊州市地质构造位于我国东部新华夏系第一构造隆起带的南段，分属华南南褶皱系之浙东南褶皱带，地质构造以断裂为主，褶皱不发育[27]。遗址所在区域以北北东向和北东向两组走向断裂最为发育。遗址所在区域的总体地貌环境特征明显受控于该区域的断裂构造，区域内地势起伏较大，各主要山脉和长乐江均呈北北东向延展，地貌可概括为"三山夹一盆"，"三山"分别是西北区的会稽山，东北区的四明山，南缘的天台山余脉，中部为新嵊盆地。"嵊"字形象地说明了这个地貌特征。地形地貌分为中山、低山、丘陵台地、平原区。

遗址所在地——新嵊盆地是曹娥江流域最大的河谷盆地，地势平坦开阔，盆地形态略呈三角形，由冲积、坡洪积平原和丘陵台地构成，河漫滩地较发育，区域稳定性较好。据史料记载，自唐朝以来，市域共发生3级以上的有感地震11次，最大震级为4.5级，均属浅源地震[28]。

本区地质研究成果丰硕，境内出露地层以前震旦系陈蔡群组最为古老，其余均为中生界侏罗系-新生界第四系地层。结合相关文献资料[29]，将遗址周围地层岩性简要描述如下。

前震旦系陈蔡群组（Pt_2C）：岩性主要为一套以大理岩、片岩、变粒岩为主的副变质岩及泥质板岩、硅质岩。仅在白柴岕和瑙家田可见。

侏罗系黄尖组（J_3h）：岩性主要为安山岩、凝灰岩、流纹岩。在会稽山脉、四明山余脉及天台山余脉地层分布。

白垩系朝川组（K_1c）：地层属陆源碎屑岩系，以砂岩、泥质砂岩为主。分布在紧临盆地的东部山地、丘陵。

第三系嵊县组（N_2s）：岩性主要为柱状节理发育的玄武岩。主要分布于崇仁片区与城关镇间，另在王院等乡亦有零星分布。

第四系莲花组（Q_4^{al}）：为河流沉积物覆盖，为含砂砾的黏性土和分布于坡面的残坡积松散含碎石黏性土，在广大平原区则以黏性土与砂性土互层类土为主。

辉绿岩（$\beta\mu$）、花岗岩（γ）、石英正长岩（εo）等岩浆岩散布于黄尖组（J_3h）地层。另外，松明培-上虞梁岙成矿区在会稽山区的通源乡松明培村有叶蜡石矿分布；本区域内萤石矿储量可观，在甘霖镇菜子湾、长乐镇辽湾、石璜镇三溪村、里南乡屏岫均有萤石矿分布。由此可见，遗址所见各种岩矿资源在周边山地、丘陵的地层都有分布。

2. 石制品资源域分析

遗址所在的新嵊盆地被第四系莲花组（Q_4^{al}）河流沉积物覆盖，遗址周边地层岩石出露主要在低山丘陵区。以当时的认识水平和生产力发展水平，先民就地开采第四系沉积物下基岩的可能性很小。接下来的问题是，这些岩石是否都能被搬运到遗址附近，如若有被搬运的可能，那么根据资源域分析的理论前提，先民会优先利用这些易得资源。

研究表明，9000～6000a BP是长江中下游气候温暖、海面最高时期，亚热带植物群广布[30]，降水量应该强于现在的平均降水量1447mm。丰沛的降水，加之"三山夹一盆"的地形决定了山区的冲沟易发育成河流。研究者通过对区域地层的对比，认为上新世早期浙江东部的古地理环境与现代基本相近，新嵊断陷盆地基本格局已经成型，河流流向与现在基本相同[31]。另外，从玉髓质石球、砾石石料等保留砾石磨圆面的情况来推断，这类石料极有可能直接获取于河流，表明当时遗址周围确有河流存在。

由玄武岩间歇喷发而形成的玄武岩夹硅藻土，是嵊州市典型的岩性地层之一。由于硅藻土强度弱，吸水性强，遇水易软化、变形，成为滑坡体的主滑面所在的岩层，其上的玄武岩由于柱状节理发育，岩层稳定性差，因此此类底层岩性结构，极易形成滑坡[32]。历史上也有巨石崩落的记载，据明万历《嵊县志》载："嘉靖三年（1524年）前大旱。一夜风雨雷电骤作，拂晓前一声巨响，几十里外人从梦中惊醒，不知何故。后报县里系福泉山岩石崩裂，分二列三段，各长30余丈，高五六丈，裂内可容数百人。县派人察看，地裂长数里。"①福泉山即属于这种玄武岩夹硅藻土地层。因此，从地质背景、降水条件等因素来看，崩落下大块玄武岩是完全可能的。其他体积较小的岩石也可以随降水被河流搬运出原生地。所以，小黄山先民可以就近利用河流带来的各种岩石作为石料。

离遗址最近两条河流是崇仁江和长乐江，两条河流均流经嵊县组（N_2s）、朝川组（K_1c）、黄尖组（J_3h）等地层，随河流带来的岩石包括玄武岩、石英正长岩、安山岩、凝灰岩、流纹岩、砂岩等。值得注意的是，辉绿岩（$\beta\mu$）仅在崇仁江上游见分布，而陈蔡群组（Pt_2C）变质岩、花岗岩（γ）只在石璜江及其支流等河流流经地区见有分布。

综合上述资料，我们推测先民利用的岩矿资源主要有崇仁江和长乐江两个来源，获取方式主要是就近拾取于遗址周边的河床，通过原地开采或交换贸易方式获取的可能性不大。有两点值得我们注意。①从实际出土玄武岩质磨盘的大小来看，古人利用崇仁江带来的玄武岩较为合理，因为短距离搬运才可能有大体积的石块存在。长乐江上游亦有玄武岩零星分布，分布面积同崇仁江流经地区的玄武岩面积无法相比，且长距离的搬运难有大体积玄武岩存在。另外，从目前对玄武岩地质样品的薄片分析结果来看，分布于崇仁镇地区的玄武岩岩性同遗址所见玄武岩相同，均为气孔状构造，斑状结构，基质为斜长石，斑晶

---

① 转引自《圹坑岭，山崩地裂后的自然印痕》，见《今日嵊州》2006年8月17日第4版。

为橄榄石（表一和图二-1及图二-2），进一步说明这种利用的可能性。②崇仁江流经的地层未见花岗岩出露，而陈蔡群组（Pt_2C）的浅变质岩仅见于白柴岇和瑙家田，因此，此类岩石先民只能从长乐江中获取。同崇仁江相比，长乐江距遗址约1400m，先民这种远距离的获取，反映了他们对制作石器的石料具有一定的选择性。

五、讨论与结论

对中国南方新石器时代遗址岩矿资料来源问题的研究，曾见诸之考古发掘报告，或专门的学术论文[33]。本文选取相关文献，与小黄山遗址的情况做简单对比，以期能对先民岩矿资源的利用情况有更深的认识。

通过以上分析，我们发现小黄山遗址出土的岩石类型在方圆20km的山区基本都有分布，且各种岩石都有可能随河流被带到遗址附近（崇仁江距遗址约320m），并被先民所利用。

比小黄山遗址晚的萧山跨湖桥遗址（8000~7000a BP）的石料采自附近山区，以沉积岩为主，少量火山岩，但没有更详尽的分析[34]。田螺山遗址（7000~5000a BP）属于河姆渡文化[35]，研究者对田螺山遗址出土石锛的地球化学分析表明，部分石料来自于距遗址50km的横溪，他们认为当时可能存在远距离的交换网络，以保证田螺山先民能获得高质量的石料来制作石器[36]。福建大帽山（5000~4300a BP）石锛的地球化学分析表明，先民可能渡海到澎湖列岛（直线距离约150km）获取制作石锛的玄武岩石料[37]。

与小黄山遗址年代相当的贾湖遗址（9000~7800a BP），其石料大多为附近河床就地取材，但页岩、片岩、板岩以及云母、滑石，经远距离冲刷滚动后很难再用来作石制品原料，所以贾湖人对部分石制品原料的直接开采范围可达100km以上[38]。研究者对蚌埠双墩遗址（7300~7100a BP）的石料来源分析认为，制作石器的45种岩石来自于距离遗址8~370km的范围内，由于地形因素的影响，部分可能来自于淮河，但部分可能是远距离的搬运，或通过交换获得[39]。

通过对以上不同时空框架内，各遗址岩矿资料来源的简单对比，我们发现史前先民因受资源环境和技术水平的局限，利用岩矿资源的特点不尽相同，大体可以归纳为以下3种类型：①就近取材型；②陆上远距离获取型；③跨海远距离获取型。其中，第一种利用方式为就近利用可获取的各种岩矿资源，小黄山遗址、跨湖桥遗址即属于此种情况。第二种则是有意识地利用来自较远地区的岩矿资源，如贾湖遗址、双墩遗址等，至于是交换、到原地开采或掠夺等哪种具体的获取形式，则需要具体分析。第三种则必须具备航海能力为支撑，如大帽山人必须有渡海能力，才能到澎湖列岛获取玄武岩。第一种应是人类对自然较为被动的适应，而后两种则是人类不断发挥主观意识的结果。此3种利用方式，与史前社会发展的各阶段并非完全对应，可能在某一阶段同时存在几种不同利用方式。小黄山先民对岩矿资源的就近利用方式,既是被动的适应,又充分发挥了主观能动性,正如前文分析的那样,他们对石料已有一定的选择性。

小黄山先民在石料的选择上,有一点应该引起我们的注意,他们主要选择玄武岩作为石磨盘和磨石的原料。石器分析成果表明,石料资源的丰富程度、质量优劣、可获取性,是制约石器技术发挥和工业特点的重要因素[40]。早在旧石器时代,人类在制作石器时就已经把石器的用途、原料、岩性等有机地结合起来[41]。

就石磨盘的材质而言,大多为砂岩质,贾湖50件石磨盘皆砂岩,磨棒原料绝大多数是砂岩,个别为安山岩[42];1979年裴李岗遗址发掘报告中,14件磨盘(附磨棒)均为砂岩琢制[43],新郑裴李岗1977年试掘和两次调查发现的40件磨盘均为砂岩琢制[44];跨湖桥遗址的25件磨石,多为灰绿色砂岩[45]。

从所占比例来看,小黄山遗址出土玄武岩质磨盘和磨石约占88.8%,在可同时获取玄武岩和砂岩的情况下,先民这种选择上的偏向,是我们应该引起注意的。

对于砂岩质石磨盘的加工效率,王强[46]利用砂岩石磨盘和花岗闪长岩磨棒组合分别对水稻、橡子、黄豆、小麦等进行了模拟使用试验。与研磨黄豆、小麦的效率相比,他发现研磨橡子的效率最低,效率为44.7克/小时。那么,玄武岩质磨盘的加工效率如何,是否会高于砂岩质磨盘?小黄山先民选择的偏好是否与此有关?小黄山石磨盘的淀粉粒分析表明,石磨盘加工对象有橡子、小麦族植物、薏苡属植物等[47]。因此,我们将参照淀粉粒的研究结果,通过模拟使用试验来做进一步考察。

本文通过对小黄山遗址出土石制品岩性的鉴定和统计分析,结合区域地质资料,初步考察了小黄山遗址石制品的资源域,大致推测了先民岩矿资源的来源及获取方式。得出以下几点初步认识。

(1)本文采用"遗址内"的分析方法,以遗址出土的石制品为出发点,并未事先划定研究范围。分析结果表明,小黄山遗址先民利用石料的范围不超过2千米(较远的崇仁江距遗址约1400米),这表明与生计活动密切相关的"内围资源"[48]主要还是就近获取,其获取范围远小于"遗址外"分析方法事先所划定的5千米或10千米[49]。因此,对遗址"内围资源域"的分析,采用"遗址内"的分析方法更为合理。

(2)古人利用岩矿资源的情况是复杂的,就小黄山遗址而言,他们主要采取的是就近取材的资源获取策略,充分利用了河流从山区带来的岩石。玄武岩应当主要由崇仁江获得,而角闪变粒岩、泥质板岩、花岗岩等石料只能从长乐江中获得。其他石料从崇仁江、长乐江中均可获得,先民可能选择从河流中就近获取。从目前的分析结果来看,遗址出土的绝大多数石料都可以通过河床中获得,这基本上可以满足古人对不同石料的需求,所以,我们认为原地开采或通过交换贸易方式获取的可能性不大。

(3)小黄山先民在利用自然界提供的岩石时,已具有很强的目的性和选择偏好,特别是磨盘磨石石料多选择气孔状玄武岩。这种偏好可以从先民石料的获取方式和器形与岩性的对应关系上得到体现。这种目的性和选择偏好恰恰反映出古人对不同岩石性质的认识水平,也是当时社会发展进步的体现。

致谢 中国科学技术大学科技史与科技考古系秦颍副教授在论文写作过程中多次提出建设性修改意见,浙江省地质资料档案馆工作人员为查阅地质档案资料提供了便利条件,嵊州文管会王鑫君副主任等同仁不仅参加调查与取样,还为本研究提供许多便利;审稿专家和编辑部老师对文章修改提出了大量意见,谨此致谢。

注　释

[1] 张恒、王海明:《浙江嵊州小黄山遗址发现新石器时代早期遗存》,《中国文物报》2005年9月30日第1版。

[2] 王海明:《浙江新石器文化遗存的探讨与思考》,《何炳棣先生九十华诞论文集》,三秦出版社,2008年,第351~359页。

[3] 专家谈:浙江嵊州小黄山遗址,资料来源:http://news.artxun. Com/taoqi-1142-5709742.shtml.

[4] 中国文物信息网,http://www.ccrnews.corn.cn/102785/102805/102807/84181.html.

[5] Liu L, Field J, Weisskopf A, et al. The Exploitation of Acoru and Rice in Early Holocene Lower Yangzi River, China. Acta Anthropologica Sinica, 2010, 29（3）: 317-336;姚凌、张居中、翁屹等:《浙江嵊州小黄山遗址出土石磨盘表面淀粉粒植物种属来源及相关同题研究》待刊;陈茜茜、杨玉璋、张居中等:《浙江小黄山与河南贾湖遗址出土新石器时代前期陶器化学组成的WDXRF分析研究》,《光谱学与光谱分析》2011年第31卷第11期,第3140~3144页;崔品、翁屹、方方等:《考古样品烷烃分析方法探讨》,《南方文物》2010年第4期,第149~152页。

[6] Higgs E S, Vita-Finzi C. Prehistoric Economies: A Territorial Approach//Higgs E S. Papers in Economic Prehistory. Cambridge: Cambridge University Press, 1972: 27-36; Flannery K V. The Village and Its Catchment Area: Introduction//Flannery K V. Early Mesoamerican Village. New York: Academic Press, 1976: 97-109; Davidson D A, Green C M. An Analysis of Site Catchment Areas for Chambered Cairns on the Island of Arran. Journal of Archaeological Science, 1989, 16(4): 419-426; Hunt E D. Upgrading Site—Catchment Analyses with the Use of GIS: Investigating the Settlement Patterns of horticulturalists. World Archaeology, 1992, 24(2): 283-309; Ullab L L T. A GIS Method for Assessing the Zone of Human Environmental Impact Around Archaeological Sites: A Test Case from the Late Neolithic of Wadi Ziqlab, Jordan. Journal of Archaeological Science, 2010, 38 (3): 623-632.

[7] 荆志淳:《西方环境考古学简介》,《环境考古研究(第一辑)》,科学出版社,1991年,第35~40页;多纳·C. 罗珀著,焦天龙译:《论遗址区域分析的方法与理论》,《当代国外考古学理论与方法》,三秦出版社,1991年,第239~257页。

[8] 王青:《西方环境考古研究的遗址域分析》,《中国文物报》2005年6月17日第7版;陈洪波:《"遗址域分析"涵义再探》,《中国文物报》2006年2月17日第7版;李果:《Site Catchment Analysis(遗址资源域分析)译法及其考古学意义的思考》,《中国文物报》2006年3月10日第7版。

[9] 秦岭、傅稻镰、张海：《早期农业聚落野生食物资源域研究——以长江下游和中原地区为例》，《第四纪研究》2010年第30卷第2期，第245~261页。

[10] 王青：《遗址资源域分析及其在西金城的初步尝试》，《新果集——庆祝林沄先生七十华诞论文集》，科学出版社，2009年，第686~702页；王青：《豫西北地区龙山文化聚落的控制网络与模式》，《考古》2002年第1期，第60~70页。

[11] 李果：《资源域分析与珠江口地区新石器时代生计》，《华南及东南亚地区史前考古》，文物出版社，2006年，第170~197页。

[12] 荆志淳：《西方环境考古学简介》，《环境考古研究（第一辑）》，科学出版社，1991年，第35~40页。

[13] 王青：《西方环境考古研究的遗址域分析》，《中国文物报》2005年6月17日第7版。

[14] 陈洪波：《"遗址域分析"涵义再探》，《中国文物报》2006年2月17日第7版。

[15] 秦岭、傅稻镰、张海：《早期农业聚落野生食物资源域研究——以长江下游和中原地区为例》，《第四纪研究》2010年第30卷第2期，第245~261页。

[16] 钱益汇、方辉、于海广等：《大辛庄商代石器原料来源和开发战略分析》，《第四纪研究》2006年第26卷第4期，第612~620页；李锋、王春雪、刘德成等：《周口店第一地点第4~5层脉石英原料产地分析》，《第四纪研究》2011年第31卷第5期，第901~908页；Kenneth D C, Marshall I W. Stone Adze Compositions and the Extent of Ancient Polynesian Voyaging and Trade. Science, 2007, 317: 1907-1911; De Francesco A M, Crisci G M, Bocci M. Non-destructive Analytic Method Using XRF for Determination of Provenance of Archaeological Obsidians from the Mediterranean Area: A Comparison with Traditional XRF Methods. Archaeometry, 2008, 50(2): 337-350.

[17] 焦天龙：《波利尼西亚考古学中的石锛研究》，《考古》2003年第1期，第79~89页。

[18] 多纳·C. 罗珀著，焦天龙译：《论遗址区域分析的方法与理论》，《当代国外考古学理论与方法》，三秦出版社，1991年，第239~257页。

[19] 王海明：《浙江新石器文化遗存的探讨与思考》，《何炳棣先生九十华诞论文集》，三秦出版社，2008年，第351~359页。

[20] 刘莉：《中国史前的碾磨石器、坚果采集、定居及农业起源》，《何炳棣先生九十华诞论文集》，三秦出版社，2008年，第105~132页。

[21] 杨晓燕、郁金城、吕厚远等：《北京平谷上宅遗址磨盘磨棒功能分析：来自植物淀粉粒的证据》，《中国科学：D辑》2009年第39卷第9期，第1266~1273页；张永辉、翁屹、姚凌等：《裴李岗遗址出土石磨盘表面淀粉粒的鉴定与分析》，《第四纪研究》2011年第31卷第5期，第891~899页。

[22] Liu L, Field J, Weisskopf A, et al. The Exploitation of Acoru and Rice in Early Holocene Lower Yangzi River, China. Acta Anthropologica Sinica, 2010, 29(3): 317-336; 姚凌、张居中、翁屹等：《浙江嵊州小黄山遗址出土石磨盘表面淀粉粒植物种属来源及相关问题研究》待刊。

[23] 黄建秋：《国外磨制石斧石锛研究述评》，《东南文化》2010年第2期，第113~117页。

[24] 谢礼晔：《微痕分析在磨制石器功能研究中的初步尝试》，中国社会科学院考古研究所硕士学位论文，2005年，第31~37页。

[25] 浙江省文物考古研究所：《河姆渡——新石器时代遗址考古发掘报告》，文物出版社，2003年，第77页；安徽省文物考古研究所、蚌埠市博物馆：《蚌埠双墩——新石器时代遗址发掘报告》，科学出版社，2008年，第608~623页。

[26] 吕红亮：《香港新石器时代打制石器研究》，香港中文大学，2007年，第44页。资料来源：http://www.10rdwilsonheritagetrust.org.hk/deliver/97/report.pdf。

[27] 浙江省地质矿产局：《浙江省区域地质志》，地质出版社，1989年，第549页。

[28] 唐小明：《浙江省嵊州市地质灾害调查与区划报告》，浙江省地矿勘察院，2002年，第14~23页。

[29] 浙江省地质矿产局：《浙江省区域地质志》，地质出版社，1989年，第549页；唐小明：《浙江省嵊州市地质灾害调查与区划报告》，浙江省地矿勘察院，2002年，第14~23页；方炳兴等：《浙江省岩石地层》，中国地质大学出版社，2008年，第14、139、153~154、178~180页。

[30] 徐馨：《二万年来长江中下游自然环境变迁及其发展趋向探讨》，《火山地质与矿产》1992年第13卷第1期，第1~11页。

[31] 唐小明、游省易、尚月全：《浙江省玄武岩台地地貌及地质灾害》，《浙江大学学报》（理学版）2009年第36卷第2期，第231~236页。

[32] 高华喜、殷坤龙、周春梅：《硅藻土矿分布区斜坡稳定性分析与评价》，《矿业研究与开发》2006年第26卷第5期，第14~16页。

[33] 中国社会科学院考古研究所等：《桂林甑皮岩》文物出版社，2003年，第367~374页；闻广、荆志淳：《福泉山与崧泽玉器地质考古学研究》，《考古》1993年第7期，第627~646页。

[34] 浙江省文物考古研究所、萧山博物馆：《跨湖桥》，文物出版社，2004年，第154页。

[35] 王淑云、莫多闻、孙国平等：《浙江余姚田螺山遗址古人类活动的环境背景——来自植硅体等的证据》，《第四纪研究》2010年第30卷第2期，第326~334页。

[36] Guo Z F, Jiao T L, Rolett B V, et al. Tracking Neolithic interactions in South East China: Evidence from Stone Adze Geochemistry. Geoarchaeology: An International Journal, 2005, 20(8): 765-776.

[37] Guo Z F, Jiao T L. Searching for the Neolithic Interactions Across the Taiwan Strait: Isotopic Evidence of Stone Adzes from Mainland of China. Journal of Austronesian Studies, 2008, 2(1): 31-40; Jiao T L, Guo Z F, Sun G P, et al. Sourcing the Interaction Networks in Neolithic Coastal China: A Geochemical Study of the Tianluoshan Stone Adzes. Journal of Archaeological Science, 2011, 38(3): 1360-1370.

[38] 河南省文物考古研究所：《舞阳贾湖》，科学出版社，1999年，第824页。

[39] 安徽省文物考古研究所、蚌埠市博物馆：《蚌埠双墩——新石器时代遗址发掘报告》，科学出版社，2008年，第608~623页。

[40] 高星：《周口店第15地点石器原料开发方略与经济形态研究》，《人类学学报》2001年第20卷第3期，第186~200页；裴树文、侯亚梅：《东谷坨遗址石制品原料利用浅析》，《人类学学报》2001年第20卷第4期，第271~281页。

[41] 胡松梅：《略谈我国旧石器时代石器原料的选择与岩性的关系》，《考古与文物》1992年第2期，第40～45页。

[42] 河南省文物考古研究所：《舞阳贾湖》，科学出版社，1999年，第824页。

[43] 任万明、王吉怀、郑乃武：《1979年裴李岗遗址发掘报告》，《考古学报》1984年第1期，第35页。

[44] 开封地区文管会、新郑县文管会：《河南新郑裴李岗新石器时代遗址》，《考古》1978年第2期，第75、76页。

[45] 陈淳、潘艳、魏敏：《再读跨湖桥》，《东方博物》2008年第2期，第14～25页。

[46] 王强：《海岱地区史前时期磨盘、磨棒研究》，山东大学博士学位论文，2008年，第85～105页。

[47] Liu L, Field J, Weisskopf A, et al. The Exploitation of Acoru and Rice in Early Holocene Lower Yangzi River, China. Acta Anthropologica Sinica, 2010, 29(3): 317-336；姚凌、张居中、翁屹等：《浙江嵊州小黄山遗址出土石磨盘表面淀粉粒植物种属来源及相关问题研究》待刊。

[48] 李果：《资源域分析与珠江口地区新石器时代生计》，《华南及东南亚地区史前考古》，文物出版社，2006年，第170～197页。

[49] 多纳·C. 罗珀著，焦天龙译：《论遗址区域分析的方法与理论》，《当代国外考古学理论与方法》，三秦出版社，1991年，第239～257页。

（原载《第四纪研究》2012年第32卷第2期；与何中源、杨晓勇、王海明、张恒合著）

音乐考古

考古新发现——贾湖骨笛

1983年至1987年，河南省文物研究所在河南省中部地区舞阳县进行了六次考古发掘，揭露面积2400多平方米，发掘出贾湖新石器时代的遗址。其中墓葬300多座，出土陶、石、骨等多种质料的遗物数千件。引起音乐史学界广泛关注的是骨质管乐器——骨笛。

1986年5月12日，当我们在清理78号墓时，在墓主人的左股骨两侧各发现一件穿孔骨器，每件上都有七个小圆孔，形状很像现在的横笛，但无笛膜孔，亦无洞箫的山口，器形很特殊，当即引起我们的注意。1986年5月到1987年6月，我们又先后发现十多件这类器物。

这些骨笛均出自墓葬，往往一墓两件，多置于死者的股骨两侧，也有在肱骨两侧的。同出器物有陶壶、陶罐、陶鼎、骨箭头、骨鱼镖、牙饰、獐牙器、叉形骨器、长条形骨器、成堆的乌龟等。我们认为这些龟和叉形骨器很可能与原始宗教和巫术仪式有关。

通过对贾湖遗址的发掘资料进行分析研究，我们认为，贾湖遗址的文化遗存早于中原地区的仰韶时代文化，与分布在嵩山周围、郑汴洛一带的裴李岗文化大体同时，具有不少共同因素，但又有许多差异，而与沙河、洪河流域其他一些同时期遗址基本一致，并且受到长江流域同时期文化的某些影响。它和裴李岗文化应为不同的人们共同体所创造，我们暂将贾湖一类文化遗存称之为"贾湖类型"。

根据贾湖遗址出土的木炭、泥炭标本测定出的 ^{14}C 年代数据，分析贾湖类型的创造者在这里居住了大约一千年左右，为距今8000到7000年。若按经树轮校正过的数据，则为距今8500～7600年。

7000年前的淮河流域，气候条件与今天的长江流域相似，属亚热带雨林气候，温暖湿润，水草丰茂。贾湖先民不仅有较为发达的原始农业，还有较为发达的捕捞业和狩猎业，畜牧业和采集业也较发达，这就为手工业的发展和精神文化的创造提供了相应的经济基础，制陶、骨器及石器制作、缝纫、揉皮、建筑、粮食加工等手工业都较为发达，原始宗教、音乐、数学等也相应发展起来。贾湖先民当时已能在龟甲、骨器、石器上契刻出具有文字性质的符号以记事状物，用猛禽的骨管制成笛子[1]，吹奏乐曲，交流情感，欢庆丰收。贾湖骨笛的发现，揭开了我国音乐史研究的新篇章。

现在发现的十多支贾湖骨笛，全部是利用动物骨管在其一面钻出很规整的圆形音孔而成，那么，是什么动物的骨管呢？我们请北京大学考古系吕遵鄂教授帮助鉴定，吕先生认为通过动物长骨鉴定动物的种属，主要靠两头的骨关节。因骨笛在制作过程中将骨关节锯掉了，就无法准确判断其种属，但属于猛禽一类动物是没有问题的。

骨笛一般长20多厘米，直径1.1厘米左右，形制固定，制作规范，大多为七孔，个别笛子在主音孔旁还有调音用的小孔。有的笛子在穿孔前先划上等分符号，然后在符号上钻孔。这说明当时在制作笛子时，是经过精确计算的。

当时在考古发掘工地发现这些骨笛之后，我们就初步认为应是当时的一种乐器，但到底是不是乐器？如何吹奏？发声原理如何？能发出什么样的声音？由于我们是搞考古的，音乐知识十分贫乏，要想对出土的骨笛进行深入研究，就须请教有关专家。当发掘告一段落之后，我们河南省文物研究所的同志于1987年7月下旬带上出土的最完整的一件骨笛来到北京。

到京之后，我们找到了中国艺术研究院音乐研究所萧兴华先生、中央民族乐团刘文金先生。经过管乐演奏家宁保生先生反复琢磨首先吹出了音阶，当时肖先生和刘先生等都肯定这件器物是一件乐器，名字称为骨笛。其吹奏方法，应和至今流传于河南民间的竹箫、塔吉克族的鹰骨笛、哈萨克族的斯布斯额相似。没有吹孔，是用笛子的一端作吹口，吹时需将笛子斜持，使吹口与嘴形成一个适当的倾斜度，利用声波的震荡，使其边棱发音。

此次初步测定和试奏，立即引起有关音乐史和音乐理论家的重视。1987年11月上旬，中国音乐研究所黄翔鹏先生、武汉音乐学院童忠良先生、萧兴华先生以及音乐研究所的测音员徐桃英先生和顾伯宝先生一行五人携带最先进的测音仪器来到郑州河南省文物研究所，对出土的骨笛进行了系统的、权威性的鉴定和测试。通过此次鉴定，专家们认为，贾湖骨笛已经具备七声音阶结构，而且发音准确，音质较好，至今仍可吹奏出旋律。他们还用骨笛演奏了河北民歌《小白菜》。1987年12月10日，我们就贾湖的重大考古发现举行了新闻发布会，到会者都为七八千年前我们的祖先能制作出如此精美的乐器而震惊。

注　释

[1]　因当时未见到骨笛的两端骨关节无法准确鉴定，北京大学吕遵谔教授暂把骨笛的制作材料鉴定为猛禽的长骨。后发现带有一端骨关节的半成品，经中国科学院古脊椎动物与古人类研究所鸟类专家侯连海教授鉴定为丹顶鹤尺骨。

（原载《音乐研究》1988年第4期）

舞阳贾湖遗址出土的龟甲和骨笛

贾湖裴李岗文化遗址出土的龟甲契刻符号和骨笛发表之后[1]，引起学术界的广泛关注。今再介绍其中几件，以飨读者。

（1）龟甲　标本M363：13，出土于363号墓。该墓为一次葬与二次葬的合葬墓，在二次葬人骨之上放置一堆龟甲，共八个个体，均背、腹甲扣合成套放置，龟腹内大多装有数量、颜色、大小、形状各不相同的小石子。标本M363：13为其中的一个，此龟呈土黄色，背甲长15.5、宽7～11、高7.1厘米。头端与两侧各钻一孔，从用途和位置分析，尾端也应有一孔，但因残缺一块背甲片而不见。腹甲长15.1、宽7.0～9.2厘米。两端各有一孔，其一侧有二孔，一侧一孔，中间二孔。孔皆单面钻，中间二孔较大，孔径0.3～0.6、余均0.2～0.3厘米。龟腹内置石子12颗，其中浅色石子7颗，深色石子5颗，皆为自然石子。背、腹甲均无人工契刻痕迹（图一，1、2）。

这种用龟随葬的习俗，在大汶口文化和下王岗早期文化也曾发现过，有学者认为系龟灵崇拜的现象[2]，有的认为与冷占卜有关。其上的钻孔，被认为系缀合及缀流苏类饰物之孔。因扣合较紧且内装石子，故也可作为一种发声的器具，

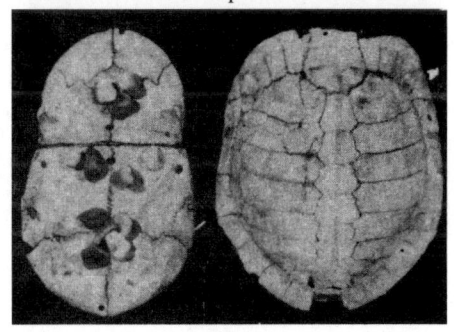

图一
1. 龟甲（M363：13，外侧视）　2.龟甲及石子（M363：13，内面视）

或曰"龟铃"。因之随葬龟甲的墓主人，其生前的身份可能系巫或乐之类。

此龟经鉴定可能是闭壳龟（*Cyclemys trafasciata*）。这种龟目前黄淮地区已绝迹，江淮地区也已罕见，主要生活于江南及华南地区。这也许表明，7000多年前的淮河流域的气候和自然景观与今日的江南地区基本一致。

（2）七孔骨笛　标本M282：21，出土于282号墓。此笛与已发表的标本M282：20，同出于墓主人左股骨两侧。全长23.6、吹口径1.6、底口径2.1、吹口下最细处径1.1厘米。在一面钻音孔七个，孔距1.3～1.6、孔径0.4厘米。孔列不太直，第二、五、六孔稍向左偏半孔，第四孔向右偏半孔。出土时断为三节，在两个接口处发现各有三组6个缀合小孔，

孔径0.1厘米，笛身有缠绕痕，表明当时断开后经缀合又使用过（图二，1）。此笛与M282：20号笛的关系可能类似现在少数民族的雄雌二笛。

（3）七孔骨笛 标本M78：1，出土于78号墓。全长20.3、吹口径1.2、底口径1.5、吹口下最细处径0.9厘米。在骨笛一面钻七个音孔，孔距1.3～1.5、孔径0.3厘米。孔列不太直，第二、六孔向右稍偏半孔（图二，2）。在此笛上可看出设计的过程，其音孔旁有初次设计和两次修改设计的刻记。从刻记看，似系先计算，在笛上刻记号，然后在第七孔的位置上钻基准孔，之后经试吹，以此孔音高为标准，修改设计，重新刻记，第四、五、六孔为第一次修改后所钻。之后似又一次调整余下之孔的设计，再次刻记，一、二、三孔为第二次修改设计后所钻。这种制作方法与现在某些民族管乐器的制作方法基本一致。这不仅表明贾湖先民的音乐水平已达到了相当的高度，而且原始数学和计算水平也是相当惊人的。

七孔骨笛的原料，经中国科学院古脊椎动物与古人类研究所专家鉴定，为鹤类的尺骨。鹤类为候鸟类涉禽动物，喜群居于水边和沼泽地区，目前在黑龙江一带生活，到长江流域越冬，在淮河流域作短暂停留。鹤类与龟类反映的自然景观是一致的。

出土以上3件器物的三座墓葬，均属于贾湖遗址第二期[3]。该期目前已公布两个^{14}C年代数据，为7137～7105a BP（树轮校正数据为7762～7737a BP）。7000多年以前，我们的祖先在精神文化方面能达到如此高的水平，表明中原地区的原始文化在当时与周围地区相比是居于领先地位的。

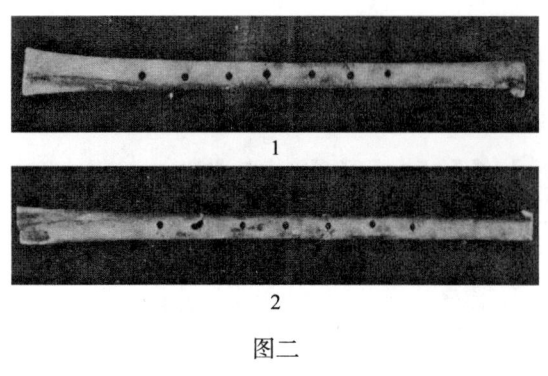

图二
1. 七孔骨笛（M282：21） 2. 七孔骨笛（M78：1）

注　释

[1] 河南省文物研究所：《河南舞阳贾湖新石器时代遗址第二至六次发掘简报》，《文物》1989年第1期。

[2] 高广仁、邵望平：《中国史前时代的龟灵与犬牲》，《中国考古学研究——夏鼐先生考古五十年纪念论文集》，文物出版社，1986年。

[3] 河南省文物研究所：《河南舞阳贾湖新石器时代遗址第二至六次发掘简报》，《文物》1989年第1期。

（原载《华夏考古》1991年第2期）

中国音乐文明的肇始——贾湖骨笛

序　言

音乐是何时起源的？决定现代音乐的基本因素是何时出现的？现代音乐的基础是何时奠定的？这是一个全世界的音乐家和音乐史学家们一直都在共同探索着的奥秘，但长期以来都没有得出一个令人信服而公认的结论。如中国战国时代的《吕氏春秋》一书就认为，远古有一位叫朱襄氏的帝王因干旱而果实不成，为抗旱而发明一种叫瑟的乐器，从人们以野果为食来看，应是追述旧石器时代的事情。而十二律则是另一伟大帝王黄帝令其大臣伶伦取大夏西的竹子，仿凤凰的叫声发明的。这代表了2200年前中国古代学者对这一问题的研究结果。中国舞阳贾湖前期新石器遗址的发掘和贾湖骨笛的发现[1]，为解决这一奥秘提供了重要线索和珍贵资料。

位于中国淮河上游支流沙河南岸一个美丽小湖旁的贾湖遗址，经我们七次发掘，发现了7000~5800BC年间的房址、窖穴、陶窑、墓葬、埋狗坑等遗迹1000余处，出土了陶器、骨器、石玉器等遗物4000多件和大量栽培水稻等植物和动物遗骸。尤其令人震惊的是，发现了三十多支用丹顶鹤尺骨制成的多声音阶骨笛，以及八个一组随葬于墓葬之中的闭壳龟壳，龟壳内装石子，少数上刻具有原始文字性质的符号。这些发现表明，在7000BC东亚地区，有一支与同时期的西亚地区种小麦部族同样发达的种植水稻的部族[2]。

贾湖出土的三十多支骨笛，其中有14支基本完好，我们对其中保存最好的五支进行了系统测音研究和演奏实验，其中编号M282：20的一支，初步研究结果已在《自然》杂志（*Nature*）进行了报道[3]。本文将介绍我们对这批材料的最新研究结果，通过分析贾湖先民音乐文化的发展，来探索中国国家诞生之前音阶的形成与音乐发展的过程。使用测音仪器仍是Stroboconn闪光频谱测音仪，测音人员除萧兴华、张居中外，还有中国艺术研究院音乐研究所的顾国宝工程师。测音时尽可能避免了人为控制的演奏技巧，以求保持其自然发音，保证测音的客观性。

1. 9000年前的音乐家：优秀的农夫、渔夫、猎人兼巫师

从贾湖七次发掘的资料可以看出，这些7000~5800BC年间的音乐家们，生活在全新世大暖期的前期，亚热带的气候和环境中[4]。当时，这里水草丰美，稻花飘香，丹顶鹤脆鸣于空中，梅花鹿疾驰于原野，青鱼、鲤鱼浮游于水面，扬子鳄、闭壳龟追逐于水边。

贾湖先民在这里种植水稻，打猎捕捞，生存繁衍一千多年，他们是优秀的农夫、渔夫兼猎人，而他们中的笛子演奏家们，从其丰富的随葬品来看，同时也是巫师甚至部落酋长。从其随葬品组合观察，往往有大量骨鱼鳔、骨箭头、石质生产工具以及成组龟甲、叉形器等巫术用具与骨笛共出。大量民族志材料证明，在原始先民的精神生活中，纯粹的音乐活动几乎是没有的，音乐首先是娱神，同时达到自娱的效果。在中国古代传统文化中，音乐与宗教仪式和王权有着非常密切的联系。这种现象看来在贾湖人时代已经萌芽了。

为了生存的需要，贾湖人在农耕、捕捞和狩猎过程中发明和制造了一批生产工具和生活用具，其中石质工具有铲、刀、镰、磨盘、磨棒、杵、斧、锛、凿、弹丸、球、钻头、砍帽等，骨角牙制品有镞、镖、矛、凿、刀、削、耜、板、柄、针、锥、匕等，还有陶纺轮、陶网坠等。人们为了对美的追求，还使用了颜料和多种类型的石、玉、骨、牙装饰品，有环、璜、坠、珠等。贾湖人制作的大批生产工具和生活用具，提高了劳动效率和生活质量，在很大程度上改变了他们的生活方式，具有开拓性的意义。这些工具中还有少量的有很高硬度的天然水晶钻头，为制造较细微的工艺品提供了基础条件，具有极高音乐水平的贾湖骨笛正是用制作这些系列化工具的技术工艺制作出来的。因为在制作骨笛的过程中，人们首先要通过捕猎而得到鹤，利用它中空的尺骨经过截头、磨平、计算、开孔（钻孔）等一系列工艺流程方能完成。而贾湖人在9000年前已具备制造骨笛的全部工具，并具有相当水平的对音、音序理解的能力，把人声和自然声通过乐器的制造而升华出艺术之声，这无疑是人类发展史上的巨大创造，充分体现了贾湖先民的聪明才智。

为了确定贾湖遗址的年代，我们请北京大学^{14}C实验室等三家权威^{14}C测年机构对贾湖出土的20多份木炭、果核、人骨等含碳标本进行测定，并进行树轮校正，贾湖遗址的年代大约在7000~5800BC年之间。我们对贾湖文化遗存进行系统分期研究后，将其分为一脉相承的三期，这和我们对贾湖骨笛的发展变化的观察和分期结果也是一致的。又据各期的^{14}C测年数据，认为每期大约经历了400年左右[5]。俞伟超先生在《舞阳贾湖》序言中说："贾湖遗存的最早年代，可达9000年前。这距离我们新石器时代的发生年代，或是农业起源的年代不会太远了。如果同旧石器时代晚期的遗存相比较，判若两种世界。这就清楚地表现出，农业的出现的确是一场大革命，迅速引起了整个社会的巨大进步。"[6]也就是在这样的前提下，贾湖的音乐文化也起了翻天覆地的变化，贾湖出土的骨笛记载了这段时期音乐的发展、变化的全过程，并奠定了中国音乐文化的基础，也可以说，原始时代的先进农业，带来了先进的农业音乐文化。中国音乐文化的形成离不开农业的形成与发展的前提与基础。

2. 贾湖一期骨笛音阶结构分析：从四声音阶到五声音阶

贾湖一期的^{14}C年代为7000~6600BC，在100多个遗迹单位中，仅有M341出了两支骨笛，其中M341∶1为五孔，M341∶2为六孔，至今还能分别吹奏出四声音阶和完整的五声音阶。M341是贾湖遗址最早的墓葬之一，其年代应在9000a BP左右，因此可以认为，用它们吹奏出的音阶形式，是世界上出现最早的，而且它音与音之间的准确程度更令人惊叹！我们对这两支骨笛各测上行下行两组数据，并分别作了记录。由于各组数据存在一些差异，在表一和表二中我们运用了平均的音频数据。这两支骨笛的测音结果分别为：

表一　M341：1号骨笛（五孔）音分对照表

孔号	筒音	五孔	四孔	三孔	二孔	一孔
音高	G5-27	#A5+20	C6+35	#D6+15	G6+5	C7-7
音距音分	347	215	280	390	488	
十二平均律音分	400	200	300	400	500	
较接近的音程律制	347 中立三度	204 大全音	275 纯律增二度	386 纯律大三度	498 纯四度	
Notes in scale	3	5	6	i̇	3̇	6̇

G5-27──G6+5　　　　　1232音分（八度）
C6+35──C7-7　　　　　1158音分（八度）
C6+35──G6+5　　　　　670音分（五度）

表二　M341：2号骨笛（六孔）音分对照表

孔号	筒音	六孔	五孔	四孔	三孔	二孔	一孔
音高	#A5+5	C6+8	D6+5	F6+9	G6+10	#A6+5	D7+10
音距音分	203	197	304	201	295	405	
十二平均律音分	200	200	300	200	300	400	
较接近的音程律制	204 大全音	200 十二平均律全音	300 十二平均律小三度	200 十二平均律全音	294 五度律小三度	408 五度律大三度	
Notes in scale	1	2	3	5	6	i̇	3̇

#A5+5──#A6+5　　　　　1200音分（八度）
D6+5──D7+10　　　　　1205音分（八度）
#A5+5──F6+9　　　　　704音分（五度）
C6+8──G6+10　　　　　702音分（五度）
G6+10──D7+10　　　　　700音分（五度）

通过表一、表二的对照分析得知，M341∶1骨笛的音与音之间的距离较大，在骨笛自然音序中，大二度一个，小三度一个，大三度两个，纯四度一个，如若把它按自然音序的音排列起来，就成为如下的格局：

3	5	6	i	3̇	6̇
开放	密集	开放	开放	开放	

若把这个自然音序按音阶的方式排列起来，即成为1 3 5 6这样一个四声音阶，它的思维方式就成为：

1	3	5	6
开放	开放	密集	

这样以开放—开放—密集的音阶结构形式和由它构成的思维内涵，应当说是比较简单的、粗犷的，像劳动号子一样的音乐形式，是当时集体生产形式的音乐体现。

在M341∶2骨笛的自然音序中，大二度三个，小三度二个，大三度一个，由此可见，M341∶2骨笛比M341∶1号骨笛音程的密集度显然得到了增加，它说明由于生产力的发展和生产分工向细微方向的变化，人们对细微型感情的需要得到了加强，这是音乐上的一次巨大创新，也可以说它是音乐领域中一个革命性变革的开端。由于M341∶2骨笛增加了一个大二度的音程关系，使这支骨笛便能够演奏以五声音阶为基础的自然音序，M341∶2骨笛的主音为#A（筒音），由低向高排列的自然音序为1 2 3 5 6 i 3̇，即在一个完整五声音阶的基础上加了两个八度的重复音，这种重复不是音阶中每一个音的完全重复，而是根据骨笛实际演奏的需要，有选择地进行重复，这说明了这两个重复音在音阶中所处的重要地位。

完整的、五声音阶的出现，说明了古人音乐思维的变化及其变化的脉络。我们可以把五声音阶看成是一种形式，而个音之间的相互关系（即距离）则反映了人们的思维意识及其思维内涵，也就是人们的思维空间，而这些经过组合起来的一个个思维空间的整体，就构成了一个完整的思维体系。这个思维体系的形成，影响了一个民族和地区的整个文化。

我们把M341∶2骨笛按自然音序进行排列，就成为如下格局：

1	2	3	5	6	i	3̇
密集	密集	开放	密集	开放	开放	

在五声音阶自然音序中所形成的四个音程空间，便构成了人们对音乐的思维空间，

这四个空间便形成了：密集—密集—开放—密集这样一个更加合乎艺术哲理的、完整的思维过程，而这个思维过程就是一个完整的思维体系。在这样一个思维体系中，每个相邻的两个音之间所构成的思维空间，都可以构成一个乐理和音乐材料，在同一个空间内（即一个八度关系之内）不同高度之间的密集型重复，又代表着相同或者不同的材料，而开放型的音距（即小三度音程），它包含着具有变化的两个因素，即一个密集型因素和一个细密集型（指小二度音程）因素的组合，这两个因素的位置转变（指小三度内）或分成更为细密集型的组合变化，都能构成一个富有多种变化因素的、新的音乐材料。而在这个开放型之后所出现的密集型就具备了一个新的因素，也可以说它与前面两个密集既有着有机的联系，又有着不完全相同的新材料，它是前面所有材料的继承、变异、综合和总结，一般来说，它也具有相对的稳定性。这样的结构关系，就形成了一套完整的思维体系，它与人们理想中的愿望是合拍的，因而这种形式在相当长的年代和音乐实践中被固定下来。

M341：2骨笛所记录下来的，以五声音阶为基础的音乐思维方式，比M341：1骨笛记录下来的，以四声音阶为基础的音乐思维方式，虽然只有一音之差，但是却有着本质上的区别。四声音阶所代表的是一个初级形态的思维方式，还没有形成一个完整的思维体系；而五声音阶是在四声音阶的基础上，经过改革而形成的新型的思维体系。与法国和斯洛文尼亚旧石器时代晚期洞穴中出土的穿孔音管的音乐性能相比，可以认为是音乐史上的一场革命。这一重大变革，影响了近一万年以来的中国民族民间音乐。

3. 贾湖二期骨笛的音阶结构分析：完备的六声音阶

贾湖遗址二期的^{14}C年代为6600～6200BC之间，出土的骨笛有20多支，出土时形态完整、基本完整或虽残碎但仍可辨出全貌者，除一件二孔骨笛外，其余全是七孔骨笛。随葬这些骨笛的墓葬与同期的其他墓葬相比，墓室的规模都比较大，随葬品也比较多，其中以出土两件完整七孔骨笛的M282规模最大，随葬品竟有60件之多，除笛子外，还有大量骨箭头、骨鱼鳔、石斧和砺石及龟甲和石子，在贾湖遗址已发掘的400多座墓葬中最为丰富，可见生前地位之高，也许这位出色的音乐家就是部落的首领，或者是能与天地沟通的巫师，或者是当时部落中的智者，同时也是出色的猎人和渔夫。由此我们有理由相信，他可能也是骨笛的继承者、制造者和演奏者。

在对贾湖骨笛进行观察研究时，我们还发现一个重要现象，就是在许多笛子的音孔旁有刻划痕迹，少数钻有小圆点，经系统分析我们判定，这些刻、钻痕迹应为制作笛子确定音孔孔位时的设计刻记，有的设计还经过反复修改，如M78：1七孔骨笛的5、6、7三孔孔位竟修改了三次，表明在这些贾湖远古音乐家心目中，对音准和音阶的认识和把握已经达到了相当高的水平，而且还有相当强的计算能力，正像张光直评论贾湖的发现时所说："我们可能低估了这些农业—狩猎部族文化的复杂性。"[7]

在贾湖中期的四百年间，出土骨笛的数量之大，规格之统一，制造水平之高，实数仅见，是近几十年来中国音乐考古界的一大盛事。令人赞叹的是在已出土的所有骨笛中，M282出土的两支骨笛保存得最为完整，尤其是M282∶20骨笛几乎没有任何损伤，达到了极其完美的程度，它不但是乐器，也是精美的艺术品，是当时最高级的工艺品和墓主人高超技艺的结晶。我们在测音的过程中，用这支骨笛吹奏的中国河北省非常流行的民歌《小白菜》[8]，清脆的音色和极为准确的音高，使所有在场的人大为兴奋和震惊，因为他们是第一批听到用8000多年前的乐器演奏乐曲的听众。在《自然》杂志网上公布之后，也深受关注它的听众所欢迎。

M282出土这两支骨笛如此珍贵，其完整程度如此之高不能不引起我们的高度重视，对其进行了反复的测音研究，其中M282∶20笛子第七孔上方因还刻有一小孔，我们还进行了开小孔和堵小孔测音对比，经计算证明，小七孔显然具有调音的作用。其中M282∶20测得上行下行共16组数据，M282∶21测得上行下行共8组数据。由于各组数据存在一定差异，在表三和表四中我们运用了经反复计算的平均的音频数据。这两支骨笛的测音结果分别为：

表三　M282∶20骨笛（七孔）音分对照表

孔号	筒音	七孔	六孔	五孔	四孔	三孔	二孔	一孔
音高	#F5-10	A5-60	B5-82	C6-30	D6-30	E6-30	#F6-30	A6-30
音距音分	250	178	152	200	200	200	200	
十二平均律音分	200	200	200	200	200	200	200	
较接近的音程律制	240 五平均律的一律	182 小全音	151 四分之三音	200 十二平均律全音	200 十二平均律全音	200 十二平均律全音	200 十二平均律全音	
Notes in scale	3	5	6	♭7̇	1̇	2̇	3̇	5̇

#F5-10——#F6-30　　　　　1180音分（八度）
A5-60——A6-30　　　　　1230音分（八度）
A5-60——E6-30　　　　　730音分（五度）
D6-30——A6-30　　　　　700音分（五度）

M282∶20骨笛的主音是D6-30，以此为主音可以排列的自然音序为：

3　5　6　♭7̇　1̇　2̇　3̇　5̇

若将这些自然音序所发出来的音按音阶排列即成为：

1　2　3　5　6　♭7　1̇　　　（D6=1）

表四　M282：21骨笛（七孔）音分对照表

孔号	筒音	七孔	六孔	五孔	四孔	三孔	二孔	一孔
音高	#F5+5	A5-31	#A5+35	C6+12	D6-32	E6+15	#F6+50	#A6-33
音距音分	264	166	177	156	247	235	317	
十二平均律音分	300	200	200	200	200	200	300	
较接近的音程律制	275 纯律增二度	171.4 七平均律的一律	182 小全音	151 四分之三音	240 五平均律的一律	240 五平均律的一律	316 纯律小三度	318 五度律增二度
Notes in scale	3	5	♭6	♭7	1̇	2̇	3̇	5̇

#F5+5——#F6+50　　　　1245音分（八度）

#A5+35——#A6-33　　　　1132音分（八度）

A5-31——E6+15　　　　　746音分（五度）

M282：21骨笛的主音是D6-32，以此音为主音所排列的自然音序为：

1　　2　　3　　5　　♭6　　♭7　　1̇　　（D6=1）

M282墓出土的两支骨笛，主音位置相同，它们都是六声音阶（缺第四级音），它们的差别是第六级音的变化，M282：21骨笛的第六级音比M282：20骨笛的第六级音低半个音。为什么在一个墓中出土的骨笛会产生这样的差别呢？通过观察我们发现，在出土这两支骨笛时，M282：20骨笛是完好无损的，而M282：21骨笛在主人使用时已断为三节，但并未被主人所抛弃，而是沿断口钻了14个小孔进行缀合，然后经过精心缠裹，继续使用，在笛身上留下了清晰的缠裹痕迹。这不仅表明此笛是主人的心爱之物，而且也是得之不易的，甚或是墓主人先辈所传，曾伴随墓主人或其先辈做出过惊天动地的大事。根据对M282出土的两支骨笛进行比较和判断，我们认为M282：21骨笛制作的时间在前，而M282：20骨笛制作时间在后，是M282：21骨笛的改进型，这样推断的理由如下。

（1）M282墓的主人在生前应具有相当高的地位，而骨笛不单是他的心爱之物，而且也是其社会地位的重要象征。我们可以想象，骨笛在当时的贾湖社会的宗教礼仪中，曾经扮演了相当重要的角色。因此，M282：21骨笛才虽断而不弃，采用了当时最为复杂的手段予以修复而继续使用。

（2）通过观察，M282：21骨笛的管身上没有发现在制作时留下的痕迹，它很可能是前人在大量制作骨笛经验基础上所留下的精品，它几乎是这个时期骨笛形制的样板。而在它受损之后，墓主人在M282：21骨笛原型的基础上进行仿制，由于骨笛采用的是天然的丹顶鹤的尺骨，因此难以找到粗细、长短完全相同的材料，为此墓主人在一支新的骨管上要进行很多的计算，力争在新笛的制作上既保持原有骨笛的合理部分，又要以自己的观点进行适当的改进。在制笛的过程中，首先要确定的骨笛筒音的位置和主音位置的音高。M282：20骨笛主音（第四孔）音高为D6-30，与M282：21骨笛主音（第四孔）音高D6-32只差2音分，即现代人们确定半音的1／50，这个极小的差别是任何人都无法用耳朵能听出来的。而达到这样高度的音准是经过计算而得出来的，因为在M282：20骨笛骨管上留下了四处计算痕迹，这支骨笛的计算痕迹与其他骨笛计算痕迹的不同之处是，它是用细小的钻头，在第二、三、四孔的右下方留下的三处计算痕迹和第七孔上方开的小七孔都是小钻头点出来的，在制作过程中，边吹奏校音，边调整孔位，而小七孔在钻透管壁之后，经吹奏与需要的音还稍高，因此经调整，在小七孔下方0.44厘米处开了正式的第七孔，而二、三、四孔留下的痕迹与实际的开孔位置也都向上方调整了0.15厘米左右，可见贾湖人在对声音标准的敏感度上是相当精确的。我们应当承认，M282出土的两支骨笛都是精品，而M282的墓主人本身就是当时具有很高水平的音乐家。

（3）两支骨笛都出现了细密集型的音程关系（即小二度音程），但是两支骨笛在制作过程中保留了五声音阶的基本形态。M282：21骨笛在制作之初，就是对贾湖早期骨笛（五声音阶）的改进型，它改变了五声音阶的思维形态，也保留了五声音阶的基本因素，使之更善于演奏出人们更熟悉的音乐语言。M282：20骨笛保留了M282：21骨笛降低第六级音的做法，使1 2 3 5 6 ^{b}7 i这样一个带有变化音的六声音阶，增加了五声音阶以外的变化色彩，扩大了音乐的表现能力，这样的变化使五声音阶的思维体系产生了巨大的变化，这个变化说明了贾湖骨笛从五声音阶发展到六声音阶的变化和选择过程。变革在原则上来说是一种进步的举措，在变革的过程中符合音乐发展规律的因素则会保留，不符合规律的将被淘汰，这正是事物发展的基本规律。从贾湖中期对第六、七级音的选择上，正说明了这个道理。因此可以认为，M282：20骨笛是M282：21骨笛的改进型，它既有实验性，也具有实用性，是贾湖骨笛当中的精品，也代表着贾湖中期音乐发展的最高水平。

贾湖中期的四百年，是贾湖文化的鼎盛时期，从这个时期骨笛的制作和发展水平上来看，七孔骨笛是贾湖音乐发展史上第二个高峰，它已经在五声音阶的基础上，向前大大地迈进了一步，开拓了音乐的表现领域，为中国音乐的进一步发展起到了承上启下的作用。

4. 贾湖三期骨笛的音阶结构分析：完备的七声音阶

贾湖三期年代为6200～5800 BC年，至今共出土七支骨笛。由于贾湖三期的墓葬接近地表，埋藏环境较差，因此出土的骨笛大多残损，保存较好的只有M253的七孔、八孔各一支，以及M263一支残七孔笛，其中M253：4八孔骨笛是这个时期最具代表性的作品，我们测了上行下行各两组数据，测音结果如表五所示。

八孔骨笛是贾湖遗址晚期才出现的新型乐器，虽然它比中期的骨笛只增加了一个音孔，但在骨笛的制作和音律上都产生了不小的变化。根据对M253：4骨笛的测音数据，并交换它的主音位置,可以排列出下列不同种类的音阶。

若以 D6 为主音,它的自然音序为:

$^\#$F5	A5	$^\#$A5	C6	$^\#$C6	D6	$^\#$D6	F6	G6	
$^\#\underline{2}$	$^\#\underline{4}$	5	6	$^\flat$7	7	$\dot{1}$	$\dot{2}$	$\dot{3}$	($^\flat\dot{3}$)

音阶为: 1　2　3　$^\#$4　5　6　7　$\dot{1}$

表五　M253∶4骨笛（八孔）音分对照表

孔号	筒音	八孔	七孔	六孔	五孔	四孔	三孔	二孔	一孔
音高	$^\#$F5-5	A5-20	$^\#$A5＋35	C6-50	$^\#$C6-32	D6-8	$^\#$D6＋38	F6＋15	G6＋15
音距音分	285	155	115	118	124	146	177	200	
十二平均律音分	300	200	100	100	100	100	200	200	
较接近的音程律制	294 五度律小三度	151 四分之三音	114 五度大半音	117 中庸全音律半音	117 中庸全音律半音	143 四分之三音	171.4 七平均律的一律	200 十二平均律全音	
Notes in scale	1	2	3	4	5	6	7	$\dot{1}$	

$^\#$F5-5——$^\#$C6-32　　　　673音分（五度）

$^\#$A5＋35——F6＋15　　　　680音分（五度）

C6-50——G6＋15　　　　　765音分（五度）

若以$^\#$A5为主音,它可排出的音阶为:

$^\#$A5	C6	D6	$^\#$D6	F6	G6	A5	$^\#$A5
1	2	3	4	5	6	7	$\dot{1}$

若以 F6 为主音,它还可排出:

F6	G6	A5	$^\#$A5	C6	D6	$^\#$D6	F6
1	2	3	4	5	6	$^\flat$7	$\dot{1}$

用骨笛上不同的音作主音,并将它的八度关系进行调整,所排列出三种形式的完整的七声音阶,这又是贾湖音乐文化的一次大飞跃,因为这三种音阶形式中都包含了早期的四声音阶和五声音阶形式,也部分地包含了中期的六声音阶形式,在此基础上产生了一种全新的音阶形式。M253∶4骨笛除了能吹奏出完整的、不同类型的七声音阶之外,在每种音阶中都还存在着变化音阶,它说明了人们的思维意识向着更加细微方向发展的趋势,这种不停地发展趋势影响了中国以后几千年的音乐发展,并在这种不断发展的趋势中形成了专业音乐家和业余爱好者两大选择途径。在中国以后几千年的音乐实践中,专业的音乐家,把音与音之间的关系排列得更加细密,以致在贾湖文化之后,在河南汝州出现了以半音为

基础排列的十孔骨管定音器。

1986年春，中国社会科学院考古研究所河南一队在发掘贾湖遗址西北130多千米的汝州中山寨遗址时，发现了一件鸟类肢骨加工成的骨管，残长15.6厘米，直径1.1～1.3厘米，骨管一侧钻10孔，呈两行交错排列，经观察因孔距太小，不是可用于实际演奏的乐器，但经测音，大多音孔间皆为约100音分左右的半音关系，因之推测此器为具有定音器性质的乐器。根据与此器共出的木炭标本的^{14}C测年研究结果，两个数据经校正分别为6110～5970BC和5730～5550BC，与贾湖第三期的年代大体相当[9]，这说明人们的思维方式在不断进步。

通过对贾湖晚期M253:4骨笛的分析研究，我们不难判断出，贾湖晚期的骨笛属于新的发展期，完整的七声音阶和带有变化音性质的七声音阶的出现，为新的音乐表现提供了更加广阔的天地，它反映出了贾湖晚期音乐的艺术思维已达到了新的高度。但在当时物质生产条件和大多数人们意识水平的制约下，七声音阶及其更复杂的音阶形式的发展自然也受到很大的阻力。在中国的广大民间，他们以自己的喜好和对音乐能接受的范围，选择了最易于表述自己感情的音乐音阶和艺术思维形式，即五声音阶，使它在民间具有广泛的普及性，并成为老百姓音乐生活的主体，直到先秦时代，以至人们误认为，中国先秦只有五声音阶。贾湖六声、七声音阶骨笛的发现，改变了这一传统认识。这个重大的课题，我们将在以后的研究中专门进行讨论。

5. 结论

以上我们分析了贾湖一、二、三期具有代表性的五支骨笛的测音数据，研究结果表明，在贾湖文化1200多年的发展历程中，音乐素材和艺术思维的发展同聚落形态和稻作农业的发展一样，同样经历了一个由简到繁的过程。如若把三个时期骨笛所构成的音阶排列起来看，这个现象便一目了然（表六）。

表六　贾湖骨笛各期音阶对照表

分期	编号	音阶							时间
一期	M341:1	1		3		5	6		i	7000～6600BC
	M341:2	1	2	3		5	6		i	
二期	M282:21	1	2	3		5	^{b}6	^{b}7	i	6600～6200BC
	M282:20	1	2	3		5	6	^{b}7	i	
三期	M253:4	1	2	3	$^\#$4	5	6	7	i	6200～5800BC
		1	2	3	4	5	6	7	i	
		1	2	3	4	5	6	^{b}7	i	

从贾湖一期开始，在骨笛的基本音素中，已出现了纯律、五度律和十二平均律的因素，尽管当时的贾湖人可能还没有这三种律制的固定概念，但贾湖人在长期的音乐实践中已出现了这三种律制的萌芽，是可以肯定的。而这三种律制在不同的历史时期对中国人的

音乐生活都产生过制约性的影响。

通过上述分析，从音乐的基础——音阶发展的过程来看，贾湖骨笛所反映出来的音乐文化发展脉络是十分清晰的。也就是说，远在公元前7000年前的贾湖文化时期，中国的农业音乐文明已走向初步完善的阶段，为以后数千年中国音乐的发展奠定了基础，为中国礼乐文明的诞生准备了条件，也为世界音乐史的发展做出了卓越贡献。

致谢：本文为国家自然科学基金资助项目（项目编号：30070463，39920017）。写作期间得到杨晓勇博士的热情帮助，谨致谢忱。

注　释

[1] 河南省文物考古研究所：《舞阳贾湖》，科学出版社，1999年；萧兴华：《中国音乐文化文明九千年——试论河南舞阳贾湖骨笛的发掘及其意义》，《音乐研究》2000年第1期。

[2] Zhang J Z, Wang X K. Notes on the Recent Discovery of Ancient Cultivated Rice at Jiahu, Henan Province: A New Theory Concerning the Origin of *Oryza japonica* in China. Antiquity, 1998, 72(278): 897-901；孔昭宸、刘长江、张居中：《河南舞阳县贾湖遗址八千年前水稻遗存的发现及其在环境考古学上的意义》，《考古》1996年第12期。

[3] Zhang J Z, Harbottle G, Wang C S, et al. Oldest Playable Musical Instruments Found at Jiahu Early Neolithic Site in China. Nature, 1999, 401(6751): 366-368.

[4] 施雅风：《中国全新世大暖期气候与环境》，海洋出版社，1992年；张居中：《环境与裴李岗文化》，《环境考古研究（第一辑）》，科学出版社，1991年，第122~129页；张居中等：《试论贾湖先民的生存环境》，《环境考古研究（第二辑）》，科学出版社，2000年，第41~43页。

[5] 河南省文物考古研究所：《舞阳贾湖》，科学出版社，1999年，第515~519页。

[6] 俞伟超：《淮河的光芒：黄河与长江的联结——〈舞阳贾湖〉·序》，《东南文化》1999年第1期。

[7] Chang K C. China on the Eve of the Historical Period in *The Cambridge History of Ancient China*. Cambridge: Cambridge University Press, 1999: 48-53.

[8] Zhang J Z, Harbottle G, Wang C S, et al. Oldest Playable Musical Instruments Found at Jiahu Early Neolithic Site in China. Nature, 1999, 401(6751): 366-368.

[9] 中国社会科学院考古研究所河南一队：《河南汝州中山寨遗址》，《考古学报》1991年第1期；萧兴华等：《七千年前的骨管定音器——河南省汝州市中山寨十孔骨笛测音研究》，《音乐研究》2001年第2期。

（与萧兴华合著）

七千年前的骨管定音器——河南省汝州市中山寨十孔骨笛测音研究

1992年6月下旬，萧兴华和张居中（原河南省文物研究所第一研究室主任）、顾国宝（中国艺术研究院音乐研究所工程师）在河南文物研究所研究舞阳贾湖骨笛的过程中，曾提出，如若在河南省的其他地区或其他省也出现一些与舞阳贾湖骨笛相类的骨笛互为佐证，那么，对舞阳贾湖骨笛的研究工作将大大地深入一步，对新旧石器时期的音乐形态、乐器制造及其工艺、远古时期的人类对音的概念等问题会有新的、突破性的认识。张居中先生当即告之，在河南省汝州市汝瓷博物馆藏有一支在汝州市中山寨出土的多孔骨笛，但是，它在外形上虽然与舞阳贾湖骨笛大致相同，而在开孔上却有很大区别，因而未将这两地的骨笛联系起来。这一个重要的信息，引起了我们的极大兴趣，并当即决定：隔日出发，前往汝州市汝瓷博物馆进行考察。

汝州市中山寨骨笛是中国社会科学院考古研究所和汝州市文物工作队于1982年在汝州市中山寨新石器时代遗址中发掘出来的，据考古专家们确定，它属于裴李岗文化时期的遗物，距今已有7000余年的历史。这支骨笛在汝州市汝瓷博物馆的馆藏编号是0004号，经过我们的认真观察，这支骨笛的两端均已残破，但上端尚保留有原始长度的痕迹。中山寨骨笛与舞阳贾湖骨笛一样，皆用鹤的尺骨制成，现存管长15.5厘米，骨管的外径在1～1.1厘米，骨管的壁厚为0.11厘米，骨管上开有两竖排相互交错的十个按音孔（其中第十孔以下半部均残缺），音孔的孔径分别为0.25～0.33厘米，大部分为0.3厘米，与贾湖骨笛的孔径基本相同。中山寨骨笛与贾湖骨笛最大的不同之处是：贾湖骨笛无论它有多少按音孔，均有序地排成一个竖列，而汝州中山寨十孔骨笛则排成两个竖排（每竖排有五个指孔），两排按音孔呈交叉状，两个音孔之间的距离大多为0.6～0.7厘米，由于音孔排列过密，两手手指无法将十个音孔全部按住，为此，我们对这支骨笛的用途产生了两点怀疑：①中山寨骨笛是不是用来演奏的乐器？②制作这支骨笛的目的和用途是什么？通过对骨笛外部的不断观察，我们决心解开制作这支骨笛目的之谜。

我们见到的中山寨骨笛保持着出土时的原貌，笛子内还塞满着泥土，那是因为在发掘时现场的工作人员不知道它是何物，难以断定它的用途，便把它的原始状态保留了下来。由于不知此物的用途，发掘时未将残片进行认真收集，因此，对它以后的研究和复制工作留下了非常大的困难。

为了尽快搞清这支骨笛的用途，我们与汝瓷博物馆的负责同志进行了共同的研究，决定将它清理出来，进行实地测音。

我们首先对骨笛的保存原貌进行了摄影，然后由张居中对骨笛内的泥土进行了清理。清理干净之后，我们采用最简陋的方法开始对骨笛进行修补。首先将有长度依据的吹口，按照贾湖骨笛常见的骨管形状予以补齐，这样就解决了吹奏问题，也只有在能吹奏的情况下，我们才能找到这个奇特的、不同于贾湖骨笛形制的中山寨骨笛的用途。

当骨笛的吹口部分修补好之后，我们便迫不及待地开始测音（因修复骨笛的下半部难度较大，我们不得不暂时放弃），由顾伯宝操机，萧兴华吹奏，张居中监测。由于中山寨骨笛孔距太密无法用手指按音孔，我们便将胶布剪成若干个小方块，分别贴在九个按音孔上（十孔下部已损坏），吹奏时由下而上逐个揭开。当骨笛发出声音之后，我们当即发现，测音仪随着骨笛自下而上的顺序开孔，它便按着半音的顺序在发生着变化，这一激动人心的场景，使所有在场的人大吃一惊，因为贾湖骨笛没有出现过这种现象，它的具体测音结果是：

音孔位	音高	两音间音分值
一孔	A6+14	
二孔	G6+14	200 ─── 300
三孔	G6+14	100
四孔	F6—33	147
五孔	F6—40	107
六孔	E6—8	68 ─── 200
七孔	D6—40	132
八孔	D6+0	60 ─── 401
九孔	C6—15	115
十孔	C6—9	94

这个测音结果之所以使所有在场的人大为震惊，那是因为：①骨笛发出的系列音，除了第一孔与第二孔之间为大二度之外，其他皆为小二度；②在第一孔与第二孔、第二孔与第三孔之间分别为200、100音分，这个全音与半音的音分值与十二平均律的全音与半音的音分值完全相同，而十二平均律出现在明代，两者的时间差近7000年。在遥远的新石器时代，在没有任何科学仪器的辅助下，能如此精确地计算出音孔位置，是一件不可思议的事情。

如若我们以今天常用的十二平均律的观念为标准，除了第一孔与第二孔、第二孔与第三孔之间的两个音的距离为200和100音分之外，其他接近十二平均律半音的有四到五孔的107音分，十到九孔的94音分。

这支骨笛发出的十个音，若以十二平均律为标准，以最低音C6—A6这十个半音的音距计算，应为1000音分，而实测为1023音分，这个数据与五度律的增六度1020音分只相差了3音分；与十二平均律的1000音分只相差23音分；在这支骨笛的自然音序中，能构成五度关系的音程和它的音分数分别为：

C6—9 —— G6+14 为723音分

C6—15 —— G6+14 为729音分

D6—40 —— A6+14 为754音分

三个五度音程的音分数，要比十二平均律的纯五度（700音分）、五度相生律纯五度（702音分）要宽。

我们不妨将各音程之间的音分数与近似律制的音分值作一比较：

200音分——十二平均律全音

100音分——十二平均律半音

147音分——143音分为四分之三音

　　　　　150音分为二十四平均律四分之三音

107音分——105音分为七十倍音

　　　　　112音分为纯律大半音

68音分——63.15音分为十九平均律的一律

　　　　　71音分为纯律小半音

132音分——117音分为中庸全音律半音

　　　　　143音分为四分之三音

60音分——57音分为四分音

　　　　　63音分为三分音

115音分——114音分为五度律大半音，阿波托美半音

　　　　　117音分为四分之一音差中庸全音律半音

94音分——92音分为一种纯律小半音

通过比较，除了第一孔与第二孔、第二孔与第三孔之间的音分为200、100音分皆为十二平均律的全音与半音之外，其他的音与各种律制中的音都有一定差别。由于这支骨笛的下部残损较严重，在测音时未将其修复，对下部的音准会产生一定的影响。在这里值得注意的是由D6—40——F6—40所构成的减三度音程是200音分；由G6+14——A6+14所构成的增二度音程为300音分；由C6—9——E6—8所构成的大三度为401音分，由此可见，在中山寨骨笛所能发出的声音中，已具备小二度、大二度、小三度、大三度、增三度、纯四度、增四度、五度、增五度（同小六度）和增六度。其中小二度、大二度、小三度都与十二平均律的音分数相同，大三度的音分数与十二平均律只多1音分，这些惊人准确的数据说明，在新石器时代，人们对音的认识已经有了相当高的水平，并且对音之间的距离逐步划小，直至半音，而其中的一些半音与全音完全和十二平均律的音分数相同，说明当时的人们对音的最小距离的排列已经有了初步的概念，并且在这些半音中已经有了十二平均律的因素，同时，也具有与纯律、二十四平均律、十九平均律、中庸全音律和五

度律相近的因素。

由于中山寨十孔骨笛从十孔以下残破，在当时的条件下难以修复，因此未能测出筒音的音高，若筒音到十孔是小二度，那么筒音上行到第二孔就有十个音，其中含有九个半音，加上第二孔到第一孔的一个大二度，计有十一个音名；若筒音到十孔的音高是大二度，那么筒音上行到第一孔的音正好是一个八度，它已经有了十二平均律中的十个音，如果没有贾湖音乐文化的长期积累，汝州十孔骨笛就不可能出现，它正是贾湖音乐文化的结晶。由此我们可以说，汝州市中山寨骨笛很可能是标明最小音与音之间距离的标准器。

就目前音乐发展的水平而言，以十二平均律为基础，所构成的七声音阶形式，是代表当前音乐发展最高水平的音阶形式，而最早计算出十二平均律数据是我国明代的乐律学家朱载堉（公元1536~1621年），他之所以能在世界上第一个计算出十二平均律的数据，若没有我国古老的音乐文化为背景，他就不可能产生研究出新律制的想法并付诸实践。应当说，在一万年以前的旧石器时代，十二平均律的某些因素可能在中国的中原地区已经出现，人们在能奏出五声音阶和六声及七声音阶的骨笛中开始实践，并在以后的八九千年的音乐艺术中进一步地实践和进行选择，直到四百多年前的明代，朱载堉才把它系统化、理论化。

贾湖出土的二十多支骨笛，是在距今9000至7800年间的一千多年内运用的乐器，而它的音阶形态分别从四声音阶、五声音阶到六声音阶及七声音阶在不断地延续和发展，而音乐的演奏者也正是在这个漫长的时间中进行着选择，并确立了中国的五声音阶体系，广泛地运用到群众性的艺术活动中，建立了中国史前的音乐文明。

河南舞阳贾湖骨笛是世界上迄今为止所发现最早的、目前还可以用以演奏的乐器，它是一管多孔和按音阶调式开孔的乐器。在对贾湖骨笛测音的过程中，我们发现有四支骨笛所发出的音，它们的部分音程与十二平均律的相同音程的音分数完全相同，我们不妨先看一下这几支骨笛的部分测音结果：

M341∶2（六孔骨笛）

A5+5 —— D6+5	为400音分，即为十二平均律的大二度
A5+5 —— A6+5	为1200音分，即为十二平均律的八度
D6+5 —— A6+5	为800音分，即为十二平均律的增五度

M282∶20（七孔骨笛）

C6—30 —— D6—30	为200音分，即为十二平均律的大二度
C6—30 —— E6—30	为400音分，即为十二平均律的大三度
C6—30 —— F6—30	为600音分，即为十二平均律的增四度
C6—30 —— A6—30	为900音分，即为十二平均律的大六度
D6—30 —— E6—30	为200音分，即为十二平均律的大二度
D6—30 —— F6—30	为400音分，即为十二平均律的大三度
D6—30 —— A6—30	为700音分，即为十二平均律的纯五度

E6—30 —— F6—30　　　为200音分，即为十二平均律的大二度
E6—30 —— A6—30　　　为500音分，即为十二平均律的纯四度
F6—30 —— A6—30　　　为300音分，即为十二平均律的小三度

M78∶1（七孔骨笛）

A6＋13 —— C7＋13　　　为200音分，即为十二平均律的减三度

M253∶4（八孔骨笛）

F6＋15 —— G6＋15　　　为200音分，即为十二平均律的大二度

这些完全相同的音程有大二度（5个）、小三度（1个）、大三度（3个）、纯四度（1个）、增四度（1个）、纯五度（1个）、增五度（同小六度1个）、大六度（1个）、八度（1个）。虽然这些与十二平均律音分数完全相同的音分别出现在不同的骨笛上，但它已经说明了在距今7800多年以前的音乐生活中，贾湖人对自己制造的骨笛已经有了音与音之间距离差别的基本概念，虽然它没有形成固定的系统，但是它已经具备了十二平均律的某些因素。

这些音程关系，经过了七八千年甚至上万年的音乐艺术实践，直至明代乐律学家朱载堉在计算和理论上加以科学化地总结，才使人们对十二平均律有了新的认识。朱载堉所处的明代是一个封建社会，它的研究成果不但没有被统治者所采纳，反而成了邪说，这不能不使人痛心。因此，中国人虽然最先发明了十二平均律，但是，全面运用十二平均律到音乐实践中，只是近百年以来的事。

本文通过对汝州市中山寨骨笛的测音研究和对贾湖出土骨笛音距的对比分析，说明中山寨十孔骨笛很可能是为找到一个制作骨笛统一音高的标准器，即我们今天所说的律管，如若没有贾湖骨笛一千多年的艺术实践，就不可能产生中山寨十孔骨笛，因此我们说，汝州中山寨十孔骨笛与舞阳贾湖骨笛是一脉相承的，汝州中山寨十孔骨笛继承了贾湖骨笛的成果，使中山寨人对音与音乐的认识得到进一步的提高。极为可惜的是，汝州中山寨十孔骨笛因多种原因未能完整地保存下来，给我们今天的测音工作留下了极大的困难。我们今天得到的数据是极不完整的。尤其是骨管下部的音还会因骨笛严重受损而产生一定的误差，如若能有考古专家和音乐学者合作，对中山寨骨笛进行科学复制，恢复其原始面貌，我们将会更加准确地揭开7000年前中山寨人对音乐认识的水平和制作十孔骨笛的目的，来弥补世界音乐史上的一段空白，对系统地研究世界音乐的发展规律做出我们这一代人的应有贡献。

（原载《音乐研究》2001年第2期；与萧兴华、王昌燧合著）

符号与龟甲

中国新石器时代遗址出土的龟鳖类*

龟鳖类作为一种古老的爬行动物,从化石记录看,至少已有2亿多年的历史,我国至今仍有广泛的分布。在中国新石器时代遗址中也出土了大量的龟鳖类甲壳或其碎片。鳖主要用来食用,龟除了食用之外,以其耐饥渴、寿命长等特点,很早以前就被人们视为灵物,并作为特殊的随葬品或祭祀之用。考古资料显示,早在8000多年前的贾湖,古人不仅捕杀和食用龟,而且用龟殉葬和祭祀。食龟和葬龟这两种现象在新石器时代普遍流行,在长江下游地区和南部沿海地区则主要流行食用龟,黄淮和江淮地区在食用龟鳖的同时,还存在葬龟现象。由于出土龟鳖的数量极多,且多为碎片,所以很难计算个体数,给龟鳖种属的鉴定也带来一定的困难,目前尚有很多无法鉴定种属的龟鳖碎片。本文主要收集了新石器时代遗址出土龟鳖的资料,在此基础上对已知种属的龟鳖资料进行整理和分析,并简要讨论新石器时代用龟现象演变的背景。

一、新石器时代诸遗址出土龟鳖类的分布范围

新石器时代诸遗址以龟随葬的现象主要集中在黄淮和江淮地区,长江流域和南部沿海地区发现的龟鳖类主要是在灰坑和地层中。出土的龟类主要集中在墓葬和灰坑当中,也有少数是在地层和房基中,鳖类则主要是在灰坑和地层中。下面主要从墓葬中出土的龟类和灰坑及地层出土龟鳖两个方面,对新石器时代诸遗址出土的龟鳖类的分布情况进行梳理。

(一)墓葬中出土的龟甲

墓葬中出土的龟甲形制一般较为特殊,龟甲上一般有人工加工痕迹,比如磨制、钻孔或者契刻,一些腹内还装有石子或骨针、骨锥。这些龟甲始见于大汶口文化诸遗址,较成规模的标本在刘林[1]、大墩子[2]、大汶口[3]、贾湖[4]等遗址相继面世,还有一些出土数目较少的遗址,主要有下王岗[5]、野店[6]、圩墩[7]、尚庄[8]、大溪[9]、王因[10]、龙岗寺[11]、何家湾[12]等。

---

* 本文得到国家自然科学基金资助项目(资助号:40772105)资助。

从数量看上，墓葬中出土龟甲数目最多的当属贾湖，目前史前诸文化遗址出土的较为完整的龟甲，数量在166副左右。而贾湖遗址和大汶口文化诸遗址则占了148副，约89.7%，仅贾湖遗址就出土90副。相比较在文化层和各类遗迹的废弃堆积中发现的龟、鳖类甲壳碎片，作为随葬品放置在墓葬中的龟甲保存相对较好。贾湖出土的龟甲为背腹甲共出或碎片两种形式，墓葬中所出者多伴有石子。这些龟甲多经过修治，龟甲上多有钻孔，其中一些龟甲上还有刻划符号。

这种随葬龟甲的习俗在大汶口文化诸遗址当中广泛流行，大汶口、大墩子、刘林、花厅、王因、野店等遗址均发现有随葬龟甲的墓葬。在形制上与贾湖出土的龟甲类似，只是在随葬数量上有所减少。贾湖遗址出土龟甲的墓葬23座，其中一期只有2座，到了二期，随葬龟甲的墓葬数量激增到18座，单墓随葬龟甲数量也出现了多样化，分别为1、2、4、6和8不等。到三期，随葬龟甲的墓葬数量又锐减到3座，单墓随葬龟甲数最多也只有两个。到了大汶口文化时期，大汶口文化诸遗址发现随葬龟甲的墓葬，随葬龟甲数量都是一个或两个，最多三个。

除此之外，向西在汉水流域也有少量分布，如下王岗遗址和龙岗寺遗址，淅川下王岗仰韶文化一期123座墓葬中，出土龟甲墓有6座，其中3座各出土2副龟甲，共有9副龟甲。龙岗寺遗址发掘有仰韶文化半坡类型墓葬423座，其中有4座墓葬随葬龟甲各一副。向南仅在江苏常州圩墩马家浜文化遗址发现一例随葬龟甲碎片的现象，可能主要是受大汶口文化影响所致。大溪文化遗址虽发现数例，但大多为儿童随葬品，且不见人工修整痕迹，该地还有用鱼随葬的现象，因此我们推测，这与淮河、汉水流域的用龟习俗可能有所不同。

（二）灰坑及地层中出土的龟鳖类情况

根据目前的资料，在灰坑及地层中出土的龟鳖数量远远超过墓葬中的龟鳖数，不过大多破碎，较完整的个体很少，因此应为食余的废弃物。从出土龟鳖的遗址来看，主要是在黄河以南地区，包括黄淮之间、长江流域以及南部沿海地区都有相当数量的龟鳖出土。

1. 黄淮之间出土龟鳖类的遗址主要集中在河南和山东

河南地区最早则是在贾湖遗址发现了大量的龟鳖，除了墓葬中的龟鳖，房基、灰坑以及地层中也有大量的龟鳖碎甲片，应该为食用后丢弃物，不过出土于各类遗迹之中的较完整的龟、鳖甲，可能具有某种特殊的意义。如在贾湖遗址中F17南部垛泥形成的隔墙下面，压了一个完整的龟壳。F3D8柱洞底部发现有鳖一个，背腹甲及骨骼具全。H107坑底出土较完整的一龟二鳖。H120、H92、H336和H112均出土有较为完整的鳖甲。这些龟鳖可能具有奠基意义或是某种宗教意义[13]。继贾湖之后，在郑州大河村仰韶时代遗址的第四期的文化层中出土了龟甲一件，大河村第五期灰坑中出土一件，上面有钻孔[14]。在河南鲁山邱公城古遗址中，属于仰韶时代的第二层出土有龟腹甲残片，同出的还有猪颚骨、鹿角、鹿肩胛骨等[15]，食用的可能性很大。河南荥阳河王遗址文化层第三层出土有龙山文化时期的龟壳[16]。河南永城王油坊遗址龙山文化时期灰坑内出土有龟甲，与之同出的还有大量其他动物骨骼[17]。

山东地区除了在大汶口文化诸遗址墓葬中发现大量龟甲外，在其他文化遗址中也有龟鳖出土，如在山东滕县北辛遗址中就发现有龟的腹甲和鳖属肋板[18]。山东牟平照格庄遗址也出土有鳖[19]。限于资料的记载，一些遗址出土龟鳖的数量不清楚，也未做种属鉴定。

2. 长江流域出土的龟鳖见于报道的资料集中在江浙一带

上海市松江县姚家圈遗址[20]、广富林遗址[21]、马桥遗址[22]等皆有龟出土。广富林遗址的第二层中出土了少量的龟腹甲，唯一的灰坑中也出有龟腹甲。马桥遗址的第一、二次发掘中，第五层中出土有龟，但大都是碎片，在后来的发掘中也有龟出土，由于骨骼破碎，很难统计个体数。浙江余姚河姆渡遗址出土较完整的龟背甲、龟腹甲、龟头骨及体骨共96件，尚有许多破碎的龟片，鳖背甲、鳖腹甲、鳖头骨共9件[23]，另也有较多的黄缘闭壳龟出土[24]。嘉兴马家浜遗址在灰坑H1深30厘米处发现大量的龟甲，并有少量鱼骨[25]。

江苏高邮龙虬庄遗址[26]、海安青墩遗址[27]、高淳县薛城遗址[28]、常州圩墩遗址[29]等也出土有龟或鳖。其中高邮龙虬庄遗址出土了大量的鳖甲和龟板，数量未作单独统计，但是根据探方T3830的记载，鱼的头骨、脊椎骨和鳖甲及龟板共15868块，其中鳖甲和龟板的数量应不在少数。另外在龙虬庄遗址和薛城遗址还出土了鼋。

3. 南部沿海地区出土的龟鳖见于报道的资料主要分布在两广和福建

在广西横县江口新石器时代遗址[30]出土有龟和鳖，广西南宁地区新石器时代遗址[31]出土有中华鳖。限于资料，数量不清。广东的潮安[32]和东兴[33]两处贝丘遗址都有海龟或鳖出土。其中潮安的陈桥村和梅林湖贝丘遗址出土极多的龟壳；东兴遗址也有龟壳，经鉴定为现生种。福建平潭壳丘头遗址[34]出土有海龟。

除以上3个地区之外，东北地区也有极少数的龟甲出土，如黑龙江宁安牛场新石器时代遗址[35]、大连市北吴屯新石器时代遗址灰坑中，都有鳖出土[36]。

二、新石器时代遗址出土龟鳖类的主要种属分类

根据以上资料，除无法鉴别种属的龟鳖外，从遗址出土的龟鳖壳来看，共有龟科（*Emydidae*）、海龟科（*Cheloniidae*）和鳖科（*Trionychidae*）三种，其中龟科包括闭壳龟（*Coura*）、花龟（*Ocadia*）、乌龟（*Chinemys*）、水龟（*Clemmys*）四属。闭壳龟属又包括黄缘闭壳龟（*Coura flavomavginala*）一个种，花龟属又包括中国花龟（*Ocadia sinensis*）一个种。鳖科包括鳖（*Trionyx. sp*）和鼋（*Peochelys*）两属，鳖属只有中华鳖（*Trionyx sinensis*）一个种。以下将分类具体介绍：

（一）龟科（*Emydidae*）

1. 黄缘闭壳龟（*Coura flavomarginala*）

黄缘闭壳龟为闭壳龟属的1种，闭壳龟是龟科的一现生属，其甲壳构造很像一只盒子，凸背的盒盖盖在平坦的盒底上，由于黄缘闭壳龟只限于亚洲，因此，又被称为"亚洲盒龟"[37]。闭壳龟属共13种，其中2个化石种，11个现生种。我国现生10种，主要分布于东南各省。现生以黄缘闭壳龟最为常见，分布也最广，除我国外，东南亚、日本也产。它是河南境内唯一现生的一种闭壳龟，分布在淮河干流以南的信阳地区[38]。

根据以上资料可知，在新石器时代，河南贾湖遗址、山东大汶口遗址和浙江余姚河姆渡遗址均出土有黄缘闭壳龟，其中大汶口遗址出土的龟甲曾经被鉴定为文化地平龟（*Terrapene culturalia*, sp. nov）[39]。地平龟与闭壳龟在无甲桥以及腹甲前后页以铰键相连这两大特点上完全相同，最大的区别则在于椎板的短侧边朝向上，闭壳龟属的特点是短侧边朝后，地平龟属的椎板短侧边则朝前。然而地平龟属的化石种都只限于北美，现生种则只分布在北美和中美两处，美洲以外的大陆上从没有过化石种或现生种的记录。大汶口遗址龟甲鉴定者叶祥奎先生后来曾更正说，因为当时大汶口出土的龟甲标本在修复时椎板被粘倒了，短侧边由朝后错为朝前，实际上应是黄缘闭壳龟，而非文化地平龟[40]。

黄缘闭壳龟适合生活在亚热带气候区，常活动在森林边缘、河流、湖泊等湿地环境，活动离水源不远，旱时多在有流水的溪谷附近[41]。贾湖遗址中出土的龟甲标本绝大多数经鉴定为黄缘闭壳龟，据此推测，在新石器时代，该地区气候温热潮湿，树木较多。此外河姆渡遗址也有众多黄缘闭壳龟出土，可见当时这一地区的黄缘闭壳龟数量相当丰富，易于获得。由此我们知道，黄缘闭壳龟这种现生的闭壳龟，在我国新石器时代曾经非常繁盛。

2. 中国花龟（*Ocadia sinensis*）

花龟属为龟科的1属。因其头部、颈、四肢均布满绿色条纹，故称"花龟"。我国现生3种，即费氏花龟（*Ocadia philippeni*）、越南花龟（*Ocadia glyphistoma*）和中国花龟（*Ocadia sinensis*）（简称"花龟"）。花龟属亚热带地区的水栖龟类，喜暖怕寒，主要栖息于低海拔的水域里，如池塘、运河以及缓流的河流中。在台湾、海南岛较为常见。我国分布于上海、江苏、浙江、福建、香港、广东、海南、广西、台湾等省区。国外分布于越南[42]。

新石器时代，只在贾湖遗址中发现极少数中国花龟，在往后的殷墟遗址中，大部分卜甲标本也属于中国花龟[43]，陕西长安沣西西周墓地也有花龟出土[44]。可见，花龟在北方也不少见。殷墟甲骨文中曾记载安阳一带有花龟和乌龟[45]，但据现今记录，河南只产乌龟、黄缘闭壳龟而无花龟，因此，估计在3000年前，安阳一带的气候较今温暖，而且多水域环境[46]。

3. 乌龟（*Chinemys*）

乌龟属为龟科的1属。我国现生3种，即黑颈乌龟（*Chinemys nigricans*）、大头乌龟（*Chinemys megalocephala*）和乌龟（*Chinemys reenesii*）。乌龟喜生括于潮湿有水源的环境中，常栖于江河、湖沼或池塘中。食性较杂，适应性强，是我国现生龟类中最为常见的一种。其在我国的分布也最为广泛，我国分布于河北、江苏、浙江、安徽、福建、江西、山东、河南、湖北、湖南、香港、广东、广西、四川、贵州、云南、陕西、甘肃、台湾。国外分布于日本、朝鲜[47]。

乌龟不仅在现代数量多、分布广，在新石器时代也不乏乌龟的记录，据经过鉴定的资料，上海松江县姚家圈、浙江河姆渡、江苏圩墩、陕西龙岗寺、山东滕县北辛和山东王因等遗址都有乌龟出土。从数量上来看，长江流域相对丰富；从时间上来看，以北辛遗址北辛出土的乌龟为最早。其后在河北藁城台西商代遗址[48]和安阳殷墟遗址[49]中出土的部分龟甲也被鉴定为乌龟。可见乌龟不仅自古至今都相当繁盛，而且与人类活动也有密切的关系。

4. 水龟（*Clemmys*）

水龟属为龟科的1属。共4种，仅限于北美洲。在早期的分类中，欧洲和亚洲的一些种也被归于这一属，现在被归为拟水龟属[50]。

据经鉴定过的资料，1961年，浙江嘉兴马家浜遗址有水龟出土。

（二）海龟科（*Cheloniidae*）

海龟科属于龟鳖目的一个科，约4属6种，广泛分布于热带、亚热带海洋，我国约4属4种。海龟属（*Chelonia Brongniart*）为海龟科的1属，包括2种，我国产一种。海龟（*Chelonia mydas*）终身生活于海洋中，我国分布于北起山东、南至北部湾海域[51]。

在新石器时代遗址中，广东潮安的陈桥村贝丘遗址和梅林湖贝丘遗址、福建平潭壳坵头遗址都发现有海龟，均为沿海流域。海龟有着特殊的活动地域，但是在商代各地都要向中央政府进贡龟甲用于占卜，为何殷墟未曾发现海龟的踪迹呢？这可能缘于海龟自身的生理特征。海龟的腹甲各骨板连接松懈，其间留有空隙，不成整片，不适宜做占卜工具，所以在后来的殷墟遗址中未发现海龟[52]。

（三）鳖科（*Trionychidae*）

1. 鼋（*Peochelys*）

鼋属有3种，我国有2种，即鼋（*Pelochelys bibroni*）与斑鼋（*Pelochelys naculatus*）。

鼋喜栖于水流缓慢的深水江河、水库中。我国的江苏、浙江、福建、安徽、广东、海南、广西、云南均有分布，国外分布于缅甸、马来半岛、加里曼丹、菲律宾、泰国、印度、苏门答腊、巴布亚新几内亚岛[53]。

新石器时代遗址当中有江苏圩墩遗址和江苏高淳薛城遗址出土鼋，皆处于长江流域。往后在偃师二里头遗址发现有涂朱的鼋甲[54]。也许是资料有限，所发现的新石器时代的鼋并不多。

2. 中华鳖（*Trionyx sinensis*）

中华鳖为鳖属（*Pelodiscus Fitzinger*）的一个种，广泛分布于除宁夏、新疆、青海和西藏外的我国大部分地区，尤以湖南、湖北、江西、安徽、江苏等省为多。另外，在日本、朝鲜、越南等地也有分布。中华鳖属爬行冷血动物，生活于江河、湖沼、池塘、水库等水流平缓、鱼虾繁生的淡水水域，也常出没于大山溪中，在安静、清洁、阳光充足的水岸边活动较频繁[55]。

在新石器时代遗址中，出土鳖的遗址很多，包括广东潮安的贝丘遗址、广西南宁地区贝丘遗址、柳州市大龙潭鲤鱼嘴贝丘遗址、横县江口遗址、福建闽侯溪头遗址、浙江余姚河姆渡遗址、江苏常州圩墩遗址、高淳薛城遗址、河南舞阳贾湖遗址、淅川下王岗遗址、河北徐水县南庄头遗址、安新梁庄遗址、留村遗址、河北武安磁山遗址、山东滕县北辛遗址、牟平照格庄遗址、辽宁大连北吴屯遗址等。其中可鉴定为中华鳖的遗址包括河南舞阳贾湖遗址、广西横县江口遗址、浙江余姚河姆渡遗址和江苏高淳薛城遗址。从遗址的分布来看，虽然数量不多，但可以看出，由南到北，在沿海、沿江、黄河流域和湖沼湿地带均有分布。可见，中华鳖的分布自古至今都相当广泛。

总体来说，黄淮和江淮地区随葬的龟以闭壳龟为主，兼有乌龟和少量花龟；长江流域以乌龟为主，兼有少量水龟；南部沿海地区则主要是海龟。各地出土的鳖科动物除少量鼋之外，绝大多数为中华鳖。

3. 新石器时代用龟现象及其演变的背景分析

从上述资料可以看出，新石器时代遗址出土的龟鳖类有其区域性特征。黄淮和江淮地区的先民除食用龟鳖外，流行用龟甲随葬，以贾湖为中心向四周辐射，尤其是大汶口文化诸遗址，所受影响最大，分布范围最广。墓葬中发现的腹装石子的龟甲，功能特殊，应具有原始宗教的意义。

长江流域和南部沿海地区则以食用为主。可能由于沿江、沿海流域水生动物丰富，人们主要靠渔猎经济为生，大量食用龟不足为奇。长江流域的龟产量相对于黄河流域也要丰富很多，为什么在长江流域没有孕育出如黄淮地区那样流行的龟灵崇拜现象？或者说长江流域除了大溪文化之外，崇龟观念并没有以实物龟的形式出现，而是在新石器晚期代之以玉龟。笔者认为可能有以下几点原因。

第一，黄淮地区龟灵崇拜现象和浙江跨湖桥遗址发现的刻划符号表明，很可能早在8000年前，淮河流域和长江流域就已经形成了各自的占卜系统。那么，来自淮河流域的龟灵崇拜传统很可能与流行于江南地区的筮占传统相结合，在江淮地区发现的凌家滩龟腹玉签正是这一结合的实物体现[56]。而淮河流域和长江流域的崇龟观念就体现出了不同的表现形式。

第二，也许正因为黄淮流域的龟产量相对较少，更加凸显了实物龟的稀有及崇龟观念的神秘性，从而孕育了与长江流域不同的崇龟形式。

第三，长江下游地区的玉器制作工艺至马家浜文化时期，已经相当成熟和精湛，到凌家滩文化和良渚文化更是发展到了顶峰，这为玉龟的出现提供了技术前提。

第四，玉器的大量出现与祭祀文化的发展是密不可分的，凌家滩遗址已经发现了祭坛的遗迹，那么来自黄淮地区的龟灵崇拜传统可能与这里的祭祀文化相结合，使龟灵崇拜的形式在材质上发生了变化，导致了玉龟的出现，从而更增加了龟灵崇拜的神秘性和神圣性。

此外，新石器时代遗址中大量出土龟鳖的现象，为我们勾勒出新石器时代先民社会生活的一个侧面：气候温暖湿润的河流湖沼地带，水生动物成为古人食物的一个重要来源，捕捞业成为人们重要的生业形式。出土的龟甲数量自南向北递减，应该与捕捞对象的自然存在数量有关，在一定程度上印证了古代气候的递变规律。

注　释

[1]　江苏省文物工作队：《江苏邳县刘林新石器时代遗址第一次发掘》，《考古学报》1962年第1期，第81~102页；南京博物院：《江苏邳县刘林新石器时代遗址第二次发掘》，《考古学报》1965年第2期，第9~48页。

[2]　南京博物院：《江苏邳县四户镇大墩子遗址试掘报告》，《考古学报》1964年第2期，第9~56页；南京博物院：《江苏邳县四户镇大墩子遗址第二次发掘》，《考古学集刊（第一集）》，中国社会科学出版社，1981年，第27~81页。

[3]　山东省文物管理处、济南市博物馆：《大汶口——新石器时代墓葬发掘报告》，文物出版社，1974年。

[4]　河南省文物考古研究所：《舞阳贾湖》，科学出版社，1999年。

[5]　河南省文物研究所、长江流域规划办公室考古队河南分队：《淅川下王岗》，文物出版社，1989年。

[6]　山东省博物院、山东省文物考古研究所：《邹县野店》，文物出版社，1989年。

[7]　常州市博物馆：《江苏常州圩墩村新石器时代遗址的调查和试掘》，《考古》1974年第2期，第9~115页。

[8]　山东省博物馆、聊城地区文化局、茌平县文化馆：《山东茌平县尚庄遗址第一次发掘简报》，《文物》1978年第4期，第35~45页。

［9］ 四川省博物馆：《巫山大溪遗址第三次发掘》，《考古学报》1981年第4期。

［10］ 中国社会科学院考古研究所：《山东王因——新石器时代遗址发掘报告》，科学出版社，2000年。

［11］ 陕西省考古研究所：《龙岗寺——新石器时代发掘报告》，文物出版社，1990年。

［12］ 陕西省考古研究所：《龙岗寺——新石器时代发掘报告》，文物出版社，1990年。

［13］ 河南省文物考古研究所：《舞阳贾湖》，科学出版社，1999年。

［14］ 郑州市文物考古研究所：《郑州大河村》，科学出版社，2001年。第五期的龟甲原报告命名为卜骨，描述时又称为龟甲，实应为卜甲。见第432页、图版一五三：2。

［15］ 河南省文化局文物工作队：《河南鲁山邱公城古遗址的发掘》，《考古》1962年第11期。

［16］ 河南省文化局文物工作队：《河南荥阳河王新石器时代遗址》，《考古》1961年第2期。

［17］ 中国社会科学院考古研究所河南二队等：《河南永城王油坊遗址发掘报告》，《考古学集刊（五）》，中国社会科学出版社，1987年。

［18］ 中国社会科学院考古研究所山东队等：《山东滕县北辛遗址发掘报告》，《考古学报》1984年第2期。

［19］ 中国社会科学院考古研究所等：《山东牟平照格庄遗址》，《考古学报》1986年第4期。

［20］ 上海市文物管理委员会考古部：《上海市松江县姚家圈遗址发掘简报》，《考古》2001年第9期。

［21］ 上海市文物保管委员会：《上海市松江县广富林遗址试探》，《考古》1962年第9期。

［22］ 上海市文物保管委员会：《上海马桥遗址第一、二次发掘》，《考古学报》1978年第1期；上海市文物管理委员会：《上海市闵行区马桥遗址1993—1995年发掘报告》，《考古学报》1997年第2期。

［23］ 浙江省博物自然组：《河姆渡遗址动植物遗存的鉴定研究》，《考古学报》1978年第1期。

［24］ 叶祥奎：《浙江的闭壳龟化石》，《古脊椎动物与古人类》1983年第1期。

［25］ 浙江省文物管理委员会：《浙江嘉兴马家浜新石器时代遗址的发掘》，《考古》1961年第7期。

［26］ 龙虬庄遗址考古队：《龙虬庄——江淮东部新石器时代遗址发掘报告》，科学出版社，1999年。

［27］ 南京博物院：《江苏海安青墩遗址》，《考古学报》1983年第2期。

［28］ 南京市文物局、南京市博物馆等：《江苏高淳县薛城新石器时代遗址发掘简报》，《考古》2000年第5期。

［29］ 常州市博物馆：《1985年江苏常州圩墩遗址的发掘》，《考古学报》2001年第1期。

［30］ 广西壮族自治区文物工作队：《广西横县江口新石器时代的发掘》，《考古》2000年第1期。

［31］ 广西壮族自治区考古训练班等：《广西南宁地区新石器时代贝丘遗址》，《考古》1975年第5期。

［32］ 广东省文物管理委员会：《广东潮安的贝丘遗址》，《考古》1961年第11期。

［33］ 广东省博物馆：《广东东兴新石器时代贝丘遗址》，《考古》1961年第12期。

［34］ 福建省博物馆：《福建平潭壳坵头遗址发掘简报》，《考古》1991年第7期。

［35］ 黑龙江省博物馆：《黑龙江宁安牛场新石器时代遗址清理》，《考古》1960年第4期。

［36］ 辽宁省考古研究所等：《大连市北吴屯新石器时代遗址》，《考古学报》1994年第3期。

[37] 叶祥奎：《中日闭壳龟化石的发现和研究》，《两栖爬行动物学报》1986年第6期。
[38] 王文楷等：《河南地理志》，河南人民出版社，1990年。
[39] 山东省文物管理处、济南市博物馆：《大汶口——新石器时代墓葬发掘报告》，文物出版社，1974年。
[40] 叶祥奎：《中日闭壳龟化石的发现和研究》，《两栖爬行动物学报》1986年第6期。
[41] 张梦闻等：《中国动物志·爬行纲第一卷》，科学出版社，1998年。
[42] 张梦闻等：《中国动物志·爬行纲第一卷》，科学出版社，1998年。
[43] 叶祥奎、刘一曼：《河南安阳殷墟花园庄东地出土的龟甲研究》，《考古》2001年第8期。
[44] 叶祥奎：《陕西长安沣西西周墓地出土的龟甲》，《考古》1990年第6期。
[45] Berry J F. Identification of the Inscribed Turtle Shells or Shang. Sources of Shang History//Keightley D N. The Oracle-Bone Inscriptions of Bronze Age China. University of Califortlia Press: 157-160；转引自叶祥奎、刘一曼：《河南安阳殷墟花园庄东地出土的龟甲研究》，《考古》2001年第8期。
[46] 叶祥奎、刘一曼：《河南安阳殷墟花园庄东地出土的龟甲研究》，《考古》2001年第8期。
[47] 张梦闻等：《中国动物志·爬行纲第一卷》，科学出版社，1998年。
[48] 叶祥奎：《藁城台西商代遗址中的龟甲》，《藁城台西商代遗址》，文物出版社，1985年。
[49] 叶祥奎、刘一曼：《河南安阳殷墟花园庄东地出土的龟甲研究》，《考古》2001年第8期。
[50] 《大英百科全书》，中国大百科全书出版社，1999年。
[51] 张梦闻等：《中国动物志·爬行纲第一卷》，科学出版社，1998年。
[52] 叶祥奎、刘一曼：《河南安阳殷墟花园庄东地出土的龟甲研究》，《考古》2001年第8期。
[53] 张梦闻等：《中国动物志·爬行纲第一卷》，科学出版社，1998年。
[54] 中国社会科学院考古研究所二里头工作队：《1987年偃师二里头遗址墓葬发掘简报》，《考古》1992年第4期。
[55] 张梦闻等：《中国动物志·爬行纲第一卷》，科学出版社，1998年。
[56] 王长丰、张居中、蒋乐平等：《浙江跨湖桥遗址所出刻划符号试析》，《东南文化》2008年第1期，第26~29页。

（原载《2007年安徽省科协年会地质古生物遗迹、生态环境保护与旅游经济发展学术研讨会论文汇编》，另在2007年中国郑州动物考古国防学术研讨会上宣读；与范方芳合著）

中国史前龟文化研究综论*

在中国，龟文化的历史由来已久。用龟这种文化现象从史前至原史时代贯穿始终，甚至至今仍有这种现象的孑遗，在中国传统文化中具有重要的地位。明晰龟文化的起源、发展以及兴衰的原因对于理解中国传统文化的发展历程将具有重要意义。20世纪60年代以来，大汶口文化诸遗址大批龟甲器的出土，使龟文化的研究逐渐受到学术界的关注。其后，更早的贾湖遗址的龟甲器的出土，让我们对龟文化有了新的认识，它将龟文化的历史向前延伸了几千年，由此开始一直到龟文化的最终衰落，形成了龟文化的发展脉络，中间虽有断裂，但并不影响其整体性。就龟文化的整体研究而言，目前主要集中在两个方面：一是史前丧葬用龟的状况；二是历史时期龟文化的兴衰。具体来说：对于史前用龟现象的研究，主要集中在对龟甲器用途的探讨上；而历史时期龟文化的研究则以探讨龟灵崇拜和龟占卜为主。本文写作的目的在于综合分析前人的研究成果，并在此基础上对中国龟文化今后的研究提出一些看法，以期引起感兴趣者的关注，从而促进这一问题研究的进一步深入。

一、对史前龟甲器用途的探讨

墓葬中出土龟甲器的考古发现，始见于大汶口，其后一次出土量比较多的标本相继在刘林[1]、大墩子[2]、贾湖[3]等遗址面世，还有一些出土龟甲器数目较少的遗址分别为下王岗[4]、野店[5]、圩墩[6]、尚庄[7]、大溪[8]、王因[9]、龙岗寺[10]、何家湾[11]等。此外在凌家滩[12]、牛河梁[13]、胡头沟[14]和反山[15]等遗址还发现了有别于实物龟甲的玉龟，丁公[16]、城子崖[17]、马家窑[18]和南河浜遗址[19]中出土的一些陶龟以及上宅遗址的石龟[20]。这些出土的龟甲大都有人工加工的痕迹，结合出土龟甲墓葬的规格、随葬品数量和组合等情况分析，这些龟甲显然不是一般的随葬品，应该有其特殊的功能和意义，因此这些龟甲也引起了学者们的广泛关注，目前关于实物龟甲器用途的见解有如下几种。

1. 甲囊[21]
2. 护臂[22]

---

* 国家自然科学基金资助项目（资助号：40472087）。

3. 响器[23]

4. 巫医行医的工具[24]

5. 从事巫医占卜者身份的标志[25]

6. 占卜用具[26]

7. 玄龟[27]

8. 龟灵[28]

9. 艺术神器[29]

10. 装饰品、工艺品或殉葬品[30]

11. 与狩猎活动相关[31]

12. 迷信的产物[32]

就以上几个方面12种观点来看，以实用器定性的有甲囊说、护臂说、响器说、巫医行医的工具说、占卜用具说；以非实物器定性的有龟灵说、玄龟说和艺术神器说。

首先就实用器的观点来看，依其立论的根据又可以分为四类。

第一，根据龟甲摆放的位置认为龟甲器是作护臂之用[33]；出土的龟甲虽有个别摆放在臂膀处的，但还有大量的龟甲出土位置在身体的其他部位，我们又如何去解释？护臂一说显然无法成立。

第二，根据龟甲内的骨针、骨锥而将龟甲器判断为甲囊[34]、巫医行医的工具[35]或从事巫医占卜者身份的标志[36]。甲囊说，简言之就是作为盒子之用，然而我们对装有石子和骨针、骨锥的龟甲用途之区别仍然是无从理解。故甲囊一说不可取。再来看巫医行医的工具说，在整个史前出土的龟甲器中，只有极少部分的龟甲器中放有骨针和骨锥，如果认为龟甲中的骨针和骨锥是生活用具，那么就无法解释为什么大量的骨针和骨锥没有放在龟甲中，而且大部分龟甲内放置的石子并无实用价值，这样更能确定龟甲中的骨针和骨锥应该有着特殊的用途。结合民族志资料分析，巫医行医的工具一解有其合理之处。

第三，根据龟甲内放置物认为龟甲是数卜道具之类的占卜工具[37]。龟甲是否作为占卜之用还有待对龟甲内石子的规律性研究的突破，不过就目前的考古资料看，无论是从数量、颜色还是形状上皆无规律可循。但后来发现的凌家滩玉龟的背甲和腹甲之间的玉板[38]，与先前实物龟甲器的腹内石子，在形式上有明显的传承性，所以对于龟甲器是否具有占卜的用途，还有待进一步的探讨。

第四，借鉴北美现存的民族学资料，从龟甲的加工、龟内的放置物、龟甲的出土位置、墓主的身份、年龄和性别、随葬品的数量等方面加以列举和分析，从而将龟甲器解释为响器[39]。这种视野上和资料来源上的开阔性使得此种观点更有见地。无论是龟甲表面是否有加工痕迹，还是内部是否有放置物，从目前的民族学资料来看，都可能具有用作响器的可能。龟甲一般出土在死者的腰部、腿部、手臂和脚部，也有个别出土在头部、心窝和裆部。贾湖遗址中就有两例是出土在头骨附近的，一是（M344）在头骨上方，一是（M125）二次葬放在头骨下方[40]。野店一例（M84）出土在头前贴墓边[41]。

大汶口文化刘林遗址M182出土2个龟甲其中一个在死者的裆部[42]。响器一解似乎不能对上述几例龟甲的摆放位置做出合理解释。虽然只是个别现象，但是摆放位置的特殊性也值得我们去关注。《舞阳贾湖》中就此问题曾经提出二次葬中所置成组龟甲是否系在迁葬慰灵式上多人所持之法器，仪式之后将之一并随葬，以达到某种主观意愿的认识[43]。

以非实物器定性的主要有龟灵说[44]、玄龟说[45]、艺术神器说[46]。可以看出这些说法与主张龟甲为实用器的观点区别在于龟灵崇拜存在与否。其中以龟灵说最具代表性。龟灵一说最早是由高广仁等先生在《中国史前时代的龟灵和犬牲》[47]中提出的，他们在综合分析了大汶口等史前诸多墓葬中出土龟甲的现象之后认为："从内装石子或背甲涂朱来看，似非日常用品，当与医、巫有关，或具有原始宗教上其他功能，是死者生前佩带的灵物。因此可以说大汶口文化早期已出现了龟灵观念"，并认为商殷文化中的龟灵、龟卜观念渊源于此。受当时考古发现资料的限制，他们对于龟灵观念出现时间的推测上溯到大汶口文化，而现在我们知道在比这更早的贾湖文化中就已经存在了。不过他们对于后世龟灵、龟卜观念渊源问题的认识对今后的研究仍具有重要的启示，龟灵和龟卜观念是如何传承的，则需要进一步的深入研究。

玄龟一说是由严文明先生在《大汶口文化居民的拔牙风俗和族属问题》一文中提出的，他认为可能是《山海经》里提到的"玄龟或旋龟"，据说是"佩之不聋，可以为底"，意思是佩带玄龟可以治耳病，是一种原始的巫术行为[48]。这种解释也是认为龟甲与原始宗教信仰有关。如此看来，不论龟甲器具有哪些象征意义，它的用途应当不是唯一的。

此外，其他几种观点缺乏说服力。装饰品或工艺品说无法解释为何龟甲内部要装有石子或骨针、骨锥。殉葬品一说等于无解。与狩猎活动有关说是认为以龟甲陪葬的大都是青壮年，然而我们又如何去看待女性和孩子随葬龟甲的现象呢？再者即使随葬品显示墓主人与生产和狩猎有关，也无法证明龟甲器与狩猎活动的必然联系。至于迷信的产物一说则过于宽泛。

总之，目前对实物龟甲器用途的研究结论大多以单一用途为主，而龟甲器出土的表征非常之多，一种用途无法涵盖其全貌。正如《申论中国史前的龟甲响器》一文中提出的："因文化不同，同样的龟甲响器，功能和意义上都有不同的变异，在与贾湖和大汶口文化关系较远的大溪文化中，响器可能沦落为小孩子的玩具；而与贾湖关系密切的大汶口文化，可能发展出更多与治病驱魔有关的宗教功能；仰韶文化系统的下王岗、龙岗寺，继承了男性随葬龟甲的传统，但可能没有向更神秘的宗教方面发展。"[49]且不论这段话对于龟甲器用途的理解如何，单就作者辩证地看待龟甲器的用途而言，对今后龟甲器用途的研究也颇具启发意义。

在对龟甲器用途的探讨中我们还不能忽略为数不多的玉龟，目前主要是在凌家滩[50]、牛河梁[51]、胡头沟[52]以及反山遗址[53]发现了玉龟，其中凌家滩的玉龟更值得注意，玉龟的背腹甲之间夹有一块长方形的玉板，玉板的四周琢出了21个小孔，而玉板的中央刻有一个内含八角星的正圆形。对于凌家滩玉龟功能的解释主要有以下几种。

一为占卜之用。见于俞伟超先生的《含山凌家滩玉器和考古学中研究精神领域的问题》[54]一文，作者鉴于龟甲形态的功能分析以及龟卜在我国古代长期存在的事实，认为这个玉龟是占卜之用，并且进一步提出这是一种最早期的龟卜方法，即将占卜物品放入龟甲中，摇晃之后倒出放入的占卜物品，观察其形式，以测吉凶。除此他还对玉板图案的特征进行了分析，认为整个图案是在表现天地的总体，是宇宙的象征。而整个玉牌就是一个被崇拜的偶像。另外宋会群先生在《龟象与数卜》[55]中也提出类似的观点，认为玉龟是用来占卜之用，不过他对玉板的解释有所不同，他认为玉板之图案显示了以后式盘中的基本空间概念，即四方、八位的概念。玉板是代替石子的原始式占卜工具。李零先生也曾对玉板发表看法，他认为玉板与后世的占卜用式盘酷为相似，可以把占卜用的式盘思维起源的"有关线索上推到四千年以前"[56]。此外还有陈久金先生把玉板的钻孔解释成太一行九宫之数，即"太一下行八卦之宫，每四乃还中央"，故"孔数以四、五、九、五相配"的说法[57]。冯时先生在《中国天文考古学》[58]中提出，玉板上的八角纹图形正是我们所知最原始的洛书，是由四方五位图和八方九宫图叠合而成。玉板的图像兼顾了所有的方位概念，后世的式盘对于含山玉板具有直接的承袭现象。

二为龟甲响器的艺术性再造。此种观点是由陈星灿先生提出的，其立论的根据是玉龟身上的穿孔特征以及凌家滩所在文化区的位置，至于玉板也可能是与龟甲响器相关之物的艺术再现。

前者是从历史环境和文化传统的角度来考虑的，是将玉龟放在整个原始信仰的背景中去认识的，都认为玉龟是占卜之用，而对玉板图案的理解却有不同，从而对占卜方式的认识也有区别。但是一致的是，他们对于玉龟和实物龟甲器用途的相关性是肯定的。后者的观点是基于龟甲响器的承继性提出的，但并未对玉板上特殊的图案作进一步的探讨。

再来看看目前考古发现的陶龟，主要有丁公、城子崖出土的腹腔中空、内置小石子的陶龟[59]，马家窑出土的腹内装有一个不明质料的小球，底部和两侧边有穿孔的彩陶龟[60]，以及嘉兴南河浜遗址出土的2个两侧边有穿孔的陶龟背甲[61]。对于陶龟的功用，最先发现马家窑彩陶龟的安特生曾把陶龟放入玩具一类，他认为该物形状像龟，也许就是龟的代表。在平底四角和拱背底边两两相对的四个穿孔，是为了安装四条木腿；但穿孔的形状又使他相信，穿孔更像是为了穿绳作系挂之用。具体而言，他认为这是一种响器，因为陶龟内部有一枚不明质料的小球[62]。在他之后，陶龟未能引起大家的注意，只有陈星灿等在《申论中国史前的龟甲响器》中提出："如果说龟甲响器主要是成人的或者与巫术、宗教有关的器具，那么以马家窑、丁公和城子崖为代表的陶龟响器，就有可能是仿龟甲响器的儿童玩具。"[63]不过他提出这个论断需要以后的发掘资料来证实。从腹有石子或小球、身有穿孔或涂彩的陶龟的特征来看，与实物龟甲器的特征非常相似，对其功用的理解恐怕不能简单地认为是儿童玩具。随着出土陶龟的增多，在今后的研究当中综合分析出土陶龟的墓葬特征以及其所处的历史背景，对理解陶龟的功用至关重要。

此外还有个别石龟[64]，目前还未有学者提及，对其用途的推测还有待更多的考古资料出土。

二、对龟灵崇拜的研究

龟灵崇拜是龟文化的灵魂与根基，要研究龟文化，必然要深刻了解龟灵崇拜的内涵与实质，而有关龟的神话和民俗就是一个探索龟灵崇拜的重要的信息宝库，中国的古典文献中记载了相当丰富的龟神话，民间也存在着很多的崇龟风俗，但是出于龟文化本身的畸形发展，抑或是龟神话和民俗资料的分散与庞杂，学者们对于龟灵崇拜的深入研究不多，就笔者目前的目力所及，似乎仅有一部专著，其他的仅在一些专著或论文中涉及到此。其中值得注意的就是《中国龟文化》[65]一书，此书对于龟灵崇拜作了一个通俗介绍，其明显的特色有以下几点。

其一，资料的翔实与丰富。文中博引了散见于大量文献当中的有关龟神话的传说资料，不仅如此，文中民俗资料的丰富性也是前所未有的，这对我们进一步研究提供了可贵的参考资料。

其二，作者结合文献、民俗、考古资料以及历史事实对龟灵崇拜的内涵做出了详尽的概括，不仅在方法论上给予我们启发，其中一些观点也颇有新意，作者将龟信仰归结为十一个方面，除了我们所熟知的龟长寿、龟力大、龟财富之外，还提出了龟传人、龟功勋、龟权威、龟无敌、龟吉祥、龟荣耀、龟高尚、龟人缘等八个方面，考索之赅博，立说之新颖确是此书一大亮点。

其三，作者还对中日龟灵崇拜的关系做出了一点猜想，他认为日本的崇龟传统源于中国。此番论述对于今后研究思路的拓展以及研究范围的扩大有着启示作用。

书中涉及了非常多的用龟现象的资料，对于资料的诠释却不尽然合理。受当时考古资料的局限性，文中对史前的考古资料只使用了大汶口文化的部分出土资料。随着更多考古资料的出土，无论从深度上还是广度上对于龟灵崇拜的进一步阐释都是非常必要的。

另外，此书作者曾在《论中国龟文化及其扭曲》[66]一文中就中国龟文化的发展以及扭曲进行阐述，文中以龟灵崇拜为基点，述说了龟文化自商之后的演变过程，并就龟文化衰败的始点给出了自己的观点，认为龟崇拜的败坏并非如清代王士在《渊鉴类函》所提出的"讳龟自明始"，而是自元朝开始已经呈现龟文化扭曲的现象，明朝时已是贬风旺盛。并且作者还对龟灵崇拜被扭曲的原因进行了分析，对今后的研究很有启发。龟灵崇拜在唐以后逐渐式微，直至扭曲，然而现在的民俗当中为何还存有用龟现象的孑遗？龟灵崇拜最根本的是什么？这是在今后的研究当中需要进一步关注的。

三、对龟卜文化的研究

在中国古代文献中,有大量的关于龟卜研究的著作。早在夏商周时期,就有了指导龟卜的三本著述:《玉兆》、《瓦兆》和《原兆》,并称为"三兆"之学[67]。但是由于汉武帝时"罢黜百家,独尊儒术",秦汉之前的著作很少能够保存下来,到了唐代已完全亡佚。宋以后虽出现了一些著作,但只是考辨之类。到了现代,随着殷墟、周原等商周时期遗址和墓葬的大规模考古发掘,大量关于龟卜的资料被发现,从而使龟卜研究进入了一个新阶段,罗振玉、王国维、董作宾等一批学者是这方面研究的先驱。

由于龟卜只是甲骨学当中的一个方面,故而仅占有甲骨学家们著述中的一部分,一直都未有单独著书研究者,直到《中国古代龟卜文化》[68]一书的问世。此书是迄今为止我国第一部系统的龟卜发展史。全书共七章,在资料的收集上主要以文献资料为主,基本上罗列和整理了我国古代文献典籍中有关龟卜的全部记载,并做了全面系统的分析,对龟卜的整套方法论述极为详细,并对龟卜文化的产生、发展和消亡过程、古人为何用龟占卜、如何依兆象判断吉凶、龟卜与《周易》的关系等问题大胆地提出了自己的见解,主要有两个方面。

第一,龟卜起源说。作者将龟卜起源剖为三个方面,一为龟卜起源于原始占卜与龟灵崇拜的结合。有关这种理解已有学者涉及,如张光直在《中国青铜时代》[69]一书中曾经提出,殷人用龟甲于占卜,一方面可说是原有占卜文化的扩大,另一方面也可以说是原有龟甲文化的扩大使用。二是以龟兆辨吉凶的由来,作者认为原始先民对动物身上的自然花纹的崇拜,是先民笃信龟兆的原因。这是颇新颖的见解。三是龟卜起源时代的推测,作者通过对文献资料的分析,认为龟卜起源于伏羲时代。

第二,对卜与筮关系的认识。其观点主要为卜与筮虽然并行,相互影响作用,且均为统治者所利用,但二者又有不同:卜重于筮,龟卜对社会的作用远大于筮占,并且提出筮的流行也是导致龟卜衰落的原因之一。

此书是以历史的视角,系统地研究龟卜文化的产生、发展、消亡的过程,以及在不同的历史时期其对中国社会所产生的影响作用,与其他文化的关系等,这对龟卜文化的研究实为一大推进和突破。

龟文化的兴衰是文化史上的特殊现象,龟卜文化是龟文化的组成部分,对龟卜兴衰原因的探索自然对龟文化的研究具有重要意义。除了书中强调的社会原因外,我们更应拓展思路,结合对龟灵崇拜的研究,使解释更为合理。此外龟卜的起源问题,也还需更多的考古资料以及进一步的分析方能得到较合理的答案。

除此之外还有几位学者撰文对商代龟卜以及春秋时代的龟卜进行探讨,他们对于龟兆的由来、龟卜的方法以及春秋时代龟卜的特征的阐述大致不出《中国古代龟卜文化》一书的范围[70]。

四、结　语

纵观龟文化的研究状况，可以看出，学者们对于龟文化的诸多方面已有涉足，并且在一些问题上已进行了较深入的研究，并取得了颇为重要的认识。如龟甲器的用途、龟灵崇拜的内涵、龟卜文化的兴衰等，在方法论上，开阔的思路和民俗学的资料的运用，对今后的研究具有重要的启发和指导意义。

然而，目前对于史前葬龟现象的研究仅以讨论龟甲器用途为主，而且对于除实物龟甲和玉龟之外的其他材质的龟注意不够，系统地研究史前葬龟现象也明显不足。今后的研究更应注意以下几个方面的问题。

其一，甲骨契刻符号的研究。贾湖遗址出土的龟甲上有契刻符号[71]，据目前的研究证实，这些符号无论从笔势、笔画组合、书写的载体还是功能来看都与后世的甲骨文有着惊人的相似。我们探寻甲骨文的源头，是否可以从这里找到答案？并且这些契刻符号在淮河流域一脉相传，如在7000年左右的双墩文化发现的大量陶器刻划符号，也与贾湖的符号有很强的相似性；到了5000多年前，这一带主要是大汶口文化分布区，蒙城尉迟寺遗址[72]作为这一带的重要聚落之一，不仅发现了整齐的排房和聚落广场，还发现了带有图腾性质的鸟形神器和与大汶口等遗址相同的"日月山"符号，这说明相同的符号已在相当大的范围内流通。在龙虬庄遗址[73]4000多年的龙山时代地层中，发现了较为成熟的陶文，标志着淮河流域古文字系统的形成。从这个方面来理解，这一符号传统也有可能是汉字的源头之一，对汉字起源的研究具有重要意义。符号与其特殊载体龟甲的结合是否具有特殊的含义，值得我们深入的探讨。

其二，探索与后世象数思维的关系。曾有学者提出贾湖及大汶口遗址发现的"龟腹石子"，把龟灵之象的崇拜与数占集于一体，可能已有了象数思维的萌芽[74]。这为龟文化研究提供了一个新的视角。象数思维是中国传统思维方式中的一种主要的思维方式，传统观点认为其发端于《周易》的卦象与筮占，如果就此进一步的研究，能够对史前的葬龟与象数思维之间的关系给出更翔实的考证，那么这对中国思想文化史的研究也是一大贡献。

其三，龟卜起源问题的研究。鉴于分布于太行山东麓的先商文化和分布于淮河流域的东夷文化曾在豫东地区结为联盟，有理由推测淮河流域的用龟传统曾影响了商民族，使龟灵崇拜和龟占卜的观念被商文化所继承，成为商文化的重要组成部分。如果这期间的演变关系经过对考古资料的深入分析而明晰，那么这应是黄淮、江淮地区诸文化对中华文明进程的重要贡献之一。同时，对商代的龟甲占卜与史前的用龟现象之间传承关系的研究，对于我们了解中国史前文化各文化区之间的关系有重要意义。

当然需要深入探讨的问题还不止这些，我们要尽可能多地占有资料，选取新视角，将前人的研究推进。以后的研究希望能吸引更多国外学者的注意，也期望继续展开中外用龟现象的对比研究，从而促进中国龟文化研究的进一步深入。

注 释

[1] 江苏省文物工作队:《江苏邳县刘林新石器时代遗址第一次发掘》,《考古学报》1962年第1期,第81~102页;南京博物院:《江苏邳县刘林新石器时代遗址第二次发掘》,《考古学报》1965年第2期,第9~48页。

[2] 南京博物院:《江苏邳县四户镇大墩子遗址试掘报告》,《考古学报》1962年第2期,第9~56页;南京博物院:《江苏邳县四户镇大墩子遗址第二次发掘》,《考古学集刊(第一集)》,中国社会科学出版社,1981年,第27~81页。

[3] 河南省文物考古研究所:《舞阳贾湖》,科学出版社,1999年。

[4] 河南省文物研究所、长江流域规划办公室考古队河南分队:《淅川下王岗》,文物出版社,1989年。

[5] 山东省博物院、山东省文物考古研究所:《邹县野店》,文物出版社,1989年。

[6] 常州市博物馆:《江苏常州圩墩村新石器时代遗址的调查和试掘》,《考古》1974年第2期,第109~115页。

[7] 山东省博物馆、聊城地区文化局、茌平县文化馆:《山东茌平县尚庄遗址第一次发掘简报》,《文物》1978年第4期,第35~45页。

[8] 四川省博物馆:《巫山大溪遗址第三次发掘》,《考古学报》1981年第4期。

[9] 中国社会科学院考古研究所:《山东王因——新石器时代遗址发掘报告》,科学出版社,2000年。

[10] 陕西省考古研究所:《龙岗寺——新石器时代发掘报告》,文物出版社,1990年。

[11] 陕西省考古研究所:《龙岗寺——新石器时代发掘报告》,文物出版社,1990年。

[12] 安徽省文物考古研究所:《安徽含山凌家滩新石器时代墓地发掘简报》,《文物》1989年第4期。

[13] 辽宁省文物考古研究所:《辽宁牛河梁第五地点一号冢中心大墓M1发掘简报》,《文物》1997年第8期。

[14] 方殿春、刘葆华:《辽宁阜新县胡头沟红山文化玉器墓的发现》,《文物》1984年第6期。

[15] 浙江省文物考古研究所:《浙江余杭反山良渚墓地发掘简报》,《文物》1988年第1期。

[16] 栾丰实:《大汶口文化的骨牙雕筒、龟甲器和獐牙形器》,《海岱地区考古研究》,山东大学出版社,1997年,第181~200页。

[17] 栾丰实:《大汶口文化的骨牙雕筒、龟甲器和獐牙形器》,《海岱地区考古研究》,山东大学出版社,1997年,第181~200页。

[18] Andersson J G. Researches into the Prehistory of the Chinese. The Museum of Far Eastern Antiquities, 1943, 15; Sommarstrom B. The Site of Ma-kia-yao. The Museum of Far Eastern Antiquities, 1956, 28. 转引陈星灿、李润权:《申论中国史前的龟甲响器》,《桃李成蹊集——庆祝安志敏先生八十寿辰》,香港中文大学出版社,2004年。

[19] 浙江省文物考古研究所:《浙江嘉兴南河浜遗址发掘简报》,《文物》2005年第6期。

[20] 北京市文物研究所：《北京平谷上宅新石器时代遗址发掘简报》，《文物》1989年第8期。

[21] 南京博物院：《江苏邳县大墩子遗址第二次发掘》，《考古学集刊（第一集）》，中国社会科学出版社，1981年，第27~81页。

[22] 南京博物院：《江苏邳县四户镇大墩子遗址试掘报告》，《考古学报》1964年第2期，第9~56页。

[23] 汪宁生：《释大汶口等地出土的龟甲器》，《故宫文物月刊》1994年第132期；陈星灿、李润权：《申论中国史前的龟甲响器》，《桃李成蹊集——庆祝安志敏先生八十寿辰》，香港中文大学出版社，2004年；张居中：《舞阳贾湖遗址出土的龟甲和骨笛》，《华夏考古》1991年第2期，第106、107页。

[24] 栾丰实：《大汶口文化的骨牙雕筒、龟甲器和獐牙形器》，《海岱地区考古研究》，山东大学出版社，1997年，第181~200页。

[25] 逢振镐：《论东夷埋葬龟甲习俗》，《史前研究》1990—1991年辑刊，第91~95页。

[26] 栾丰实：《大汶口文化的骨牙雕筒、龟甲器和獐牙形器》，《海岱地区考古研究》，山东大学出版社，1997年，第181~200页；辽宁省文物考古研究所：《辽宁牛河梁第五地点一号冢中心大墓M1发掘简报》，《文物》1997年第8期。

[27] 严文明：《大汶口居民的拔牙风俗和族属问题》，《大汶口文化讨论集》，齐鲁书社，1981年，第245~264页。

[28] 高广仁、邵望平：《中国史前时代的龟灵和犬牲》，《中国考古学研究——夏鼐先生考古五十年纪念论文集》，文物出版社，1986年，第57~70页。

[29] 贺刚：《中国史前艺术神器的初步考察——中国史前艺术神器纲要》，《长江中游史前文化暨第二届亚洲文明学术讨论会论文集》，岳麓书社，1996年。

[30] 叶祥奎：《我国首先发现的地平龟甲壳》，《大汶口——新石器时代墓葬发掘报告》，文物出版社，1974年，第159~164页。

[31] 河南省文物研究所、长江流域规划办公室考古队河南分队：《淅川下王岗》，文物出版社，1989年。

[32] 杨子范：《山东宁阳县堡头遗址清理简报》，《文物》1959年第10期，第61~64页。

[33] 南京博物院：《江苏邳县四户镇大墩子遗址试掘报告》，《考古学报》1964年第2期，第9~56页。

[34] 南京博物院：《江苏邳县大墩子遗址第二次发掘》，《考古学集刊（第一集）》，中国社会科学出版社，1981年，第27~81页。

[35] 栾丰实：《大汶口文化的骨牙雕筒、龟甲器和獐牙形器》，《海岱地区考古研究》，山东大学出版社，1997年，第181~200页。

[36] 南京博物院：《江苏邳县大墩子遗址第二次发掘》，《考古学集刊（第一集）》，中国社会科学出版社，1981年，第27~81页；栾丰实：《大汶口文化的骨牙雕筒、龟甲器和獐牙形器》，《海岱地区考古研究》，山东大学出版社，1997年，第181~200页。

[37] 河南省文物考古研究所：《舞阳贾湖》，科学出版社，1999年。

[38] 安徽省文物考古研究所：《凌家滩玉器》，文物出版社，2000年。

[39] 陈星灿、李润权：《申论中国史前的龟甲响器》，《桃李成蹊集——庆祝安志敏先生八十寿辰》，香港中文大学出版社，2004年。

[40] 河南省文物考古研究所：《舞阳贾湖》，科学出版社，1999年，第454、455页。

[41] 山东省博物院、山东省文物考古研究所：《邹县野店》，文物出版社，1989年，第120页。

[42] 南京博物院：《江苏邳县刘林新石器时代遗址第二次发掘》，《考古学报》1965年第2期，第9~48页。

[43] 河南省文物考古研究所：《舞阳贾湖》，科学出版社，1999年，第972页。

[44] 高广仁、邵望平：《中国史前时代的龟灵和犬牲》，《中国考古学研究——夏鼐先生考古五十年纪念论文集》，文物出版社，1986年，第57~70页。

[45] 严文明：《大汶口居民的拔牙风俗和族属问题》，《大汶口文化讨论集》，齐鲁书社，1981年，第245~264页。

[46] 贺刚：《中国史前艺术神器的初步考察——中国史前艺术神器纲要》，《长江中游史前文化暨第二届亚洲文明学术讨论会论文集》，岳麓书社，1996年。

[47] 高广仁、邵望平：《中国史前时代的龟灵和犬牲》，《中国考古学研究——夏鼐先生考古五十年纪念论文集》，文物出版社，1986年，第57~70页。

[48] 严文明：《大汶口居民的拔牙风俗和族属问题》，《大汶口文化讨论集》，齐鲁书社，1981年，第245~264页。

[49] 陈星灿、李润权：《申论中国史前的龟甲响器》，《桃李成蹊集——庆祝安志敏先生八十寿辰》，香港中文大学出版社，2004年。

[50] 安徽省文物考古研究所：《安徽含山凌家滩新石器时代墓地发掘简报》，《文物》1989年第4期。

[51] 辽宁省文物考古研究所：《辽宁牛河梁第五地点一号冢中心大墓M1发掘简报》，《文物》1997年第8期。

[52] 方殿春、刘葆华：《辽宁阜新县胡头沟红山文化玉器墓的发现》，《文物》1984年第6期。

[53] 浙江省文物考古研究所：《浙江余杭反山良渚墓地发掘简报》，《文物》1988年第1期。

[54] 俞伟超：《含山凌家滩玉器和考古学研究精神领域的问题》，《文物研究（第五辑）》，黄山书社，1989年，第57~63页。

[55] 宋会群、张居中：《龟象与数卜——从贾湖遗址的"龟腹石子"论象数思维的源流》，《舞阳贾湖》，科学出版社，1999年。

[56] 李零：《"式"与中国的宇宙模式》，《中国文化》1991年第1期。

[57] 陈久金、张敬国：《含山出土玉片图形试考》，《文物》1989年第4期。

[58] 冯时：《中国天文考古学》，社会科学文献出版社，2001年。

[59] 栾丰实：《大汶口文化的骨牙雕筒、龟甲器和獐牙形器》，《海岱地区考古研究》，山东大学出版社，1997年，第181~200页。

[60] Andersson J G. Researches into the Prehistory of the Chinese. The Museum of Far Eastern Antiquities, 1943, 15; Sommarstrom B. The Site of Ma-kia-yao. The Museum of Far Eastern Antiquities, 1956, 28.

转引陈星灿、李润权：《申论中国史前的龟甲响器》，《桃李成蹊集——庆祝安志敏先生八十寿辰》，香港中文大学出版社，2004年。

[61] 浙江省文物考古研究所：《浙江嘉兴南河浜遗址发掘简报》，《文物》2005年第6期。

[62] Andersson J G. Researches into the Prehistory of the Chinese. The Museum of Far Eastern Antiquities, 1943, 15; Sommarstrom B. The Site of Ma-kia-yao. The Museum of Far Eastern Antiquities, 1956, 28. 转引陈星灿、李润权：《申论中国史前的龟甲响器》，《桃李成蹊集——庆祝安志敏先生八十寿辰》，香港中文大学出版社，2004年。

[63] 陈星灿、李润权：《申论中国史前的龟甲响器》，《桃李成蹊集——庆祝安志敏先生八十寿辰》，香港中文大学出版社，2004年。

[64] 北京市文物研究所：《北京平谷上宅新石器时代遗址发掘简报》，《文物》1989年第8期。

[65] 刘兆元：《中国龟文化》，上海文艺出版社，1992年。

[66] 刘兆元：《论中国龟文化及其扭曲》，《寻根》1997年第6期。

[67] 《周礼·春宫》，岳麓书社，1997年。

[68] 刘玉建：《中国古代龟卜文化》，广西师范大学出版社，1992年。

[69] 张光直：《中国青铜时代》，生活·读书·新知三联书店，1999年，第114、115页。

[70] 周蒙：《从龟灵崇拜说到龟卜文化》，广西师范大学出版社，1992年；程自信：《论中国龟灵崇拜的历史演变》，《安徽大学学报》1995年第1期；张卫中：《春秋龟卜和春秋时期的意识》，《人文杂志》1998年第3期；张卫中：《春秋时期龟卜的传播》，《浙江大学学报》2002年第32卷第5期；戴彦臻：《商周龟卜文化新探》，《济南大学学报》2002年第12卷第1期；曹兆兰：《殷墟龟甲占卜的某些步骤试探》，《考古与文物》2004年第3期。

[71] 河南省文物考古研究所：《舞阳贾湖》，科学出版社，1999年，第984页。

[72] 中国社会科学院考古研究所安徽工作队：《安徽蒙城尉迟寺遗址发掘简报》，《考古》1994年第1期。

[73] 龙虬庄遗址考古队：《龙虬庄——江淮东部新石器时代遗址发掘报告》，科学出版社，1999年。

[74] 宋会群、张居中：《龟象与数卜——从贾湖遗址的"龟腹石子"论象数思维的源流》，《舞阳贾湖》，科学出版社，1999年。

（原载《华夏考古》2008年第2期；与范方芳合著）

从史前用龟现象看黄淮、江淮地区的文明化进程*

黄淮和江淮地区是史前龟文化的繁盛之地，也是后世龟文化的重要源头。在这里积聚了史前龟甲出土最多的贾湖遗址和大汶口文化诸遗址，并在凌家滩遗址发现有玉龟。目前史前诸文化遗址出土的龟甲，除玉龟和陶龟外，数量在165副左右，而贾湖遗址和大汶口文化诸遗址就占了148副，约89.7%，仅贾湖遗址就出土90副。这些龟甲大都有人工加工的痕迹。结合出土龟甲墓葬的规格、随葬品数量和组合等情况分析，这些龟甲显然不是一般的随葬品，应该有其特殊的功能和意义。本文基于对龟甲出土特征的分析，以期从用龟这一现象透射出黄淮、江淮地区在文明化进程中的地位。

一

墓葬中出土龟甲器的考古发现，始见于大汶口[1]，其后比较成规模的标本相继在刘林[2]、大墩子[3]、贾湖[4]等遗址面世，还有一些出土龟甲器数目较少的遗址分别为下王岗[5]、野店[6]、圩墩[7]、尚庄[8]、大溪[9]、王因[10]、龙岗寺[11]、何家湾[12]等。此外，在凌家滩[13]、牛河梁[14]、胡头沟[15]和良渚[16]等遗址还发现了有别于实物龟甲的玉龟，在丁公[17]、城子崖[18]、马家窑[19]和南河浜遗址[20]中出土有一些陶龟，在上宅遗址出土过石龟[21]。

从黄淮和江淮地区来看，龟甲器的出土则以贾湖和大汶口文化诸遗址为主。

贾湖遗址发现墓葬349座，除去一座鳖甲墓，共有23座墓随葬龟甲90副，其中一期2座，二期18座，三期3座。龟甲有背腹甲共出及碎片两种形式，并且伴出有石子。单墓出土龟甲数分别为1、2、4、6和8个不等。墓主皆为成年人，且大都为男性。23座墓中龟和骨叉形器共出的有9座，龟和骨笛共出的有8座，而龟、骨叉形器和骨笛三者共出的墓有3座[22]。

邳县大墩子遗址发现墓葬342座，其中15座墓葬出土龟甲16副，M44为两副，其余为一副。大都为背腹甲共出。墓主均为成年人，男性居多，女性较少。其中有6座墓均为该墓地随葬品数量最多或较多的，尤其是M44随葬品达55件，并随葬狗1只。15座墓葬中狗、龟共出的有3座[23]。

---

* 国家自然科学基金资助项目（资助号：40472087）。

刘林遗址发现墓葬197座，其中9座墓葬出土龟甲13副，均背腹甲共出。其中M7随葬龟甲3副，M88和M182各2副，其余均1副。随葬龟甲墓的随葬品数量大都较为丰富，如M182就有30件随葬品，其中还发现獐牙勾形器。M18和M25两座墓为猪狗共出[24]。

大汶口遗址发现的133座墓葬中有11座墓葬出土龟甲20副，单墓出土龟甲数量最多为3个，最少为1个。随葬龟甲的墓葬，其随葬品数量较为丰富，随葬品43~78件的墓葬有6座，8~24件的墓葬有5座，其中M26最为突出，包括陶、石、玉、猪头、骨、龟甲等78件随葬品。在大汶口遗址当中未见龟狗同葬的墓，但龟猪同葬的墓11座中却有8座[25]。

兖州王因遗址发掘的899座墓葬中有3座墓共出土3副龟甲。3副龟甲当中皆放有骨锥而不是石子，这可能与龟甲功能演变有关。墓主人均为男性，随葬品数量最多的是M2514达33件，最少的M2151也有14件随葬品[26]。

野店遗址发现的89座墓中有2座墓出土2副龟甲，仅M88出土龟甲为完整的[27]。

尚庄遗址15座墓葬中仅有1座墓葬出土1副龟甲[28]。

淅川下王岗仰韶文化一期123座墓葬中，出土龟甲墓有6座，其中3座各出土2副龟甲，共有9副龟甲。墓主大都为中、老年男性，只有一墓为女性。随葬品数量不是太多，一般都在1~3件，个别墓为8件，其中有一座墓龟狗共出[29]。

龙岗寺仰韶时代半坡类型遗址发掘有423座墓葬，其中有4座墓葬随葬龟甲各1副[30]。

四川大溪遗址出土有208座大溪时期的墓葬，其中有4座随葬龟甲[31]。

江苏圩墩遗址的86座马家浜文化墓葬中，也有一座墓随葬龟甲1副[32]。

此外还有一处重要发现，就是安徽凌家滩遗址出土的玉龟，背腹甲之间还夹有一块玉板，上刻有方位符号，周边还刻有23个圆孔（表一）[33]。

表一　史前葬龟现象统计表

遗址	墓葬数（座）	龟甲墓葬数（座）	龟甲数（副）	龟甲墓比例（%）
贾湖	349	23	90	6.59
大墩子	342	15	16	4.39
刘林	197	9	13	4.57
大汶口	133	11	20	8.27
王因	899	3	3	0.33
野店	89	2	2	2.25
尚庄	15	1	1	6.67
下王岗	123	6	9	4.88
龙岗寺	423	4	4	0.95
大溪	208	4	3	1.92
圩墩	86	1	1	1.16

二

通过以上罗列出土龟甲的墓葬，我们从宏观层面观察可以发现以下三点。

其一，从地理上来看，黄淮、江淮地区的用龟习俗是以贾湖文化为中心向四周辐射的。在出土龟甲墓葬中以贾湖遗址年代最早，向西在汉水流域也有少量分布，如下王岗遗址和龙岗寺遗址；向北到黄河北岸的尚庄遗址仅一例；向南仅在圩墩马家浜遗址发现一例随葬龟甲碎片的现象，可能主要是受大汶口文化影响所致，大溪文化遗址虽发现数例，但大多为儿童随葬品，且不见人工修整痕迹，该地还有用鱼随葬的现象，因之推测与淮河、汉水流域的用龟习俗可能有所不同。由此可勾勒出史前龟文化的分布图，即以北纬33度为横轴，东经118度为纵轴，西起东经107度，东至东经120度，北抵北纬37度，南达北纬32度，以淮河流域为中心，向西到汉水上游地区，向北到黄河下游北岸，向南到长江中下游沿岸这样一个T字形地带，而贾湖正是这一地带的中心和出发点[34]。

其二，从时间上来看，用龟习俗具有阶段性。从贾湖至大汶口文化，年代上具有连续性。龟甲的出土年代跨越数千年。贾湖遗址出土龟甲的墓葬23座，一期的2座，而到了二期，随葬龟甲的墓葬数量激增到19座，单墓随葬龟甲数量也出现了多样化，分别为1、2、4、6件和8件不等。至三期，龟甲墓的数量又锐减到2座，单墓随葬龟甲数最多也只有两件。到了大汶口文化时期，大墩子、刘林、花厅、王因、野店等大汶口文化遗址均发现有随葬龟甲的墓葬。一般随葬龟甲数量都是一件或两件，最多三件。到了龙山时期，这种随葬龟甲的墓已极为少见，丧葬用龟习俗无论从数量上还是地域上都大大收缩，但此时在东方已出现与卜骨制作和使用方法相同的卜甲[35]，不过在数量和制作技术上都无法与卜骨相提并论，直至商周之际，透过安阳殷墟[36]、河北藁城台西[37]、郑州商城[38]等遗址我们看到卜甲已经跃升为和卜骨同等地位的占卜方式。

其三，从文化因素上来看，大汶口文化对贾湖文化具有继承性。大汶口文化与贾湖文化除了在居址建筑、葬式葬俗、陶制品制作工艺和器物组合等方面有很大的相似性之外，开始于贾湖的龟灵崇拜、犬牲以及随葬獐牙（勾形器）现象，也在整个大汶口文化范围内普遍分布，大墩子、刘林、花厅、王因、野店等大汶口文化遗址均发现有随葬龟甲的墓葬，大墩子遗址还发现有随葬整只猪的现象。大墩子、刘林等墓地还发现有随葬猪头骨和牙床的现象。用獐牙和獐牙勾形器随葬更是普遍现象。另外还有用鹿角勾形器随葬者，这些在贾湖遗址中都可以找到相似因素。而且在地处江淮的安徽含山凌家滩遗址还发现内装式盘和玉签的玉龟[39]，这与贾湖遗址和大汶口文化诸遗址内装石子的龟壳在观念上具有明显的传承性，并且在玉龟上有钻孔，与贾湖和大汶口的实物龟在外形上也很相似。

三

通过分析各个时期的用龟现象，可以得出以下认识。

（1）这些龟甲出土时，摆放在墓主人身体的不同部位，内部大都有石子，龟壳上有钻孔，这些随葬的龟可能与原始巫术仪式有关。这些随葬龟的墓主人很有可能是巫师。从龟甲墓的数量以及随葬品的数量分析，自贾湖到大汶口文化巫觋的地位逐渐下降。

龟甲墓在各个时期占全部出土墓葬的比例都不高，最高者属大汶口，达到8.27%，如果把大汶口第二、第三次发掘的46座墓葬计算在内，那么龟甲墓的比例则降低至6.15%；最低者属王因，仅0.33%；贾湖的龟甲墓占6.59%，如果将一例鳖甲墓计算在内，则占6.88%，当属首位；其余的大都在5%以下。也就是说，龟甲墓在各墓地所占的比例都不高，平均比例只有3.82%，若是排除王因、野店、尚庄、圩墩、下王岗、龙岗寺、何家湾等出土少量龟甲的墓葬不算，其余几个成规模的有随葬龟甲现象的墓地，龟甲墓所占的平均比例也不过5.68%，可见墓主人身份的特殊性[40]。再从单个墓葬的随葬品来看，如贾湖遗址的M344[41]，不仅随葬品丰富，而且有8个内盛石子的龟甲，其中一个龟甲上有契刻的原始文字，还有两只七孔骨笛，并且随葬的叉形器和龟壳堆在一起，这绝非生产工具，而作为巫术法器的可能性极大；大汶口遗址的M26[42]，随葬的刻有复线S纹的象牙梳是当时工艺价值很高的珍品，非一般人享有之物，等等。所以墓主人极有可能是巫师兼酋长，巫师们凭借其由宗教祭祀而形成的权威，通过巫术仪式等形式参与甚至垄断了对氏族、部落乃至部落集团世俗事务的管理权，从而演变成为部落或部落集团的显贵[43]。

如果以随葬品的数量作为衡量墓主身份高低的一个指标，那么，贾湖随葬龟甲者的身份似乎最高，其次是刘林，再次是大墩子，然后是下王岗，最后是大汶口。就大墩子来说，龟甲墓的随葬品数量，年代早的刘林类型高于年代稍晚的花厅类型；就大汶口墓地来说，龟甲墓的随葬品数量，大汶口早期墓高于中晚期墓。我们可以发现一个比较明显的趋势，那就是随着时代的发展，随葬龟甲的墓主人在社会中的地位日趋下降。虽然其身份与一般社会成员相比还是较高，但是从贾湖一直往下，这个下降的趋势是不争的事实。这有可能暗示着当时的社会背景，即氏族社会组织形式逐渐演变，氏族酋长不再身兼巫师之职，专职巫师阶层的地位也随之下降[44]。

（2）贾湖时期原始宗教已经发展到一定的阶段，从用龟的角度来看可能包括龟灵崇拜、龟祭等。在贾湖遗址文化层和各类遗迹的废弃堆积和填土中，均发现大量龟、鳖类甲壳碎片，大部分残片应为食余的废弃物。贾湖先民捕食龟的习俗是产生龟灵崇拜的基础和前提。此外保存较好的放置在墓葬中者以及房基和灰坑中的龟甲则可能是龟灵崇拜的具体体现。

其一，随葬用龟。该类龟甲在出土墓葬中，有三种情况：一种是随葬成组的背腹甲扣合完整的龟壳；一种是随葬单个的完整龟甲；一种是随葬龟甲碎片。大多数完整龟甲和部分龟甲碎片均伴出有石子，大小和数量各不同，这些龟甲被放置在人骨周围的不同位置，由此引发出关于这些内置石子龟甲器的用途的讨论，有言为响器、甲囊、卜具者，不一而足，兹不赘述。龟甲的功能也许并不单一，从龟的埋入状态观察，埋入时有可能进行了某种宗教仪式，所以这些龟甲可能与巫师和巫术活动有关。

其二，奠基用龟。在整个遗址中仅发现一具。在房址F17D11的立柱部位的洞底生土之上，垛墙泥之下，压一完整的龟壳。出土时，背、腹甲完整，背甲在上，腹甲在下，头的朝向与门向一致，显然在垛墙时已经将此龟置于此处。可见，"具有明显的奠基祭祀意义"[45]。

其三，祭祀用龟。在灰坑H107中有与陶罐一起出土的完整龟甲，此外还有鳖甲两副。此坑相当规整，深则不足0.3米，显然不具有窖穴性质，疑为祭祀之用，而龟鳖则为祭品[46]。

上述材料说明，在房址以及灰坑中发现的龟鳖应具有原始宗教的性质。由此可见，早在八九千年前的贾湖时期，就已经产生了龟灵观念，并且已影响了人们的日常生活。

此后，大汶口文化受其影响，龟灵崇拜观点在大汶口文化诸遗址中得到传承。到了龙山文化时期，这一龟灵崇拜的形式发生了变化，腹中装有石子的龟甲已经不见，而在山东龙山文化遗址中却发现有以灼为特征的卜甲出现。据目前的考古资料显示，卜甲最早始于龙山文化时期[47]，而以灼烧为特征的卜骨早在淅川下王岗仰韶时期[48]就已出现，其后在中原地区广为流行。然而，东方的卜甲传统在中原地区几无所见，仅在大河村遗址龙山文化早期遗存中发现一例疑似卜甲，那么在商周盛行一时的龟占卜又是渊源何处？我们似乎可以从先商的活动中找到线索。分布于太行山东麓的先商文化和分布于淮河流域的东夷文化曾在豫东地区交错分布，从考古资料可以发现，分布于豫东、鲁西南的岳石文化和分布于豫北、冀南属于先商文化的下七垣文化相互影响，文化交流频繁[49]。所以有理由推测淮河流域的用龟传统曾影响了商民族，使龟灵崇拜和龟占卜的观念被商文化所继承，成为商文化的重要组成部分。这应是黄淮、江淮地区诸文化对中华文明进程的重要贡献之一。

（3）文字作为记录和传播人类思想的工具，是文明化进程中不可缺少的重要内容。始于贾湖的刻划符号传统有可能是汉字的源头之一[50]。

贾湖遗址出土的契刻符号，主要刻在随葬于墓葬中的龟甲、骨器和石器上。比西安半坡仰韶文化陶器上的刻画符号以及大汶口文化陶器上的文字的年代要早二三千年。贾湖契刻符号的出土对汉字起源的探讨提供了有价值的信息，也将汉字是起源于象形陶文，还是契刻符号的问题摆了出来。

如果从文字的载体和文字的内容来看，笔者认为历史的发展是多维的。横向来看，无论哪个时期文字契刻的载体不可能是唯一的，如在贾湖时期除了甲骨之外，还包括石器、陶器。贾湖时期的符号是共存在这些契刻载体上的，不排除符号在所表示的意义上有所差别，然而符号的表现形式应该具备内在的统一性。从贾湖时期的符号来看，所契刻的载体就有龟甲、骨器、石器和陶器，《舞阳贾湖》发掘报告中对这些符号进行了分类，包括具有原始文化性质的符号、戳记类的符号和计数类的符号，这些符号所表示的意义有所不同，然而从汉字的组织结构出发，这些符号在构成和组合上都有一定的共同原则。

从这个层面上来看，甲骨符号和陶符并非格格不入，它们在甲骨文形成当中都有可能发挥作用。

进而，从文化传播与交流的角度来看，史前各文化区之间的互动关系是超出我们想象的，文字在形成过程中是否也经历了一个相互影响和相互融合的过程？这就有待考古学家和古文字学家共同合作，一要考证不同文化不同文字系统之间是否存在相互影响的渠道，二要考证文字系统本身发展是否存在兼容并包的过程。唯有如此才能够更清楚解释文字起源当中的诸多难题。

甲骨文与商代的龟卜息息相关，贾湖的契刻符号与实物龟甲器的用途也是相关联的。中原地区的卜龟，无论从龟灵信仰还是钻孔工艺方面可能都来自海岱地区，大汶口文化早期的有灼烧痕迹的龟甲可能就是卜龟的肇始。从实物龟甲器到卜龟经历一个漫长而曲折的发展过程，在这个过程当中，龟灵崇拜观念一直延续并未中断，那么以甲骨为契刻载体的文化形式是否也经历几千年的风雨流传至商呢？仅从用龟现象的发展脉络来看这种可能性并非不存在，然而要期待更多考古资料的出土来佐证这种推测。

贾湖契刻符号与其特殊载体龟甲的结合是否具有特殊的含义，值得我们深入的探讨。

（4）从贾湖到大汶口都是以实物龟为主，但是凌家滩玉龟的出现，不仅是材质上的变化，也是龟甲器功能的演变，同时折射出淮河流域祭祀文化甚至礼制文化的萌芽。

我国的玉器距今已有8000年的发展历史。在时代上以辽宁阜新查海[51]和内蒙古赤峰兴隆洼[52]两遗址发现的玉器为最早，如查海遗址出土的玉器有凿、环、玦等，兴隆洼遗址出土的玉器多为生产工具。在距今7000年前的浙江余姚河姆渡遗址[53]中，出土有20余件用粗玉、萤石制成的器物，器形都是作为装饰佩戴用的璜、玦、珠、管等。中原地区贾湖文化遗址[54]中也曾出土有绿松石饰、石珠等。可以看出人们对玉的需要主要体现在装饰和实用上。直到新石器时代晚期，玉被认为具有某种神秘的力量，逐渐参与巫术活动，因而在宗教礼仪中扮演了越来越重要的角色。从现今的资料看，玉礼器的产生大约在距今6000~4000年间，集中出土在辽河流域的红山文化，长江流域的良渚文化和凌家滩文化，黄淮流域的大汶口文化、龙山文化遗址中。当然在其他地区的遗址中也有零星出土。与此同时，据考古资料显示，原始宗教和祭祀相关的遗迹、遗物也在这一时期大量涌现，其数量、规模和分布范围较之于公元前4000年之前有了较大的变化。由此表明，原始宗教与祭祀在此期间得到了很大发展，原始宗教在人们的生活中占有越来越重要的地位，从而导致了祭祀活动的经常化、仪式化及祭祀用具的礼器化。

在当时原始宗教大发展的背景下，祭祀活动大为普及，巫师为了强化自身的神力，需要借助具有灵性的玉器，玉器因而成为巫师的重要道具之一。玉龟就是在这种背景下应运而生的。凌家滩的玉龟无论从外形上还是观念上都与史前实物龟甲器有着传承关系，在功能上可能随着"龟腹石子"转变为"龟腹玉板"而有所变化,然可以明确的是玉龟和史前实物龟甲器一样,并非一般的装饰品,而是被人们赋予了特殊的含义。龟灵观念与被赋予了神秘力量的玉的结合,由实物龟到玉龟,透过用龟这一现象也可以一窥史前祭祀文化的大发展。

(5)象数思维是一种原始的思维方式,它的产生与古人生产活动、图腾崇拜和巫术活动等,有着千丝万缕的联系,但从根本上说对"象"的观察累积和"数"的概念的形成是其基本条件。贾湖时期先民的意象思维和数字思维的发展水平为象数思维的形成提供了基础。

"象"和"数"是两个不同的概念,"象"有双重意义,一是指卦象,即八卦和六十四卦符号;二是指物象,即八卦所象征的事物,天、地、雷、风、山、泽、水、火。古人认为这是构成宇宙万物的八种基本物质要素。"数"则主要指阴阳奇偶之数、蓍草数目、九六之数等等。所谓"龟,象也;筮,数也"(《左传》),即卜龟以灼甲求兆为象占卜,筮占以取数求卦为数占卜。《周易》集象占和数占为一体,形成了象数思维方式。象数思维就是以数定象,象数合一的思维模式,"象"由观物而得,与卦是统一的。

取象来自观物,物是客观存在的基础,贾湖的物理环境和生物环境为贾湖先民体察万物之象提供了基础。贾湖地区温和的气候,孕育出了丰富的生物群落,动植物不仅数量繁多,种类也极其丰富和多样化。贾湖先民虽以渔猎采集方式为主来维持生计,也已开始栽培水稻并驯养家畜。

观物取象仅仅是象数思维的第一步,在象数思维当中,包括三个层次,分别为具象、意象和体悟之象。所谓"意象"已超越了具体实物之象,而是经过思维的简化、浓缩、转移、假借、分解和组合等活动之后,其主要功能集中于"指称",原来的"象"则逐渐淡化、模糊而丧失其原来的意义。

贾湖时期生产技术已经有了初步发展,生活用具和生产工具不断改进,面对着日益复杂的社会环境,贾湖人只能靠意象的类化,才能分辨和把握不同的对象,以及它们之间的关系。随着意象思维水平的提高,意象符号也逐渐出现,除了上文提到的眼睛形状的符号之外,还有在H190:2AⅢ卷沿罐口沿下刻画的一近圆形圆圈,周围还刻出放射性直线,虽然系烧后所刻,显得手法拙朴,且残缺近一半,但一个光芒四射的太阳图像仍十分清晰地显现在我们面前。M335:15龟腹甲片上的"日"形符号,与安阳殷墟甲骨文同类字形有诸多相似之处,这里不仅有象形的图案,而且已出现了表意的符号。由此可见,新石器时代前期贾湖先民的意象思维水平已经有了很大发展。

贾湖人的数字思维能力从骨笛的设计上可窥一二,但是从数字发展到数卜并非一蹴而就,它是随着对数字性质认识的深化,在对数的奇偶性质进行概括抽象中产生的。《周易·系辞》说:"阳卦奇,阴卦耦",就是对数的奇偶性质和卦的阴阳性质的高度概括。故利用数来占卜,必须懂得数之奇偶才能实现。从少数民族流传的数卜方法可以看出,主要是通过工具得到奇数和偶数,一个或者多个,如果是多个再进行排列,由此来占断。

从贾湖骨笛的孔数来看,已有五孔、六孔、七孔和八孔之分,孔数的设计已存在奇偶之分。不仅如此，贾湖二期墓葬当中出土龟甲的墓葬大都是随葬偶数个龟甲，这些为贾湖先民懂得数字的奇偶规律提供了一些佐证；从用龟现象来看，由于证据颇少，我们不能肯定认为龟腹石子为数卜工具，然而也不能否认这种可能性的存在。从目前少数民族还流行的数卜法来看，早期的数占法可能在材料上不加选择，石子、竹子、木条、植物种子等都可以用来占卜[55]，贾湖的龟腹石子存在用振出法占卜的可能。然而以色彩判断阴阳确实证据不足，但不否认以振出石子的奇偶来判断阴阳的可能性。最近凌家滩出土的内置卦签的玉龟对实物龟甲器的占卜功能也是一个佐证[56]。

但是笔者认为龟象在此仅仅是被人们崇拜，巫师利用灵龟的"知天之道"使得占卜结果更具神圣性。龟象与象数思维中的象占并非一回事，象数思维中的"象"来自卦象或物象，龟虽然具有寿敝天地、与物变化、四时变色之象，然而无法代替万事万物之象，因此龟象与数卜统一于"龟腹石子"的说法还值得进一步的讨论。

象数思维是中国传统思维方式中的一种主要思维方式，明确其起源的线索也应属于中国文明起源研究的一部分。对葬龟现象与象数思维之间关系的深入探讨，不仅仅为中国传统文化中有关龟灵崇拜的研究提供新的视角，也有利于充实中国思想文化史的研究。

结　　语

综上所述，从史前用龟现象来看，黄淮、江淮地区在新石器时代的先民已经有了明显的阶层分化迹象，并且有了礼制和古文字的萌芽。从目前资料来看，这些文明的因素以贾湖年代最早，随后为黄淮流域的大汶口文化所继承。从贾湖到大汶口，巫觋逐渐与部落首领分离，地位逐渐下降，但用龟、崇龟的习俗一脉相传，通过东夷和先商文化传给了后世的商王朝，最终发展成为繁盛的龟卜文化，并与文字系统相结合。象数思维是一种原始的思维形式，它的产生是古代先民长期观察世界和劳动对象的结果，很可能正是象卜和数卜这两种占卜方式，导致了中国先民"象数思维"萌芽的产生。因此，从中国文明起源要素来看，原始宗教、文字、礼制以及象数思维在黄淮和江淮地区的发展情况呈现了中国文明起源进程中的若干特征，可以看作是中国文明起源进程中的一个缩影。

文明化进程是一种渐进的过程，是各个文化相互影响、相互交融的过程，从贾湖到大汶口诸遗址再到商文化的用龟现象，也是这样一个过程。在这个过程中，文明的因素得到了继承和扬弃，并互相作用，最终发展成为耀眼的三代文明的重要组成部分。

注　释

[1]　山东省文物管理处、济南市博物馆：《大汶口——新石器时代墓葬发掘报告》，文物出版社，1974年。

[2]　江苏省文物工作队：《江苏邳县刘林新石器时代遗址第一次发掘》，《考古学报》1962年第1

期；南京博物院：《江苏邳县刘林新石器时代遗址第二次发掘》，《考古学报》1965年第2期。

［3］ 南京博物院：《江苏邳县四户镇大墩子遗址试掘报告》，《考古学报》1964年第2期；南京博物院：《江苏邳县四户镇大墩子遗址第二次发掘》，《考古学集刊（第一集）》，中国社会科学出版社，1981年。

［4］ 河南省文物考古研究所：《舞阳贾湖》，科学出版社，1999年。

［5］ 河南省文物研究所、长江流域规划办公室考古队河南分队：《淅川下王岗》，文物出版社，1989年。

［6］ 山东省博物院、山东省文物考古研究所：《邹县野店》，文物出版社，1989年。

［7］ 常州市博物馆：《江苏常州圩墩村新石器时代遗址的调查和试掘》，《考古》1974年第2期。

［8］ 山东省博物馆、聊城地区文化局、茌平县文化馆：《山东茌平县尚庄遗址第一次发掘简报》，《文物》1978年第4期。

［9］ 四川省博物馆：《巫山大溪遗址第三次发掘》，《考古学报》1981年第4期。

［10］ 中国社会科学院考古研究所：《山东王因——新石器时代遗址发掘报告》，科学出版社，2000年。

［11］ 陕西省考古研究所：《龙岗寺——新石器时代发掘报告》，文物出版社，1990年。

［12］ 陕西省考古研究所：《龙岗寺——新石器时代发掘报告》，文物出版社，1990年。

［13］ 安徽省文物考古研究所：《安徽含山凌家滩新石器时代墓地发掘简报》，《文物》1989年第4期。

［14］ 辽宁省文物考古研究所：《辽宁牛河梁第五地点一号冢中心大墓M1发掘简报》，《文物》1997年第8期；辽宁省文物考古研究所：《辽宁牛河梁第二地点一号冢21号墓发掘简报》，《文物》1997年第8期。

［15］ 方殿春、刘葆华：《辽宁阜新县胡头沟红山文化玉器墓的发现》，《文物》1984年第6期。

［16］ 浙江省文物考古研究所：《浙江余杭反山良渚墓地发掘简报》，《文物》1988年第1期。

［17］ 栾丰实：《大汶口文化的骨牙雕筒、龟甲器和獐牙勾形器》，《海岱地区考古研究》，山东大学出版社，1997年。

［18］ 栾丰实：《大汶口文化的骨牙雕筒、龟甲器和獐牙勾形器》，《海岱地区考古研究》，山东大学出版社，1997年。

［19］ Andersson J G. Researches into the Prehistory of the Chinese. The Museum of Far Eastern Antiquities, 1943, 15; Sommarstrom B. The Site of Ma-kia-yao. The Museum of Far Eastern Antiquities, 1956, 28.转引陈星灿、李润权：《申论中国史前的龟甲响器》，《桃李成蹊集——庆祝安志敏先生八十寿辰》，香港中文大学出版社，2004年。

［20］ 浙江省文物考古研究所：《浙江嘉兴南河浜遗址发掘简报》，《文物》2005年第6期。

［21］ 北京市文物研究所：《北京平谷上宅新石器时代遗址发掘简报》，《文物》1989年第8期。

［22］ 河南省文物考古研究所：《舞阳贾湖》，科学出版社，1999年。

［23］ 南京博物院：《江苏邳县四户镇大墩子遗址试掘报告》，《考古学报》1964年第2期；南京博物院：《江苏邳县四户镇大墩子遗址第二次发掘》，《考古学集刊（第一集）》，中国社会科学出版社，1981年。

[24] 江苏省文物工作队：《江苏邳县刘林新石器时代遗址第一次发掘》，《考古学报》1962年第1期；南京博物院：《江苏邳县刘林新石器时代遗址第二次发掘》，《考古学报》1965年第2期。

[25] 山东省文物管理处、济南市博物馆：《大汶口——新石器时代墓葬发掘报告》，文物出版社，1974年。

[26] 中国社会科学院考古研究所：《山东王因——新石器时代遗址发掘报告》，科学出版社，2000年。

[27] 山东省博物院、山东省文物考古研究所：《邹县野店》，文物出版社，1989年。

[28] 山东省博物馆、聊城地区文化局、茌平县文化馆：《山东茌平县尚庄遗址第一次发掘简报》，《文物》1978年第4期。

[29] 河南省文物研究所、长江流域规划办公室考古队河南分队：《淅川下王岗》，文物出版社，1989年。

[30] 陕西省考古研究所：《龙岗寺——新石器时代发掘报告》，文物出版社，1990年。

[31] 四川省博物馆：《巫山大溪遗址第三次发掘》，《考古学报》1981年第4期。

[32] 常州市博物馆：《江苏常州圩墩村新石器时代遗址的调查和试掘》，《考古》1974年第2期。

[33] 安徽省文物考古研究所：《安徽含山凌家滩新石器时代墓地发掘简报》，《文物》1989年第4期。

[34] 河南省文物考古研究所：《舞阳贾湖》，科学出版社，1999年。

[35] 德州地区文物工作队：《山东禹城县邢寨汪遗址的调查与试掘》，《考古》1983年第11期。

[36] 中国科学院考古研究所安阳发掘队：《1958—1959年殷墟发掘报告》，《考古》1961年第2期；中国社会科学院考古研究所：《殷墟发掘报告（1959~1961）》，文物出版社，1987年。

[37] 河北省文物管理处台西考古队：《河北藁城台西村商代遗址发掘简报》，《文物》1979年第6期。

[38] 河南省文物考古研究所：《郑州商城》，文物出版社，2001年。

[39] 安徽省文物考古研究所：《凌家滩玉器》，文物出版社，2000年；安徽省文物考古研究所：《安徽含山县凌家滩遗址第五次发掘的新发现》，《考古》2008年第3期；安徽省文物考古研究所：《凌家滩玉器》，文物出版社，2000年；安徽省文物考古研究所：《安徽含山县凌家滩遗址第五次发掘的新发现》，《考古》2008年第3期。

[40] 陈星灿、李润权：《申论中国史前的龟甲响器》，《桃李成蹊集——庆祝安志敏先生八十寿辰》，香港中文大学出版社，2004年。

[41] 河南省文物考古研究所：《舞阳贾湖》，科学出版社，1999年。

[42] 山东省文物管理处、济南市博物馆：《大汶口——新石器时代墓葬发掘报告》，文物出版社，1974年。

[43] 河南省文物考古研究所：《舞阳贾湖》，科学出版社，1999年。

[44] 陈星灿、李润权：《申论中国史前的龟甲响器》，《桃李成蹊集——庆祝安志敏先生八十寿辰》，香港中文大学出版社，2004年。

[45] 河南省文物考古研究所：《舞阳贾湖》，科学出版社，1999年。

[46] 河南省文物考古研究所：《舞阳贾湖》，科学出版社，1999年。

[47] 德州地区文物工作队：《山东禹城县邢寨汪遗址的调查与试掘报告》，《考古》1983年第11期。

[48] 河南省文物研究所、长江流域规划办公室考古队河南分队：《淅川下王岗》，文物出版社，1989年。
[49] 郑州大学文博学院、开封市博物馆：《豫东杞县发掘报告》，科学出版社，1999年。
[50] 河南省文物考古研究所：《舞阳贾湖》，科学出版社，1999年。
[51] 辽宁省文物考古研究所：《辽宁阜新县查海遗址1987—1990年三次发掘》，《文物》1994年第11期。
[52] 中国社会科学院考古研究所内蒙古工作队：《内蒙古敖汉旗兴隆洼聚落遗址1992年发掘简报》，《考古》1997年第1期。
[53] 浙江省文物考古研究所：《河姆渡——新石器时代遗址考古发掘报告》，文物出版社，2003年。
[54] 河南省文物考古研究所：《舞阳贾湖》，科学出版社，1999年。
[55] 宋兆麟：《中国原始社会史》，文物出版社，1983年。
[56] 王素英：《凌家滩是占卜学的发源地》，《安徽商报》2007年7月13日。

（原载《中原文物》2008年第4期；与范方芳合著）

贾湖刻划符号的发现与汉字的起源

自笔者和李学勤教授等合作撰写的 *The earliest writing? Sign use in the seventh millennium BC at Jiahu, Henan Province, China* 一文最近在英国《古物》（*Antiquity*）杂志发表之后，引起国内外一些媒体的关注，国外感兴趣的学者在《科学》网站还进行了讨论，英国广播公司还专文报道了讨论情况，作为贾湖遗址发掘的主持者和贾湖契刻符号的主要发现者，我觉得有义务对相关问题进行进一步的陈述和澄清。

1. 贾湖遗址的重要发现

位于河南省舞阳县沙河之滨的贾湖史前聚落遗址，是一处距今约9000~7800年的新石器时代前期遗址，文化内涵十分丰富。1983年至1987年和2001年，我们曾在这里进行了7次科学发掘，揭露面积2600多平方米，发现房址、窖穴、陶窑、墓葬、兽坑、壕沟等各种遗迹近千处，陶、石、骨器等各种质料的遗物数千件，特别是大量的栽培粳稻、30余支多音阶鹤骨笛和出现于贾湖二、三期文化的距今8600~7800年的10余个契刻而成的符号，更为学术界所重视，我们认为这些契刻符号具有原始文字性质。贾湖人发达的宗教文化和音乐文化，是有雄厚的物质基础作后盾的。贾湖所在地区，具有丰富的动植物资源，贾湖人又有发达的稻作农业，为他们提供了丰富的动物类食品和植物类食品，也为巫师阶层的形成和精神文化的创造提供了物质基础和前提条件。物质生活和精神生活的丰富，为原始文字的产生提供了必要性和可能性，贾湖原始文字便应运而生了，从而奠定了汉字8000多年的基础。

2. 8000年前的甲骨契刻符号是中国文字起源的依据

我们在龟甲、骨器、石器、陶器上发现了十多例契刻符号，除了在骨笛上所见的设计音孔时的刻记和契刻骨板上的单道刻记外，可以确认的契刻符号共发现有17例。其中龟甲有9例，骨器上3例，石器上2例，陶器上3例。

这十七例契刻符号，大体上可分为三类。

第一类有龟甲4例，骨器3例，石器、陶器各1例，共9例，占所发现契刻符号的一半以上。此类符号从其形状上分析都具有多笔画组成的组合结构，其中应蕴含着契刻者的某种意图，记录了一件特定事情，因之，应具有原始文字的性质。

第二类三例，契刻在石颜料块或陶坠上，不排除作戳记之用的可能。

第三类数量也较多，但均在龟甲上契刻，共5例，为横或竖的一道或两道直向刻痕，明显为有意所为，与半坡、姜寨的同类陶文刻符相似，可能具有记数的性质，如是则应为计数类符号。

由于贾湖刻符部分刻于龟甲上，刻符龟甲又出自墓葬，而且龟多为八个一组，故自然使人联想至《周易》的八卦。

贾湖龟甲刻划符号有以下几个值得重视的特点。

（1）符号多刻在龟甲的明显位置应该是为了便于看到。

（2）符号似乎指示了龟甲的放置方向。

（3）在同一墓龟甲中，有时有一个以上刻有符号，符号并不相同，说明符号不是墓主个人的标记。

（4）在同一龟甲上，有时出现两个刻划符号。

（5）符号比较有象形性，如眼形、门户形，很像后世的文字。过去发现的新石器时代晚期刻划符号，例如仰韶文化半坡类型的符号，极少有象形的；大汶口文化陶器和良渚文化陶器、玉器的符号，则象形因素较多，从而不少学者认为是原始文字。就这一点而言，贾湖这些符号确与文字接近。

学者们注意贾湖龟甲符号，还有一个重要理由，就是在龟甲上刻出符号，有似于殷墟时期在龟甲上刻写文字。近年考古研究已经指出，对龟的神秘性的信仰在中国源远流长。贾湖墓葬的龟甲中，多与石子同出，证明是一种原始的占卜工具，在占卜的方式上虽与商代的灼卜不同，其基于对龟灵的信仰则是一致的。龟甲占卜可能有传袭的关系，刻划符号是否与后来的文字有关，是应该考虑的。

贾湖原始文字发表之后，许多学者都曾试图进行解读。由于这些符号因过于抽象，目前还不便对之进行臆猜，但都具有一定的形，应记录了当时的主人一定的寓意，应是可以肯定的。而义是要用语言来解读的，因之也应有对应的语言。若如此，这些刻符就具备了文字的形、音、义的基本条件。尽管它大多只是单字，但已具备了文字的基本功能。所以，笔者认为称其为原始文字，或具有文字性质的符号，当是可以成立的。

与西方的拼音文字不同，汉字是由笔画为基本书写单位构成的，它的笔画走势和框架结构，表现了汉字的基本特征。汉字的组合方式是拼合式，先由笔画组字根，再构成合体字。从汉字的组织结构上看，它是由三个层次组成的。

第一个层次是笔画，如点、横、竖、撇、捺、勾、折等。

第二个层次为构件，这些构件就是字根，目前电脑操作中的五笔字型输入法，就是以这些字根来拆字的，如匕、十、刀、乙、儿、厶等。由这些字根组合成大量的汉字。

第三个层次为合成字，如基、着、学、深、和、加等。如先由撇、竖组成立人，再加"匕"，即成"化"字；由三点组成水旁，再加"工"，即组成"江"字，如此等等。从此可看出，汉字是有三级结构，这是汉字独有的特性。

我们再来看贾湖刻符，它和后来的甲骨文、金文和现代的汉字一样，也有三个结构层次。从书写特征看，贾湖契刻与商代甲骨文是一致的，因为同样刻在坚硬甲骨等物体上，笔画遒劲，撇折有矩。与现代汉字相比，书写的特点也基本一致，如先横后竖，先上后下，先左后右，先里后外，等等。如若不照这些笔顺来写，不但写起来困难，也难以写好，这是汉字的特性使然。因之也可以说，贾湖刻符也是现代汉字书法艺术的滥觞。

从以上分析可知，贾湖契刻符号与汉字的基本结构、组合方式、书写特征都是一致的，汉字的基础在8000年的贾湖时期已经奠定，贾湖刻符的性质及与汉字起源的关系则是不言而喻的了。

正像任何事物的产生一样，文字的起源与发展也有一个过程，而且是一个漫长的历史进程，绝不可能一蹴而就，由某一位圣人灵机一动，一夜之间就创造出成熟的文字。同时，文字的发明应是社会发展到一定历史阶段的必然产物，有其经济的、技术的、文化的、思想的基础，是社会发展的需要决定的。目前学术界公认的成熟汉字是商代"甲骨文"，但甲骨文的发展水平决非其初始阶段，在它之前肯定已有相当成熟的文字出现。甲骨文看似文字发展史上的一个突变，但这是不合逻辑的，就像是传说中的老子，生下来就长有白胡子。我们现在虽然暂时还没有发现早于商代甲骨文的大量的成熟文字，但并不意味着甲骨文就是突然出现的，这种现象可能与甲骨文之前的文字的载体和埋藏条件有关。

纵观文字起源与发展的历史进程，应有四个发展阶段。

第一阶段：即物件记事阶段，其形式有实物记事，结绳记事等。例如在中国古籍文献中，就有较多关于结绳记事的记载，《周易·系辞下》中说："上古结绳而治，后世圣人易之以书契。"郑玄在《周易注》中也说："古者无文字，结绳为约，事大，大结其绳；事小，小结其绳。"李鼎祚《周易集解》引《九家易》："古者无文字，其有约誓之事，事大，大其绳，事小，小其绳，结之多少，随物众寡，各执以相考，亦足以相治也。"古今中外都有大量类似事例，限于篇幅，兹不一一列举。

第二阶段：即图形记事阶段。在第一阶段的记事方法不能满足人们经济、交流和精神的需要时，人们迫切需要新的记事方法，图形记事便是这个阶段的代表，它是以图画的方式记录一个事件，可见到的形式有大量岩画等。另外就是契刻的标记。契刻的目的主要是用来记录数目。汉朝刘熙在《释名·释书契》中说："契，刻也，刻识其数也。"清楚地说明契就是刻，契刻的目的是帮助记忆数目。因为人们订立契约关系时，数目是最重要的，也是最容易引起争端的因素。于是，人们就用契刻的方法，将数目用一定的线条作符号，刻在竹片或木片上，作为双方的"契约"。这就是古时的"契"。后来人们把契从中间分开，分作两半，双方各执一半，以二者吻合为凭。古代的契上刻得是数目，主要用来作债务的凭证。《尚书·序》："古者，伏羲氏之王天下也，始画八卦、造书契，以代结绳之政。"司马贞补《史记·三皇本纪》："太昊、伏羲氏造书契，以代结绳之政。"这些记载应是对这个阶段记事方法的追记，考古发掘也屡有类似遗物出土，如河南舞阳贾湖遗址出土的契刻牛肋骨和上述第三类刻符、甘肃省会宁县周家寨出土的仰韶期遗址的骨契图形等。

第三阶段可称为语段文字阶段，即用一个表意符号或一组抽象的图画来记录一句话或一件事情，这类材料在考古发掘中发现很多，我国新石器时代各文化普遍有所发现，包括上述的贾湖第一类刻符为代表的同时期刻符及部分仰韶时代诸文化刻符、彩符和大汶口文化陶尊符号等。这种语段文字虽具有一定的文字功能，因而具备了文字的一些特征，如记事、交流和记录语言等，但还不是成熟的文字。从目前材料来看，前仰韶时代已经进入了这一阶段，即距今8600年之后。

第四阶段即成熟的文字阶段，依其特征可称为语词文字阶段，即一个符号只发一个音，这种符号同时具备了形、义、音三种特征，真正成为记录语言的符号，人们可以根据交流、记录的不同需要随意组合这些符号，以通过书面的形式充分表达人们的意愿，并在使用过程中形成了一定的语法和发言规则。从此，真正意义上的文字产生了。在我国，目前所知商代的甲骨文便已处于这个阶段。

另需指出的是，每个新的阶段开始之后，原有各个阶段的记事方式并不会自然退出历史舞台，而是程度不同地继续存在着，被各个地方、各个不同阶层的人们所利用，继续发挥着各自不同的作用。

3. 贾湖契刻符号发现的重要学术意义及今后工作重点

贾湖的契刻符号，是世界上可能与文字关联的符号中出现最早的，年代早到公元前7000年。如果我们放眼世界，如被一些学者认为与苏美尔文字的发明有关的黏土tokens，其简素的一种已上溯到公元前8000年。但与此相比，实际上贾湖符号与文字的相似性要大得多。因此，贾湖契刻符号一经公布，就引起国内外相关学者的关注，如《科学》网站报道说："在南方的伊拉克于5200年前出现文字之后2000年，中国出现了文字。但是一个由中国和美国学者组成的研究小组如今提出，文字在中国的形成经历了一个缓慢而长期的发展过程，其源头甚至可以追溯到令人惊讶的8000年前。他们研究认为，在河南省的新石器时代墓穴中发现的龟壳上的契刻痕迹，是最终演变为汉字体系的已知最早的前身，并且它们很有可能用来完成一些萨满教的仪式。""或许找到促使中国文字发展的理由比了解中国文字发展的过程更能引起学者们的兴趣。与比自身早4000年的贾湖遗址一样，很多商朝的文字也是在龟壳上发现的。这一证据表明，早在新石器时代，龟壳就已用来进行占卜活动了。"

香港中文大学的饶宗颐先生曾对贾湖刻符及相关问题进行了深入的探讨，文章中细致地对每一个符号进行了考证，并提出"贾湖刻符对汉字来源的关键性问题，提供了崭新的资料"。有学者认为，贾湖契刻符号的发现"为商代甲骨文的历史源头探索提供了可靠的证据"，"这不但是到目前为止新发现的我国最早的甲骨契刻符号，也是至今我国年代最早的文字前形式"。

北京大学历史系的古文字学家葛英会也认为"这些符号应该是一种原始文字"。

彝族学者朱琚元根据古彝族文字与这些符号进行对比，发现它们之间居然有许多共同之处。其中刻在一件柄形石器上的四个符号，用古彝文不但能够成功地释读，其意义也似乎与这件器物的用途极其相符。不仅如此，朱琚元还认为贾湖遗址出土的一些器物，与彝族地区的一些用品也有类似之处。

处于语段文字阶段的材料，在我国考古发掘中发现很多，我国新石器时代各文化普遍有所发现，已知载体有陶、石、骨、甲等，已知自贾湖契刻符号到商代甲骨文与文字相关的材料相当丰富，至少到龙山时代已有成篇可读的文字出现，需对之进行系统的整理和研究；而使用更为方便又不易保存的载体如竹木、布帛、树皮等有字材料，更应在今后的考古发掘中给予高度的重视。

汉字由语段文字阶段发展到语词文字阶段，从现有资料来看，自贾湖契刻符号到商代甲骨文，至少经历了5000多年的历程，成熟的商代甲骨文之所以被认为是突然出现，主要原因很可能是载体的变化，寻找这类过渡阶段的文字载体，是解决汉字起源之谜的主要途径，应是我们考古工作者今后的努力方向之一。

4. 关于外国学者的异议

贾湖契刻符号发现之后，不少学者对此持审慎态度。其原因除贾湖大多为单字外，主要是因为贾湖遗址距今9000～7800年的年代，早于安阳甲骨文四五千年，居然有与安阳甲骨文特征如此接近的字形，如上述书写对象、书写方式，字体组合和基本字形结构等都基本一致，确实让人难以置信。但如果对贾湖文化的总体发展水平进行综合考察，就会发现，贾湖人发明并使用原始文字不仅是完全可能的，而且是顺理成章的。贾湖契刻符号和商代甲骨文的载体都是当时巫师的占卜工具——龟壳，字体结构相同，部分字形相似，这就是我们认为贾湖契刻符号应是汉字起源漫长历程中重要一环的主要证据。

汉字是中国的国粹，它经历了与西方拼音文字完全不同的发展道路，它发展的阶段性是西方学者用研究拼音文字的起源与发展的理论所无法解释的，因此也就无法理解。如据《科学》网站上报道，一些西方学者对在最新一期《古物》(*Antiquity*)杂志上进行的广泛讨论持怀疑态度。美国波士顿大学的考古学家Robert Murowchick就抱怨说："这里并没什么新东西。他和其他一些学者拒绝接受这些看似简单的几何符号与早期的文字存在某种必然联系的观点。"一些学者认为这"纯粹是一派胡言"。Murowchick就表示，"文字的发展当然有一个漫长的过程，但是没有证据显示这些龟壳就是其中关键的一环"。但历史是多姿多彩的，文字的产生也绝非一线单传，我们不了解以这位波士顿大学考古学家Murowchick先生为代表的一些西方学者是否认识汉字，但至少他关于汉字起源的议论的确纯粹是一派胡言！他可以不同意我们的观点，可以写出文章与我们讨论，但把他的观点强加于人，与他的观点不符就斥为"纯粹是一派胡言"，颇具西部牛仔的做派，就像"罚人吃肉"的故事一样荒唐可笑！

（原载《中国文物报》2003年12月5日）

八千年前的书法艺术——河南贾湖原始文字的发现与研究

位于河南省舞阳县沙河之滨的贾湖史前聚落遗址，是一处距今约9000～7800年的新石器时代前期遗址，文化内涵十分丰富。1983年至1987年，我们曾在这里进行了六次科学发掘，揭露面积2300多平方米，发现房址、窖穴、陶窑、墓葬、兽坑、壕沟等各种遗迹近千处，陶、石、骨器等各种质料的遗物数千件，特别是大量的栽培粳稻、二十五支骨笛和出现于贾湖二、三期文化的距今8600～7800年的二十余个契刻而成的原始文字，更为学术界所重视。贾湖遗址的发掘资料，经过十多年的整理研究，我们已编纂成书，由科学出版社出版发行[1]。作为贾湖原始文字的发现者和研究者，我愿借《中国书法》一角，对这一发现和研究情况作一简介，以就教于关心此事的专家学者。

一

早在1983年贾湖遗址试掘时，就已在几座墓葬中发现用龟甲随葬的现象，龟内还装有数量不等、形状不一、颜色各异的小石子。1985年和1986年几个发掘季度，又陆续发现了几座这样的墓葬，逐渐引起我们的重视。联系到殷墟甲骨文的发现，我们也产生了类似的期盼。每天都认真观察墓葬中刚出土的龟甲片，看看有没有人工刻划的痕迹。功夫不负有心人，终于在1987年5月的一天下午，一位郑州大学实习的同学首先在一墓葬中发现一件刻有符号的柄形石器。在次日和随后的几天里，我们先后在四件龟甲上发现契刻有符号。整个工地参加发掘的人员都为这一重要发现所振奋，我们还买酒加菜和参与这次发现的郑州大学实习的师生一同庆贺。随后，在整理过程中，我们又在龟甲、骨器、石器、陶器上发现了十多例契刻符号，除了在骨笛上所见的设计音孔时的刻记和契刻骨板上的单道刻记外，可以确认的契刻符号共发现有十七例。其中龟甲有九例。骨器上三例，石器上二例，陶器上三例。

这十七例契刻符号，大体上可分为三类。

第一类有龟甲四例，骨器三例，石器、陶器各一例，共九例，占所发现契刻符号的一半以上。如龟甲上的"〇"、"日"、"八"，骨笛上的"ᒉ"、叉形骨器上的"ℋ"，牛肋骨上的"ル"，柄形石器上的一行符号，陶器上的"○"等。此类符号从其形状上分析都具有多笔画组成的组合结构，其中应蕴含着契刻者的某种意图，记录了一件特定事情，因之，应具有原始文字的性质。

第二类包括石器中的"$"，陶器中的"⊕"、"∇"三例。其中的"$"契刻在一石颜料块的摩擦斜平面上。因此件石颜料应为陶工所用，所以不排除作戳记之用的可能。陶坠上的"⊕"也可作戳记之用，同时如果此陶坠可用于测量的话，此"十"字的中心点也可作找中心点之用。刻于陶盆口沿上锥刺出的"∇"形符号，或可表示所有权，或有标记的作用，因之也归入此类。

第三类数量也较多，但均在龟甲上契刻，共五例，为横或竖的一道或两道直向刻痕，明显为有意所为，与半坡、姜寨的同类陶文刻符相似，可能具有记数的性质，如是则应为计数类符号。

二

贾湖原始文字发表之后，许多学者都曾试图进行解读[2]，有以古彝文来解释的，有以卦象文字来解释的等。笔者在发掘报告中也曾对个别字形内容进行了解读的尝试。

"⊙"形符号使人一望便知，应为人的眼睛的象形，与安阳殷墟甲骨文的同类字形相似，如《甲编》一二三九、《甲》二一五等，与金文"父癸爵"的目字也相似，与河北藁城台西和江西清江吴城两处商代遗址出土的"目"形陶文也很接近，表明自贾湖至殷墟四千多年，"目"字仍保留了眼睛的形象。《说文》目部："人眼象形，重童子也。"由于贾湖刻符部分刻于龟甲上，刻符龟甲又出自墓葬，且多为八个一组，故自然使人联想至《周易》的八卦。《周易·说卦》称："离为目"故有学者认为此"⊙"形符号为离卦的卦象[3]。

关于"日"形符号，笔者在发掘报告中认为即"日"字，但也有学者认为与甲骨文中的"户"字相似，推测可能为"户"字。也有学者以《周易·说卦》"离为日"为据，认为也是离卦的卦象[4]。至于那个光芒四射的"○"，多认为是太阳的象形，但饶宗颐先生认为此一图形特征"乃状芒气四出之孛"，是孛类星象的纪录[5]。

至于陶坠上的"⊕"形刻符和石器上的"$"形刻符，笔者曾认为是戳记符号，饶宗颐先生则认为是十干支的"甲"和"乙"字的渊源[6]。"⊕"形符号曾在西亚苏美尔文字中屡屡出现，被释为"羊"或表示富庶。

其他符号因过于抽象，目前还不便对之进行臆猜，但都具有一定的形，应记录了当时的主人一定的寓意，应是可以肯定的。而义是要用语言来解读的，因之也应有对应的语言。若如此，这些刻符就具备了文字的形、音、义的基本条件。尽管它大多只是单字，但已具备了文字的基本功能。所以，笔者认为称其为原始文字或具有文字性质的符号，当是可以成立的。

三

与西方的拼音文字不同，汉字是由笔画为基本书写单位构成的，它的笔画走势和框架结构，表现了汉字的基本特征。汉字的组合方式是拼合式，先由笔画组字根，再构成合体字。从汉字的组织结构上看，它是由三个层次组成的。

第一个层次是笔画，如点、横、竖、撇、捺、勾、折等。

第二个层次为构件，这些构件就是字根，目前电脑操作中的五笔字型输入法，就是以这些字根来拆字的，如匕、十、刀、乙、儿、厶等。由这些字根组合成大量的汉字。

第三个层次为合成字，如基、着、学、深、和、加等。如先由撇、竖组成立人，再加"匕"，即成"化"字；由三点组成水旁，再加"工"，即组成"江"字，如此等等。从此可看出，汉字是有三级结构，这是汉字独有的特性。

我们再来看贾湖刻符，它和后来的甲骨文、金文和现代的汉字一样，也有三个结构层次。

第一个层次：一、丨、丶、八、丶、𠃍、丿等。

第二个层次：乚、丁、三、十、八等。

第三个层次：化、曰、彐、屮等。

上述汉字的拼合式结构特征在贾湖契刻中同样可看到，如"丿"、"三"组成"丁"，"丿"、"乚"组成"化"，"✕"、"火"组成"父"等。

从书写特征看，贾湖契刻与商代甲骨文是一致的，因为同样刻在坚硬甲骨等物体上，笔画遒劲，撇折有矩。与现代汉字相比，书写的特点也基本一致，如先横后竖，先上后下，先左后右，先里后外等。如若不照这些笔顺来写，不但写起来困难，也难以写好，这是汉字的特性使然。因之也可以说，贾湖刻符也是现代汉字书法艺术的滥觞。

从以上分析可知，贾湖契刻符号与汉字的基本结构、组合方式、书写特征都是一致的，汉字的基础在8000年的贾湖时期已经奠定，贾湖刻符的性质及与汉字起源的关系则是不言而喻的了。

四

贾湖契刻符号发现之后，不少学者对此持审慎态度。其原因除贾湖大多为单字外，主要是因为贾湖遗址距今9000～7800年的年代，早于安阳甲骨文四五千年，居然有与安阳甲骨文特征如此接近的文字，如上述书写对象、书写方式、字体组合和基本字形结构等都基本一致，确实让人难以置信。但如果对贾湖文化的总体发展水平进行综合考察就会发现，贾湖人发明并使用原始文字不仅是完全可能的，而且是顺理成章的。

我们知道，世界上许多文字的发明和发展都与原始宗教有着千丝万缕的联系。甲骨文的锲刻者是贞人集团，古彝文的掌握者是毕摩，丽江纳西族东巴文的创制者是巫师，古埃及文的掌握者是祭司集团，如此等等。传说中造字的仓颉，本身可能就是一个大巫师。贾湖文化时期，随葬用龟、祭祀用龟、奠基用龟，表明龟灵崇拜现象相当盛行。而随葬用龟又多以八、六、四、二偶数为组合，表明当时的巫术仪式已有一定规范。龟内又多置数量不等、颜色各异的小石子，反映了占卜现象的可能存在。龟甲刻符都出在墓葬的随葬龟甲之上，这些随葬龟甲的墓主人可能本身就是巫师。这一持续了千余年之久的巫师阶层，既然能创造出较为发达的巫术传统，也完全有可能创造出自己的记事符号系统。另外，传统观点认为画卦是先于书契创造的符号，过去文字学家何以必把文字起源追溯到画卦，一直众说纷纭，莫衷一是。现在通过贾湖出土的龟甲及其刻符，以及伴出的其他文物，得到了合理的解释。

另一反映贾湖人数理思维水平的是骨笛。在贾湖刻符出现之前的贾湖一期，已有了五孔和六孔骨笛，可吹奏出完备的四声和五声音阶。刻符出现的贾湖二期，骨笛均为七孔，可吹奏出八个单音，构成完备的六声音阶和不完备的七声音阶，并初步具备了三分损益律、五度相生律和十二平均律的部分音素，特别是到了贾湖三期还出现了八孔笛，可吹奏出完备的七声音阶，这些惊人的发现表明，贾湖人具有超时代的音乐水平，在音乐领域领先世界数千年之久，尤其是C_6一音，不仅贯穿贾湖骨笛千余年之久，且作为主音一直流传至后世，成为后来的"黄钟宫"，可见对后世影响之巨大。同时，贾湖骨笛的制作水平表明，贾湖人的数理思维达到了相当的高度，对偶数和奇偶率的认识表明，贾湖人可能已有进位制计数思想。古人把音乐的起源与度量衡的起源连在一起，"同律度量衡"，其原因可能也导源于此。贾湖人葬龟用八，笛有八音，可见对"八"一数的重视，这与我国古代对"八"的重视是一致的。《汉书·律历志》云："八者继天顺地，序气成物，统八卦，调八风，理八政，正八节，谐八音，舞八佾，监八方，被八荒，以终天地之功，故八八六十四卦，其义极天地之变。"卦之所以为"八"，看来并非偶然，以"八"为神秘数字，可追溯到贾湖时代。

贾湖人发达的宗教文化和音乐文化，是有雄厚的物质基础作后盾的。贾湖所在地区，具有丰富的动植物资源[7]，贾湖人又有发达的稻作农业[8]，为他们提供了丰富的动物类食品和植物类食品，这为巫师阶层的形成和精神文化创造提供了物质基础和前提条件。物质生活和精神生活的丰富，为原始文字的产生提供了必要性和可能性，贾湖原始文字便应运而生了，从而奠定了汉字8000多年的基础。

注　释

[1]　河南省文物考古研究所：《舞阳贾湖》，科学出版社，1999年。后文中引用此书的材料不再注明出处。

[2] 唐建：《贾湖遗址新石器时代甲骨契刻符号的重大考古理论意义》，《复旦学报》1992年第2期，第94~107页。
[3] 吴钊：《贾湖龟铃骨笛与中国音乐文明之源》，《文物》1991年第3期，第50~55页。
[4] 蔡运章：《中国古代卦象文字》，中国文字起源学术研讨会，2000年。
[5] 饶宗颐：《论贾湖刻符及相关问题》，台北国际古文字讨论会。
[6] 饶宗颐：《论贾湖刻符及相关问题》，台北国际古文字讨论会。
[7] 张居中：《试论贾湖先民的生存环境》，《环境考古论集（第二辑）》，科学出版社，2000年。
[8] 张居中：《舞阳贾湖稻作遗存与黄淮地区史前农业》，《农业考古》1994年第1期。

（原载《中国书法》2001年第1期）

试论刻画符号与文字起源——从舞阳贾湖契刻原始文字谈起

一、贾湖遗址契刻符号的发现、分类与时代

（一）贾湖契刻符号的载体

计有龟甲、骨器、石器、陶器等，其中龟甲上的刻符九个个体，骨器上的刻符三个个体，石器刻符有两例，一例为一个单符，另一例为一组符号，至少有四个个体，陶器上有三例三个个体，共计二十个个体的符号。另外，契刻骨板和骨笛上的单画刻记未计算在内。

（二）分　　类

这二十个个体的符号，按其功能可分为三大类：一是表意类，如"◌"等；二是戳记类，如"✪"等；三是计数类，均为直线刻画，应有计数性质。

（三）时　　代

贾湖遗址分为三期，契刻符号出现于二、三期。依^{14}C测定，贾湖二期的起始年代约为距今8600年，贾湖三期的结束年代约为距今7800年。也就是说，贾湖刻符的年代范围为距今8600~7800年间。

二、与贾湖刻符同时期文化刻符的发现

贾湖刻符的出现绝不是孤立的，与贾湖刻符同时期的文化遗存中已普遍发现各类刻符，如在渑池班村发现的陶器刻符，彭头山文化八十垱遗址的石器刻符，老官台文化的彩绘符号等。虽然各文化发现的符号数量不多，但这种普遍现象表明，刻画符号的出现是当

时的社会经济文化发展到一定历史阶段的必然产物。

三、早期刻符在中国文字起源研究中的地位

正像任何事物的产生一样，文字的起源与发展也有一个过程，而且是一个漫长的历史进程，绝不可能一蹴而就，由某一位圣人灵机一动，一夜之间就创造出成熟的文字。同时，文字的发明应是社会发展到一定历史阶段的必然产物，有其经济的、技术的、文化的、思想的基础，是社会发展的需要决定的。目前学术界公认的成熟汉字是商代甲骨文，但甲骨文的发展水平决非其初始阶段，在它之前肯定已有相当成熟的文字出现。甲骨文看似文字发展史上的一个突变，但这是不合逻辑的，就像是传说中的老子，生下来就长有白胡子。我们现在虽然暂时还没有发现早于商代甲骨文的大量的成熟文字，但并不意味着甲骨文就是突然出现的，这种现象可能与甲骨文之前的文字的载体和埋藏条件有关。纵观文字起源与发展的历史进程，应有四个发展阶段。

第一阶段：即记事符号阶段，其形式有结绳记事、刻画记事、实物记事等。结绳记事有大量的文献记载和民族志材料可证；刻画记事有大量文献记载、民族志材料和考古发现可证，如契刻的记事骨板等；实物记事也有许多材料可证明，如考古发现和民族志材料中的石子、米粒、植物枝条等。

第二阶段：即图形记事阶段。在第一阶段的记事方法不能满足人们经济、交流和精神的需要时，人们迫切需要新的记事方法，图形记事便是这个阶段的代表，它是以图画的方式记录一个事件，可见到的形式有大量岩画及发现的大地湾地画等。此一方法显然比第一阶段要进步得多，但并未完全代替第一阶段的记事方式，二者应是共存的。

第三阶段可称为语段文字阶段，即用一个表意符号或一组抽象的图画来记录一句话或一件事情。这类材料在考古发掘中发现很多，我国新石器时代各文化普遍有所发现，包括上述的贾湖第一类刻符为代表的同时期刻符及部分仰韶时代诸文化刻符、彩符和大汶口文化陶尊符号等。同时也应当指出，前两阶段的记事方式在这一阶段也仍然保留并使用。这种语段文字虽具有一定的文字功能，因而具备了文字的一些特征，如记事、交流和记录语言等，但还不是成熟的文字。从目前材料来看，前仰韶时代和仰韶时代已经进入了这一阶段，即距今8600年之后，相当于传说中的太昊—黄帝时代。

第四阶段即成熟的文字阶段，依其特征可称为语词文字阶段，即一个符号只发一个音。这种符号同时具备了形、义、音三种特征，真正成为记录语言的符号。人们可以根据交流、记录的不同需要随意组合这些符号，以通过书面的形式充分表达人们的意愿，并在使用过程中形成了一定的语法和发言规则，从此，真正意义上的文字产生了。在我国，目前所知商代的甲骨文便已处于这个阶段。但正如前述，从逻辑上和事物的发展规律上看，商代甲骨文前应有一个不太短的时期已经进入了这个阶段，因为甲骨文已太成熟了。从目

前材料推测，这个阶段的开始应在距今5000年左右。之后的龙山时代，如陶寺文化、良渚文化、大汶口文化晚期和龙山时代诸文化等，都应属于这个阶段，相当于传说中的尧舜时代。同时，就像生物进化树一样，前三个阶段的记事符号和原始文字系统仍然并存，直到历史时期。

四、早期符号的性质

从以上分析可以看出，以贾湖契刻符号为代表的早期刻符应处于文字起源的第三个阶段，即语段文字阶段，至少部分符号是如此，如贾湖的第一类刻符等。鉴于这个阶段符号的特征，我们认为它已具备了原始文字的性质。

同时我们还认为：汉字的起源与发展并非一元的、单线的，应是多元的、复线的、错位的发展。各个人类群体都可能有自己的文字系统，最后汇入了汉字这一滔滔大河之中。但在发展过程中，由于种种原因，有的文字可能失传了，有的文字载体受埋藏条件的限制，未能保存下来，但这些都应是汉字起源的重要组成部分，值得我们认真地去探索、去研究。

（原载《中国书法》2001年第2期；与王昌燧合著）

其他

探索历程的追忆——贾湖遗址发掘与研究回忆录

光阴荏苒，岁月催人，离开河南考古所已有12个春秋！遥忆当年，刚离开郑州大学校门的我，承蒙安金槐先生错爱，把已经分到洛阳地区文物队的我想方设法留了下来。自1982年8月到2000年6月，我为河南的文物考古事业整整奉献了18年青春！虽然时光流逝，但许多往事却历历在目，记忆犹新！其中印象最为深刻的记忆之一，就是舞阳贾湖遗址发掘与研究的经历。今年正值河南省文物考古研究所这家举世闻名、倾注了几代人精力和汗水的文物考古科研机构60华诞之际，将这些鲜活的记忆奉献出来，聊作纪念，以示庆贺之意。

记得我在《舞阳贾湖》一书前言中讲过：有人说，电影是一种遗憾的艺术，那么，考古学就是一门遗憾的科学。现在回忆贾湖遗址发掘与研究的历程，把经验教训和种种遗憾记录下来，或许可对今后的工作产生些许启示。

经过对当年这段思考和探索的历程进行一番简单梳理之后，我发现可以将这些记忆的浪花分为发现与认识、发掘与整理、多学科综合研究这三个部分来介绍。

一、发 现 篇

提起贾湖遗址的发现，和其他遗址相比还真有一些不同，很有一些故事性。因为贾湖遗址的发现不止一次，细分来可以说有三次发现，每次发现都伴随着考古学科发展的步伐，有一个质的飞跃，也可以说，贾湖遗址的发现与认识的历程，是当代中国考古学科不断进步的一个缩影。

贾湖遗址的第一次发现纯属偶然，那是一个特殊的人，在一个特殊年代的一段尴尬的经历中一个偶然的发现。

20世纪50年代末，舞阳县文化馆文物干部朱帜在反右运动中被打成右派关在铁山，直到60年代初，他被遣返到原籍舞阳柳庄监督劳动改造，但他不在家的几年里，家中已发生了天翻地覆的变化，老父亲和妻子不堪政治运动的打击已先后去世，只留下老母亲和年幼的儿子，在老家已难以生活下去的情况下，奶奶带着孙子改嫁到了离老家十余里地的贾湖村。朱帜回来后，也追随母亲和儿子来到贾湖。

在贾湖村劳动、生活的岁月里，他在村东的沟坎、井壁上经常发现有红烧土、红陶片等，作为文物干部的他知道，这里应该是一处古文化遗址，但当时仍在被监督劳动的他，既无资格，也无能力将这一发现记录下来，更不可能对之进行研究确认它的性质与价值，只能留在他的记忆里！这可以说是曾经的专业文物干部在特殊的经历中一个偶然的发现。

河南人民对1975年8月那场大洪水记忆犹新，正是那场大洪水，把位于泥河洼滞洪区西部边缘的贾湖村的房子冲得只剩一间未倒。直到1978年，国家才拨专款重修贾湖村东的护庄堤，堤基宽14米，高2米至3米，堤顶海拔69米。在取土筑堤过程中，堤东形成了一个深1米、宽26至42米的取土坑，贾湖村小学师生在坑中进行平整土地的劳动课，期间带队老师贾建国发现一些石器和陶器，这时的朱帜已摘掉右派帽子回到县城恢复了文物干部的工作。与朱帜熟悉的贾建国立即想起应把这些发现交到县文化馆让朱帜收藏研究。当时正值裴李岗遗址刚刚发现，河南文物工作者正在为这一重大发现而兴奋之中，朱帜一看到这些标本，立刻就联想到与裴李岗遗址同类标本的共同性。1979年，河南省博物馆文物工作队（河南省文物考古研究所前身）专门组织了进行新石器时代早期文化调查队。朱帜将贾湖遗址的发现向省文物局做了汇报。省调查队得知这一消息，就于1980年春委派调查队成员周到先生前来舞阳，经周到先生鉴定，贾湖遗址是一处与裴李岗遗址时代相同、性质相似的新石器时代遗址，它的文化性质第一次得到确认。这可以说是贾湖遗址的第二次发现。当年，舞阳县就把贾湖遗址公布为县级重点文物保护单位。朱帜还把他调查的结果写出了一篇文章，在1983年《中原文物》杂志发表，这是贾湖遗址公开后发表的第一篇文献。

贾湖遗址以北的沙河宽阔的水面，自西北汹涌而下，在距遗址约3千米处环绕东行，一泻千里。灰河（古昆水）由遗址西4千米处蜿蜒而过，至北舞渡注入沙河。离遗址最近的是南面的泥河，距遗址仅1千米。泥河源于叶县，在遗址西8千米处流入舞阳县，贯穿全境，在出境处注入澧河。在贾湖村西南面紧邻一片小湖泊，即是贾湖，经考察，贾湖应为古灰河的一段旧河道，湖底有很厚很纯的河砂层即为明证，贾湖村坐落在贾湖北岸。贾湖村东为泥河洼滞洪区，面积约103平方千米，中心区最低点海拔63.8米。修建这片滞洪区主要是为了在汛期到来时，分流沙河洪水，以保护遗址东30千米处的京广铁路不受水患的威胁。贾湖村为泥河洼滞洪区西北部边缘的第一个村庄。

至于贾湖遗址的第三次发现，即对贾湖遗址独特价值的认识，那则是正式发掘之后的事情了。

二、发　掘　篇

作为一个考古工作者，能遇到一个好的遗址进行发掘和研究，当然是幸运的！自1983年至2001年，贾湖遗址先后经历了七次发掘，本人有幸主持了其中的六次，每一次都有令人振奋、令人魂牵梦绕的发现，虽然20多年已经过去，但这些经历仍然鲜活得犹如昨日！

1. 试掘

1982年10月，著名考古学家、时任中国社会科学院考古研究所副所长的安志敏先生在河南选择新石器时代遗址发掘地点时曾经到贾湖遗址调查，由于位于泥河洼滞洪区西部边缘的贾湖村水位较高，贾湖遗址没有列入他的发掘计划。但贾湖村民因生活的需要，计划在遗址上规划宅基地，朱帜得到这一消息后，立即向省文物局做了汇报，要求进行配合发掘。当时，著名考古学家、时任河南省文物研究所（河南省文物考古研究所前身）所长的安金槐先生刚刚申请到国家文物局一个"河南省新石器时代早期文化调查与试掘"的项目，据说项目经费5万元，当时每天民工费只需1.2元的，我们第二至四次三个发掘季度一共花了不足5000元，可想而知这在当时应该是一笔不小的经费。得知舞阳的消息后，安金槐先生立即组建了由郭天锁先生为领队，陈嘉祥、冯忠义、王胜利先生为队员的贾湖遗址考古队，于1983年4月开赴贾湖村，配合乡村规划，进行一次试掘。

郭天锁、陈嘉祥两位先生刚刚主持过河南长葛石固遗址的发掘，石固遗址的早期与贾湖遗址性质相似，发掘时间历经数年，发掘面积较大，可以说他们已积累了丰富的发掘此类遗址的经验。他们在村东新修成的护庄堤东西两侧布了三条探沟，其中的T1和T3位于护庄堤东侧的取土坑内，上覆晚期地层和上文化层已不存在，遗迹和墓葬已经出露，T1是一条2米×10米的东西向探沟，正好选择开在墓葬区之上，20平方米之内清理出了17座墓葬。T3在T1之南，为2米×5米的探沟，正好开在一早期的大灰坑上。T2位于护庄堤之西，也为一条2米×10米的东西向探沟，虽然文化层未受破坏，但仅清理了几座灰坑。5月下旬，三条探沟50平方米发掘到底之后，第一次试掘就结束了。这次试掘共清理墓葬17座，灰坑11座，陶、石、骨、龟等各种质料的遗物几十件，同时通过钻探搞清了贾湖遗址的分布范围，收获应该是蛮丰富的。陈嘉祥先生将试掘的成果在《华夏考古》1988年第2期发表。值得特别提及的是，试掘发现的十多具人骨标本，由著名人类学家吴新智先生进行了鉴定。当然，这都是后话。试掘的结果给几位参加试发掘者的总体印象是，贾湖遗址的文化面貌与他们刚刚发掘的石固遗址相同，既然石固遗址已经进行了大面积发掘，就没有必要在这里重复劳动了。这在尚以完善文化谱系为主的80年代初来说，产生这样的认识也是无可厚非的。

2. 第二次发掘

1984年春，贾湖村民再次提出建房要求，第一次发掘只挖了50平方米，安金槐先生觉得国家文物局的项目没法结题，朱帜也心有不甘，于是安先生决定继续在贾湖遗址进行发掘，同时申请了发掘执照，由负责石器时代考古的第一研究室主任裴明相先生为领队。但是原来贾湖考古队的四名队员都已承担了其他任务，郭天锁先生甚至调离了河南考古所，裴先生年事已高，不可能亲赴考古工地坐镇，而作为裴先生的助手，当时已任第一研究室副主任的我，就主动请缨，承担了这次光荣的发掘任务。

其实我对有机会承担这次发掘项目是颇为高兴的，因为我在郑州大学读书期间，就已对裴李岗时期的文化产生了浓厚的兴趣。我在1978年9月刚刚踏入大学校门的时候，正是裴李岗文化刚刚发现之时，作为裴李岗文化的发现单位之一，学校对郑大考古专业刚刚进行了宣传和表彰，对刚入校的我们产生了积极的影响，大家都为能到参与这么重大考古发现的学校读书而倍感兴奋，至少我是这么认为的。记得有一天，刚刚主持裴李岗遗址第二次发掘，风尘仆仆地回到学校的裴李岗文化的主要发现者之一、主讲我们新石器时代考古的李友谋老师，虽面带疲惫，但又不自觉流露出的兴奋与自豪感，确实令人羡慕！大学学习期间，我搜集了当时已发表的裴李岗及其同时期文化的全部资料，并有了一些初步的思考。有了这样的机会，自然窃喜不已！

1984年9月，刚刚结束上蔡砖瓦厂大路李楚墓群的发掘，经过简单的准备之后，我就和我的师弟、刚刚毕业分到所里的王良启一道，带着发掘用品前往舞阳县。记得到舞阳与朱帜接洽之后，住在舞阳姜店青年场办的舞阳宾馆里，说是宾馆，实际上也就是一家普通的旅店，好像每天也就5元左右，因为较新，确实比较干净。第二天，因需购置一些发掘用品，我们在县城盘桓一天，王良启与旅馆服务员聊天，讲起我们的目的地，一个服务员说他家与贾湖村有亲戚，但从未听说过那里有古迹，我们颇感无奈！王良启说那天是他的生日，晚上我们两个买了点酱牛肉和花生米，在我们住的房间为他庆生，同时为我们的发掘壮行，结果我喝了一小瓶民权红葡萄酒，他喝了一小瓶香槟，我们都喝醉了！

第二天我们在朱帜的带领下，第一次来到了贾湖村，从此与贾湖结下了不解之缘！

当时为了加强工地的技术力量，我还从上蔡县请来了雷树威、王广才两位技术工人，以及一个炊事员。因为有朱帜馆长的关系，贾湖村的干部群众对我们的到来非常热情，我们的驻地选在贾湖村党支部书记贾铁牛为其参军多年的儿子结婚准备的4间瓦房里，另外还有两间东屋小厨房，虽然不甚宽敞，但住下我们几人还是可以的。

首先我们对遗址进行了一番全面调查，把位于遗址中部护庄堤与向北舞渡的大道交叉处的县级重点文物保护单位标志牌作为永久性坐标基点，以护庄堤和向东大道为界，将遗址分为几个发掘区，其中的堤西路南为第一发掘区，又称西区；堤东路南的大片取土坑，因其上文化层已被破坏，有其特殊性，作为第二发掘区，又称中区；堤东路南第二发掘区以东的大片遗址范围，文化层保存完整，作为第三发掘区，又称东区；整个东西向大路以北，包括堤东和堤西，全部作为第四发掘区，又称北区。因为此次发掘仍属配合宅基地规划性质，就确定在贾湖村东、护庄堤西侧第一发掘区中部、村民计划建宅基地的一处打谷场作为发掘地点。

虽然我已熟悉了裴李岗文化已发表的发掘资料，在上大学时又先后参加过登封王城岗遗址和禹县瓦店遗址的发掘，并且刚刚发掘过几座楚墓，但如何主持一个遗址的发掘，还是无经验可谈，只能摸索前行啦！为了在有限的发掘面积中尽可能地多获取一些信息，我决定顶角布4个5米×5米探方，这一做法虽然在当时能以100平方米的揭露面积了解到400

平方米的遗址范围内布局情况，但也给以后的发掘工作带来了不少麻烦，这也算是交的学费吧！

探方虽然布得有点乱，但收获还十分丰富的，在这100平方米的范围内，我们清理了19座灰坑（其中一座后来清理到底后改为房址），15座墓葬，尤其是发现有无头葬、缺肢葬、二次乱葬、一次葬与二次葬的合葬等罕见的重要迹象，使我们信心倍增，促使我们继续在这里发掘。当然也确实如安志敏先生判断的那样，这里的水位很高，我们发掘不到1.6米深就出水了，不仅所有灰坑和下层墓葬都未能发掘到底，下文化层带水作业也没法清理下去，加之当时严冬已到，只得暂时回填封存，待来年春天水位下降后接着清理。

年底回去后，我们向所领导就这次发掘的主要收获和进一步发掘的计划作了专题汇报，当时安金槐先生已改任名誉所长，听取汇报的还有时任所长郝本性和领队、第一研究室主任裴明相先生。他们对我们的工作给予充分肯定的同时，也支持我们进一步发掘的计划。

3. 第三次发掘

本来计划1985年一开春就接着到贾湖遗址发掘的，但那年春天河南全省到处修公路，配合发掘的任务很重，贾湖遗址的发掘是属于主动发掘项目，只得暂时停下来，贾湖考古队的全班人马一起开赴渑池县，配合郑潼公路扩宽工程，发掘渑池郑窑二里头文化遗址。6月份郑窑遗址发掘结束后又整理了发掘资料，并编写了郑窑遗址发掘报告后，直到9月份，贾湖遗址的第三次发掘才得以开始。

这次在那四个探方附近布5米×5米探方12个，连同上个发掘季度的共400平方。这次发掘扩大了战果，发现清理墓葬15座，其中的缺肢一次葬、俯身一次葬、乱堆式单人和多人二次葬相当复杂，很有特色，当时即引起我的高度重视和深入思考。发现清理灰坑三十多座，其中包括有几座房址和个别窑址，但因水位较高未能清理到底，保存也较差，加之我们缺乏经验，一时未能辨认出来，都统统当成灰坑编号清理了，其中有F1~F3、F41~F43共6座房址和一座陶窑（Y1）等，直到发掘后期才得以确认。这次发掘因仍是秋季，水位仍然较高，不仅原来未发掘到底的四个探方不能继续清理，这12个探方也未能清理到底，只得回填以待来年了。

这次发掘还有一个小插曲，就是在9月份刚到工地还没来得及开工的时候，一连下了十几天连阴雨，我们住的房子几乎无处不漏雨，我们厨房的锅碗瓢盆几乎全用来接雨水了，滴水叮咚，好像是在开音乐会！因还未开工，几乎无事可干，恰好来前接到河南考古学会通知，11月份要在渑池县召开纪念仰韶文化发现65周年学术讨论会，感念到当时仰韶文化研究中一些概念混乱的状况，我决定利用这段空闲时间，写一篇论文到仰韶文化会议上宣读，于是就冒雨到舞阳县城找到朱帜馆长，借来了县文化馆收藏的所有可用的文物考古杂志和参考书，虽然十分有限，但凭着这些资料，在雨水叮咚之中，完成了《仰韶时代文化刍议》一文，借鉴严文明先生提出"典型龙山文化"和"龙山时代文化"的思路，首次提出了"典型仰韶文化"和"仰韶时代文化"的概念。目前"仰韶时代"这一概念已得到学术界的公认,这也算是这个雨季的意外收获吧!

4. 第四次发掘

1986年是贾湖遗址发掘时间最充裕的一年。过完春节,我们就准备好发掘物品出发了。这一次发掘有两个变化:一是随我在贾湖一同发掘两次的我的师弟王良启调到河南省文物研究所办公室工作,所领导委派我的另一个师弟杨振威协助我发掘。振威与良启是同班同学,都是郑州大学考古专业84届的毕业生;二是所领导批准我们工地买了一辆自行车,有了这辆车,我们去北舞渡购物,去舞阳县城办事就方便多了。记得当时我和振威把自行车和发掘所需的手铲、小耙子、资料纸、编织袋和我们的行李一件一件地扛到长途汽车顶上的行李架上,长途车到舞阳县城后再用自行车拖着发掘物品到22千米处的贾湖村。

这次发掘因是春季,是贾湖村水位最低的时候,我们首先把前两个发掘季度因水位高未发掘到底的16个探方回填土挑开继续发掘到底,然后在发掘区之南、遗址的西南部布了四条2米×10米的探沟,以了解这一带的文化面貌。新开面积虽然不大,但因总揭露面积达500平方米,而且没有地下水干扰,可以发掘到底,收获还是很大的。发现房址、灰坑近70座,墓葬近100座。印象最深的当属M41的清理、房基的确认和骨笛的发现。

M41位于T5西南角,T11、T21、T22的连接处(为避免与试掘的T1～T3混淆,第二次发掘的T1～T3后改为T21～T23),经鉴定为一位12～15岁的女孩墓,俯身直肢一次葬,虽然只是一个未成年的女孩,但随葬品却非常丰富,除随葬石斧、砺石、骨针、牙削各一件、骨鱼镖5件外,胸前和腰间挂满了用鸟肢骨管横截而成的成串的小骨环,像弹簧一样,因很细小,而且还有不少压在身下,在工地现场根本无法数清到底有多少件,只得费好大劲套箱整起运回郑州,从墓坑往车上抬时,几个小伙子肩膀都压出血了!计划到室内整理,但到整理时怎么也找不到压在库房哪里了,很是遗憾!

因我当时发掘经验不足,加之早期遗迹性质辨认难度较大,虽然清理出了不少灰坑,但其中有没有房址一直拿不准。所幸发掘接近尾声时,记得是5月中旬,所内的几位专家来到工地检查指导工作,当时使我有久旱逢甘雨之感,自然十分兴奋,记得到工地的有我们贾湖考古队领队、第一研究室主任裴明相老先生,有密县莪沟遗址的发掘者、当时的河南考古所副书记杨肇清先生,有淮阳平粮台龙山时代城址的发掘者、第二研究室主任曹桂岑先生等。他们都是田野考古经验非常丰富的考古学家,尤其是杨肇清先生,有主持发掘与贾湖同时代的密县莪沟遗址的丰富经验,他到现场帮我确认了H28、H37、H82都应该是当时的残房基,H28和H48实际上是一个房基的两层居住面等,帮我解决了大问题,对我后来的发掘中正确判断遗迹现象有一定的指导作用。

如果说前两个例子只是发掘技术层面的收获的话,骨笛的发现对后来的影响可能更具有轰动性。当然,其发现和认识过程对我们也有一定的启示意义。

记得4月下旬，我回郑州汇报工作并到河南医学院联系专家到工地鉴定人骨架，正是五一劳动节那天回到工地，当时在工地主持发掘的杨振威和技工贾分良告诉我，M78出了两支"笛儿"，我立刻到M78处观察，发现确有两支穿孔骨管放置在墓主人左股骨两侧，我仔细观看，发现一支的一端稍残，另一支保存完整，都在骨管的一侧钻有7个孔，但不见吹孔，更没有笛膜孔，显然不同于现代的横笛；若说是箫，又不见吹奏用的山口。当时我对他们说，先不急于命名，将来发掘结束后，请专家鉴定后再定名，发掘日记上暂可记录为"穿孔骨管"或"笛形器"。后来在M121又发现一支，就更引起我的重视。实际上在M73已经发现了一支，只是太残，仅存尾端，没引起注意。

发掘结束之后，我把M78和M121出土的这三件标本带回郑州，找到裴李岗文化的发现者、我同办公室的赵世纲先生鉴定。赵先生因研究淅川下寺楚墓出土青铜编钟，与音乐界的学者有工作往来。恰好这年8月，中国音乐史界的吕骥、黄翔鹏、李纯一等一帮大腕在郑州召开纪念朱载堉诞辰450周年的纪念会，赵先生和冶金专家、第三研究室主任李京华先生应邀参加，一天晚上，我携带着这三件标本来到音乐家们的下榻之地郑州国际饭店，打算请与会的著名音乐史家们给鉴定一下。他们住在不同的楼层，我们首先从一楼开始，但住一楼这位专家看了我们带来的标本后，认为这些标本音孔较小，吹出的音应该很尖，不成音列，可能只能用来在打猎时模仿动物的声音，作为哨子使用，而不是乐器！这位专家的意见，犹如给我当头浇了一盆冷水，也不敢再拿到其他楼层找其他专家鉴定了，于是悻悻而归！当然这位专家后来在贾湖骨笛测音结果公布之后，也改变了当初的看法，给予了充分肯定，但当时如果首先找到其他专家鉴定的话，贾湖骨笛可能会在1986年就闻名于世啦！当然这是后话。

这次发掘还有一项重要的工作，就是人骨鉴定。因为贾湖遗址已经发掘了一百多座墓葬，骨架虽然保存较好，但一经起取必然散落，于是决定原地封存，待积累到一定数量时请专家到现场鉴定。5月上旬，河南医学院几位专家在杜伯廉院长的率领下来到贾湖发掘工地，对贾湖遗址发掘出土的几十具人骨进行现场鉴定，同行的还有河南医学院解剖教研室主任范章宪教授、李世校教授、人体馆主任王友林教授以及郭漳生老师等。鉴定的主要项目有性别、年龄、身高、疾病等。这次鉴定除了骨质增生等退行性疾病这些常见疾病外，还有三个有意思的发现。

一是杜伯廉院长发现，贾湖人的寰椎和枢椎关节面与现代人相比有明显区别，显示其头部活动范围较现代人小，这种人体结构的小变异，从人体进化的角度反映了贾湖人的原始性。

二是范章宪教授发现贾湖人有几例龋齿病例。龋齿病是食用淀粉人群的常见病，虽然病例不多，但也可证明淀粉类食物已成为贾湖人的经常性食物来源，这为研究贾湖人的食物结构提供了重要证据。

三是关于性别鉴定，按说对于这几位人体解剖专家而言，判断人骨的性别应该不是问题，但是贾湖这批人骨却给他们出了个不大不小的难题，因为有不少人骨架有些特征支持男性，有些特征却支持女性，在不可能运用诸如DNA等可靠手段的情况下，在现场就给一个结论性的判断确有难度，于是几位专家时不时就某一个骨架进行现场讨论，记得最清楚的是M132这座合葬墓的一次葬墓主人，大家讨论时间最长，最后根据部分主要特征才判断为女性。

除了以上收获外，在遗址西南部开的两个探沟也有较为重要的发现，其中偏中间部位的T19内发现了很有规律性的七行三排较讲究的柱子洞，但却无明显的居住面，怀疑是一处类似河姆渡遗址的干栏式建筑的遗迹。在整理其旁边的一个灰坑出土遗物时，发现一件制作骨笛的半成品，从一个侧面证明这处建筑遗迹的重要性。

遗址西南角开的T20，则非常简单，正好横跨在一条壕沟的东半部。遗迹虽然简单，但是否显示这里有一条南北向的壕沟？这为我们了解聚落布局提供了重要线索。

5. 第五次发掘

春天的发掘结束之后，秋天是否继续发掘，又成为讨论的议题。当时好像上级有一个总的精神，主动发掘项目要缩减，加之当时所内部分领导认为，贾湖遗址的发掘资料已经够写一篇发掘报告了，主张不再继续发掘。而我坚持认为，贾湖遗址的发掘虽然已有很大收获，但其重要价值远远没有揭露出来，好多问题刚刚有一些线索，只是初露端倪，如此浅尝辄止，不仅遗憾，而且也是不负责任的！况且当时的专项经费还很充裕，虽然只有五万元钱，现在还不够一个发掘季度用，但在每天民工费只有一元二角的当时来说，这点钱还是蛮经花的。记得我挖了三个发掘季度，花了不到一万元。

于是我就将我的想法向安金槐先生和当时的所长郝本性先生分别作了专题汇报，他们都很重视，郝本性所长专门召集有关人员开了一个工作会议，听取了我的专题介绍，记得参加会议的有裴明相、李京华、赵世纲及副所长许天申，有没有杨肇清和曹桂岑我记不清了。会上就我继续发掘的申请进行了认真讨论，最后形成一致意见，支持我再发掘两个季度，把我提出的特殊埋葬习俗问题、聚落布局问题、文化面貌及与裴李岗文化的关系等问题得出一个倾向性答案。但是因杨振威被抽掉出去参加讲师团，所里派不出助手给我，我只有独立奋战啦！好在经过五个发掘季度（包括上蔡砖瓦厂楚墓和渑池郑窑遗址的两个发掘季度）的实践，我培养出了一支实践经验较为丰富的技工队伍，他们有上蔡的雷树威、王广才，但最多的还是在贾湖发掘中培养出来的，他们有贾长有、郎福海、商中克、贾分良，以及现在继承父业担任了舞阳县博物馆馆长的朱振甫等。正因为他们，我心里总算还有一些底气。

秋天的发掘，9月份就开始了。为了落实工作会议精神，了解贾湖聚落的布局情况，这次的布方地点选在了遗址的西北部，也是老乡计划规划宅基地的位置，我们当时称为"蒜地"的地方。因为这里是菜园，还有几眼现代井，井壁上可见文化层和人骨，推测这里也有墓地，为了避免清理墓葬时老打隔梁，况且经过三个季度，已基本掌握了贾湖遗址的地层特征和规律，我就改5米×5米为10米×10米的探方，在这里我布了3排15个10米×

10米的大探方，编号为T101~T115，西侧接近村中的南北大道，东侧紧邻护庄堤。为了出土方便，首先跳着开了T101、T103、T105、T108、T113共5个大方。由于工地全部事务均由我一人负责，所以这个发掘季度是我最累的一次。但由于已有较清晰的发掘思路，并积累了较丰富的发掘经验，收获确实不小。

在三个月的发掘工作中，共计清理了房基12座，灰坑73座，陶窑1座，墓葬102座，以及狗坑、灶坑等200多个遗迹单位。其中有两种现象花费了我不少精力。

一是在T101发现好几个墓的墓地不在一个平面上，不是上身下陷就是下身下陷，要么就是腰部下陷，后来把这层墓葬清理结束之后，发现下层还有一层灰坑，坑内堆积大量草木灰，想必这批墓葬下葬之时，这些灰坑已经废弃了，墓葬叠压在废弃的灰坑之上，但长时间的埋藏致使灰坑内外的沉降速率不一致，才出现了上述现象。明白了这一现象产生的原因，一直困惑我的前三次发掘中遇到的类似现象，也就豁然开朗了。

二是在T114发现的F5，原编为H112，经过几次扩大，才摸到规律，原来是一座两次扩建的双间房，承重柱、护卫柱、门道、灶坑、隔墙、壁龛一应俱全，这是我亲自发现并确认的第一座保存较好的房址，心中自然很是高兴。

其间我们又发现几座随葬骨笛的墓，大多为一墓两支。特别是M253，不仅发现随葬两支骨笛，而且其中一支还是八孔笛，而且还是贾湖遗址唯一的一支八孔笛，为贾湖聚落音乐队增加了新的乐器，上面还刻了一个符号。这为我们研究贾湖骨笛提供了新的珍贵资料。

值得一提的还有，1984~1986年连续3年秋季发掘，结束时都在12月上旬，都在一次强烈寒流到来前夕。有一次收队回郑时寒流已经来到，我们在冰天雪地中坐在长途公共汽车上，看着公路两旁路沟中不时有东倒西歪倾覆的各种汽车，至今仍然觉得有点后怕！

6. 第六次发掘

第六次发掘是贾湖遗址发掘的规模最大的一次，因为有郑州大学考古专业的师生的加盟。1986年冬，工地结束回到郑州不久，我到我的母校郑州大学考古专业找我的老师、当时的负责人贾洲杰老师和匡瑜老师汇报发掘情况，他们讲起正要安排下学期的84级学生田野考古实习，他们征求我的意见，是否可以到贾湖遗址去实习，我一听觉得这是大好事，当然毫不犹豫地就答应了，回所后给郝本性所长进行了汇报，郝所长也代表所领导表示支持，随后贾、匡两位老师还专程到所里与所领导商定了工作细节，并签订了一份协议，这事就算定下来了。所领导为了加强贾湖考古队的力量，又委派一位年轻同事协助我的工作。他叫王胜利，虽然没有学历，以前也没参加过考古发掘，但对工作认真负责，任劳任怨，把考勤、民工管理、后勤等工地的一切杂事都担了起来，使我可以把大部分精力都投入到探方中去，为第六次发掘的成功发挥了很大作用。

因为要增加郑大师生将近20人，需要联系食宿居所，1987年春节过罢，我们就开始紧锣密鼓地准备，3月初，我儿子刚刚出生没过半月，我就和王胜利带着发掘物品回到贾湖工地，再回到家见到他时，他已过百天了！看着生龙活虎的小家伙，想起离开时的"蜡烛包"，高兴之余，不禁一阵惭愧涌上心头！

郑大来工地的是1984级的15个同学，12个男生，3个女生，带队的老师有三位，由我的恩师贾洲杰老师负责，贾老师当时担任郑大历史系副主任，曾经主持过元上都等好几个大型考古发掘项目，田野考古经验非常丰富，我们的毕业实习就主要是他辅导的；还有两位，一位是我的大学同班同学宋豫秦老师，刚从北京大学深造获硕士学位回到郑大，另一位是刚从北京大学考古专业毕业的张国硕老师，有这几位高水平的老师，并带领15个新生力量，工地终于有同行可以随时讨论了，使我干劲倍增，终日处于兴奋状态，工作效率自然也提高了。

由于队伍的壮大，终于使我有精力对中区和东区进行有限地揭露，以了解遗址的全貌。首先，西北区已经揭开的部分继续发掘，特别是墓葬非常密集的T101，其东侧的T102肯定要全面揭开，T103和T105之间的T104、T103与T113之间的T108、T113东的T114也都全部揭开，这样整个西北区就连成了一片，就可了解这一片的全貌。这些工作主要由已经过数年发掘经验比较丰富的技工承担。而东区主要由郑州大学考古实习的师生承担。当时这里地表种的是小麦，经过钻探，我把布方点选在两家的农田里，南北向开了15个5米×5米的探方，编号为T61～T75，学生戏称为"一字长蛇阵"！

学生的第一批探方发掘到底后，有10个学生转到了西南区又开了第二批探方，编号为T27～T36。由于中区上文化层均被修护庄堤时破坏，不太适合学生实习，这里派了三个学生，开了一条2米×10米的探沟和两个5米×5米的探方，编号为T37～T39；因这里离西北区工地很近，就由我直接负责指导。而另两位同学一个在东区扫尾，继续清理F35大房子，一个到西北区南侧挖了一条探沟。

在发掘T101、T102时，发现这里是一片氏族公共墓地，其东侧已经到边，南侧有已布的T106，但北侧和西侧原来没有布方，就在好像还没到边的T101北侧扩方3米宽，编号为T101北扩；在西侧又布T116～T118三个10米×10米的探方，先在T116中部东西向开5米×10米，发现位于T101的墓地在T116东段已到边，因时间已到5月份，接近本发掘季度后期，因时间关系就没再扩大发掘面积。但在发掘的同时，村民在T117西侧取土时，发现大片红烧土，怀疑下面可能有房基或陶窑一类的遗迹，就布了两条3米×7米的探沟，编号为T119、T120，派两个技工去清理，果然发现了一座平地起建并用烘烤技术处理居住面的房基，这也是此类建筑技术的最早形态。为了搞清遗址西南角壕沟堆积，就派另一名同学去挖了一条探沟，编号为T26。

1987年春可以说是贾湖遗址考古发掘的丰收之年！主要体现在以下几个方面。

基本摸清了各类遗迹的埋藏规律。譬如房基，在上两个季度基本搞清了单间房和双间房的基础上，我们又发现了几座依次扩建的3间一套的房基和4间一套的房基，特别是4间一套的F17，刚发现开口时分别编了H181、H187、H219三个灰坑号，但发掘其间发现他们是遗迹相连通的一个整体，还发现了分布在他们周围的柱子洞和柱础，其中几个非常讲究，例如D14，洞底垫以青膏泥和纯净黄土并经夯打；D11不仅一半用净泥垛成，底部还奠基一完整龟甲。房基半地穴周壁涂净泥，底部一侧还铺设有专供休息用的黄土台，可见该房建的相当讲究，是贾湖一期最高档次的建筑。另外，F14也值得一提，这虽然只是一座单间房，但在中间灶坑周围的灰土层中，我们后来浮选出了大量的炭化稻米，为研究贾湖稻作状况提供了重要资料。

这次发掘中，陶窑的发现与确认可以说是一个新的收获。保存较好的陶窑首先在东区的T62发现，在贾洲杰老师的指导下得以确认。这座编号为Y8的陶窑保存有较为完整的火膛、火门、窑室、烟道和出烟口，以及还有保存近0.2米高的红烧土窑壁，烟道内还有非常细腻的厚厚的烟灰。随着Y8的确认，它北侧的同位于T62的Y7和Y9也得到确认，只是形式有所不同，Y8是中间火道式火膛，Y9则是中间火台、周围火道式火膛，Y7则是较为简单的坑穴式。这表明当时的陶窑还没有固定形式，比较随意，尚在探索与发展之中。

Y7~Y9的发现令人兴奋，中区的T38、T39发现的Y5和Y6间发现的陶窑作坊区，特别是H288淘洗池的发现同样令人高兴！H288内尚存有半坑非常纯净、显然经过人工有意淘洗的细泥，在Y5、Y6和H288之间三十多平方米的范围之内，分布着许多较小且规律性不明显的柱子洞，我推测为应属于晾陶坯的简陋设施的遗迹。在几十平方米的范围之内分布着几座陶窑，并有固定的作坊遗迹，表明当时贾湖聚落内已经出现较为集中的制陶作坊区。

瓮棺葬的发现也有一个认识过程。在前几个发掘季度，西区和西北区也偶然发现有陶器竖置于地层中的现象，但没引起重视。这次在东区的发掘中，发现有成片的这种现象，这就引起了我们的关注，把陶器整起后，对陶器内的填土进行淘洗，除发现有大量碎骨粉外，还发现了一枚婴儿的似未萌出的门齿，于是据此可以判定，这类竖置的陶器，应为婴儿的瓮棺葬。而在骨架现场鉴定时发现，几岁的小儿都像成人一样埋在墓地中，看来装于瓮棺之中的应是刚出生不久就夭折的新生儿。

狗坑的发现也很有意思！前几个发掘季度已在房基旁、墓葬区内发现有几座埋狗坑，但没注意到它的规律性。这次发现，狗坑基本上是在墓地的边沿地带，或房基旁，于是我觉得，这一规律性可能有一定文化意蕴，狗是人类最早的动物朋友，活着时帮人打猎，为主人看家护院，死了以后仍然让其履行这一使命，也是合乎逻辑的。这也是我国发现的时代最早的葬狗现象。

墓葬区的发掘，又有不少新的发现。例如我们又发现了几座随葬成组龟壳的墓，一般八个一组，有一次葬的墓，也有二次葬的墓。有的随葬成组龟甲的墓还同时随葬骨笛和叉形骨器。例如M344，是一座仰身直肢一次葬的墓，但他却不见头骨，在头骨的部位放置一组八个龟甲，龟甲堆上还放有一件叉形骨器和一件砺石，右肩上方两件陶壶左肩外侧放两件七孔骨笛和一件骨饰，两小腿和脚部则放置六件骨鱼镖、六件骨箭头、两件牙削和四件牙饰，可谓相当丰富。尤其值得强调的是，其中一件龟甲上还刻了一个眼睛形符号，引起了人们高度重视。

提起贾湖符号的发现，值得多讲几句。在贾湖遗址发掘期间，经常发现有龟甲片出土，我当时就想，要是上面有甲骨文就好了！贾洲杰老师到工地之后，还经常用他的老花镜反过来当放大镜，观看当天出土的龟甲片上有没有刻划的痕迹。也许天不负我，终于有一天，愿望成真了！

记得是5月的一天下午，在郑大女同学陈朝云负责的T33编号为M330的一座墓葬内，发现了一件很像剑柄的石器，这是一座堆放式二次葬的墓葬，四肢骨、盆骨、锁骨和部分肋骨、指骨等整齐地堆成一堆纵向堆放在墓葬正中，头骨面向上置于长骨近端，显得恭敬而虔诚，柄形石饰就放置在长骨堆上，在其顶端的弧面上，清楚地刻有一行符号，当时在工地辅导学生的宋豫秦老师兴奋地找到我，我仔细观察了这座墓葬和出土的这件器物，虽然我不知道上面这些符号的音和义，但它们肯定是当时的主人有意所为，代表了主人的一定意愿，我当然十分高兴，工地一片欢腾！我决定买酒买肉加餐，当晚庆贺这一重要发现！

第二天上午我在起取M344随葬龟甲时，发现有一片龟腹甲上好像有刻划痕迹，因上面有泥土覆盖，看不清楚，我就随手拿了一个清理人骨架用的毛刷，拿着这件龟腹甲片，到西侧T101内已出水的H172内，把上面黏附的泥土清洗干净，一个"目"形符号清晰地呈现在我的面前！后来在H335出土的龟腹甲片上又发现一个"曰"符号，在其他墓中出土的龟甲片上，在骨笛上、骨叉形器上、其他石器和陶器上也陆续发现一些符号，共有十几个，我们就把这一发现向所领导进行了汇报。

所领导得知这一发现后相当重视，当即就让我们的领队、第一研究室主任裴明相先生来到工地检查指导，并确认这一发现，陪同来工地的还有贾湖遗址试掘的参加者陈嘉祥先生等。当时，又发现好几个墓随葬骨笛，其中最重要的是M282和M341，各随葬两支骨笛，裴先生来到工地那天，正好清理M282，M282：20骨笛刚好出土，这支笛子放在墓主人的左大腿内侧，保存非常完整，油光发亮，裴先生见了很是兴奋，当即拿了起来，不顾里面的泥土还未掏出，就用吹箫的方式，把骨笛一端对着嘴，比画着吹了起来！当然因里面泥土未掏，是吹不出音的。

裴先生回所后，向所领导进行了汇报，所领导又向国家文物局和省文物局领导进行了汇报，国家和省局领导也很重视，由时任国家文物局副局长兼考古专家组组长的黄景略先生带领的检查组，在安金槐先生等的陪同下，到舞阳视察，但遗憾的是，不巧那几天连降大雨，工地到公路还有将近2千米泥巴路，而且去县城途径的几条河也正在涨水，安全起见，他们一行就没有亲自下到工地，就由我把出土的主要标本带到舞阳县城，黄先生观看了标本并听取了我的专题汇报之后，对我们的工作和这一发现给了充分肯定，得到文物界最高领导机构的肯定与好评，也使我们欣喜不已！

直到6月初，才结束了这次发掘，进入了全面整理阶段。

7. 第七次发掘

第七次发掘是在《舞阳贾湖》一书出版两年后，我调到中国科学技术大学科技史与科技考古系任教后进行的。我在对舞阳贾湖遗址及其发掘资料进行发掘与研究过程中，深切地感受到现代科学技术在考古学研究中运用的必要性、重要性和迫切性，适逢中国科学技术大学的科技史与科技考古系刚成立不久，需要传统考古方面的师资，在王昌燧老师的引荐和校长朱清时院士的决策下，我就于2000年6月调到了科大。来之后朱校长和王老师就让我筹备开设田野考古课，并组织田野考古实习，以培养懂得传统考古的科技考古人才。我想，我第一次带科技考古专业研究生进行田野考古实习，一定要成功，不能失败！而成功的标志，一定不能挖空，主要是发掘对象要有较高的学术价值，当然我就要找到一个最为熟悉的遗址来作为我田野考古教学生涯的开篇之作，而贾湖遗址当然是最为理想的。于是2000年下半年就与河南考古所联系这次发掘事宜。同时向学校领导申请发掘经费。2001年3月，当得知这次发掘已获国家文物局批准，学校研究生院批准了专项发掘经费后，我就带着陈鹏、杨益民、姚政权和夏季四个研究生出发了。他们是这次发掘的主力。学校参加这次发掘的还有秦颖副教授和邱平、单杰两个博士生，其间，朱健、栾天两位研究生也曾到工地实习。河南考古所派潘伟斌先生来配合发掘工作。舞阳县博物馆也派朱振甫先生参加发掘。我还请了贾长有、商中克两位当年在贾湖遗址培养出来的技工，以加强发掘力量。

这次发掘的第一批探方，分散在两个地方，即T106和T107的北半部、T110和T115的西半部，因是学生实习，不能开10米×10米大探方，均开成5米×5米的探方。开T106和T107的北半部，主要目的是将T101、T102的墓葬区南部边缘找出，开T110和T115的西半部的主要目的是扩大其东侧的早期墓地，争取找到其规律性。从发掘结果看，第一个目的达到了，因为T106A、T106B、T107A、T107B的北半部还有墓葬，南半部已没有墓葬，这样我们就把这个墓葬区全部揭露出来了，为进一步研究这个墓地提供了一批完整的资料。而第二个目的尚未完全达到，因为在T110A、T110C、T115A、T115C这几个探方中，墓葬仍然呈零星分布状态。因这几个探方已紧靠护庄堤，不能再向东开了，为了解决这个问题，第一批方发掘结束之后，跳开护庄堤，在其东侧布东西向两个5米×5米的探方，分别编号为T43、T44。结果在紧靠护庄堤的T43内未见到墓葬，这表明T110、T115内的墓葬区已经在护庄堤下到边了。从分期结果看，这个墓地最晚到第二期早段，也就是说，这种零星分布的状态就是早期墓葬的特点。这样，这个目的也算达到了。

意外地收获是在T44及其东扩和南扩，发现了一片新的墓地，从分期上看一到三期都有，有数十座之多，而其中心区则在东扩范围内，东扩位于原护庄堤东的取土沟内，上文化层已被破坏，但下文化层尚在，被破坏的墓葬密密麻麻，其中有一座墓葬为一个一次葬人和至少二十五人的二次葬的合葬墓，因为其东部被取土沟破坏，原来有多少人已无法得知，但就是这样也是这个时代合葬人数最多的墓葬了！

这个墓地还有两个墓葬也很特别，都是在身上佩戴好几串用鸟肢骨横锯成的厚度仅约1毫米的小骨圈，与第三次发掘时发现的M41的小骨圈一样，但数量更多，而且在其耳朵部位还有绿松石耳坠，一个墓的眼眶内还放置有绿松石瞑目，这应该是目前发现的同类葬俗的最早实例了。鉴于这两个墓葬的特有价值，我们把它整起运回河南省考古所，放在展厅中展示。

这次发掘还有一个重要发现，就是在西南区原T33、T34、T35的东侧布的T40~T42，发现了好几个墓随葬石铲或石铲与石镰组合出现的现象，结合原来这里的同类现象，我们发现这一墓地随葬农业生产工具的墓葬明显多于其他几个墓地，而距离此墓地几十米的西区墓地、100多米外的西北区和中区墓地均很少见农具随葬，皆以渔猎工具为主。这一现象引起我的极大兴趣：难道同聚落的不同人类群体之间，其生业形式也会有很大的区别？

这次发掘的很大一个特点，就是我们一开始就计划对发掘清理出的文化层和遗迹单位中的填土进行全浮选，为此，我们专门请来了我国首席植物考古学家、中国社会科学院考古研究所科技中心副主任赵志军研究员来工地指导工作，共同拟定浮选工作实施方案和技术路线。通过现场浮选，取得了原来传统方法无法得到的大量动植物遗骸，为进一步深入研究奠定了科学基础，也使贾湖遗址的研究工作登上一个新的台阶，进入一个新的阶段。到现在，十一年过去了，这些发掘资料仍在消化之中。

发掘过程中，我们还邀请中国社会科学院考古研究所青年人类学家王明辉先生到工地，对出土的人骨标本进行现场鉴定研究，请著名农史专家、中国农业大学的王象坤教授和著名植物学家、中国科学院植物研究所孔昭宸研究员到工地考察指导，河南考古所的孙新民所长和蔡全法、方燕明、贾连敏研究员也专程到工地检查指导工作。

直到6月初，这次发掘圆满结束了，3个月共发现房基、灰坑、陶窑、兽坑等遗迹一百多座，墓葬近百座，各种遗物数百件，及大量动植物标本，更重要的是，我们带着多年来贾湖研究中思考的问题，以多学科综合研究的思路指导发掘工作，更重要的是，对科技考古的研究生进行了田野考古的训练，其教学成果的影响是相当深刻的。

发掘结束之后，我们经与河南省考古所和河南省文物局领导协商，将发掘出土的一百多件完整器物带到学校做了一个考古实习汇报展览，河南考古所的秦文生副所长和参加发掘的潘伟斌先生、舞阳县文化局薛局长及县博物馆于馆长应邀出席，科大校长朱清时院士出席展览开幕式并讲话，我们还邀请到安徽省著名管乐器演奏家刘正国先生到会做现场表演，吹奏与贾湖骨笛吹奏方式相同的筹（或称龠）来助兴，这是科大校园的首次文物考古成果展览，许多师生参观了展出，展览取得了圆满成功，为第七次发掘画上了一个圆满的句号。

三、研　究　篇

贾湖遗址的研究工作也可以根据研究思路的调整分为三个阶段。第六次发掘结束到1990年为第一阶段，1991到2000年为第二阶段，2001年至今为第三阶段。

在第一阶段，我的研究思路基本上沿袭传统考古研究的套路，基本上是我在学校学习的方法，只是我在发掘时有意采集了许多当时也不知可作什么研究的标本，为以后的深入研究准备了珍贵的资料。这个阶段除了整理出一篇发掘简报，并写了一篇《试论贾湖类型的特征及与周围文化的关系》的文章在《文物》杂志发表外，研究工作主要是集中在骨笛和刻划符号的研究上。

第六次发掘结束之后，由于又出土了几支骨笛，总数达到20多支，而且我们也觉得应该是一种远古的乐器，尽管被那位专家否定，我们还是觉得应该找其他专家再鉴定一下，以解心中的疑惑。同时，新发现的契刻符号也需要请教专家判断它的价值，于是就向河南考古所领导汇报了这一设想，经所领导研究，就由当时的所长郝本性研究员带队，裴明相先生和我带着刚出土的保存最为完好的M282∶20七孔骨笛和三片契刻符号较成形的龟甲片及那件柄形石饰去北京，开始了请教之旅。同行的还有郑州大学的宋豫秦老师。

到北京之后，我们首先找人鉴定骨笛。由于中国艺术研究院音乐研究所的黄翔鹏先生和吴钊先生帮助河南考古所做过出土青铜编钟的测音，郝所长和裴先生决定先请教这两位，但不巧的是这两位专家当时都不在北京，这时我想起了1983年在北京中国历史博物馆举办河南考古新发现展览时认识的该所民族民间音乐研究室主任萧兴华先生，决定首先与他联系。联系上之后方知萧先生住在北京前海西街，离北京市文物研究所很近，我们就约好在那里见面。肖先生一见到贾湖骨笛并听了我们的简单介绍后就大吃一惊，几乎肯定就是远古时期的一种乐器，但不知能否吹出音列，于是就当即决定与中国民族乐团团长刘文金先生联系，请他找人帮助试吹。刘团长当时正在组织排练节目，接到萧先生的电话后也非常重视，当即让我们一行到排练处找他。我记得当时到那里后稍微等了一会儿，排练休息间隙，刘团长就带领一帮管乐演奏家观看了我们带去的骨笛，他们研究了笛子的吹奏方式，觉得应该和河南民间的乐器筹的吹奏方式一致，应是端口45度斜吹，就由几位专门吹笛子的艺术家试吹，最后由宁保生先生首先吹出了音列，而且音相当准，当时我们都很兴奋，因为我们的推测被证实了，这是我国发现的最早的乐器！交谈中得知，萧先生当时正担任音乐研究所的所长助理，萧先生当即表示马上与黄翔鹏先生汇报，争取专门到河南组织一次测音，我们当然表示同意。

鉴定完笛子，我们就找专家鉴定契刻符号。记得首先找的是张政烺先生，当时张先生和他的老伴身体都很好，就在他堆满了书籍的书房里接待了我们一行，听了我们的简单介绍，张先生和老伴仔细观看了这几片刻符龟甲之后，认为这应是当时的人们有意刻划无疑，并与郝本性先生就符号的含义进行了讨论。之后我们又去请教了胡厚宣先生，胡先生的认识更是积极，甚至对每个符号都试图进行隶定。得到张政烺先生和胡厚宣先生的肯定态度，我的心中当然也十分高兴。之后我们又先后拜访了苏秉琦先生、李学勤先生、邹衡先生、高明先生、裘锡圭先生、李仰松先生、李伯谦先生等，时任故宫博物院院长的张忠培先生还让我们到故宫作了一次专题汇报，他们对我们的这次发现都给予了充分肯定。但就符号的性质问题，在肯定都是当时人工有意刻划的基础上，专家们的意见大致可以分为三种：一种以胡厚宣先生为代表，认为它就是当时的文字；一种以李学勤先生为代表，认为应是具有一定原始文字性质的刻划符号；一种以裘锡圭先生为代表，认为是当时人们的一种记号。专家们对我们如何进一步研究提出了很多宝贵的指导意见，可以说我们是满载而归。

当年11月份，以黄翔鹏先生、萧兴华先生、武汉音乐学院院长童忠良教授和徐桃英、顾国宝两位工程师组成的测音小组，携带当时最先进的测音仪器来到河南考古所，主要对M282出土的两支骨笛进行了一个星期的反复测音，萧兴华先生和徐桃英工程师还用M282：20骨笛吹奏了河北民歌《小白菜》。经过几天的初步研究，专家们得出了这样的结论：贾湖骨笛"具备音阶结构，可以吹奏旋律，是当时的一种乐器。这一发现可以改写中国乃至世界音乐史"。我们都被这一鉴定结论所振奋，童忠良先生后来撰文称，贾湖骨笛的发现"如一股狂飙，震撼了音乐史界"！

这一鉴定结论出来后，由于许多家新闻媒体都要求报道这一重要发现，我们就计划起草一篇通稿，请河南省文物局出面采取新闻发布会的形式公布这一发现，以体现这一发现结果的权威性。得到领导批准后，我就着手写这篇稿子，经过所内许多专家和领导的认真修改，安金槐先生、郝本性所长，特别是贾峨先生一丝不苟的态度和严谨的学风，都给我留下了深刻的印象。经过字斟句酌，先后九易其稿，终于定稿后，于1987年12月6日由河南省文物局在郑州举办了贾湖遗址的新闻发布会。这是"文革"之后河南文物考古界举办的第一个考古发现新闻发布会，之后逐渐变成了一种定制和常态。

贾湖研究的第二个阶段是我1990年冬天到临潼参加了全国第一届环境考古学术研讨会后开始的。说来也是机缘巧合，周昆叔先生筹备全国第一届环境考古学术研讨会，由于河南考古所在学术界的地位，来信邀请河南考古所一定派人参加，我当时对现代自然科学技术在考古学中的运用一直心向往之，但苦于没有头绪，不知从何下手，得知这个机会后，就主动要求参加，并写了一篇名为《环境与裴李岗文化》的习作在会议上交流。在会上结识了周昆叔、孔昭宸等一批热心考古学研究的自然科学家和陈铁梅、原思训等一批著名科技考古专家，了解了许多非常有价值的信息，拓宽了思路，开阔了视野，使我的研究思路进入到一个新的阶段。

1991年春，湖南考古所的裴安平先生到河南考古所参观，当时他主持发掘的彭头山遗址发现古稻的文章刚刚发表，对我有很大启发，我也曾苦于贾湖遗址未见到直接的农作物遗存，就向他请教，在他的启发下，我们很快就先在贾湖遗址发掘中收集到的红烧土中发现了稻壳印痕，之后又找到了一些，就找到孔昭宸先生请他帮助鉴定，另外请黄万波先生帮助鉴定人骨和动物骨骼，请周昆叔先生帮助研究孢粉和古环境，请王昌燧先生帮助研究陶片，请李容全先生帮助研究石料，请陈铁梅先生帮助研究碳十四年代等，先后邀请涉及十几个学科的三十多位专家参加研究，特别是1992年到1993年参加渑池班村遗址的发掘期间，逐渐形成了后来完整的研究框架与整体思路，在国家文物局科研项目、国家社会科学基金项目和国家自然科学基金的支持下，终于在1999年初由科学出版社出版了近180万字的《舞阳贾湖》一书，奠定了贾湖遗址在我国新石器时代研究中的地位。著名考古学家、中国历史博物馆时任馆长俞伟超先生为该书作序，对该书和贾湖遗址的发现给予很高的评价，认为"贾湖遗址的发掘，可称是80年代以来我国新石器考古中最重要的工作"。著名考古学家石兴邦先生、魏京武先生等为贾湖报告写了高度评价的书评。1999年春，时任河南考古所书记兼所长的杨肇清先生专程到北京中国历史博物馆为该书的出版举办了首发式，俞伟超先生亲自主持，著名考古学家张忠培先生、张森水先生、张长寿先生、陈铁梅先生、王象坤先生、周昆叔先生等20多位考古界、科学界师友出席首发式，并发表了热情洋溢的讲话，对该书的出版给予充分肯定。在《中国文物报》组织的"20世纪最佳文博图书"评选活动中，该书被评为"20世纪最佳考古报告"，并被河南省政府评为"优秀社会科学成果奖"二等奖，被中国社会科学院评为"夏鼐考古学研究成果奖"三等奖。

1999年英国《自然》（Nature）杂志发表贾湖骨笛的发现之后，贾湖的发现在国际学术界也有了较大影响。2001年，贾湖遗址被国家文物局公布为全国重点文物保护单位，贾湖的发现被中国社会科学院考古研究所评为中国20世纪100项考古大发现之一，贾湖的发现还被中华世纪坛镌刻于青铜甬道上。这些社会效益，为这一阶段的研究工作画上了一个圆满的句号。至于贾湖报告整体思路的形成过程，限于篇幅，将另文发表。

2001年第七次发掘后，贾湖研究工作进入了第三阶段。在这一阶段，由于身在科大的有利条件，我除继续延伸原有的动物考古、植物考古、农业考古、环境考古等研究领域外，还开展了食性研究、锶同位素研究、寄生虫研究等新领域，即使原有领域，研究方法也有更新，都取得了新的进展和重要成果，至今仍然在继续进行之中，这里就不一一列举啦。

回顾在河南考古所18年的风风雨雨，我觉得无愧于这18年的青春，可以说我把人生中年富力强的最宝贵一段献给了河南的考古事业！总之是值得怀念的！当然，如果说曾经取得了一些成绩的话，那也是安金槐、裴明相等老一辈先生们教导的结果。因之，在我们纪念河南考古所60华诞的时刻，深深地怀念他们！

2012年3月12日凌晨1点30分于安徽合肥中国科大拂尘斋

（原载《岁月如歌——一个甲子的回忆》，大象出版社，2012年）

《舞阳贾湖》一书出版前后追忆

2014年6月，当我带着《舞阳贾湖（二）》的稿子前往科学出版社的路上，不禁想起15年前，第一次带着《舞阳贾湖》的一大捆书稿来到科学出版社的情景，竟然历历在目犹如昨日！这本书的编写出版历程，自然记忆犹新。

《舞阳贾湖》一书的编写过程根据研究思路的调整可分为两个阶段。1987年6月第六次发掘结束到1990年为第一阶段，1989年在《文物》杂志发表的《河南舞阳贾湖新石器时代遗址第二至六次发掘简报》和《试论贾湖类型的特征及与周围文化的关系》是第一阶段的代表性成果；1991到1999年为第二阶段，《舞阳贾湖》一书则是第二阶段思考结果的总结。

《舞阳贾湖》一书的体例，是笔者在当时的学术氛围下，根据贾湖遗址发掘资料的特点，经长期反复思考，并请教境内外多位同行师友，最终形成的。

记得在1987年12月贾湖遗址出土8000年前七声音阶骨笛和甲骨契刻符号等重要发现经新闻发布会的形式公之于众之后，立即引起社会的关注，但当简报刊出之后，如何系统报道这批重要资料？是按当时流行的编辑体例来介绍资料？还是另辟蹊径？使我陷入长时间的思考。如果采用前者，肯定是最省力的，也不少师友劝我尽早公布这批资料。但我觉得用当时的考古报告编写体例很难体现这批珍贵资料的独特学术价值！如果另辟蹊径，如何搭建适合介绍这批资料的框架结构？决心既定，就开始了长达4年的思考与求教历程。如果说，1990年底在临潼参加的全国第一届环境考古大会，为我打开了一扇风景异样的窗户，那么1991年开始有幸参加由著名考古学家俞伟超教授主持的渑池班村多学科综合考古发掘，则使我仿佛走进一个新的空间：一群工作单位不同、学科背景和经历不同，甚至国籍不同的志同道合者，在黄河岸边一个无论从哪个角度都是毫不起眼的小村落聚集，为了中国考古如何持续发展，在不停地思考和求索甚至争论着，实践着刚介绍进来的令人耳目一新的理论、观点和方法，为每一点新的收获而欣然忘怀，例如我们自己设计制作了浮选桶，浮选出了几十斤炭化小米，又如根据当地地形首次尝试区域系统调查方案并实施，发现了好几个新的遗址等，至今仍然相当自豪，原来考古可以这样做！在此期间，我也没有忘记我的"私活"：贾湖报告的编写体例。

在请教了俞伟超、严文明等大师和陈星灿、曹兵武、张广如、李永迪等好友后，一个新的报告编写方案终于形成了：鉴于学术界当时并不熟悉贾湖这批资料，我就不能像当时流行的体例那样分期介绍材料，而是系统介绍材料而后提出我的分期方案，以免误导读者，加上年代学研究成果，就构成了传统考古报告的全部内容。鉴于我们先后已作了十多个相关学科的分析测试与研究，而这些研究大多都是在我的主动设计和参与下与相关学科的专家共同完成的，其成果是这一综合成果的有机组成部分，而不是可有可无的附庸，我觉得应按章节重新组织这些研究成果，其间相关专家也都寄予了理解支持与配合，至今使我心存感激！这样就使全书形成了考古资料介绍和多学科综合研究成果两个大的版块。

第一个版块介绍资料部分有现成考古报告体例可以参考，只根据这批资料的特点加以调整即可，第二个版块就无可参照了，经我思考并征求班村诸友意见之后，觉得应按一个聚落的逻辑形成顺序来介绍资料较为合理，脑海中就形成了这幅画面：一群远道而来的先民，迁徙过程中遇到一个理想的生境，就在此聚族而居，生息繁衍，生产生活，创造出了独具特色的物质文化和精神文化。于是，一个以环境、人、经济、技术、社会组织、原始崇拜、原始文字、音乐文化为先后顺序的编辑体例就最终形成了，即环境篇、人类篇、经济篇、技术篇、社会篇、思想篇这六个相对独立的版块。

全书成书之后，竟有170多万字，确实出乎我的意料！若加上彩色和黑白图版，装订成一册确实阅读不便，经出版社建议，就根据体量把考古资料介绍部分作为上卷，多学科综合研究成果加上图版部分作为下卷分别装订，变成了两册。

1993年6月，报告编写正式开始，1997年秋，报告初稿方才完成。进入编辑阶段之后，《华夏考古》编辑部的两位好友方燕明和胡永庆先生首先编辑了难度最大的第一稿，张玉梅、刘卓澄等编辑也都付出了很多心血！出版社还请田野经验丰富、德高望重的韩榕先生审阅了全部书稿，提出了许多宝贵的修改意见。尤其令人难以忘怀的是，俞伟超先生为本书写了一篇高屋建瓴的序言，给本书以高度的评价，称贾湖遗址发掘为"80年代以来我国新石器考古中最重要的工作"，称贾湖报告的出版"自然是我国新石器考古事业中的一件大事"，并把《舞阳贾湖》一书归纳出了值得重视的三大方面：第一，首次提供了能理解黄河中游至淮河上游和黄河下游至淮河中下游之间新石器文化（主要是早中期）关系的一个联结点；第二，本报告提供了一个我国黄河、长江之间新石器时代早期的、居于当时文化发展前列的相当完整的实例；第三，本报告除了分类发表原始资料外，又从讨论贾湖文化的总体面貌出发，列出下卷，分章研究其自然环境、居民体质、生业方式、工艺技术、生活状态和精神信仰等内容。"有此三点，这当然是一本意义重大的考古发掘报告"。

经出版社诸位编辑的共同努力，1999年2月，该书正式出版发行，这个被人笑称"难产的孩子"终于问世啦！从1984年我开始主持发掘起已经整整经过了16年！为此，河南省考古研究所的时任所长杨肇清先生还专程到北京和俞伟超先生一起，在中国历史博物馆主持召开了《舞阳贾湖》一书的首发式，张忠培、张长寿、张森水、王象坤、陈铁梅、周昆叔、孔昭宸、萧兴华等几十位师友应邀出席，都给本书以肯定性评价，德高望重的石兴邦老先生等随后不久还为本书写了专题书评，称本书的出版"是时代特征鲜明的有里程碑性的一项重要学术工程"。在随后《中国文物报》组织的"20世纪最佳文博图书"评选活动中，本书被评为"20世纪最佳考古报告"，还先后被评为河南省优秀社会科学成果奖二等奖和夏鼐考古学研究成果奖三等奖，贾湖遗址的发现被中国社会科学院评为20世纪中国100项考古大发现之一，贾湖遗址也被公布为全国重点文物保护单位。至此，我在本书前言中提到的等待评判的忐忑心情总算释怀了！

探索考古报告编写的新模式
——忆《舞阳贾湖》一书的出版

提及中国古乐，大家都知道"宫、商、角、徵、羽"；但要说出我国最早的乐器出自哪里，估计准确知晓者寥寥。在20世纪80年代发掘的河南省舞阳县舞阳贾湖遗址，就出土了一批距今八九千年前的骨笛，包括成品和半成品迄今已有三十多支，这些骨笛出土后马上引起了考古界和音乐界的重视。研究发现，它们反映了史前贾湖人的音乐水平，有些骨笛甚至能够演奏出七声音阶。除了新石器遗址常见的陶、石、骨、角、牙器以外，在这块神奇的遗址上还出土了与太阳神崇拜有关系的陶器刻符和甲骨契刻符号，炭化的栽培水稻、栎果、野生胡桃、野生大豆等植物的遗骸等，通过残留物分析还发现了世界上最早的酒。

如何将这批重要的资料报道出来，作者经历了长达6年的思考与求教过程。1991年由著名考古学家俞伟超教授主持的渑池班村多学科综合考古发掘，将一批来自不同单位、不同学科，有着不同经历的学者召集在一起，共同思考和探索中国考古的发展方向和道路。这一举措使得中国考古学焕发出活力，也探寻出一条更适合时代需要的发展之路来。《舞阳贾湖》的编写体例也就是在这个时候受到启发并确定下来。

这部报告从1993年6月开始编写，至1997年秋方才完成初稿。报告分为上下两卷：上卷为传统考古报告的内容，采取了先系统介绍材料，而后提出分期方案，加上年代学研究成果，形成本书结语的方式；下卷则充分地反映了多学科综合研究的成果。在对舞阳贾湖资料的整理过程中，先后有十多个相关学科的专家参与了分析测试与研究，如何将这些不同门类的研究成果系统而又完整地体现出来，又成为摆在作者面前的难题。经过一段时间的思考，并征求了部分专家意见之后，遂确定按照一个聚落的逻辑形成顺序来介绍资料。即一群远道而来的先民，迁徙过程中遇到一个理想的生境，就在此聚族而居，生产生活，生息繁衍，创造出了独具特色的物质文化和精神文化。于是，一个以环境、人、经济、技术、社会组织、原始崇拜、原始文字、音乐文化为先后顺序的编辑体例就最终形成了，即环境篇、人类篇、经济篇、技术篇、社会篇、思想篇这六个既密切相连又相对独立的版块。

这部书初稿完成之后，作者首先请华夏考古编辑部的方燕明、胡永庆先生进行了初步编辑，正式进入编辑阶段之后，科学出版社的张玉梅、刘卓澄等编辑付出了很多心血。为保障图书质量，出版社还请田野经验丰富、学识渊博的韩榕先生审阅全部书稿，提出许多宝贵的修改意见。特别是还邀请到时任中国历史博物馆馆长的俞伟超先生撰写序言。俞先生对这部书给以高度评价，称贾湖遗址发掘为"80年代以来我国新石器考古中最重要的工作"，称贾湖报告的出版"自然是我国新石器考古事业中的一件大事"，并把《舞阳贾湖》一书归纳出了值得重视的三大方面：第一，首次提供了能理解黄河、淮河之间新石器文化（主要是早中期）关系的一个联结点；第二，提供了一个我国黄河、长江之间新石器时代早期的、居于当时文化发展前列的相当完整的实例；第三，本报告除了分类发表原始资料外，又从讨论贾湖文化的总体面貌出发，列出下卷，分章研究其自然环境、居民体质、生业方式、工艺技术、生活状态和精神信仰等内容。"有此三点，这当然是一本意义重大的考古发掘报告"。

经出版社诸位编辑的共同努力，1999年2月，这部书正式出版发行，这个被人笑称"难产的孩子"终于问世了！而这距最初的考古发掘已经过了整整16年！为此，河南省考古研究所的时任所长杨肇清先生还专程到北京和俞伟超先生一起，在中国历史博物馆主持召开了《舞阳贾湖》一书的首发式，张忠培、张长寿、张森水、王象坤、陈铁梅、周昆叔、孔昭宸、萧兴华等几十位学者应邀出席，对这部书给以肯定性评价，德高望重的石兴邦老先生等随后不久还为本书写了专题书评，称本书的出版"是时代特征鲜明的有里程碑性的一项重要学术工程"。在随后《中国文物报》组织的"20世纪最佳文博图书"评选活动中，这部书被评为"20世纪最佳考古报告"，还先后被评为河南省优秀社会科学成果奖二等奖和夏鼐考古学研究成果奖三等奖。贾湖遗址的发现被中国社会科学院考古研究所评为20世纪中国100项考古大发现之一。2001年，舞阳贾湖遗址被国务院公布为全国重点文物保护单位。

[原载《科学出版60年（1954～2014）》，科学出版社，2016年]

新速度、新收获、新启示——喜读《跨湖桥》

近十几年来，浙江的新石器时代考古捷报频传，先是《瑶山》、《反山》，紧接着是《好川》、《跨湖桥》，最近又是《上山》，等等，一再刷新着学界的认识！去年底，笔者有幸参加了《跨湖桥》报告首发式，现就阅读《跨湖桥》报告中的几点粗浅体会奉献给同道师友。

一

翻开报告的第一章，读到遗址的发现、发掘、资料整理与报告编写的过程与进度，的确令人钦佩！当年的发掘资料，当年编入报告，当年出版发行，一批年轻的考古工作者，创造了考古报告编写与发表的新速度！只有这样的速度，才能使考古资料最大限度地发挥社会效益！近年来，国家文物局和相关部门的领导一直强调尽快整理出版发掘资料，随着考古队伍的不断壮大，经过十几年的努力，以前积压资料的现象大为改观，考古资料的出版速度越来越快，而跨湖桥报告创造的出版速度，为我们树立了一个新的榜样！

那么，跨湖桥报告出版这么快，是否影响它的质量和信息量呢？翻开报告，一看便知，答案是否定的。

二

记得严文明先生等学者在《跨湖桥》报告首发式上说过，在该报告中看到了以前只有在国外的报告中才能看到的东西，比有些写了十几年的报告还要好，笔者亦有同感。《跨湖桥》报告不仅信息量极其丰富，无论遗迹或遗物，从体例编排到原始材料介绍，从遗迹遗物的功能诠释到遗址兴衰过程的讨论，从文化的动态发展到环境的变迁及与人类活动的关系的阐释，无不说明：这就是跨湖桥的特点，这就是跨湖桥报告的特点。

《跨湖桥》报告正文分为八章，第一章介绍了遗址的地理位置、所在地区的地貌变迁、发现与发掘经过、资料整理与报告编写的过程；第二章介绍了已知的分布范围、地形地貌和地层堆积。这两章虽与传统报告体例类同，但信息量很大，尤其是将遗址所在地区全新世以来的地貌变迁和地质地层用地学的方法进行了详细介绍，将遗址的形成与演化置于地学的大背景中进行讨论，大大地开拓了作者的研究视野。

第三章为遗迹介绍，给人印象最深的是关于独木舟、木桨、木作加工厂的材料介绍及其研究，这也是跨湖桥遗址的重要发现之一。第四章为遗物介绍，与传统考古报告一样，这也是本报告的主体，占了将近一半的篇幅。第五章讨论了遗址的分期与年代。因跨湖桥遗址是杭州湾地区的新资料，文化面貌本身的发展变化并不明显，所以，作者并没有在前两章按照自己的分期结果介绍资料，从而把自己的分期意见强加给读者，而是在系统、全面介绍资料的基础上，从陶器入手，选择该遗址的釜、罐、钵、圈足盘和豆五种主要器物，分析其在地层中的分布和变化规律，然后导出分期结果，按陶器的演变序列并参照地层关系将该遗址分为一脉相承的三期。从本批材料的特点来看，这样处理无疑是正确的。根据上述分析结果，结合大量 ^{14}C 测年数据，对遗址的形成与废弃过程进行讨论，也是本报告的亮点之一。

第六章的生态与经济，是本报告的第二大重点。作者通过植被和地球化学垂向分布带特征来复原古环境和古气候，增加了对这个问题的认知，为我们从人地关系的角度认识该地区考古学文化的产生、发展与演变提供了重要信息。

第七章介绍了与跨湖桥遗址大体同时而又邻近的下孙遗址的发掘资料。两个遗址相距仅 2000 米左右，此类现象在新石器时代并不少见，是聚落考古的重要内容。作者研究结果是两个遗址存在功能性的差异，有没有其他的可能？好在本报告对两个遗址的资料都进行了充分的报道，给读者提供了深入研究同时期两个并列遗址关系的典型案例。

第八章的总论部分，对遗址的文化特征、环境与文化及与其他文化的关系进行了归纳和梳理，并提出了"跨湖桥文化"的概念。笔者认为，以跨湖桥为代表的，距今 8000～7000 年间，于浦阳江下游地区，具有独特风格的，面向海洋的考古遗存，命名为一个独立的考古学文化，不仅符合考古学文化命名的原则，也有利于东南沿海地区新石器时代考古研究的进一步深入。

总的来讲，本报告的编排体例在传统报告的基础上适合自身特点，大胆创新，内容更加丰富，为进一步深入研究提供了便利。

三

跨湖桥遗址的发现、发掘的重大收获及学术价值，许多师友在两次跨湖桥遗址座谈会和《跨湖桥》报告首发式上都给予了充分肯定和高度评价。这里只强调以下几点。

（1）在我国新石器时代几个大的文化区域内，都早在 20 世纪 70 年代后期以来，陆续发现早于距今 7000 年的考古学文化遗存，而且其上限大都提到距今 9000～8500 年间，唯有长江下游地区，只发现了距今不超过 7000 的河姆渡文化，比其他几个大区都短了一节，缺少一个关键的发展阶段，有许多问题无法解释，实感缺憾。跨湖桥文化以及更早的上山遗址的发现，终于补上了这段空白，这样，在几个主要地区，文化都提到了距今8000年前，证明各地在文化序列和社会发展阶段上，都是同步发展的。

（2）宁绍平原的新石器时代文化，自河姆渡文化发现以来，给人印象是发展脉络简单清晰。跨湖桥和河姆渡分布地域相连且相距不远，二者可能有一小段时间的共存和并列发展期，二者的时间有先后可以肯定，其文化面貌相比，虽也有不少相同因素，但确实存在较大差别。这一事例再次表明，越是在新石器较早阶段，文化的存在和发展越是多元的。跨湖桥的发现，打破了杭州湾地区河姆渡文化单线发展论，还历史以丰富多彩的真面目。

（3）跨湖桥遗址刚发现时，学术界对它的较早的 ^{14}C 测年数据和一些较先进的文化因素共存的矛盾现象颇为不解，但考古资料的真实性不容怀疑，这确实给我们过去的思维定式是个很大的冲击。考古学文化的产生和发展是由复杂的因素决定的，历史的真实是丰富多彩的，在层出不穷的考古新资料面前，理论往往是苍白无力的。我们不能用简单化的理论模式来套复杂多变的客观存在。这也是跨湖桥带给我们的有益启示之一。

（4）跨湖桥遗址的经济形态分析结果有一个现象值得我们重视，就是稻作农业在早中期较为发达，而晚期相对衰落，猪也是年代越晚数量越少，狗在早中期数量逐渐增多而晚期略有减少，而鹿科动物则是年代越晚数量越多。这充分表明，人工种植业和养殖业并不是直线发展的，而主要随着人类的需要而定，在野生资源非常丰富，完全可以满足人类的生存和发展需要时，人工种植业和养殖业就是无足轻重的，这给我们研究农业和家畜的起源无疑具有重要的启示作用。

（5）河姆渡文化丰富的稻作农业遗存发现之后，全世界都把栽培稻起源地的目光转移到了长江下游地区，随着长江中游的彭头山、八十垱、仙人洞与吊桶环、玉蟾岩以及淮河上游的贾湖等更早的稻作遗存的发现，长江下游地区稻作起源地的地位一时有所动摇。随着跨湖桥以及年代更早的上山遗址稻作遗存的发现，这种疑虑应该结束了。但这也提出了新的问题，即在黄河以南的广阔地域内，许多早期遗存之中都有稻作遗存的发现，这为稻作起源一元论提出了新的挑战，也为笔者十年前提出的在全新世早期，在黄河以南地区各地，只要具备稻作栽培的条件，都有可能成为稻作起源地的"南中国大起源中心说"提供了新的依据。

（6）在跨湖桥遗址的木锥和鹿角器上，发现了几组很像是史初时期数字卦的刻画符号，让人非常兴奋，若能证明是数卦符号，将涉及八卦的起源，意义非常重大。据文献记载，八卦是伏羲氏所创，而伏羲氏应是渔猎采集经济时代的代表性人物，这与跨湖桥遗址的经济形态是一致的。联系到后来良渚文化的数卦符号和原始文字，不能说没有长期的发展历程。以前，关于八卦起源的理论很多，然众说纷纭，莫衷一是。跨湖桥刻画符号的发现，无疑给这一问题的研究提供了新的重要资料。

四

我在《舞阳贾湖》的前言中说过，如果说电影是一门遗憾的艺术，那么考古就是一门遗憾的科学。《跨湖桥》报告由于编写时间较紧，也难免有一些遗憾之处。

从体例编排上，既然将下孙遗址作为跨湖桥聚落的一个组成部分来研究，而生态与经济的研究范围又是整个小区域，若把第六和第七章调换，紧接着跨湖桥介绍下孙的原始资料，然后一并讨论两个遗址的生态与经济，似乎就更连贯一些。

在三次发掘资料的整合上，作者对遗迹的介绍相当详尽，但若把遗物也一并整合，就会显得更为完美。

年代部分，作者发表了几个 ^{14}C 实验室测定的全部数据，但主要使用了木头和橡子测出的数据，因其准确性较高，这无疑是正确的，但缺少对地质勘探标本所测 ^{14}C 数据和热释光数据的讨论和整合，对此的解释不够系统，恐让人使用起来会无所适从。

关于跨湖桥文化的去向，除去精神层面的因素不讲，就考古学文化的因素而言，在杭州湾地区的后来文化之中，总有跨湖桥文化的因素断断续续地存在，正如报告中罗列的那样。作者仅据目前未找到其后续文化，遗址又毁灭于海侵，就认为该文化可能绝灭了，这个结论似乎早了一些。

总之，这是一部质量上乘的好报告，是研究东南沿海地区甚至整个中国新石器时代考古的必读书之一。

（原载《中国文物报》2005年8月3日第4版）

淮河流域新石器时代考古的又一力作——读《蚌埠双墩——新石器时代遗址发掘报告》

20世纪80年代以前，淮河流域新石器时代考古研究尚处于起步阶段，学术界对淮河上、中、下游文化的连续性考虑较少，有限的考古研究成果往往受现代行政区划的影响，淮河上游地区的考古遗存往往划归黄河流域，淮河下游地区则划出了一个大青莲岗文化，因淮河中游地区田野考古工作相对较少，文化面貌不甚清晰，更无从厘清上游与下游之间的文化联系线索。自20世纪80年代后期国家文物局根据苏秉琦先生的建议设立苏鲁豫皖地区古文化的重点研究课题以后，该地区重要田野考古成果陆续问世，其文化面貌方才逐渐清晰起来。蚌埠双墩遗址的发掘正是在这一课题的推动下开始的。蚌埠双墩遗址的发掘始于1986年，1991年、1992年又经过两次发掘。《蚌埠双墩——新石器时代遗址发掘报告》是安徽省文物考古研究所阚绪杭先生主编的一部田野考古报告，是继《舞阳贾湖》、《龙虬庄》、《蒙城尉迟寺》（第一、二部）出版之后，淮河流域新石器时代考古的又一力作，也是淮河中游地区新石器前期长期发掘与研究工作的学术积累和阶段性总结，为我们进一步研究淮河中游地区新石器前期文化提供了一批新的重要资料。因为报告刚刚出版，内容丰富，需要认真消化，这里仅谈几点初步的感想和认识。

一

从20世纪90年代以来，淮河流域相继有多部考古发掘报告问世，上游地区有河南《舞阳贾湖》、《驻马店杨庄》、《登封王成岗》、《禹州瓦店》等，下游地区有江苏高邮《龙虬庄》等，中游地区先后出版了安徽《蒙城尉迟寺》第一和第二部，通过这些研究成果，使学术界对淮河流域自7000年前的新石器时代前期到4000年前的龙山时代的文化面貌有了一个较为清晰的认识。遗憾的是淮河中游地区虽也有宿县小山口和古台寺、蚌埠双墩、定远侯家寨、濉溪石山子等新石器时代前期遗存的发现，但因未公布详细资料，而未能将淮河上游和下游新石器时代前期的考古学文化因素进行系统而深入的比较研究。双墩报告的出版，可以说弥补了这一缺憾，把淮河流域新石器时代中后期考古学文化的基本面貌较为全面地呈现在我们面前，大大丰富了淮河流域新石器时代中期研究的资料。从安徽省已经出版的几部考古报告来看，《潜山薛家岗》、《凌家滩》、《蒙城尉迟寺》、《蚌埠双墩》四部考古报告，分别揭示了皖西南长江流域、皖中巢湖流域、皖北淮河流域几处典型遗址的文化面貌。从年代上看，地处淮河流域中游地区的蚌埠双墩遗址，年代最早，距今7300年到7100年。从研究地域性考古学文化来讲，这里填补了一个很重要的空白点。因此，双墩遗址的发现以及《蚌埠双墩》报告的出版，为研究淮河流域中游地区新石器时代前期文化遗存及其与淮河上游地区和下游地区的关系，增添了新的重要资料，具有重要的学术价值。

双墩遗址所代表的这一类考古学文化遗存，以大量平底带錾釜、底带刻划符号的假圈足或半圈足平底碗、陶祖形支脚等为代表的器物群特色鲜明，并有一定的分布范围，在定远侯家寨、宿县古台寺、濉溪石山子、鹿邑武庄等遗址均发现有相同或相似的文化遗存，显示出强烈的趋同性，应同属一支独立的考古学文化。

这支富有特色的考古学文化，在7000年前后这一特定的时间范围之内，是连接淮河流域上中下游各支考古学文化的连接点。其文化内涵和淮河上游的贾湖文化以及舞阳大岗一类遗存具有非常密切的联系。不管从文化面貌和文化现象，生产工具和生活用具的类型和组合，制陶工艺和工具制作水平与工艺特点，以渔猎采集为主并辅以原始栽培稻作农业的生业形态，都可以看出具有明显的联系和相似性，特别是两个遗址的C型碗、贾湖遗址的附加堆纹盆与双墩遗址的B型钵形釜别无二致。从其陶质、陶色以及带錾釜等部分器形和纹饰来看，与淮河下游龙虬庄文化具有某种程度的相关性。透过平底带錾釜这一文化因素可以发现，分布于太湖流域西部以平底带錾釜为特色的马家浜文化，与双墩文化可能也有一定的关系。

从时间上看来，在淮河中游地区更早的考古学文化遗存也有线索，就是宿州小山口遗址。其绝对年代早于双墩遗址，总体特征与双墩遗址基本一致，可能是双墩文化的主要来源，遗憾的是至今只发现这一个点。联系到上述与上游地区贾湖文化的大量共同因素，显示出贾湖文化可能也是双墩文化的主要来源之一。关于这一点，双墩报告已给予充分关注并进行了论证。

这支人到底从哪儿来，对于解决淮系文化是否存在具有非常重要的意义。淮系文化到底存在不存在，有不同认识。笔者认为它是存在的，但它的存在状况没有长江中游，长江下游、黄河上游、中游、下游序列那么完整，特别是淮河中游地区始终比较松散，新石器前期主要受中原地区影响，后期又成了海岱地区文化的势力范围，到最后也没有形成一支强势文化，最后融入其他文化之中。为什么不能形成一支强势的淮系文化，这是一个很值得重视的问题。双墩报告的出版，为研究这一问题提供了新资料。

关于双墩文化的去向，报告中也进行了探讨。双墩遗址往下可以追到侯家寨二期，相当于中原地区仰韶时代文化，但它的文化面貌还不甚清楚，这也为下一步的工作提出了新的目标。

二

双墩这批材料给人的另一深刻印象,就是它的经济形态。我曾研究过双墩遗址及其他同期遗址的稻作遗存,因为它是淮河中游地区迄今发现的年代最早的稻作遗存。但是,从双墩先民经济生活来讲,稻作农业仅是处于从属地位的辅助性生业手段,双墩人最主要的生业手段应是捕捞业和采集业,捕捞对象中水生和湿生动物种类超过三分之二。大量的鱼形符号也可反映捕鱼业的发达。遗憾的是虽有局部解剖抽样统计的数据,但未见到进一步研究的结果公布。双墩又一重要食物来源是狩猎业,而家畜饲养尚处于起步阶段,仅见少量猪骨和狗的粪便,但从明显家猪形态的猪形符号可以看出,家猪饲养已经历了很长的发展阶段。

另一值得重视的器类是大量形制规范的鹿角勾形器。它应是一种采集工具,数量占骨角器总数的将近一半,可见双墩采集业的发达。当然,这种工具也可以做其他方面的用途。农业工具中未见石铲、石镰,仅有少量磨盘、磨棒等加工工具。虽有稻作农业的迹象,但却没见典型的农具,充分显示了稻作农业的原始性。

由此可见,双墩人的生业形式应是捕捞、采集和狩猎为主,辅助以稻作农业和家畜饲养的广谱型模式。双墩报告的出版,为我们从全方位、多视角研究尚处于稻作农业的初始阶段某一特定聚落的经济形态的全貌,提供了一批新的系统资料。

三

从双墩文化丰富的文化内涵来看,丰富多彩的刻划符号,是其一大特点。双墩遗址三次发掘,总共发现633件刻有符号的陶器与残件,这是目前国内已经出版的史前遗址报告中数量最多的一批。根据发掘者的初步分类,可以分为象形类、几何类和其他类三种。从形成的技术手段看,这种符号多数为阴刻压划而成,也有减地模印阳文。双墩刻划符号发现之后,受到学术界的广泛关注和很高的评价。究其原因,第一是内容丰富,种类众多。第二是数量多且集中,是迄今为止新石器时代遗址中出土数量最多、内容最为丰富的一批与文字起源相关的资料。第三是年代早,距今7000多年。虽然舞阳贾湖发现了更早的距今8000多年的刻划符号,但数量上要比双墩差得多。这一批符号,在中国刻划符号体系里面具有非常重要的地位。从距今8000年前的贾湖符号,到距今7000年双墩符号、距今五六千年的大汶口文化符号和距今4000多年的龙虬庄符号,构成了一个淮河流域符号体系。这个体系在汉字起源中具有非常重要的地位。这个符号体系,如果从龙虬庄符号来看,似乎和后来的汉字没有太多的联系。但是,从考古学文化因素传播的角度来讲,淮河流域文化对商代文化的形成，也曾经起到非常重要的作用。因为在河南东部、安徽西北部，正是夷夏商交汇地带，也是先商文化的最南分布区。很可能就是这个时期，商文化的祖先接受了淮河流域某些文化因素，如用龟现象等，同时也接受了淮河流域的符号体系。如果从这个角度来讲，淮河流域符号体系对甲骨文的形成，应产生过很大的影响，对汉字的形成，曾经起到过重要的作用。

双墩报告在双墩刻划符号方面着力很多，特辟专章系统介绍这批材料，又辟专章对这批材料进行系统研究，归纳其规律性，如发现双墩符号多刻划在器物的隐蔽部位，采用阴刻、阳刻、压划等多种刻划，形体规范、含义明显、具有可视性等特征，并旁征博引，提出了一些很有价值的意见，可以说是这本报告的特色之一。

四

双墩报告在全面系统地介绍资料和研究成果的同时，还介绍了稻作农业研究、动物遗存研究、石器的鉴定与研究、陶器制作工艺与颜料的研究等相关专题的研究成果。应该指出的是，双墩遗址的发掘是在20世纪的80年代末至90年代前期，发掘时还没有多学科综合研究的计划，在几年前报告整理工作启动之后，报告的主持者根据有限的材料，与相关学科相结合，利用现代分析技术，开展了科技考古的研究工作，在人类生存环境研究、生业形态研究、技术工艺研究等方面获得了一批很有价值的研究成果，尽可能地在老材料之中获取新信息，扩大信息量，提高了考古报告的科学性，这种做法是值得肯定的，也为拓展早期发掘资料的整理与研究的空间提供了借鉴。

正因为本报告报道的是20世纪两个单位多次发掘的老资料，相隔时间较久，增加了整理与资料驾驭的难度。例如，试掘的资料做专章介绍的处理办法虽是可取的，但因材料同出于一个灰沟之内，标本完全相同，以相同格式介绍材料，总给人以重复之感。本报告在介绍遗物时，根据这批材料的特点，没有勉强地分型定式，陶器大多只分了型，石、骨器型也没分，全面介绍材料，给读者以充分的利用空间，这是本报告的一个特色，但也给人以较为凌乱的感觉，这也算是一种两难的取舍吧！

这本书制图规范，照片清晰和装帧考究，结构比较严谨。线图透视感较强。拓片也非常清晰。可以说，这是一本内容十分丰富，图文并茂的考古报告。

（原载《中国文物报》2008年11月12日第4版）

贾湖遗址发掘成果丰硕　骨笛研究国际影响极高
——张居中教授访谈录

2014年7月中旬，我乘出差合肥之机，拜见了中国科技大学科技史与科技考古系张居中教授，听说他在河南贾湖遗址又有新的重大发现——定音骨笛，于是想一睹国宝真容。张教授拨冗用了一个下午的时间，向我详细介绍了他的研究与新发现。我们约定，通过文字往来作一次深入的访谈。

万辅彬（以下简称"万"）：张教授您好！我知道您是"文革"后的首届考古专业大学生，请简单介绍一下您的考古研究经历，是什么机缘您又成了中国科学技术大学科技史与科技考古系的教授？

张居中（以下简称"张"）：说来话长，这要从我的考古经历说起。我是"文革"后的第二届大学生，1978年进入郑州大学考古专业学习。由于当时的特殊情况，我们是和77级的同学在一起学习、实习的，只是他们比我们早半年毕业。1982年毕业后，我就到了河南省文物研究所（现在称河南省文物考古研究院）工作，至2000年离开，一共在那里从事了18年考古工作，先后主持过十多个大中型考古发掘项目：如河南省上蔡战国楚墓、舞阳贾湖遗址、舞阳大岗遗址、渑池郑窑遗址、密县黄寨遗址，等等。虽然这些项目所涉及的时代不同、特点各异，但是经过长时间的历练，对自身知识面的拓展很有帮助。

值得一提的是，20世纪90年代我参与了渑池班村遗址的发掘，在这期间我的一些基本学术思路得以形成。在班村期间，我可以和各学科优秀的学者进行交流和探讨，学到了很多东西，也琢磨了很多东西，这段经历对我当时研究舞阳贾湖遗址大有裨益，包括后来《舞阳贾湖》报告的编写体例和框架也都受到这段经历的影响。所以我很庆幸自己参加了这么一个重要遗址的发掘，这为我之后的学术道路打开了一扇门。

目前为止，我参与时间最长、投入精力最大的就是舞阳贾湖遗址了。1983~1987年间的第二至六次发掘都是由我主持的，来到科大后，我们又在2001年带领科大科技考古专业师生与河南省文物考古研究所合作对贾湖遗址进行了第七次发掘，2013年我们又进行了第八次发掘。可以讲，贾湖遗址的发掘与研究是我考古生涯中最重要的部分。我在对贾湖遗址的整理与研究过程中，逐渐厘清了自己的学术思路和研究方向。

来科大科技史与科技考古系任教，主要有两个因素。首先，我已经在河南省文物考古研究所工作了18年，在这期间做了大量的考古发掘和整理工作，并编写了《舞阳贾湖》的报告，当时已经萌生了想进入高校，潜下心来进行一些系统研究的想法，当时本打算到郑州大学去，因为一些偶然因素未能成行。另外，当时王昌燧教授有意引进我到科大来任教，因为那时科大的科技史与科技考古系刚刚成立，正需要懂田野考古并与科技工作者有合作的研究者，来培养既懂考古又具有理科基础的复合型人才。这样的新模式对我具有很大的吸引力，基于这些原因，最终我选择了到科大任教。来到科大之后，我在我们系开设了"考古学通论"、"田野考古"和"田野考古实习"这三门科技考古研究生专业基础课，还对全校开设了"考古学概论"公选课，每次都有几百上千人选课。从2001年开始，我们先后带领本专业的研究生到舞阳贾湖遗址、芜湖繁昌窑遗址、六安瓜墩遗址、新郑唐户遗址、蚌埠禹会村遗址等考古工地进行发掘实习。通过考古实习，使我们的研究生对田野考古有了全面的认识，这对他们之后从事考古研究是很有帮助的。从目前的教学效果来看，让擅长自然科学的学生接受田野考古的训练是很好的一种培养方式，拓展了学生的视野，也完善了他们的知识结构。经过这十几年的坚持，我们已经培养了一批既懂田野考古又能从事科技分析的考古专业人才。

万：您主持发掘贾湖遗址，成果如此丰硕，并于1999年在《自然》杂志（Nature）上发表了相关的学术论文，产生了很大的国际影响。我想请您详细介绍一下贾湖骨笛的情况。

张：贾湖遗址确实是一处非常重要的新石器时代遗址，从1983年的试掘至今，我们在这里见证了一系列重要的考古发现。包括具有原始文字性质的刻划符号、世界上最早的含酒精的饮料、中国最早的家猪、具有驯化特征的稻米以及可以演奏的骨笛，其中影响最大的就是贾湖骨笛。贾湖骨笛最早发现于1986年，1987年我们在国内开了新闻发布会，向国内同仁汇报了贾湖遗址骨笛的发现情况。1989年，我们也在国内发表了几篇文章来介绍这一成果。1999年我们在《自然》杂志（Nature）上发表了贾湖骨笛的研究成果，很快受到了全世界考古学界的广泛关注。武汉音乐学院的童忠良教授曾经说过"贾湖骨笛的发现犹如一股狂飙，震撼了音乐史界"，他把贾湖骨笛的发现与曾侯乙墓出土的编钟当作同等重要的音乐史材料来看待。

贾湖骨笛最早发现是在1986年5月1日，当时我们在清理墓葬M78的时候，发现了2件骨管，上面都有7个排成一列的圆形钻孔，由于没有见过这种器物，当时暂将其定名为"骨管"。但是从第一眼的印象来看，与现代的笛子非常相似，当时发掘现场的民工就觉得，这就是笛子。后来，中国艺术研究院音乐研究所的黄翔鹏先生、萧兴华先生，武汉音乐学院的童忠良先生一行三人专门到河南省文物研究所对贾湖骨笛进行了一次测音，认为这是一种人们有意制作的、可以吹奏旋律的乐器。而且，黄翔鹏先生经过研究发现，贾湖骨笛可以吹奏出完备的六声音阶和不完备的七声音阶。

贾湖遗址的年代是距今9000～7500年，可以分为三期，每期500年左右。骨笛在遗址一到三期都有发现，并呈现出一定的发展序列。一期的一个墓葬出土了一支五孔笛和一支六孔笛；二期出土的绝大部分都是七孔笛；三期除了七孔笛外我们还发现了八孔笛；另外还有一些比较特殊的两孔笛。贾湖一期的六孔骨笛可以吹出完备的五声音阶；贾湖二期的七孔骨笛可以吹出完备的六声音阶；贾湖三期的八孔骨笛可以吹出完备的七声音阶。

我们从一到三期可以看到一个逐渐发展完善的过程，在贾湖聚落存在的1500年期间，骨笛从无到有并逐渐发展成为一种重要的文化符号，这在中国音乐史乃至世界音乐史上都是难能可贵的，是很重要的发现。

万：据我们所知，骨笛并非贾湖独有，在河姆渡、新疆，乃至古埃及都曾有发现。为何人们特别看重贾湖骨笛？

张：国内外确实发现的有一些类似于笛子的管乐器，除了你所述的几个地点之外，在德国、法国和斯洛文尼亚等地也有发现。德国的骨笛距今3.5万年，法国和斯洛文尼亚的发现距今一万多年，都属于旧石器晚期的遗址。总体来看，乐器在全世界的出现应该是比较早的，并且呈现出多点开花的态势，这可能是人类社会发展到一定阶段在精神文化上的需求，也可能是为了适应某种生活方式所做的创造。那么，为什么人们对贾湖骨笛格外重视呢？正如我前面所讲，贾湖的笛子呈现出一个发展变化、不断完善的趋势。另外，它的音质和音准水平是比较高的，它所能吹奏出来的音阶结构和我们后世的笛子十分类似，两者之间似有一定的传承关系。此外，在新石器时代，贾湖骨笛是国内发现最早的可吹奏乐器，其在制作和加工上的精细程度令人吃惊。这些因素都是贾湖骨笛受到格外关注的原因。

万：骨笛是如何吹奏的？

张：关于贾湖骨笛的吹奏，刚开始我们还真的是不清楚。记得骨笛刚刚出土的时候，河南省文物研究所第一研究室主任裴明相先生就将骨笛拿到嘴边用现代吹奏箫的方式比画着吹奏，因为从外形上看，确实是和箫、笛接近的一种器物。

1987年夏天，我们带着骨笛到北京请教专家，先找到了萧兴华先生，萧先生又带着我们找到了中央民族乐团的团长刘文金先生，恰逢刘团长正带着一批笛子演奏家在排练，我们趁排练间歇将笛子拿给专家看，好几位专门吹奏笛子的演奏家都没有吹出声音，最后是宁保生先生用斜吹45度的办法吹出了声音，并吹出了一些旋律，大家都很高兴。笛子终于能吹出声了，可以肯定这是一种可吹奏的乐器了。1987年在河南省文物研究所进行测音的时候，也是采取斜吹的办法，取得了很好的效果。我们还曾经请河南歌舞团一位姓柳的专门吹筹（chou）的演奏者，用吹筹的方式吹奏贾湖骨笛，是斜吹45度。因为贾湖骨笛既没有笛膜孔，也没有吹孔，又没有箫的山口，只是在骨管上有一排圆孔。所以它不像后来的箫，也不像后来的横笛。箫是竖吹，笛子是横吹，而贾湖骨笛则是用45度斜吹的方式演奏的。骨笛是用丹顶鹤的尺骨制作的，锯掉骨关节之后，正好在顶端有一个类似于箫的山口的小斜口，所以用斜吹的方式是比较合适的。贾湖骨笛如果把握的角度合适、吹奏方法得当，还是可以得到比较准确的音律的。

目前为止，贾湖遗址已经发现了几十件骨笛，保存状况个体之间也有差异。其中最好的一件就是M282：20，按照现在的乐理和音阶来对照的话，基本上是一个大二度的音程关系，在二百音分左右，有的简直就是二百音分，非常准！有一些笛子的制作水平确实是非常高的，音准也达到了惊人的准确程度，贾湖古人的音乐水平确实令人惊叹！

万：您给我看的有几件两孔骨笛制作得非常精美，还刻有纹饰。这些两孔骨笛和之前的发现有什么区别？它们是如何定音的？

张：两孔骨笛的发现确实是很令人惊讶的，在20世纪的六次发掘中是没有见到过的。直至2001年的第七次发掘，我们才发现了制作精美，刻划繁缛的两孔骨笛。最初只有一件完整器，后来的发掘中又出土了一件残的两孔笛。总体来讲，两孔骨笛较之前发现的骨笛，制作工艺上要更加复杂，上面密布线状刻划，交错分布，并且排列得十分整齐。由于骨笛两头都残了，没办法测音。我们希望通过将来的原型复制，再进行测音，以探讨它们在音乐上的具体功能。

在两孔骨笛发现之前，我和萧兴华先生曾到河南汝瓷博物馆观摩了汝州中山寨遗址出土的多孔骨管，中山寨的一件骨管上有十个圆孔，如果吹奏的话，有些部分一个指头要挡住两个圆孔。当时，我们对这件骨笛进行了测音，结果也是令人吃惊的。这件多孔骨管的每一个音孔吹奏出来的基本上是一个小二度一百音分左右的音程关系。由于十个音孔分布过于密集，基本上可以认为它不是一件实际演奏中使用的乐器，它极有可能是一件用于定音的器物，这个成果萧兴华先生已经在《音乐研究》上发表了。我们回头来看贾湖出土的两孔骨笛，它显然不是用来吹奏的，只有两个音孔，无法吹出完整的音律。但是它又不是半成品，制作得非常精致，所以我们推测这也可能是一种定音的器物。当然，这只是一种推测，还需要后续的复原和测音，到时我们应该可以得到一个更清晰的认识。

万：从您的研究中，可以看出您和考古界、音乐界有广泛的合作，而且合作得很成功。请您谈谈对考古研究中多学科合作的看法和体会。

张：现在我们国内的学科分类把考古学划分为人文学科，实际上考古学可以算是站在人文学科门槛上的自然科学，也可以说是站在自然科学门槛上的人文社会科学。为什么这样讲呢？因为现如今考古学研究的方法手段大量采用的是自然科学的技术，而它自身的理论和研究目的则属于人文学科的范畴。考古学的研究对象是人类活动留下的遗迹和遗物，而我们拿人文学科的理论是无法直接研究这些材料的，必须通过自然科学的手段提取尽可能多的信息，才能形成相对清晰的对古代人类社会的认识。在这样的背景下，考古学研究中的多学科合作就显得势在必行了。

认识到这个背景之后，我们的研究就需要和相关领域的专家进行合作。事实上，传统考古学的两大经典方法论——地层学和类型学，本身就来源于自然科学，地层学来源于地质学的层位学，而类型学又来源于生物学中的分类学。我们现在所做的一些所谓的"科技考古"的工作，包括成分分析，矿料来源探讨，植物的孢粉、淀粉粒、植硅体等残留物的分析，都需要用到物理学、化学、生物学的方法，只有在这些分析的基础上，我们才能进行考古学层面的解读。所以多学科合作只是为了更大限度地提取人类活动所产生的信息，扩展我们的视野，这是进行考古学研究的基础。

结合到贾湖遗址的研究，我们想更多地了解贾湖先民的衣食住行，想了解他们的生产生活状况，就不得不使用自然科学手段。目前我们已经和植物学、动物学、地质学、农学等领域的专家合作，对贾湖遗址进行了多角度、全方位的研究，也取得了不错的效果，得到了学术界的认可。我们认为这是考古学的一个发展趋势，会一直坚持下去，发掘出贾湖遗址更多的文化价值。

万：您到了中国科学技术大学以后，视野更开阔了。在中国科学技术大学的博士生导师介绍里发现，您的研究方向和领域非常广、跨度大，而且处于学术前沿。请您说说这方面的思考。

张：是的，来科大之前，我是在河南省文物考古研究所工作。作为一个地方性的考古研究机构，大部分的工作是考古调查和发掘及一些传统考古学的研究。到科大以后，我们可以利用科大在技术手段上的优势开展很多之前没有条件开展的工作。我是传统考古学出身的，田野考古是我的强项，但是在研究中我也发现，传统的研究手段过于单一，很多问题没办法解决，这时候求助于自然科学就显得尤为重要。所以来到科大之后，我结合我们学校的现状和自己的知识背景，并从搭建平台和培养学生的角度出发，决定在以下几个方面着力发展我们的研究力量，包括我之前一直在做的农业考古、音乐考古和环境考古，这几年又开展了生物考古方面的工作，当然，这些工作很多是和我们学校各个领域的专家以及兄弟单位的研究团队合作完成的，取得了不错的效果。

万：您对今后的研究，有些什么打算和计划？

张：我们今后的研究主要是伴随着我们现在正在承担的课题展开的，主要包括今年刚刚立项的一个国家自然科学基金——"新石器时代淮河上中游地区人类对植物资源的利用情况研究"以及和中国科学院、南京师范大学合作的一个项目——"末次冰消期以来极端气候事件与人类适应及农业起源研究"，我们主要承担的还是淮河流域的研究工作。

通过这两个课题可以看出，我们今后的研究主要是在环境和人类的关系以及人类和植物的关系中展开的，这也是目前考古学的一个发展趋势，我们不仅仅要关注考古学本身问题，更愿意将考古学放在一个更广阔的背景下来认识，以探讨人类社会长时间尺度下的发展和变化。今后的研究中我们还是会一如既往地和自然科学领域的专家展开合作，从考古学的视角为解决更大的科学问题贡献力量。

万：我对于您的"考古学与科技史相结合的方法论探讨"这个研究方向特别感兴趣。请您谈谈这方面的心得以及对这方面人才培养的看法。

张：关于"考古学与科技史相结合的方法论探讨"的问题，我是从这个角度来考虑的。科技史是研究古代科学技术的，而考古学研究的是人类古代社会的历史。从范围上来看，科技史的研究内容和考古学的研究内容是有一定重合的，我觉得将这两个学科结合起来的切入点应该是如何用考古学的资料来探讨科学史的问题。

我本人关注较多的是史前考古，时代集中在旧石器至新石器时代，在多年的研究中，我也发现了不少可以作为科学史研究对象的材料，这个时期的一些发明创造有些可以称得上是原始的科学技术，是原始社会在科学技术上的一些萌芽。这些方面以前也有学者关注，但是真正做的工作仍然不是很系统，我觉得我们可以从史前社会的资料入手来从事一些科学技术史的研究。

我们系叫科技史与科技考古系，其中有很多科技史方面的专家，开展的研究也涵盖物理学史、化学史、生物学史、天文学史、数学史，等等。而对于史前科技史，过去有些专家学者虽然已经开始关注这个领域，但是研究的深度和广度还远远不够；同时，史前科技史的研究是离不开考古学材料的。结合我个人的研究方向和领域，我觉得更重要的是从考古学的资料中发现科技史的课题，同时通过我们的研究来解决这些问题。

关于如何从这个角度开展工作，我对我的学生也提出了一些要求。首先，要打好考古学的基础；其次，要掌握至少一门科技考古的技术，并对目前学界流行的科技考古方法和技术有一个全面系统的了解；同时要有自己的专长，有自己专门的研究领域。在打好这些基础之后，再结合科技史的相关知识，把握科技史的前沿课题，开展自己的研究。我们课题组开展的关于史前酿造含酒精饮料的研究就是个不错的例子，我们在贾湖遗址的陶器内发现了原始酿造现象留下的残留物，贾湖先民可能已经酿造出了世界上最早的含酒精饮料。这其实就是一个史前化学史的研究课题，我们在考古资料中提炼出了很多科技史方面的信息，这对我们的认识就是一个丰富，也打开了思路。所以我希望我们的学生可以在打好考古学基础的情况下，能掌握一定的科技方法，同时可以站在史前科技史的角度考虑问题，这样就能在科技史和科技考古领域做出有显示度的成果。

万：您从2003年担任博士生导师起，培养了不少博士生和硕士生。您觉得，作为一个导师，从方法论的角度，您认为应如何处理传统考古学和科技考古的关系？

张：这个问题其实刚才已经有所涉及，科技考古作为近20年来一个蓬勃发展的考古学分支学科，做出了很多有显示度的成果，也是考古学发展的一个趋势。我认为从目前来讲，两者是一个相互促进的关系，但在将来的研究中，科技手段的应用将会成为一个常态，两者最终将合为一体，因为两者归根结底要解决的问题是一致的。

再回到我们自身，我们系就是以培养科技考古人才为目标的学术单位，我们的学生来自不同的领域，知识结构比较多样化。我的学生就有本科期间学习物理、化学、生物、考古及历史的。对于不同的知识背景，我们会因材施教，重点是完善他们的知识结构，拓展他们的研究领域，让他们能够"两条腿走路"。比如，学考古学或者历史学出身的，我一般会建议他们掌握一到两门科技考古方面的技术手段；而对学习自然科学的同学，我会让他们尽快地补充考古学的知识，能够让他们从考古学的角度提出问题、解决问题。通过这样的优势互补和交流碰撞，往往能够产生比较好的结果，这也是我们这么多年来一直在尝试和实践的一种模式。总之我们要培养的是懂科学技术的考古人才，也可以说是懂考古的科技人才。我希望他们能够做到"一专多能"，尽可能地丰富自身的知识结构。我们的目标是希望这一代的考古学人才，能拥有比较全面的知识结构，有更广阔的视野，解决我们这一代人没能解决的考古学问题。

万：感谢您接受访谈。

张：谢谢。

［原载《广西民族大学学报》（自然科学版）2015年第21卷第4期；与万辅彬合著］

跨越历史纬度，探寻文明足迹
——访中国科学技术大学张居中教授

烈日炎炎的伊朗东北部高原上，地表荒芜，植被稀疏，只有丛生的骆驼刺带来些绿意。地上伫立着十米高的巨大土丘，显露出历史的厚重感。十三万平方米的宽广地面被划分成一千多个十米乘十米的方格，每个方格的四角钉着木桩，许多捂得严实的人正紧张地进行发掘、分类、拍照、采样等工作。

上述场景既不是电影，也不是小说，它真实发生在伊朗东北部拉扎维呼罗珊省的Borj遗址。尽管现在荒无人烟，但是在历史上，它曾经是东亚、中亚和西亚古代文明的连接点，过去一定也曾熙熙攘攘、热闹非凡。如今Borj遗址是伊朗国家级的文物保护单位，而这群顶着烈日辛勤工作的人，正是中国科学技术大学科技史与科技考古系的张居中教授和他的同事与学生，还有伊朗内沙布尔大学考古系的师生们。

在一个阳光明媚的下午，笔者有幸拜访了张居中教授。张教授沏上一杯清茶，将他的故事娓娓道来。在他的话语中，我们的思绪已经离开宁静的校园，飞往考古的神秘世界……

一、异国遗迹，探访古代文明的十字路口

近年来，张教授已经三次远赴伊朗进行考古调查与发掘。2018年，中国科学技术大学科技史与科技考古系与伊朗内沙布尔大学考古系合作开展了考古项目："伊朗东部史前文化与社会——拉扎维呼罗珊省Borj遗址联合考古发掘与研究"，旨在响应"一带一路"文化发展行动计划，促进东亚和西亚之间的文化交流。2018年11月，张教授带领团队来到伊朗拉扎维呼罗珊省的Borj遗址，开展集中地面调查。该遗址位于伊朗东北部，东边是阿富汗、中国，东南方对着印度半岛，西边是西亚和欧洲。它是古代丝绸之路的交通枢纽，也是欧亚古代文明的十字路口，能够反映众多古代文化交汇融合的痕迹。张教授说："我们想了解中亚和西亚的古代文明之间到底有什么样的联系，想知道在这个古代中西方交流的重要通道上，留下了什么样的文化遗产，供我们继承、研究和欣赏。"他感叹道："20世纪70年代之前我国的考古事业较为封闭，和国外几乎无联系。如今，我们国家经济发展、国力强盛，我们的文化要走出去，与国外多交流，一方面是为了研究古代文化，另一方面

则是中华文明向外宣传的一种重要途径。"

张教授的讲述也为我们揭开了考古工作的"神秘面纱":"田野考古是传统考古最基本的方法。首先是调查,初步判断遗址、墓葬的位置。然后是钻探,用洛阳铲来确定遗址的分布范围、深度和厚度,或者墓葬的形状。了解这些情况之后,再决定在哪个地方进行发掘,挖多少探方。在Borj遗址上,我们先用测量仪器进行探测,在十三万平方米的遗址上布了一千多个方格,收集每个方格范围内所有的陶片、石块等,现场分类、判断年代。再将这些遗物全部排列开,记录、照相,选最典型的标本拿到室内绘图。"每个格子都需要按照这样的流程进行调查分析,这样庞大的工作量都是在一个月内完成的,工作强度之大可想而知。

2019年6月,张教授再次带着学生去了Borj遗址,进行更有针对性地深度发掘。两个月内,他们挖了三个探方,三条探沟,一共一百多平方米。在这次发掘中,他们发现了四座六千多年前土坯垒砌的房址、五千多年前的十来个灰坑、金属炼渣、大量的陶器残片和小麦种子。现场采集标本之后,这些文物文化性质的研究由伊朗的学者来完成,而张教授和他的团队则负责科技考古方面的研究,包括分析陶器的成分、工艺、颜料,以及对动物骨骼和植物种子的分析。

现场发掘时,每个考古工作者都需要自己动手用工具进行挖掘。张教授幽默地总结道:"挖土是第一要务。"要把土里含的所有的人工制品都找出来,包括陶瓷、金属等以及与人相关的自然物品,包括石块、种子、人骨、动物的骨骼等。连土壤也要有重点地进行筛选、水洗,然后采集少量土样标本到实验室做进一步分析。"由于气候、降水等自然因素以及人类活动的影响,不同时期的文化层中包含物不同,土壤的特点也不一样。我们可以对采集到的标本进行^{14}C检测,来判断其绝对年代;也可以基于过去的工作经验,根据土质、土色和包含物的特点来判断其相对年代。"

张教授展示了一些发掘现场的照片,在黄色的高原土地上,他和学生们都灰头土脸、晒得黝黑。如果捂得不够严实,很快就会被灼热的太阳晒伤。

二、苦中作乐,士弘毅而风雨无惧

张教授对发掘工作的辛苦一语带过,他更乐于分享一些发掘过程中的趣事。当地的动物"非常凶",蚂蚁的个头接近人的小指长度,毒性也大;苍蝇也咬人,一些学生被咬之后半个月都难以消肿。"那天挖土时又挖到个蚂蚁窝,涌出来一大群蚂蚁。我看到蚂蚁爬过来,啪一下就用手铲把它打死了。但是伊朗是宗教国家,跟我们合作的那个伊朗教授,一只蚂蚁爬到他身上,他也舍不得打死它,半天才把蚂蚁甩掉。中伊文化的差异真是很有意思。"

2019年6月出发的时候,正值美伊关系紧张,随时可能发生战争。有人提议暂时别去了,张教授却说:"不行,我们要按时去。还没打仗我们就不敢去了,这不是让人家小瞧了我们吗?"他们制定了两种应急预案:第一,与中国驻伊朗大使馆联系,如果遇到突发情况,就请求大使馆的帮助;第二,到了当地之后,跟当地负责人员约定,如果发生战争,就乘车向北,再走二三百千米到中立国土库曼斯坦,从那儿回国。"制定完应急预案之后,我们就义无反顾地去了。下了飞机,我总结了十二个字:社会安定、民风淳朴、一片祥和。"

在国外考古发掘中最困难的问题,就是语言沟通不畅。"当地是波斯语,我们是汉语,找不到同时精通这两种语言的翻译,怎么沟通呢?我们在当地找了个英文翻译,伊朗的教授和学生们也都粗通英文,复杂一点的交流通过英文翻译来完成,其他时候连猜带比画。波斯语我们是完全不懂,有一次他们讨论地层时说'老爷爷',我觉得该不会是叫我吧!后来才知道是'第一层'的意思。"

即使语言不通,张教授他们也与当地人民建立了友谊。"当时白天吃饭都在工地,发掘工地旁边有一个果园,果园主人也是发掘工地的民工,有时还摘来成熟的水果让我们品尝。有一天我吃完午饭,坐在他的果树下,看树上结的果子快要成熟了,就让学生给我拍照留念。"

三、博古通今,吾将上下而求索

张教授曾说过:"考古是一门百科全书式的科学。自人类诞生之日起,几百万年间人类历史上所有发生过的事情,只要留下了蛛丝马迹,并且能被我们观察得到,都是考古学研究的对象。"张教授和他的学生们考古的研究领域涉及音乐、陶瓷、古代文字、建筑、动植物、海洋贝类等,学科跨度之广令人惊讶。

如果说考古是"百科全书式的科学",那考古工作者们就是"行走的百科全书"。考古学家是如何把这么多学科的知识串联在一起的?张教授对此也做出了详细的解答:"考古学知识是有层次的。首先,考古学的根本手段是田野考古,也就是通过对遗迹的调查、勘探、发掘采集遗物,进行观察、记录、绘图、照相。因此,田野考古是所有考古学的基础。其次,在考古发掘过程之中,可能碰到各种各样的遗物和遗迹,碰到什么就得研究什么。所以,考古工作者需要学理论、学方法、学知识。学习每个时期的遗迹和遗物有什么样的特点,通过什么理论架构和模式对你所工作的对象展开研究,学习如何对遗迹和遗物进行科学的清理、研究和管理。同时,技术手段也很重要。现在我们有了显微镜,可以分析土样里面的淀粉粒、DNA、蛋白组、基因组等等,这在过去是不可能实现的。现在我们有了飞机,可以在天上将地上的遗迹看得更清楚,这叫航空考古;通过卫星观察地面,这叫遥感考古;依靠潜水、水下摄影、水下测量等技术,才有了水下考古……"

更重要的是，从事考古要有情怀，要有献身精神。张教授颇有感慨地说："田野考古实习对考古专业的学生往往是一个考验。经历过田野考古之后，有些学生觉得太辛苦，就会转行；也有些学生培养了兴趣，决心继续干下去。我们同行经常这样说：干考古，太聪明了不行，不愿意吃苦，选别的行业也可以成功；太笨了也不行，缺乏灵活性和领悟力。"张教授诙谐地说："像我这样的人，不太聪明，但是也不太笨，可以去考古。"考古的艰辛是常人无法想象的，如果没有对考古的热爱和奉献精神，很难坚持下去。张教授说考古界流传着一段有名的话，来调侃考古调查的人："远看像逃难的，近看像要饭的，仔细一看是捡瓦片的，问一问才知道是考古的。"正是这些不修边幅、朴素清苦的考古工作者，为我们揭开一个又一个历史的谜团，使我们得以窥见人类自起源至今的漫长道路……

四、返璞归真，学者当自树其帜

许多人会认为，考古发掘出的遗物一定价值连城。但张居中教授说："对考古工作者而言，所有的发掘出土物都只是标本而已。最令人兴奋的是什么？是证实了自己的判断。这个遗迹里应该有什么样的东西？墓葬是什么样的形状？房屋建筑是什么形状和结构？发掘出来的遗迹、遗物证明了自己的想法，这才是最让考古工作者兴奋的事情。"

当年张教授带队在河南舞阳的贾湖遗址挖掘出许多龟甲片，他们开始观察龟甲片上有没有刻画的痕迹，甚至"梦里都在苦思冥想"。后来，他们真的发现龟甲片上有刻划的符号，这很可能是中国最早的甲骨文，距今8000多年。再例如，贾湖骨笛的出土，被认定为世界上最早的可吹奏乐器，当时轰动世界，"挖掘出骨笛，当然是很高兴的。但如果不研究它的价值和性质，让人们知道它具有什么样的历史地位，就无法引起人们的重视。我们必须把它放在人类历史发展过程之中，放在特定的时空定位上，才能充分认识它的价值。"所以，光是发现骨笛还不够，张教授和他的同事们还要思考更多的问题：这些骨笛的制作材料是什么、由谁来演奏、在什么场合下使用，它的出土对人类音乐史的意义是什么，与其他地方出土的史前乐器相比，它们的联系和区别又在哪里……

除了奔波在考古发掘现场、指导学生等，张居中教授还曾担任中国科学技术大学博物馆馆长一职。2003年正值中国科大建校四十五周年，学校拥有了自己的博物馆，张教授是博物馆的第一任馆长。担任校博物馆馆长期间，张教授一直坚持开展多个系列的展览活动，包括"古今艺术系列"、"科普系列"、"我校教学科研成果系列"、"考古新发现进校园系列"四大系列。校博物馆任职的十五年间，他一共组织了各类展览70多场。张教授认为高校的博物馆具有很重要的价值。第一，博物馆是进行人文素质教育的重要课堂，尤其是对理工科大学来说，除了自然科学之外，人文素质教育也需要予以重视。第二，博物馆是凝聚校园文化精神、宣传校园文化的重要阵地，是一个学校对外宣传的名片和窗口。"外面的客人来参观我们中国科大主要是看实验室,但实验室只是学校的一个方面,而博物馆可以反映学校的全貌。"第三,校博物馆是进行爱国主义教育和传统文化教育的重要阵地。张教授强调:"科学没有国界,而科学家是有祖国的。我们要为自己的历史和文化感到骄傲,要了解有多少科研工作者为了我们的国家做出了巨大的贡献,我们要向他们学习,为国家服务。"

(原载《中国研究生》2020年第9期)

丝路科技与文明：Borj 遗址的发掘与欧亚大陆史前的文化交流*

一、背　　景

"丝绸之路"一词最早是由德国地理学家李希霍芬于1877年提出的，主要指中国长安与中亚之间的交通往来路线。之后，德国学者赫尔曼发展和完善了"丝绸之路"的概念，他认为：丝绸之路上的经济文化交流超越了中国到中亚和印度的范围，到达罗马[1]。如今，丝绸之路的概念已经泛化，成为欧亚大陆东西方历史上人们交流、碰撞、融合的通道的总称。

历史上的丝绸之路形成于公元前2世纪，随着张骞两次出使西域，打通了汉王朝从中原经西域联结中亚、西亚，甚至欧洲、北非的陆上通道。从欧亚大陆的历史来看，东西方之间物质文化交流开始的时间应远远早于汉代丝绸之路的开辟，甚至可能早到新石器时代。因此，有学者将丝绸之路正式开通之前的东西方文化交流通道称为"史前丝绸之路"[2]。而对历史时期丝绸之路的起始时间、地点以及丝绸之路的文化内涵的研究已经较为深入，但是对于产生时间更早、存续时间更长的"史前丝绸之路"，尚缺乏系统的研究。

丝绸之路作为人类历史上欧亚大陆东西方文化交流的通道，沿线发现了数量众多的文化遗产，这条交流路线联结了古代辉煌灿烂的四大文明。近年来，随着"一带一路"倡议的推进，国家倡导丝路沿线国家之间的文化交流，努力发掘"一带一路"沿线国家文明的时代价值，使其在交流、互鉴中发扬光大。然而，对于丝绸之路沿线古代文明的研究，长期以来主要是在西方学者主导下展开的，中国学者难以获取境外的最新材料，对世界文明史的研究缺乏话语权。近年来，这种现象有所改观，中国学者开始走出国门，广泛参与到丝绸之路考古的研究当中，产生了一批引人注目的成果。目前，中国学者已经在乌兹别克斯坦、蒙古、孟加拉国、印度、巴基斯坦、柬埔寨、伊朗和沙特阿拉伯等丝路沿线国家开展考古工作，时间涉及史前到历史时期，对研究丝路沿线不同时期的文化交流意义重大，中国的丝绸之路考古研究也得到了长足发展。

---

* 本研究由中国科学院国际伙伴计划项目（项目编号：132311KYSB20190008）和中国科学技术大学一流学科建设重点项目"丝路科技与文明研究"（项目编号：YD2110000602）共同资助。

目前，学界已普遍认识到欧亚大陆的东西方文化交流在丝绸之路出现以前就已经存在，在丝绸、彩陶、粟黍、麦类、驯化的牛羊、黄金、青金石、青铜器、珠料装饰、玉器等产品方面和冶金、建筑等技术方面存在广泛的交流[3]。根据已有的考古发现，部分学者已经勾勒出这一交流的大致路线和方向，但对文化交流背后的人群、社会和环境等方面的认识还有很大的拓展空间。

伊朗处于欧亚大陆的"十字路口"，是著名的文明古国，西邻两河流域，东临中亚，北通欧亚草原，南面为南亚次大陆，地理位置极为重要，是欧亚大陆东西方交通的必经之处。丝绸之路开通以来，中伊两国的交流十分密切，然而相关的研究却较为有限，比较经典的案例有：夏鼐对中国境内出土萨珊王朝银币的研究[4]，安家瑶对中国出土萨珊波斯玻璃器的研究[5]等，研究时段多集中于历史时期，对汉代之前两地区之间物质文化交流的研究不够充分。作为两河流域临近地区，伊朗是早期农业、畜牧业、金属冶炼产生较早的地区之一，包含着丰富的文明起源因素，这些因素在伊朗境内产生之后，又向东传播，对欧亚大陆中东部的史前文化产生了影响。小麦和大麦等麦类作物、绵羊和山羊等家畜，都是在两河流域和伊朗起源的，经过伊朗东北部传播到中亚地区，并进一步传播至东亚，对东亚文明的发展也产生了重要影响。所以，要研究史前欧亚大陆东西方之间文化和技术的交流，伊朗是不可或缺的部分，尤其是伊朗东北部地区值得格外关注。

内沙布尔平原位于伊朗东北部拉扎维呼罗珊省，是历史上丝绸之路的要冲，呼罗珊大道中段的重要组成部分，东北毗邻中亚的阿姆河、锡尔河流域，东南面向印度半岛，由此向东通往赫拉特、撒马尔罕，向西通往巴格达。大量的文献记录和遗存显示，这里是周边各文化交流的重要通道，而内沙布尔更是这段交通要道上的重要枢纽。伊朗的史前考古研究集中在以扎格罗斯山脉为中心的西南地区和里海沿岸的北方地区，而广阔的伊朗东部尤其是以呼罗珊为中心的东北部地区，开展的考古学研究有限。

有鉴于此，2018年6月，中国科学技术大学科技史与科技考古系与伊朗内沙布尔大学考古系签订了《伊朗东部史前文化与社会——伊朗内沙布尔Borj遗址联合考古发掘与研究》合作协议。在本项目框架之内，中伊双方学者对伊朗拉扎维呼罗珊省的内沙布尔平原的重点遗存——Borj遗址展开考古调查与发掘工作。本项目的学术目标是：通过对Borj遗址史前遗存的发掘，来研究伊朗东北部地区史前文化的发展序列、史前居民的经济形态以及该土丘遗址的形成过程等问题，探讨在丝绸之路正式形成之前，史前文化在中亚及东亚地区的传播和交流，推动中伊两国人民之间的相互了解和文化交流。计划在五年时间内，对内沙布尔平原的史前遗存进行系统调查和发掘，以获取"史前丝绸之路"上东西方文化和技术交流的证据。同时通过对伊朗早期文明的研究，探索其与中亚及中国早期文明的关系，从而逐步厘清欧亚大陆东西两端古代文化之间的联系。

二、项目进展

1. 遗址介绍

Borj遗址位于伊朗东北部拉扎维呼罗珊省内沙布尔平原东部，北部为彼那路德山脉（Binalud），南侧是苏尔克山（Surkh），平原内贯穿着数条季节性河流。内沙布尔市是伊朗东北部重要的文化、旅游和历史中心之一，城市文化和文明的发展在10~15世纪达到高峰。作为丝绸之路上"呼罗珊大道"的重要组成部分，现在还保存有中世纪时期的著名驿站[6]。

Borj遗址距内沙布尔市区约20千米，遗址现存高度约8~10米，东西长420米，南北宽370米，面积11.1万平方米，保存相对完好。土丘表面散布丰富的陶片、石制品、骨骼等文化遗存，初步判断遗址年代从新石器时代晚期一直延续至伊斯兰时期，表明自距今八九千年以来，一直有先民在土丘上居住、活动。遗址保存相对较好，土丘表面植被较少，四面为现代农田，边缘部分被农民开垦土地时破坏，断崖上有文化层和遗物出露。

2. 工作概况

2018年11月，中伊联合考古队首先对Borj遗址进行了钻探和地表全覆盖式调查，主要目标是确定遗址的确切范围、实际面积、年代跨度；然后，搞清各时期遗存的分布区域和范围，为进一步的发掘工作收集信息。在土丘表面以10米×10米的方格为单位进行布方，共布有探方1111个。按探方逐一采集所有遗物，现场进行分类、分期和统计，将有代表性的陶片、石制品和骨骼等遗物带回室内整理。

土丘表面遗物丰富，以不同时期的陶片为主，另有少量石制品、装饰品和动物骨骼等，还发现了少量青金石和绿松石制品。根据陶片的分期结果来看，该遗址经历了新石器时代、铜石并用时代、铜器时代、铁器时代、历史时期和伊斯兰时期。其中，铜石并用时代的陶片数量最多，铜器时代、铁器时代次之，新石器时代的陶片数量较少。

通过2018年度的调查，我们确定了Borj遗址的确切范围和实际面积；并根据地面遗物的时代特征，确定了遗址的年代跨度，即从新石器时代到伊斯兰时期都有人类活动的遗存；通过对地面陶片的时代分析，大致搞清了各时期遗存的分布范围和变迁过程（图一），为选择发掘区域提供了依据。经过对调查结果的分析，我们计划在遗址西北、正北和东北部土丘边缘地区进行发掘，以获取一套较为完整的地层堆积资料。

2019年，考古队在遗址边缘区的西北、北部和东北选定了3处区域进行了发掘（图二），共清理5米×5米探方4个，2米×5米探方1个，发掘面积共计110平方米。经过近两个月的发掘工作，共清理灰坑14座，房址4座，灶6座，水井1座；出土铜器4件，陶片235袋，石器34件，动物骨骼137袋等。经过初步整理发现，文化遗存以铜石并用时代为主，有各种样式的陶器、石器、青铜器以及数量众多的动物骨骼等。

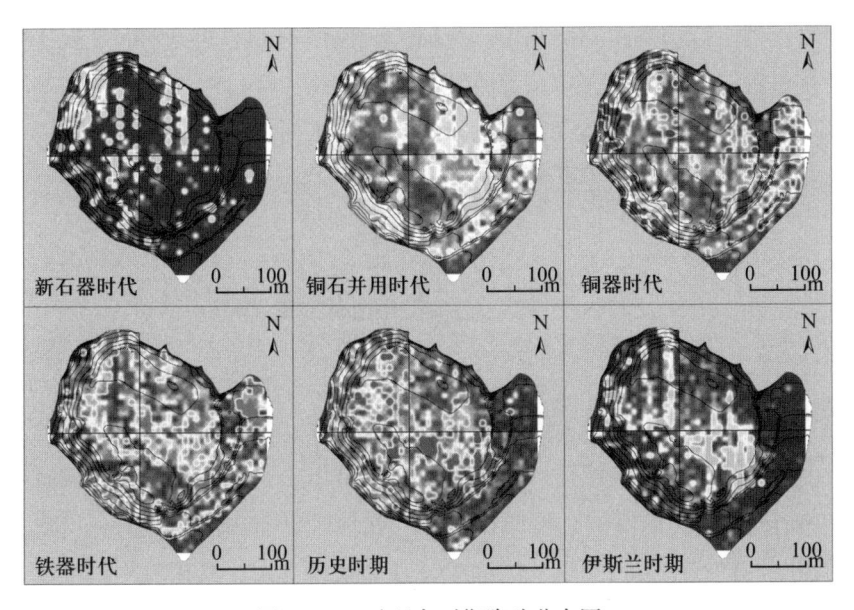

图一　Borj遗址各时期陶片分布图

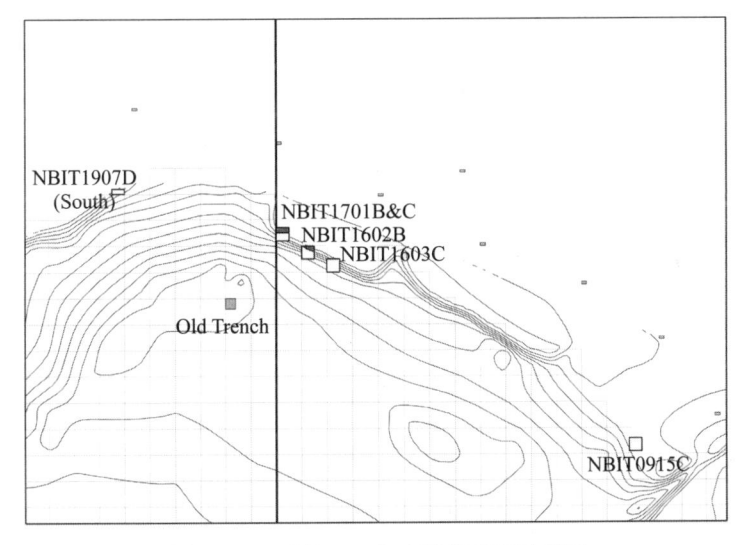

图二　Borj遗址2019年度发掘范围示意图

2019年度发掘工作的重要收获有以下几点：①发现了4座土坯建筑基址，其中以遗址北部的两座保存较为完整。F1位于北部发掘区探方NBIT1603C内，残存墙体高32～44厘米，北部已被破坏，平面呈近长方形，门朝西南方向，底部还有人类长期活动形成的踩踏面。从房内的出土遗物判断，F1的时代应为铜石并用时代晚期。F2位于NBIT1603C西南角，仅暴露出一段东西走向的土坯墙，值得注意的是，残存墙体外侧还发现一处土坯制作的墩子，与墙壁走向垂直，推测其作用可能是为了支撑发生倾斜的墙体。两座土坯房址的发现，为我们了解伊朗东北部地区史前人类的住居形式提供了难得的材料，对研究该地区铜石并用时代至青铜时代的先民的生活方式有重要意义。②发现了一批与金属冶炼相关的遗物，包括青铜器、炼渣和矿物原料等，为研究该区域史前冶金技术的发展提供了研究资料。③在发掘过程中，各个堆积单位都收集了浮选土样，经过浮选和初步拣选，获得了铜石并用时代至青铜时代的植物遗存，获取了该时期古人对植物资源利用情况的信息，为研究该地区农业的发展状况提供了资料。

三、研究进展及展望

1. 彩陶的研究

2019年度的发掘工作结束以后，我们已经对部分出土材料进行了整理和研究，从文化性质上看，Borj遗址出土的陶器和科佩特山脉北麓地区史前陶器表现出一定的相似性，特别是彩陶的图案和样式上，主要以几何形纹饰和动物纹为主，其相对年代可以与土库曼斯坦地区的Namazga文化和Anau文化相比较[7]。

Borj遗址出土的陶器中，彩陶的数量丰富，表面大多施有陶衣，绘制黑色和深褐色的图案，铜石并用时代的陶器施彩现象最为普遍，表明此时期正是伊朗东北部地区彩陶文化的兴盛期。进入青铜时代之后，彩陶开始衰落，陶器多以素面为主，也有少量彩陶，施彩的部位和风格发生了变化，以红陶钵为例，铜石并用时代晚期有动物纹饰的红陶钵，一般是将简化的动物图案施于陶器外侧，连续分布。而进入青铜时代之后，动物纹饰则大多施于器物内壁，且图案造型趋于简单朴素，反映了彩陶在本土的发展历程。

关于彩陶的起源与传播的问题，学界从20世纪早期已经开始关注，早期的研究就涉及了欧亚大陆两端长距离的文化交流和传播问题。仰韶文化的发现者———安特生在对比了中亚安诺文化、东南欧特里波利文化及意大利西西里岛的彩陶之后，提出了"仰韶文化西来说"的论断[8]，中国学术界对此论断展开了旷日持久的批评[9]。如今看来，安特生的观点显然是错误的，之后中国学者在甘青地区的调查和发掘证明，中国彩陶文化的中心在中原地区，在庙底沟文化时期向周围地区迅速扩张，其由东向西发展的脉络是清楚的，马家窑文化彩陶在西北地区大放异彩的时候，中原地区的彩陶已经衰落了[10]。虽然中国的彩陶与西亚和中亚的彩陶文化并无直接的联系，但是不可忽视的是，虽然相隔万里，仰韶文化及后来的马家窑文化在彩陶纹饰图案上，与东南欧的库库特尼-特里波利文化彩陶有惊人的相似之处[11]，有学者认为，马家窑文化半山期的锯齿形纹饰可能受到中亚地区Namazga文化的间接影响[12]，远距离遗址出现相似文化因素的原因，是研究彩陶文化的新课题，随着对中亚、西亚及欧洲地区史前文化的深入研究，定会有新的认识出现。

从欧亚大陆的视角来看，彩陶在东西方应当有独立的起源地，中国境内发现的早期彩陶见于甘肃秦安大地湾文化遗址，纹饰主题为简单的条带形图案，显示出一定的原始性，在仰韶文化庙底沟期，彩陶发展到了高峰，到仰韶晚期，彩陶开始衰落。中国的彩陶文化有较为完整的起源发展和扩散路线，显示其本土起源的特征。近年来，在浙江桥头遗址属于上山文化中期的遗存中，发现了距今约9000年的彩陶，分红彩和乳白彩两种，以条带纹为主[13]。从器物特征和纹饰来看，其与关中地区的彩陶可能并无直接联系，应该起源于本地。在中国境内，就发现了不同的彩陶起源地，因此，欧亚大陆不同地区的彩陶文化应当是由当地的新石器时代早期文化发展而来的，在彩陶发展成熟后，随着文化的扩散和交流，彩陶器作为一种兼具功能和文化符号的产物，存在区域间的互动流动应是可以理解的。

2. 农作物和家养动物的发现与研究

在联合考古项目中，我们重点关注了与史前东西方文化和技术交流有关的遗物，如农作物、家畜（特别是羊）、青铜器和土坯建筑等。

通过浮选法，我们从Borj遗址的93份土壤样品中，获得了各类炭化植物遗存257粒（块），经过拣选，发现各类炭化植物种子共242粒（图三）。经初步鉴定，发现了大麦、小麦和燕麦共计95粒，占植物种子总数的36.96%，出土概率达到30.11%。其中，大麦数量最多，有62粒，小麦和燕麦分别为18粒和15粒。出土的非谷物植物种子中，朴属种子数量最多，共75粒，占全部炭化种子的29.18%，出土概率高达27.96%，质地坚硬，内部中空，其成因有待进一步研究。其他非谷物类植物种子可鉴定的有豆科、疑似飘拂草、莎草科、藜科和禾本科杂草等，另有未知种子69粒（图四、图五）。

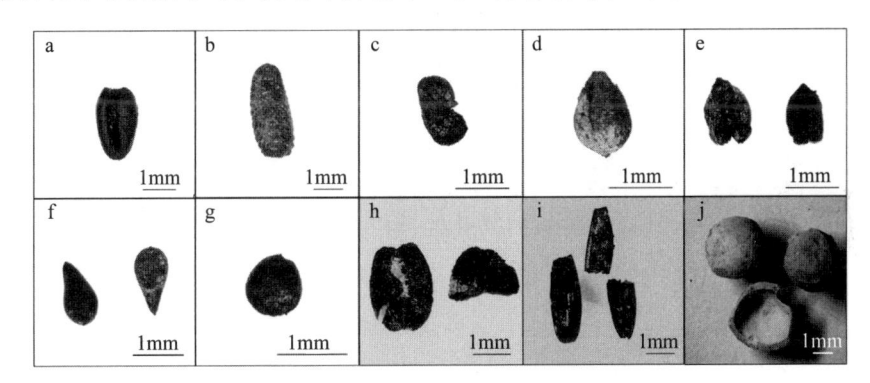

图三　Borj遗址出土的主要炭化植物种子

a.小麦　b.疑似牛筋草　c.豆科　d.疑似飘拂草属　e～g.未知种子　h.残大麦　i.疑似燕麦　j.朴属植物

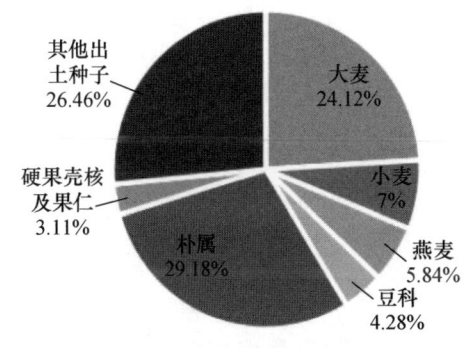

图四　伊朗Borj遗址炭化植物种子绝对数量百分比图

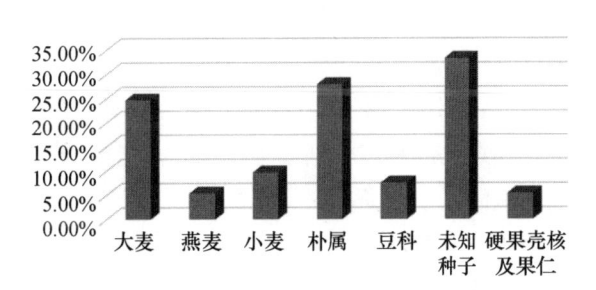

图五　伊朗Borj遗址主要炭化植物种子出土概率图

从炭化植物遗存分析的情况来看，Borj遗址先民从铜石并用时代早期，已经开始了对麦类作物的利用，其绝对数量和出土概率都占一定优势，表明当地先民在铜石并用时代早期已经开始种植和利用麦类作物。土坯建筑材料里发现的大量植物碎屑，说明农作物不仅在先民的食谱中占有重要地位，而且已经渗透到日常生活中，显示出对农作物利用的强化，麦类作物在该地区的种植时间应当更早。

麦类作物的种植与中国北方起源的粟黍类作物稍有不同，需要较为复杂的农业技术作为支撑[14]，除了相应的田间管理之外，还需要在麦类作物生长和拔节阶段补充大量的水分，否则会造成农作物的减产。因此，以大麦、小麦为代表的麦类作物由西向东的传播，不仅是农作物的扩散，还伴随着农业技术的传播。

从麦类作物的起源和发展历史来看，小麦和大麦起源于距今约10000年前的西亚黎凡特、安纳托利亚和扎格罗斯山前地带[15]，之后随着文化的扩张和人群的移动向周围传播，在距今8000年前后抵达伊朗东北部的戈尔甘平原，之后继续向东传播至中亚西部的土库曼斯坦，其中Jeitun遗址的麦类作物应是科佩特山脉北麓地区发现的最早的麦类遗存[16]。Borj遗址所在的科佩特山脉南麓地区，正处于伊朗东北部的戈尔干平原和中亚之间，是麦类作物由伊朗高原向中亚草原西南部传播的必经之路，因此，该地区出现麦类遗存的年代可能早至距今8000年前后。由于本次发掘尚未到达新石器时代地层，关于麦类作物传播到伊朗东北部和科佩特山脉南麓地区的具体时间问题，有待于进一步的工作来证实。

此外，Borj遗址还出土了大量的动物骨骼，经过初步鉴定，羊的骨骼占绝大多数，从其出土层位来看，羊骨的年代大多集中在铜石并用时代，据此可推测当时羊已经作为主要家畜存在了。羊在距今10000年前后就在伊朗被驯化，之后向东传播，至距今8000~7000年期间，其分布范围已经到达科佩特山脉北麓地区[17]，Borj遗址的古人在此时期应当已经把羊肉作为主要的肉食资源加以利用了。

3. 金属冶炼技术的发现

囿于发掘面积有限，且发掘区位于遗址边缘，发现的青铜器数量较少，仅有4件，器形也较为简单，主要是青铜小刀和钉等，但是几件青铜器展现出了较为成熟的形态。值得注意的是，我们在遗址西北发掘区发现了1件可能与冶炼活动有关的陶质坩埚和炼渣，在遗址东北部也发现了成层分布的疑似与冶炼活动有关的遗迹，表明该遗址可能为一处金属冶炼的中心。

对铜制品的利用最早发生在西南亚地区的"新月沃地"，主要分布在伊拉克东部、土耳其东北部和以色列等地。该技术可能与早期农业部落人群对彩色矿石的利用有关，早期的铜制品十分原始，常见的有珠子、装饰品和颜料等。关于铜冶炼技术的最早记录，则来源于公元前六千纪末五千纪初的伊朗东南部和塞尔维亚东部地区；至公元前五千纪末，铜冶炼技术在土耳其东部普遍存在，并且在黎凡特地区和中欧的奥地利也有发现[18]。之后，随着文化的发展与交流，铜冶炼技术开始向中亚和东亚传播。公元前四千纪后期在美索不达米亚地区出现了青铜冶炼技术,之后传播到欧洲和中亚地区,随着原始游牧人群在欧亚草原长距离的迁徙和活动,青铜冶炼技术向东传播至中国,为中国文明的发展注入了新的活力。

从Borj遗址发现青铜器的层位和器形来看,其应当属于青铜时代早期,略晚于两河流域出现青铜冶炼技术的年代。但从其地理位置来看,其正位于青铜冶炼技术由西亚向中亚地区传播的通道上,对该遗址青铜遗存的进一步发掘和研究,对揭示青铜冶炼技术的发展与扩散具有重要意义。

4. 其他重要发现

土坯建筑技术是史前人类的伟大发明之一,其出现改变了人类的居住形态,为早期定居聚落的发展奠定了基础。最早的土坯建筑出现于西亚两河流域,表现为不同形态的泥砖和灰白色泥浆共同构建的建筑形式,部分土坯中夹杂有植物碎屑,以提高土坯的质量[19]。之后,这种建筑技术向东传播至伊朗北部地区[20]。

我们在Borj遗址发现了4座属于铜石并用时代中期的房屋建筑遗迹,仅余基础和部分墙体,年代稍有早晚,但是所见的建筑技术是较为一致的。这种建筑形式与典型的土坯建筑稍有不同,主要以包含植物根茎碎屑的泥为材料,不见成型的土坯砖,部分泥墙可见分层,可能是直接将配置好的泥浆逐层叠加,建成墙体。部分房屋室内可见长期踩踏形成的地面,房屋内还有灶的遗迹。这种建筑形态在土库曼斯坦西南部的铜石并用至青铜时代的遗址中较为常见,Jeitun遗址就发现了较为完整的属于新石器时代的土坯建筑房屋,可见明确的灶、工作平台以及房间出口等[21],从现有资料来看,科佩特山脉北麓的史前文化和伊朗东北部的关系较为密切,Borj遗址所见土坯建筑属于铜石并用时代,较Jeitun遗址年代稍晚,但两者之间应当存在一定的联系或者技术交流。相信随着发掘工作的深入,我们应该能够发现年代更早的建筑基址,可以为研究土坯建筑技术在本地的发展脉络提供新的证据。

四、结 语

通过前文对伊朗东北部Borj遗址考古材料的介绍与分析,我们可以看出史前丝绸之路上不同地区文化遗存之间的联系,丝绸之路不仅仅是一条商贸之路,更是史前欧亚大陆东西方文化交流、碰撞和融合的通道,而位于这种通道上重要位置的Borj遗址为我们提供了一个窥探史前文化和技术交流的窗口。

Borj遗址所在的内沙布尔平原位于中亚与西亚的过渡地带,在文化特征和生业经济模式上都表现出了一定的过渡性。从文化性质来看,该遗址的文化特征与科佩特山脉北麓地区的史前遗存联系紧密,同时也受到伊朗高原北部以及两河流域文明的影响。与古代科技发展有关的文化因素，如农业生产技术、彩陶生产技术、青铜冶炼技术、土坯建筑技术在伊朗东北部的发展与传播，都在Borj遗址留下了印记，这些技术有些是当地独立起源的，有些则经历了远距离的传播与扩散。因此，对Borj遗址文化遗存的研究，有利于我们理解欧亚大陆史前文化的交流和技术的传播，同时也有助于我们探讨文化互动背后，人群、环境及社会因素的影响，加深我们对史前丝绸之路文化内涵的认识。

近年来，丝绸之路考古得到了长足发展，研究的目标和方法也发生了变化，从关注文化遗物的流通转向区域性的考古学综合研究，Borj遗址的调查和发掘就是这种转变的体现。在合作研究中，双方都十分重视科技手段的应用，我们希望在科技考古理论和方法的助力下，更好地揭示丝绸之路上东西方文化交流、融合的历史图景，为解决不同地区人类文明的起源与发展等问题提供科学依据。

注　释

[1] 刘进宝：《"丝绸之路"概念的形成及其在中国的传播》，《中国社会科学》2018年第11期，第181～202、207页。

[2] 刘学堂：《丝绸之路开辟的史前基础》，《中国文物报》2016年3月4日第3版。

[3] 董广辉、杨谊时、韩建业等：《农作物传播视角下的欧亚大陆史前东西方文化交流》，《中国科学：地球科学》2017年第47卷第5期，第530～543页；董广辉、李若：《丝路之前的东西方交流》，《科学》2019年第6期，第9页。

[4] 夏鼐：《综述中国出土的波斯萨珊朝银币》，《考古学报》1974年第1期，第91～110页。

[5] 安家瑶：《北周李贤墓出土的玻璃碗——萨珊玻璃器的发现与研究》，《考古》1986年第2期，第79～87、106页。

[6] 施杨：《丝绸之路上的呼罗珊大道考述》，《贵州师范大学学报》（社会科学版）2002年第4期，第91～93页；马瑞琼：《8—10世纪丝绸之路中段呼罗珊大道考述》，《中国历史地理论丛》2016年第31卷第3期，第17～28页。

[7] Kohl P L. The Namazga Civilization: An Overview. Soviet Anthropology and Archeology, 1981(1-2): 7-8.

[8] 安特生著，袁复礼节译：《中华远古之文化》，文物出版社，2011年，第25页。

[9] 李济：《小屯与仰韶》，《李济文集（卷二·安阳殷墟发掘）》，上海人民出版社，2006年，第252～253页；周书灿：《仰韶文化西来说的形成及论争——学术史视野下的考察》，《河北师范大学学报》（哲学社会科学版）2016年第39卷第4期，第5～12页。

[10] 夏鼐：《齐家期墓葬的新发现及其年代的改订》，《考古学报》1948年第3期，第101～117页；严文明：《甘肃彩陶的源流》，《文物》1978年第10期，第64～78页；韩建业：《"彩陶之路"与早期中西文化交流》，《考古与文物》2013年第1期，第30～39页。

[11] 李新伟：《库库特尼-特里波利文化彩陶与中国史前彩陶的相似性》，《中原文物》2019年第5期，第66～75页。

[12] 韩建业：《马家窑文化半山期锯齿纹彩陶溯源》，《考古与文物》2018年第2期，第54～59页。

[13] 蒋乐平：《浙江义乌桥头遗址》，《大众考古》2016年第12期，第12~15页。

[14] 李水城、莫多闻：《东灰山遗址炭化小麦年代考》，《考古与文物》2004年第6期，第51~60页。

[15] Zeder M A. Domestication and Early Agriculture in the Mediterranean Basin: Origins, Diffusion, and Impact.Proceedings of the National Academy of Sciences of the United States of America, 2008, 105(33): 11597-11604; Riehl S, Zeidi M, Conard N J. Emergence of Agriculture in the Foothills of the Zagros Mountains of Iran. Science, 2013, 341(6141): 65-67.

[16] Harris D R, Masson V M, Berezkin Y E, et al. Investigating Early Agriculture in Central Asia: New Research at Jeitun, Turkmenistan. Antiquity, 1993, 67(255): 324-338.

[17] Harris D R, Masson V M, Berezkin Y E, et al. Investigating Early Agriculture in Central Asia: New Research at Jeitun, Turkmenistan. Antiquity, 1993, 67(255): 324-338.

[18] Roberts B W, Thornton C P, Pigott V C. Development of Metallurgy in Eurasia. Antiquity, 2009, 83(322): 1012-1022.

[19] Oates D. Innovations in Mud-Brick: Decorative and Structural Techniques in Ancient Mesopotamia. World Archaeology, 1990, 21(3): 388-406.

[20] 丹尼·A. H.、马松·V. M. 著，芮传明译：《中亚文明史（第1卷）——文明的曙光：远古时代至公元前700年》，中国对外翻译出版公司，2002年，第72~85页。

[21] Harris D R, Gosden C, Charles M P. Jeitun: Recent Excavations at an Early Neolithic Site in Southern Turkmenistan. Proceedings of the Prehistoric Society, 1996, 62: 423-442.

（原载《中国科技史杂志》2020年第41卷第3期；与崔启龙、Omran Garazhian、石云里合著）

后　　记

　　本文集所收论文在成文前后曾先后得到河南考古界前辈安金槐、裴明相、贾峨、李京华、贾洲杰、郝本性、杨肇清、曹桂岑、朱帜等先生的指导和帮助，还先后得到苏秉琦、吴汝祚、安志敏、石兴邦、俞伟超、李学勤、严文明、郭大顺、信立祥、王巍、刘莉、陈星灿、曹兵武等考古界前辈和师友的指导与帮助。

　　环境考古、农业考古、科技考古、音乐考古相关论文曾先后得到周昆叔、孔昭宸、王象坤、朱清时、丁仲礼、王昌燧、吕厚远、袁靖、赵志军、黄翔鹏、萧兴华、刘正国等先生的指导和帮助。

　　本文集相关论文是在多家基金的资助下完成的，先后得到资助的基金有：国家社会科学基金、国家自然科学基金、国家文物科研基金、中国科学院战略性先导科技专项（碳专项）、国家重大科学研究计划（973）等。

　　本文集所收部分论文在成文前后曾先后得到各级领导机关和相关科研单位的支持与帮助，主要有：国家文物局、中国社会科学院考古研究所、中国考古学会新石器专委会、中国考古学会环境考古专委会、中国科学技术大学、中国第四纪研究会人类演化与环境考古专委会、中国地理学会人类演化与环境考古专委会、科学出版社、河南省文物局、河南省文物考古学会、河南省文物考古研究院、郑州大学、河南博物院、郑州中华之源与嵩山文明研究会、中共漯河市委、漯河市人民政府、漯河市文化广电和旅游局、中共舞阳县委、舞阳县人民政府。

　　特别需要感谢的是我的老东家河南省文物考古研究院，以及我后来的东家中国科学技术大学。没有它们的栽培，就不可能有这些研究成果！同时，我的母校郑州大学也曾给我很大的助力。

　　在我的学术生涯中曾经提供过支持与帮助的单位和个人还有许多，恕不一一列出，谨在此一并致以崇高的敬意和衷心的感谢！